박정희 시리즈 ②

박정희와 일본 I
무솔리니와 박정희 그리고 한일협정

わたし(私)はとくとう(特等)のにほんじん(日本人)である。

나는 **특등 일본인**이다.

박정희와 일본 I
무솔리니와 박정희 그리고 한일협정

초판 발행   2022년 6월 3일

지은이   송철원
펴낸이   이정열
편 집   온현정

펴낸곳   도서출판 **현기연**
등록   2020년 9월 2일 제2020-000115호
주소   서울특별시 종로구 경교장1길 13 2층(교남동)
전화   02-735-3577
팩스   02-720-1133

ⓒ 송철원, 2022

ISBN 979-11-971731-1-0 02300

박정희 시리즈 ②

박정희와 일본 I
무솔리니와 박정희 그리고 한일협정

송철원 지음

도서출판 현기연

책을 펴내며

박정희 시리즈 두 번째 책인 『박정희와 일본』을 내겠다고 약속한 지 시간이 많이 지나갔다. 그동안 독자들로부터 언제 발간되느냐에 대해 많은 문의를 받았으니 미안할 따름이다. 두 번째 책이 늦어진 것은 『박정희와 일본』을 한 권으로 쓰려던 계획이 두 권으로 변경되었기 때문이다.

필자가 박정희와 일본의 관계에서 주제로 삼으려 했던 것은 두 가지 이유에서였다. 첫 번째는 1961년 5·16 쿠데타 후 일본으로부터 엄청난 돈을 받고 한일회담을 벌여 1965년 한일협정을 체결하기까지의 다사다난했던 시기에 주목했기 때문이다. 두 번째는 일제 치하에서 일본화한 박정희가 어떻게 살아남았으며 1972년 10·17 유신쿠데타 후 어떻게 대한민국의 일본화를 시도했는지 분석하는 게 중요하다고 생각했기 때문이다.

그런데 집필 과정에서 한일회담과 한일협정에 대한 이야기가 길어져 책을 두 권으로 나눌 수밖에 없었고, 이에 따른 추가 자료 수집과 정리에 많은 시간이 소요되어 출간이 지연되었다. 두 번째의 주제는 다음 책으로 미루기로 한다.

책의 내용을 소개하기에 앞서 밝히고 싶은 것은, 이 책의 내용이 나의 경험과 밀접한 관계를 갖고 있다는 점이다. 필자는 1961년 대학에 입학했고 바로 그해 5·16 쿠데타가 일어났다. 이런 인연(?)이 악연으로 변하여 한일협정을 본격적으로 추진하는 과정에서 박정희 정권과 충돌하게 되었고, 악연은 대학 졸업 후 사회생활까지 연결되어 고초를 당하기도 했다. 어떤 의미에서 그 영향은 지금까지도 미치고 있다.

이런 까닭에 이 시기에 대한 자료가 많다. 특히 필자의 부친은 국가기록원에 기증할 정도로 엄청난 자료를 남겨 이 책의 내용을 풍성하게 하는 데 크게 도움을 주었다. 이러한 자료가 집필에 크게 도움을 준 것은 사실이지만, 내용의 객관성 확보를 위해 수많은 다른 자료를 활용했음을 강조하고 싶다. 학술논문이 아님에도 일일이 각주를 붙인 것은 이런 까닭에서다.

한국 현대사에서 박정희만큼 분석하기가 어려운 인물도 없다. 그가 여러 차례 변신한 까닭도 있고, 18년이라는 유례없이 긴 세월 동안 권력을 휘둘렀다는 것이 그 까닭일 수도 있다. 이런 것들보다도 분석에 더 큰 장애가 되는 것은 박정희에 대한 극단적인 호오(好惡)의 평가다. 친일파였다가 애국자가 되는가 하면, 살인자이자 호색한(好色漢)이었다가 경제를 살린 영웅이 되기도 한다.

그래서 박정희에 대한 평가의 기준으로 무솔리니를 내세워 보았다. 파시스트라는 점에서 무솔리니는 박정희의 대선배였을 뿐만 아니라 두 사람은 아주 흡사한 삶을 살았다. 사범학교를 나온 교사였던 점, 사회주의자에서 전향한 점, 장기간 독재를 자행한 점, 여색을 탐하여 죽을 때 여성과 함께 있었던 점, 그리고 62세 동갑에 살해당한 점 등 놀라울 정도로 비슷한 점이 많다. 인물을 평가할 때 너무 멀리 떨어져서 보면 참모습이 안 보일 수도 있으니, 위에서 내려다보는 시각을 갖자는 취지에서 무솔리니와 함께 박정희의 참모습을 살펴보기로 했다.

"학생은 비애국적이고, 언론인은 무책임하며, 지식인은 옹졸하다." 1965년

5월 2일, 박정희가 즉석연설에서 한 말이다. 학생, 언론인, 지식인. 이 세 부류는 박정희 시대의 3대 적이었다. 이들 가운데 특히 "비애국적"인 학생들이야말로 박정희 최대의 적이었다.

학생들이 박정희 최대의 적이 되어 본격적으로 등장한 것은 1964년 3월부터였다. 학생들이 박정희 정부가 타결지으려 한 한일회담을 '굴욕적'이라며 반대투쟁에 극렬하게 나서자, 1964년 6월 3일 비상계엄을 선포하여 이를 진압했다. 이듬해 한일회담을 타결하여 한일협정을 조인·비준하려 하자 다시 학생들이 저항했고 1965년 8월 26일 위수령을 발동하여 간신히 학생들을 물리쳤다. 한일협정이라는 한 가지 문제를 놓고 1년 6개월 동안 투쟁한 것은 한국 현대사에서 전무후무한 일이었다.

이 책의 또 다른 주안점은 박정희의 부패상이다. "권력이란 부패하기 쉽고, 절대 권력은 절대 부패한다"는 유명한 말처럼, 절대화한 박정희 권력 역시 부패의 극을 이루었다. 박정희의 부패상 가운데 절대 용서할 수 없는 것은, 1966년 3월 18일 자 미국 CIA 『특별보고서(SPECIAL REPORT)』에 나와 있는 "한일협상을 추진시킨 대가로(for promoting the Korea-Japan negotiations)" 일본 기업으로부터 6,600만 달러라는 엄청난 돈을 받았다는 점이다.

한일협상이란 36년간의 일제 폭압에 대한 책임을 묻고 그 피해를 보상받기 위해 일본을 상대로 논의하는 것이었다. 이런 중요하기 짝이 없는 협상을 하는 마당에 엄청난 돈, 그것도 당사자인 일본으로부터 받았다니 그 협상이 제대로 될 수 있었겠는가? 6,600만 달러라는 것도, 미국 CIA가 1966년 3월 18일 이전에 파악한 액수였으니 그 후에 받은 돈도 가려내어 역사 속에서 박정희를 엄중히 문책해야 마땅하다.

역사 속에서 박정희를 심하게 꾸짖어야 할 대목은 하나 더 있다. 박정희는 겉만 한국인이었을 뿐 속속들이 일본색으로 물든 인물이었다. 친일 행위를 무시한 미군정의 방침에 따라 만주군 즉 일본군에서 국군으로 옷을 갈아입고 별까지 달고는, 일본 황도파 장교들이 반란을 일으킨 2·26 사건을 본뜬 5·16 쿠데타로 한국을 군인 공화국으로 만들어 그 여파가 전두환까지 미치게 했다. 그것으로도 모자랐는지 1972년 10월 17일 유신쿠데타를 일으켜 한국을 일본화하려고 시도했다. 이것이 다음에 나올 책 『박정희와 일본 II』의 주제다.

    이 책은 세 개의 부(部)로 구성되어 있다. 제1부는 박정희의 대선배 격으로 아주 흡사한 삶을 산 무솔리니를 등장시켜 그와 대조하여, 박정희의 참모습을 독자 스스로 판단하게 한다. 제2부는 박정희 쿠데타로 성립된 군정(軍政) 기간의 부패상과 제5대 대통령 선거의 문제점 그리고 한일협정 체결을 위한 한일회담 반대운동을 학생들 중심으로 자세히 살펴본다. 그리고 제3부에서는 한일협정이 조인·비준되는 과정과 이에 대한 학생들의 반대운동을 살핀 후 한일협정의 문제점을 자세히 검토한다.

    이러한 내용을 담은 필자의 저작이 1960년대 박정희 시대를 이해하는 데 조금이나마 도움이 되기를 소망한다.

2022년 5월 16일 새벽
교남동 연구실에서
송철원

차례

책을 펴내며 • 5

제1부 무솔리니와 박정희

프롤로그: 지도자를 어떻게 볼 것인가 …………………………………………………… 19
제1장 무솔리니 ……………………………………………………………………………… 23
  1. 파시즘이란 무엇인가 • 23
  2. 무솔리니의 부활: "무솔리니는 우리가 밥 굶지 않게 해 줬다." • 27
  3. 무솔리니의 변신 • 31
  4. 파시즘의 탄생과 '로마 진군' 쿠데타 • 34
  5. 무솔리니의 20년 집권①: '이탈리아 파시스트 제국' 선포 • 39
  6. 무솔리니의 20년 집권②: 히틀러의 등장과 제2차 세계대전 • 45
    1) 무솔리니와 히틀러··45
    2) 제2차 세계대전①_독일의 소련 침공··48
    3) 제2차 세계대전②_일본의 진주만 기습··54
  7. 무솔리니의 20년 집권③: 이탈리아 내전(內戰) • 57
제2장 박정희 ………………………………………………………………………………… 65
  1. 박정희의 부활: "박정희는 우리가 밥 굶지 않게 해 줬다." • 65
  2. 박정희의 변신①: 교사 → 만주군 • 69
  3. 박정희의 변신②: 만주군 → 해방 후 광복군 → 남조선경비대원 • 76
  4. 박정희의 변신③: 남조선경비대원 → 공산주의자 • 85
  5. 박정희의 변신④: 공산주의자 → 극우 반공주의자 • 92
제3장 박정희의 쿠데타와 18년 집권 …………………………………………………… 101
  1. 제1차 쿠데타 미수: 1952년 5월, 이승만 제거 미수 • 101
  2. 제2차 쿠데타 미수: 1960년 5월 8일, 이승만 제거 미수 • 111

3. 제3차 쿠데타 미수: 1961년 4월 19일, 장면 제거 미수 • 115

4. 제4차 쿠데타 미수: 1961년 5월 12일, 장면 제거 미수 • 120

5. 5·16 쿠데타: 1961년 5월 16일, 장면 제거 성공 • 124

  1) 5·16 쿠데타 성공⋯124

  2) 제3공화국 약사(略史): 1961~1970년⋯132

6. '유신(維新)' 쿠데타: 1972년 10월 17일, 오직 한 사람을 위한 날 • 143

  1) 1971년의 대한민국⋯143

    (1) 1971년 4월: 교련 철폐 시위와 언론 화형식 147/ (2) 1971년 4월 27일: 제7대 대통령 선거 151/ (3) 1971년 8월 10일: 광주대단지(廣州大團地) 사건 155/ (4) 1971년 10월 15일: 위수령 발동 159

  2) 유신(維新) 전사(前史): 1971년 10~12월⋯162

    (1) 학생 세력 소탕: 강제 징집과 '서울대생 내란음모 사건' 162/ (2) 1971년 12월 6일: 유신 쿠데타 전주곡 '국가비상사태' 선포 166

  3) 유신(維新) 쿠데타: 1972년 10월 17일⋯170

    (1) 공작명 '풍년사업' 170/ (2) 유신 쿠데타, 오직 한 사람을 위한 야만 시대의 시작 173/ (3) 수적천석(水滴穿石), '물방울이 바위를 뚫는다': 이세규라는 물방울 이야기 177

제2부 박정희와 한일회담

제1장 박정희 군정(軍政)_1961.5.16.~1963.12.16. ⋯⋯⋯⋯⋯⋯⋯⋯⋯⋯⋯⋯⋯ 185

1. 5·16 쿠데타와 미국 그리고 일본 • 185

  1) '혁명공약과 '빨갱이 만들기'⋯185

  2) 케네디와 박정희⋯190

  3) 케네디와 이케다 하야토⋯194

  4) 기시 노부스케, 스기 미치스케 그리고 박정희⋯198

  5) 박정희의 일본 방문: "요시다 쇼인을 존경합니다"⋯205

  6) 박정희의 미국 방문: "대한민국은 언론의 자유를 향유하고 있음을 선언한다"⋯212

2. 5·16 쿠데타와 군정 • 216

  1) 절대 권력기관 중앙정보부··216

   (1) "권력이란 부패하기 쉽고, 절대 권력은 절대 부패한다" 216/ (2) "집은 구했어?" 219/ (3) '부패'와 '억압'의 총본산 중앙정보부 223

  2) 정치자금 '만들어 쓰기'··232

   (1) 중앙정보부와 4대 의혹 사건 232/ (2) 4대 의혹 사건①: 증권파동 사건 241/ (3) 4대 의혹 사건②: 워커힐 사건 250/ (4) 4대 의혹 사건③: 새나라자동차 사건 253/ (5) 4대 의혹 사건④: 파친코 사건 258

  3) 일본 정치자금 '받아 쓰기'··262

   (1) CIA『특별보고서』: '6천 6백만 달러' 또는 어림잡아 '37조 원' 262/ (2) '민정 이양(民政移讓)'과 혁명공약 '제6항'의 변조 및 삭제 268/ (3) 민주공화당의 전신 '재건동지회' 276/ (4) 박정희의 번의(翻意) 쇼: 2·18 성명→2·27 선서→3·16 성명→4·8 성명 280

  4) 박정희, 김종필 그리고 일본··292

   (1) 김종필-오히라 메모 292/ (2) 박정희와 기시 노부스케 인맥 302

 3. 제5대 대통령 선거 • 312

  1) 윤보선은 왜 패배했는가··312

   (1) 박정희의 '민족적 민주주의' 313/ (2) 윤보선의 '사상논쟁' 318/ (3) 중앙정보부장 김형욱의 선거 공작 322/ (4) 'YTP' 공격, '청사회'의 활약 327

  2) YTP의 정체: KKP → MTP → YTP··334

   (1) 'KKP'와 윤재욱, 이범석, 조경규: 1960년 8월 6일~1961년 5·16 쿠데타 334/ (2) MTP와 박정희, 박창암, 이용택, 김종필: 1961년 5·16 쿠데타 이후~1963년 7월 24일 342/ (3) 민주공화당 청년조직, 청사회=YTP 351

제2장 한일회담과 6·3 항쟁 ·· 359

 1. 군정기(軍政期)의 학생운동 • 359

  1) 한미행정협정 체결 촉구 시위(1962.6.6.~6.9.)··359

  2) 자유수호 궐기대회(1963.3.29.)와 군정 연장 반대 시위(1963.4.19.)··363

2. 6·3 세대는 누구인가 • 370

3. 학생운동의 동력(動力): 이념 서클 • 373

　1) 서울대의 민족주의비교연구회(민비연)··373

　2) 고려대의 민족사상연구회(민사회)와 민주정치사상연구회(민정회)··380

　3) 연세대학교의 한국문제연구회(한연회)··386

4. 6·3 항쟁①: 한일회담 반대운동(1964.3.24.~4.23.) • 391

　1) 1964년 3월의 학생운동(1964.3.24.~28.)··391

　　(1) 한일회담 반대 투쟁의 봉화가 오르다: 1964년 3월 24일 391/ (2) 학생데모 전국으로 파급: 1964년 3월 25~28일 400

　2) 박정희 정권의 부정부패와 학원 공작··405

　　(1) "박정희 정권은 일본으로부터 1억 3천만 달러를 받았다": 김준연 의원 폭로 405/ (2) 국(國)·공유지(公有地) 부정 불하 사건: 만주국과 박정희 그리고 황종률 408/ (3) 김형욱 중앙정보부의 학원 공작①: 학원 사찰 419/ (4) 김형욱 중앙정보부의 학원 공작②: 괴소포 사건과 YTP의 재등장 426

　3) 1964년 4월의 학생운동(1964.4.17.~23.)··434

　　(1) 4·19혁명 4주년과 학생시위 434/ (2) 「학원사찰 및 학원분열에 대한 보고서」 작성 438/ (3) 학원사찰 성토대회 446

5. 6·3 항쟁②: 박정희 정권 퇴진운동(1964.5.20.~6.3.) • 451

　1) 민족적 민주주의 장례식(1964.5.20.)··451

　2) '무장군인 법원 난입 사건'과 '송철원 린치 사건'(1964.5.21.)··458

　3) '난국타개 학생총궐기대회'(1964.5.25.~26.)와 집단 단식농성(1964.5.30.)··464

　4) "주관적인 애국충정은 객관적인 망국행위임을 직시하고 박 정권은 하야하라"(1964.6.2.)··470

6. 6·3 항쟁③: 비상계엄(1964.6.3.~7.29.) • 474

  1) 1964년 6월 3일··474

  　(1) 학생시위와 비상계엄 선포 474/ (2) 이윤식(李允植)의 죽음 479/ (3) 「현 시국에 관한 대통령 특별교서(特別敎書)」483

  2) 1964년의 구속 학생 명단 및 재판과정··490

제3부 박정희와 한일협정

제1장 한일협정 조인 반대 운동_1965년 2월 18일~6월 22일 ·················· 507

  1. 1965년 1월: 다카스기 신이치(高杉晉一)의 망언(1월 7일) • 507

  2. 1965년 2월: 시나(椎名) 외상의 방한(2월 17일)과 한일기본조약 가조인(2월 20일) • 510

  3. 1965년 3월: '3·24 제2선언문'과 '격문(檄文)' 작성 • 514

  4. 1965년 4월: 한일협정 가조인 무효투쟁 • 519

    1) 3대 현안(懸案) 요강(要綱) 가조인(4월 3일), 평화선과 학생데모··519

    2) 서울법대 시위(4월 10일)와 동국대생 김중배 사망(4월 15일)··523

  5. 1965년 5~6월: 한일협정 조인 반대 투쟁 • 529

    1) 박정희의 방미(5월 16일)와 한일협정 조인(6월 22일)··535

제2장 한일협정 비준 반대 및 무효화 운동_1965년 6월 23일~8월 14일 이후 ···· 539

  1. 1965년 6~7월: 한일협정 비준 반대 투쟁① • 539

    1) 여대생과 의대생도 투쟁에 나서다··539

    2) 고등학생도 투쟁에 나서다··546

  2. 1965년 7~8월: 한일협정 비준 반대투쟁② • 550

1) 한비연 결성과 비준 반대 투쟁(7월 13일~8월 13일)··550
  3. 1965년 8월: 한일협정 무효화 투쟁과 위수령 발동 • 554
   1) 한일협정 비준(8월 14일)과 학생들의 성토·시위(8월 15~25일)··554
   2) 무장군인 고려대 난입(8월 25일)과 위수령 발동(8월 26일)··560
   3) 무장군인 재차 난입(8월 26일)과 학원방위 총궐기대회(8월 27일)··564
  4. 1965년 9월: 6·3 항쟁의 종언 • 570
   1) 서울대 상대 '군화 화형식'과 고려대 '학원방위총궐기대회'(9월 6일)··570
   2) 민족주의비교연구회(민비연) 해체(9월 11일)와 2차 민비연 사건(9월 15일)··574
    (1) '2차 민비연 사건 구속자 명단' 텍스트① 577/ (2) '2차 민비연 사건 구속자 명단' 풀이① 579/ (3) '2차 민비연 사건 구속자 명단' 텍스트② 581/ (4) '2차 민비연 사건 구속자 명단' 풀이② 581/ (5) 2차 민비연 사건의 공판 결과: 전원 무죄 583
  ■ 자료: 민비연 사건 공소장 • 585
   1) 민비연 1차 사건 공소장(1964)··585
   2) 민비연 2차 사건 공소장(1965)··590

제3장 한일협정의 문제점 ·················· 597

 1. 한일병합과 일본 • 597
  1) '유효정당론', '유효부당론', '무효부당론'··597
  2) 샌프란시스코 대일강화조약과 독도··606
    (1) 독도(獨島), 리앙쿠르(Liancourt)암(岩) 또는 다케시마(竹島) 611/ (2) 시볼드의 독도 공작과 한일 간의 '미해결의 해결' 614
 2. 한일협정, 무엇이 문제였나 • 620
  1) 한일회담과 한일협정··620
  2) 한일협정의 문제점①: 기본조약의 문제점··625

3) 한일협정의 문제점②: 재산청구권·경제협력 협정의 문제점··634
      (1) 청구권 협정의 문제점①: '명분', '금액', '계약인증권' 638 / (2) 청구권 협정의 문제점②: 강제
      징용·징병자, 일본군 위안부, 원폭 피해자, 사할린 동포 등의 미해결 문제 643
   3. 한일협정, 한국 그리고 일본: 박정희의 '승부 조작'과 일본의 '먹칠' • 649

책을 마치며 • 653

참고문헌 • 663
인명 색인 • 673

제1부

무솔리니와 박정희

프롤로그

지도자를 어떻게 볼 것인가

지도자란 어떤 사람인가? 지도자라고 해서 신적인 존재가 아니다. 그는 일상의 평범한 인간과 다름없다. 그도 바지를 입을 때 먼저 한쪽 다리를 끼우고 나서 다른 쪽 다리를 끼운다. 어떠한 지도자라 할지라도 전혀 잘못이 없을 수는 없으므로 모든 지도자를 고찰할 때 일정한 거리를 두고 항상 이와 같은 사실을 상기할 필요가 있다. 심지어 위대한 지도자라 할지라도 상당한 주의력을 가지고 새롭게 평가하지 않으면 안 된다.

'위대한 지도자'가 우리에게 베풀어 주는 선이란 무엇인가? 그는 우리가 최선을 다해 살아갈 수 있도록 깨우쳐 주며, 사태를 냉철하고 정확하게 파악할 수 있는 분별력을 제공해 준다. 왜냐하면 위대한 지도자는 가정된 역사의 필연성에 대항하여 인간 자유의 실재성을 입증하기 때문이다. 그리고 그는 우리의 내부에 전혀 있을 것 같지 않은 지혜와 힘을 일깨워 준다.[1]

다음 그림에서처럼 물체가 평행하게 멀리 이동할 때 평행선이 점점 좁아지면서 하나로 만나는 점으로 보이게 되는데, 이를 소실점(消失點)이라고 한다. 지도자를 자처하는 독재자가 자행한 잔인하고 폭력적이며, 압제적이고

---

1. 아서 슐레진저 저, 「지도력에 관하여」, 『인물로 읽는 세계사』, 대현출판사, 1993, 11쪽.

부정(不貞)한 행위 역시 시간이 흐름에 따라 사람들의 기억에서 점점 멀어지다가 소실점처럼 기억에서 거의 사라져 일부 사람들에게는 '없었던 일'이 되어 버리는 경우가 허다하다. 문제는 여기에 그치지 않고 독재자의 극악한 행위가 있던 자리를 그의 '업적(業績)'이란 것이 떡 하니 차지하여 어느새 독재자가 영웅으로 둔갑해 버리기도 한다는 데 있다.

철길을 땅을 딛고 서서 멀리 내다보면 점점 소실점으로 사라져 버리지만, 위에서 내려다보면 원래의 모습인 평행선으로 보인다. 이 책의 목적은 철길 원래의 모습을 내려다보듯이 주인공인 박정희의 원래 모습을 있는 그대로 살펴보자는 데 있다. 그에 앞서 박정희의 대선배 격으로 흡사한 삶을 살았던 무솔리니의 모습부터 내려다본 후 박정희의 본래 모습이 언제, 어떻게 만들어졌고 어떤 모습으로 우리에게 다가왔는지를 샅샅이 내려다보기로 한다.

파시즘(fascism) 원조인 이탈리아의 무솔리니와 그의 계승자 격인 한국의 박정희. 이 두 사람의 삶은 마치 약속이라도 하고 태어난 듯이 판박이다. 그리 유복하지 않은 가정에서 태어나 사범학교를 졸업하고 교사가 되었으

무솔리니(왼쪽)와 박정희 | 사진출처: HeadlineNews

며, 군 복무를 하고 사회주의자였다가 전향하여 파시스트의 길을 걸었다. 쿠데타를 통해 집권한 후 진보적 인사들을 살해한 것이 똑같다. 또한 부정선거를 일삼다가 아예 선거를 형식적인 행사로 만들었고, 반대 세력을 극도로 탄압했는가 하면 여인편력(女人遍歷)이 다양해 살해당할 때 여성, 그것도 이혼녀[2]와 함께 있었다는 점도 그대로 닮았다. 더욱 극적으로 닮았던 점은 두 사람이 살해당할 때의 나이가 62세로 동갑이었다는 것이다. 차이가 있었다면, 무솔리니는 집권 기간이 22년이었지만 박정희는 18년으로 다소 짧았다는 점이다.

---

2. 이 점을 지적하는 것은, 결코 여성을 폄하하기 위해서가 아니라 두 사람의 공통점을 지적하기 위해서다. 무솔리니와 최후를 함께한 클라라 페타치(Clara Petacci, 1912.2.28.~1945.4.28.)는 로마 교황 주치의의 1남 2녀 중 장녀로 태어나 1934년 결혼했으나 1936년 5월 무솔리니의 연인이 되었다. 1979년 10월 26일 박정희가 김재규에 의해 살해당할 때 가수 심수봉과 함께 있었던 신재순은 딸이 있는 이혼녀였다.

제1장
무솔리니

1. 파시즘이란 무엇인가

파시즘(fascism)이 무엇을 주장하는 이념인지 간단히 정의하기가 어렵다. 그것은 파시스트 원조인 이탈리아의 무솔리니(Benito Amilcare Andrea Mussolini, 1883~1945)부터 독일의 히틀러(Adolf Hitler, 1889~1945), 일본의 도조 히데키(東條英機, 1884~1948), 스페인의 프랑코(Francisco Paulino Hermenegildo Teódulo Franco (Bahamonde), 1892~1975), 한국의 박정희(朴正熙, 1917~1979), 칠레의 피노체트(Augusto José Ramón Pinochet Ugarte, 1915~2006) 등에 이르기까지 이들 파시스트가 등장한 시대적 배경, 이들이 통치한 국가의 성격과 각자의 색깔에 따라 걸어간 길이 똑같지 않기 때문이다. 원조인 무솔리니까지도 다음과 같이 말할 정도로 파시즘은 일관성이 없는 이데올로기였다.

우리 파시스트들은 모든 전통적인 정치 이론을 폐기할 용기가 있다. 우리는 귀족이자 민주주의자이며 혁명가이자 반동분자이고 프롤레타리아이자 반(反)프롤레타리아로서 평화주의자이자 반평화주의자이다. 하나의 고정점, 즉 민족(nation)을 갖는 것만으로도 충분하다. 나머지는 분명하다. … 모든 사

무솔리니(왼쪽)와 히틀러

람에게는 자신을 위하여 자신의 이데올로기를 만들고 동원가능한 모든 에너지를 사용하여 그것을 실현하고자 시도할 자유가 있다.[1]

파시즘을 중심부 국가의 파시즘과 주변부 국가의 파시즘으로 구분하기도 한다.

중심부 국가의 파시즘은 크게 '밑으로부터의 파시즘'과 '위로부터의 파시즘'으로 나뉜다. 전자는 배타적 종족주의 등의 이데올로기로 무장한 소부르주아적[2] 중간 계층의 정당이 국가를 장악하는 형태로, 히틀러나 무솔리니 집단이 대표적이다. 후자는 전시(戰時)의 일본과 같이 기존의 관료 체계가 비상 상황을 조성하면서 조직적으로 파쇼화되는 것을 의미한다.

주변부 국가에서는 보통 위로부터의 파시즘 중 하나인 군사 파시즘이 유

---

1. 윌리 톰슨, 『20세기 이데올로기』, 전경훈 옮김, 도서출판 산처럼, 2017, 195쪽.
2. 소부르주아(petite bourgeois): 노동자와 자본가의 중간 계급에 속하는 소상인, 수공업자, 하급 봉급생활자, 하급 공무원 따위를 통틀어 이르는 말.

행한다. 이 경우에는 대개 피지배자의 역동적인 움직임에 직면한 극우적 군부가 핵심부의 비호 아래 정변의 방식으로 정권을 탈취하여 피지배자의 조직을 철권 통제하며 체제에 대한 모든 도전 가능성을 차단한다. 스페인에서 일어난 프랑코의 정변(독일과 이탈리아가 후원), 칠레에서 일어난 피노체트의 정변(미국이 후원), 한국에서 일어난 박정희와 전두환의 정변(미국이 후원)이 대표적 사례다.

한국의 피지배 조직과 그들의 저항에 대한 파괴는 1961년 5·16 직후의 혁신 정당 탄압, 《민족일보》 탄압, 노조 자율성 박탈, 1980년의 광주 학살 등으로 나타났다. 주변부 파시즘이 중심부 파시즘과 다른 점이라면 사회의 병영화를 지향할 수는 있지만 자율성이 없는 주변부 종속 국가의 특질상 독자적으로 '침략'을 꿈꿀 수는 없다는 것이다.[3]

파시즘의 기본 성격은 무엇인가? 파시즘은 민주주의 원칙을 경멸하고 조롱하며 마르크스주의적 평등주의와는 본디부터 척을 졌다. 게다가 자유주의와 개인주의도 파시즘에겐 눈엣가시와도 같다. 또한 물질주의를 반대하는가 하면 국제주의[4]에도 생래적(生來的)인 알레르기 반응을 나타낸다. 이렇게 수많은 적을 창조해 놓고선 대중의 공포를 조장한다. 자본주의 질서의 파탄에 따른 대중의 불안과 증오를 선동하고 그들의 공포에 편승한다. 거기에 사회주의 혁명의 위협과 헌정 질서의 불안정, 그리고 파시스트 행동대들이 길거리에서 자가 발전한 테러의 공포를 확산하면서 대중의 마음속에 믿을 거라곤 강력한 지도력밖에 없다는 '대안 부재론'을 유포한다.

---

3. 박노자, 『비굴의 시대』, 한겨레출판, 2014, 19~20쪽.
4. 국제주의(internationalism): 독립한 주권 국가들이 서로 협력하여 세계의 평화와 공영을 실현하려는 입장.

파시즘은 어떻게 탄생하는가? 지푸라기라도 잡고 싶은 대중은 무질서를 파시즘적 질서로, 민주적 비효율을 신속한 결정으로, 이성을 의지로, 국론 분열을 국민 통합으로, 평등주의를 위계적 리더십으로 대체하겠다는 파시즘의 선전·선동에 너무도 허망하게 넘어가 버린다. 파시즘은 이렇게 좌우를 막론하고 부정하는 좌충우돌의 사상으로 탄생했지만 역설적이게도 우파와 전술적 동맹을 맺기도 하고 우파를 권력 쟁취의 숙주로 이용하기도 했다. 이러한 전력으로 인해 파시즘은 지금껏 기형적인 우익사상으로 취급되고 있다.

파시즘의 이러한 형태적 특징을 관통하는 전체적인 목표는 무엇이었을까? 정치적 목표 없이 동원을 위한 동원, 열광을 위한 열광만을 할 수는 없는 노릇이다. 여기서 도탄에 빠진 국가를 구원하고 부흥시킨다는 '국가 갱생주의' 주장이 등장한다. 국가의 총체적 추락을 경험한 대중이 국가 갱생(更生)[5]이라는 목표를 메시아적인 신앙으로 받아들인 것이다.[6]

이러한 파시즘의 실행자 즉 파시스트들은 자유의 역사에 난입한 야만인들이었다. 한때 자유가 이 야만인들의 침공으로 철저히 유린되고 파괴되었지만, 자유를 향한 행진이 완전히 중단된 것은 아니었다. 자유의 진전은 일시적으로 교란될 수는 있어도 결코 종료될 수 없는 역사적 진보의 과정이기 때문이다. 따라서 파시즘은 자유의 역사에서 '막간극'에 불과했다고 할 수 있다.[7]

지금까지 살펴본 파시즘을 간단히 정리하면 다음과 같다.

---

5. 1930년대 초·중반 일본의 국가주의자들은 '국가개조(國家改造)', 박정희는 5·16 쿠데타 후 '국가재건(國家再建)'이라는 표현을 사용했다.
6. 로버트 O. 팩스턴, 『파시즘』, 손명희·최희영 옮김, 교양인, 2005, 9~10, 12쪽.
7. 장문석, 『파시즘』, 책세상, 2010, 34쪽.

파시즘은 권위주의적 통치의 극단적인 형태 중 하나이다. 국민은 지도자가 시키는 그 이상도 그 이하도 아닌, 그가 말한 그대로 행동해야 한다. 또한 파시즘은 과격한 국수주의와 연관되어 있고 전통적인 사회계약(공동의 이익을 위한 사회적 합의)을 거꾸로 뒤집는다. 국민은 자신의 권리를 보호해 주는 대가로 국가에 권력을 부여하는 것이 아니라, 권력은 지도자로부터 시작되고 국민은 아무런 권리도 없다. 파시즘하에서 국민의 임무는 국가를 위해 봉사하는 것이고 정부가 하는 일은 국민을 다스리는 것이다.[8]

2. 무솔리니의 부활: "무솔리니는 우리가 밥 굶지 않게 해 줬다."

1945년 4월 28일 오후, 파시즘의 창시자인 무솔리니는 연인인 클라라 페타치와 함께 도망치다 유격대에 잡혀 총살당했다. 그런 무솔리니가 2020년 부활했다. 언론보도부터 보자.

로마 소재 정치사회경제연구소(EURISPES)가 펴낸 『이탈리아 2020 보고서』에 따르면 이탈리아 국민의 15.6%가 홀로코스트[9]를 부정하는 것으로, 아울러 이탈리아 국민의 19.8%는 파시즘 창시자인 베니토 무솔리니를 위대한 지도자라고 생각하는 것으로 나타났다. 이러한 이탈리아 국민의 인식은 최근 십수 년간 지속한 심각한 경기침체와 정치적 불안정 속에 점점 극우화하는 사

---

8. 매들린 올브라이트, 『파시즘: A Warning』, 타일러 라쉬·김정호 옮김, 인간희극, 2018, 27쪽.
9. 홀로코스트(Holocaust): 제2차 세계대전 전후(1933~1945)로 독일 히틀러의 나치 정권과 협력자들이 유대인과 슬라브족, 집시 등을 대상으로 자행한 국가 차원의 체계적이고 관료적인 탄압과 대량 학살.

2020년 5월 11일 자 영국 일간지 《데일리 텔레그래프(The Daily Telegraph)》는 이탈리아 북부 베로나의 한 업체가 무솔리니의 이미지가 들어간 마스크를 제작해 인터넷 판매 중이라고 보도했다. 마스크에는 무솔리니의 슬로건 '행진하고 건설하라. 그리고 필요하다면 싸우고 이겨라'는 문구가 새겨져 있다. | 출처:《조선일보》

회적 분위기를 반영한 것으로 풀이된다.[10]

2020년 최악의 경기침체에 빠진 이탈리아는 무솔리니의 유령을 불러내고 있었다. 무솔리니의 사진이 들어간 마스크가 등장하는가 하면 역시 그의 사진이 들어간 달력 판매량이 늘고 있고, 무솔리니 고향에는 그의 이름이 공공장소에 슬슬 나붙고 있었던 것이다. 무솔리니 시대라는 참혹한 과거는 어떻게 기억되고 있었는가?

"나는 그 시대에 태어났습니다. 무솔리니는 우리가 밥 굶지 않게 해 줬죠." 이탈리아 로마의 한 카페 사장이 선반에서 무솔리니의 사진이 담긴 신년 달력을 꺼내며 일간 가디언 기자에게 말했다. 달력 사진 중에는 밀밭에서 추수

---

10. 「이탈리아 국민 5명 중 1명 "독재자 무솔리니는 위대한 지도자"」,《연합뉴스》2020.2.1.

중인 노동자들과 함께 한 무솔리니가 있다. 올해 78세의 노인인 그는 말한다. "나는 나의 문화를 등질 수가 없어요."[11]

이는 이탈리아의 경기침체 속에서 고통받는 대중이 문제를 일거에 해결할 강력한 지도자를 희구하는 사회심리로 볼 수 있다. 제1차 세계대전 후 혼란에 빠진 이탈리아를 장악한 무솔리니는 1920년대 초 4년 만에 20%의 경제성장을 이룩하고 실업률을 80% 줄인 빛나는(?) 업적을 갖고 있다. 그는 누구인가?

무솔리니는 1883년 7월 29일 이탈리아 북동부 프레다피오(Predappio) 주의 도비아(Dovia)라는 작은 마을에서 대장장이인 알레산드로 무솔리니(Alessandro Mussolini)의 맏아들로 태어났다. 사회주의자였던 그의 아버지는 자신의 신념에 따라 혁명가들의 이름을 따서 아들의 이름을 지었다. 멕시코의 혁명가이자 대통령이었던 베니토 후아레스(Benito Juárez)에게서 '베니토'를, 이탈리아의 아나키스트였던 아밀카레 치프리아니(Amilcare Cipriani)에게서 '아밀카레'를, 이탈리아의 사회주의자였던 안드레아 코스타(Andrea Costa)에게서 '안드레아'를 따서 Benito Amilcare Andrea Mussolini라는 긴 이름을 지은 것이다.[12]

어린 시절 무솔리니는 고집이 세고 반항적이며 난폭했다. 툭하면 싸움을 벌여, 어떤 아이와 놀다 말다툼이 벌어지자 뾰족한 돌멩이로 마구 때려 피투성이로 만든 적도 있었다. 또한 그는 외로운 아이였다. 결혼하기 전부터 그리고 결혼한 뒤에도 마치 폭식증 환자가 음식을 찾듯 본능적으로 여

---

11. 최민영, 「경기침체 이탈리아 '무솔리니 향수'」, 《주간경향》 1416호, 2021.3.1.
12. 베니토 무솔리니, 『무솔리니: 나의 자서전』, 김진언 옮김, 현인, 2015, 14쪽.

성을 찾고 소유하려 들었다.[13] 그는 대중 정치운동을 이끌었지만 여전히 고독했다. 무솔리니 자신도 어린 시절을 다음과 같이 기억하고 있다.

> 나는 선량한 아이가 아니었다. 또한 나는 가족들의 자랑이 되거나 학급에서 수석을 차지하여 어린 내 급우들로부터 존경을 받은 적도 없었다. 그 무렵 나는 차분하게 가만히 있지 못하는 아이였다. 그것은 지금도 마찬가지다. 당시 나는 어째서 활동을 위해 쉴 필요가 있는지 이해하지 못했다. 당시의 내게 조용히 쉰다는 것은 지금 이상으로 의미를 갖지 못했다.[14]

그는 아홉 살 때 기숙학교에 들어갔다. 그러나 규칙 위반으로 퇴학당하자 부모는 그를 왕립 교원양성학교 즉 사범학교에 입학시켰다. 사범학교에서 지낸 7년 동안 무솔리니는 점점 정치에 관심을 갖게 되어 주말에 집으로 오면 아버지와 정치토론을 벌였고, 아버지 친구인 사회주의자들이 가져온 유인물이나 신문을 열심히 읽었다.

1901년 사범학교를 졸업하고 교사가 되어 몇 달 동안 작은 마을에서 초등학생들을 가르쳤다. 교사 생활이 즐겁기는 했지만, 그곳에서 오래 생활하고 싶은 생각은 없었다. 봉급이 너무 적은 데다가 마을 분위기가 너무 촌스럽고 편협했으며, 그 지역의 사회주의자들이 별로 혁명적이지 못했기 때문이었다. 정치 수업을 쌓기 시작한 이 초기 단계에서부터 무솔리니는 이미 정치적 온건주의에 대해 적대감을 보이기 시작했고, 이러한 경향은 평생 그의 특징이 되었다.[15]

---

13. 디안 뒤크레, 『독재자의 여인들』, 전용희 옮김, 시드페이퍼, 2011, 43쪽.
14. 베니토 무솔리니, 『무솔리니: 나의 자서전』, 15~16쪽.

3. 무솔리니의 변신

1902년 6월 무솔리니는 짧은 교사 생활을 뒤로 하고 스위스의 로잔으로 갔다. 그곳에서 그는 사회주의자 즉 공산주의자로 기울어져 갔다. 사회주의 신문에 논설을 쓰는가 하면, 정치 집회에 참여하여 열변을 토했고, 파업을 배후 조종하기도 하여, 스위스 당국에 의해 여러 차례 투옥되거나 다른 지역으로 추방당하기도 했다.

스위스에서 보낸 2년 동안 무솔리니는 극단주의적인 글을 쓰고 연설을 하며 폭력적으로 행동할 것을 주장했다. 그는 군주 정치와 교권주의[16]뿐만 아니라 군국주의[17]도 격렬하게 반대했다. 그가 이런 태도를 취한 것은 사회주의에 대한 확신에서 비롯된 것이 아니라 어린 시절의 환경과 타고난 반항적 이기주의를 반영한 것에 불과했다.[18]

스위스에서 귀국하여 군에 입대, 1906년 제대한 후 감옥을 들락거리며 사회주의자로서 명성을 쌓아 갔고 반군국주의를 외치다 또다시 투옥되기도 한다. 1912년 7월 무솔리니는 사회당 전당대회에서 집행위원에 선임되어 강경 좌파 세력의 대변인 노릇을 하다가, 그해 12월 사회당 기관지《아반티(Avanti, 전진)!》의 편집장이 되었다. 편집장으로 일했던 23개월 동안

---

15. 래리 하트니언, 『인물로 읽는 세계사③: 무솔리니』, 김한경 옮김, 대현출판사, 1993, 36~42쪽.
16. 교권주의(敎權主義, clericalism): 로마 가톨릭교회에서 교황의 권위 및 교회의 중앙집권을 강조하는 주의. 로마 가톨릭교회 성직자들의 권위주의에 반대하는 사상을 반교권주의(反敎權主義, anti-clericalism)라고 한다.
17. 군국주의(軍國主義, militarism): 군사력에 의한 대외적 발전을 중시하여 전쟁과 그 준비를 위한 정책이나 제도를 국민 생활의 최상위에 두고 정치, 문화, 교육 등 모든 생활 영역을 이에 전면적으로 종속시키려는 사상과 행동양식.(두산백과)
18. 래리 하트니언, 『인물로 읽는 세계사③: 무솔리니』, 45~47쪽.

《아반티!》의 발행 부수가 2만 부에서 10만 부로 늘어나자 그의 영향력이 커지게 된다.

당시 유럽에는 전쟁 기운이 싹트고 있었다. 유럽의 사회주의자들은 대부분 "모든 사회주의 정당은 전쟁을 막기 위해 애써야 하며, 만약 전쟁이 일어나면 즉각적인 휴전을 요구해야 한다"는 결정에 따르고 있었다. 무솔리니는 이 방침에 따라 1914년 7월 26일 자 《아반티!》의 표제를 다음과 같이 붙였다.

> 수많은 프롤레타리아 대중은 하나로 뭉쳐 한목소리로 외치자! 그리고 그 외침이 이탈리아의 모든 광장과 거리에서 메아리치게 하자! 전쟁을 타도하자![19]

사회주의자로서의 행적은 거기까지였다. 막상 제1차 세계대전(1914.7.28.~1918.11.11.)[20]이 시작되고 얼마 안 되어, 무솔리니는 자신의 입장을 손바닥 뒤집듯 바꾸어 반전론자에서 참전론자로 급선회했다. 이같이 그가 '전향(轉向)'하자 사회당은 그를 제명했고, 이후 무솔리니는 사회주의와 옛 동지들에 대한 증오심을 평생 간직하게 된다. 이탈리아는 결국 1915년 5월 24일 연합국(영국·프랑스·러시아) 측에 가담하여 독일과 오스트리아에 대해 선전포고를 했다. 이때 무솔리니는 군대에 징집되어 17개월 동안 복무했다.

---

19. 래리 하트니언, 『인물로 읽는 세계사③: 무솔리니』, 57쪽.
20. 영국, 프랑스, 러시아 등의 연합국 측과 독일, 오스트리아-헝가리, 오스만투르크, 불가리아 등으로 이루어진 동맹국 측 사이에 일어난 전쟁으로 동맹국 측의 패배로 끝났다. 일본은 영일동맹을 근거로 1914년 8월에, 이탈리아는 비밀리에 영토 확장에 대한 보장을 받고 1915년 5월에, 미국은 1917년 4월에 연합국 측으로 참전했다.

제1차 세계대전 당시 군대에 복무했을 때의 무솔리니(1917) | 사진출처: 위키백과

제1차 세계대전에서 연합국 측이 승리했다. 영국과 프랑스는 엄청난 규모의 해외 영토를 손에 넣었지만, 이탈리아는 전사자 65만 명, 부상자 50만 명이라는 엄청난 사상자를 냈음에도 손에 쥔 것은 미미했다. 그토록 원하던 피우메(Fiume)[21]와 달마티아(Dalmatia)[22] 등을 수복하는 데 실패하자 이탈리아 국민은 전쟁에서의 승리를 '속 빈 강정'으로 여겼고, 전쟁이 끝난 후 극도의 정치적 혼란과 경제적 궁핍이 이탈리아를 괴롭혔다.

1917년에 일어난 러시아 혁명[23]의 영향도 컸다. 이탈리아 역사에서 이른바 '붉은 2년(1919~1920)'[24]으로 알려진 극심했던 혼돈 정국이야말로 무솔리

---

21. 크로아티아 서북부 도시 리예카(Rijeka). 제1차 세계대전 후 이탈리아와 유고슬라비아 간에 영유권을 두고 분쟁이 있던 곳이다.
22. 아드리아해 동부 연안에 면한 크로아티아 남서부 지역. 제1차 세계대전 때 연합국은 런던 밀약(1915.4.26.)을 맺고 이탈리아가 연합국을 지원해 주면 그 대가로 달마티아 북부를 포함한 넓은 영토를 주기로 약속했었다.
23. 러시아에서 1917년 11월에 일어난 사회주의혁명과 그에 앞서 3월에 제정(帝政)을 폐지한 혁명의 총칭이다.
24. 붉은 2년(Biennio Rosso/Two Red Years): 제1차 세계대전이 종결되어 1919년 11월 시행된 선거에서 이탈리아 사회당이 의석의 3분의 1을 차지한 후 전국이 '극좌' 분위기에 휩쓸렸

니의 파시즘을 배양한 온상이었다. 이 짧은 기간 동안 유례없이 집중된 노동자·농민의 격렬한 파업 투쟁과 공장 점거 및 토지 점거 운동은 전후 이탈리아 사회의 해체와 무질서를 고스란히 보여 주고 있었다. 이러한 상황에서 "볼셰비즘[25]으로부터 조국을 구하자!"라는 파시스트들의 구호가 재산과 생명의 위협을 느낀 많은 사람에게 그대로 먹혀들어 갔다.[26]

4. 파시즘의 탄생과 '로마 진군' 쿠데타

1919년 2월 밀라노에서 이탈리아 최초의 공산주의 시위가 일어나자, 무솔리니는 이에 대응하여 그해 3월 23일 공식적으로 파시즘을 탄생시켰다. 그날 아침 참전 퇴역군인과 전쟁을 찬양하는 생디칼리스트,[27] 미래파[28] 지

던 시기. 사회주의 성향의 자치단체장이 집권하면서 대대적인 토지 몰수와 파업이 일어났고 1920년 9월 토리노의 공장이 점거되면서 절정에 달했다.

25. 볼셰비즘(Bolshevism): 20세기 초 러시아에서 형성된 혁명적 마르크스주의자들과 이후 형성된 공산주의자들의 사상적 경향을 총칭하는 용어, 러시아어로 다수파를 뜻하는 '볼셰비키(Bolsheviki)'에서 나왔다. 볼셰비키는 러시아 마르크스주의 우파인 소수파 '멘셰비키(Mensheviki)'와 대립하여 승리했다.

26. 장문석, 『파시즘』, 36~37쪽.

27. 생디칼리슴(syndicalism): 1890년대 프랑스에서 생긴 무정부주의를 계승한 이념. 의회주의를 부정하고 노동조합(프랑스어로 syndicat, 이탈리아어로 sindacato)을 주체로 하여 동맹파업, 사보타주, 보이콧 등의 직접행동으로 혁명을 일으켜 자본주의를 타도하고, 혁명 후의 사회에서도 국가 기관 없이 조합이 생산의 관리를 담당할 것을 주장했다. 러시아 혁명(1917) 후 급속히 영향력을 잃어 우파는 개량주의에 합류하고 그 일부는 후에 이탈리아에서 파시즘으로 전화했으며 좌파는 마르크스주의로 이행했다.(철학사전)

28. 미래파(未來派, futurism): 1909년 이탈리아 시인 마리네티(Filippo Tommaso Marinetti)가 제창한 예술운동으로 과거의 전통을 부정하고 근대 문명이 낳은 속도와 기계를 찬미했다. 정치 분야에서 미래파는 사회적 불의가 없어지기를 바라기는 했으나 "우리는 세계의 유일하고도 진정한 건강법인 전쟁을 찬양할 것"이라고 선언하면서 초기 파시즘과 제휴

식인, 언론인, 단순 가담자 등 약 100여 명 이상의 군중이 산세폴크로(San Sepolcro) 광장이 내려다보이는 밀라노 상공업연맹 회의실에 모여 "민족주의에 반하는 사회주의와의 전쟁을 선포"했다. 그때 무솔리니는 자신의 운동을 '전투단(戰鬪團)'이라는 뜻의 '파시 디 콤바티멘토(Fasci di Combatimento)'라 불렀다.[29] 이 조직의 형성과 더불어 파시스트 운동이 시작되었다.

파시즘은 새로운 이념이었다. 그것은 전쟁 이후의 사회적 혼란, 파리강화회의[30]에서 결정된 합의 사항에 대한 국가주의적 분노, 그리고 정치적으로 주도권을 잡으려는 노동 계층에 대한 중산층의 두려움에서 비롯된 이념이었다.[31] 무솔리니는 파시즘의 탄생과 더불어 검은 셔츠를 단복(團服)으로 착용한 '국가안보 의용민병대'를 창설했다. 일명 '검은 셔츠단'[32]이라고 불렸던 이 준군사조직은 지주와 자본가의 후원으로 창설되었고, 폭력을 통해 급속도로 팽창하여 정규군 수준의 규모를 자랑하게 된다.

무솔리니의 질주는 여기서 일단 정지한다. 1919년 11월의 하원의원 선거에서 무솔리니 측은 단 한 석도 얻지 못한 것이다. 반면에 혁명적인 구호를 앞세운 이탈리아 사회당이 535석의 의석 중 156석을 차지하여 원내 제1당이 되자 이탈리아 상류층과 중산층 보수주의자들은 불안감을 갖게 된다.

선거에서 파시스트가 참패하기는 했지만 무솔리니에게는 단눈치오[33]라

했다.(다음백과)
29. 로버트 O. 팩스턴, 『파시즘』, 29쪽.
30. 제1차 세계대전이 종료된 후 새로운 전후 질서를 구축하기 위해 1919년 1월 18일부터 6월 28일까지 파리에서 열린 회의. 파리강화회의 결과 베르사유조약이 체결되었다.
31. 래리 하트니언, 『인물로 읽는 세계사③: 무솔리니』, 69~70쪽.
32. '검은 셔츠단'은 이탈리아 통일에 공헌한 주세페 가리발디(Giuseppe Garibaldi, 1807~1882)가 이끈 '붉은 셔츠단'을 모방한 것이었고, 히틀러의 나치 돌격대는 '검은 셔츠단'을 모방하여 '갈색 셔츠단'이라고 불렀다.

가브리엘레 단눈치오가 피우메를 점령한 후 행진하고 있다(1919년 9월). 무솔리니는 단눈치오가 보인 행태를 모델로 삼았다. | 사진출처: 위키백과

는 롤 모델이 있었다. 단눈치오는 제1차 세계대전이 발발하자 비행기 조종법을 배워 50세가 넘은 나이에도 전장에 뛰어든 국민 영웅이었다. 전쟁이 끝난 1919년 9월 12일, 그는 빼앗긴 땅을 탈환한다며 군대를 이끌고 피우메로 쳐들어가 무력으로 점령하고 15개월 동안 독재를 시행했다.

무솔리니는 단눈치오가 피우메를 빼앗는 것을 보고 직접적인 군사행동이 가능하고 성과가 크다는 것을 확신하게 되어 후일 '로마 진군'의 모델로 삼았다. 또한 단눈치오 독재정권의 주요 특질은 대부분 무솔리니의 파시즘에 편입되었다. 그 특질이란 퍼레이드와 제복, 신비주의, 최대의 극적 효과를 노린 화려한 집회, 절대적인 독재에 대한 강조, 고대 로마의 상징주의와 정치 용어의 부활, 즉흥적이고 일관성 없는 정책, 그리고 폭력이었다. 동

---

33. 가브리엘레 단눈치오(Gabriele D'Annunzio, 1863.3.12.~1938.3.1.). 이탈리아의 시인·소설가·극작가. 제1차 세계대전 발발 후 전장에 뛰어들어 군에서 위험한 임무를 수행했고 공군에 입대해 싸우다 전투 중 한쪽 눈을 실명했다. 1919년 지원병들과 함께 피우메를 점령하고 1920년 12월까지 집정관으로 통치했다. 그 후 파시스트가 되어 무솔리니로부터 포상을 받았다.(다음백과).

시에 무솔리니가 본보기로 삼은 것은 단눈치오의 잔인한 독재였다.[34] 관사 발코니에서 연설하는 기교, 팔을 앞으로 펴서 손바닥을 아래로 한 채 손가락을 뻗는 로마식 경례 역시 단눈치오로부터 비롯된 것이었다.

1921년 5월의 의회 선거에서 무솔리니를 비롯해 35명의 파시스트가 당선되었고, 그해 11월 9일 국가파시스트당(Partito Nazionale Fascista)이 로마에서 결성되었다. 1922년에 들어서 파시스트 행동대는 지역의 사회주의 본부와 신문사, 노동사무소, 사회주의 지도자들의 집을 약탈·방화하는 데서 시작해 공권력의 별다른 저지 없이 모든 도시를 폭력적으로 장악하기에 이르렀다.

무솔리니는 1922년 10월 24일 나폴리에서 열린 파시스트 연례 회의에서 '검은 셔츠단'에게 공공건물을 점령하고 열차를 징발하여 로마로 진군하라는 명령을 내렸다. 정권을 탈취하기 위한 쿠데타에 들어간 것이다. 그러나 무솔리니 자신은 일이 잘못되면 피신할 수 있도록, 스위스 피난처에서 멀지 않은 밀라노의 자기 소유 신문사 사무실에서 조용히 기다리고 있었다.[35]

사실 검은 셔츠단의 로마 진군[36]은 군대를 동원했다면 얼마든지 저지할 수 있었던 '허풍'에 불과했다. 10월 28일 아침 로마로 이어지는 진입로에 이르렀을 때 도보로 전진한 검은 셔츠단의 수는 9,000명 정도에 불과했다. 그들은 무기도 변변히 갖추지 못하고 임시변통으로 만든 제복 차림에 먹을 것과 마실 것도 부족한 상황에서 비까지 내려 우왕좌왕하는 모습이었다.

---

34. 래리 하트니언, 『인물로 읽는 세계사③: 무솔리니』, 74~75쪽.
35. 로버트 O. 팩스턴, 『파시즘』, 205~207쪽.
36. 로마 진군을 지휘한 네 명의 지도자를 '4대장(大將)'이라고 한다. 에밀리오 데 보노(Emilio De Bono, 1866~1944), 미켈레 비앙키(Michele Bianchi, 1882~1930), 체살레 마리아 데 베키(Cesale Maria De Vecchi, 1884~1959), 이탈로 발보(Italo Balbo, 1896~1940)다.

1922년 10월 28일 파시스트당의 준군사조직인 '검은 셔츠단'이 무솔리니와 함께 로마로 진군하고 있다. 앞줄 오른쪽부터 이탈로 발보, 무솔리니, 체살레 마리아 데 베키, 에밀리오 데 보노, 미켈레 비앙키 | 사진출처: mlbpark.donga.com

이에 반해 로마에는 노련한 보병 9,500명과 기병 300명뿐만 아니라 1만 1,000명의 경찰 병력까지 있었다. 게다가 식량도 넉넉하고 무장도 잘 되어 있었으며, 통신과 방어에 있어 유리하다는 이점까지 갖추고 있었다.[37] 그런데도 상황은 무솔리니에게 유리한 방향으로 전개되어 갔다. 당시의 상황을 보자.

중도 정치인들이 거의 활동 불능상태로 분열된 마당에, 무솔리니의 이런 대담한 움직임을 받아칠 책임은 비토리오 에마누엘레 왕의 좁은 어깨에 놓여질 수밖에 없었다. 왕은 군주제를 무너뜨리고 싶어 하는 사회당과 난폭한 파시스트들 중에 양자택일을 해야 했다. 군대와 총리는 왕에게 파시스트들의 행진을 막고 무솔리니를 체포한 후 사회당과 따로 협상하라고 조언했다. 처음에는 그 조언을 거부했지만 파시스트들이 대중매체와 정부 건물들을

---

37 로버트 O. 팩스턴(손명희·최희영 옮김), 『파시즘』, 교양인, 2005, 527쪽

점령하기 시작하자 왕은 마음을 바꿨다. 10월 28일 새벽 2시에 왕은 파시스트들을 막으라고 명했다. 그리고 7시간 후에는 파시스트들이 군대를 물리칠 수 있을 것이라고 확신하고는 다시 마음을 바꿨다. 사실 그 시점에서 파시스트들에게 그럴 만한 능력이 거의 없었는데도 말이다.[38]

이탈리아 국왕 비토리오 에마누엘레 3세(Vittorio Emanuele Ⅲ, 1869~1947)는 결정적인 순간에 주저했다. 그는 당시 총리였던 파크타(Luigi Facta, 1861~1930)가 제출한 계엄령에 서명하지 않았다. 군사력을 동원해 검은 셔츠단을 로마에서 몰아내라는 명령을 내리는 대신, 갑자기 유명해진 풋내기 파시즘 지도자 무솔리니에게 직접 총리직을 제안한 것이다.

1922년 10월 30일 벌어진 5시간 동안의 '로마 진군'은 원래 의도한 정부 전복 기도라기보다는 축하 퍼레이드에 가까웠다. 무솔리니는 마침내 '로마 진군'이라는 도박에 성공하여 20여 년에 걸친 장기 독재에 들어가게 되었고, 이는 그때까지 정권을 장악하지 못하고 있었던 독일의 히틀러를 크게 감동시켰다.

5. 무솔리니의 20년 집권①: '이탈리아 파시스트 제국' 선포

마침내 1922년 10월 31일 무솔리니 내각이 출범했다. 이후 1943년 7월 25일 무솔리니가 파시즘 대평의회[39]에서 불신임당해 비토리오 에마누엘레 3

---

[38] 매들린 올브라이트, 『파시즘: A Warning』, 38~39쪽.
[39] 파시즘 대평의회(Gran Consiglio del Fascismo): 이탈리아의 파시스트당이 연립 내각을 형

세로부터 해임을 통고받을 때까지 20년 8개월 25일 동안 권력을 휘둘렀다.

당시 39세였던 무솔리니는 최연소 이탈리아 총리였을 뿐만 아니라 모든 경찰력을 지휘·감독할 수 있는 내무상과 대외정책을 책임지는 외무상을 겸임하여 명실상부한 최고 권력자가 되었다. 집권 초기 내각에서는 14명의 각료 중 4명만 파시스트일 정도로 자제하는 듯했다. 그러나 그것은 자제에서가 아니라 어쩔 수 없어서였다.

막상 정권은 잡았지만 의회가 문제였다. 그의 국가파시스트당 의석은 하원 의석 535석 중 겨우 35석뿐이었고 민족주의를 외치는 10명만 그를 지지하고 있었다. 소수당으로 정권을 잡자니 어쩔 수 없이 우파 정당들과의 연립정권 성격을 띠지 않을 수 없었다. 문제는 참여한 정당들이 저마다 제 목소리를 내어 통제 불능상태였다는 것이었다.

첫 의회 연설에서 무솔리니가 의회가 비협조적일 경우 해산해 버리겠다는 뜻을 밝히자 의회는 법률 개정에 관한 모든 권한을 그에게 일임했다. 이에 따라 1923년 11월 이탈리아 전역을 단일 선거구로 하고 25% 이상의 지지를 얻은 정당에게 의석의 3분의 2를 배분하는 아체르보 법(Legge Acerbo)을 통과시켰다. 이 법에 따라 시행된 1924년 4월의 선거에서 무솔리니의 국가파시스트당은 535 의석 가운데 3분의 2를 훨씬 넘는 374석을 차지했다. 이로써 이탈리아의 민주주의는 사실상 종언을 고했다.

이후 무솔리니는 권력 행사에 장애가 되는 모든 헌법 조항을 폐기하고 이탈리아를 경찰국가로 변모시켰다. 지방자치는 폐지되고 상원은 해산되었으며, 파시스트의 폭력행위와 부정선거를 비난한 이탈리아 사회당 자코

성하고 있던 1923년 1월 12일 조직된 협의 기구. 파시즘이 정치, 문화, 경제 등 모든 분야를 지배하게 된 1928년 12월 9일 헌법에 바탕을 둔 국가 최고기관이 되었다.

모 마테오티[40]가 1924년 6월 10일 파시스트 암살단에 납치되어 살해되었다. 이 사건으로 파문이 커지자 무솔리니는 자신에게 책임이 있음을 인정했다. 그러나 그는 사건을 얼버무려 놓고도 자서전에서 다음과 같이 거짓말을 했다.

> 나는 명령을 내려 가장 완벽한 조사를 행했다. 정부는 정의를 위해서, 그리고 무턱대고 좋지 않은 말을 퍼뜨리며 돌아다니는 것을 막기 위해서 전력을 다해 조치하기로 결정했다. … 잠시 후 그 범인을 밝혀냈다. 그 일당은 매우 높은 지위에 있는 사람들이었다. 그들은 파시스트 단체 출신이었으나, 우리의 책임과는 전혀 거리가 먼 사람들이었다.[41]

1925년 말에 이르자 모든 반대자의 입을 틀어막았다. 의회는 상징적 존재로 격하되고 정부와 사법 체계의 모든 영역이 무솔리니의 직접 통제하에 들어가 국가는 파시스트당의 뜻, 다시 말해 무솔리니의 뜻을 집행하는 도구가 되었다. 이제 이탈리아 국민의 모든 생활은 '두체(duce)'[42] 즉 '수령'의 통제하에 들어갔다.

무솔리니가 집권하기 전에 있었던 것들 가운데 남겨 놓은 것은 군주 제

---

40. 자코모 마테오티(Giacomo Matteotti, 1885~1924): 이탈리아의 사회주의자. 제1차 세계대전 때는 반전운동을 펼쳤으며, 대두하는 파시즘과 대치하다 1924년 6월에 암살했다. 범인으로 5명의 파시스트가 지목되어 4명이 체포되었으나 3명만 유죄판결을 받았고, 이들도 곧 석방되었다. 무솔리니가 이 사건에 관여했을 것으로 추측되며, 1947년 관계자들이 다시 재판을 받아 3명에게 종신형이 선고됐다(베니토 무솔리니, 『무솔리니: 나의 자서전』, 239쪽 각주 82).
41. 베니토 무솔리니, 『무솔리니: 나의 자서전』, 240~241쪽.
42. 일 두체(Il Duce): 이탈리아 왕국 파시스트 집권기의 국가원수 즉 무솔리니의 칭호.

1929년 2월 11일 이탈리아 왕국과 바티칸 시국은 라테라노 궁전에서 라테라노조약을 체결했다. 조약에 서명하는 무솔리니(오른쪽)와 로마 교황 비오 11세 대리로 서명한 가스파리 추기경(왼쪽). 이 조약 체결로 바티칸 시국은 국경과 교황의 권리 및 지위를 인정받아 전 세계 가톨릭의 중심지가 되었고, 무솔리니는 가톨릭교회를 중심으로 한 대중적 지지 기반을 확보했다. | 사진출처:《부산일보》

도, 군대 그리고 교회, 셋뿐이었다. 이것들을 잘 이용하면 충성과 통제력을 유지할 수 있다는 점을 간파했기 때문이었다. 이에 따라 1929년 2월 무솔리니는 로마 교황청과 라테라노조약[43]을 맺었다. 이탈리아 국민의 절대다수가 가톨릭 신자임을 계산한 행동이었음은 말할 것도 없었다.

무솔리니는 이 조약 체결로 영향력이 커지자마자 새로운 파시스트 법률

---

43. 라테라노조약(Patti lateranensi): 1929년 2월 11일 이탈리아 왕국의 베니토 무솔리니와 교황 비오 11세의 대리인 가스파리 추기경이 라테라노 궁전에서 체결한 조약으로 주요 내용은 다음과 같다. 교황이 이탈리아 왕국을 승인하고 기존 교황령을 포기하는 대신, 이탈리아 정부는 바티칸 및 라테라노 궁전, 그 부속령을 포함하는 독립국가(바티칸 시국)를 인정한다. 바티칸은 교황령 포기의 대가로 보상금 7억 5천만 리라를 일시금으로 받고, 또한 연간 5%의 수익을 보장하는 이탈리아 공채 10억 리라를 받으며 향후 모든 세금을 면제받는다.(나무위키)

에 따라 선거를 실시했다. 1929년 5월에 시행된 선거에서 유권자들은 새로운 통치기구인 파시스트 평의회가 제시한 400명 전체에 대해 찬성하거나 반대할 권리밖에 없었다. 이 같은 기만적인 선거 제도하에서 집권당인 국가파시스트당은 득표율 98.4%로 535석 전체를 석권했고, 1934년 선거에서는 득표율 99.8%로 역시 535석 전체를 차지했다.

무솔리니는 권력을 장악하자 대규모 공공 토목사업과 국가 주도 공업화를 통해 완전고용 수준까지 실업률을 낮추었다. 또한 이른바 '곡물 전투'를 독려하여 5,000여 개의 농장을 건립하고 폰티네 습지를 개간하여 다섯 곳의 '새 마을'을 지었다. 그 결과 농업이 곡물에 집중되어 곡물 이외의 경제 작물 산출량은 줄어들었다. 그는 비효율적이던 교통망을 확충하고 농민에 대한 보조금을 지급하기도 했다. 국민은 열광했다. 유럽과 미국에서도 그가 이룩한 경제적 성과를 극찬했다. 여기서 멈추었다면 그는 영원히 이탈리아의 영웅으로 남았을지도 모른다.[44]

왜 그는 여기서 멈추지 않았을까? 제국(帝國)에 대한 환상 때문이었다. 세계 대공황[45]의 여파로 이탈리아 노동자는 저임금에 허덕이고 있었고 실업자는 포화상태였다. 1935년에 이르자 국민은 공공연히 불평을 터뜨리기 시작했다. 더 이상 경제난을 타개할 방법이 없다고 판단한 무솔리니는 국민의 관심을 다른 데로 돌릴 수 있는 제국주의적 모험을 감행한다. 즉 이탈리아에 원료를 공급하고 이탈리아인이 이주하여 살아갈 수 있는 식민지의 확보였다.

---

44. 김상엽, 『세계를 움직인 100인』, 청아출판사, 2010, 595~596쪽.
45. 세계 대공황(Great Depression): 1929년 미국 뉴욕 주식시장의 주가 대폭락으로 시작되어 자본주의 국가 전체에 파급된 세계적인 경제공황으로 1933년 말까지 약 4년간 지속되었다.(한국근현대사사전)

1936년 5월 9일 무솔리니는 베네치아 궁전 집무실 발코니에서 열광하는 군중을 향해 이탈리아 제국을 선포했다. 이 사진은 실제 모습이 아니라 무솔리니와 군중의 모습을 합성한 것이다. | 사진출처: www.theguardian.com

이리하여 새로운 식민지로 선택된 곳은 이탈리아의 식민지였던 에리트레아 및 소말리아와 국경을 접하고 있는 에티오피아였다. 무려 50만 명에 달하는 병사와 노동자가 동원되는 등 예상보다 많은 대가를 치르긴 했지만, 일방적인 군사 작전 끝에 무솔리니는 1936년 5월 9일 로마에 있는 베네치아 궁전의 집무실 발코니에서 승리를 선언하고 이탈리아 왕 비토리오 에마누엘레 3세를 에티오피아 황제로 공표했다. 무솔리니는 흥분한 군중에게 승리를 축하하는 다음과 같은 요지의 연설을 했다.

장교들, 하사관들, 아프리카 제국과 이탈리아 내 모든 군 조직의 사병들, 혁명의 검은 셔츠 단원들, 조국과 전 세계의 이탈리아 국민들이여!
우리의 빛나는 칼은 모든 매듭을 끊었다. 아프리카에서 거둔 승리는 조국의 역사에 완전하고 순수하게 길이 남을 것이다. 전장에서 쓰러진 전우들과 살아남은 이들이 꿈꾸고 원했던 바로 그 승리인 것이다. …

이탈리아 국민은 스스로의 피로 아프리카 제국을 건설했다. 제국은 이탈리아 국민에게 노동력을 제공하고 외적으로부터 든든한 방패가 되어 줄 것이다. … 여러분은 그런 혜택을 받을 자격이 있는가?[46]

군중은 무솔리니 연설에 "네!"라고 화답했다.

6. 무솔리니의 20년 집권②: 히틀러의 등장과 제2차 세계대전

1) 무솔리니와 히틀러

1922년 무솔리니가 집권하는 데 비옥한 토양 역할을 했던 것은 '붉은 2년(1919~1920)' 동안의 극심한 혼돈 정국이었다. 이와 마찬가지로 1929년에 시작된 세계 대공황의 여파로 1933년 실업률이 25%에 육박하는 등 독일의 경제 불황이 최악 상태에 이른 것이 오스트리아 출신의 부랑아 히틀러[47]가 권좌에 오를 절호의 기회를 제공했다.

---

46. 로버트 O. 팩스턴, 『파시즘』, 373~375쪽.
47. 아돌프 히틀러(Adolf Hitler, 1889.4.20.~1945.4.30.). 독일과 오스트리아 사이를 흐르는 인(Inn)강 연안의 브라우나우암인(Braunau am Inn)에서 출생. 1907년 화가가 될 목적으로 빈의 미술 아카데미에 응시했으나 불합격한 후 삼류 화가 생활을 하다가 제1차 세계대전의 발발로 독일제국 바이에른 육군에 입대(1914.8.16.), 떠돌이 신세를 면했다. 독일노동자당(Deutsche Arbeiter Partei)에 입당(1919.9.12.)하여 정치 생활을 시작한 후, 당명을 국가사회주의 독일노동자당(Nationalsozialistische Deutsche Arbeiter Partei: NSDAP), 속칭 '나치(Nazi)'당으로 개칭하고 당수가 되어 권력을 장악했다. 제2차 세계대전에서 패색이 짙어지자 1945년 4월 30일 자살했다.

히틀러의 집권은 민주적 헌법 체계에 따른 합법적 선거에 의한 것이었다. 1930년 9월 선거에서 히틀러의 나치당은 637만 1,000표를 얻어서 107석을 차지했고, 1932년 선거에서는 1,373만 2,799표를 얻어 230석을 차지했다. 11월에 치른 또 다른 선거에서 의석수가 196석으로 줄기는 했지만, 1933년 1월 30일 힌덴부르크[48] 대통령은 히틀러를 총리에 임명했다. 문제는 민주적 절차에 따라 집권한 히틀러가 민주적인 체제를 유지할 의향이 전혀 없었다는 점이었다.[49]

히틀러는 무솔리니보다 10여 년 늦게 집권한 까닭에 1920년대에서 1930년대 초반에 이르기까지 대선배 격인 무솔리니에게 찬사를 보내고 이탈리아의 파시즘을 독일 체제의 귀감으로 삼았다. 손바닥을 아래로 하고 팔을 들어 올리고 손을 내뻗는 나치의 인사법은 이탈리아 파시스트의 인사법을 따온 것[50]이며, 히틀러의 '총통(總統, Führer)'이라는 칭호도 '수령(首領)'이라는 의미의 '일 두체(Il Duce)'라는 무솔리니의 칭호를 모방한 것이었다.[51]

1936년 7월 17일 스페인의 파시스트 프랑코[52]를 중심으로 한 군사 반란

---

48. 파울 폰 힌덴부르크(Paul von Hindenburg, 1847.10.2.~1934.8.2.). 독일의 군인, 정치가. 독일 바이마르 공화국 제2대 대통령(재임 기간 1925~1934).
49. 매튜 휴즈, 크리스 만, 『히틀러가 바꾼 세계』, 박수민 옮김, 도서출판 플래닛미디어, 2011, 60쪽.
50. 파시스트 식 인사법은 고대 로마군단의 인사법에서 나온 것이다. 이 인사법은 단눈치오가 피우메 정권 수립 때 처음 되살렸는데, 이탈리아 파시스트가 그대로 따라서 했고 나중에 독일 나치스가 비슷한 형태로 받아들였다. 래리 하트니언, 『인물로 읽는 세계사③: 무솔리니』, 115쪽.
51. 래리 하트니언, 『인물로 읽는 세계사③: 무솔리니』, 114~115쪽.
52. 프란시스코 프랑코(Francisco Franco, 1892.12.4.~1975.11.20.). 스페인 서북부 갈리시아 지방의 엘 페롤에서 출생. 육군보병학교 졸업(1910), 스페인 외인부대 총사령관(1923), 모로코 주둔 총사령관(1935) 등 역임. 1936년 2월 총선에서 인민전선이 승리하여 개혁 정책을 펴자 그해 7월 17일 반란을 통해 '스페인 내전'을 일으켜 승리한(1939.4.1.) 후 독재자로 군림. 제2차 세계대전에서는 연합국 측에 가담했다.

1937년 9월, 독일을 처음 방문한 무솔리니가 뮌헨에서 히틀러와 함께 독일군을 사열하고 있다. 나치의 인사법은 이탈리아 파시스트의 인사법을 모방한 것이었다. | 사진출처: 래리 하트니언, 『인물로 읽는 세계사③: 무솔리니』

이 일어나 스페인 내전이 시작됐다. 프랑코는 민주주의를 주창하는 사람들을 미워하는 환경에서 성장하여, 스페인은 강력한 지도자 아래에서만 발전할 수 있고 하층 계급이 제 주장을 하게 되면 나라가 망한다고 배운 인물이었다. 그는 또 강력한 정부와 강력한 교회가 만들어 낸 법률과 명령만이 진보의 유일한 깃발이라고 굳게 믿고 있었다.[53]

프랑코의 반공(反共)·반민주적(反民主的) 사상에 공감한 무솔리니와 히틀러는 즉각 스페인 내전에 개입했으며, 스페인에서 이탈리아와 독일이 어깨를 나란히 하며 함께 싸우게 되면서부터 무게 중심이 서서히 히틀러 쪽으로 기울기 시작했다. 무솔리니가 입으로는 거침없이 말을 내뱉었지만, 전쟁을 마구 도발할 정도로 무자비한 결단력과 능력을 소유한 히틀러를 따라갈 수는 없었다. 결국 스승이었던 무솔리니가 제자인 히틀러에게 말려들어

---

53. 헤다 가르자, 『인물로 읽는 세계사④: 프랑코』, 이원하 옮김, 대현출판사, 1993, 35쪽.

함께 파국에 이르게 된다.

무솔리니는 1936년 10월 25일 독일과 우호 협정을 맺은 후 이를 두고 "로마와 베를린 사이의 이 수직선은 협력과 평화의 의사를 가진 모든 유럽 국가가 단결할 수 있는 추축(樞軸, Axis)"[54]이라고 하여 '추축국'[55]이라는 용어를 발명하기도 했다. 그해 11월 25일 독일과 일본이 소련에 대항하여 반코민테른 협정(Anti-Comintern Pact, 防共協定)을 체결하자 이탈리아도 1937년 11월 6일 이에 참여했다. 그리고 1939년 5월 22일 무솔리니는 '동맹국이 군사행동 시 지원한다'는 이른바 강철조약(鋼鐵條約, Patto d'Acciaio)을 독일과 체결했다. 이 협정으로 이탈리아는 히틀러의 호전적 의도에 꼼짝없이 엮이게 되어 독일에 대한 이탈리아의 종속관계가 완전히 굳어지고 말았다.

2) 제2차 세계대전① _ 독일의 소련 침공

강철조약 체결 당시 무솔리니는 이탈리아의 군사력으로는 전쟁을 수행할 수 없다는 점을 잘 알고 있었다. 그래서 앞으로 3년 동안 전쟁을 일으키지 말자고 제의하여 히틀러도 이에 동의했었다. 그러나 불과 석 달여가 지난 1939년 9월 1일 히틀러는 폴란드를 침공하여 제2차 세계대전을 일으켜 버렸다. 이에 프랑스와 영국이 독일에 대해 선전포고했으나, 초기에 무솔리니는 전쟁에 참여하지 않고 관망했다.

1940년에 들어서면서 독일군은 파죽지세로 프랑스까지 밀고 들어갔고,

---

54. 김용구, 『세계외교사』, 서울대학교출판문화원, 2006, 749쪽. '추축(樞軸)'이란 '사물의 가장 긴요한 부분', '정치나 권력의 중심'이라는 뜻이다.
55. 추축국(樞軸國, Axis Powers): 제2차 세계대전 당시 연합국과 싸웠던 나라들이 형성한 국제동맹을 가리키는 용어로, 독일, 이탈리아, 일본의 세 나라가 중심이었다.

제2차 세계대전은 1931년 9월 1일, 독일의 슐레스비히-홀슈타인(Schleswig-Holstein) 전함이 폴란드의 베스테르플라테(Westerplatte)반도에 포격을 가함으로써 시작되었다. | 사진출처: 위키백과

영국군마저 유럽 땅에서 내몰았다. 5월 10일 네덜란드·벨기에·룩셈부르크를 기습 공격한 독일군이 5월 14일 마지노(Maginot)선[56]을 돌파하여 영국과 프랑스 연합군을 해상으로 축출한 것이다. 이를 본 무솔리니는 6월 10일 내각이나 파시즘 대평의회와 아무런 협의도 없이 영국과 프랑스에 대해 선전포고했다. 그는 '역사와의 약속'을 지키기 위해 신속한 행동을 취할 수밖에 없었다고 말했지만, 이는 곧 전쟁이 끝나 이탈리아가 승전국 지위를 갖게 될 것이라는 허황된 희망에서 비롯된 것이었다.

당시 이탈리아군은 전쟁에 대한 준비나 훈련이 부족한 상태였다. 이탈리

---

56. 제1차 세계대전 후 프랑스가 독일군의 공격을 저지하기 위해 북서부 벨기에 국경에서 남동부 스위스 국경까지 구축한 길이 약 750km의 대규모 요새선(要塞線)으로 1927년부터 1936년까지 10년에 걸쳐 완성되었다. 창안자인 프랑스 육군장관 마지노(André Maginot, 1877~1932)의 이름을 따서 '마지노선'이라고 불렀다.

아는 농업국가였고 산업 시설은 영국과 프랑스의 15%에 불과했다. 그런데도 무솔리니의 명령에 따라 프랑스의 동남부 지역을 향해 진격해 들어갔다. 결국 프랑스가 독일에 항복하기는 했으나, 독일군이 프랑스 북부를 유린하는 동안 이탈리아군이 올린 전과는 600명 이상의 전사자를 내며 고작 13개 마을을 함락시킨 것뿐이었다. 프랑스 측 인명 손실은 37명에 불과했다.

1940년 8월 이탈리아군은 아프리카의 영국령 소말리아를 점령했다. 그해 12월 영국이 반격을 개시하자 리비아로 전면 퇴각했고 10만 명이 포로로 붙잡혔다. 무솔리니가 참패당한 곳은 북아프리카뿐이 아니었다. 휘하 장군들의 연기하자는 건의에도 불구하고 1940년 10월 28일 그리스 공격 개시 명령을 내렸다. '10월 28일'이 '로마 진군 기념일'이라는 이유에서였다. 또한 자신의 승리를 히틀러에게 보여 주려는 과시욕도 있었다.

이런 무솔리니의 터무니없는 계획은 참패를 모면하기 위해 독일군의 지원을 요청할 수밖에 없는 서글픈 결과로 끝나고 말았다. 히틀러는 군대와 폭격기를 보내 그리스군을 물리쳐 전세가 이탈리아에 유리한 국면으로 바뀌기는 했으나, 독일의 대규모 병력이 이탈리아에 주둔하는 사태를 감수할 수밖에 없게 되어 이탈리아의 군대와 사회는 점점 독일의 지배하에 놓이게 된 것이다.[57]

여기에 아시아에서 전쟁을 벌이던 일본이 가세했다. 파시스트 군국주의 세력이 이끌던 일본은 1937년 7월 7일 '15년 전쟁'[58]의 일환인 중일전쟁을 일으켜 막대한 전비(戰費)를 지출하며 그때까지 전쟁을 계속하고 있었다. 중

---

57. 래리 하트니언, 『인물로 읽는 세계사③: 무솔리니』, 143~148쪽.
58. 일본이 1931년 9월 18일 만주사변을 일으킨 후 1937년 7월 7일 중일전쟁으로 중국을 침략하고, 이어서 1941년 12월 7일 미국 하와이 진주만을 기습 공격하여 태평양전쟁을 일으켜 1945년 9월 2일 항복할 때까지 15년간 계속된 전쟁.

일전쟁 이후 일본이 4년 동안 지출한 전쟁 비용은 거의 500억 엔에 이르는데, 이것은 메이지 유신 이후 1936년까지 약 70년 동안의 일본 경제 예산 총액과 맞먹을 정도의 액수였다.[59] 또한 일본은 소련의 남하정책을 안보에 대한 가장 큰 위협으로 간주하여 대륙 북방으로의 침략을 주장하는 북진론(北進論)에 따라 노몬한 사건[60]을 일으켰으나, 소련의 우세한 군사력에 밀려 전사자 7,696명, 부상자 8,647명, 행방불명자 1,021명 등 모두 1만 7,364명의 병력을 잃고 참패했다.[61]

이런 상황에서 일본 역시 무솔리니와 마찬가지로 히틀러를 주목했다. 독일의 계속된 승전으로 프랑스와 네덜란드가 항복하자 동남아시아의 영국·프랑스·네덜란드의 식민지를 무력으로 점령하여 남방의 자원을 획득하자는 남진론(南進論)이 등장했고, 그 중심인물이 당시 일본 육군대신 도조 히데키[62]였다. 그것은 동남아시아 지역까지 전쟁을 확대해서 식민지를 만들고 그곳에서 전쟁 물자를 거둬들여 부족한 전비에 충당하자는 주장이었다. 그런데 이같이 '전쟁을 통해 전쟁을 한다'는 이상한 논리를 실행에 옮기려면 필리핀 등을 식민지로 갖고 있는 미국과의 충돌이 불가피했다. 따라서 하와이에 주둔하던 미국의 태평양 함대가 일본에게 눈엣가시와 같은 존재로 등장한다.

---

59. 귀광(郭力), 『역사가 기억하는 1·2차 세계대전』, 송은진 옮김, 도서출판 꾸벅, 2013, 177쪽.
60. 1939년 5월부터 8월까지 몽골과 만주국의 국경 지대인 할하강(Khalkha river) 유역에서 벌어진 소련군·몽골군과 관동군·만주국군 간의 전투.
61. 노나카 이쿠지로 외, 『일본 제국은 왜 실패하였는가?』, 박철현 옮김, 주영사, 2009, 62쪽.
62. 도조 히데키(東條英機, 1884.12.30.~1948.12.23.). 일본 도쿄 출생. 일본육군사관학교(1905), 육군대학교(1915) 졸업. 만주국 관동군 참모장(1937), 육군대신(1940), 총리대신(1941. 내무대신·육군대신·참모총장 겸임) 등 역임. 태평양전쟁 패전 후 A급 전쟁범죄자로 극동국제군사재판에 회부되어 1948년 12월 23일 교수형에 처해졌다.

1940년 9월 27일 독일 베를린에서 열린 3국 동맹 조약 서명식에 모인 추축국 대표단 인사들의 건배 장면. 일본 외무대신 마쓰오카 요스케(松岡洋右. 오른쪽에서 네 번째)가 건배를 제의하는 모습을 당시 일본 육군대신 도조 히데키(중앙에 장화를 신고 있는 사람)가 바라보고 있다. | 사진출처: https://m.blog.naver.com

이런 상황에서 일본은 1940년 9월 27일 베를린에서 독일·이탈리아와 3국 동맹 조약을 체결했다. 이것은 독일을 배경으로 하여 미국을 견제한다는 계산도 깔린 외교적 행동이었다. 3국 동맹 조약의 내용은 다음과 같다.

(1) 일본은 독일과 이탈리아가 유럽에서 신질서를 건설하는 데 지도적인 지위가 있음을 인정한다.

(2) 독일과 이탈리아는 일본이 대동아(大東亞)에서 신질서를 건설하는 데 지도적인 지위가 있음을 인정한다.

(3) 세 나라 중 한 나라가 현재 유럽 전쟁이나 중일전쟁에 가담하고 있지 않은 국가로부터 공격을 받는 경우 모든 정치·경제·군사적인 방법으로 서로 원조한다.

(4) 이 조약의 내용은 세 나라와 소련의 관계에 하등 영향을 미치지 않는다.[63]

1941년 6월 22일 새벽 3시 30분, 독일은 소련과 맺은 상호불가침조약[64]을 일방적으로 파기하고 선전포고도 없이, 그리고 무솔리니에게는 통보조차도 없이 소련을 침공했다. 공격 첫날, 독일 육군은 소련과 접한 국경에 대포 수천 문을 배치하고 소련의 방어진지를 향해 발포했다. 이와 동시에 공군도 국경 가까이에 있는 소련의 군용 공항, 철도, 항구 등을 맹렬하게 폭격했다.

그러나 히틀러의 소련 침공은 1812년에 있었던 나폴레옹의 러시아 원정[65]과 판박이였다. 적어도 4주 또는 6주 안에는 소련이 항복하리라고 확신한 나머지 히틀러 군대 역시 추위에 대비한 준비를 전혀 하지 않았다. 소련의 강력한 저항으로 겨울이 닥치자 비행기와 탱크 그리고 트럭 엔진은 모두 얼어붙었고, 기온은 계속 영하로 곤두박질쳤다. 심지어 총도 얼어서 발사되지 않았다. 무엇보다 심각한 문제는 독일 병사들이 여전히 가을옷을 입고 있었다는 점이었다. 12월 6일 소련군이 반격을 시작하자 완전히 무력해진 독일군은 후퇴할 수밖에 없었고, 전쟁이 완전히 끝날 때까지 다시는 모스크바에 가까이 갈 수 없었다.

독일은 이 기간에 약 50개 사단을 잃었고 사상자도 50여만 명에 달했는

---

63. 김용구, 『세계외교사』, 808쪽.
64. 1938년 8월 23일 모스크바에서 체결된 독소불가침조약(German-Soviet Nonaggression Pact).
65. 1812년 6월 24일 프랑스 황제 나폴레옹(Napoléon Bonaparte, 1769.8.15.~1821.5.5.)은 대륙봉쇄령을 어긴 러시아를 공격하기 위해 69만 대군을 이끌고 러시아 원정길에 나서 그해 9월 14일 모스크바에 입성했으나, 러시아의 항복을 받지 못한 채 화재, 굶주림과 추위로 철수할 수밖에 없었다.

데, 그중 얼어 죽거나 동상에 걸린 사람만 10만여 명이었다. 이보다 더욱 심각한 것은 폴란드를 침공한 이후 계속 승리를 거둔 독일의 전격전[66]이 철저하게 실패했다는 점이었다. 무솔리니도 승리의 영광을 히틀러와 나누기 위해 20만 명의 이탈리아 병사를 러시아 전선으로 파견했지만 1943년 초까지 그중 절반이 죽거나 부상당했다.[67]

3) 제2차 세계대전②_일본의 진주만 기습

1941년 12월 7일과 12월 11일, 일본과 독일이 각각 실수를 저질렀고 이두 가지 실수는 제2차 세계대전에서 두 나라가 패배하는 직접적인 결과로 이어졌다. 하나는 12월 7일 일본이 하와이 진주만을 기습 공격한 것이고, 다른 하나는 12월 11일 독일의 히틀러가 덩달아서 미국에 선전포고한 것이다. 일본의 행위는 잠자는 사자 우리에 불을 지른 셈이었고, 히틀러의 행위는 불난 우리에 기름을 부은 꼴이었다. 결국 일본과 독일은 잠자던 사자를 우리에서 뛰쳐나오게 했다.

일본이 1931년 만주사변에서부터 1941년 진주만 공습으로 시작된 아시아·태평양전쟁에 이르기까지 기를 쓰고 전쟁을 벌였던 것은 철강과 석유뿐만 아니라 고무와 식량에 이르기까지 거의 모든 원자재를 수입에 의존해야 했기 때문이었다. 1941년까지 일본 정부가 행한 모든 결정과 행동은 이런

---

[66] 전격전(電擊戰, Blitzkrieg): 신속한 기동과 기습으로 일거에 적진을 돌파하는 기동작전. 공군의 지원하에 전차가 주축이 된 기계화 부대로 적의 제1선을 급속히 돌파하여 후방 깊숙이 진격함으로써 적을 양단(兩斷)시키고, 양단된 적 부대는 후속(後續)의 보병부대로 하여금 각개 격파하도록 하는 전법이다. 역사적으로는 독일군이 1939년 폴란드 침공할 때 처음 실시했다.(두산백과)
[67] 궈팡(郭方), 『역사가 기억하는 1·2차 세계대전』, 170~176쪽.

1941년 12월 7일 일본은 하와이에 주둔하던 미국 태평양 함대를 기습 공격했다. 사진 속의 침몰 중인 전함은 애리조나호와 웨스트버지니아호다. 애리조나호에 타고 있던 수병 1,177명은 전원 사망했는데 이는 진주만 공습으로 발생한 전체 사망자의 거의 절반에 해당했다. | 사진출처: 궈광(郭方), 『역사가 기억하는 1·2차 세계대전』

이유에서 비롯되었다고 해도 과언이 아니었다.

일본이 원자재의 안정적인 확보를 위해 첫 번째로 행한 눈물겨운 노력은 1931년의 만주 침공이었다. 만주는 일본이 광물을 확보하는 데에는 도움이 되었지만 다른 이득을 주지는 못했다. 이에 따라 만주에 괴뢰국 만주국을 만든 후, 자원 약탈을 위해 다음으로 중국을 노려 1937년 중일전쟁을 일으켰다. 중국은 극렬히 저항했고 이에 일본은 잔인하게 대처했다. 이를 본 미국이 전략 물자의 수출을 중단시키자 미국을 공격하는 아무 필요도 없는 행동을 저질러 결국 패망에 이른 것이다. 왜 그랬는지 당시 상황을 들여다 보면 이렇다.

프랭클린 루스벨트 대통령은 히틀러와 일전을 벌이고 싶어 몸이 근질거렸다. 그럼에도 불구하고 미국 사회 전반에 반전(反戰) 감정이 고조된 탓에 미국 정부는 영국과 소련을 적극적으로 지원하지 못하고 제한적인 지원으로 위로할 수밖에 없었다. 루스벨트 대통령은 미국인들의 깊은 고립주의 정신 때문에 몹시 낙담하고 좌절했다. 단언컨대 미국인들은 유럽의 전쟁에 개입하는 것을 원하지 않았다. 하물며 유럽 국가들이 빼앗긴 아시아 식민지들을 점령하기 위해 아시아에서 전쟁을 한다는 것은 철저히 관심 밖이었다.[68]

일본은 진주만을 공격함과 동시에 필리핀과 말레이시아를 공격했고, 이후 반년 동안 홍콩, 말레이시아, 싱가포르, 인도네시아, 미얀마, 필리핀, 뉴기니, 뉴브리튼섬, 뉴아일랜드섬, 솔로몬제도 등을 단기간에 점령했다. 이어서 베트남과 태국까지 손에 넣고 통치했다. 그러나 진주만을 공습한 지 불과 6개월 만에 미드웨이 해전[69]에서 전세가 기울기 시작하여 결국 패망의 길에 오르게 된다.

전술적인 면에서 일본은 진주만 공습에서 큰 성공을 거두었다. 그러나 전략적인 측면에서 보면 철저히 잘못된 결정이었다. 일본은 미국이라는 강대국을 전쟁에 끌어들여 강력한 적과 전쟁해야 하는 부담을 자초한 것이다. 그 바람에 이미 재정적으로 곤란에 빠졌던 일본은 더 많은 전쟁 비용을 지출해야 하는 상황이 되었고, 결국 이것은 일본을 패배로 이끌었다.[70]

이번에는 히틀러 쪽으로 고개를 돌려보자. 일본이 진주만을 공습하여 미

---

68. 빌 포셋 외, 『101가지 흑역사로 읽는 세계사: 현대편』, 김정혜 옮김, 다산북스, 2021, 54~55쪽
69. 미드웨이 해전(Midway Battle): 아시아·태평양전쟁 초기인 1945년 6월 5일부터 7일까지 하와이 북서쪽 미드웨이 앞바다에서 벌어진 미군과 일본군 사이의 해전.
70. 궈팡(郭方), 『역사가 기억하는 1·2차 세계대전』, 181쪽.

국이 분노로 들끓는 가운데 히틀러는 바로 그 미국에 선전포고했다. 히틀러는 왜 루스벨트가 울고 싶어 죽을 지경일 때 그의 뺨을 때렸을까? 그것은 바로 히틀러의 '승리병(victory disease)' 때문이었다. 당시 독일은 단 몇 주 만에 프랑스를 정복했고 기세를 몰아 노르웨이, 덴마크, 베네룩스 3국, 폴란드까지 큰 피해 없이 점령했다. 그는 전쟁 승리에 자신만만했다.

또한 미국에 선전포고할 즈음 소련을 침공한 독일의 전차부대는 소련군을 포위·파괴하며 연전연승을 거두고 있었다. 그러자 독일 군부는 몇 주 안에 최종적인 승리를 거둘 것이라는 기대에 들뜬 나머지 누구도 다가올 겨울에 대비해 방한복을 준비할 생각조차 하지 않았다. 히틀러를 비롯한 독일의 모든 지도자는 독소전쟁이 추운 겨울이 오기 전에 끝날 것이라고 확신했기 때문이다.[71] 바로 이 '승리병' 때문에 나폴레옹처럼 소련의 '동장군(冬將軍)'[72]을 무시하여 독일도 패망의 늪에 빠져들게 된다.

7. 무솔리니의 20년 집권③: 이탈리아 내전(內戰)

1943년 7월 9일 연합군이 이탈리아 영토인 시칠리아섬에 대한 공격을 개시했다. 7월 19일에는 전쟁이 발발한 뒤 처음으로 로마가 폭격받았다. 독일의 동맹국 이탈리아의 국민은 자신이 원치 않던 전쟁에 진저리를 냈고 무솔리니를 기회주의자로 보기 시작했다. 무솔리니는 이탈리아 국민에게 위

---

71. 빌 포셋 외, 『101가지 흑역사로 읽는 세계사: 현대편』, 59~60쪽.
72. 1812년 러시아 전투에서 프랑스군이 패퇴한 것을 보고 영국 기자가 러시아의 추위를 'general frost'라고 했고, 이를 일본에서 번역한 말이 '동장군(冬將軍)'이다(《오마이뉴스》 2012.11.29.).

대한 제국을 약속했지만 돌아온 것은 오직 죽음과 패배뿐이었다. 마침내 파시스트들은 무솔리니를 물러나게 해야 한다고 생각하기 시작했다.

1943년 7월 24일 밤 파시즘 대평의회가 열렸다. 10시간에 걸친 토의 끝에 무솔리니의 최측근 참모인 디노 그란디[73]가 제출한 불신임 동의안이 19대 7로 통과되었다. 다음 날 비토리오 에마누엘레 3세로부터 해임 통고를 받은 후 '수령' 무솔리니가 모든 권력을 박탈당한 채 체포되자 20년 동안 이탈리아를 지배했던 파시스트 정권은 싱겁게 끝나고 말았다.[74]

무솔리니는 파시즘의 원조였다. 그런 그가 몰락했지만 그를 따르던 파시스트들은 반란은커녕 항의 데모도 한 번 일으키지 않았다. 다만 그가 해임·체포되었다는 소식이 전해지자 이탈리아 국민이 거리로 몰려나와 시위를 벌이면서 '수령'의 동상을 무너뜨리고 파시스트 상징물을 파괴했을 뿐이었다.

1943년 7월 15일 체포된 무솔리니는 새 정부의 수상 바돌리오[75]의 명령에 따라 이탈리아 중부 아펜니노산맥의 험준한 바위산 그란 사소(Gran Sasso, 해발 2,900m)에 있는 캄포 임페라토레(Campo Imperatore) 호텔에 수감됐다. 바돌리오 정부가 연합국 측과 정전협정을 체결하자 이에 분노한 히틀러는 즉각 독일군을 파병하여 나폴리 이북 지역을 점령해 버렸다.

---

73. 디노 그란디(Dino Grandi, 1895.6.4.~1988.5.21.). 볼로냐 출생. 볼로냐대학 졸업(1919) 후 검은 셔츠단 가입(1920). 무솔리니 파시스트 정권 외무상(1929~1932), 런던 주재 이탈리아 대사(1932~1939), 법무상, 파시스트 최고평의회 의장 등을 역임.
74. 래리 하트니언, 『인물로 읽는 세계사③: 무솔리니』, 152~153쪽.
75. 피에트로 바돌리오(Pietro Badoglio, 1871.9.18.~1956.11.1.). 이탈리아의 군인, 정치가. 육군 참모총장(1919), 브라질 대사(1924), 전군 참모총장(1925), 리비아 총독(1929~1933) 등을 역임. 1940년 제2차 세계대전 참전을 놓고 의견 대립으로 무솔리니와 결별. 1943년 7월 25일 무솔리니 실각 후 수상에 취임. 9월 3일 연합군과 정전협정을 체결하고 10월 13일 나치 독일에 선전포고했다.

1943년 9월 12일, 독일군에 의해 구출되고 있는 무솔리니(가운데 모자 쓴 사람)와 구출 작전을 지휘한 오토 스코르체니 독일군 대위(무솔리니 왼쪽) | 사진출처: 위키피디아

히틀러는 무솔리니 구출 작전에 나섰다. 그것은 무솔리니가 무슨 역할을 해 줄 수 있으리라는 기대에서가 아니라 그를 내세워 이탈리아 국민이 반파시스트 진영으로 떨어져 나가는 것을 막기 위해서였다. 9월 12일 무솔리니는 스코르체니[76] 대위가 지휘하는 공수 부대의 기습작전으로 구출됐다. 스코르체니는 무솔리니를 구출한 순간을 다음과 같이 기록하고 있다.

나는 2명의 병사에게 문을 지키게 한 다음 무솔리니의 방 안으로 들어갔다.
"두체, 저는 당신을 구출하라는 총통 각하의 명령을 받고 왔습니다!"
무솔리니는 내 손을 잡더니 나를 끌어안고 이렇게 말했다.
"내 친구 아돌프 히틀러가 이 난장판 속에 나를 그냥 놔둘 리 없지!"

---

76. 오토 스코르체니(Otto Skorzeny, 1908.6.12.~1975.7.5.). 오스트리아 출신 나치 독일의 군인. 제2차 세계대전 당시 독일 무장 친위대 중령급 장교인 '상급 돌격대 지도자'로 복무.

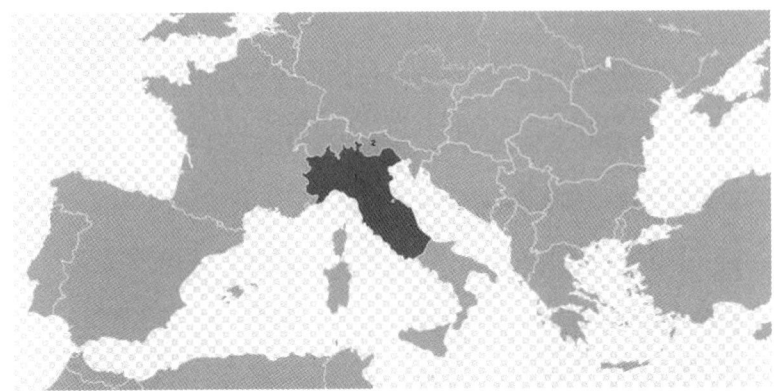

히틀러에 의해 구출된 무솔리니는 1943년 9월 이탈리아 북부에 '이탈리아 사회공화국'(1과 2 지역. 1 지역은 사실상 나치의 직접 통제)이라는 독일 괴뢰정권을 세웠다. 이후 연합군에 의해 해방된 남부의 이탈리아 왕국과 대립하여 내전 상태에 들어갔다. | 지도출처: 위키피디아

크게 감동한 베니토 무솔리니의 검은 눈에 눈물이 고였다. 누가 뭐래도 무솔리니를 구해 낸 이 순간이 내 인생 최고의 순간이었다.[77]

이렇게 구출된 무솔리니는 1943년 9월 23일 이탈리아 북부 지역에 히틀러의 괴뢰정권을 세우고 '이탈리아 사회공화국(Repubblica Sociale Italiana)'이라는 이름을 붙였다. 북부의 작은 도시 살로(Salò)를 수도로 했기 때문에 '살로 공화국'이라고도 한다. 이후 이탈리아는 내전(內戰)[78] 상태에 들어갔다.

'살로 공화국'을 세운 무솔리니는 복수에 나섰다. 1943년 11월 무솔리니는 7월의 파시즘 대평의회에서 자신을 불신임한 사람들을 재판에 회부하

---

77. 오토 슈코르체니, 『슈코르체니: 나의 특수작전 임무』, 이동훈 옮김, 길찾기, 2016, 418~419쪽.
78. 바돌리오 정권이 휴전을 발표한 1943년 8월 8일부터 독일이 항복을 선언한 1945년 5월 2일까지의 1년 7개월 3주 3일의 기간(김현민, 「이탈리아 내전①: 독일 괴뢰정권 이끈 무솔리니」, 《아틀라스》 2020.10.24.).

여 사형 선고를 내리고 이듬해 1월 11일 다섯 명을 총살로 처형했다. 처형된 사람들 가운데는 1922년 로마 진군 때 '4대장(大將)' 중 한 명으로 에티오피아 침략 당시 총사령관이었던 에밀리오 데 보노(Emilio De Bono)와 자신의 사위이며 외무상을 지낸 갈레아초 치아노(Galeazzo Ciano)도 포함되어 있었다.

무솔리니의 살육은 여기서 그치지 않았다. 레지스탕스 토벌에 나선 '살로 공화국군'은 독일군과 함께 시민을 체포하고 집단 학살을 서슴지 않았다. 자료에 의하면 이 기간에 2만 1,168명이 전투 중 사살되거나 사형당했고, 3만 5,828명이 다쳤다. 발칸반도와 프랑스 남부 등 국외에서 저항운동을 펼치다 숨진 이탈리아인은 3만 2,000명에 달했다고 한다.[79]

잔인한 처형이라는 점에서는 히틀러는 무솔리니를 능가했다. 1944년 7월 20일 슈타우펜베르크(Claus von Stauffenberg) 대령을 중심으로 히틀러를 암살하려다 미수에 그친 사건이 있었다. 슈타우펜베르크가 히틀러의 지휘소였던 지하 벙커에 서류 가방으로 위장한 시한폭탄을 설치했고, 그것이 폭발하여 네 명이 죽고 일곱 명이 중경상을 당했으나 히틀러는 고막이 터지고 화상만 입었다. 이와 동시에 베를린에서 계획된 쿠데타도 실패했다. 슈타우펜베르크와 몇몇 공모자는 7월 20일 밤 체포되어 즉결 처형됐다.

히틀러는 이 사건을 구실로 사건의 연루와 관계없이 약 5,000명에 달하는 정적을 처형했고 약 1만 명을 강제수용소로 보냈다. 암살 계획에 참여한 모든 사람을 체포한 후 고문하고 공개재판에서 사형 선고를 내려 잔인한 방법으로 처형했다. 푸줏간용 갈고리에 매달아 놓고 피아노 줄로 천천히 교살하는 방법을 쓰기도 했다. 히틀러는 사형 집행 장면을 촬영하게 해

---

79. 김현민, 「이탈리아 내전①: 독일 괴뢰정권 이끈 무솔리니」, 《아틀라스》 2020.10.24.

그들이 죽는 장면을 보며 즐겼다고 한다.[80]

무솔리니가 버틴 것은 18개월에 불과했다. 1944년 7월 4일 로마가 연합군의 수중에 떨어졌고, 1945년 4월 초 연합국 군대가 북부 이탈리아에 대한 공격을 시작했다. 4월 18일 무솔리니는 최후의 반격을 개시했지만 결국 중과부적(衆寡不敵)으로 적에게 쫓기는 신세가 되었고, 4월 27일 독일군 수송부대를 만나 알프스산맥을 넘어 탈출하려고 했으나 동행한 연인 클라라 페타치와 함께 이탈리아 유격대원들에게 잡히고 만다. 나치 군복을 입고 사병 군모를 써 독일군으로 위장했으나 발각되고 만 것이다. 이들의 최후 장면은 다음과 같이 묘사되고 있다.

> 다음 날 오후 4시, 그들은 들판 한가운데로 끌려갔다. 클라라는 계속 울기만 했고 무솔리니는 모든 것에 초연한 듯 미동조차 하지 않았다. 총알이 장전되고 방아쇠가 당겨지기 직전, 클라라는 무솔리니에게 속삭인다. "난 마지막까지 당신 뒤를 따랐어요. 이제 만족하나요?" 그는 아무 말도 하지 않았다. 그리고 세 발의 총성이 울려 퍼졌다. 탕, 탕, 탕.[81]

4월 29일 무솔리니와 연인 클라라 그리고 그를 따르던 사람들의 시체가 밀라노 로레토(Loreto) 광장에 건설 중이던 주유소로 옮겨져 거꾸로 매달렸다. 무솔리니가 이처럼 최후에 거꾸로 매달린 것은 자신의 편의에 따라 수시로 삶을 거꾸로 바꾼 것을 상징하고 있는지도 모르겠다.

무솔리니는 사회주의자로서 자신의 정치 생활을 시작했었다. 그러나 철

---

80. 매튜 휴즈, 크리스 만, 『히틀러가 바꾼 세계』, 352~353쪽.
81. 디안 뒤크레, 『독재자의 여인들』, 123쪽.

1945년 4월 28일 무솔리니(오른쪽에서 네 번째)는 연인 클라라 페타치(오른쪽에서 세 번째) 등과 탈출하려다 유격대에 발각되어 총살당했다. 그들의 시신은 다음 날 밀라노의 주유소 지붕에 거꾸로 매달렸다. 그곳은 반(反)파시즘 운동가들이 처형된 곳이었다. | 사진출처:《월간중앙》

저한 반사회주의만이 자신에게 권력을 안겨 줄 수 있으리라는 것을 깨닫게 되자 재빨리 극좌에서 극우로 뛰어넘어 버렸다. 그런 다음 수상직에서 쫓겨날 때까지 극우적 입장에 머물러 있었다. 그러고는 자신을 권좌에서 내쫓은 것이 바로 왕이었기 때문에 '이탈리아 사회공화국'을 세워 공화주의[82]로 입장을 바꾸는가 하면, 대평의회에서 자신을 실각시킨 책임을 자본가와 중산층에게 뒤집어씌워 프롤레타리아 혁명을 선동하며 사회주의자들과 관계를 맺으려 하기도 했다. 그는 얼굴 모습을 순식간에 바꾸는 중국 가면극 변검(變瞼)의 연기자 같은 삶을 살았다.

무솔리니가 총살된 다음 날인 1945년 4월 29일 새벽 1시, "유럽의 심장에 경련을 일으킨"[83] 독재자 히틀러는 연인인 에바 브라운(Eva Braun)과 결혼

---

82. 군주국을 부정하고 주권을 가진 국민이 국가원수를 선출하자는 주의.

식을 올렸다. 그리고 이튿날 히틀러는 기르던 개를 죽이고 나서 권총으로 자살했고, 잠시 후 아내인 에바 브라운도 독약을 먹고 그의 곁에 누웠다.

히틀러는 죽기 전에 자신과 에바를 화장해 달라고 부탁했다. 자신의 오랜 우상이었던 무솔리니처럼 공중에 매달려 대중에게 지탄의 대상이 되는 것이 두려웠기 때문이다. 그러나 지금까지도 실제로 그가 화장을 당했는지는 아무도 아는 사람이 없다.[84]

무솔리니와 박정희. 그들은 닮은 점이 많았다. 지금부터 시선을 돌려 박정희를 철저히 들여다보기로 하자.

---

83. 데니스 위프먼, 『인물로 읽는 세계사①: 히틀러』, 김기연 옮김, 대현출판사, 1993, 173쪽.
84. 데니스 위프먼, 『인물로 읽는 세계사①: 히틀러』, 170쪽.

제2장
박정희

1. 박정희의 부활: "박정희는 우리가 밥 굶지 않게 해 줬다."

1979년 10월 26일 저녁, 박정희(朴正熙, 1917.11.14.~1979.10.26.)는 두 명의 여성(이혼녀 신재순과 가수 심수봉)을 동석시켜 시바스 리갈 위스키를 마시다 중앙정보부장 김재규의 총에 맞아 최후를 맞이했다. 그리고 마침내 18년 5개월 11일 만에 그의 철권통치가 막을 내렸다. 그 박정희가 김영삼[1] 정권(1993.2.25.~1998.2.24.) 초기부터 슬슬 고개를 내밀며 살아나더니 후반부터는 완전히 부활한 모습으로 등장했다. 박정희 부활의 모습을 보여 주는 언론 보도부터 보자.

공보처가 코리아리서치에 의뢰해 전국의 성인남녀 4,500명을 대상으로 면접 조사를 하여, 1996년 12월 30일 그 결과를 공개한 바에 따르면 … 응답자들이 가장 좋아하는 역사적 인물로 세종대왕(18.8%)이나 이순신(14.1%)보

---

1. 김영삼(金泳三, 1927.12.20.~2015.11.22.). 대한민국 제14대 대통령(재임 1993.2.25.~1998.2.24.). 경상남도 거제 출생. 경남중학교(1947), 서울대학교 문리과대학 철학과 졸업(1952). 제3대 민의원(1954. 최연소). 제5·6·7·8·9·10·13대 국회의원, 신민당 총재(1974, 1979), 민주화추진협의회 공동의장(1984), 통일민주당 총재(1987), 민주자유당 대표최고위원(1990) 등 역임.

2016년 10월 26일 박정희의 37주기 추도식이 경북 구미시 상모동 박정희 생가에서 열린 가운데 한 참가자가 높이 5m의 박정희 동상 앞에서 큰절을 올리고 있다. | 사진출처:《오마이뉴스》

다 박정희(23.4%)를 꼽았다. 김구 선생은 10.6%, 안중근 의사는 4.4%였다.[2]

고대 신문사가 1997년 3월 11일부터 13일까지 고대생 180명을 대상으로 '인간복제가 가능하다면 가장 복제하고 싶은 인물'을 설문 조사한 결과, 가장 복제하고 싶은 인물로 김구가 뽑혔고, 2위는 '사랑의 집'을 운영하다 와병으로 물러난 인도의 테레사 수녀였으며, 3위는 70년대 대학생들의 비난을 받았던 박정희 전 대통령이 뽑혔다.[3]

박정희 부활을 주장하는 사람들의 논리는 무엇인가?

2.《동아일보》1996.12.31. 6면.
3.《동아일보》1997.3.18. 23면.

대다수 국민의 원망과 인권의 외면 속에서도 그는 이 땅의 가난을 묵묵히 청산, 도약하게 했고 자신감을 경험하게 했으며 선진국 대열로 진입하게 하여 세계 중진국 지도자를 긴장시켰다. 혹자는 '때가 되면 누구나 해낼 수 있다. 박 대통령이 아니라도 그것은 어떤 지도자라도 가능한 과업이다'라고 대수롭지 않게 평가 절하하면서 무책임하게 오직 인권만 거론하고 치지도외(置之度外)하고 있다.[4]

제1차 경제개발 5개년 계획 결과 국민총생산은 1962~1966년 사이에 7.8%가 증가했다. 산업별로는 제2차 산업이 연평균 14.9%로 늘어 전체 성장을 선도했고 제1차 산업과 제3차 산업도 5.6%와 7.7%를 기록했다. 일본도 깜짝 놀랐다. 과연 가난한 한국이 이렇게 계획을 높게 잡아도 무리가 없을까 우려했는데 결과는 놀라웠던 것이다.[5]

박정희를 부활시키려는 사람들이 내세우는 주요 논리는 이처럼 그가 한국 경제를 일으켰기 때문에 훌륭한 인물이라는 것이다. 그런데 한 나라의 번영이 한 인간의 영웅적 행동에서 비롯되었으니 그가 저지른 악행은 무시해도 좋다는 논리가 왜 히틀러나 무솔리니 같은 사람들에게는 적용되지 않는 것일까? 그리고 경제개발계획의 효시를 만든 소련의 독재자 스탈린[6]에

---

4. 이현희, 『박정희 평전』, 효민디앤피, 2007, 236쪽.
5. 이현희, 『박정희 평전』, 276~277쪽.
6. 이오시프 스탈린(Iosif Stalin, 1878.12.21.~1953.3.5.). 소련(1922~1991)의 독재자. 러시아 제국의 일부였던 조지아의 고리에서 출생. 소련 공산당 서기장(1922~1953)과 국가평의회 주석(1941~1953) 역임. 그가 시행한 경제개발 5개년계획은 소련을 공업국으로 탈바꿈시켰고 한국을 비롯한 각국의 경제개발 5개년계획의 효시가 됨.

게도 적용되지 않는 것일까?

박정희는 제1차 세계대전(1914~1918)이 막바지에 이르렀던 1917년 11월 14일, 일제 치하의 조선 경상북도 선산군 구미면 상모리(현 구미시 상모동)에서 소작농인 박성빈(朴成彬, 1871~1938)과 어머니 백남의(白南義, 1872~1949) 사이에서 5남 2녀 중 막내로 태어났다. 5남 2녀의 이름을 태어난 순서대로 보면, 동희(東熙, 장남, 1895~1972), 무희(武熙, 차남, 1898~1960), 귀희(貴熙, 장녀, 1902~1974), 상희(相熙, 3남, 1905~1946), 한생(漢生, 4남, 1911~1927), 재희(在熙, 차녀, 1913~1996), 정희(正熙, 5남, 1917~1979)다.

그는 1926년 4월 1일 구미공립보통학교(일제강점기의 초등학교)에 입학하여 1932년 3월 1일 우수한 성적으로 졸업했다. 그해 동기생 여섯 명과 함께 명문인 대구사범학교에 응시했으나 혼자만 합격하여 1932년 4월 8일 합격생 100명 중 51등으로 입학한다. 1937년 3월 25일 대구사범학교를 졸업한 후 문경서부공립심상소학교[7]의 훈도(訓導, 교사)로 3년간 근무했다.

대구사범학교는 학비가 전혀 없었던 것은 아니었다. 100명 중 40등까지는 '관비 학생'이라고 해서 학비의 40%만 냈다. 그리고 그들에겐 교사 의무근무 연한이 4년이었다. 반면 40등 이하는 '사비 학생'으로 학비의 60%를 냈는데, 의무근무 연한은 관비 학생의 절반인 2년이었다.[8]

---

7. 일제는 한반도를 강점한 후 1911년 8월 23일 제1차 조선교육령을 제정·공포했다. 그 후 식민지 통치정책의 변화에 따라 제2차(1922.2.), 제3차(1938.3.), 제4차(1943.3.)에 걸쳐 교육령을 개정·공포했다. 이에 따라 제1차에는 오늘날의 초등학교 명칭이 수업연한 4년의 '보통학교', 제2차에는 수업연한 6년의 '보통학교', 제3차에는 '심상소학교(尋常小學校)'로 바뀌었다가 1941년 3월 '국민학교'로 바뀌었다. '심상(尋常)'은 '보통'이란 뜻이다.
8. 정운현, 『실록 군인 박정희』, 도서출판 개마고원, 2004, 48~49쪽.

2. 박정희의 변신①: 교사→만주군

젊은 시절 박정희의 삶에는 네 번의 결정적 변신이 있었다. 첫 번째는 초등학교 교사를 하다가 만주 군관학교에 입학한 것이고, 두 번째는 해방 직후 광복군에 가담한 것이고, 세 번째는 남로당(남조선노동당)에 가담한 것이며, 마지막으로는 여순사건 이후 단행된 숙군 과정에서 다시 한번 극적인 변신으로 살아남은 것이다. 한국 현대사에 곡절이 많다지만 박정희만큼 변신을 자주 한 이도 찾아보기 힘들다.[9]

박정희의 첫 번째 변신부터 보자. 예나 지금이나 교사는 사람들로부터 존경받는 안정적인 직업이다. 그런데도 박정희는 이런 교사직을 집어치우고 '혈서(血書)'를 쓰는 등 기를 써 가며 만주로 가서 군인으로 변신했다. 그 까닭은 무엇이었을까?

이에 대해 박정희는 스스로 기록을 남겼는데, "소년 시절에는 군인을 무척 동경"했고, "일본 역사에 나오는 위인들을 좋아하다가 춘원(春園)[10]이 쓴 『이순신』을 읽고 이순신 장군을, 나폴레옹 전기를 읽고 나폴레옹을 숭배"[11] 했다는 것이다. 그리고 만주로 가서 군인이 된 배경을 묻자 "긴 칼 차고 싶어 갔지"라며 속내를 밝힌 바 있었다.[12]

---

9. 한홍구, 『대한민국史 02: 아리랑 김산에서 월남 김 상사까지』, 한겨레신문사, 2003, 65쪽.
10. 이광수(李光洙, 1892.2.28.~1950.10.25.). 호는 춘원(春園). 소설가, 언론인. 평안북도 정주 출생. 일본 메이지(明治)학원 보통부 중학 5년 졸업(1910), 와세다(早稻田)대학 철학과 입학(1917). 「2·8 독립선언서」 작성 후 상해 대한민국 임시정부 사료편찬위원회 주임,《독립신문》사장 겸 편집국장(1919) 역임. 귀국(1921). 수양동우회 사건으로 투옥(1937), 전향선언(1938). 『친일인명사전』(민족문제연구소)에 등재됨.
11. 김종신, 『박정희 대통령과 주변사람들』, 한국논단, 1997, 268쪽.
12. 정운현, 『실록 군인 박정희』, 77~78쪽.

박정희가 "목숨을 다해 충성을 다할 각오"라며 "혈서"로 만주군 "군관 지원"을 했음을 보도한 1939년 3월 31일 자 《만주신문》과 1944년 6월 말의 만주군 예비소위 박정희 모습
| 사진 출처: 《오마이뉴스》

　박정희가 말한 이런 동기들은 모두 당시의 군국주의적 분위기에서 나온 것이었다. 청일전쟁(1894~1895)과 러일전쟁(1904~1905)에서 승리한 후 일본은 군국주의를 사회 저변까지 확대시켜 이에 따른 사회적 기반을 구축하기에 이른다. 그리고 1910년 한반도를 집어삼킨 일본은 제1차 세계대전에 참전하여 힘을 키운 후 1929년부터 시작된 세계 대공황을 계기로 군국주의 단계에 본격적으로 접어들었다.

　그 첫 단계로 일본은 1931년 9월 18일 만주사변을 일으켜 만주를 차지한 후 '만주국'이라는 괴뢰국을 세웠다. 순식간에 일본이 자기 영토의 몇 배가 되는 광활한 만주를 차지했다는 사실은 독립을 바라던 조선인에게 깊은 좌절감을 안겨 주었다. 아무도 제어하지 못하는 일본의 힘을 보면서 조선의 많은 지식인은 민족 독립의 희망을 잃어 갔고, 희망을 잃은 지식인은 민족운동 선상에서 점차 탈락하면서 친일의 길에 발을 들여놓았다. 1930년대에 국내의 반일운동, 특히 민족주의자들의 운동이 쇠퇴한 것은 결코 일제의 탄압이 가중되었기 때문만은 아니었다. 희망이 민족 독립을 가져다주지는 않지만, 희망을 잃는 사람이 독립을 위해 싸울 수는 없기 때문이었다.[13]

희망을 잃고 변절하여 친일의 길에 들어선 대표적 인물이 이광수였다. 이광수는 중일전쟁(1937.7.7.~1945.8.15.) 3주년을 맞이하여 1922년에 발표했던 「민족개조론」[14]을 '황민화(皇民化) 개조'로 바꿔 "바늘로 찔러도 일본 피가 나오는 일본인이 되자"라는 주장을 하는가 하면, 한술 더 떠 '피'에다 '살'과 '뼈'까지도 일본인이 되어 버리자는 흉측한 글을 쓰기도 했다. 다음이 이광수의 그런 주장이다.

> 조선인은 저마다 저를 개조하여야 한다. 제 인생관, 사회관을 한번 근저(根底)로부터서 두들겨 고쳐서 행주좌와(行住坐臥)[15]에 몽매(夢寐)[16]에라도 나는 천황의 신민이다, 일본인이다, 제국의 운명을 부담한 국민이다 하는 생각이 떠나지 아니하는 그러한 사람이 되도록 저를 개조하지 아니하면 아니 된다.
>
> 끌려가는 일본 국민이어서는 아니 된다. 구경하는 국민이어서는 아니 된다. 자발적, 적극적으로 내지 창조적으로 저마다 신체의 어느 부분을 바늘 끝으로 찔러도 일본의 피가 흐르는 일본인이 되지 아니하여서는 아니 된다.[17]

---

13. 한홍구, 『대한민국史 02: 아리랑 김산에서 월남 김 상사까지』, 92쪽.
14. 1922년 5월 《개벽》에 발표된 이광수의 논설. 이 글에서 이광수는 조선 민족이 쇠퇴하게 된 근본 원인이 "허위, 비사회적 이기심, 나태, 무신(無信), 겁나(怯懦), 사회성의 결핍" 등 타락한 민족성에 있다고 보고, 우리 민족이 완전한 멸망에 빠지기 전에 살아남을 수 있는 유일한 길은 민족성을 개조하는 것이라고 주장했다.
15. 다니고, 머물고, 앉고, 눕고 하는 일상의 움직임을 통틀어 이르는 말.
16. 잠을 자면서 꿈을 꿈. 또는 그 꿈.

당시 조선 최고의 지성이라던 이광수가 이 지경이었으니, 일개 초등학교 교사인 박정희가 "구경하는 국민"으로 남아 있을 수는 없지 않았겠는가? 그래서 "바늘 끝으로 찔러도 일본의 피가 흐르는 일본인"이 되겠다고 마음먹고, 군국주의 국가 일본에서 최고로 치는 일본군 장교가 되기 위해 온 힘을 다한 것이다. 물론 일본이 전쟁에서 패배한다든지 조선이 독립한다든지 하는 일이 절대 없을 것이라는 확신에서였다.

마침내 1939년 9월 하순, 아직 교사 신분이었던 박정희는 만주국 육군군관학교[18] 시험을 치기 위해 만주로 갔다. 물론 일본육군사관학교에 가고 싶었지만, 교사 의무복무를 해야 했기 때문에 나이가 초과하여 갈 수 없었다. 만주국 육군군관학교도 연령 초과였지만 '혈서'를 쓰고 주위의 도움을 받아 입교할 수 있었다.

1940년 1월 4일 자 '육군군관학교 제2기 예과생도 채용 고시 및 합격자 공고'에 따르면 박정희는 15등으로 합격했다. 그러자 그해 2월 17일 이름을 다카키 마사오(高木正雄)라고 일본식으로 바꾼 후 2기생으로 입교했다. 2기생은 일본인 240명, 만주인 228명, 조선인 12명 등 모두 480명이었고 일본인 생도는 별도로 교육을 받았다.[19] 조선인 생도는 '만계(滿系)' 240명에 포함되었다.

1942년 3월 박정희는 '만계' 240명 중 수석으로 졸업했다. 그리고 조선인 동기생 3명, 70여 명의 만주계 생도 그리고 일본계 동기생 240명과 함께 일본육군사관학교 유학생대 3학년에 편입했다. 일본육군사관학교로 치면 제

---

17. 이광수, 「황민화와 조선문학」, 《매일신보》 1940.7.6.
18. 만주국 수도 신징(新京, 현재 창춘長春)에 있었기 때문에 '신징 군관학교'라고도 한다.
19. 정운현, 『실록 군인 박정희』, 86쪽.

만주국 육군군관학교 제2기생 예과 졸업식에서 생도 대표로 인사하는 박정희 | 사진출처: 《만주일보》 1942.3.24.

57기였다.

1944년 4월 20일 박정희는 본과 과정을 마치고 일본육군사관학교 유학생대를 3등으로 졸업했다. 청운의 뜻을 품고 만주로 향한 지 4년 2개월이 되는 1944년 7월 1일, 박정희는 꿈에 그리던 '황군(皇軍)' 육군 소위로 임관, 만주군에 배치되었고 이듬해 7월 만주국군 중위로 진급했다.

꿈을 좇아 만주국 군관학교로 간 조선인 청년은 박정희뿐만이 아니었다. 일본 천황에 충성을 맹세했던 조선인 청년들은 일본의 항복으로 패잔병 신세가 되었지만, 일본 대신 들어선 미군정(美軍政)과 이승만의 '반공' 덕분에 살아남아 다시 총을 메고 출세의 길에 올랐다. 이렇게 만주군 출신은 한국군의 주류가 되었고, 후일 박정희가 일으킨 5·16 쿠데타의 핵심이 되었다.

다음은 만주국군 출신 가운데 한국군에서 활약한 주요 인사의 명단이다 (괄호 안은 한국군 최종 계급). 이 명단은 대한민국 군부의 모습이 어떠했는지를 웅변하고 있다.

- **만주국 육군군관학교**(신징 군관학교). 1939년 만주국 수도 신징(新京, 현 창춘長春)에 설치된 4년제 군관학교로 조선인 임관자는 48명이었다.

    *1기: 김동하(해병 중장), 박임항(육군 중장), 방원철(육군 대령), 윤태일(육군 중장), 이기건(육군 준장), 이주일(육군 대장), 최창언(육군 중장) 등 13명

    *2기: 박정희(육군 대장), 이한림(육군 중장) 등 11명

    *3기: 최주종(육군 소장) 등 2명

    *4기: 장은산(육군 대령) 등 2명

    *5기: 강문봉(육군 중장) 등 5명

    *6기: 김윤근(해병 중장) 등 11명

    *7기: 김광식 등 4명

- **만주국 중앙육군훈련처**(펑톈 군관학교). 1932년 펑톈(奉天: 현 선양瀋陽)에 설치된 2년제 군관학교로 신징 군관학교의 전신이라 할 수 있다. 조선인 군관 후보생은 37명이었다.

    *4기: 김응조(육군 준장) 등 5명

    *5기: 김백일(육군 중장), 김석범(해병 중장), 김일환(육군 중장), 송석하(육군 소장), 신현준(해병 중장), 정일권(육군 대장) 등 17명

    *6기: 양국진(육군 중장) 등 2명

    *7기: 최남근(육군 중령) 등 7명

    *8기: 석주암(육군 소장) 등 3명

    *9기: 백선엽(육군 대장) 등 3명[20]

간도특설대는 간도(間島)[21]에서 만주의 항일무장 세력을 탄압할 목적으로 조선인으로 특별히 편성되어 1939년 3월 정식으로 발족한 전문 무장 조직이다. 이 단체는 1945년 8월 해방되기까지 수많은 애국지사를 살해하거나 체포한 사건이 100여 회에 달할 정도로 무자비한 탄압의 대명사였다.[22] 이 때문에 간도특설대 출신은 장교는 물론 사병까지 전원 민족문제연구소가 발간한 『친일인명사전』에 등재되어 있다.

간도특설대의 조선인 장교는 펑톈 군관학교 출신, 신징 군관학교 출신, 그리고 간도특설대에 사병이나 하사관으로 입대해 단기교육을 마치고 장교가 된 육군훈련학교 출신이다. 간도특설대 출신으로 한국군 장성이 된 주요 인물을 정리하면 다음과 같다(①은 장교 출신, ②는 하사관 출신).

①김동하(해병 중장), 신현준(해병 중장, 초대 해병대 사령관), 김백일(육군 중장, 제1군단장), 김석범(해병 중장, 2대 해병대 사령관), 송석하(육군 소장, 육군본부 작전참모부장), 백선엽(육군 대장, 합참 의장) 등

②김대식(해병 중장, 3대 해병대 사령관), 김충남(해군 소장, 해군 참모차장), 박창암(육군 준장, 혁명검찰부장), 박춘식(육군 소장, 3군단장), 이동화(육군 중장, 철도청장), 이백일(육군 준장, 국회의원), 이용(육군 소장, 강원도지사), 임충식(육군 대장, 국방부 장관) 등

---

20. 송철원, 『박정희 쿠데타 개론』, 도서출판 현기연, 2020, 115~117쪽.
21. 간도는 서간도와 동간도로 구분된다. 서간도는 압록강과 송화강(松花江)의 상류 지방인 백두산 일대를 가리킨다. 동간도는 북간도라고도 하며 훈춘(琿春)·왕청(汪淸)·연길(延吉)·화룡(和龍)의 네 현(縣)으로 나누어져 있는 두만강 북부의 만주 땅을 말한다. 보통 '간도'라고 하면 동간도를 말한다.
22. 김주용, 『만주지역 친일단체: 친일, 비겁한 변명』, 역사공간, 2014, 156쪽.

만주군 중위 시절의 박정희. 박정희는 1945년 7월 육군 중위로 진급했고 다음 달 8월 15일 일본이 패망했다.

박정희의 만주군 경력은 5·16 쿠데타의 성공과 권력 유지, 특히 일본으로부터 도움을 얻는 데 결정적 역할을 하게 된다.

3. 박정희의 변신②: 만주군→해방 후 광복군→남조선경비대원

1945년 7월 만주국군 중위로 진급한 박정희는 소련군의 진격을 저지하라는 명령에 따라 8월 10일 이동을 개시했으나 8월 17일 일본이 패망했다는 소식을 접한다. 이에 따라 박정희는 직위에서 해임되고 무장을 해제당한 후 9월 21일 신현준,[23] 이주일[24] 등과 함께 베이핑(北平, 현 베이징北京)을 향해

---

23. 신현준(申鉉俊, 1916.8.9.~2007.10.15.). 경상북도 금릉 출생. 본명 신봉균(申奉均), 해방 후 개명. 만주국 중앙육군훈련처(펑톈 군관학교) 제5기 졸업(1937). 간도특설대 창설 요원(1938), 만주국군 보병 제8단 중대장(1944), 해방 후 조선해양경비대 중위(1946), 해병 소령(1947) 임관. 해병대 초대 사령관(1949), 국방부 차관보(1961), 주 모로코 대사(1963) 등 역임. 『친일인명사전』(민족문제연구소)에 등재됨.

떠났다. 만주에서 귀국하려면 펑톈(奉天, 현 선양瀋陽)을 경유하는 것이 정상적 경로였지만, 펑톈에 소련군이 진주했을 가능성이 있어 베이핑을 거쳐 먼 길을 돌아가기로 한 것이다. 박정희 일행은 한 달여 만에 베이핑에 도착하여 이른바 '해방 후 광복군'에 들어갔다. 다음은 신현준의 증언이다.

> 북경에서 이틀 정도 머무르다가 광복군으로 갔다. 광복군으로 가기 전 우리는 "이거 광복군으로 꼭 가야 하나" 하고 의논하다가 해방도 되고 했으니까 들어가는 게 좋겠다고 해서 들어갔다. 당시 우리를 맞이한 책임자는 최용덕[25] 장군이었다. 우리가 편성된 광복군 부대는 '광복군 3지대 평진(平津)[26]대대'였는데 내가 여기서 제1대대장을 했다. 1중대장 이주일 중위, 2중대장 박정희 중위, 3중대장이 윤영구 중위였다.[27]

이렇게 하여 만주군이던 박정희 일행은 '광복군 부대'로 들어가 광복군으로 변신하게 되는데, 그들이 들어간 광복군의 형성 과정부터 자세히 살펴보기로 하자.

---

24. 이주일(李周一, 1918.11.14.~2002.1.28.). 함경북도 경성 출생. 만주국 육군군관학교(신징 군관학교) 제1기(1941), 일본육군사관학교 제56기(1942) 졸업. 만주국군 보병 제8단 중위. 해방 후 육군 대위(1948) 임관. 제2군단 작전부장(1950), 제2군사령부 참모장(1959) 등 역임. 5·16 쿠데타 참여 후 국가재건최고회의 부의장(1961), 감사원장(1964) 등 역임. 『친일인명사전』(민족문제연구소)에 등재됨.
25. 최용덕(崔用德, 1898.9.19.~1969.8.15.). 서울 출생. 봉명중학교 졸업(1913) 후 중국 망명. 중국육군군관학교 졸업(1916), 중국보정비행학교 입교(1920). 중국공군기지학교 교장(1925), 남창 항공기지 사령관(1938), 광복군 총사령부 총무처장·참모처장(1941) 등 역임. 해방 후 국방부 차관(1948), 공군사관학교 교장(1950), 제2대 공군참모총장(1952), 체신부 장관(1960) 등 역임. 건국공로훈장 독립장 수여(1962).
26. 베이핑(北平)과 톈진(天津)에서 따온 이름이다.
27. 정운현, 『실록 군인 박정희』, 128쪽.

광복군 인도공작대(왼쪽). 이들은 1943년 8월 인도에 파견되어 2년 동안 인도·버마 전선에서 대일 작전에 참가했다. 뒷줄 가운데가 한지성(韓志成, 1913~?) 대장이다.
미 OSS 대원과 광복군(오른쪽). 앞줄 가운데가 당시 광복군 제2지대 지대장 이범석(李範奭, 1900~1972)이다. | 사진 출처: premium.chosun.com

    1919년 4월 11일 중국 상하이(上海)에서 대한민국 임시정부가 수립된 후 침체 상태를 벗어나지 못했던 독립 투쟁은 1932년 4월 윤봉길[28]의 의거로 다시 활로를 찾았다. 그러나 임시정부는 일제의 탄압으로 상하이를 떠나게 되었고, 이후 1937년 7월 중일전쟁의 발발로 중국 각지를 떠돌아다녔다.
    임시정부는 상하이(1919)를 시작으로 항저우(杭州, 1932), 전장(鎭江, 1935), 창사(長沙, 1937), 광둥(廣東, 1938), 류저우(柳州, 1938), 치장(綦江, 1939), 충칭(重慶, 1940) 등지로 이동했다. 1939년 치장으로 옮긴 뒤부터는 전시체제로 정비하며 정상적인 운영을 회복했고, 충칭 시기(1940~1945)에는 활발한 활

---

28. 윤봉길(尹奉吉, 1908.6.21.~1932.12.19.). 호는 매헌(梅軒). 충청남도 예산 출생. 농촌계몽운동에 앞장서다 중국 망명(1931.8.) 후 한인애국단 입단(1932.4.26.). 1932년 4월 29일 상하이의 훙커우(虹口) 공원에서 거행된 일본 천황의 생일(天長節)과 상하이 점령 전승 기념행사를 폭탄으로 공격, 중국 주둔 일본군 총사령관 시라카와 요시노리(白川義則) 대장과 일본 거류민 단장 가와바타 사다지(河端貞次)를 사망케 하고 주요 인사들에게 중상을 입힘. 곧바로 체포되어 그해 12월 19일 총살당함. 1962년 건국훈장 대한민국장 추서.

동을 전개했다. 이 시기에 가장 주목할 성과는 한국광복군(韓國光復軍)을 창설하여 때마침 일어난 태평양전쟁에 임하여 대일 선전포고(1941.12.10.)를 하고 연합군과 함께 중국·인도·버마(미얀마) 전선에 참전한 것이다.

한국광복군은 1940년 9월 17일 임시정부가 충칭에서 성립전례식(成立典禮式)을 거행함으로써 공식적으로 출범했고, 총사령부 예하에 4개 지대(支隊, 제1·2·3·5지대)가 편성되었다. 이후 정세 변화에 따라 광복군 개편이 이루어져 1942년 5월 조선의용대(朝鮮義勇隊)[29]가 광복군 제1지대로 편입되면서 기존의 광복군 제1·2·5지대는 제2지대로 통합·편성되었다. 그리고 1945년 6월 제3지대가 공식적으로 출범하여 모두 3개 지대를 갖추게 되었다.

한편 임시정부는 중국에 파견되어 있던 OSS[30]와 협약을 맺고 '독수리 작전(Eagle Project)'이라는 이름의 국내 진공 작전을 추진한다. OSS 훈련을 받은 광복군 독수리팀의 임무는 한반도에 진입하여 정보를 수집하고 중요 문서의 접수 준비 작업을 하는 한편, 한반도 내에 억류되어 있던 연합군 포로의 구출을 돕는 것이었다. 불행하게도 출발 명령이 떨어지기 직전에 일본 항복 소식이 전해짐으로써 연합군의 일원으로 참전하여 국제적 발언권을 확보하려던 임시정부의 기대는 물거품이 되고 말았다.

그러나 독수리 작전이 끝났던 것은 아니었다. 일본 천황의 항복 선언 사흘 후인 8월 18일, OSS 측 18명과 후일 박정희 독재에 맞서다 의문사한 장준하[31] 등 4명[32]으로 구성된 독수리팀이 여의도 비행장에 착륙했다. 그러나

---

29. 김원봉(金元鳳, 1898~1958)이 1938년 중국의 임시수도 한커우(漢口)에서 창설한 한국 독립무장부대.
30. 미국 전략사무국(Office of Strategic Services). 1942년 6월 13일 창설된 군사 첩보기관. 1945년 10월 1일 해체. 1947년 설립된 미국 중앙정보국(Central Intelligence Agency: CIA)의 전신.

무장한 일본군이 포위하고 위협을 가해 철수함으로써 독수리팀이 다시 한반도에 진입할 기회는 완전히 사라지게 된다.

임시정부는 희망의 끈을 놓지 않았다. 일제 패망 후 중국에서 확군(擴軍) 사업을 추진한 것이다. 확군 사업의 목적은 광복군의 규모를 확대하여 귀국 후 건군(建軍)의 기초로 삼기 위한 것이었다. 확군의 주 대상은 2만 8,000명 정도로 추산되는 일본군 소속 조선인 장병들로, 중국의 주요 도시에서 이들을 모아 광복군 '잠편지대(暫編支隊)', 이른바 '해방 후 광복군'을 편성했다. 이에 따라 광복군은 기존의 3개 지대 외에 6개의 '잠편지대'를 편성하고 국내에서도 1개 지대를 편성하여 총 10개 지대를 보유하게 되었다. 박정희 일행이 들어갔다는 광복군이 바로 이 '해방 후 광복군'이었다.

그러나 임시정부뿐만 아니라 어떤 한인 단체도 승인하지 않는 미국의 정책은 중국 국민당 정부에도 영향을 미쳤다. 그동안 광복군 확군 활동을 지원하던 국민당 정부가 1945년 12월에 접어들면서 광복군의 확군 활동을 금지했고, 중국 내 사회불안 요소를 없애기 위해 수십만에 달하는 조선 교민에 대한 강제송환을 결정했다. 임시정부와 광복군도 개인 자격으로 귀국할 수밖에 없었다.[33]

이렇게 하여 박정희의 광복군 생활은 7개월여 만에 끝났고, 고국에 다시 발 디딘 날짜는 1946년 5월 10일경이었다. 4월 29일 베이핑을 출발하여 톈

---

31. 장준하(張俊河, 1918.8.27.~1975.8.17.). 평안북도 의주 출생. 일본 도요대학(東洋大學) 예과를 거쳐 도쿄의 니혼신학교(日本神學校)에 수학 중 일본군 학도병 입대(1944), 중국에 배치된 후 탈출하여 충칭 임시정부에 합류(1945.1.30.). 해방 후 《사상계》 창간(1953), 막사이사이상 수상(1962), 제7대 국회의원 당선(1967), 민주화운동으로 10여 차례 투옥. 경기도 포천 약사봉에서 의문사(1975.8.17.). 건국훈장 애국장 추서(1991).
32. 나머지 3명은 이범석(李範奭), 김준엽(金俊燁), 노능서(魯能瑞).
33. 김광재, 『한국광복군』, 독립기념관 한국독립운동사연구소, 2007, 279~290쪽.

진에 도착했으나 일주일의 대기 기간을 거쳐 5월 6일 귀국선으로 준비된 LST[34]에 승선했다. 그 후 5월 8일 부산항에 입항하여 이틀 동안 선내에서 대기한 후 상륙했다. 동행자는 신현준·이주일 등 만주군 동료와 잠편지대 부대원들이었다.[35]

박정희가 탔던 귀국선 LST에는 그와 동갑내기로 후일 교보생명을 창업하는 신용호(愼鏞虎, 1917~2003)가 함께 타고 있었다. 중국에서 번 돈을 포기하고 부랴부랴 귀국선에 올랐던 신용호는 당시 박정희의 모습을 다음과 같이 기억하고 있다. '대산(大山)'은 신용호의 호(號)다.

> 대산은 신음이나 울부짖을 힘도 없는 이 귀국선 갑판 위에서 계급장을 뗀 군복 차림에 다소 길어 보이는 군도(軍刀)를 허리에 차고 있는 한 사나이에게 눈길이 쏠렸다. 대산은 하루 종일 같은 장소에서 아무하고도 말을 섞지 않은 채 상념에 잠긴 그에게 다가가 말을 걸었는데, 그는 박 아무개로 육군 중위로 종전을 맞았다고 대답했다. (인상적인 이 사나이가 훗날 박정희 대통령이었다).[36]

당시 소련과 함께 한반도를 분할 점령한 미국이 임시정부를 인정하지 않았던 것은, 한편으로는 남한에서 중국의 영향력이 극대화되는 것을 막기 위해서였고, 다른 한편으로는 임시정부의 민족주의적 성향을 경계했기 때문이었다. 미국의 이런 방침은 박정희가 덥석 잡았던 '해방 후 광복군'이라

---

34. LST(landing ship tank): (병사·전차 등의 상륙용) 수송함.
35. 김상구, 『5.16 청문회』, 도서출판 책과 나무, 2017, 96쪽.
36. 이규태, 『평전 대산 신용호』, 교보문고, 2004, 65쪽.

는 동아줄을 썩은 동아줄로 만들고 말았지만, 결국에는 박정희가 대한민국 국군으로 다시 변신하는 기회를 만들어 준 셈이 되었다.

미국은 어떻게 박정희가 국군으로의 변신에 들어서는 길을 닦아 주었을까? 일본의 항복에 따라 한반도의 북위 38도선 이남을 점령한 미국은, 1945년 9월 9일 통치기구로 미군정(美軍政)[37]을 설치했다. 미군정은 38도선 이북을 점령한 소련의 오해를 피하기 위해 군(軍) 대신 경찰예비대(Police Constabulary) 창설 계획을 세우고, 1946년 1월 15일 남조선국방경비대(후에 조선경비대)[38]를 창설했다.

또한 미군정은 조선경비대의 간부 충원과 통역관 양성을 목적으로 1945년 12월 5일 군사영어학교(Military Language School)를 개설했다. 애당초 미군정은 일본군·만주군·광복군 출신을 각각 20명씩 입교시킬 계획이었으나 좌익계 군사단체가 참여를 거부했고 광복군도 임시정부의 정통성을 내세워 응시를 거부하여, 결국 군사영어학교는 '일본군 부활 학교'가 되어 버렸다.

군사영어학교는 1946년 4월 30일 폐교될 때까지 200명이 입교하여 110명이 임관했다. 이 110명 중 대부분은 일본군 출신이었다. 일본군 출신은 일본 육사 출신 13명, 일본군 학병 출신 68명, 일본군 지원병 출신 6명 등 총 87명에 달했고 만주군 출신도 21명이나 되었다. 그러나 광복군 출신은 단 두 명(유해준, 이성가)에 불과했다.[39]

다음은 일본군 부활 학교가 되어 버린 군사영어학교 출신 임관자 가운데

---

37. 재조선 미국 육군사령부 군정청(United States Army Military Government in Korea)의 약칭.
38. 미소 공동위원회에서 소련 측이 '국방'이라는 용어에 대해 항의하여 1946년 6월 15일 '조선경비대'로 명칭을 변경했다.
39. 김석준, 『미군정 시대의 국가와 행정』, 이화여자대학교 출판부, 1996, 277~278쪽, 한용원, 『한국의 군부정치』, 도서출판 대왕사, 1993, 105쪽

1945년 9월 9일 미 점령군 사령관 하지(John R. Hodge) 중장은 아베 노부유키(阿部信行) 조선총독으로부터 항복문서를 받았다. 그날 조선총독부 건물에서 일장기가 내려가고, 태극기가 아닌 성조기가 올라갔다. 그리고 미군정이 선포됐다. | 사진출처: 나무위키

주요 인사의 명단이다(군번순. 이름/출신/최종 계급/군 관련 주요 직책).

▷이형근(李亨根/일본육사 56기/대장/합참의장, 참모총장) ▷채병덕(蔡秉德/일본육사 49기/중장/참모총장) ▷유재흥(劉載興/일본육사 55기/중장/합참의장) ▷정일권(丁一權/만주군, 일본육사 55기/대장/참모총장, 합참의장) ▷양국진(楊國鎭/만주군/중장/군단장) ▷최주종(崔周鍾/만주군, 일본육사 58기/소장/군수기지사령관) ▷최경록(崔慶祿/지원병/중장/참모총장) ▷장창국(張昌國/일본육사 59기/대장/합참의장) ▷강문봉(姜文奉/만주군, 일본육사 59기/중장/군사령관) ▷민기식(閔機植/학도병/대장/참모총장) ▷박병권(朴炳權/학도병/중장/군사령관) ▷백인엽(白仁燁/학도병/중장/군단장) ▷김종갑(金鍾甲/학도병/중장/국방차관) ▷김종오(金鍾五/학도병/참모총장, 합참의장) ▷김계원(金桂元/학도병/대장/참모총장) ▷유해

준(兪海濬/중국 중산대/소장/군부사령관) ▷이성가(李成佳/중국육사/소장/육군대총장) ▷함병선(咸炳善/지원병/중장/국방연구원장) ▷정래혁(丁來赫/일본육사 58기/중장/국방장관) ▷원용덕(元容德/만주군 군의관/중장/헌병사령관) ▷최홍희(崔弘熙/학도병/소장/군단장) ▷김형일(金炯一/학도병/중장/참모차장) ▷최영희(崔榮喜/학도병/중장/참모총장, 합참의장) ▷백선엽(白善燁/만주군/대장/참모총장, 합참의장) ▷김백일(金白一/만주군/중장/군단장) ▷이한림(李翰林/만주군, 일본육사 57기/중장/군사령관) ▷신상철(申尙澈/일본육사 58기/소장/군단장) ▷오덕준(吳德俊/학도병/소장/군단장) ▷백남권(白南權/학도병/소장/육사 교장) ▷김용배(金容培/학도병/대장/참모총장) ▷이후락(李厚洛/학도병/소장/중앙정보부장) ▷장도영(張都暎/학도병/중장/참모총장) ▷김일환(金一煥/만주군 경리학교/중장/국방차관) ▷최창언(崔昌彦/만주군, 일본육사 56기/중장/국방대학원장) ▷송요찬(宋堯讚/지원병/참모총장) ▷강영훈(姜英勳/학도병/중장/육사 교장) ▷박경원(朴璟遠/학도병/중장/군사령관) ▷이응준(李應俊/일본육사 26기/중장/참모총장)[40]

분명 1945년 8월 15일 일본이 항복함으로써 한반도는 일본의 손아귀에서 벗어났다고 했다. 그런데 이게 웬일인가? 식민지 유산을 청소하기는커녕 도로 일본군을 만들어 버린 것이 아닌가?

식민지에서 해방된 나라로서 식민지 시대의 반민족적 범죄와 유산을 청소하지 않은 나라는 우리나라뿐이다. 제3세계는 물론이요, 선진국을 둘러봐도 모두가 잔인할 정도로 철저하게 식민지 시기나 점령 기간을 청소했다.[41] 그러나 청소는커녕 도로 일본군으로 만들어 놓은 미군정의 창군(創軍) 정책

---

40. 한용원, 『한국의 군부정치』, 도서출판 대왕사, 1993, 106~112쪽.
41. 반민족문제연구소, 『친일파 99인(1)』, 도서출판 돌베개, 1993, 3쪽.

은 박정희에게 또다시 변신할 수 있는 절호의 기회를 제공했다.

미군정하에서 박정희가 조선경비사관학교에 들어가 다시 변신하는 모습을 계속 따라가 보자.

4. 박정희의 변신③: 남조선경비대원→공산주의자

1946년 5월 1일 미군정이 군 간부 양성을 위해 조선경비사관학교(경비사)를 창설한 후 1기에서 6기까지 입교했다. '경비사' 교육 기간은 1개월 반에서 6개월이었는데, 5기의 6개월이 가장 길었다. '경비사'는 대한민국 정부 수립(1945.8.15.) 전까지 1,254명의 장교를 배출했으며, 정부 수립 후에는 육군사관학교(육사)로 명칭이 바뀌어 경비사 1기를 육사 1기로 셈하게 된다.[42]

박정희의 만주국 군관학교 동기생 몇 명은 이미 군사영어학교를 졸업하고 임관했다. 그러나 1946년 5월 초 중국에서 돌아온 박정희는 그해 9월 23일에야 경비사 2기[43]로 입교했으며, 80일간의 교육 후 12월 14일 경비사를 졸업하고 소위 계급장을 달았다. 이렇게 박정희는 만주군과 '해방 후 광복군'에 이어 또다시 미군정하의 조선경비대 소속 장교로 변신했다.

박정희는 경비사 졸업 후 춘천에 있던 8연대에 근무하다 소위에서 건너뛰어 대위로 진급했고, 1947년 9월 27일 경비사 중대장으로 자리를 옮겨 그해 10월 23일 입교한 경비사 5기생을 가르쳤다. 당시 교장은 김백일(金白一)

---

42. 육군사관학교가 교육 과정을 4년으로 하여 본격적으로 정규 장교를 육성한 것은, 1952년 1월 20일 전두환(全斗煥, 제11·12대 대통령)과 노태우(盧泰愚, 제13대 대통령) 등이 입교한 11기부터였다.
43. 1979년 10월 26일 박정희를 살해한 당시 중앙정보부장 김재규(金載圭)는 경비사 2기 동기다.

1946년 5월 1일 창설된 조선경비사관학교 정문 모습. | 사진출처:《오마이뉴스》

중령, 생도대장은 최창언(崔昌彦) 소령, 행정처장은 장도영(張都暎) 중령이었고, 박정희는 제1중대장이었다. 이때 김재춘(金在春), 채명신(蔡命新), 박춘식(朴春植), 박치옥(朴致玉), 문재준(文在駿), 이원엽(李元燁), 박기석(朴基錫) 등과 같은 5·16 쿠데타 '경비사 5기 인맥'이 만들어졌다.

박정희는 1948년 8월 1일 소령으로 진급했으며, 그해 10월 19일 여수 주둔 조선경비대[44] 제14연대 소속 군인들이 제주 4·3 항쟁[45] 진압 명령을 거부하며 여순사건(여수·순천사건, 1948.10.19.~10.27.)이 발발하자 광주에 설치된 반란군 토벌사령부 작전참모로 근무했다. 이 무렵 그는 숙군(肅軍) 즉 군부 내 좌익 소탕 작업의 대상이 된다.

숙군이 확대되는 계기를 마련한 것은 박진경 암살 사건[46]이었고, 군부 내

---
44. 조선경비대가 대한민국 육군으로 정식 편입·법제화된 것은 1948년 12월 15일이었다.
45. 1947년 3월 1일 경찰의 발포 사건을 기점으로 1948년 4월 3일 발생한 봉기와 그로부터 1954년 9월 21일까지 제주도에서 발생한 무력 충돌과 진압 과정에서 양민이 희생당한 사건.

좌익 세력의 존재를 공개적으로 드러낸 여순사건은 숙군이 본격적으로 진행되는 계기가 되었다. 숙군을 주도했던 것은 채병덕,[47] 백선엽[48] 등 강한 반공주의 신념을 가진 만주군, 북한 출신의 인물들이었다. 김창룡[49]과 하우스만[50] 또한 열성적이었다.[51]

박정희는 여순사건 후 육군본부 작전교육국 과장 요원으로 발령받았으나, 당시 남조선노동당(남로당)[52] 비밀당원이었던 그는 1948년 11월 11일 채병덕 국방부 참모총장의 명령에 따라 김창룡에게 체포된다. 박정희는 체포

---

46. 1948년 6월 18일 제주 4·3항쟁을 진압하기 위해 파견된 제9연대의 연대장 박진경(朴珍經) 대령이 강경 진압에 불만을 품은 대원들에게 살해당한 사건.

47. 채병덕(蔡秉德, 1916.4.17.~1950.7.27.). 평안남도 평양 출생. 평양공립중학교 졸업. 일본육군사관학교 제49기 졸업(1937), 육군포병학교 졸업(1940). 일본 육군병기학교 교관 등 역임 후 부평 소재 육군조병창 공장장(1945) 등 역임. 해방 후 군사영어학교 졸업(1946) 후 국방부 참모총장(1948), 육군 총참모장(1949) 역임. 경남 하동전투에서 전사(1950). 『친일인명사전』(민족문제연구소)에 등재됨.

48. 백선엽(白善燁, 1920.11.23.~2020.7.10.). 평안남도 강서군 출생. 평양사범학교(1939), 만주국 평톈 군관학교 졸업(1942). 만주국군 소위 임관(1943) 후 간도특설대 근무. 해방 후 월남하여 군사영어학교 졸업(1946). 육군본부 정보국장(1948, 대령), 제1사단장(1950, 준장), 제2군단장(1952, 중장), 육군참모총장(1952), 한국 최초의 육군대장(1953), 연합참모본부 의장(1959), 교통부 장관(1969) 등 역임. 『친일인명사전』(민족문제연구소)에 등재됨.

49. 김창룡(金昌龍, 1916.7.18.~1956.1.30.). 함경북도 영흥 출생. 4년제 사립 덕성보통학교 졸업, 영흥공립농잠실습학교 2년 과정 수료 후 2년간 직공으로 근무. 만주국 신징 관동군헌병교습소 입소(1940), 관동군 헌병보조원(1941), 오장(伍長) 특진(1943), 다수의 항일조직 적발. 해방 후 월남하여 남조선경비사관학교 3기 입교. 육군 소위 임관(1947). 육군본부 정보국 3과 배속·숙군 작업(1948), 육군 정보국 방첩대 대장, 중령 진급(1949), 육군 특무부대장(1951), 육군 준장(1953)·소장(1955) 진급. 피살(1956.1.30.). 육군 중장 추서. 『친일인명사전』(민족문제연구소)에 등재됨.

50. 제임스 하우스만(James Harry Hausman, 1918.2.28.~1996.10.5.). 미국 뉴저지 출생. 육군 소위 임관(1941). 28세 때 한국에 파견되어(1946.7.26.) 1960년대까지 한국 군부와 정계의 배후 실력자로 군림. 1981년까지 한국에서 근무. 송철원, 『박정희 쿠데타 개론』, 145~147쪽 참조.

51. 김득중, 『'빨갱이'의 탄생: 여순사건과 반공 국가의 형성』, 선인, 2009, 442~446쪽.

52. 1946년 11월 조선공산당과 남조선신민당 및 조선인민당이 합동하여 창당된 공산주의 정당.

되자 군내 남로당 조직표, 군내 지령 문제 등의 내용이 담긴 자술서를 순순히 썼으며, 수사 과정에서 군 내부에 침투한 좌익 세포들의 명단을 제공했다.[53]

군법회의에 회부된 박정희는 사형 구형에 무기징역, 파면, 급료 몰수형을 선고받았다. 다음이 이에 대한 당시의 언론 보도 내용이다.

> 총살형(1명) 무기(4명) 군법회의서 73명에 언도
> 건전한 국군을 건설하고자 국방부에서는 특히 작년 10월 반란 사건 이래 장교를 비롯하여 병사에 이르기까지 1천여 명을 검거하여 취조 중에 있던 중 조사가 끝난 자들은 지난 8일부터 군법회의에 회부 중이었는데 지난 13일까지 판결 언도를 받은 자는 73명에 달하고 있는바 그중 전 마산(馬山) 15연대장 최남근은 총살 언도를 받았으며 그 외 김학휴, 조병건, 박정희, 배명종 등은 무기징역 언도를 받고 기타는 15년부터 5년까지 징역 판결이 있었다 한다. 그런데 최남근은 남로당 군 세포 책임자로서 전번 체포된 이재복의 사상적 감화를 받아 남로당에 가입한 후 정부를 전복할 목적으로 동지를 규합 중 반란 사건 중에는 반군 진압 작전 업무를 수행치 않고 이의 탈주로를 열어 주는 등 물질적으로도 국군에게 막대한 피해를 입게 하고 38 이북으로 도주하려다가 체포된 것이라 한다.[54]

여기서 짚고 넘어가야 할 문제가 있다. 그것은 박정희가 언제부터 공산주의자가 되었느냐 하는 것이다. 이 점에 대해서는 박정희 스스로가 언급한 적이 없으니 만주 군관학교 시절 가까이에서 지켜본 동기생 이한림[55]의

---

53. 김득중, 『'빨갱이'의 탄생: 여순사건과 반공 국가의 형성』, 449쪽.
54. 《경향신문》 1949.2.17. 4면.

1970년 7월 7일 경부고속도로 준공식에서 테이프를 끊는 박정희 부처(가운데), 이한림 당시 건설부 장관(왼쪽), 정주영 현대건설 회장(오른쪽). 만주 군관학교 동기였던 이한림은 박정희의 사상 형성에 대한 증언을 남겼다.

만주 시절 이야기를 들어보자.

> 가까운 친구 가운데 이병주[56] 생도가 있었다. 이병주는 만날 때마다 이상한 소리를 하여 나를 혼돈시켰다. 그 이상한 소리라는 것은, 자기는 무신론자라는 것이고 시시콜콜한 이야기로부터 시작하여 끝에 가서는 공산주의에 대한 찬양이었다. 그는 체질적으로 공산주의 사상에 젖어 있었다. … 그런데 가끔 박정희가 그와 어울리며 그의 말에 반박하지 않는 태도를 보고 이상하게 여겼다.[57]

---

55. 이한림(李翰林, 1921.2.10.~2012.4.29.). 함경남도 안변 출생. 만주국 육군군관학교(신징 군관학교) 제2기(1942), 일본육군사관학교(1944). 해방 후 군사영어학교(1946) 졸업. 육군사관학교 교장(1957), 제1군 사령관(1960). 1961년 5·16 쿠데타 반대로 구속. 후일 건설부 장관(1969), 주터키 대사(1974) 등 역임. 『친일인명사전』(민족문제연구소)에 등재됨.
56. 이병주(李丙冑, 1921.~?). 함경남도 정평 출생. 박정희와 이한림의 만주 군관학교 동기. 군사영어학교 졸업(1945.12.) 후 육군 부위(副尉, 중위) 임관. 1947년 5월 제7연대장 임명 후 남로당 활동 혐의로 체포되어 군법회의에서 징역형 선고. 이후 행적 불명. 『친일인명사전』(민족문제연구소)에 등재됨.
57. 이한림, 『이한림 회상록: 세기의 격랑』, 도서출판 팔복원, 1994, 385~386쪽.

그리고 후일 박정희가 경비사관학교에 입교한 후 이한림이 박정희·이병주와 만난 이야기도 들을 필요가 있다.

> 셋이 모이면 으레 이병주가 말의 주도권을 잡으려 했다. 박정희는 그의 말에 순순히 따랐다. 그들 둘이서 내 사상을 변조해 보겠다는 시도였던 것 같다. … 우리는 통일을 지상과제로 삼아야 하기 때문에 부패가 없고 혼란이 없는 북쪽 편이 훨씬 현실적이라는 것이 이병주 주장의 골자였다.
>
> 1946년 10월 초 어느 일요일의 외출을 앞두고 그날은 명동 입구 북측에 자리한 호텔 다방에서 셋이서 만나기로 했다. 약속 시간에 나가 보니 박정희가 먼저 와 있고 이병주는 아직 도착하지 않았다. 약 30분간 마주 앉아 이야기가 시작되자 처음부터 박정희는 정치와 사상 문제를 꺼내는 것이었다. 박정희는 이병주를 기다리는 동안 이병주에 대한 칭찬을 늘어놓았다. (중략)
>
> 박정희와 이병주는 나를 사상적으로 세뇌시키겠다는 확실한 의지에서 나를 설득해 갔다. 나는 그들이 친구로서는 좋았지만, 나의 확실한 반공사상은 흔들릴 수 없었다.
>
> "너희가 사상적으로 대립하는 대화로 나를 세뇌하기 위한 만남이라면 나는 앞으로 만날 수 없다"고 말하고 나는 자리를 떴다. 이것이 박정희와의 첫 번째 의견의 대립과 사고의 결별이었다. 그렇다고 박정희를 미워할 수 없었다. 깊고 깊은 우정은 변할 수가 없었기 때문이다.[58]

이한림의 말대로라면 이미 만주 시절 이병주의 영향을 받아 싹텄던 박정희의 공산주의 사상이 해방 후 귀국하고 나서 굳어졌다는 이야기다. 그렇

---

58. 이한림, 『이한림 회상록: 세기의 격랑』, 388~389쪽.

다면 박정희는 언제, 어떤 동기에서, 누구의 사주를 받고 공산주의 정당인 남로당에 비밀당원으로 가입한 것일까?

박정희가 남로당에 가입한 시기는 그가 소위로 임관(1946.12.14.)하여 처음 부임한 '춘천 8연대 시절'로 보는 것이 정설이다. 그리고 숙군 실무 책임자로 조사 과정에서 박정희의 자술서를 직접 읽어 본 김안일[59] 특무과장에 의하면 "박정희는 대구 10·1 사건으로 형 박상희(朴相熙, 1905.9.10.~1946.10.6.)가 우익에 피살되자 그에 대한 복수심과 이재복[60]의 권유로 남로당에 가입한 것 같다"는 것이다.[61]

춘천 8연대 시절 경비중대장으로 박정희 소위를 휘하에 소대장으로 데리고 있던 김점곤[62]의 다음과 같은 증언은 좀 더 구체적이다.

> 춘천 시절 남로당 군사부 총책 이재복이 춘천까지 찾아와서 박정희를 만나곤 했다. 그때 박정희는 나에게 이재복을 '숙부'라고 소개했다. 박정희가

---

59. 김안일(金安一, 1917.10.28.~2014.2.1.). 전라남도 해남 출생. 군인, 목사. 광주사범학교 졸업(1936) 후 교편을 잡다가 조선경비사관학교(2기)를 졸업하여 박정희와 동기였고, 1949년 육군본부 특무과장(제3과장, 소령)으로 숙군을 담당. 준장 예편(1963) 후 목사 안수를 받음(1975).
60. 이재복(李在福, 1903.12.8.~1949.5.26.). 경상북도 안동 출생. 대구 계성학교(1925), 일본 도시샤(同志社)중학 4년 졸업(1928), 도시샤(同志社)대학 신학부 입학 후 자퇴(1932). 제일교회 임시서기(1936). 해방 후 경상북도 인민위원회 보안부장(1945), 민전 중앙위원(1946) 등 역임. 김창룡에 의해 체포(1948.12.28.), 사형 집행(1949.5.26.).
61. 정운현, 『실록 군인 박정희』, 143~144쪽.
62. 김점곤(金點坤, 1923.4.15.~2014.9.28.). 전라남도 광주 출생. 대구사범학교 자퇴 후 일본 와세다대학 재학 중 학도병으로 입대. 중국 화베이(華北) 지방에서 일본군 육군 소위로 복무. 해방 후 남조선경비사관학교 1기 졸업(1947). 춘천 8연대 중대장(중위)으로 복무 당시 박정희 소위가 휘하에 있었던 인연으로 숙군 당시 박정희 구명에 참여. 제1군사령부 참모장(1954), 육군보병학교 교장(1956), 국방부 차관보(1961). 육군 소장 전역(1962) 후 경희대학교 교수 등 역임.

체포된 후 그의 자술서를 봤더니 이재복을 통해 입당했다고 돼 있었다. … 박정희는 빈농 출신에다 형의 죽음 때문에 원한이 있었고, 특히 사범학교 때 조선공산당 사건을 접했으며, 또 (만주) 군관학교 수석 졸업 등 '최고의 성분'을 가지고 있어 남로당 측에서 탐낼 만한 인물이었다.63

5. 박정희의 변신④: 공산주의자→극우 반공주의자

숙군 과정에서 박정희가 체포된 후 풀려날 때까지의 과정을 간단히 정리하면 다음과 같다.

① 1948년 10월 19일 여순사건이 발발하자, 반란군 토벌사령부 작전참모로 활동한 후 11월 7~8일경 귀대
② 11월 11일 채병덕의 명령에 따라 김창룡에게 체포됨
③ 12월 20일 국방부 특명 제5호에 의해 숙군 관련 69명의 재판이 시작됨
④ 1949년 1월 구금에서 풀려나 육군본부 전투정보과 과장으로 근무함
⑤ 2월 8일 사형 구형에 무기징역, 파면, 급료 몰수 선고
⑥ 4월 8일 고등군법회의 명령 제18호에 의거, 징역 10년으로 감형 및 집행 면제가 되고 파면이 확정됨64

좀 더 구체적으로 들여다보자. 박정희는 5·16 쿠데타로 집권한 후 자신의

---

63. 정운현, 『실록 군인 박정희』, 145~146쪽.
64. 김상구, 『5.16 청문회』, 219쪽.

군사재판 관련 자료를 모두 폐기토록 했다고 한다. 다행히 1949년 4월 18일 자 「고등군법회의 명령 제18호」가 남아 있는데, 이 자료에 의하면 박정희 등 69명이 재판을 받았고 그들의 죄목은 '반란 기도죄'였다. 그들 중 영관 장교는 박정희를 포함해 소령이 3명이었고, 대개는 위관장교였으며, 하사관도 10여 명 포함되어 있다.

이 자료에 나타난 구체적인 범죄 사실은 "전 피고인은 단기 4279년(1946년) 7월경부터 4281년(1948년) 11월경에 이르는 동안 대한민국 서울 기타 등지에서 각각 남로당에 가입하고 군 내에 비밀 세포를 조직하여 무력으로 합법적인 대한민국 정부를 반대하는 반란을 기도"한 것이었고, 그들 가운데 박정희의 범죄 사실은 '군 병력 제공죄'로 되어 있다.

박정희는 1심에서 "파면, 급료 몰수, 징역 무기"를 선고받았으나, '심사 장관의 조치'에서 "징역 10년으로 감형하여, 감형한 징역을 집행정지함" 조치를 받았고, 다시 '확인 장관의 조치'에서 확인을 받았다. 박정희는 유일하게 무기징역 판결을 받았지만, 집행정지로 풀려난 것이다. 재심의 최대 수혜자였다.[65]

당시 중형 선고자 중 구제된 사람은 박정희가 유일했다. 왜 그렇게 되었는지에 대한 속 시원한 대답은 여전히 찾을 길이 없지만, 당시 한국군에 대해 가히 절대적이라고 할 정도의 영향력을 행사했던 하우스만의 입을 통해 아쉬운 대로 그가 구제된 경위를 살펴보면 이렇다.

> 이 죽음의 사슬에서 그를 풀어 준 사람 중에는 정일권(丁一權)·백선엽(白善燁)·장도영(張都暎)·김점곤(金點坤)·김안일(金安一) 등 상당수를 헤아린다. 육군

---

65. 정운현, 『실록 군인 박정희』, 147~150쪽.

정보국의 직속 상관이었던 김점곤은 숙군 작업의 실무를 맡고 있던 김창룡(金昌龍)과 특별한 친분 관계를 맺고 있었기 때문에 박정희의 체포 소식을 김창룡으로부터 일찍 보고받을 수가 있었다. 김점곤은 김창룡에게 '때리지 말 것'과 '먹을 것을 넣어 줄 것'을 우선 부탁해 박정희를 고문에서 살아남게 했다. 김창룡의 직속 상관이자 수사 실무 책임자였던 김안일은 숙군 책임자인 백선엽을 만나게 해 달라는 박정희의 소청을 받아들여 그를 데리고 백선엽의 방을 방문했었다. 내가 알기로는 백선엽·정일권은 채병덕 총장에게 박(朴)의 사형 집행을 면죄해 줄 것을 공식 건의한 외에 이승만 대통령에게 각각 개인적으로 찾아가 박(朴)의 면죄를 호소한 것으로 안다.[66]

이처럼 만주군과 일본군 인맥이 박정희 구명에 큰 역할을 한 것은 사실이지만, 그랬다 해도 미국이 아니라고 하면 박정희는 끝이었다. 여기서 미국이라 함은 곧 이승만 대통령까지도 쥐락펴락하던 하우스만이었다. 하우스만은 남로당에 가담했던 군인들의 생살여탈권을 쥐고 있는 실세였고, 박정희는 그의 눈에 들어 목숨을 건질 수 있었다. 하우스만의 이야기를 다시 들어보자.

나는 이승만 대통령으로부터 이 숙군 작업이 얼마나 잘 엄중하게 처리되고 있는가에 대해 1일 보고를 하도록 명령받고 있었다. 나는 그때 신성모(申性模) 국방장관, 윌리엄 로버츠 고문단장 등과 함께 수시로 이 대통령을 만나고 있었다. 박정희 피고의 형 집행을 면죄하여 줄 것을 이 대통령에게 보고했다. 그 이유로 나는 그가 일본육사 출신으로 모스크바 공산주의자는 아니며,

---

66. 짐 하우스만, 『한국 대통령을 움직인 미군대위』, 정일화 옮김, 한국문원, 1995, 33~34쪽.

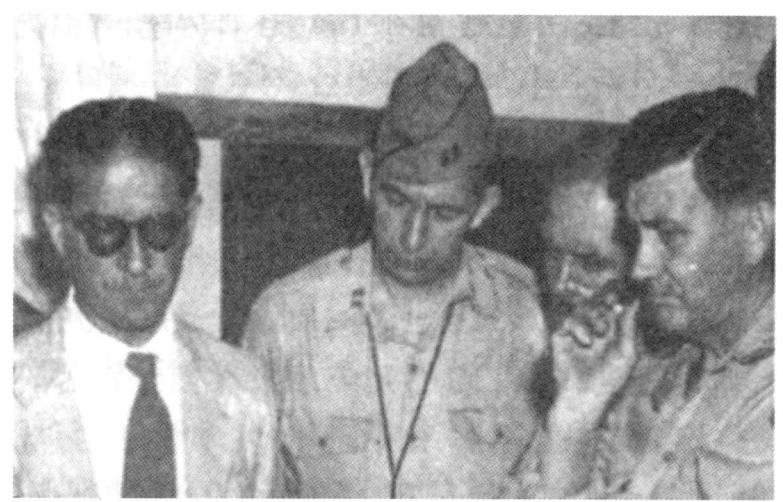

제임스 하우스만 대위(가운데)는 남조선경비대 창설 요원이자 한국군 군사고문으로서 '국군의 아버지'로 불리기도 한다. 그는 남조선경비대 창설 당시 이형근, 채병덕, 정일권, 백선엽, 김백일, 박정희 등 일본군과 만주군 출신을 적극적으로 기용했고 광복군 출신을 홀대했다. 무엇보다 제주 4·3 항쟁과 여순사건 직후 민간인 학살의 실질적 배후이자 한국 군부와 정치에 실질적 영향력을 행사함으로써 이승만 반공 국가 탄생에 기초를 닦은 인물이다. 미 군사고문단장 로버츠(W. L. Roberts) 준장(왼쪽)이나 존 무초(John J. Muccio) 주한 미국대사(오른쪽)와 함께 있는 모습만으로도 그의 위상을 짐작할 수 있다. | 출처: 한겨레 온 (http://www.hanion.co.kr)

군의 숙군 작업을 위한 군 내부의 적색 침투 정보를 고스란히 제공한 공로를 들었다.[67]

박정희 소령은 "이것이 미국 군대요, 한국 군대요"라고 대든 그 말에 미뤄 보더라도 적어도 모스크바 지령에 따라 움직여 온 공산주의자는 절대 아니었으며, 그가 이재복(李在福)-이중업(李重業) 조직책으로 이어 온 한국군 내부

---

67. 짐 하우스만, 『한국 대통령을 움직인 미군대위』, 34쪽.

의 거의 모든 적색 조직을 샅샅이 폭로한 것은 확실히 그의 목숨을 건질 만한 가치가 있는 것이었다.[68]

박정희는 이 사실에 대해 무어라고 말하고 있을까? 하우스만의 증언처럼 박정희는 "한국군 내부의 거의 모든 적색 조직을 샅샅이 폭로"함으로써 살아남았다. 다른 말로 하면 공산주의자로부터 '전향'하여 반공주의자로 '변신'했다는 이야기다. 여러 사람의 증언과 확실한 문건이 이 같은 사실을 분명히 말해 주고 있는데도, 후일 그는 엉뚱한 변명과 사실과 전혀 다른 거짓말을 늘어놓았다.

평범한 사람 같았으면 남로당원 전력에 대한 질문에 대해 그저 "스무 살에 사회주의자가 아닌 사람은 심장이 없는 것이고, 마흔 살에 여전히 사회주의자인 사람은 머리가 없는 것이다"와 같이 시중에 떠도는 말로 얼버무리거나, 젊은 시절의 오기에 의한 오판으로 그리된 일이었다는 등의 말로 넘어갈 수도 있는 일이었다. 그런데 박정희는 그럴 수가 없었다. 반란을 일으켜 권력을 탈취하고 정치판에 뛰어들었으니 노려보는 눈이 너무 많았다. 그래서 그는 거짓 변명으로 일관했다.

그는 구체적으로 언제, 어떤 거짓말을 했을까? 박정희의 남로당 전력이 공식적으로 제기된 것은 1963년 10월 15일 시행된 제5대 대통령 선거에서였다. 민주공화당의 박정희와 민정당의 윤보선[69]이 맞붙은 이 선거에서 윤

---

68. 짐 하우스만, 『한국 대통령을 움직인 미군대위』, 34~35쪽.
69. 윤보선(尹潽善, 1897.8.26.~1990.7.18.). 제4대 대통령(재임 1960.8.13.~1962.3.24.). 충청남도 아산 출생. 관립 한성고등소학교 입학(1907). 닛슈즈(日出)소학교 5년 편입, 졸업(1912). 영국 에든버러대학 졸업(1930) 후 귀국(1932). 일제 패망 후 《민중일보》 사장(1947), 서울시장(1948), 상공부 장관(1949), 제3·4·5·6대 국회의원, 제4대 대통령(1960), 민정당 대통령 후보(1963), 신민당 대통령 후보(1967) 등 역임.

보선 측은 이른바 사상논쟁(思想論爭)을 제기했고, 선거를 불과 이틀 앞둔 10월 13일 '여수·순천 반란 사건 조사자료'와 '박정희의 임무'라는 자료를 공개하며 박정희의 남로당 전력을 폭로했다.

이에 대해 박정희 측 대변인은 이는 "조작폭로 전술로서 악랄한 인신공격"이라고 응수하고 "이는 최후의 순간에서 해명의 시간적 여유를 주지 않음으로써 국민의 이목을 현혹시키려는 짓"이라고 비난하며, 박정희가 "관제 공산당원으로 몰린 사실은 있으나 공정한 재판에 의해 억울함이 밝혀졌다"라고 해명했다.[70]

박정희 자신의 입에서 공식적인 거짓말이 처음으로 나오게 된 것은, 그가 대통령에 당선되어 취임(1963.12.17.)하기 전 발간된 여성 전문 월간지 《여원(女苑)》에서였다. 이 잡지 1963년 12월호에는 두 가지 제목의 기사가 실렸는데, 정충량[71] 당시 이화여대 교수의 「새 대통령에게 주는 주부의 공개장」과 박정희가 쓴 「대통령으로서의 포부와 약속」이라는 기고문이었다.

정충량은 박정희에게 보낸 「공개장」에서 여섯 가지 사항에 대해 밝히라고 요구했다. 그 가운데 '사상논쟁에 대한 시원한 공적 해명'을 하라는 요구에 대해 박정희는 「대통령으로서의 포부와 약속」이라는 기고문 가운데 "사상논쟁에 대한 시원한 해명을 바란다는 질문에 대하여"[72]라는 글로 답변을 했다.

---

70. 《동아일보》 1963.10.13. 호외(2).
71. 정충량(鄭忠良, 1916.6.7.~1991.1.22.). 함경북도 고원 출생. 숙명여자고등보통학교(1935), 이화여자전문학교 졸업(1939) 후 영어 교사로 재직. 해방 후 《경향신문》 문화부 기자(1949), 《연합신문》 논설위원(1956), 이화여자대학교 신문방송학과 교수(1963~1977), 숙명여자고등학교 교장(1977~1991) 등 역임.
72. 이 글의 전문(全文)은 송철원, 『박정희 쿠데타 개론』, 172~176쪽에 실려 있다.

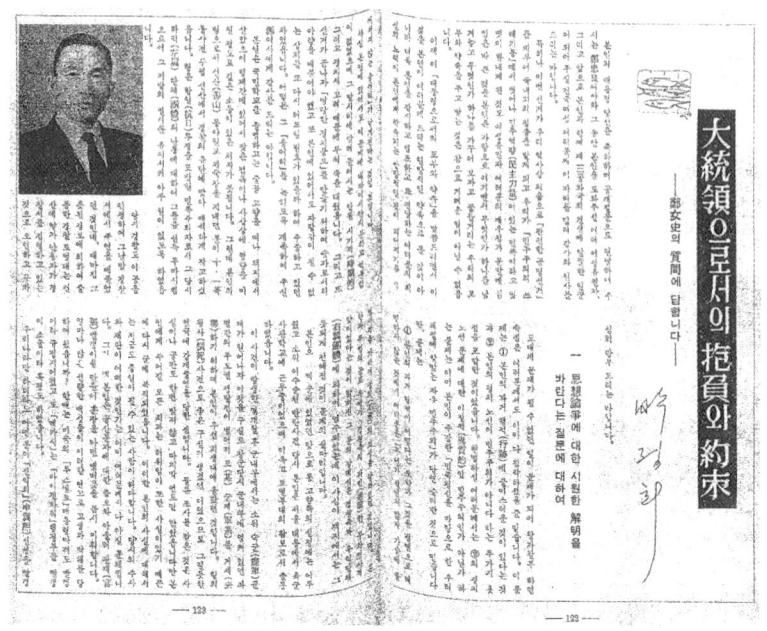

《여원(女苑)》 1963년 12월호에 실린 박정희의 글 「대통령으로서의 포부와 약속」

박정희는 기고문에서 "본인은 정직, 강직, 솔직의 3직(直)을 생활신조로 삼고 있으며, 이것은 또한 본인의 정치 노선을 주름잡을 명맥(命脈)"[73]이라고 주장했다. 그런데 "시원한 해명" 요구에 대해 박정희는 '정직'하지도 '솔직'하지도 '시원'하지도 않은 뻔뻔한 태도를 보였다. 기고문에서 셋째 형 박상희까지 동원해 가며 자신이 '관제 빨갱이'였다는 그야말로 새빨간 거짓말을 한 것이다. 정작 사실 수많은 '관제 빨갱이'를 만들어 죽이기까지 했던 사람은 박정희 자신이 아니었던가? 다음이 박정희 거짓말의 내용이다.

이 사건이 발생한 몇 개월 후 군 내부에서는 소위 숙군(肅軍) 문제가 일어

---

73. 박정희, 「대통령으로서의 포부와 약속」, 《여원(女苑)》 1963년 12월호, 127쪽.

나자 이것을 구실로 창군 당시 군 내부에 엉켜 있던 파벌 간의 주도권 쟁탈전이 벌어져 모(某) 군계(軍系)를 거세(去勢)하기 위하여 본인이 우선 희생대에 올랐던 것입니다. 형의 횡사(橫死) 사건으로 좋은 구실이 생겼던 터였으므로 그럴듯한 연극에 강제출연을 당한 셈입니다. 물론 조사를 받은 것은 사실이나 공판도 한 번 받지 않고 마지막 언도만 받았습니다만 본인에게 주어진 모든 죄과는 허위임이 또한 사실이었기 때문에 다시 군에 복직되었습니다. 이러한 본인의 사실에 대해서는 지금도 증인이 될 수 있는 사람이 허다합니다. 당시의 수사와 재판이 어떠한 것인가는 이미 여러분께서 다 아실 문제입니다. 그러기에 본인은 공산분자에 대한 증오와 아울러 관제(官製) 빨갱이를 만들어 훈장을 타던 옛 버릇을 몹시 미워합니다. 얼마나 많은 선량한 백성이 이러한 연고로 고생과 박해를 당하여 왔습니까?[74]

그 후 세월이 한참 지나 박정희가 또다시 거짓말을 한 기록이 보인다. 1970년 7월 경부고속도로가 개통될 무렵의 어느 날, 박정희는 청와대 사회·언론 담당 비서관이었던 김종신에게 다음과 같이 남로당 입당 사실을 부인하는 거짓말을 했다고 한다. 그런데 이번 거짓말은 '빨갱이' 모임에 참석한 것과 '고문'을 받고 '재판'받은 것을 시인하는 것까지는 발전했다. 여기서 그가 말한 '육사'는 '남조선경비사관학교'다.

육사 교관으로 있을 때 형님 친구 되는 분이 찾아와 다음 일요일 모 장소에서 향우회가 있다면서 나더러 꼭 참석해 달라는 거야. 처음엔 거절하려다 사관학교 교관 생활이 따분하기도 하고 해서 거길 갔었지. 그런데 그게 화근이

---

74. 박정희, 「대통령으로서의 포부와 약속」, 123쪽.

될 줄이야. 그날 향우회에 참석한 사람들은 모두 빨갱이였어. 나는 거기서 (남로당 입당원서에) 사인하거나 도장을 찍은 적은 없지만, 그 일로 김창룡한테 끌려가 모진 고문을 받고 재판도 받았지.[75]

박정희에게는 늘 '사상 전향자'라는 꼬리표가 따라붙었다. 1950년 한국전쟁이 발발하자 그가 북으로 가지 않고 남행했다는 사실로 빨갱이라는 의혹이 가셔져 원대 복귀할 수 있었다. 그러나 사상 전향자에게는 야전(野戰) 임무를 부여하지 않았고, 결국 한국전쟁 동안 북한군에게 총 한 방 쏘아 보지 못한 반쪽짜리 군인일 수밖에 없었다. 이에 따라 그는 빨갱이라는 주홍 글씨를 지우기 위해 맹목적으로 '반공(反共)'에 집착했다.

---

75. 정운현, 『실록 군인 박정희』, 143쪽.

제3장
박정희의 쿠데타와 18년 집권

1. 제1차 쿠데타 미수: 1952년 5월, 이승만 제거 미수

1950년 6월 25일 한국전쟁이 발발하자 대통령이었던 이승만은 6월 27일 새벽 2시 각료들과 함께 대전행 특별열차를 타고 살짝 서울을 빠져나가면서도 "국민은 정부를 믿고 동요하지 말라"는 엉터리 방송을 하는가 하면, 6월 28일 한강 다리를 폭파해 50대 이상의 차량이 한강으로 곤두박질치고 500명 이상의 시민이 영문도 모른 채 목숨을 잃는 어처구니없는 상황을 만들었다.

그리고 2년이 지난 1952년 6월 25일, 당시 임시수도였던 부산 충무로 광장에서 열린 '6·25 2주년 기념 및 북진 촉구 시민대회'에서 연설하던 이승만을 암살하려다 미수에 그친 사건이 발생했다. 국회의원이던 김시현[1]의 사주를 받은 유시태[2]가 이승만을 권총으로 저격하려 했으나 불발로 미수에

---

1. 김시현(金始顯, 1883.6.9.~1966.1.3.). 경상북도 안동 출생. 일본 메이지대학(明治大學) 법학부 졸업(1917). 3·1운동(1919) 후 만주로 망명, 항일 비밀결사 의열단(義烈團) 입단. 국내에 잠입한 후 검거되어 1년 복역(1921), 폭탄 운반 사건으로 10년 형 선고(1922), 변절자 처단으로 5년 형 선고(1935)받음. 해방 후 2대 국회의원 당선(1952). 이승만 저격 미수 사건으로 사형 선고를 받았으나 무기징역으로 감형. 4·19혁명 후 석방. 1960년 제5대 민의원 선거에서 당선되었으나 5·16 쿠데타 이후 정계 은퇴.

"이승만 대통령 암살 기도"를 보도한 《조선일보》 1952.6.27. 1면.

그친 것이다. 이후 체포된 김시현은 1952년 8월 22일 열린 공판에서 다음과 같이 진술했다.

이 대통령은 독재자이며 정실인사를 자행할뿐더러 민생문제를 해결할 역량이 없다고 추단했다. 그러한 심정이 생기기 시작한 것은 6·25동란 발발을 전후해서였다. 북한 괴뢰군들은 이미 동란 발발 6개월 전부터 전쟁 준비에 분망했는데 이와는 반대로 우리 국방부와 경찰은 기밀비를 무엇에 쓰고 그렇게도 정보에 어두웠던가. 그리고 용납 못할 것은 동란이 발발하자 이 대통령은 그 이튿날인 6월 26일[3] 독차(獨車)를 타고 도망가 버리고 백성들 보고는 안심하라고 뱃속에도 없는 말을 하고 한강 철교까지 끊어 선량한 시민들로 하

---

2. 유시태(柳時泰, 1890~1965). 경상북도 안동 출생. 독립운동가. 3·1운동 때 선전부원으로 활약. 의열단(義烈團) 입단(1921). 독립자금 출연 강요로 5년 형 선고(1923), 시국 비방죄로 1년 복역(1931). 이승만 저격 미수 사건으로 사형 선고, 무기징역으로 감형. 4·19혁명 후 석방.
3. '6월 27일'의 오류.

여금 남하(南下)조차 못하게 만들어 놓았으니 일국(一國)의 원수(元首)로서 9·28 수복 후에는 의당 할복자살을 해도 용납 안 될 것임에도 불구하고 한 마디의 사과조차도 없으니 그게 대통령이란 말인가. 그 후에는 또 방위군 사건이며, 거창 사건으로 민족 만대의 역적이 된 신성모(申性模)를 죽이기는커녕 도리어 주일 대사까지 시켰으니 그런 대통령을 그대로 둘 수 없다고 생각했다. 그를 살해한 뒤에 누구를 대통령으로 시켰으면 좋겠다고 마음속에 정해 놓은 사람은 없다. 그때는 누구를 시키더라도 이 대통령보다는 나을 줄 안다.[4]

김시현의 진술 가운데 특히 주목할 부분은 "이 대통령은 독재자이며"와 "독차(獨車)를 타고 도망가 버리고, 한강 철교까지 끊어 선량한 시민들로 하여금 남하(南下)조차 못하게 만들어 놓았"다는 대목이다. 이 대목을 주목할 필요가 있는 것은 이승만이 국민을 버리고 도망쳐 한강 철교를 끊어 놓는 바람에 박정희는 배를 타고 남쪽으로 내려와 공산주의자라는 전과를 '세탁'하여 군에 복귀할 수 있었고, 이후 '독재자' 이승만이 헌법을 멋대로 뜯어고쳐 집권 연장을 하려고 하자 이승만을 제거하려는 쿠데타 모의에 가담했기 때문이다.

먼저 한강을 배 타고 건너 전과를 '세탁'하는 장면부터 보기로 하자. 한강 다리가 폭파될 당시 한강 북쪽에는 4만 4,000명에 달하는 3개 사단 장병과 군 장비가 남아 있었다. 박정희도 한강 북쪽에 있었다. 이 병력 중 일부는 북한군과 싸우다 전사했고, 다른 병력은 소총만 휴대한 채 나룻배를 타고 강을 건너 후퇴했다. 박정희는 홀로 한강을 건너 남쪽으로 내려가 여순 사건 이후 낙인처럼 달고 다녀야 했던 빨갱이 전과를 '세탁'할 수 있었다.

---

4. 《동아일보》 1952.8.23. 2면.

후일 박정희의 조카사위이자 박정희 시대 제2인자가 되는 김종필[5]의 얘기를 들어보자.

> 박정희 실장은 남으로 갈 것인가, 북으로 갈 것인가. 수원으로 내려갈 것인가. 서울에 남을 것인가. 박 실장이 돌아와 인민군과 싸우게 되면 좌익 의혹은 사라질 것이다. 그가 돌아오지 않으면 조국을 배반했다고 의심할 수밖에 없는 상황이었다. 동료 두어 명은 "박정희는 의심스럽다. 한강을 건너 남쪽으로 후퇴하지 않았을 것이다"고 주장했다. 나는 "박정희는 수원으로 갔다" 쪽에 걸었다.
>
> 오후 5시 무렵 우리는 수원 농업시험장에 도착했다. 우리 정보국은 인근 수원국민학교에 자리 잡았다. 내 눈길은 어느새 누군가를 찾고 있었다. 아! 박정희 실장이 국민학교 정문 앞에 서 있었다. "휴, 빨갱이가 아니었구먼요." 나도 모르게 혼잣말이 새어 나왔다.[6]

당시 육군본부는 후퇴하여 수원 농업시험장에, 작전정보국은 수원국민학교에 자리 잡고 있었다. 박정희가 수원국민학교까지 내려온 1950년 6월 30일, 전쟁 발발 5일 만인 바로 그날 백선엽은 무보수 문관 신분이던 박정희를 현역 육군 소령으로 복귀시켜 육군본부 작전정보국 제1과 과장에 배치했다.

---

5. 김종필(金鍾泌, 1926.1.7.~2018.6.23.). 충청남도 부여 출생. 부여공립보통학교(1939), 공주고등보통학교 졸업(1944). 해방 후 서울대학교 사범대학 3년 수료(1947), 육군사관학교 8기로 소위 임관(1949). 육군본부 정보참모부 기획과장(1958), 5·16 쿠데타 후 초대 중앙정보부장(1961), 민주공화당 창당준비위원장(1963), 제6·7·8·9·10·13·14·15·16대 국회의원, 국무총리 등 역임. 육군본부 정보국에서 작전정보실장(문관)으로 근무 중인 박정희를 처음 만나(1949.5.24.), 박정희 조카딸 박영옥과 결혼(1951.2.15.).
6. 김종필, 『김종필 증언록 1』, 미래엔, 2016, 109쪽에서 발췌.

1950년 10월 15일 박정희는 중령으로 진급하여 제9사단 참모장으로 임명되었고, 이듬해 3월 제9사단 부사단장으로 부임한 자신의 멘토였던 이용문[7]과 재회했다. 박정희가 숙군으로 군복을 벗고 육군본부 정보국에 민간인으로 근무하고 있을 때 이용문이 정보국장으로 부임했었고, 제9사단에서 다시 만난 것이다.

1951년 4월 15일 박정희는 대령으로 승진하여 대구에 있던 육군정보학교 교장으로, 12월 10일에는 육군본부 작전교육국 차장으로 자리를 옮겼다. 먼저 작전교육국 국장으로 부임한 이용문 준장이 끌어 준 것이다. 이로써 박정희는 이용문과 생애 세 번째로 콤비가 되어 1952년 이용문이 주도한 이승만 제거를 위한 쿠데타 모의에 가담한다. 이를 통해 박정희는 '정치군인'의 길을 학습하여 후일 벌이는 5·16 쿠데타의 밑거름으로 삼는다.

그들은 왜 이승만을 제거하려 했을까? 1952년 임시수도 부산의 정치적 상황에서 그 답을 구할 수 있다.

1948년 8월 15일 이승만은 대한민국 초대 대통령에 취임했으나, 1950년 5월 30일 시행된 제2대 국회의원 선거에서 총 210석 중 이승만 지지 세력은 57석 정도에 불과했다. 국회에서 대통령을 선출하는 간접선거로는 대통령에 재선될 수 없게 되자, 불안해진 이승만이 꺼내든 카드가 대통령 직선제였다. 직선제로 헌법을 바꾸고, 금력과 권력, 지방행정 조직을 총동원하면 너끈히 이길 수 있다는 속셈에서였다. 이에 따라 이승만은 1951년 11월 30

---

7. 이용문(李龍文, 1916.1.22.~1953.6.24.). 평안남도 평양 출생. 평양고등보통학교(1934), 일본 육군사관학교 제50기 졸업(1937). 일본군 참모본부(1942), 남방전선(1942) 근무, 일본군 소좌 승진(1943). 해방 후 육사 제8기 특대생으로 소령 임관(1948), 대령 진급(1949.4.), 육군본부 정보국장(1949.8.), 제9사단 부사단장(1951.3.). 준장 진급, 육군본부 작전교육국장(1951.6.), 수도사단장(1952.7.) 등 역임. 지리산 공비토벌 작전 지휘 중 비행기 추락 사고로 사망. 『친일인명사전』(민족문제연구소)에 등재됨.

일 대통령 직선제와 양원제를 골자로 하는 개헌안을 국회에 제출했으나, 1952년 1월 18일 국회 표결 결과 재석 의원 163명 중 찬성 19표, 반대 143표, 기권 1표로 부결되었다. 이승만의 참패였다.

장면[8]이 이승만의 대안으로 거론되는 가운데, 야당은 제2차 내각책임제 개헌안을 제출했다.[9] 1952년 4월 17일 개헌에 필요한 재적의원 3분의 2를 1명 초과한 122명의 연서로 내각책임제 개헌안을 제출한 것이다. 이승만이 이 개헌안에 맞서 5월 14일 대통령 직선제 개헌안을 또다시 제출함에 따라 두 개의 상반된 내용의 개헌안이 국회에 계류되기에 이른다.

야당이 내각책임제 개헌안을 국회에 제출한 다음 날부터 전국 18개 정당·사회단체가 내각책임제 개헌안 반대투쟁위원회를 결성하여 실력으로 저지할 움직임을 보였는가 하면, 5월 19일경부터는 민족자결단·백골단·땃벌떼 등 불량배를 긁어모은 어용 유령단체들이 연일 국회의원 소환과 국회해산 등을 요구하는 데모를 벌이고, 그런 문안이 적힌 벽보와 전단이 부산 시내 여기저기에 나붙었다.[10] 이른바 '부산정치파동'의 서막이 오른 것이다.

이처럼 이승만이 직선제 개헌을 위해 각종 불법적인 방법을 동원하자, 육군본부 작전교육국장이던 이용문 준장은 차장인 박정희 대령과 함께 쿠데타를 일으켜 이승만을 제거하고 국무총리였던 장면을 추대하기로 마음을

---

8. 장면(張勉, 1899.8.28.~1966.6.4.). 호는 운석(雲石). 서울 출생. 수원농림학교(1917), 뉴욕 맨해튼대학 졸업(1925). 동성상업학교 교장(1936), 조선지원병제도 제정 축하회 발기인(1938), 국민동원총진회 중앙위원(1944) 등 역임. 해방 후 제헌의회 의원(1948), 주미대사(1949), 국무총리(1950). 4·19혁명 후 제5대 국회의원(1960), 국무총리(1960) 등 역임. 『친일인명사전』(민족문제연구소)에 등재됨.
9. 1950년 1월 27일 내각책임제를 골자로 하는 제1차 개헌안이 국회에 제출되었으나, 3월 14일 국회 본회의에서 재석 179인 중 찬성 79, 반대 33, 기권 66, 무효 1로 부결되었다. 박기출, 『한국정치사』, 이화, 2004, 239쪽; 김현우, 『한국정당통합운동사』, 을유문화사, 2000, 259쪽.
10. 강성재, 『참 군인 이종찬 장군』, 동아일보사, 1986, 73쪽.

'부산정치파동'의 서글픈 한 장면. 이승만은 직선제 개헌안을 통과시키기 위해 국회의 원들을 체포·협박했고, 결국 국회의원들은 1952년 7월 4일 이 사진처럼 '거수표결'로 개헌안을 통과시키지 않을 수 없었다.

먹게 된다. 그래서 이용문은 1952년 5월 14일 평양고보 후배인 선우종원[11]을 찾아갔다. 장면의 비서실장을 지낸 선우종원을 통해 동의를 구하기 위해서였다. 선우종원의 증언을 들어보자.

> 그런데 5월 14일 다른 큰일이 나를 기다리고 있었다. 대구의 육군본부에서 작전교육국장을 하고 있던 평양고보 2년 선배인 이용문 준장이 우리 집으로 나를 찾아온 것이다. 방으로 들어선 그는 앉자마자 대뜸 목소리를 낮추며 입을 열었다.

---

11. 선우종원(鮮于宗源, 1918.2.17.~2014.3.8.). 평안남도 대동 출생. 평양고등보통학교(1936), 경성제국대학 법문학부 법학과 졸업(1942), 고등문관시험 사법과 합격(1943). 서울지방 검찰청 검사(1946), 법무부 검찰과장(1948), 국무총리 비서실장(1951), 한국조폐공사 사장(1960), 국회 사무총장(1971), 민주평통자문회의 부의장(1981) 등 역임.

"자네가 장면 박사를 위해 일하고 있는 것은 잘 알고 있네. 장 박사가 총리를 사퇴한 지 벌써 한 달이 넘었는데도 아직 개헌안이 지지부진하니, 아무래도 이 박사와 선의의 경쟁을 벌이기는 어렵게 됐네. 그래선데 … 본의는 아니지만, 아무래도 무력으로 정권을 잡는 게 현재로선 가장 현실적이라는 생각이 드네."

청천벽력과 같은 소리였다. 나는 입을 벌린 채 그를 바라만 보고 있었다.

"그러니 선우 실장이 나서서 장면 박사를 추대하고, 대신 내가 혁명을 일으켜야겠어. 대구에서도 부산의 실정을 잘 알고 있으니, 아마 부산이나 대구의 국민들 모두 박수로 환영할 걸세."

"형님, 그건 곤란합니다. 우린 지금 비민주적인 이 박사를 몰아내고, 민주적인 장면 총리를 대통령으로 내세우려 하고 있습니다. 그런 마당에 상대가 비민주적이라고 해서 우리까지 비민주적으로 행동하면, 우리의 선량한 행동과 지금까지의 노력은 의미가 없어집니다."

나는 정색을 하고 말했다. 도대체 내 상식으로는 도저히 상상조차 못할 일이었기 때문이었다. 그 역시 좀처럼 물러서려 하지 않고 나를 설득하려 들었다.

"이미 군은 뜻이 규합돼 있네. 우리 이종찬[12] 참모총장도 알고 있고, 미 8군의 밴플리트[13] 장군의 묵계도 받아 둔 상태네. (이 장군이 그때 이미 박정희

---

12. 이종찬(李鍾贊, 1916.3.10.~1983.2.10.). 경상남도 창원 출생. 경성중학교(1933), 일본육군사관학교 제47기 졸업(1937). 일본군 대위 진급(1941), 일본군 최고의 영예인 공(功)5급 욱(旭) 6등의 금치훈장(金鵄勳章) 수령(1942). 해방 후 수도경비사령관(1950), 육군참모총장(1951), 육군대학 총장(1953), 제10대 국회의원(1976) 등 역임. 『친일인명사전』(민족문제연구소)에 등재됨.
13. 제임스 밴 플리트(James A. Van Fleet, 1892.3.19.~1992.9.23.). 미국 육군사관학교 졸업(1915), 미 육군 3군단장(1945), 그리스 주재 군사사절단장(1948), 미 제8군 사령관 겸 유엔군 총사

와도 합의가 있었음은 후일 알려진 일이었다.) 그러니 이번 기회를 놓치면 우리나라는 영원히 이 박사의 독선을 한탄하며 살아야 하네."

그러나 그와 나는 동창에 해가 떠오르려 하건만, 여전히 평행선이었다. 결국 그는 크게 실망을 하며 동이 트자마자 자리에서 일어섰다. 그는 못내 아쉽다는 표정으로 결국 대구로 돌아갔다.

지금 생각하면 그의 판단은 정확했다. 어쨌든 그의 예상대로 이 박사는 후일 비민주적인 방법으로 다시 정권을 잡았고, 우리나라의 발전도 다시 함께 뒷걸음질 치게 되었다. 또한 역사가 원했든 아니든 간에, 꼭 9년 이틀 뒤인 1961년 5월 16일 군사 쿠데타를 부르지 않았던가. 한 가지 재미있는 것은 쿠데타를 꾸민 그의 밑에 박정희 대령이 차장으로 있었다는 사실이다. 어쩌면 박 대령은 후일 쿠데타에 대한 아이디어를 이용문 장군한테서 차용했는지도 모른다.[14]

선우종원이 이용문의 쿠데타 제의를 거부한 후, 한국 현대사에 이른바 '부산정치파동'이라고 기록되는 사태가 이승만에 의해 전개된다. 대한민국 헌정사상 첫 번째 친위 쿠데타[15]이기도 한 '부산정치파동'의 내용을 요약하면 이렇다.

이승만은 1952년 5월 25일 부산을 포함한 경남과 전남·북 일부 지역에 비상계엄을 선포했다. 그리고 5월 26일 헌병대를 동원해 내각제를 주도한 국

령관(1951) 등 역임 후 미 육군 대장으로 퇴역(1953).
14. 선우종원, 『나의 조국 대한민국』, B.G.I., 2010, 256~258쪽에서 발췌.
15. 친위(親衛) 쿠데타(self-coup, autocoup): 쿠데타(coup d'état)의 한 형태로, 합법적 수단을 통해 권력을 소유한 국가 지도자가 의회를 해산하거나 무력화시켜 정상적 상황에서는 허용되지 않는 비정상적 권력을 장악하는 것을 말한다.(Wikipedia)

회의원 48명을 연행하고 일부에게는 국제공산주의와 결탁했다는 혐의를 뒤집어씌웠다. 그리고 사조직과 다름없는 정치 폭력배를 동원해 신문사를 습격하고, 야권의 호헌(護憲) 집회를 무산시키는가 하면 대대적인 관제 데모를 벌이게 했다.

그리고 7월 4일 경찰과 군인이 포위한 국회의사당에서 구속 후 회유한 의원들까지 보석 명목으로 참석시켜 '거수표결' 방식으로 개헌안을 통과시켰다. 대통령 직선제와 국회의 국무원 불신임제를 짜깁기한 이 헌법 개정안은 출석 166명에 찬성 163명(기권 3명)으로 통과되었다. 사흘 뒤인 7월 17일 개정헌법이 공포되었고, 28일 비상계엄령이 해제되었다. 그리고 한 달 뒤인 8월 5일 제2대 대통령 선거에서 이승만이 당선됐다. 그의 독재와 장기집권의 시작이었다.

이 같은 부산정치파동은 한국의 헌정사에서 집권자가 헌법 개정을 통해 집권 연장을 도모한 최초의 사례로 이후 이승만과 박정희에 의해 반복되는 무분별한 헌법 개정의 시초가 된다.

박정희는 이용문과 함께 이승만을 제거하고 장면을 옹립하려 했다. 그런데 이로부터 9년 2일이 지난 1961년 5월 16일 박정희는 쿠데타를 일으켜 자신이 옹립하려던 장면을 타도한다. 그리고 5·16 쿠데타 후 설치된 박정희의 국가재건최고회의[16]는 '부산정치파동'을 다음과 같이 평가했다. 이런 걸 두고 사돈이 남 말한다던가?

이렇게 해서 한국의 민주주의와 한국의 국회는 이승만의 독재권 앞에 최

---

16. 국가재건최고회의는 1961년 5·16쿠데타 당시의 군사혁명위원회를 5월 19일 개칭한 군사정부의 최고통치기관이다. 1961년 7월 3일 박정희는 국가재건최고회의 의장에 취임했다.

초의 시련을 당하게 되었고, 행정부가 입법부의 권위를 무시했으며 권력에 대한 병적인 집념에서 타협을 모르는 이승만의 'One-man Show'의 무대가 열리게 된 것이다.[17]

2. 제2차 쿠데타 미수: 1960년 5월 8일, 이승만 제거 미수

박정희의 국가재건최고회의가 이승만의 '원맨쇼(One-man Show)'를 비난했지만, 사실 부산정치파동 이후 박정희 자신의 끈질긴 쿠데타 시도와 마침내 이룬 성공, 그리고 그 성공 후의 권력 행사 등은 모두 박정희의, 박정희에 의한, 또한 박정희를 위한 '원맨쇼'였고, 그 규모도 이승만과는 비교할 수 없을 정도로 거대한 '원맨쇼'였다.

박정희의 이 거대한 '원맨쇼'는 1953년 6월 24일 박정희의 멘토였던 이용문이 비행기 사고로 사망한 데서 비롯되었다. 박정희는 이용문의 사망으로 자신의 멘토가 사라지자, 스스로 멘토가 되어 쿠데타 기치를 홀로 들게 된 것이다. 그는 기존의 만주군·일본군 인맥, '경비사' 중대장 시절의 5기생 인맥, 육군본부 전투정보과 시절의 육사 8기생 인맥 등을 토대로 꾸준히 인맥 쌓기에 나섰고, 한국 특유의 '인맥 문화' 덕분에 5·16 쿠데타에 성공하게 된다.

박정희가 이용문 사망 후 홀로 인맥을 구축해 가며 이승만 타도 쿠데타에 나서는 과정을 들여다보기로 하자.

1953년 11월 15일 박정희는 준장으로 진급하여 미국 육군포병학교 유학

---

17. 국가재건최고회의 한국군사혁명사편찬위원회 편, 『한국군사혁명사 제1집』, 1963, 66쪽.

생 교육을 마치고, 제2군단 포병단장을 거쳐 1954년 10월 18일 광주포병학교 교장에 취임한다. 여기서 5·16 쿠데타 세력의 한 축을 이루는 포병 인맥[18]을 만들게 된다. 그리고 1955년 7월 1일 강원도 양구에 있던 제5사단장으로 전보된 것을 계기로 마침내 '전투부대'의 지휘관이 되었다. 이것은 그동안 늘 찜찜하게 따라붙었던 그에 대한 사상적 의심이 이제는 어느 정도 가셨다는 것을 의미하는 보직 발령이었다.[19]

1958년 3월 박정희는 동기생 가운데 가장 먼저 소장으로 진급했고, 그해 6월 17일 제1군 사령부 참모장으로 임명되어 원주로 부임했다. 제1군 사령관으로 승진한 송요찬[20]이 그를 데리고 간 것이다. 치밀한 박정희와 호탕한 송요찬은 서로 잘 맞았다. 박정희로서는 야전군의 사단장들 및 참모들과 업무적으로 친해져 자연스럽게 인맥을 쌓는 기회가 되었다.[21] 1959년 2월 육군참모총장에 취임한 송요찬은 7월 1일 박정희를 서울 지역을 관할하는 제6관구 사령관으로 임명했다. 요즈음의 수도경비사령부에 해당하는 요직이었다. 그 후 1960년 1월 21일에는 제6관구 사령관에서 부산에 있는 군수

---

18. 포병학교에서의 인맥은 다음과 같다. 행정처 보좌관 이낙선(대령 예편. 국세청장, 건설부 장관 역임), 항공대장 이원엽(소장 예편. 감사원장 역임), 학생대장 홍종철(준장 예편. 대통령 경호실장, 문교부 장관 역임), 부교장 정인완(준장 예편. 국가재건최고회의 비서실장 역임), 구자춘(대령 예편. 서울시장, 내무부 장관 역임). 조갑제, 『박정희 3-혁명전야』, 조갑제닷컴, 2007, 45쪽.
19. 김교식, 『다큐멘터리 박정희 ②』, 평민사, 1990, 94쪽.
20. 송요찬(宋堯讚, 1918.2.13.~1980.10.18.). 충청남도 청양 출생. 화성공립보통학교, 대전고등보통학교 졸업. 일제강점기 일본군 육군 상사. 해방 후 군사영어학교 졸업, 육군 소위 임관(1946). 헌병사령관, 수도사단장(1950), 제8사단장(1952), 제3군단장(1954), 제1군사령관(1957), 육군참모총장(1959), 계엄사령관(1960), 군사정부 내각 수반(1961~1962) 등 역임.
21. 제1군 사령부 참모장일 때의 참모진은 인사 박경원(소장 예편. 내무부 장관, 교통부 장관 역임), 작전 최택원(소장 예편. 감사원 감사위원, 총무처 차관 역임), 작전 채명신(중장 예편. 주월 한국군 사령관·제2군 사령관 역임), 정보 김용순(중장 예편. 중앙정보부장, 국회의원 역임). 조갑제, 『박정희 3-혁명전야』, 79쪽.

기지사령부의 초대 사령관에 취임했다.

이낙선[22]이 작성한 '5·16 참여자 증언 기록 카드'에 의하면, 박정희가 쿠데타를 구상한 최초의 시기는 부산 군수기지 사령관으로 가기 직전 제6관구 사령관으로 있을 때부터였다. 다음은 이낙선 '카드'에 기록된 박정희의 증언이다.

▷박정희 소장(당시 군수기지 사령관) 증언: 1960년 2월 동래 온천장 별관, 백녹관 숙소 등지에서 이주일 소장(제2군 참모장), 김동하 소장(당시 포항 주둔 해병 제1상륙 사단장), 홍종철 중령(당시 6군단 작전참모), 전두열 대령(당시 육군본부) 등과 처음으로 쿠데타 계획을 모의했다. 쿠데타 계획은 포항 주둔 해병사단(김동하 지휘), 제2군 각 부대(이주일 지휘)와 김포 주둔 해병여단으로 서울을 점령한다는 등의 계획을 세웠으나 중심지가 부산이기 때문에 계획 실천에 있어 막대한 곤란을 느끼고 있었다. 한편 박정희 소장은 장도영 중장(당시 제2군 사령관)을 해운대 호텔에서 만나 쿠데타 계획을 설명하고 협조를 요구했으나 원칙에는 찬동하나 좀 더 두고 연구하자고 했다.

송요찬 육군참모총장이 1960년 5월 5일 도미하기로 되어 있어 그가 부재 중인 5월 8일로 거사일을 결정했다. 이날 이주일 소장의 제2군 병력이 부산 지구를 점령하고, 포항 해병사단이 부산 지구에 출동하며, 인천 고사포단과 김포 해병여단이 서울 지구를 점령하기로 계획했다.[23]

---

22. 이낙선(李洛善, 1927~1989). 경상북도 안동 출생. 육군포병학교(1953), 경희대학교 정외과(1961) 졸업. 5·16 쿠데타 후 국가재건최고회의 의장비서관(1961), 대통령 민정비서관(1963), 국세청장(1966), 상공부 장관(1969), 롯데상사 회장(1981) 등 역임. 5·16 쿠데타 직후 수백 명 관련자의 증언을 채록한 '카드'를 작성하여 『한국군사혁명사』 편찬 실무 간사를 맡았다.
23. 조갑제, 『박정희 ①-불만과 불운의 세월(1917~1960)』, 도서출판 까치, 1992, 250~251쪽; 조갑제, 『박정희 3-혁명전야』, 107쪽.

1960년 4·19 혁명 당시 계엄군의 M4A3E8 셔먼 탱크 위에 올라가서 3·15 부정선거를 규탄하는 서울 시민과 학생들. 박정희는 1960년 5월 8일 이승만 타도 쿠데타를 계획했으나 4·19 혁명으로 이승만이 하야하여 중단해야만 했다. | 사진출처: 〈유용원의 군사세계〉

박정희가 쿠데타 실행 예정일로 정한 것은 부산정치파동 이후 8년 만인 1960년 5월 8일이었다. 이에 따라 이승만 타도를 위한 만반의 준비를 갖추고 그날만을 학수고대하고 있었는데 이게 웬일인가! 4·19혁명으로 4월 26일 이승만이 하야했고, 이로써 이승만 독재를 타도한다는 쿠데타 명분이 사라져 버린 것이다.

4·19 이전에 학생 시위가 전국으로 번지고 있을 때 "에이, 술맛 안 난다"라고 내뱉었던 박정희가 이승만 하야 후에는 "아이고, 학생놈들 때문에 다 글렀다"[24]고 분개했던 것도 무리가 아니었다.

과연 박정희의 질주는 여기서 멈출 것인가?

---

24. 조갑제, 『박정희 3-혁명전야』, 94~95, 149쪽.

3. 제3차 쿠데타 미수: 1961년 4월 19일, 장면 제거 미수

4·19 혁명으로 이승만이 물러나자 박정희를 중심으로 한 쿠데타 세력은 새로운 표적을 찾지 않을 수 없었고, 이들이 찾은 새로운 표적은 장면 정권이었다. 사실 장면 정권에 대한 비판의 소리가 매우 높기는 했다.

이승만 정권 아래에서 축적되었던 많은 불만이 표출되면서 매일같이 시위가 일어나고 있었고, 민주당은 신파·구파로 나뉘어 날만 새면 주도권 다툼을 하고 있었다. 이로 인해 4·19 혁명으로 제기된 문제가 제대로 해결되지 않고 있었다. 급기야 4·19 부상동지회가 국회의사당을 점거하는 사태까지 발생했다. 거기에 경제 사정도 말이 아니었다. 그리고 거리는 실업자들로 뒤덮였지만, 장면 정권은 이렇다 할 만한 경제정책을 내놓지 못하고 있었다.[25]

그러나 이승만 정권에 이은 제2공화국은 1960년 8월 17일 장면이 국무총리로 선출되어 출범한 지 불과 8개월밖에 되지 않았었다. 이승만 정권이나 박정희 정권처럼 억압 일변도의 통치를 할 수 없었던 시기에 이전 정권하에서 쌓였던 불만이 터지고, 학원마다 학원 모리배를 규탄하고 주민 집단 학살과 각종 의혹 사건의 진상 규명을 요구하는 움직임이 일어나는 것은 자연스러운 일로서 '정상적인 사회'로 가기 위해 어차피 겪어야 할 과정이었다. 또 시위는 주로 과도정부 시기에 일어났고 1961년에 들어오면서 현저히 줄어들었다. 그리고 경제 제일주의 기치 아래 경제건설이라는 구도가 형성되었다.[26]

---

25. 이우재, 『비록 골짜기에 있을지라도 … 맑은 향기를 내리라』, 사회문화연구소출판부, 1995, 72쪽.
26. 민주화운동기념사업회 연구소, 『한국민주화운동사 1』, 돌베개, 2008, 211~213쪽.

이런 상황에서 무엇이 쿠데타를 서두르지 않을 수 없게 한 것일까? 애당초 쿠데타를 구상하고 지휘한 실질적 지도자는 박정희 소장이었다. 그와 함께 5·16 쿠데타를 처음부터 기획하고, 실무적으로 준비하고 추진했던 사람은 박정희의 조카사위 김종필 중령이었다. 그리고 5·16 쿠데타 당시 서울 시내를 점령한 해병대를 동원하는 데 핵심적인 역할을 했던 인물이 김동하[27] 해병 소장이었다. 이런 까닭에 흔히 박정희·김종필·김동하, 이들 세 사람은 각각 5·16 쿠데타의 '선체(船體)'·'엔진'·'연료'에 비유되곤 하는데,[28] 당시 이들은 각자 쿠데타를 서두르지 않으면 안 될 입장에 처해 있었다.

'선체'인 박정희부터 보자. 장면 정권이 들어서면서 미국 측은 박정희의 예비역 편입을 요구하고 나섰다. 쿠데타설이 나돌고부터는 노골적으로 예편 압력을 가하기 시작했다. 1960년 12월 5일 박정희를 제2군 부사령관으로 좌천시킨 장면 정부는 1961년 1월 중순 150여 명의 예편 리스트를 작성했고, 첫손가락에 꼽힌 인물이 박정희였다. 이런 결정이 내려진 것은 미국의 압력도 있었지만, 박정희와 그의 추종 세력이 4·19 이후 거의 공개적으로 정군(整軍) 운동을 벌였기 때문이기도 했다.[29] 이때부터 박정희는 눈에 핏발이 선 채로 쿠데타 작업에 더욱 몰두했다.

'엔진'인 김종필은 어떠했을까? 김종필을 비롯한 11명의 육사 8기 출신 중령들은, 1960년 9월 10일 정군(整軍)에 관한 건의를 하려 했으나 국방부 장

---

27. 김동하(金東河, 1920.4.15.~1995.12.3.). 함경북도 무산 출생. 만주 용정 광명중학교 졸업(1939), 만주국 육군군관학교 제1기 졸업(1941). 만주국군 대위로 복무 중 일제 패망. 해방 후 해양경비대 소위 특별임관(1946). 해병대 사령부 참모장(1949), 해병대 제1상륙사단장(1958) 등 역임. 5·16 쿠데타 참여 후 반혁명사건으로 투옥(1963), 한국마사회 회장(1971). 『친일인명사전』(민족문제연구소)에 등재됨.
28. 김세진, 「한국군부의 성장과정과 5·16」, 『1960년대』, 거름, 1984, 141쪽.
29. 이상우, 『박정희, 파멸의 정치공작』, 동아일보사, 1993, 53쪽.

관을 만날 수 없게 되자 음식점에 모여 쿠데타를 결의한다. 장면 내각이 출범한 지 불과 18일 만이었다. 이어서 9월 24일 '16인 하극상 사건'이 일어나자 배후로 지목된 김종필은 1961년 2월 4일 구속된다. 그리고 나흘 후 석방됨과 동시에 예비역으로 편입되었다.[30]

'연료'에 비유되는 김동하도 박정희와 마찬가지로 정치와 군의 질서를 자주 거론하며 불만을 토로했던 인물이었다. 이런 이유로 그는 과도정부[31] 때 예편되었고, 장면 정권이 들어섰을 때 새로운 자리를 모색했으나 허사로 돌아가고 말았다. 이처럼 할 일이 없게 된 김동하 예비역 소장은 자연히 현실에 불만을 품게 되어 그 돌파구를 쿠데타에서 찾게 된 것이다.[32]

1961년 2월 하순 박정희·김종필·김재춘[33]이 모여 4·19 1주년 기념일에 군중 폭동이 일어나면 폭동 진압 부대가 출동하게 되어 있으니 이 병력으로 쿠데타를 일으키기로 하고, 거사일을 4·19 1주년 기념일로 결정했다. 1년 전 박정희와 함께 제2차 쿠데타를 모의했던 김동하는 해병대 창설 기념일인 4월 15일로 거사일을 잡고 쿠데타를 독자적으로 추진하다가 박정희 쪽에 합류하기로 했다.

문제는 1961년 4월 19일에 격렬한 데모가 벌어져 폭동 상황이 되어야 한다는 것이었다. 박정희와 그의 일행은 그날 학생들의 데모가 일어날 것을 기대했고, 당시 사회 상황으로 보아 거의 필연적인 것으로 확신했다. 그러나

---

30. 송철원, 『박정희 쿠데타 개론』, 현기연, 2020, 265~267쪽.
31. 4·19 혁명으로 이승만의 제1공화국이 붕괴된 후 1960년 4월 27일 구성되어 1960년 6월 14일까지의 제2공화국이 등장하기 이전 과도정부.
32. 이상우, 『박정권 18년-그 권력의 내막』, 동아일보사, 1986, 52쪽.
33. 김재춘(金在春, 1927.6.4.~2014.1.2.). 경기도 김포 출생. 조선경비사관학교 5기 졸업(1948). 육군 제6관구 사령부 참모장(1960), 국가재건최고회의 최고위원(1961), 제3대 중앙정보부장(1963), 무임소 장관(1963), 국회의원(제8·9대) 등 역임.

예상과 어긋나는 일이 발생할 수도 있는 일이었다. 그러자 '사전에 대대적인 데모를 일으키도록 학생들을 포섭하는 공작을 하자'는 착상이 김종필의 머리에서 나왔다. 바로 이 '학생들을 포섭하는 공작'에 따라 당시 서울대학교 학생회장이었던 이우재[34]가 김종필을 만나게 되는데, 이에 대한 그의 증언을 정리하면 이렇다.

4·19 혁명 1주년을 앞둔 어느 날 잘 아는 선배가 찾아와 "지금의 장면 정권은 너무나 무기력하고 부패하다. 4·19 과업을 완수하기 위해서는 새로운 세력이 나와 장면 정권을 타도하고 권력을 잡아야 한다. 얼마 전에 혁명을 준비하는 사람을 만났다. 그 사람은 혁명을 일으키기 위해 군 내의 세력을 규합하고 있다. 학생들은 4·19 1주년 기념 시위를 대대적으로 벌이기만 하면 된다. 그러면 시위 진압을 위해 군대가 동원될 것이고, 그 기회를 이용하여 총부리를 돌려 장면 정권을 타도하게 될 것이다"라고 하는 것이었다.

며칠 후 선배의 권유에 따라 "혁명을 준비하는 사람"의 청파동 집에 가보니, 그 사람이 바로 김종필이었다. 이우재가 김종필에게 혁명 노선은 무엇이고 지도자가 누구냐고 묻자, 자기들 노선은 무능 부패한 장면 정권을 타도하고 4·19 혁명을 완수하는 것이며 지도자는 육군참모총장 장도영이라는 것이었다. 이야기를 마치고 나오면서, 김종필이 말한 혁명 지도자들 중에 혁신계 인사는 한 명도 없고 주로 군부 인사들이라는 점이 이상하다는 생각이 들어, 이후 그들과 일체의 접촉을 끊었다.[35]

---

34. 이우재(李佑宰, 1936.9.13.~). 충청남도 예산 출생. 예산농업고등학교, 서울대학교 수의과대학 졸업. 크리스챤아카데미 사건(1979)으로 복역, 민중당 대표(1990), 농어촌사회연구소 이사장, 제15·16대 국회의원, 한국마사회 회장(2005) 등 역임.
35. 이우재, 『비록 골짜기에 있을지라도 … 맑은 향기를 내리라』, 71~76쪽에서 발췌.

1961년 4월 19일 건국대학교 학생들이 4·19혁명 1주년을 맞아 침묵시위를 하고 있다. 학생들은 4·19 혁명의 발자취를 따라 침묵시위를 벌인 후 학교로 돌아와 해산했다. 다른 대학 학생들도 이런 방식의 시위를 하여 박정희는 이날 쿠데타 계획을 실행에 옮길 수 없었다. | 사진출처: 건국대학교 박물관

거사일인 4월 19일 박정희는 대구의 제2군 부사령관실에서, 서울의 일행은 종로 부근 은성(銀星)이라는 음식점을 통째로 빌려 대기하고 있었다. 그들은 4·19 혁명 1주년 기념식이 대규모 유혈 폭동으로 발전하여 장면 정부가 계엄령을 선포하면 출동하게 될 폭동진압 부대를 그대로 쿠데타 부대로 전환할 준비를 하고 있었다. 그러나 유감스럽게도 폭동은 일어나지 않았다.[36] 그것은 학생들이 다음과 같은 언론 보도처럼 침묵의 시위행진을 했기 때문이었다.

> 4월 19일 상오 10시 반부터 서울대학교 문리대 교정에서는 서울대생 약 2천여 명이 모인 가운데 학생회 주최로 4·19 1주년 기념식이 거행되었다. … 기념식을 끝마치고 식에 참가한 전 학생이 "남북 학생 판문점에서 만나자",

---

36. 조갑제, 『박정희 3-혁명전야』, 270~271쪽.

"속지 마라 소련 놈, 믿지 마라 미국 놈", "이북 쌀, 이남 전기", "밀가루를 주지 말고 기계를 달라" 등 자극적인 장(張) 정권을 비난하는 내용의 플래카드를 앞세우고 작년 4·19 당시 밟았던 코스를 따라 낮 12시 현재 아무런 사고 없이 침묵의 시위행진을 진행하고 있다.[37]

이렇게 하여 박정희의 세 번째 쿠데타 계획도 물거품이 되었다.

4. 제4차 쿠데타 미수: 1961년 5월 12일, 장면 제거 미수

박정희는 1961년 4·19 혁명 1주년 기념일을 디데이로 잡고 일으키려던 장면 타도 쿠데타가 무위에 그치자 자형인 한정봉(韓正鳳)[38]에게 자신의 마음을 다잡는 편지를 보냈는데, 거기에 이런 시가 실려 있었다 한다.

> 영남에 솟은 영봉 금오산아 잘 있거라
> 3차 걸쳐 성공 못 한 흥국일념 박정희는
> 일편단심 굳은 결의 소원성취 못 하오면
> 쾌도할복 맹세하고 일거귀향 못 하리라[39]

'쾌도할복'을 맹세? '쾌도(快刀)'는 아주 잘 드는 칼을 말하고, '할복(割腹)'

---

37. 《동아일보》 1961.4.20. 3면.
38. 박정희의 둘째 누나 박재희(朴在熙)의 남편.
39. 강준식, 『대한민국의 대통령들』, 김영사, 2017, 173쪽.

'할복(割腹)'이란 10세기 이후 일본의 무사 계급인 사무라이들이 사용한 자살 방법이었다. 17세기 이후에는 무사의 명예를 존중한 사형 제도로서 형식을 갖추게 된다. 할복 때 무사는 미리 정해 놓은 규칙(배의 가운데의 복부를 깊이 가르고 다시 L자로 긋는다)에 따라 그들의 복부를 깊게 가르며, 보조자가 뒤에서 무사의 머리를 베어 준다.(위키백과)

은 배를 가르는 행위, 특히 일본 사무라이가 자결하는 방식이 아닌가? 그러고 보니 '박정희와 일본'이라는 이 책의 제목이 떠오른다.

1979년 10월 26일 밤 박정희는 자신이 임명한 중앙정보부장의 손에 살해당했고, 일본에서 이 소식을 접한 박정희의 일본육군사관학교 선배 한 사람이 술에 취해 "마지막 사무라이가 죽었단다. 죽고 말았단다"라고 부르짖었다고 한다. '쾌도할복'을 맹세했지만 그리하지 못하고 총에 맞아 세상을 하직한 박정희를 '마지막 사무라이'라고 했다는 것이다.

사무라이는 일본 봉건 시대의 무사(武士)를 뜻한다. 본디 가까이에서 모신다는 뜻의 단어 '시(侍)'에서 나온 말로써 귀인을 경호하는 사람을 가리켰으나, 헤이안 시대(794~1185) 이후 일반적인 무사를 가리키게 되었다.

사무라이 사회는 위험과 살육이 난무하는 곳이기에 '죽음을 가벼이 여기고, 그 누구라도 전사해 이름을 후손에 남기기'를 미화하고 권장한다. 집단과 함께 죽는다는 의식도 발전했다. 패전이 명백해졌을 때 패자인 사무라이가 손에 손을 잡고 바다에 들어가 몰사하는 장면은 일본 군기(軍記) 문학 속에 자주 나온다. 더구나 패전에 임한 사무라이가 '칼을 빼어 갑옷 깃을 자르고, 칼 손잡이 부근까지 배에 찔러 세우고, 자신의 편이 죽은 그 자리에 간신히 오자마자 쓰러져 창자를 다 내놓고 죽었다'는 장면도 묘사된다.

할복은 죽음이 최고의 무용(武勇)으로서 권장되고 죽음까지도 주군과 함께한다는 충성이 강조되는 가운데 탄생했다. 배를 갈라서 자살하는 할복은 오랜 고통으로 죽음을 지연시키는 지극히 끔찍한 방법이다. 임금이 있는 곳을 향해 예를 갖춰 부복하고 사약을 받는 문치주의의 조선과는 대조되는 현상이다. '할복으로 끔찍하게 죽어 원령이 되어서라도 적을 괴롭혀 이기겠다'는 뜻이다.[40]

'마지막 사무라이' 박정희는 세 차례에 걸친 쿠데타 시도에 실패했다. 전쟁으로 말하면 세 번이나 패전한 셈이니, 쿠데타를 성공시키지 못하면 일본 식대로 할복을 맹세하고 고향으로 돌아가지 않겠다고 쓰고 있다. 박정희는 이런 끔찍한 맹세를 하며 네 번째 쿠데타 날짜를 다음 달 12일로 잡고 계획을 진행해 나갔다.

그런데 비밀이 누설되는 돌발 사태가 발생하여 쿠데타 계획은 또다시 미수에 그치고 말았다. 이에 대한 김종필의 증언이다.

(4·19 쿠데타 계획 실패 후) 두 번째 계획은 5월 12일이었는데 주체세력 중

---

40. 정혜선, 『일본사 다이제스트 100』, 도서출판 가람기획, 2011, 129쪽.

한 명의 부주의로 비밀이 누설됐다. 육군본부의 이종태 대령이 경인 통근버스 안에서 옆자리에 앉은 동료를 포섭하기 위해 혁명 준비 상황을 발설한 것이다. 이 동료는 방첩대에 밀고했다. 거사 계획은 서울지구 방첩대장(이희영 대령)→육군본부 방첩대장(이철희 준장)→장도영 참모총장 순으로 보고됐지만, 방첩대의 손길은 이 대령 한 명만 구속시키고 수사를 확대하지 않은 것이다. 다만 쿠데타 소문이 날짜까지 박아 군내에 널리 퍼지게 돼 부득이 그날 궐기를 중단했다.[41]

그런데 당시 제6관구 사령부 참모장이던 김재춘의 증언은 전혀 다르다.

> (4·19 쿠데타 계획이 실패하자) 뒤이어 D데이로 잡은 것이 5월 12일이었다. 지휘본부로 결정된 6관구 사령부에서 총지휘자인 박정희 장군이 오기를 기다렸으나 박 장군이 끝내 나타나지 않아서 그날의 거사도 불발에 그치고 말았다. 그날 저녁 박 장군과 연락이 되어 일식집 '남강'에서 저녁 식사를 하면서 불평을 말하고 12일에 약속을 지키지 못한 이유를 물었다. 그러자 군 동원 문제로 5군단장 박임항 장군, 5사단장 채명신 장군, 12사단장 박춘식 장군을 만나 타협을 짓느라고 늦었다는 이야기였다.[42]

누구의 증언이 맞든지 간에 5월 12일도 불발이었다.

---

41. 김종필, 『김종필 증언록 1』, 62쪽.
42. 김재춘, 「5·16 혁명사는 다시 쓰여져야 한다」, 한국정치문제연구소, 『정풍(政風) 3-누가 역사의 증인인가』, 동광출판사, 1986, 75쪽.

5. 5·16 쿠데타: 1961년 5월 16일, 장면 제거 성공

1) 5·16 쿠데타 성공

5·16 쿠데타는 어떻게 성공했는가? '쾌도할복(快刀割腹)'을 맹세했던 박정희는 제4차 실패 나흘 만인 1961년 5월 16일 마침내 쿠데타 실행에 들어가 성공하게 된다. 박정희의 5·16 쿠데타는 책[43]에 "누구나 알고 있고, 아무도 말리지 않았던 쿠데타"라는 부제(副題)가 붙을 정도로 사실상 드러내놓고 한 엉터리 쿠데타였다. 그 실례는 차고 넘치니, 여기서는 박정희가 쿠데타를 대놓고 언급한 이야기를 후일 박정희 밑에서 외무부 장관을 지내게 되는 이동원[44]의 입을 통해 들어보기로 하자.

이동원은 국방대학원 강의에서 장면 정권을 비판했다고 한다. 그러자 1961년 4월 어느 날, 수강생이던 김동하의 주선으로 일식당에서 박정희를 만나게 된다. 당시 5·16 쿠데타를 추진하고 있던 '선체'와 '연료', 그리고 이동원의 회동이 이루어진 것이다. 이동원은 그때 있었던 일을 이렇게 기록하고 있다.

그런데 약 한 시간쯤 지났을까. 박 소장이 드디어 입을 열었다. "이 박사,

---

[43] 김상구, 『5.16 청문회-누구나 알고 있고, 아무도 말리지 않았던 쿠데타』, 도서출판 책과나무, 2017.
[44] 이동원(李東元, 1926.9.8.~2006.11.18.). 함경북도 북청 출생. 연희전문학교 정경과 입학(1945) 후 미국 리오그란데대학교 졸업(1950), 켄트주립대학교 대학원 수료(1952), 컬럼비아대학교 대학원 박사과정 수료(1955) 후 옥스퍼드대학교 대학원 정치학 박사학위 취득(1958). 5·16 쿠데타 후 청와대 비서실장(1962), 외무부 장관(1964), 제7·8·10·15대 국회의원 등 역임.

내 이 박사한테 물어볼 말이 있소. 대답해 주시오." 그리곤 내가 채 그의 말을 들었는가 싶은 찰라 무섭게 말을 이었다. "나 쿠데타 할 거요. 그런데 그러면 미국이 어떻게 나올 것 같소?"

순간 난 쇠망치로 얻어맞은 느낌이었다. 도대체 저 양반이 지금 제정신인가 싶었다. … 진짜 쿠데타를 하려면 이렇게 함부로 발설해도 되는가 하는 생각에 그를 살펴보았지만 분명 농담은 아니었다. 어느새 빈틈없는 그의 눈에서는 불이 나오고 있었다.[45]

박정희가 이처럼 공공연히 떠들어댔으니 쿠데타 정보는 당연히 국무총리 장면의 귀에도 들어갔다. 박정희가 이동원을 만났던 1961년 4월부터 10여 건에 달하는 쿠데타 정보가 장면에게 쏟아져 들어왔고, 그중에는 미국 쪽에서 들어온 것도 있었다. 장면이 이런 정보를 중시하지 않았으니 가장 큰 책임은 당연히 그에게 있다. 이뿐만 아니라 일국의 국무총리라는 사람이 쿠데타가 일어나자 대책도 없이 사흘이나 수도원에 꼭꼭 숨어 버려 손 쓸 수 없게 했으니, 쿠데타 성공의 일등 공신은 장면 자신이었다.

장면은 그렇다 치고 3,600명 정도에 불과했던 군대를 동원한 쿠데타가 성공할 수 있었던 것은, 첫째로 쿠데타 당시 대한민국 육군의 총지휘자인 육군참모총장 장도영[46]의 애매한 태도, 다음으로는 통수권자인 대통령 윤보선의 진압 거부, 그리고 가장 큰 이유는 작전지휘권을 쥐고 있는 미국의

---

45. 이동원, 『대통령을 그리며』, 고려원, 1992, 44쪽.
46. 장도영(張都暎, 1923.1.23.~2012.8.3.). 평안북도 용천 출생. 일본 도요(東洋)대학 재학 중 학도병으로 태평양전쟁에 참전. 해방 후 군사영어학교 졸업(1946), 육군본부 정보국장(1949~1950), 육군 제9사단장(1950), 육군 제2군단장(1954), 육군참모차장(1957~1959), 육군참모총장(1961), 국가재건최고회의 의장, 내각 수반(1961), 미국 웨스턴미시간 대학교 교수(1971~1993) 등 역임.

1961년 5월 18일 오전, 서울 시청 앞에서 5·16 쿠데타 지지 '육군사관학교 생도 시위대'를 지켜보고 있는 박종규 소령, 박정희 소장, 차지철 대위(앞줄 왼쪽부터). 5·16 쿠데타 하면 으레 약방 감초처럼 등장하는 이 사진은 박정희가 5·16의 중심임을 보여 주기 위해 배포한 사진이었다. 그러나 이 사진은 다른 이야기를 하고 있다. 사진 왼쪽에 뒷바퀴만 보이는 지프 위에서는 당시 박정희가 두목으로 내세운 장도영이 육사 생도들을 향해 격려사를 하고 있었고, 박정희는 제2인자로 아래에서 육사 생도들을 지켜보고 있었다. 오른쪽의 차지철 대위가 장도영을 올려다보고 있는 것이 이를 말해 준다. 쿠데타 초기에는 이 사진을 공표하지 않고 있다가, 쿠데타 성공 후 두 달도 안 된 1961년 7월 7일 '장도영 일파'를 반혁명 사건으로 거세한 다음, 내외신 보도기관에 일제히 배포하여 소개한 사진이 바로 이 사진이었다.47

불개입 때문이었다.

  어느 부문보다도 일제의 유산을 농도 짙게 물려받은 것이 한국 군부였다. 이승만은 일제에 대한 독립 투쟁이라는 공인인증서로 확립된 카리스마

---

47. 이상우, 『박정희 시대-5·16은 쿠데타다』, 도서출판 중원문화, 2012, 14쪽.

로 군부를 충분히 위압할 수 있었는데도, 끊임없이 군부에 대해 신경을 썼다. 탁월한 용인술과 인사정책으로 때로는 감시하고 서로 견제시키며 때로는 회유책으로 군부가 정치를 넘나들지 못하도록 여러 가지 노력을 기울였다. 이랬는데도 박정희는 쿠데타를 기도하지 않았던가?

그러나 장면의 민주당 정부는 이렇다 할 권위를 지니지 못한 채 출범했다. 특히 군부의 눈에 비친 장면 정부는 아무런 카리스마도 지니지 못한 약체 정권이었다. 그런데도 장면은 소수의 국방부 수사대만 남겨 두고 헌병사령부나 특수부대 등을 해체하거나 약화시켰다. 이런 형편 아래에서는 각군 참모총장이 정확한 보고를 하지 않으면 국방장관은 문자 그대로 허수아비가 될 수밖에 없었다. 그런데도 군부에 대해 문외한인 민간인을 국방장관에 임명하는 등 군부 관리에 극도로 무신경했다.

장도영은 어떠했는가? 장면은 몇 차례 장도영을 불러 쿠데타설에 대해 캐물었으나 그때마다 장도영은 "그럴 리가 없다", "내가 참모총장으로 있는 한 누구도 쿠데타를 할 수도 없으며 할 이유도 없다", "혹시 과거에 몇 사람이 쿠데타를 했을지 몰라도 지금은 절대 없다", "나를 모함하기 위해 반대파들이 만들어 낸 허위정보다"라는 등 실상과 다른 보고를 했다.[48]

그런데 다음의 한국 쿠데타에 대한 미국 CIA 보고서(1961년 4월 25일 자) 내용을 보면 장도영의 말과는 딴판이다.

(중략) 4월 25일 장도영 육군참모총장과 1시간 동안 면담했다. 쿠데타에 관한 제보가 우리 사무실에 들어왔으며 매그루더[49] 장군에게 먼저 보고했다.

---

48. 이상우, 『박정희, 파멸의 정치공작』, 39~42쪽.
49. 카터 B. 매그루더(Carter Bowie Magruder, 1900.4.3.~1988.3.14.). 영국 런던 출생. 육군사관

1961년 5월 18일 오전 서울 시청 앞 광장에서 거행된 '혁명기념식' 장면을 그린 그림. 장도영이 지프 위에서 5·16 쿠데타 지지 '육군사관학교 생도 시위대'를 향해 격려사를 하고 있고, 오른쪽에 색안경을 낀 박정희가 보인다./그림출처: 〈KBS 역사저널 그날〉, 2020.7.21.

그러자 매그루더 장군은 이 문제를 장도영과 상의했다. 장이 말하기를 박정희가 일주일 전에 자신에게 (쿠데타에 대해) 말했다는 것이다. 그는 조만간은 어떤 행동이 없을 것으로 믿고 있다고 말했다.[50]

위의 그림은 장면에게 "실상과 다른 보고"를 한 장도영이 쿠데타 이틀 후 연설하는 장면을 그린 것이다. 이 장면이 사진으로 보도된 것은《동아일보》(1961년 5월 19일 자 3면)에 실린 일부 장면만을 보여 주는 사진뿐이고, 영상(〈대한뉴스〉 제314호)으로는 남아 있지만 전체를 보여 주는 사진이 남아

학교(1923), 퍼듀대학교 대학원(1932), 지휘참모대학 졸업(1935). 육군부 군수참모부장(1941), 유럽 사령부 참모장(1948), 제8대 주한 미군사령관(1959~1961, 제8군 사령관, 유엔군사령관 겸직) 등 역임.

50. 김인걸 외, 『한국현대사 강의』, 도서출판 돌베개, 1998, 268쪽.

있지 않아 그림으로 재현한 것이다. 아마도 박정희 측에서 장도영을 제거한 후 사진을 파기한 것이 아닐까 하는 생각이 든다.

어쨌든 1961년 5월 18일 오전 육군사관학교 생도들이 쿠데타 지지 시위를 벌인 것은 5·16이 성공의 길에 들어서는 데 결정적인 역할을 했고, 그림에서처럼 장도영은 이날 서울 시청 앞 광장에서 열린 '혁명기념식'에서 육사생도들을 향해 "남북한의 동포와 자유, 평화, 평등을 사랑하는 전 인류가 우리를 지지할 것이다"라는 요지의 격려사를 했다.[51]

장면을 배신한 장도영은, 군사혁명위원회(5월 19일 국가재건최고회의로 개칭) 의장과 육군참모총장과 계엄사령관이라는 타이틀에 내각 수반과 국방부 장관까지 겸직하여 대한민국 최고 권력자에 오른 것처럼 보였다. 그러나 쿠데타가 성공 단계에 이르자 실세인 박정희 측은 6월 6일 국가재건최고회의 의장의 타직 겸직을 제한하는 비상조치법을 공포하여 장도영을 허수아비로 만들고, 다음 달에는 이른바 '반혁명 사건'으로 구속하여 아예 범죄자로 만들어 제거해 버렸다.

이번에는 당시 국군통수권을 쥐고 있던 대통령 윤보선이 보인 행태를 보기로 하자. 쿠데타 당일인 1961년 5월 16일 오전 9시 10분, 장소는 청와대. 대한민국 대통령 윤보선이 육군참모총장 장도영과 함께 온 반란군 수괴 박정희 일행과 회동하는 해괴한 장면이 연출되는 일시와 장소다.

이 자리에서 윤보선은 "올 것이 왔구나"라는 오해하기에 십상인 발언을 하는가 하면, 장도영에게 쿠데타 진압 명령 대신 계엄사령관 직을 맡을 것을 권고했다. 한술 더 떠 윤보선은 박정희의 건의에 따라 이날 밤 KBS를 통해 "장 총리 이하 전 국무위원은 이 중대한 사태를 합법적으로 처리해 주기

---

51. 《동아일보》 1961.5.19. 3면.

바란다"는 내용의 방송을 하기도 했다.[52] '불법적'으로 일으킨 쿠데타를 '합법적'으로 처리하라니 이게 도대체 무슨 뜻인가?

그날 오전 10시 18분 주한 미군 사령관 매그루더와 미국 대리대사 마셜 그린[53]은 쿠데타에 반대하며 "장면 총리의 영도하의 합헌적인 정부를 지지한다"는 요지의 성명을 발표했다. 그리고 오전 11시 10분 청와대로 윤보선을 방문하고 "쿠데타군은 3천 6백 명밖에 안 된다. 충분히 무력 진압을 할 수 있다"며 동의할 것을 요청했지만, 윤보선은 야전군을 동원하면 휴전선에 허점이 생긴다는 점과 쿠데타군과의 교전으로 유혈 사태가 초래된다는 이유를 들어 끝내 이들의 요구를 받아들이지 않았다.[54]

장도영과 윤보선은 왜 이 같은 태도를 취했을까? 파시스트 독재자라는 면에서 박정희의 대선배 격인 무솔리니와 히틀러의 경우를 보면 그 해답이 나온다.

무솔리니의 검은 셔츠단이 로마로 진군했을 때 그 수가 9천 명 정도에 불과했고 무기도 변변히 갖추고 있지 않았다. 그런데도 이탈리아 국왕 에마누엘레 3세는 직접 무솔리니에게 총리직을 제안했다. 독일의 히틀러는 힌덴부르크 대통령이 수상에 임명했다. 이들의 동기는 간단하다. 무솔리니와 히틀러를 '과소평가'했기 때문이었다.

장도영과 윤보선도 마찬가지로 자신의 능력을 과신하여 박정희를 '과소

---

52. 이영신, 『격동 30년: 제1부 쿠데타의 새벽①』, 고려원, 1992, 291~295쪽.
53. 마셜 그린(Marshall Green, 1916.1.27.~1998.6.6.). 미국 매사추세츠 출생. 예일대학교 졸업(1939). 주한 미국 대리대사(1961), 주홍콩 총영사(1961), 주인도네시아 대사(1965), 국무부 동아시아 태평양 담당 차관보(1969), 주호주 대사(1973) 등 역임. 5·16 당시 월터 매카너기(Walter P. McConaughy) 전 대사가 국무성으로 전임되고 후임 새뮤얼 버거(Samuel D. Berger) 대사가 부임하지 않은 상태여서 마셜 그린 정치담당관이 대리대사를 맡고 있었다.
54. 이상우, 『박정희 시대-5·16과 한·미 관계』, 도서출판 중원문화, 2012, 34쪽.

평가'한 것이다. 뒤집어 말하면 박정희가 자신들에게 권력을 진상할 것이라는 바보 같은 착각에 빠져 있었다고 볼 수도 있다.

이번에는 5·16 쿠데타 성공의 열쇠를 쥐고 있던 미국 쪽으로 시선을 돌려보자. 앞서 말했듯이 매그루더와 마셜 그린은 장면 지지 성명을 발표하고 윤보선에게 진압을 요구했지만 거부당했다. 그러는 사이 박정희의 쿠데타군이 사태를 장악했고 미국의 태도가 변하기 시작했다. 5월 16일 저녁 늦게(이하 미국 시간) 미 국무부는 주한 미 대사관에 상황이 명확해질 때까지 관망하라고 통고함으로써 쿠데타에 대한 불개입 태도를 취한 후, 5월 17일 저녁에는 쿠데타 세력과 "어느 정도로 협력"하기로 결정했다.

5월 25일 러스크[55] 미 국무장관은 그린 대리대사에게 군사정부를 일단 승인하도록 지시를 내렸으며, 5월 28일에는 케네디[56] 대통령이 그린 대리대사 이름으로 혁명공약은 인정하되 그것을 준수하길 바란다는 미국 정부의 입장을 전달하도록 지시했다. 결국 미국이 박정희 쿠데타를 '승인'한 것이다.[57]

미국이 준수하기를 바란다고 한 혁명공약의 내용은 무엇이며, 박정희는 이를 준수했는가?

---

55. 데이비드 딘 러스크(David Dean Rusk, 1909.2.9.~1994.12.20.). 미국 조지아 출생. 데이비드슨대학 졸업(1931), 옥스퍼드대학교 석사(1934). 오클랜드 밀스대학 정치학 교수(1934~1940), 제2차 세계대전 시 입대하여 중국-미얀마-인도 전역(戰域)의 부참모장, 국무부 극동 담당 차관보(1950), 존 F. 케네디와 린든 B. 존슨 대통령 행정부의 국무장관 등 역임.
56. 존 F. 케네디(John F. Kennedy, 1917.5.29.~1963.11.22.). 미국의 제35대 대통령. 하버드대학 졸업(1940). 미국 하원의원(1948~1953), 상원의원(1953~1960) 등 역임. 1961년 1월 20일 미국 제35대 대통령 취임. 1963년 11월 22일 암살당함.
57. 정일준, 「5·16과 군부의 정치참여」, 한국정치외교학회, 이재석·김은경 편, 『5·16과 박정희 근대화노선의 비교사적 조명』, 선인, 2012, 24~32쪽.

1. 반공을 국시(國是)의 제일의(第一義)로 삼고 지금까지 형식적이고 구호에만 그친 반공태세를 재정비 강화한다.

2. 유엔헌장을 준수하고 국제협약을 충실히 이행할 것이며 미국을 위시한 자유우방과의 유대를 더욱 공고히 한다.

3. 이 나라 사회의 모든 부패와 구악(舊惡)을 일소하고 퇴폐한 국민도의와 민족정기를 다시 바로잡기 위하여 청신(淸新)한 기풍을 진작시킨다.

4. 절망과 기아선상에서 허덕이는 민생고를 시급히 해결하고 국가 자주경제 재건에 총력을 경주한다.

5. 민족적 숙원인 국토통일을 위하여 공산주의와 대결할 수 있는 실력 배양에 전력을 집중한다.

6. 이와 같은 우리의 과업이 성취되면 새롭고 양심적인 정치인들에게 언제든지 정권을 이양하고 우리들 본연의 임무에 복귀할 준비를 갖춘다.

2) 제3공화국 약사(略史): 1961~1970년

1961년 5월 16일, 박정희를 중심으로 한 군부 세력은 국민의 선택에 의해 수립된 합법적 정권을 쿠데타를 통해 무너뜨렸다. 이처럼 합법성을 무너트린 박정희는 군정 기간 동안 부정부패와 시행착오 등의 과오를 저지른 것도 모자랐는지, 이른바 '혁명공약' 제6항의 '원대 복귀' 약속을 어기고 1963년 10월 제5대 대통령 선거에 출마하여 간발의 차이로 승리했다.

그러나 일본의 자금 지원으로 성립된 권력은 집권 초기부터 한계에 부딪쳐 한일회담을 놓고 양심 세력과의 충돌이 불가피했다. 그리고 충돌의 선봉에는 4·19 혁명 때와 마찬가지로 학생들이 있었다.

군정기(軍政期)에 이미 시작된 박정희와의 충돌은 제3공화국(1963.12.17.~1972.10.16.) 초부터 본격화되어, 학생들은 한일회담과 한일협정 반대로 촉발된 6·3 항쟁(1964~1965)을 벌였다. 이에 박정희는 1964년 6월 3일에 비상계엄을 선포하여 한일회담을 계속 진행했고, 1965년 8월 26일에는 위수령을 발동하여 한일협정 조인과 비준에 대한 학생들의 저항을 물리쳤다.[58]

박정희는 계엄령 선포와 위수령 발동으로 집권 초기 2년 동안의 위기를 간신히 돌파했지만, 이후 1971년에 이르기까지 1968년 1년을 제외하고 매년 학생들과 충돌했다. 1965년 이후의 박정희 정권에 대한 학생들의 투쟁을 보면, 재벌 밀수 규탄 성토대회(1966), 6·8 부정선거 규탄 투쟁(1967), 3선 개헌 반대 투쟁(1969), 교련 강화 반대 투쟁(1970), 교련 철폐 투쟁(1971), 사토 방한 반대 시위(1971) 등이다. 학생들의 저항이 1968년 1년을 제외하고 해마다 연속적으로 전개된 것이다.

1970년은 박정희 10년 통치의 적폐가 그 결과를 고스란히 드러낸 해로, 박정희에게는 '권불십년(權不十年)'을 경고하고 있었다. 그해 켜진 빨간 경고등을 날짜순으로 보면, ①정인숙(鄭仁淑) 피살 사건(3월 17일), ②와우아파트 붕괴 사건(4월 8일), ③「오적(五賊)」 필화 사건(5·6월), ④전태일(全泰壹) 분신자살 사건(11월 13일) 등이다.

정인숙 피살 사건부터 살펴보자. 1970년 3월 17일 밤 11시 5분경, 한강 강변 3로를 지나가던 택시 운전사들이 총을 맞고 이미 숨진 젊은 여인과 넓적다리에 권총 관통상을 입고 신음하고 있는 여인의 오빠 정종욱(鄭宗旭)을 발견한 데서 정인숙 피살 사건이 시작된다. 수사 결과 정인숙은 고급 요정에서 일하던 여성이었고, 그녀의 운전기사 노릇을 하던 오빠 정종욱이 동생

---

58. 1964년과 1965년의 항쟁은 이 책 후반부에서 자세히 다룰 것이다.

의 문란한 생활을 지적하자 오히려 심한 폭언을 가하여 가문의 명예를 위해 누이동생을 암살하고 강도를 당한 것처럼 위장했다는 것이다. 그러나 누가, 왜 그녀를 죽였는지는 아직도 미스터리로 남아 있다.

아직 많은 점이 미스터리로 남아 있지만, 정인숙 사건이 박정희 정권 수뇌부의 타락상을 잘 보여 주고 있다는 점만은 분명하다. 이 사건은 박정희를 비롯한 고위층 인사들이 고급 요정을 매개로 하여 밀실 음모 정치를 하면서 부정부패를 저지르고 문란한 성생활을 곁들인 데에서 비롯된 것으로, 1970년대 박정희 치하 정치 형태의 한 면을 극명하게 보여 준 것이었다.[59]

미스터리를 좀 더 깊이 캐 보자. 정인숙이 살해될 때까지 누구와 관계를 갖고 있었는가?

김계원 정보부장 시절의 중정 고위 간부였고 1980년대 국회의원을 지낸 A씨는 필자에게 말했다. "정 여인을 편력한 이들은 박정희, 박종규, 정일권 씨 등이었다. 지금은 이승을 떠난 사람이 많지만, 당시 그녀의 수첩에는 정재계 요인 27명의 전화번호가 적혀 있었다."

A씨에 의하면 경호실장 박종규는 박정희의 호색 취미를 뒷말 없이 수발해야 했다. 박정희의 수상한 외출이 영부인 육영수에게 낌새라도 채이면 어김없이 닦달당하는 게 박종규 경호실장이었다는 것이다.

박종규는 우이동의 요정 선운각(仙雲閣)의 몸빼 마담으로부터 정인숙을 소개받았다고 한다. 그 무렵 그녀는 국무총리 정일권과 '깊이' 알고 지냈고 정·재계 요인들 사이에 벌써 밤의 '요화'라는 이름을 얻고 있었다. 박종규는 정 여인을 박정희에게 매개(媒介)했다. 매개 이전에 박종규 자신이 정 여인과 관계했

---

59. 강준만, 『한국 현대사 산책-1970년대편 1권』, 인물과사상사, 2002, 44쪽.

다는 게 A씨를 비롯한 당시 정치인들의 증언이다. 그러나 확인 불능의 일.[60]

정인숙은 누구인가? 본명 정금지(鄭金枝). 대구 부시장을 지낸 공직자의 딸. 대구 신명여고 졸업 후 서울문리사범대학(현 명지대학교) 중퇴. 남자관계가 복잡한 처녀. 1968년 스물세 살 때 아버지 불명의 사내아이를 낳은 미혼모.[61] 그런데 이 사내아이의 친부가 박정희냐, 정일권이냐, 아니면 누구냐는 게 지금까지도 논쟁거리다.

정인숙 피살 사건으로 한창 시끄럽던 4월 8일, 이번에는 아파트가 무너졌다. 언론 보도부터 보자.

> 1970년 4월 8일 아침 6시 반경 서울 마포구 창전동 산2번지 와우산 기슭의 와우시민아파트 제15동의 콘크리트 5층 건물이 폭삭 무너져 주저앉는 바람에 안에 살고 있던 14가구 61명가량과 아래 주민 3가구 12명 등, 모두 73명가량이 깔려 오후 2시 현재 11명은 시체로 발굴되고 36명은 부상을 입고 구출, 아직 26명가량이 묻혀 있는데 대부분 압사한 것으로 보인다.[62]

와우아파트는 왜 무너졌을까? '적은 예산과 싼 공사비'가 맞물려 빚어낸 날림공사. 이것이 하루아침에 지상에서 통째로 사라져 버린 와우아파트 붕괴의 가장 큰 원인이었다. 그리고 그 뒤에는 성과 위주의 전시행정이라는 당국의 무능과 무책임이 자리하고 있었다.

---

60. 김충식, 『남산의 부장들』(개정증보판), 메디치미디어, 2012, 201~202쪽에서 발췌.
61. 김충식, 『남산의 부장들』(개정증보판), 197쪽.
62. 《동아일보》 1970.4.8. 7면.

1970년 4월 8일 아침, 서울 마포구 와우산 중턱에 세워진 와우아파트가 붕괴되어 군사작전식 개발독재의 어두운 면을 여지없이 보여 주었다. | 사진출처: The AsiaN

    단 며칠 만에 끝낸 기초공사는 말할 것도 없이 허술했고, 전체 건물 완공에 소요된 공기 또한 짧았으며 시멘트 배합이 적었다는 기본적 하자 이외에도 지형에 맞게 설계를 새로 해야 하는데 전에 썼던 금화아파트 설계도를 그대로 사용한 점, 기둥과 기둥 사이를 잇는 주 기둥에 골조 시멘트를 넣지 않은 점, 슬래브의 철근을 설계도의 규격보다 가는 것을 사용했음에도 이를 묵인, 준공검사를 내준 점 등 믿을 수 없을 만큼 하자투성이였다.[63]

    물론 와우아파트 붕괴에 이런 문제점들이 작용했을 테지만, 실제 원인은 더 근본적인 데 있었다. 그것은 이맹희[64]의 지적처럼 뇌물 즉 부정부패였다.

---

63. 김희경·신주희·이재경·이형구, 『어처구니없는 한국현대사』, 지성사, 1996, 16쪽.
64. 이맹희(李孟熙, 1931.6.20.~2015.8.14.). 삼성그룹 창업주 이병철(李秉喆)의 장남. 경상남도 의령 출생. 경북중학교(1950), 도쿄농업대학(1954) 졸업. 미시간주립대학교 경제학 박사(1957). 안국화재 상무이사(1965), 삼성물산 부사장(1968), 제일비료 회장(1993), CJ그룹 명예회장(2015) 등 역임.

신문에 실린 어느 특정 아파트가 아니더라도 내가 본 어느 아파트는 지은 첫해부터 시작해서 5~6년 동안 계속해서 천장과 벽에서 물이 샌다. 보수 공사를 한다고 몇 번 뜯어고쳤는데도 제대로 되지 않는다. 내 생각에는 그 아파트가 무너질 때까지 그런 일을 겪어야 할 것 같다. 이 역시 날림공사의 결과이고 아파트 건설 과정에서 생긴 뇌물의 부작용일 것이다.[65]

와우아파트는 이후 전면 철거되었지만 지금까지도 부실공사의 대명사처럼 세인의 입에 오르내리고 있다. 와우아파트가 무너진 다음 달, 시인 김지하[66]는 담시「오적(五賊)」을 통해 '모든 집은 와우식으로 짓고, 정인숙을 본받으라'며 당시 사회상을 비꼬았다.

혁명이닷, 구악(舊惡)은 신악(新惡)으로! 개조닷, 부정축재는 축재부정으로! 근대화닷, 부정선거는 선거부정으로! 중농(重農)이닷, 빈농(貧農)은 이농(離農)으로!

건설이닷, 모든 집은 와우식으로! 사회정화닷, 정인숙을, 정인숙을 철두철미 본받아랏!

---

65. 이맹희, 『하고 싶은 이야기-이맹희 경제단상(經濟斷想)』, 도서출판 청산, 2012, 152쪽.
66. 김지하(金芝河, 1941.2.4.~). 시인. 본명 김영일(金英一). 전라남도 목포 출생. 중동고등학교(1959), 서울대 문리대 미학과 졸업(1966). 6·3 항쟁(1964), 오적 필화 사건(1970), 민청학련 사건(1974) 등으로 구속. 시집으로『황토』(1970),『타는 목마름으로』(1982),『남(南)』(1984),『살림』(1987),『애린 1·2』(1987),『검은 산 하얀 방』(1987),『이 가문 날에 비구름』(1988),『나의 어머니』(1988),『별밭을 우러르며』(1989),『중심의 괴로움』(1994),『화개』(2002),『유목과 은둔』(2004),『비단길』(2006),『새벽강』(2006),『못난 시들』(2009),『시김새』(2012) 등이 있다. 산문집 또는 강연집 등의 저서로는『산문집 '밥'』(1984),『남녘땅 뱃노래』(1987), 김지하 회고록『흰 그늘의 길』1·2·3(2003),『생명학』1·2(2003),『김지하의 화두』(2003),『탈춤의 민족미학』(2004),『생명과 평화의 길』(2005),『디지털 생태학』(2009) 등이 있다.

김지하가 그린 오적(五賊). 김지하는 시「오적(五賊)」에서 재벌, 국회의원, 고급공무원, 장성, 장·차관을 '간뗑이 부어 남산만하고 목질기기 동탁배꼽 같은 천하흉포 오적(五賊)'이라고 불렀다.

　궐기하랏, 궐기하랏! 한국은행권아, 막걸리야, 주먹들아, 빈대표야, 곰보표야, 째보표야.

　올빼미야, 쪽제비야, 사꾸라야, 유령들아, 표도둑질 성전(聖戰)에도 총궐기하랏!

　이처럼 박정희 정권은 위에서부터 썩어 문드러지고 있었다. 시인 김지하는 박 정권의 이러한 부패상을 풍자한 「오적(五賊)」이라는 시를 《사상계》[67] 1970년 5월호에 발표했다. 장장 20쪽이 넘게 숨 몰아쉴 사이 없이 욕설과 쌍소리를 섞어 쏟아내는 이 「오적」은 동빙고동이라는 부유층의 주거지가

---

67. 《사상계(思想界)》: 1953년 4월 장준하가 문교부 기관지인 《사상》을 인수해 창간한 월간 종합교양지. 박정희의 부패, 친일, 언론 탄압 등을 비판하면서 경영난에 시달렸고, 1970년 5월호에 김지하의 「오적(五賊)」을 게재한 것이 문제 되어 당국의 폐간 처분을 받아 통권 205호로 종간되었다.

도둑촌이라 불리며 사회문제가 되었을 때 그 도둑이 재벌, 국회의원, 고급 공무원, 장성, 장·차관이라는 것을 그야말로 속 시원히 풀어 준 시다.

집 안에 엘리베이터 수준이 아니라 에스컬레이터를 놓고 실내 분수대에서 폭포를 감상하는 아방궁이 실제로 있었고, 바로 거기에서 별로 떨어지지 않은 판자촌에서는 어린 노동자와 풀빵 하나라도 더 먹으려고 10리도 넘는 길을 걸어 다니는 노동자가 있었다. 아니 그보다도 더 무참한 것은 1971년에 벌어진 소위 '광주(廣州) 대단지 민란'이라고 불린 민중 투쟁 때는 굶주리다 못해 인육을 먹었다는 소문까지 떠돌 정도로 빈곤이 심각했다. 그리고 그 빈곤은 부정과 부패, 즉 바로 이들 오적에 의해 조장되고 심화되고 창조되어 왔다는 것을 어떤 방법으로든 또 다른 사람에 의해서든 그 이상 시원하게 노래할 수 없었을 것이다.[68]

「오적」이 박정희를 화나게 했던 것은 무엇보다도 '장성' 대목이었을 것이다. 과거의 자신처럼 양어깨에 별을 달고 으스대는 '장성(將星)' 즉 '장군(將軍)'을, '장성(長猩)' 즉 우두머리 장(長)에 성성이(오랑우탄) 성(猩)으로 표기하여 '우두머리 성성이'로 만들어 놓았으니 화날 법도 했다. 다음이 김지하의 「오적」에 나오는 '장성(長猩)'에 관한 대목이다.

> 넷째 놈이 나온다 장성(長猩)놈이 나온다/키크기 팔대장성, 제밑에 졸개행렬 길기가 만리장성/온몸에 털이 숭숭, 고리눈, 범아가리, 벌룸코, 탑삭수염, 짐승이 분명쿠나/시커먼 개다리를 여기차고 저기차고/엉금엉금 기나온다 장성(長猩)놈 재조봐라/쫄병들 줄 쌀가마니 모래가득 채워놓고 쌀은 빼다 팔

---

68. 양길승, 「1970년대-김지하: '오적' 그리고 '타는 목마름으로'」,《역사비평》제31호(1995년 겨울), 208쪽.

아먹고/쫄병 먹일 소돼지는 턱한개씩 나눠주고 살은 혼자 몽창먹고/엄동설한 막사없어 얼어죽는 쫄병들을/일만하면 땀이난다 온종일 사역시켜/막사지을 재목갖다 제집크게 지어놓고/부속 차량 피복 연탄 부식에 봉급까지, 위문품까지 떼어먹고/배고파 탈영한놈 군기잡자 주어패서 영창에 집어넣고/열중쉬엇 열중열중열중쉬엇 열중/빵빵들 데려다가 제마누라 화냥끼 노리개로 묶어두고/저는 따로 첩을 두어 운우어수(雲雨魚水) 공방전(攻防戰)에 병법(兵法)이 신출귀몰(神出鬼沒)

박정희는 대로했고 청와대 주변에서는 "고약한 김지하란 놈을 당장 반공법으로 잡아넣어야 한다"며 박정희를 부추겼다. 그러나 중앙정보부의 판단은 한 수 위였다. 건드리면 커지는 사건이고 정권 차원의 망신이니 소리 없이 묻어 두자는 것이었다. 이에 따라 「오적」이 실린 《사상계》 5월호를 요원들을 시켜 서점마다 돌며 거두어들였다.

문제가 생긴 것은 야당인 신민당이 기관지 《민주전선》에 '장성(長猩)' 부분이 삭제된 「오적」을 싣고 10만 부나 찍어 가두판매에 나서면서부터였다. 그러자 중앙정보부는 1970년 6월 2일 새벽 신민당을 덮쳐 《민주전선》을 압수했을 뿐만 아니라 김지하를 비롯한 《사상계》와 《민주전선》 관련자들을 구속했고, 이 일은 국회에까지 비화되어 크게 정치문제화되기에 이르렀다.[69]

1970년 9월 8일, 「오적」 필화 사건으로 구속되었던 김지하 등 4명은 보석으로 석방되었다. 「오적」은 박정희가 후벼 파놓은 지식인들의 마음을 다소나마 후련하게 해 주었지만 김지하가 지나쳐 버린 사람들이 있었으니, 그 대표적인 인물이 평화시장 재단사였던 전태일[70]이라는 청년이었다.

---

69. 김충식, 『남산의 부장들』(개정증보판), 217~219쪽.

전태일은 근로기준법 관련 서적에서 자신이 이해할 수 없는 전문적 용어나 한자 같은 것이 나올 때마다 "내게도 대학생 친구 하나 있었으면 원이 없겠는데"라고 탄식했지만, 당시 그에게 도움을 준 지식인은 아무도 없었다. 결국 1970년 11월 13일, 전태일은 자신의 몸에 석유를 뿌리고 분신하여 박정희 개발독재의 산물인 노동자 착취에 항의하는 도리밖에 없었다. 변호사 조영래[71]는 이 장면을 다음과 같이 기록했다.

> 약 10분 후에 전태일이 근로기준법 책을 가슴에 품고 내려왔다.
> 전태일이 몇 발자국을 내딛었을까? 갑자기 전태일의 옷 위로 불길이 확 치솟았다. 불길은 순식간에 전태일의 전신을 휩쌌다. 불타는 몸으로 그는 사람들이 아직 많이 서성거리고 있는 국민은행 앞길로 뛰어나갔다.
> "근로기준법을 준수하라!" "우리는 기계가 아니다!" "노동자들을 혹사하지 말라!"
> 그는 몇 마디의 구호를 짐승의 소리처럼 외치다가 그 자리에 쓰러졌다. 입으로 화염이 확확 들어찼던 것인지, 나중 말은 똑똑히 알아들을 수 없는 비명으로 변했다. 이렇게 근로기준법의 화형식이 이루어졌다.[72]

---

70. 전태일(全泰壹, 1948.9.28.~1970.11.13.). 노동자, 노동운동가. 대구 출생. 1954년 상경, 남대문초등학교 4년 중퇴(1960). 서울 평화시장 시다, 재단사 근무(1965). 평화시장 재단사 모임 '바보회' 조직(1969). 건축 노동자(1969~1970)로 일하다 1970년 9월 평화시장으로 돌아와 '삼동친목회'를 조직하고 노동조합 결성, 노동조건 개선 등을 요구했으나 수포로 돌아가자 11월 13일 분신자살함.
71. 조영래(趙英來, 1947.3.26.~1990.12.12.). 인권변호사. 대구 출생. 경기고등학교 졸업, 서울대학교 법과대학 입학(전체 수석, 1965). 경기고 3년 재학 중 6·3 항쟁으로 정학 처분(1961), 재벌 밀수 규탄(1966), 6·8 부정선거 규탄 투쟁(1967), 3선 개헌 반대 투쟁(1969), 교련 강화 반대 투쟁(1970) 등 주도. 서울대생 내란음모 사건으로 구속(1971), 1년 6개월간 복역. 민청학련 사건으로 수배(1974). 수배 해제(1982) 후 각종 인권 변호 활동.
72. 조영래, 『전태일 평전』(신판), (사)전태일기념사업회, 2009, 300~301쪽.

전태일은 왜 분신자살이라는 극단적 방식을 택했을까? 그것은 박정희가 '군사적 성장주의'의 방법론으로 택한 국가가 주도하는 외자 의존적 수출 주도형 공업화 정책 때문이었다. 이 정책의 특징은 ①수출산업을 위한 제반 특혜, ②외자(外資)에의 의존, ③외국 시장에 대한 의존, ④임금 통제와 농산물 가격 안정 정책 등으로 박정희 특유의 리더십과 결합하여 '수출의 전쟁화'를 낳았다.[73]

이러한 정책의 최대 희생자는 노동자와 농민이었다. 노동자에게는 저임금에 강도 높은 노동이 강요되었고, 농산물 저가격 정책은 당연히 농민의 이농(離農)을 부추겼다. 전태일의 분신을 강요한 평화시장의 노동조건은 대체로 다음과 같이 열악했다.

> 노동시간은, 작업량이 비교적 많은 기간(가을, 겨울, 봄)은 보통 아침 8시 반 출근해 밤 11시 퇴근으로 하루 평균 14~15시간이었다. 일거리가 밀릴 때는 야간작업을 하는 일도 허다하며, 심한 경우는 사흘씩 연거푸 밤낮으로 일하는 경우도 있었다. 업주들은 어린 시다[74]들에게 잠 안 오는 약을 먹이거나 주사를 놓아 가며 밤일을 시키는 것도 이런 때였다.
>
> 한 달을 통틀어 휴일은 이틀. 제1주일과 제3주일의 일요일인 경우가 대부분이었으며 그것이나마 꼭 지켜지지는 않았다. 여성 노동자가 대다수를 차지하고 있는 이곳에서 생리휴가라는 것은 있어 본 일도 없고 생각할 수도 없는 일이었다. 요컨대 평화시장 일대의 노동자들에게는 일정한 '노동시간'이라는 것이 처음부터 아예 없으며 업주가 필요로 할 때에는 언제든지 노동을

---

73. 강준만, 『한국 현대사 산책-1970년대편 1』, 23쪽.
74. 일하는 사람의 옆에서 그 일을 거들어 주는 사람.

해야 했다.[75]

이같이 '수출의 국가 종교화'를 밑받침한 노동정책은 부메랑이 되어 후일 박정희 몰락의 촉진제 역할을 하게 된다.

6. '유신(維新)' 쿠데타: 1972년 10월 17일, 오직 한 사람을 위한 날

1) 1971년의 대한민국

'지금 우리는 어디까지 와 있는가.' 박정희가 유신 쿠데타를 일으키기 바로 1년 전인 1971년 10월, 필자가 당시 야당인 신민당(新民黨)의 기관지 《민주전선》에 투고한 글의 제목이다. 그런데 이 글이 실린 《민주전선》이 발간된 10월 15일, 공교롭게도 박정희가 위수령을 선포하여 체포령을 내리는 바람에 급히 부산으로 도피할 수밖에 없었다. 박정희의 역린(逆鱗)을 건드려 노여움을 샀기 때문이었다.

필자는 왜 박정희의 역린을 건드렸을까? 5·16 쿠데타 이후 박정희가 벌인 10여 년간의 통치를 정리한 필자의 다음과 같은 글에서 이에 대한 해답이 나온다.

> 인간이 다른 동물과 다른 점이란 우수한 발성기관을 가지고 있어서 자기 생각을 정확히 표현, 전달할 수 있으며, 자연산물(自然産物) 그대로를 섭취하

---

75. 조영래, 『전태일 평전』(신판), 95~96쪽.

필자의 글 「지금 우리는 어디까지 와 있는가」가 실린 1971년 10월 15일 자 《민주전선》

는 것이 아니라 대개의 경우 가공된 음식물을 취함으로써 생명을 유지한다는 것이라고 할 수도 있겠다. 우리는 이러한 사실을 사회적 측면에서 볼 때 언론이니, 생존권이니 하는 투의 복잡한 용어를 사용하지만 실제 사람다운 삶을 영위함에 있어 지극히 근본적인 것이며 태어날 때부터 따라다니는 단순한 인간적 속성에 불과한 것이다.

그렇다면 지금 우리가 디뎌서고 있는 이 나라의 형편은 과연 어떠하단 말인가? 과연 "일부" 사람들이 이야기하는 것처럼 아무런 고통도 없는 이상향을 향하여 나아가고 있을까? 많은 사람들이 외쳐대고 있는 현실 시정(是正)의 부르짖음은 철없는 아이들이 '까불고 있는' 데 불과하단 말인가?

5·16 군사 쿠데타가 만연시킨 병 가운데 가장 고질적인 것이 언론병이었다. 공업화를 급속하게 추진하기 위하여는 강력한 행정력을 필요로 한다는 미명하에 국민, 특히 양심적 지성의 입을 봉쇄함으로써 우리를 불신의 와중으로 빠뜨리고 말았다. 오늘날 이 사회에서 자기가 마음먹은 바를 솔직히 토로할 수 있는 사람이 과연 몇이나 될까? 최상급의 어용적 자질을 갖추고 있는 사람도 이 질문에는 주저하게 될 것이다.

두말할 필요도 없이 어용학자들을 총동원하여 외쳐댔던 소위 "강력한 행정력"이란 중상주의(重商主義) 시대에나 존재했던 18세기적 푸념이다. 상식적인 이야기이지만 18세기 후반으로부터의 영국, 그 이후의 독일, 일본과 같은 나라에 있어서 자본의 본원적 축적을 위한 절대 권력이 존재했었던 것은 사실이었다. 그렇다 해서 소위 "강력한 행정력" 속에 은폐되어진 절대 권력의 남용이 용인되어서는 안 된다.

그것은 우리가 서 있는 역사적인 위치를 생각해야 되기 때문이다. 우리가 살고 있는 세계는 18세기도 19세기도 아닌 20세기와 21세기의 전환점에 위치하고 있다. 절대주의는 이미 200여 년 전의 일이며 이런 글자는 역사책에서나 찾아볼 수가 있다.

이러한 모순투성이의 논리에서 위정자들은 '까불지 말라'는 따위의 태도로 우리를 억압해 왔다. 대로에서, 골목에서, 가정에서, 직장에서 쉬쉬하는 풍토만을 만들어 놓았다. 벙어리 필자에 벙어리 신문, 잡지를 양산하고 이것도 부족하여 이들 벙어리마저도 각종 수법을 동원하여 위협해 왔다. 이에 조그만치라도 저항하여 올바른 논리를 제시하는 자들은 혹자는 직장에서 축출 당하고 혹자는 절필로서 또 혹자는 '현저동'[76]으로 향하는 치욕을 당해 왔고 지금 이 시간에도 그러한 것이다.

이러한 사례는 우리가 혼미해진 정신을 조금만 가다듬고 잠시 주위를 살펴보아도 쉽사리 발견된다. 합리적 국민생활에 조그만치도 도움이 되지 않는 저속한 주간지의 의식적 범람 조장, 어용적 기관지를 양산하기 위한 거대한 통치비의 살포, 그런가 하면 명백한 위헌적 행위를 범하면서도, 자기류의 인간 이외의 사람들이 관계한다고 믿어지는 언론기관에 대한 탄압, 말살, 또는 용인을 하지 않으려는 거만스러운 태도, 등등 뜻있는 사람들을 우울하게

---

76. 서울시 서대문구 현저동 서대문 독립공원 자리에 있었던 '서울교도소'를 가리킨다.

만드는 사례는 이루 헤아릴 수 없다.

그러면서도 자기들은 마음대로 지껄여댄다. 근대화가 어쩌고 수출이 어쩌고 통일이 어쩌고, 사회도덕이 어쩌고 자기들이 편한 대로 떠들어댄다. 광주단지에서 수많은 사람들이 허기에 찬 배를 움켜쥐고 생존권을 요구할 때, 이를 난동으로 미소지을 수 있는 용기도 있다.[77] 자기들은 권력이라는 무가치한 무기를 가지고 이제까지 포식해 왔으면서도 우리에게는 국민의례준칙을 강요한다.

사람이라면, 또 그가 속해 있는 사회가 올바른 방향으로 나아가기 위해서는 기본적 준칙을 갖추고 있어야 한다. 다시 말하여 사람다운, 진실에 찬 웃음을 웃고 눈물을 흘릴 줄 아는 인간다움이 있어야 한다.

치자(治者)와 피치자(被治者) 간에서도 마찬가지이다. 이때 피치자가 일방적으로 치자의 윤리적 준칙을 강요함은 바람직하지 않지만, 더욱 중요한 것은 치자의 피치자에 대한 태도이다. 이제까지 치자가 우리에게 취해 온 오만 불손한 태도, 이로 인한 국민들의 소외가 자기들에게 이(利)를 끼치고 있다고 긍정할 만한 용기를 가진 자는 없을 것이다. 어느 때보다도 국민적 총화(總和)가 요청되고 있는 지금 우리의 치자를 밀어줄 정신적 지주는 없다.

근간 폭발하고 있는 일련의 대중저항은 시달려 온 피치자들의 정확한 자기표현이다. 창피할 정도의 언론 탄압, 온갖 부정이 가득 찬 경제시책 등에 대한 책임은 치자가 마땅히 져야 한다.

지난 10여 년간을 유아독존식으로 통치해 온 이 나라의 현실, 지금 진행되고 있는 이 어려운 상황에 대하여 통곡으로 사죄하고 그 시정책을 제시하여야 한다.

---

77. 광주대단지사건(廣州大團地事件)을 가리킨다.

아무리 힘이 약할지라도 여럿이 모이면 그것이 곧 대중이 되고 이들의 생각이 곧 여론이 된다는 것을 통감하고 국민에게 겸허하고 양심적 자세로 임해야 한다.

진리는 그것이 마음에 들지 않는다손 치더라도 엄연히 진리이다. 이를 외면할 때 생기는 사태에 대해서는 반드시 외면한 자가 그 책임을 져야 하는 것이다.

〈글쓴이=평론가, 건대 강사〉

필자가 이 같은 글을 쓰고 도피했던 1971년은 박정희 권력 유지의 분수령이었다. '권불십년(權不十年) 화무십일홍(花無十日紅).' '권세는 십 년을 가지 못하고, 열흘 동안 붉은 꽃은 없다'는 옛말이 그저 생긴 것이 아니었다. 박정희 권력이 10년이 되던 1970년부터 그동안 쌓이고 쌓였던 사회적 모순이 폭발하며 옛말대로 할 만큼 했으니 이제는 그만두라는 신호를 보내고 있었으나, 호랑이 등에 올라탄 박정희로서는 그야말로 기호지세(騎虎之勢)의 형국이어서 계속 달리는 도리밖에 없었다.

(1) 1971년 4월: 교련 철폐 시위와 언론 화형식

1971년은 민주·민권을 수호하고 쟁취하려는 민주화운동 세력과 장기집권을 위해 사회 전체의 병영화를 도모했던 박정희 정권이 첨예하게 대립했던 시기였다. 대학 군사교련 철폐와 공명선거 쟁취를 주요 사안으로 놓고 전개된 학생들과의 격렬한 대립은 미국과 중국의 관계 개선과 이에 따른 남북대화 추진이라는 새로운 사태를 배경으로 하여 전개되었다.

1968년에 들어서자마자 연이어 터진 1·21 청와대 습격 사건,[78] 1월 23일의

푸에블로호 납치사건[79] 등이 남북관계와 북미관계를 극도의 긴장 상태로 몰아가자, 박정희는 이를 빌미로 1968년 4월 1일 향토예비군을 창설하여 사회 병영화를 본격적으로 추진하기 시작했고, 이어서 학원 병영화 작업에 들어갔다. 1969년, 시범 고등학교에 국한했던 군사훈련을 서울의 고등학교와 대학으로 확대하는 등 학생 군사훈련의 전면적 확대를 위해 기반을 다진 후, 1970년 하반기부터 대학 병영화를 본격적으로 추진했다.

1970년 8월 17일 국방부와 문교부는 1961년부터 시행되었던 ROTC 제도를 폐지하는 '교련 강화 일원화 방침' 안을 발표했다. 이어서 11월 23일 국방부는 ROTC 제도 폐지와 함께 1971년부터 학생군사훈련을 2군 사령관이 직접 관장한다는 요지의 강력한 '대학군사훈련시행세칙'을 시달했다. 박정희의 조국 근대화(近代化)를 위한 조국 '군대화(軍隊化)' 작업이 본격적으로 시작된 것이다.

이 같은 '군대화' 작업에 학생들이 반발하여 12월 2일 연세대생들이 최초로 교련 반대 시위를 벌이는 등 저항이 시작되자, 4년간 총 수업시간의 약 20%인 711시간을 교련에 할애한다는 이른바 '개선안'이라는 것을 12월 27일 내놓았지만 학생들은 더욱 반발했고 강한 여론의 비판도 받았다.

1971년 신학기가 시작되자 대학생들이 교련 강화 실시의 근거인 안보 위기론의 허구성을 지적하며 다시 저항에 들어가, 4월부터 대학가는 교련 철폐를 놓고 박정희와 대학생들 간의 싸움터로 바뀌었다. 그러나 4월 20일 이후 학생들은 시위를 당분간 중단하기로 결정했다. 그것은 학교 폐쇄의 구

---

78. 1968년 1월 21일, 북한 민족보위성(民族保衛省) 정찰국 소속인 124군 부대 무장 게릴라 31명이 청와대를 기습하기 위해 서울에 침투한 사건.
79. 1968년 1월 23일, 미 해군 정보수집함 푸에블로호(Pueblo號)가 북한 원산항 앞 공해상에서 북한으로 납치된 사건.

1971년 4월 8일, 교련 전면 철폐를 요구하며 시위를 벌이는 고려대학교 학생들 | 사진출처:《경향신문》

실을 주어서는 안 된다는 것과 4월 27일의 대통령 선거와 5월 25일의 국회의원 총선거를 맞이하여 공명선거 쟁취에 더 역점을 두어야 한다는 판단 때문이었다.[80]

학생들은 교련 철폐 시위 와중에도 권력의 시녀로 전락하여 현실을 제대로 보도하지 않는 언론을 강하게 비판하고 '언론 화형식'을 거행하기도 했다. 서울대 법대생들이 발간하던 지하신문《자유의 종》(1971.3.27.)은, 학생들이 '언론 화형식'에서 일간신문뿐만 아니라 서울대학교의《대학신문》도 불태웠음을 다음과 같이 전하고 있다.

> 3월 23일 12시경, 서울법대생 약 150명은 동교 합동강의실에서 학생총회를 열고 언론 화형식을 가졌다. 자유 성토로 진행된 이날 학생총회에서는 5명의 연사가 나와 일간신문의 무력과 타락을 규탄하는 한편, 대학신문의 어용성을 통렬히 비판했다. 대학신문의 기자로 있는 모군은 기자직을 사퇴할 것을

---

80. 민주화운동기념사업회 연구소,『한국민주화운동사 1』, 돌베개, 2008, 544~559쪽.

공언하여 만장의 갈채를 받기도 했다. 일간신문과 대학신문을 불사른 이날 화형식과 함께 발표된 유인물에서 학생들은 "최근에 와서 더욱 노정되기 시작한 언론의 부패와 무력(無力)은 '정보부와 당국자만을 탓하기엔 너무나 언론이 사악하다"고 말하고 "대학신문의 구독을 거부한다"고 결의했다.[81]

이어서 3월 26일 오후 2시 30분 서울대 문리대·법대·상대생 50여 명은 동아일보사 앞에 모여 "사실 보도조차 전혀 없는" 신문의 타락을 규탄하는 성토대회와 언론 화형식을 가졌다. "민중의 소리 외면한 죄 무엇으로 갚을 텐가"라고 쓰인 플래카드를 들고 진행된 이날 규탄대회에는 시민 200여 명이 참여했고, 학생들은 「언론인에게 보내는 경고장」과 「언론 화형 선언문」, 「결의문」을 발표했다. 다음은 「언론인에게 보내는 경고장」에 나오는 대목이다.

> 동아야 너도 보는가. 하늘 무서운 줄 모르고 올라만 가는 조선의 저 추잡한 껍데기를. 너마저 저처럼 전락하려는가. 동아야 너도 알맹이는 사라지고 껍데기만 남았는가. 우리는 신문 경영자가 이미 정상배로 전락했음을 단정하고 또한 신문을 출세의 발판으로 이용하려는 가짜들이 적지 않음을 알고 있다. 여기서 우리는 한 가닥 양심을 지니고 고민하고 있는 언론인이 어딘가에 있으리라 믿으며 그들께 호소한다.[82]

---

81. 서울법대 학생운동사 편찬위원회, 『서울법대 학생운동사-정의의 함성 1964~1979』, 도서출판 블루프린트, 2008, 232쪽.
82. 강준만, 『한국 언론사』, 인물과사상사, 2019, 320쪽.

또한 학생들은 「결의문」을 통해 "언론도 공동의 투사로서 나설 것"과 "편집권 독립을 위해 노조를 결성할 것" 그리고 "자주적인 편집을 방해하는 중앙정보부 요원을 신문사에서 축출할 것"을 촉구했다. 또한 "당면한 선거에 있어서 부정, 불법을 필지(必至)로 예상하는바 언론이 이를 방관한다면 공범자의 단죄를 불면(不免)할 것"이라고 주장했다.[83]

이 같은 학생들의 반독재 자유언론 시위는 기자들에게 큰 영향을 미쳐 4월 15일 《동아일보》 기자들이 '언론자유 수호 선언'을 하고 나섰고, 4월 16일에는 《한국일보》, 4월 17일에는 《조선일보》《대한일보》《중앙일보》 기자들도 참여했다. 이후 중앙 언론뿐만 아니라 지역 언론도 언론자유 수호 투쟁에 동참했다.

(2) 1971년 4월 27일: 제7대 대통령 선거

1971년 4월 27일의 제7대 대통령 선거는 언론이 자유롭지 못한 가운데 치러진 데다 대규모의 부정선거 덕분으로 박정희는 세 번째로 대통령 자리에 앉았다. 돈을 퍼부으며 온갖 공작을 펼쳤음에도 투표 결과를 보면 민주공화당 후보 박정희가 634만 2,828표(53.2%)를, 신민당의 김대중 후보는 539만 5,900표(45.3%)를 얻어, 표 차이는 94만여 표에 불과했다.

박정희는 이러한 결과를 놓고 "하마터면 정권을 도둑맞을 뻔했다"고 말했다지만, 정작 정권을 도둑맞은 것은 김대중이었다.[84] 왜 그런지 선거판을 들여다보자.

박정희는 선거에 돈을 퍼부었다. 1971년 대한민국 예산이 5,242억여 원.

---

83. 서울법대 학생운동사 편찬위원회, 『서울법대 학생운동사-정의의 함성 1964~1979』, 232쪽.
84. 강준만, 『한국 현대사 산책-1970년대편 1권』, 135~137쪽.

1971년 제7대 대통령 선거 때의 박정희 후보와 김대중 후보 벽보 | 사진출처: m.blog.naver.com/kaironan

이 예산의 10%가 넘는 돈[85]을 털어 넣은 선거가 그해 박정희와 김대중의 대결이었다. 당시 연탄 한 장 20원, 커피 한 잔 50원, 정부미 80킬로그램 7,000원, 입석버스 요금 15원 하던 시절에 600억 원이란 돈을 쓴 것이다.[86]

이 엄청난 돈이 어디서 나왔을까? 물론 기업으로부터 뜯어낸 것이었다. 뜯긴 한국 기업에 대해서는 기록이 없어 확인할 길이 없지만, 외국 기업의 경우는 부끄럽게도 『프레이저 보고서』[87]에 상세히 기록되어 있다. 프레이저 위원회[88]가 밝혀낸 액수만도 850만 달러로, 다음이 이에 대한 『보고서』

---

[85] 김종필은 600억 원, 강창성은 700억 원이었다고 밝혔다. 김충식, 『남산의 부장들』,(개정증보판), 300쪽.
[86] 김충식, 『남산의 부장들』,(개정증보판), 301쪽.
[87] 『프레이저 보고서(Fraser Report)』: 1976년의 '코리아게이트' 이후 한미관계를 파헤친 보고서로 1978년 10월 31일 미국 하원이 발간했다. 정식 명칭은 *Investigation of Korea-American Relations* 이다.
[88] 프레이저 위원회(Fraser Committee): 공식 명칭은 미국 하원 '국제관계위원회' 산하 국제기

의 내용이다.

1971년 한국 대통령 선거에 즈음하여, 미국 기업들은 직접 또는 대리인이나 사업 파트너를 통해 850만 달러를 민주공화당에게 제공했다. 이 850만 달러 가운데, 걸프사가 300만 달러를 제공했고, 칼텍스사는 한국의 사업 파트너를 통해 400만 달러(100만 달러는 대출로, 300만 달러는 "수수료 선지급" 형식으로)를, 그리고 다른 3개 미국 기업은 선거가 3주일도 남지 않은 시점에 민주공화당이 최종 수령자로 보이는 150만 달러를 대리인을 통해 제공했다.

··· around the time of the 1971 Presidential election in Korea, $8.5 million was paid by US firms for the benefit of the DRP, either directly or through their Korean agents or business partners. Of the $8.5 million, Gulf Oil provided $3 million; Caltex made available $4 million($1 million in loans, and $3 million in "pre-paid fees") to its Korean business partner; and the agents of three other U.S. firms were paid a total of $1.5 million in commissions less than three weeks before the election under circumstances which made it likely that the DRP was the ultimate beneficiary.[89]

이처럼 상전인 미국의 거대 석유 기업으로부터도 엄청난 돈을 뜯어냈다는 사실은 박정희 측이 제7대 대통령 선거에 총력을 기울였음을 말해 주고

구소위원회(Subcommittee on International Organizations of the Committee on International Relations)'로 프레이저(Donald M. Fraser, 1924.2.20.~2019.6.2.) 하원의원이 위원장이었다.

[89] *Investigation of Korea-American Relations*(Report of the Subcommittee on International Organizations of the Committee on International Relations, U.S. House of Representatives), October 31, 1978, p.242.

있다. 그런데 박정희가 칼텍스와 걸프의 돈을 맨입으로 받은 것이 아니었다는 데 문제가 있었다. 이들 기업은 박정희에게 정치자금을 제공하고 한국의 석유 산업을 집어삼켜 버렸고, 피해는 한국 소비자에게로 돌아갔다.

이렇게 뜯어낸 돈으로 엄청난 부정선거를 저지르고 있었지만, 박정희가 장악한 언론은 꿀 먹은 벙어리였다. 학생들이 '언론 화형식'을 벌였던 것도 바로 이 때문이었다. 당시 신민당의 울산 지구당 위원장이었던 최형우[90]의 기록이 그때의 상황을 전하고 있다.

> 선거는 예상했던 대로 온통 부정으로 점철되었고 우리를 분노로 들끓게 했다. 부정선거의 정도는 울산 시내보다 울주군에서 훨씬 심했다. 각 투표함마다 김대중 후보 지지표가 10표를 넘지 않았다. 내가 살고 있던 우정동의 경우 집안 식구들의 것만 합쳐도 12표였고, 친척들과 친구들의 것을 합치면 100표가 훨씬 넘었다. 그런데도 김대중 후보 지지표가 집안 식구들 숫자에도 못 미치는 7표밖에 나오지 않은 것이었다.[91]

박정희는 한국 신문은 벙어리로 만들어 놓았지만 일본 신문까지 그럴 수는 없었다. 4월 28일 자 《아사히신문(朝日新聞)》은 대통령 후보인 김대중의 표도 무효로 처리했다는 그야말로 소도 웃을 내용을 보도한 것이다.

> 김 후보 내외는 27일 아침 7시 넘어, 자택 근처 서울시 마포구 동교동 제1

---

90. 최형우(崔炯宇, 1935.10.15.~). 경상남도 울주군 출생. 부산공고(1954), 동국대 정외과 졸업(1963). 신민당 울산 지구당 위원장(1970), 제8·9·10·13·14·15대 국회의원, 통일민주당 원내총무(1988), 정무제1장관(1991), 내무부 장관(1993) 등 역임.
91. 최형우, 『더 깊은 가슴으로 내일을』, 깊은사랑, 1993, 61~62쪽에서 발췌.

투표소에서 투표했지만 무효 처리되었다. 선거관리위원장이 법으로 정해 놓은 도장을 찍지 않고 다른 도장을 찍어 무효 처리된 표는 김 후보 것 외에 2,692표가 넘는다. 마찬가지로 영등포구 상도2동 제5투표소에서 2,572장의 무효표가 나왔다.[92]

(3) 1971년 8월 10일: 광주대단지(廣州大團地) 사건

1971년 8월 10일 오전 11시 40분, 서울시 성남출장소 부근 공터. 궐기대회에 모인 5만 군중이 분노로 술렁거렸다. 11시에 대책을 직접 발표한다던 서울시장이 나타나지 않았던 탓이다. 흥분한 군중은 서울시 대단지 사업소로 몰려가 사업소의 집기를 닥치는 대로 때려 부쉈다. 요즘 행정구역상 경기도 성남에서 발생한 이날 소요는 박정희 정권에서 일어난 최초이자 최대 규모의 민중 봉기였다.[93]

당시 사건의 구체적 내용을 「빗속에 난동 6시간」이라는 제목의 언론 보도를 통해 살펴보면 이렇다.

> 8월 10일 경기도 광주대단지 주민들의 난동은 오후 5시 반경까지 6시간 동안 계속돼 출장소와 경찰차 등 4대의 차량을 방화한 것을 비롯, 경찰지서를 습격, 기물을 때려 부쉈으며 주민 50여 명과 경찰관 80여 명이 부상했고 2천여만 원의 재산피해를 냈다. 오후 1시 40분경 서울 시경과 경기 도경 소속 기동경찰 7백여 명이 나타나자 난동은 오히려 가열, 오후 2시 40분경 버스 15

---

92. 일본 NHK 취재반 구성, 김용운 편역, 『김대중 자서전①: 역사와 함께 시대와 함께』, 도서출판 인동, 1999, 258쪽.
93. 권홍우, 「광주대단지 6시간의 저항」, 《서울경제》 2020.8.9.

1971년 8월 10일 오전, 광주대단지 주민들이 경찰차를 불태우고 있다. | 사진출처: 《서울경제》

대에 분승하거나 플래카드를 앞세우고 곡괭이, 식칼, 몽둥이를 휘두르며 서울 시내 쪽으로 밀려가던 남녀노소가 섞인 1천여 명의 데모대가 경찰과 대치, 주민들은 경찰 최루탄에 투석으로 맞서 한때 충돌했다.[94]

이들은 누구이며, 왜 광주대단지로 오게 되었는가? 1960년만 해도 전체 인구 가운데 58.3%를 차지했던 농민은 박정희가 취한 공업화를 위한 저임금 정책과 이에 따른 저곡가 정책, 거기다 잉여농산물협정[95]에 따른 곡가 하락으로 생계비조차 확보하기가 어려워졌다. 이에 따라 빚을 지고 있는 농가가 당시 전체 농가의 75.7%에 이르렀고, 농민이 살길을 찾아 도시로 떠나게 되자 1970년에는 농업 인구가 44.7%로 감소했다.[96]

---

94. 《동아일보》 1971.8.11. 7면.
95. 미국이 과잉 생산된 밀, 보리, 옥수수, 원면(原綿) 따위의 농산물을 수출하기 위하여 농산물 교역 발전 및 원조법에 의거하여 각국과 체결한 협정.

서울 등 대도시에 몰려든 농민은 도시빈민으로 신분이 바뀐다. 이들이 널빤지 등으로 무허가 판잣집을 짓고 모여 살게 되자 판자촌(板子村)이 형성되었고, 하루가 다르게 서울의 스카이라인을 바꾸어 놓은 판자촌은 수출을 국가 종교로 삼은 박정희 정권의 아킬레스건이 되었다. 서울시는 판자촌과 도시빈민 문제를 해결하기 위해 경기도 광주(廣州, 지금의 경기도 성남시)를 개발하여 빈민을 이주시키는 정책을 세웠다. 그리하여 청계천 일대를 비롯한 판자촌을 대거 철거하면서 주민을 1969년 5월부터 경기도 광주로 강제 이주시켰다. 그렇게 해서 모인 빈민의 수는 14만 5천여 명에 이르렀다.[97]

그렇다면 이들은 왜 '난동'을 일으켰는가? 광주대단지에는 이처럼 수많은 철거민과 전매입주자 및 무단입주자 등이 밀집, 이미 인구 면에서 시 단위를 넘어서고 있었다. 그러나 행정은 겨우 87명뿐인 광주군 성남출장소에서 도맡고 있었으며, 치안은 2개의 경찰지서가 관장하고 있을 따름이었다. 주민의 약 30%는 10만~20만 원을 주고 입주증을 구입한 전매입주자들로 이들은 대부분 서울에서 셋방살이하다 자기 집을 마련할 셈으로 이사한 영세민이었다.

이들은 대통령 선거 때 100여 개의 공장을 유치, 실업자를 구제하겠다고 서울시에서 공약하고 나서자 모두 곧 잘살게 되겠다는 희망에 부풀었고 선거 전에 있었던 건축 붐으로 대단지에서도 매일 품팔이를 할 수 있어 생계는 이을 수 있었다. 선거가 끝나자 공약한 공장 유치는 이루어지지 않았고 서울시가 전매입주자들에게 집을 짓지 않으면 입주증을 무효화하겠다고

---

96. 역사학연구소, 『강좌 한국근현대사』, 풀빛, 1995, 341~342쪽.
97. 강준만, 『한국 현대사 산책-1970년대편 1권』, 170쪽.

세 차례나 통고, 이에 급해진 전매입주자들은 빚을 내어서라도 집을 짓는 등 서둘러댔다.

그러나 7월 14일 서울시가 전매입주자들에게 평당 8,000~16,000원의 불하대금을 일시불로 지불하라는 고지서를 발부하자, 자금난이 심해져 건축 붐이 일시에 중단되었다. 여기에다 설상가상으로 전매입주자들에게는 경기도 당국으로부터 취득세 고지서까지 발부되어 당국의 무리한 세금 납부 독촉에 시달리게 되었다. 이렇게 되자 주민들에게는 대단지 내에서의 품팔이 길마저 막혀 버렸다.

단지 내에는 뼈대만 세워진 채 짓다 만 주택들이 방치되어 있었고, 남한산성 밑 골짜기 등에는 4~5평씩의 대지에 1,000여 채의 천막집과 판잣집들이 빽빽이 들어서 있었다. 주민 대부분은 서울 시내로 나와 행상이나 품팔이로 연명하고 있었으나 몇백 원 벌어봤자 버스비만 하루 왕복 50원씩 들기 때문에 더욱 생활이 쪼들렸다.[98]

이 같은 행정당국의 무모한 개발계획, 주민의 현실을 외면한 조치 등으로 폭발한 광주대단지 사건은 주모자 21명을 구속하는 데서 마무리되었다. 결국 이 사건은 집단행동을 통한 문제 해결 경향의 조장, 세입자들에 대한 적극적인 대책의 결여 등의 문제를 안은 채 곧 뒤이어 발표된 이산가족 상봉을 위한 '남북 적십자 회담' 소식에 가려져 사람들의 관심으로부터 멀어져 갔다. 그러나 근본적인 변화를 전제로 하지 않은 채 이루어진 사태 수습은 다른 많은 지역에서의 사건 폭발 가능성을 예고하고 있었다.[99]

---

98. 《동아일보》 1971.8.11. 7면.
99. 한국기독교협의회 인권위원회, 『1970년대 민주화운동 (1)』, 한국기독교협의회, 1987, 199쪽.

(4) 1971년 10월 15일: 위수령 발동

1971년 9월, 2학기가 시작되자 학생들은 교련 철폐 투쟁을 재개하고 이와 함께 권력의 부정부패를 비판하기 시작했다.

9월 6일 고려대 총학생회는 『교련백서』를 발간하여 "반역사적(反歷史的), 반민족적, 비지성적 군사훈련을 단호히 고발하며, 군사훈련 축출"에 대한 결의를 밝혔다. 9월 15일에는 고려대, 서강대, 서울대, 성균관대 등 4개 대학 총학생회장들이 교련의 전면 철폐를 재천명하는 성명서를 발표했고, 9월 28일에는 연세대생 약 800여 명이 "교련 담당 현역 군인은 즉시 학원에서 철수하라"고 요구하며 가두시위를 벌였다.[100]

학생들의 교련 철폐 투쟁과 더불어 전개된 부정부패 규탄은 수도경비사령부(수경사) 군인들의 일탈 행위로 큰 파문을 일으킨다. 10월 4일 고려대 정문 기둥에는 "부정부패의 원흉 이후락,[101] 윤필용,[102] 박종규[103]를 처단하라"는 제목의 대자보가 나붙었다. 종전에는 'R, Y, B'라는 영문 이니셜이나 '3원흉' 등으로 표기되어 교내에 게시되던 것이 실명으로 교문 밖에 나붙은

---

100. 민주화운동기념사업회 연구소, 『한국민주화운동사 1』, 589쪽.
101. 이후락(李厚洛, 1924.2.23.~2009.10.31.). 울산 출생. 울산농업학교 졸업(1943) 후 일본 항공기정비학교에 입교해 하사관 과정을 이수하고 일본 육군하사로 전역(1944). 해방 후 군사영어학교에 입교하여 대위로 임관(1946), 육군본부 정보국 전투정보과장(1949), 중앙정보연구위원회 정보연구실장(1961), 국가재건최고회의 공보실장(1961), 제3대 대통령비서실장(1963~1969), 제6대 중앙정보부장(1970~1973), 국회의원(10대) 등 역임.
102. 윤필용(尹必鏞, 1927.3.10.~2010.7.24.). 경상북도 청도 출생. 대구공립중학교(1948), 육군사관학교 제8기 졸업(1949). 국가재건최고회의 의장 비서실장 대리(1961), 육군 방첩부대장(1965), 수도기계화보병사단 사단장(1968), 수도경비사령부 사령관(1970), 한국도로공사 사장(1980), 한국담배인삼공사 이사장(1987) 등 역임.
103. 박종규(朴鐘圭, 1930.5.28.~1985.12.3.). 경상남도 창원 출생. 1947년 국방경비대에 입대(1947), 하사관 복무 중 육군종합행정학교 제5기 입교, 육군 소위 임관. 국가재건최고회의 안보담당 특별보좌관(1961), 육군 대령 예편(1963), 대통령 경호실장(1964), 아시아사격연합회 회장(1970), 제10대 국회의원(1978), 대한체육회장 겸 KOC위원장(1979) 등 역임.

것이다.

당시 윤필용은 수경사 사령관이었다. 1971년 10월 5일 새벽 1시 30분쯤 수경사 소속 군인 20여 명이 고려대에 난입, 총학생회관 4층에 머무르고 있던 재학생 5명을 중구 필동에 있던 수경사로 연행하여 구타한 뒤 오전 6시경 학생들을 총장에게 인계한 사건이 발생했다. 연행되었던 학생의 말에 의하면, 수경사 헌병대가 학생들을 연행한 이유가 "우리 윤필용 사령관님이 얼마나 청렴결백한데 너희들이 부정부패자로 모느냐"는 것이었다고 한다.[104] 이 사건에 고려대 학생들이 분개하여 들고 일어났다.

고려대생들은 10월 7일 오전 11시 동교 대강당에 모여 지난 10월 5일 새벽에 일어난 무장군인의 학원 내 난입을 규탄하는 성토대회를 가진 후 3백여 명의 학생이 데모에 나섰다. 학생들은 교문을 나서 "당국은 무장군인의 학원 난입 사건의 진상을 조사, 발표하라"는 구호를 외치며 100여 미터 나아가다 경찰기동대의 저지를 받아 대치했다. 학생들은 이어 "무장군인의 학원 난입이 민주주의냐"고 외치며 투석으로 맞서다 경찰의 최루탄과 페퍼포그 저지를 받고 12시 반경 일단 교내로 되돌아갔다.[105]

10월 12일에는 국방부 장관과 문교부 장관의 공동 명의로 교련 거부 학생 전원을 징집한다는 담화가 발표되었다. 그러자 학생들의 자유 수호 시위는 한층 격렬해져 12일·14일에는 1만여 명의 학생들이 거리로 쏟아져 나왔다. 학생들은 부정부패자의 공개를 요구하면서 군인들의 학원 난입을

---

104. 고려대학교 100년사 편찬위원회, 『고려대학교 학생운동사』, 고려대학교출판부, 2005, 206쪽.
105. 《동아일보》 1971.10.7. 7면에서 발췌.

1971년 10월 15일 위수령 발동으로 연세대 교정을 점령한 군인들 | 사진출처: 서울신문

규탄했으며, 중앙정보부의 철폐를 요구하는 구호를 외쳤다. 이런 것들은 박정희의 최대 약점을 건드린 것이었고, 박정희는 10월 15일 위수령 발동으로 대응했다.[106]

위수령이 발동된 10월 15일 오후부터 서울대(문리대와 법대), 고려대, 연세대, 서강대, 성균관대, 경희대, 외국어대 등 서울 시내 7개 대학에 군이 진주했다. 문교부는 위수군이 주둔한 이들 7개 대학 이외에 전남대에도 휴업령을 내렸다. 특히 위수군은 고려대에서 군 진주에 대해 투석전을 벌이며 저항했던 학생들을 무차별 구타하여 70여 명을 연행했다. 이날 7개 대학에서 연행된 학생들은 모두 1,889명이었다. 군은 10월 23일까지 각 대학에 주둔했다.[107]

당시 서울대 문리대 대의원회 의장으로 학생 시위를 주도했던 김재홍[108]

---

106. 강준만, 『한국 현대사 산책-1970년대편 1권』, 189쪽.
107. 민주화운동기념사업회 연구소, 『한국민주화운동사 1』, 593~594쪽.
108. 김재홍(金在洪, 1950.1.3.~). 전라북도 익산 출생. 남성고등학교(1967), 서울대 정치학과 졸업(1976), 서울대 대학원 정치학박사 취득(1987). 동아일보 기자(1978), 서울대학교 신문 편집국장(1982), 동아일보 논설위원(1998), 경기대학교 교수(2001), 제17대 국회의원, 방

은 체포되어 중앙정보부에서 심한 고문을 당한 후 학교에서 제적당하고 군에 강제 입영되었다. 다음은 그가 중앙정보부에서 고문당한 이야기다.

> 그들은 나를 붙잡아 앉히더니 정강이에 두꺼운 장작 같은 것을 넣고는 무릎 위를 구둣발로 밟아댔다. 무릎 관절이 으스러지는 고문이었다. 후에 고문의 후유증으로 나는 무릎 위쪽 대퇴부 뼈를 3분의 1가량이나 깎아내는 대수술을 해야 했다. 군에 강제로 입영된 뒤 관절통에 시달렸지만 군 병원에도 후송이 허가되지 않았다. 야전 의무대에서 받은 소염진통제로 때우며 그럭저럭 지내야 했다.[109]

2) 유신(維新) 전사(前史): 1971년 10~12월

(1) 학생 세력 소탕: 강제 징집과 '서울대생 내란음모 사건'

박정희는 1979년 10월 26일 밤 김재규의 총에 맞아 세상을 등지는 바로 그 순간까지 18여 년 동안 학생들의 저항에 시달렸다. 그러니 '학(學)'이라는 글자만 나와도 기분이 언짢아졌을 것이라는 점은 그가 내린 강권 발동의 동기만 보아도 능히 짐작할 수 있다.

박정희는 1971년 10월 15일 위수령을 발동하기 전에도 비상계엄을 두 차례 선포하고 위수령을 한 차례 발동했었다. 이 세 차례에 걸친 강권 발동의 동기를 보면, 첫 번째의 비상계엄은 1961년 5·16 쿠데타 때 선포된 것이었지만, 1964년 6월 3일의 비상계엄과 1965년 8월 26일의 위수령은 한일회담

송통신위원회 상임위원(2014), 서울디지털대학교 총장(2018) 등 역임.
109. 김재홍, 『누가 박정희를 용서했는가』, 책으로보는세상, 2012, 195쪽.

이 '굴욕적'이라고 반대하는 학생들의 6·3 항쟁을 저지하기 위한 것이었다.

1964년 계엄 선포 후 박정희는 긴급대책회의를 소집했다. 중앙정보부장, 계엄사령관, 내무부 장관, 법무부 장관, 청와대 비서실장 등이 참석한 자리에서 박정희가 학생 데모를 근절할 수 있는 방책을 묻자 정보부장 김형욱이 자리에서 벌떡 일어나 다음과 같이 말했다고 한다.

> 학생 데모를 근절하기 위해서는 강경한 대책을 쓸 수밖에 없습니다. 각하! 저에게 1천 대의 트럭을 징발할 수 있도록 해 주십시오. 그러면 데모하는 놈들을 모두 검거, 서해 무인도에 실어다 감금한 다음 죄질에 따라 ABC급으로 분류해서 선도할 수 있는 놈은 선도하고 나머지는 혼찌검을 내주거나 숙청해서 학생 데모의 소지를 깡그리 없애 버리겠습니다.[110]

이에 박정희는 "김 부장, 고작 생각해 낸 것이 그따위 방안이야? 일은 그렇게 처리하는 것이 아니야"라며 나무랐다지만, 이후 학생 데모에 계속 시달리다가 7년이 지나자 박정희도 김형욱과 똑같은 생각을 하게 된다. 즉 '지겨운 학생놈들'을 무인도는 아니라도 학교에서 제적한 후 강제 징집하여 최전방에 처박아 놓으면 조용해질 것이라는 착상을 하게 된 것이다.

박정희는 학생들을 잡아다가 어떻게 처리했을까? 10·15 위수령 발동 전후에 연행된 학생들은 대부분 수도통합병원에서 형식적인 신체검사를 받은 후 강제로 징집을 당했다. 이들은 10월 26일과 28일 두 차례에 걸쳐 용산역에서 논산으로 향했다. 논산훈련소에서 신병 훈련을 마친 학생들은 대부

---

110. 한국정치문제연구소, 『정풍(政風) 4-김형욱의 두 얼굴, 그 충성과 배신』, 동광출판사, 1986, 186쪽.

분 휴전선 부근에서 소총수로 복무하면서 혹독한 고생을 했다. 그러나 이들은 병역의 의무를 필하는 것을 보람으로 느끼면서 군 복무를 충실히 하여 학생 대표다운 면모를 보였다.

군에 복무하면서도 이들은 보안사령부 요원들의 감시 대상이 되어 수시로 동향을 점검받았다. 학생에 따라서는 군 생활 중에 상관으로부터 "북괴가 우리나라를 호시탐탐 노리고 있는데 데모한 놈들은 이적행위를 한 셈이다. 총살시켜도 괜찮은 놈들이다"라고 위협받기도 하고, 의도적인 기합을 받기도 했다. 박정희는 신성한 국방의 의무를 징벌의 일종으로 학생운동 지도자들에게 과함으로써 안보를 정치에 이용했다는 비판을 면할 수 없었다.[111]

군대에 끌려간 제적 학생들의 병적 기록부에는 'ASP'라는 붉은색 스탬프가 찍혀 있었는데 처음에는 그것이 무엇을 의미하는지 알지 못했다. 머리 아플 때 먹는 아스피린의 앞머리 세 글자로 골치 아픈 존재라는 뜻이 아닌가 하고 짐작하기도 했다. 사실은 '반정부 학생 세력(Antigovernment Student Power)'의 약자였다고 한다.[112]

이렇게 주모자급들을 강제 징집하여 꼼짝 못하게 만들어 놓았으나, 나머지 학생들도 움직이지 못하도록 경고할 필요가 있었다. 그래서 꾸며낸 것이 사건 이름만 들어도 어마어마한 '서울대생 내란음모 사건'이었다. 이런 사건명으로 중앙정보부가 구속한 사람은 지하신문 《자유의 종》 발행인이며 서울대 법대 제적생 이신범, 민주수호학생연맹 위원장이며 서울대 상대 제적생 심재권, 서울대 법대 제적생 장기표, 그리고 사법연수원생 조영래

---

111. 71동지회, 『나의 청춘 나의 조국-71동지회 30년 기념문집』, 나남출판, 2001, 106~107쪽.
112. 신동호, 『70년대 캠퍼스 1』, 환경재단 도요새, 2007, 32~33쪽.

'서울대생 내란음모 사건'의 선고공판을 보도한 언론. 사진 오른쪽부터 조영래, 이신범, 장기표, 심재권.《동아일보》1972.5.10. 7면.

였다. 이들을 고문하여 조작한 혐의는 다음과 같다.

> 서울 시내 대학생 3~5만을 동원, 화염병을 제조해 시위를 격화시켜 중앙청을 점거하고 박정희를 강제 하야시킨 후, 혁명위원회를 만들어 김대중을 위원장으로 추대하고, 피고인들이 민주수호국민협의회 인사들과 함께 위원으로 취임, 과도정부를 구성하고 3권을 장악하여 헌법의 기능을 정지시키고, 부패분자를 처단하고 중앙정보부를 해체하는 등 혁명과업을 수행하려고 음모했다.[113]

20대 청년인 학생들이 직접 혁명위원으로 취임하여 정권을 잡으려 했다는 황당한 내용을 조작하기 위해 고문 등 악랄한 방법을 사용했다. 이들은 1971년 10월 27일부터 11월 12일까지 중앙정보부에 의해 불법 감금되어 서

---

113. 서울법대 학생운동사 편찬위원회, 『서울법대 학생운동사-정의의 함성 1964~1979』, 203쪽.

빙고에 있는 보안사령부 고문실, 남산의 중앙정보부 서울지부에서 정보부 수사관들에 의해 전기고문, 잠 안 재우기, 구타 등 고문을 당하고 이어 이문동 중앙정보부 본부의 간첩 피의자 수용시설, 세종호텔, 안가 등지로 이송되면서 허위자백을 강요당했다.[114]

이들은 당시 박정희가 장악하고 있던 사법부에 의해 유죄 판결을 받았으나, 46년이 지난 2018년과 2019년에 있었던 재심에서 모두 무죄 판결을 받았다.

(2) 1971년 12월 6일: 유신 쿠데타 전주곡 '국가비상사태' 선포

강제 징집을 통해 학생운동 지도부를 궤멸시키고, 이에 더하여 서울대생 내란음모 사건이라는 공안 사건까지 조작해 가며 저항 세력에게 경고를 보내고 난 후 박정희는 기다렸다는 듯이 국가비상사태를 선언했다. 다음이 선언 내용이다.

> 정부의 시책은 국가안보를 최우선으로 하고 조속히 만전의 안보태세를 확립한다.
> 안보상 취약점이 될 일체의 사회불안을 용납하지 않으며 또 불안 요소를 배제한다.
> 언론은 무책임한 안보논의를 삼가해야 한다.
> 모든 국민은 안보상 책무수행에 자진 성실하여야 한다.
> 모든 국민은 안보 위주의 새 가치관을 확립하여야 한다.

---

114. 서울법대 학생운동사 편찬위원회, 『서울법대 학생운동사-정의의 함성 1964~1979』, 201쪽.

1971년 12월 6일 박정희가 느닷없이 국가비상사태를 선포하자, 어리둥절한 시민들이 신문보도를 보고 있는 장면. 국가비상사태 선포는, 다음 해 10월 '오직 한 사람을 위한 시대'를 만들기 위한 전초전이었다. | 사진출처: 《동아일보》

> 최악의 경우 우리가 향유하고 있는 자유의 일부도 유보할 결의를 가져야 한다.
>
> 1971년 12월 6일 대통령 박정희[115]

이처럼 박정희가 선언 내용을 나열했지만, 핵심은 "자유의 일부도 유보할 결의를 가져야 한다"고 국민을 협박하는 대목이었다. 이에 국민은 이러한 박정희의 선언이 느닷없다고 여기며 어리둥절한 모습을 보였지만, 호랑이 등에서 내려올 수도 있다는 불안감에 휩싸여 있던 박정희에게는 결코 느닷없던 일이 아니었다.

불안감은 주로 그해 있었던 양대 선거에서 비롯되었다. 자신이 김대중과 맞붙은 대통령 선거에서 엄청난 돈을 쏟아부었으나 차이는 94만여 표에 불과했고, 한 달 후 실시된 국회의원 선거를 보면 참패라고 해도 과언이 아닐

---

115. 《동아일보》 1971.12.6. 1면.

정도의 결과였다. 국회의원 선거에서 득표율을 보면 박정희의 민주공화당이 48.77%, 야당인 신민당이 44.38%로 박빙이었고, 의석수는 각각 113석과 89석이었다. 그러나 대도시의 경우는 그야말로 공화당의 참패였다. 서울의 경우는 야당이 18석을 차지한 데 비해 공화당은 1석에 불과했고, 부산은 야당 6석, 공화당 2석이었다. 돈으로 도배한 선거의 결과가 이 지경이었다.

그러자 선거가 끝난 후 박정희는 중앙정보부 간부들과의 저녁 식사 자리에서 다음과 같이 말했다고 한다.

> 이봐 자네들, 지구상에서 민주주의 하는 나라가 몇 개가 되는 줄 알아. 16개밖에 없어. 자 한번 봐. 북미에 미국, 캐나다가 있지. 아시아 쪽은 일본, 호주, 뉴질랜드뿐이야. 아프리카나 중동엔 눈을 씻고 봐도 없고. … 나머지가 유럽이야. 영국, 서독, 이탈리아, 네델란드, 벨기에, 덴마크 등. … 민주주의라고 말들은 많지만 제대로 한다는 나라는 그저 그쯤인 거야. 도대체 유엔 회원국이 몇 개야. 140여 개 중에서 우리나라가 20위 안에 들면 괜찮은 거 아냐. 우리나라엔 야당도 있잖아.[116]

그러니까 박정희의 국가비상사태 선포는 민주주의를 하지 않겠다는 신호였다. 국가 위기의 조짐이 없는데도 '중공의 유엔 가입을 비롯한 국제 정세의 급변'과 '북한 괴뢰의 남침 준비 광분' 등을 구실로 국가비상사태를 선포한 것은 핑계에 불과했다. 국가비상사태 선포에 대한 법적 근거가 불명확하다는 것도 문제였다.

그러자 공화당은 12월 21일, 대통령에게 비상대권을 부여하는 '국가보

---

116. 김진, 『청와대비서실』, 중앙일보사, 1992, 195쪽.

위에 관한 특별법'을 12월 21일 국회에 제출했다. 이 법안은 경제 질서에 대한 강력한 통제 권한과 언론·출판, 집회·시위, 단체교섭 등 국민의 기본권을 대통령이 독자적으로 제약할 수 있는 내용을 담고 있었다.

이 법에 대해 야당이 '독일 히틀러 시대의 수권법(授權法)', '일제 군국주의의 국가동원법'에 비유하며 맹렬히 반대하자 박정희는 조속히 법안을 통과시키라며 국회를 압박했고, 공화당은 12월 27일 새벽 3시 무소속 의원까지 동원하며 국회 별관에서 전격 통과시켰다. 이런 파동 속에 통과되기는 했지만 한 번도 시행되지 못했다.

다음은 이에 대한 중앙정보부 핵심 간부였던 사람의 증언이다.

박정희는 드골 같은 외국 대통령들이 휘두를 수 있는 비상대권에 매력을 느끼고 큰 관심을 가지고 있었다. 법률 이론가 가운데도 우리 실정에 비추어 그것이 필요하다는 사람도 있었다. 그래서 몇몇을 동원해 외국 예를 수집하고 비상대권을 부여할 수 있는 작업을 중앙정보부가 주도하게 됐다. 그런데 일부 극비 내용이 밖으로 흘러나갔다. 서울대 총장을 지낸 유기천[117] 교수가 학생들에게 '총통제를 시도한다'는 발언을 해 정보부에 의해 내란선동 혐의로 입건·송치된 것도 그때였다. 중앙정보부가 유 교수 조사 결과를 발표한 날이 71년 12월 6일, 비상사태 선포일과 같았다. 그런데 야당 역공세가 심해 법적 근거를 마련한다는 것이 또 심한 후유증을 가져왔다. 당시 박정희나 정보부장 이후락은 보위법으로 권력기반 강화를 마무리하려 했는데 … 허술한 비상

---

117. 유기천(劉基天, 1915.7.5.~1998.6.26.). 평안남도 평양 출생. 일본 도쿄(東京)제국대학 법학부 졸업(1943), 미국 예일대학교 대학원 법학 박사(1958). 경성법학전문학교, 서울대 법과대학 교수(1946~1972), 서울대 법과대학 학장(1951, 1961), 서울대 교무처장(1959), 서울대 사법대학원 원장(1962), 제9대 서울대 총장(1965) 등 역임.

대권이 야당에 의해 무력화되자 더 강력한 유신헌법으로 가게 된 것이다.[118]

3) 유신(維新) 쿠데타: 1972년 10월 17일

(1) 공작명 '풍년사업'

1972년의 10·17 쿠데타, 이른바 유신 쿠데타는 1971년 대통령 선거에서 박정희를 당선시키기 위한 중앙정보부의 공작에 그 기원을 둔다. 1970년 9월 29일, 서울 시민회관에서 열린 신민당 임시 전당대회에서 2차 투표까지 가는 접전 끝에 김대중이 김영삼을 누르고 제7대 대통령 후보로 선출되었다. 이때 박정희를 당선시키기 위해 가동된 중앙정보부의 공작명이 이른바 '풍년사업'[119]이었다고 이종찬[120]은 기록하고 있다.

원래 박정희 측은 이번 대선에서 야당에 강력한 후보가 없다고 생각해 유진산 신민당 당수가 직접 후보로 나서게 하는 공작을 펼쳤으나 당원들이 받아들이지 않아 실패했다. 그러자 40대 기수들이 등장했다. 김영삼, 김대중, 이철승 세 사람이 경쟁에 들어갔는데, 중앙정보부에서 생각하기에 적당한 후보는 이철승이나 김영삼이었고, 김대중은 가장 골치 아픈 존재였다.[121]

---

118. 김충식, 『남산의 부장들』(개정증보판), 377~378쪽.
119. 중앙정보부의 1971년 대통령 선거 공작. 중앙정보부는 1967년 대통령 선거를 '증산사업', 1969년 개헌 공작을 '통일사업'이라고 불렀다. 이종찬, 『숲은 고요하지 않다-이종찬 회고록 1』, 도서출판 한울, 2015, 236쪽.
120. 이종찬(李鍾贊, 1936.4.29.~). 중국 상하이(上海) 출생. 경기고등학교(1956), 육군사관학교 제16기 졸업(1960). 육군사관학교 교수(1963), 중앙정보부 공채 제1기 합격(1965), 중앙정보부 기획조정실장(1980), 제11·12·13·14대 국회의원, 국가안전기획부 부장(1998), 국가정보원 원장(1999) 등 역임.
121. 이종찬, 『숲은 고요하지 않다-이종찬 회고록 1』, 233쪽.

박정희가 '풍년사업'을 진두지휘하는 장면을 그린 그림 | 그림출처: 〈KBS 역사저널 그 날〉 2020.10.27.

그러나 김대중이란 의외의 복병을 만났고 박정희는 이런 예상외의 결과에 당황했다. 박정희는 이에 대비하여 자신의 선거사령탑 역할을 하는 중앙정보부 부장을 이후락으로 교체했다. 1970년 12월 22일, 제6대 중앙정보부장(재임 1970.12.21.~1973.12.3.)에 취임한 이후락은 다음과 같은 내용의 취임사를 했다.

> 우리 부는 대통령 직속 기관으로서 최고 통치자 박정희 대통령이 국정을 펴나감에 있어 공산주의는 물론 온갖 잡스러운 요소를 제거하는 데 최우선적인 임무가 있다. 나는 여러분에게 법 또는 그 이상의 신분을 보장하겠으며, 그 대신 여러분은 조직의 일원으로서, 즉 세포의 하나로서 최선을 다해야 한다. … 우리는 모두 박정희교의 신도로서, 또 전도사로서 앞장서야 할 것이다.[122]

---

122. 이종찬, 『숲은 고요하지 않다-이종찬 회고록 1』, 249쪽.

'박정희교(敎)'의 신도 이후락의 지휘 아래 치른 제7대 대통령 선거에서 박정희가 김대중을 94만여 표 차이로 간신히 따돌렸다는 것은 이미 살펴본 바 있다. 서울에서의 득표를 보면 김대중은 119만 8,018표(59.4%)를 얻은 반면, 박정희의 득표는 80만 5,722표(40.0%)에 불과하여, 이 결과를 보면 민심이 박정희로부터 완전히 떠난 것이다.

박정희 당선을 위해 엄청난 돈질을 해 가며 벌인 '풍년사업'이 풍년은커녕 평년작에도 미치지 못하자 박정희와 이후락은 다른 생각을 하지 않을 수 없었다. 종전의 방식으로 대통령 선거를 치르면 더 이상 집권하기 어려울 것이라는 전망이 서자 그동안 만지작거리던 총통제 카드를 꺼내 들 작업을 슬슬 하기 시작한 것이다. 이렇게 하여 박정희 당선을 목표로 하던 '풍년사업'이 박정희 영구 집권을 목표로 하는 '풍년사업'으로 성격이 바뀌게 된다.

언제부터 본격적으로 '풍년사업'의 성격이 바뀌었는지에 대한 정확한 기록은 없지만, 김정렴[123]의 다음과 같은 증언으로 미루어 보면 이후락이 평양에 가서 김일성을 만나고 온 1972년 5월경부터인 것으로 보인다.

이후락 씨가 평양에 갔다 온 직후 그 작업은 구체화되기 시작했다. 이북은 바위덩이 같은 단단한 체제인데 우리는 뭐냐. 민주주의라 해서 중구난방으로 혼란과 정쟁만 거듭하는 상황에서 북괴와의 대결에 승산이 있겠느냐. 이런 것이 박 대통령 결심의 배경이었다. 국제적으로는 닉슨 미국 대통령, 다나카

---

123. 김정렴(金正濂, 1924.1.3.~2020.4.25.). 서울 출생. 일본 오이타(大分)대학교 경제학과(1944), 미국 클라크대학교 대학원 졸업(1959). 재무부 이재국 국장(1959), 재무부 차관(1962), 상공부 차관(1964), 재무부 장관(1966), 상공부 장관(1967), 대통령비서실장(1969~1978), 주일 대사(1979) 등 역임.

일본 수상이 북경을 방문하고 동서독이 기본조약을 체결하는 그런 때였다. 해빙 조류에 따라 북과의 대화는 해야 하는데 국론이 흔들려서는 어렵다는 것이다.[124]

이후락의 지시에 따라 중앙정보부 판단기획국 부국장을 팀장으로 하는 5명(1명은 브리핑 차트 제작을 담당하는 필경사)의 비밀공작팀은 궁정동 안가에 둥지를 틀고 1972년 5월부터 대통령의 비상대권과 종신집권을 가능케 하는 새로운 헌법의 골격을 짜기 시작했고, 박정희는 거의 매주 이후락·김정렴 등과 함께 이를 검토했다.[125]

다음은 '풍년사업'에 참여했던 사람의 증언이다.

> 우리들의 관심은 기존의 정치권을 헐어버리고 새롭게 구축하는 일을 어떻게 순조롭게 성사시키느냐에 집중되었다. 국회의원들이 반발하고 국민들도 의아해할 것이 뻔하므로 전광석화처럼 작전을 전개하고 긴장을 유발시켜 국민의 새로운 체제에 대한 기대를 이끌어 내는 것이 가장 중요하다는 결론이었다.[126]

(2) 유신 쿠데타, 오직 한 사람을 위한 야만 시대의 시작

마침내 '풍년사업'이 실행에 옮겨지던 1972년 10월 17일, 비상계엄이 선포되고 중앙청[127] 앞에 탱크가 등장했다. 탱크가 겨냥한 건 북한이 아니라 남

---

124. 김충식, 『남산의 부장들』(개정증보판), 380쪽.
125. 한홍구, 『유신』, 한겨레출판, 2014, 45쪽.
126. 김충식, 『남산의 부장들』(개정증보판), 380쪽.
127. 중앙청(中央廳): 서울시 세종로에 있었던 정부청사 건물. 원래 중앙청은 1926년 일제가

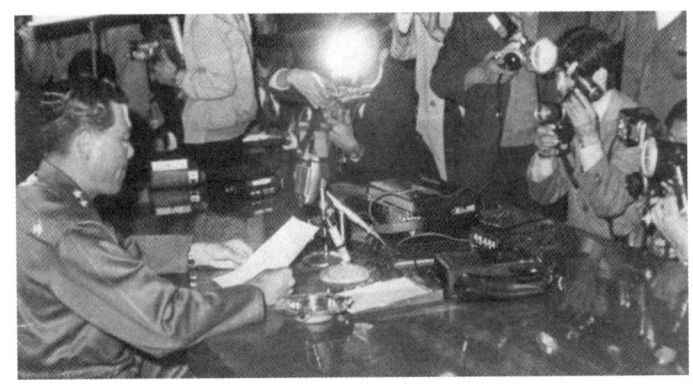

1971년 10월 17일 박정희의 비상계엄 선포에 따라 계엄사령관 노재현(盧載鉉, 육군참모총장)이 계엄 포고문을 발표하고 있다. | 사진출처:《경향신문》

한 국민이었다. 박정희 정권은 '7·4 남북공동성명'[128]으로 국민의 통일 열기를 한껏 고조시킨 뒤, 그로부터 3개월여 후인 10월 17일 통일을 위해서라는 핑계를 대고 자신의 대통령 종신제를 보장하기 위한 이른바 '10월 유신'이라는 친위 쿠데타를 벌인 것이다.[129]

박정희가 이 친위 쿠데타를 통해 어떤 대한민국을 만들었는가 하는 것은, 다음에 나올 책『박정희와 일본 II』의 주제가 될 것이므로 여기서는 왜 이 쿠데타에 '유신'이라는 말이 붙었는지에 대하여만 살펴보기로 한다.

'유신(維新)'이란 '낡은 제도를 고쳐 새롭게 함'이라는 뜻으로 중국의 고전『시경(詩經)』과『서경(書經)』에 나오는 말이다. 평생 군인으로 잔뼈가 굵

경복궁 홍례문 구역을 철거한 터에 건립한 조선총독부 청사로 한국전쟁 이후 주한미군사령부에 의해 군정청으로 사용되면서 처음으로 중앙청(capitol hall)이라고 불리게 되었다. 1993년 일제의 잔재 건물로 해체를 결정했고, 1995년 8·15광복 50주년을 맞이하여 철거가 시작되어 1996년 11월 완전히 철거되었다.(두산백과)

128. 1972년 7월 4일 남북한 당국이 국토 분단 이후 최초로 통일과 관련하여 합의·발표한 역사적인 공동성명.

129. 강준만,『한국 현대사 산책-1970년대편 1권』, 222쪽.

은 박정희가 중국 고전을 연구했을 턱이 없으니, 박정희에게 '유신'의 의미는 메이지 유신(明治維新)[130]과 쇼와 유신(昭和維新)[131]에 있었다.

박정희는 특히 '쇼와 유신'에 심취해 있었다. 그것은 젊은 시절 감수성이 한창 예민하던 때 박정희가 만주군 즉 일본군으로 복무한 경험이 그의 정체성 확립에 절대적인 영향을 미쳤기 때문이다. 과장해서 말하면 그는 한국인이 아니라 일본인이 되어 있었다.

그가 '쇼와 유신'에 깊이 빠져들어 있었음을 보여 주는 장면을 보자. 부산에 있던 군수기지사령부의 사령관으로 근무하던 시절(1960.1.20.~1960.7.27.), 박정희는 대구사범학교 동기인 황용주[132]와 곧잘 술자리를 갖곤 했다. 이때 자리를 함께했던 이병주[133]의 다음과 같은 기록은 박정희의 정체성에 대해 확실한 대답을 하고 있다. 당시 황용주와 이병주는 각각 《부산일보》와 《국제신보》(현재의 《국제신문》) 편집국장 겸 주필이었다.

---

130. 19세기 후반 일본의 메이지 천황 때 에도 막부(江戶幕府)를 무너뜨리고 중앙집권 통일 국가를 이루어 일본 자본주의 형성의 기점이 된 변혁의 과정.
131. 1930년대 초반부터 일본 군부의 급진파 청년 장교와 우익 단체를 중심으로 사용된 용어로, 썩은 재벌과 정쟁을 거듭하는 정당정치를 타파하여 국가를 개조하자는 취지에서 나온 말이다. 이 같은 국가 개조를 주장하는 청년 장교들은 1932년의 5·15 사건과 1936년의 2·26 사건이라는 쿠데타 미수사건을 일으켰고, 이 사건은 박정희에게 큰 영향을 끼쳤다.
132. 황용주(黃龍珠, 1919.1.3.~2001.8.25.). 경상남도 밀양 출생. 박정희와 대구사범학교 입학 동기(1932). 대구사범학교 재학 중 불온서적 소지로 퇴학당한 후 일본 오사카(大阪)중학교(1937), 와세다(早稻田)대학교 불문학과(1944) 졸업. 국제신보(현재 국제신문) 논설위원(1956), 부산일보 편집국장 겸 주필(1957), 부산일보 사장(1962), 문화방송 사장(1964), 한국기원 이사장(1978) 등을 역임.
133. 이병주(李炳注, 1921.3.16.~1992.4.3.). 경상남도 하동 출생. 진주농림고등학교 중퇴(1940), 메이지(明治)대학교 문과 졸업(1943). 해인대학 교수(1951), 국제신보(현재 국제신문) 편집국장 겸 주필(1955), 한중일보 사장(1969), 부산일보 논설위원(1981) 등을 역임. 『알렉산드리아』, 『관부연락선』, 『지리산』, 『그해 5월』, 『바람과 구름과 비』 등 다수 작품을 남김.

구체적인 인명(人名)이 나왔다고 하면 일본인의 이름이었다. 박정희는 5·15, 2·26 사건[134]을 일으킨 일본의 국수주의 장교들에게 심취하고 있는 것으로 보였다. 그는 그들을 본땄음인지 우국지사의 풍모를 애써 꾸미려고 했다.

한번은 박정희와 황용주 사이에 격론이 벌어졌다. 박정희가 또 일본의 5·15, 2·26 사건을 일으킨 일본의 장교들을 들먹이며 찬사를 늘어놓자 황용주가 "너 무슨 소릴 하노. 놈들은 천황절대주의자들이고 따라서 일본 중심주의자들이고 케케묵은 국수주의자들이다. 그놈들이 일본을 망쳤다는 걸 모르고 하는 소린가, 알고 하는 소린가!" 하고 반박하자, 박정희는 "일본의 군인이 천황절대주의 하는 게 왜 나쁜가. 그리고 국수주의가 어째서 나쁜가!" 하고 흥분했다.

황용주는, 앞으로의 세계는 요원하더라도 세계는 하나이다 하는 이념으로 움직여 나가야 하는데 자기 나라만 제일이라는, 그런 고루한 생각으로선 세계평화에 해독이 될 뿐 아니라 결국 나라를 망치게 될 것이라며 자기 나름대로의 이론을 폈다. 그러나 박정희는 "그런 잠꼬대 같은 소릴 하고 있으니까 글 쓰는 놈들을 믿을 수 없다"며 열을 띠어 말을 계속했다.

"아까 너 일본의 국수주의 장교들이 일본을 망쳤다고 했는데 일본이 망한 게 뭐꼬. 지금 잘해 나가고 있지 않나. 역사를 바로 봐야 해. 패전 후 얼마 되지 않아 일본은 일어서지 않았나."

"국수주의자들이 망친 일본을 국수주의를 반대한 자유주의자들이 일으

---

[134] 5·15 사건은 1932년 5월 15일 일본제국 해군 내 극우 청년 장교들 중심으로 일어난 반란으로 이로 인해 일본 정당정치가 쇠퇴했다. 2·26 사건은 1936년 2월 26일 일본 육군의 황도파 청년 장교들이 1,483명의 병력을 이끌고 일으킨 반란이다. 이들은 정쟁을 반복하는 정당정치가 천황을 실제 정치에서 차단하여 나라를 그릇된 방향으로 이끌기 때문에 메이지유신 정신 부흥과 일본 천황 친정을 통한 '쇼와 유신'으로 바로잡아야 한다고 주장했다.

켜 세운 거다. 오해하지 마."

"자유주의? 자유주의 갖고 뭐가 돼? 국수주의자들의 기백이 일본 국민의 저변에 흐르고 있어. 그 기백이 오늘의 일본을 만든 거야. 너나 오해하지 마. 우리는 그 기백을 배워야 하네."

"배워야 할 것은 기백이 아니고 도의감이다. 도의감의 뒷받침 없는 기백은 야만이다. 야만."[135]

박정희의 '유신'은 이런 것이었다. 황용주의 말대로 "도의감의 뒷받침 없는" 박정희의 "기백"은 오직 자기 한 사람을 위한 "야만"이 되어, 그는 1979년 10월 26일 죽을 때까지 7년 9일 동안의 '유신' 독재를 통해 많은 사람을 직장에서 쫓아내는 것도 모자라 고문하고, 협박하고, 심지어 사법살인까지 저질렀다.

박정희가 만든 야만 시대에 고문을 당한 많은 피해자 가운데 이세규라는 군인 출신 인물이 있다. 그는 어떤 인물이었을까?

(3) 수적천석(水滴穿石), '물방울이 바위를 뚫는다': 이세규라는 물방울 이야기

1979년 10월 26일, 박정희가 김재규의 총에 맞아 사망함으로써 폭압(暴壓) 정치는 종말을 고했다. 이것은 대한민국을 정상적인 나라로 되돌이켜 놓을 뻔했던 일대 사건이었지만, 여기에 이르기까지 수많은 사람이 피눈물을 뿌렸음을 결코 잊어서는 안 된다. 다시 말해 18년간 흘린 피눈물이 박정희라는 거대한 바위를 뚫어 산산조각으로 깨뜨려 버렸다는 사실을 기억해야

---

135. 이병주, 「박정희 편-탓할 것이 있다면 그건 운명이다」, 『대통령들의 초상』, 서당, 1991, 94~96쪽에서 발췌.

1971년 12월 6일, 박정희가 국가비상사태를 선포하자 야당 국회의원들이 "비상사태 선언을 철회하라"며 시위를 벌이고 있다. 앞줄 왼쪽부터 이세규, 김한수, 이철승, 김영삼, 김대중, 이택희. 둘째 줄 가운데(김영삼 위쪽) 이기택, 그 오른쪽부터 강근호, 김이권. 셋째줄 (이기택 위 왼쪽) 황낙주, 그 오른쪽부터 오홍석, 천명기, 양일동 등이다. | 사진제공: 박종화(전 이세규 의원 비서실장)

한다는 것이다.

물 한 방울이 떨어지는 힘은 보잘것없지만, 계속 떨어지다 보면 바위도 견디지 못한다. 18년간 수많은 물방울이 맺혀 마침내 박정희라는 괴석(怪石)을 무너뜨렸다. 이렇게 맺혀 떨어진 수많은 물방울 가운데 이세규(李世圭)라는 물방울 하나를 소개하고자 한다.

박정희가 통치한 대한민국은 국가폭력으로 체제를 유지하는 '고문 공화국'이었다. 고문은 제3공화국 시절에도 반대 세력을 제압하는 데 동원된 수법이었지만, 유신 선포 후에는 그 악랄함이 극에 달했다. 그 가운데에서도 유신 직후 박정희가 직접 작성한 명단을 주며 "이 친구들 좀 잡아다 철저히 조사해"라고 했다는 13명에 대한 고문이 대표적이다.

이들 13인은 유신 쿠데타 후 최초이자 상징적인 고문 피해자로, 이세규

(李世圭), 조윤형(趙尹衡), 조연하(趙淵夏), 이종남(李鍾南), 강근호(姜根鎬), 최형우(崔炯佑), 박종률(朴鍾律), 김한수(金漢洙), 김녹영(金祿永), 김경인(金敬仁), 나석호(羅碩昊), 김상현(金相賢), 홍영기(洪英基) 등의 야당 국회의원이었다.[136] 그로부터 시간이 한참 지난 1975년 2월 28일 오전, 이들 13인은 「고문정치의 종식을 위한 선언」을 발표하고 자신들이 당한 고문 내용을 폭로했다.[137] 지면 관계상 내용 전부를 소개할 수는 없고, 대표적인 예로 이세규의 경우를 보기로 한다.

본인은 1972년 10월 17일 국회 해산 이후 7회의 불법연행, 2회의 가택수색, 38일간의 가택연금 및 감시, 미행 등을 당했다.

그중 직접 고문을 당한 것은, 1972년 10월 19일~23일간 구(舊) 육군 제6관구 헌병중대 콘세트에서 72시간 동안 잠을 재우지 않고 당한 고문을 들 수 있다. 아직도 고문 지령자가 누구인지는 모르겠으나, 고문 집행기관은 계엄사령부라고 했는데 아마 중앙정보부를 주축으로 한 합동반(合同班)처럼 느껴졌다. 고문을 당할 때의 조장은 영관급 장교였고 이때엔 육군 헌병 소령 최모, 중앙정보부 6국 장모, 그리고 수 명이 동석했다.

이들은 본인을 발가벗기어 거꾸로 매달아 숨을 막히게 하는 물고문과 잠 안 재우기, 심한 매질 등을 하여 허리를 다쳐 지팡이를 짚고 다니는 형편이다. 그뿐만 아니라 고문당할 때의 수모와 고통으로 혀를 깨물고 자살하려 하다가 의치(義齒)가 부러졌고 귀가 후에도 자살을 기도한 적이 있다.

그들은 본인을 고문하며 ①장군(將軍)이 왜 야당을 하느냐, ②국회의원으

---

136. 김진, 『청와대비서실』, 188쪽.
137. 《동아일보》 1975.2.28. 1면.

로서 정부를 비판한 사실, ③군(軍) 내부의 전우(戰友) 관계, ④김대중 의원과의 관계 등을 중점적으로 물었다. 이런 사실은 하등 고문당할 이유가 안 되는 것이며 이는 오히려 북괴(北傀)의 위협이 있는 오늘의 처지에서 언제라도 싸울 각오를 하고 있는 장군(將軍)인 본인의 심신(心身)에 손상을 입혀 적(敵)을 이롭게 한 행위라고 판단되는 일로써 묵과할 수 없는 처사이다.[138]

박정희는 왜 이세규를 괘씸죄 처벌 대상 1호로 지목하여 "적을 이롭게 한 행위"를 했을까? 이세규가 육군사관학교 7기 출신으로 군(軍) 후배인데도 자신의 행위에 대해 반대 입장을 취했기 때문이었다. 1969년 육군 준장이던 이세규는 3선 개헌에 반대 의사를 표명했다가 소장 진급에서 탈락하자 11사단장 직을 끝으로 자진 예편한 후 1971년 제7대 대통령 선거 때 김대중 캠프에 가담했다.

이 일로 이세규는 당연히 박정희의 미움을 샀다. 그해 5·25 국회의원 선거에서 야당 국회의원(전국구)이 된 이세규가 더욱 박정희의 눈 밖에 나게 된 결정적 계기가 된 것은 '실미도 사건'[139]이었다.

1971년 8월 23일 일어난 '실미도 사건'으로 김포공항이 폐쇄되고 한강교가 차단되었으며, 당국은 북괴 무장공비들이 침투한 것이라고 발표했다. 다음 날 무장공비가 아니라 군(軍) 특수범(特殊犯)이라고 정정 발표했지만, 야당 국회의원인 이세규가 특수부대원의 난동이라고 진상을 폭로했다. 그러

---

138. 《동아일보》 1975.2.28. 3면.
139. 실미도(實尾島) 사건: 1971년 8월 23일, 인천 앞바다 실미도에서 북한 침투 특수훈련을 받아 오던 공작원 24명이 기간병 18명을 살해하고 실미도를 탈출, 서울로 진입하는 과정에서 발생한 사건으로, 군·경과 실미도 공작원들과의 교전에서 경찰 2명, 민간인 6명, 공작원 20명이 사망했고, 생존 공작원 4명은 군법회의에 회부되어 1972년 3월 10일 사형이 집행되었다.(한국민족문화대백과사전)

자 9월 16일이 되어서야 총리인 김종필이 난동자들이 군 특수범이 아니라 군 특수부대 요원이라고 신분을 정확히 밝혔다.[140]

이세규는 신민당의 유일한 군 장성 출신 국회의원이었다. 1926년 충청남도 공주에서 태어난 이세규는 군 장성 출신 중에서도 자기 집 한 채 없이 사는 청렴결백하기로 소문난 사람이었다. 대령 시절인 1958년 육군대학 교관으로 근무할 때 자신의 월급을 쪼개 진해 시내의 고아원·양로원 등에 성금으로 기탁했다. 이 때문에 찾아오는 손님들에게 내놓는 밥상에는 밥 한 그릇에 콩나물국뿐이어서 '콩나물 대령'이라는 별명이 붙었다고 한다.

이세규와 박정희는 육군대학에서 교관과 학생 신분으로 만나 친분을 나눈 사이였지만, 그의 곧은 성격 때문에 박정희로부터 고문까지 당하는 악연을 맺게 된 것이다. 이후 박정희는 물론 전두환 신군부 측으로부터도 영입 제의를 받기도 했으나, 이를 거부하고 여생을 생활고와 지병에 시달린 끝에 1993년 7월 24일 국군수도병원에서 세상을 하직했다.[141]

이처럼 이세규라는 작은 물방울은 사라져 갔지만, 그 작은 물방울 하나가 보탬이 되어 마침내 1979년 10월 26일 박정희라는 거대한 바위가 부서져 버린다. 박정희가 이세규를 고문한 지 7년 후의 일이었다.

140.《동아일보》1971.9.16. 1면.
141.《중앙일보》1993.7.26. 22면.

제2부

박정희와 한일회담

1970년 6월 18일, 박정희가 기시 노부스케(왼쪽)에게 한일협정 타결에 대한 공로로 1등 수교훈장 광화대장(光化大章)을 수여한 후 건배하고 있다. 일본 총리를 지낸 기시 노부스케는 제2차 세계대전 A급 전범이었고, 전 일본 총리 아베 신조의 외조부였다. | 사진출처: 뉴스타파

1961년 5월 18일 도피 중이던 장면이 나타나 내각 총사퇴를 발표하자 쿠데타 세력은 전원 군인으로 구성된 국가재건최고회의를 설치했고, 6월 10일에는 중앙정보부를 창설하여 병영국가 건설의 시동을 걸었다. 박정희는 11월 일본과 미국을 방문하고, 김종필은 1962년 1월부터 대통령 선거에 대비한 비밀 신당 창당작업에 착수, 4대 의혹 사건과 일본으로부터 정치자금을 조달했다. 박정희는 번의에 번의를 거듭한 끝에 민정에 참여하여 1963년 10월 제5대 대통령에 당선된 후 한일회담을 추진하다 일대 저항에 부딪힌다.

제1장
박정희 군정(軍政)
1961.5.16.~1963.12.16.

1. 5·16 쿠데타와 미국 그리고 일본

1) '혁명공약'과 '빨갱이 만들기'

앞서 말한 것처럼 5·16 쿠데타는 드러내놓고 한 엉터리 쿠데타였다. 타도 목표가 이승만에서 장면으로 바뀌고, 쿠데타 시행 시기도 자주 변경됨에 따라 이른바 '혁명공약'에서 내세운 것은 '반공', '부패 일소', '민생고 해결' 이외에는 뚜렷한 명분이 없었다. 정부기구 개편이라든지 임시헌법 등에 대한 구체적 안은 하나도 준비되어 있지 않았고, 준비된 것이 있었다면 김종필 개인 수중에 있던 국가재건최고회의 기구표와 「포고문」 정도였다. '혁명공약'이라는 것이 완성된 것도 쿠데타 하루 전이었다.[1] 1961년 5월 16일 오전 5시 KBS 방송을 통해 발표된 「포고문」 말미에 등장하는 '혁명공약'의 내용을 다시 살펴보면 이렇다.

---
1. '혁명공약 1~5항까지는 김종필이 작성한 것이고 마지막 6항은 쿠데타 하루 전에 박정희가 추가했다. 김종필, 『김종필 증언록 1』, 미래엔, 2016, 64~66쪽.

1. 반공을 국시(國是)의 제일의(第一義)로 삼고 지금까지 형식적이고 구호에만 그친 반공태세를 재정비 강화할 것입니다.
   2. 유엔헌장을 준수하고 국제협약을 충실히 이행할 것이며 미국을 위시한 자유우방과의 유대를 더욱 공고히 할 것입니다.
   3. 이 나라 사회의 모든 부패와 구악(舊惡)을 일소하고 퇴폐한 국민도의와 민족정기를 다시 바로잡기 위하여 청신(淸新)한 기풍을 진작시킬 것입니다.
   4. 절망과 기아선상에서 허덕이는 민생고를 시급히 해결하고 국가 자주경제 재건에 총력을 경주할 것입니다.
   5. 민족적 숙원인 국토통일을 위하여 공산주의와 대결할 수 있는 실력 배양에 전력을 집중할 것입니다.
   6. 이와 같은 우리의 과업이 성취되면 새롭고 양심적인 정치인들에게 언제든지 정권을 이양하고 우리들 본연의 임무에 복귀할 준비를 갖추겠습니다.

 이 '혁명공약'은 이렇게 정리할 수 있다. 제1항·제5항에 등장하는 '반공(反共)', 그리고 제2항에 등장하는 '미국'은 박정희의 전력을 의심하는 미국에게 이제는 빨갱이가 아니라 당신들 편이니 쿠데타를 눈감아 달라는 신호를 보낸 것이다. 그리고 제6항의 '본연의 임무에 복귀' 즉 '원대 복귀' 공약은 쿠데타 목적이 정권 탈취에 있는 것이 아니라, 제3항의 '구악 일소'와 제4항의 '경제 재건' 등의 성취를 위한 순수한 것이라는 것을 보여 주기 위한 순수하지 않은 제스처였다.
 무엇보다도 중요한 것이 미국의 눈에서 빨갱이 경력을 지우는 것이라 여겨 '혁명공약에 '반공'을 두 차례나 집어넣었지만, 이것만으로 만족할 미국이 아니었다. 그러니 어떻게든 미국을 설득해야 한다. 이런 강박감에서 얼른 빨갱이를 대규모로 만들어 미국에 보여 주자는 아이디어가 쿠데타 당시 육군본부에서 고군분투하던 이석제[2] 중령의 머리에 떠올랐다고 한다. 다음은 이석제가 전하는 5·16 쿠데타 당일 아침 이야기다.

> 미국의 사상공세를 일거에 역전시키기 위해서는 비상한 조치가 필요했다. "그렇다, 좌익 사상범들을 체포하자. 보도연맹원들을 희생양으로 삼아 '반공에 대한 의지'를 미국에게 보여 주자!" 결심이 서자 나는 전국 각지의 군과 경찰, 헌병대에 비상을 걸어 보도연맹[3] 관련자들을 체포할 것을 명령했다. 나중에는 보도연맹 관련자들뿐만 아니라 소위 혁신정당 관련자, 좌파 이데올로기에 물든 지식인, 사회단체 지도자, 노조 지도자 등 4,000여 명에 이르는 사회 불만 세력과 좌익활동 경력자들을 대대적으로 색출해 체포·수감했다.[4]

이석제는 자신이 "체포할 것을 명령했다"고 했지만, 공식 기록인 『한국군사혁명사』에는 다음과 같이 박정희가 직접 명령한 것으로 되어 있다.

> (5월 16일) 아침 방첩부대장[5]이 육군본부로 불려오자 박(朴) 소장은 곧 그

---

2. 이석제(李錫濟, 1925.3.18.~2011.2.28.). 평안북도 삭주 출생. 신의주 평강중학교 졸업, 육군사관학교 8기로 소위 임관(1949). 육군대학 교관(1958), 육군본부 군수참모부 기획과장(1960), 5·16 쿠데타 후 국가재건최고회의 법사위원장(1961), 총무처 장관(1963), 감사원장(1971~1976), 제10대 국회의원 등 역임.
3. 국민보도연맹(國民保導聯盟): 1948년 12월 시행된 국가보안법에 따라 1949년 6월 좌익 전향자를 계몽·지도한다는 명목으로 조직된 관변단체. 초기 보도연맹 가입자는 대부분 전향자였으나, 가입 인원을 책임 할당함에 따라 좌익과 관련이 없는데도 강제로 가입된 경우가 많았고, 연맹원 수는 30만 명에 달했던 것으로 추산된다. 한국전쟁이 발발하자 1950년 6월 말부터 9월까지 수만 명 이상의 국민보도연맹원이 군과 경찰에 의해 살해당했다.
4. 이석제, 『각하, 우리 혁명합시다』, 도서출판 서적포, 1995, 124쪽에서 발췌.

에게 혁명의 필요성을 강조하고 협조를 의뢰한 다음 이(李) 준장에게 용공세력 색출 지시를 내렸다.

①즉시 용공세력 분자를 색출하라. ②방법은 군 수사기관을 동원하되 경찰의 협조를 얻어서 경찰이 입수하고 있는 리스트에 의해서 색출하라. ③체포한 용공분자는 경찰에 수용토록 하라.⁶

미국에게 자신이 더 이상 빨간색이 아니라는 것을 입증하고자 하는 박정희의 강박은 계속되었다. 그래서 박정희는 미국도 놀랄 수준의 '빨갱이 사냥'으로 미국의 환심을 사고자 했다. 진짜 빨갱이를 때려잡는 것도 아니었다. 순전히 박정희의 빨갱이 경력을 세탁시켜 주는 용도로 수많은 사람이 억울하게 당해야 했고, 그 어이없는 게임의 최대 희생자 중 한 사람이 바로 《민족일보》 사장 조용수⁷였다.⁸

쿠데타 이틀 후인 1961년 5월 18일, 조용수를 비롯한 《민족일보》 직원들이 연행됐다. 조용수는 3년 6개월간이나 소급 적용하는 특수범죄처벌에 관한 특별법으로 구속됐다. 죄목은 조총련계 자금을 받아 신문을 만들면서 북한 괴뢰집단이 주장하는 평화통일을 선전했다는 것이었다. 2심으로 끝난 재판은 요식적인 행위였다. 10월 31일 변호인 변론도 없이 상고심 사형이 선고됐고 조용수는 12월 21일 서대문 형무소에서 사형이 집행돼 31세의

---

5. 당시 방첩부대장은 이철희(李哲熙, 1923.9.10.~2014.2.23.) 준장이었다.
6. 국가재건최고회의 한국군사혁명사편찬위원회 편, 『한국군사혁명사 제1집』, 1963, 246쪽.
7. 조용수(趙鏞壽, 1930.4.24.~1961.12.21.). 경상남도 함안 출생. 대구 대륜고등학교 졸업(1949), 연희전문학교 입학(1949) 후 일본으로 가서 메이지(明治)대학 2학년 편입(1951). 재일본대한민국민단 중앙총본부 차장(1954), 재일 한국인 북송반대 도치기(栃木)현 위원장(1960), 귀국하여 《민족일보》 사장(1961.1.25.) 등 역임.
8. 강준만, 『한국 현대사 산책-1960년대편 1권』, 인물과사상사, 2004, 325~326쪽.

사형 집행(1961.12.21.) 직전의 《민족일보》 사장 조용수(趙鏞壽)의 모습(왼쪽)과 이른바 '혁명재판'에 회부되어 법정에 들어서는 조용수와 송지영(오른쪽). 송지영이 조용수와 함께 사형 선고를 받았으나 네 차례 감형되어 출감한 후 《조선일보》 논설위원, 문예진흥원장, 국회의원, 한국방송공사 이사장 등을 역임한 것은 무엇을 말하고 있는가. | 사진출처: http://www.newspost.kr

짧은 삶을 마감했다.[9]

2006년 '진실·화해를 위한 과거사정리위원회'는 조용수에 대한 사형 판결을 위법한 것으로 규정하고 국가에 재심 등 상응한 조치를 취할 것을 권고했고, 2008년 1월 16일 서울중앙지방법원 형사합의22부는 재심에서 북한의 활동에 동조했다는 특수범죄 처벌에 관한 특별법 혐의로 사형이 선고됐던 조용수에게 47년 만에 무죄를 선고했다.

---

9. 원희복,「조용수의 삶과 그가 남긴 과제」,『반세기만의 복권-조용수와 민족일보 재조명』, 유니스토리, 2011, 66쪽.

2) 케네디와 박정희

결국 케네디는 쿠데타를 승인하여 장면을 버리고 박정희를 택했다. 그렇다면 케네디는 왜 미국을 하늘같이 믿던 장면을 버렸으며, 한국에 대한 그의 생각은 어떠했는가?

케네디가 장면을 버린 데에는 여러 가지 요인이 작용했지만, 그 가운데 당시 한국의 상황을 들 수가 있다. 1960년 4·19 혁명으로 이승만 독재정권이 물러간 후 장면 정권이 들어서자 억눌렸던 민심이 일시에 폭발했고 통일운동이 거세게 일어났다. 이에 미국이 장면 정권이 한계에 도달하여 이대로 두면 공산화될 가능성이 있다고 우려한 것도 박정희 카드를 택한 요인이기도 했다.

그러나 이런 건 어디까지나 표면적인 설명이고, 실제는 미국의 이익에 부합되기만 하면 어떤 카드이든 상관이 없다는 것이 미국을 대표하는 케네디의 입장이었다. 다음 글은 이런 그의 입장을 잘 설명해 주고 있다.

> 1962년 4월 29일 백악관에서 화려한 만찬이 열렸다. 노벨상 수상자 49명이 주인공이었다. 『대지(大地, The Good Earth)』의 작가로 1938년 노벨문학상을 탄 펄 벅(Pearl S. Buck, 1892~1973)은 케네디 대통령과 아시아 문제에 관해 짧은 대화를 나눴다. "한국을 어떻게 해야 할까요." 케네디가 물었다. 펄 벅이 대답하기도 전에 그가 말했다. "우리가 그곳에서 나와야 한다고 생각합니다. 비용도 너무 많이 들고요. 일본이 한국에서 역할을 맡도록 해야 할 것입니다."[10]

---

10. 장경덕, 「펄 벅은 이렇게 말했다」, 《매일경제》 2015.5.13.

1962년 4월 29일 백악관 만찬에 참석한 사람들. 왼쪽부터 펄 벅, 케네디 대통령, 부인 재클린 케네디, 시인 로버트 프로스트 | 사진 출처: jfklibrary.org

케네디에게 한국은, 말하자면 '계륵(鷄肋)'과도 같은 존재였다. 원조하느라 돈이 너무 많이 들어 당장 버리고 싶어도, 냉전의 전초기지였기 때문에 도저히 버릴 수 없는 한국. 그런 존재가 케네디가 생각하던 한국이었다. 다시 말해 케네디 정권의 최대 관심사는, 어떻게 최소한의 비용으로 한국 정부를 친미·반공 정권으로 유지케 하면서 경제발전을 성공시킬 것인가 하는 점이었다.[11]

이에 대한 최상의 해답은 무엇이었을까? 하루빨리 한국을 일본에게 떠넘기는 것, 구체적으로 말하면 이승만 정권 시절부터 지연되고 있던 한일 국교를 정상화시키는 것이었다. 케네디가 한국을 일본에 떠넘기려 한 데에는 미국의 경제적 상황이 큰 역할을 했다. 1958년을 전환점으로 하여 달러의 해외신용이 하락함과 동시에 국제수지가 사상 처음으로 적자에 들어섰다. 이에 따라 어떻게 하면 최소한의 비용으로 한국 정부를 친미·반공 정권

---

11. 이원덕, 『한일 과거사 처리의 원점』, 서울대학교출판부, 1996, 189쪽

으로 유지하면서 경제발전을 이룰 것인가 하는 문제가 대두됐고, 일본의 자금과 기술을 한국에 도입시킬 필요성이 생긴 것이다.[12]

당시 케네디가 처한 상황도 만만치 않았다. 케네디는 1961년 초 대통령에 취임한 직후 쿠바의 카스트로[13] 정권을 무너뜨리기 위해 감행한 피그스만(Bay of Pigs) 침공[14]에 실패하는 쓰라림을 맛보았다. 이에 따라 한일관계 개선, 다시 말해 한국을 일본에 떠넘기는 것이야말로 그 쓰라린 실패를 달랠 수 있는 외교적 성취라고 여기고 있었다.

미국이 한일 국교 정상화를 절실하게 바랐던 또 다른 이유는 안보 때문이었다. 그때 이미 베트남전쟁[15]의 수렁 속으로 빠져들어 가고 있던 미국으로서는 미국과 일본, 그리고 미국과 한국 사이에 체결된 개별적 안보조약 이외에도 미국-일본-한국을 잇는 삼각 안보체제의 강화가 필요했다. 즉 미국은 서방 진영에 속한 일본과 한국을 정치·경제적으로 결속시킴으로써 당시 중국-소련-북한으로 이어지는 공산권에 대항하는 동아시아의 반공전선을 확고히 구축하고자 한 것이다.[16]

이런 상황에서 박정희는 재빨리 움직였다. 5·16 쿠데타 후 불과 6일 후인

---

12. 이원덕, 『한일 과거사 처리의 원점』, 187~191쪽.
13. 피델 카스트로(Fidel Castro, 1926.8.13.~2016.11.25.). 쿠바의 정치가, 혁명가. 1959년 혁명을 일으켜 총리, 국가평의회 의장(1976) 역임, 사회주의 이념 아래 49년간 쿠바를 통치함.
14. 카스트로 정권을 무너뜨리기 위한 미국의 노력은 케네디 정부 때 절정에 달했다. 그 대표적 사례가 1961년 4월 벌어진 피그스만 침공이다. 미 중앙정보국(CIA) 주도로 쿠바 망명자 1,453명을 투입해 쿠바 침공에 나선 미국은 불과 사흘 만에 114명이 전사하고 300여 명이 부상당했으며, 1천여 명이 생포되는 참담한 패배를 맛보았다. 카스트로 정부는 이듬해 12월 5,300만 달러를 몸값으로 받고 생포한 1,113명을 풀어 주었다.
15. 제1차 인도차이나 전쟁(1946.12.19.~1954.8.1.) 이후 분단되었던 베트남에서 1955년 11월 1일부터 1975년 4월 30일까지 사이에 벌어진 전쟁.
16. 이원덕, 「1965년 한일조약의 문제점과 개정방향」, 중앙일보 통일문화연구소 현대사연구팀 편, 『일본의 본질을 다시 묻는다』, 한길사, 1996, 228쪽.

1961년 5월 22일 한일 국교 정상화에 대한 의사를 공식적으로 표명하여 우선 미국의 가려운 데를 긁어 주었다. 이날 외무부 장관 김홍일[17]을 통해 "대일 정책에 있어서는 현재 중단 상태에 있는 한일예비회담을 재검토하고 진행 방법을 연구한 뒤 빠른 시일 내에 재개토록 한다. 일본과의 국교 정상화를 위한 노력에는 변함이 없으며 우리가 성의를 표시하고 일본도 성의를 표시하면 잘 될 것이다"[18]라고 밝힌 것이다.

이후 1961년 7월 3일 박정희가 얼굴마담 격인 장도영을 내쫓고 자신이 국가재건최고회의 의장 자리에 오른 후 직접 미국과 일본을 상대로 움직이자, 7월 27일 러스크 미 국무장관이 '한국 정부를 신임하는 공식 성명'을 발표하여 박정희 정권을 공식적으로 승인했다. 이에 감격한 박정희는 다음과 같은 내용의 메시지를 발송했다.

> 미합중국 국무장관 각하
>
> 본인은 한국 정부를 신임하는 귀하의 공식 성명을 감사하게 생각합니다. 귀하의 그와 같은 성명은 되도록 빨리 민주주의 목표를 달성코자 하는 우리의 결의를 더욱 확고하게 해 주었습니다. 본인은 가능한 한 최선을 다해서 미합중국과 협력하려고 하는 우리들의 뜻을 다짐하는 바입니다.
>
> 4294년[19] 7월 28일 대한민국 국가재건최고회의 의장 박정희[20]

---

17. 김홍일(金弘壹, 1898.9.23.~1980.8.8.). 평안북도 용천 출생. 오산학교 졸업(1918) 후 중국으로 망명, 구이저우(貴州) 육군강무학교 졸업(1920). 한국독립군에 가담하여 항일활동, 중국군 요직을 맡았고 해방 후 귀국, 육군 준장, 육군사관학교 교장(1948) 등 역임. 5·16 쿠데타 후 외무부 장관(재임 1961.5.~1961.7.)을 맡았으나, 박정희가 원대 복귀 공약을 어겨 결별했고, 이후 박정희의 한일협정 추진, 3선 개헌, 유신체제에 반대하여 야당 지도자로 활동.
18. 《동아일보》 1961.5.23. 1면.
19. 단군기원(檀君紀元) 즉 단기(檀紀). 서기(西紀)로는 1961년. 1961년 12월 2일 자 법률 제775

이어서 박정희는 8월 12일 발표한 「정권 이양 시기에 관한 성명」을 통해 "1963년 3월 이전에 신헌법을 제정"하고 "1963년 5월에 총선거를 실시"하여 "정권을 완전 이양한다"고 발표했다. 이에 미국 측은 8월 16일 "민정 이양을 약속한 군정(軍政)의 성명 내용에 기본적으로 만족한다. 앞으로 이 기간 중 미국은 한국의 향상과 발전을 돕기 위한 모든 노력을 계속할 것"이라는 성명으로 화답했다.[21]

3) 케네디와 이케다 하야토

당시 일본은 어떠했는가? 5·16 쿠데타가 일어나 주모자의 이름과 사진이 일본의 각 신문 1면에 보도되자 "만주군 출신의 박정희라, 그렇다면 그가 '도쿠토오 닛폰진'[22] 다카키 마사오(高木正雄, 박정희의 일본 이름)가 아니겠느냐"라며 한편으론 놀라고 한편으론 무릎을 치며 환호성을 울린 일본 사람이 적잖이 있었을 것이다.[23] 거기다 5·16 후 불과 6일 만에 박정희는 "일본과의 국교 정상화"까지 언급하지 않았던가?

무릎을 쳤던 사람들 가운데 가장 중요한 인물은 제56·57대 일본 총리(재임 1957.2.25.~1960.7.19.)를 지낸 기시 노부스케[24]였다. 만주국의 실질적 지배자

호 '연호에 관한 법률'에서 "대한민국의 연호는 서력기원으로 한다"고 하여, 단군기원이 폐지되고 서력기원 즉 서기가 채택됐다.
20. 《조선일보》 1961.7.29. 1면.
21. 이상우, 『박정희 시대-5·16과 한·미관계』, 도서출판 중원문화, 2012, 81쪽.
22. '특등일본인(特等日本人)'의 일본어 발음.
23. 정경모, 「박정희: 권력부상에서 비극적 종말까지」, 《역사비평》, 제13호(1991년 여름), 215쪽.
24. 기시 노부스케(岸信介, 1896.11.13.~1987.8.7.). 야마구치(山口)현 출생. 도쿄제국대학 법학부 졸업(1920). 대학 3년 재학 중 고등문관시험 합격. 상공성 공무국장(1935), 이듬해 만주로

그룹에 속했던 기시 노부스케가 만주군 육군 중위 출신 박정희에 대해 동질감을 느낀 것은 당연한 일이었고, 더욱이 그는 한일 국교 재개에 적극적이었다. 기시는 한일 국교 정상화에 소극적이었던 자신의 후임 총리인 이케다 하야토(재임 1960.7.19.~1964.11.9.)[25]에게 한일회담을 촉진시키도록 압력을 가했다.[26] 이때 기시 노부스케는 다음과 같이 주장했다.

> 다행히 한국은 군사정권이기 때문에 박정희 등 소수 지도자들 나름대로 (협상이) 된다. 따라서 어느 정도의 액수로 박 의장을 만족시키기만 하면 저쪽에는 국회도 없는 것이고, 만일 신문이 이것을 반대한다 하더라도 박 의장이 그들을 봉쇄해 버릴 수 있으니까 (협상이) 되는 것이다.[27]

미국과 마찬가지로 일본에게도 안보 문제와 더불어 한일 국교 정상화를 위한 한일회담은 중요한 문제였다. 경제적인 면에서 한국이 주목할 만한 존재여서 더욱 그러했다.

1950년 6월 25일 발발한 한국전쟁으로 일어선 일본 경제는 1958년 하반기부터 1961년까지 보기 드문 대호황을 맞아 경제가 매년 10% 이상 성장했다. 이렇게 되자 일본으로서는 이웃 나라인 한국에 진출하는 문제에 주목

가서 만주국 산업부 차장(1937), 총무성 차장(1939)을 역임하며 만주국 산업계 지배. 일본으로 돌아와 상공성 차관(1939), 상공대신(1941) 등 역임. 일본 패전 후 A급 전범 용의자로 수감(1945), 석방(1948)됨. 이후 중의원 의원(1953), 총리대신(1957~1960) 등 역임.

25. 이케다 하야토(池田勇人, 1899.12.3.~1965.8.13.). 히로시마현 출생, 교토제국대학 법학부 졸업(1925). 요시다 시게루(吉田茂) 제4차 내각에서 대장대신 및 통산대신(1950), 기시 노부스케 제2차 내각에서 국무대신(1958), 통상대신(1959), 제58·59·60대 일본 총리대신 등을 역임하며 일본 경제의 고도 경제성장에 큰 역할을 함.
26. 다카사키 소우지, 『검증 한일회담』, 김영진 옮김, 도서출판 청수서원, 1998, 135~136쪽.
27. 서중석, 「박 정권의 대일자세와 파행적 한일관계」, 《역사비평》, 제28호(1995년 봄), 45쪽.

하지 않을 수 없었다. 일본이 주목한 것은 일본 상품의 수출시장으로서의 한국뿐만 아니라 풍부하고 값싼 노동력 때문에 일본의 노동 집약적 산업과 사양 산업을 이전하기에 안성맞춤인 한국이었다.[28]

이렇게 하여 이케다는 미국의 지침을 받을 겸, 일본이 갖고 있는 박정희에 대한 소상한 정보를 전달할 겸 미국으로 날아가 케네디와 정상회담을 했다. 정상회담은 1961년 6월 20일과 6월 21일 이틀간 열렸고, 6월 21일 회담에서 한국 문제와 중국 문제 및 일본의 내정 문제가 거론되었다. 이 자리에서 이케다는 케네디에게 한국의 반공체제를 견지하기 위한 미국의 복안을 물은 뒤 다음과 같이 말했다.

> 일본으로서는 중국보다도 한국이 더욱 중요한 문제다. 만일 부산에 붉은 기가 나부끼게 된다면 일본의 안보는 중대한 위협을 받게 될 것이며 따라서 남한의 반공체제 강화에 대해서는 깊은 관심을 기울이지 않을 수 없다. 또 쿠데타로 성립된 남한의 군사정권은 비록 민주적 정권은 아닐망정 적어도 형식상으로는 합법정권이며 반공체제를 견지시키기 위해서라도 일본은 경제 원조를 하지 않을 수 없으므로 하루속히 국교 정상화를 실현시켜야 된다고 믿는다.[29]

이에 대해 케네디는 "일본에서 군사정권에 대한 일반적인 혐오 때문에 어렵겠지만 한일 국교 정상화를 성취하는 것이 가장 유용하다. 미국의 대한 정책의 목적 중 하나는 한일 간에 긴밀한 관계를 수립하기 위해 노력하

---

28. 서중석·김덕련, 『서중석의 현대사 이야기 ⑦』, 도서출판 오월의봄, 2017, 32~33쪽.
29. 정경모, 「박정희: 권력부상에서 비극적 종말까지」, 215쪽.

1961년 6월 20일 이케다 하야토 일본 총리(앞줄 오른쪽)는 미국을 방문해 케네디 대통령(앞줄 왼쪽)과 회담을 가졌다. 뒷줄 왼쪽부터 아사카이 고이치로 주미 일본대사, 러스크 미국 국무장관, 고사카 젠타로 일본 외상, 라이샤워 주일 미국대사, 통역관 제임스 위클. | 사진 출처: www.jfklibrary.org

는 일이다. 또한 특히 일본의 지원이 한국의 강력한 발전을 위해 매우 유용하다"고 말했다.[30]

이케다가 "반공체제를 견지하기 위해서는 경제원조가 필요하지만, 한일 국교가 정상화되어 있지 않으므로 일본이 먼저 나서서 경제원조를 하겠다고 말하는 것은 도리어 한국 내에서 반발을 받을 우려가 있으므로 신중하게 하는 것이 좋겠다. 일본의 대한(對韓) 원조의 계기나 그 실마리를 미국이 제시해 주면 그 선을 따라 추진할 테니 구체적인 방책을 알려주면 좋겠다"고 말하자, 케네디는 구체적 방안을 검토 중이라고 대답했다.[31]

---

30. 오오타 오사무, 『한일교섭-청구권문제 연구』, 송병권·박상현·오미정 옮김, 선인, 2008, 307~308쪽.
31. 이원덕, 『한일 과거사 처리의 원점』, 135쪽.

이같이 미국의 진의가 파악되자, 박정희와 만주국이라는 공통분모를 갖고 있는 기시 노부스케가 움직여 마침내 4년 후인 1965년 6월 22일 한일협정이 조인된다. 그런데 태평양전쟁 A급 전범(戰犯)이었던 기시 노부스케와 '마지막 사무라이' 박정희, 그리고 친일파 박흥식, 박정희의 조카사위 김종필 등이 활약하여 초기 작품을 완성했고, 박정희가 이 과정에서 일본 기업으로부터 6,600만 달러(현재 화폐 가치로 약 37조 원으로 추산)라는 거금을 챙겼다는 사실을 아는 사람은 그리 많지 않다.

지금부터 이 같은 일이 전개되는 과정을 두 눈 부릅뜨고 천천히 그리고 자세하게 들여다보기로 한다.

4) 기시 노부스케, 스기 미치스케 그리고 박정희

5·16 쿠데타 후 불과 석 달쯤 지난 1961년 8월, 박정희는 기시 노부스케에게 다음과 같은 내용의 편지를 보낸다.

> 기시 노부스케 귀하
>
> 근계(謹啓)[32]
>
> 귀하에게 사신[33]을 드리게 된 기회를 갖게 되어 극히 영광으로 생각합니다. 귀하가 귀국의 어느 위정자보다도 우리 대한민국과 국민에게 특히 깊은 이해와 호의를 가지고 한일 양국의 백년대계를 위하여 양국의 견고한 유대를 주장하시며 그 실현에 많은 노력을 하시고 있는 한 분이라는 것을 금번

---
32. '삼가 아뢴다는 뜻으로, 편지 첫머리에 쓰는 한문 투의 말.
33. 사신(私信): 개인의 사사로운 편지.

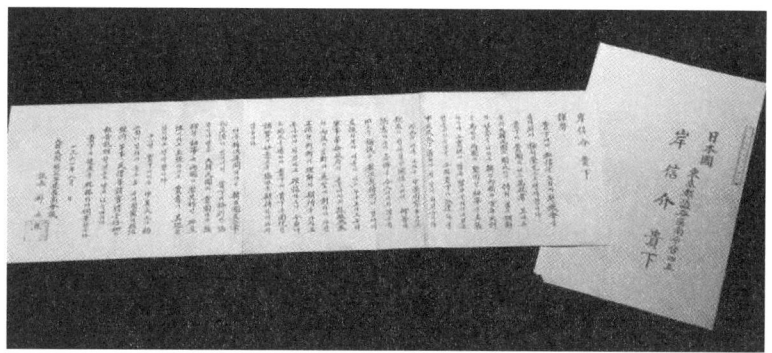

2001년 국사편찬위원회는, 박정희가 1961년 8월 기시 노부스케에게 보낸 편지를 일본 국회도서관 헌정자료실에서 찾아내어 공개했다. 이 편지는 5·16 쿠데타 이후 한일 국교 정상화 교섭이 어떻게 시작되었는지를 밝히는 데 귀중한 단서를 제공하고 있다(사진은 박정희가 기시 노부스케에게 보낸 편지). | 사진출처: 뉴스타파

 귀하가 파견하신 신영민(申英民) 씨를 통하여 잘 알게 되었습니다.

 동씨(同氏)는 더욱 나와는 중학 동창 중에서도 친우의 한 사람인 관계로 해서 하등의 격의라든가 기탄을 개입시키지 않은 자유로운 논의를 수차 장시간에 걸쳐서 교환했기 때문에 어느 누구보다도 우리 군사혁명정부의 오늘까지의 시정 성과와 향후의 방침과 전망에 대하여 가장 정확한 판단과 이해와 기대를 가지고 돌아가게 되었다고 확신하오니 금후에도 동씨를 통하여 귀하와 귀하를 위요한 제현의 호의로운 협력을 기대하여 마지않습니다.

 더욱 장차 재개하려는 한일 국교 정상화 교섭에 있어서의 귀하의 각별한 협력이야말로 대한민국과 귀국과의 강인한 유대는 양국의 역사적인 필연성이라고 주장하시는 귀의가 구현될 것이라고 생각합니다.

 그러면 귀하에게는 신영민 씨가 약 이순(二旬)[34]에 걸쳐서 듣고 본 우리 국가의 정치·경제·군사·민정 등 제 실정을 자세히 보고 설명할 것으로 알고 나

---

34. 순(旬): 열흘, 열흘 동안.

는 여기서 귀하의 건강을 축복하며 각필(擱筆)³⁵합니다.

1961년 8월 대한민국 국가재건최고회의 의장 박정희

박정희의 편지를 통하여 파악할 수 있는 사실은 이렇다. 기시 노부스케는 박정희의 중학교 즉 대구사범학교 동창인 신영민(申英民)³⁶을 밀사로 파견하여 한일 국교 정상화에 대한 박정희의 의사를 타진했다. 신영민이 약 이순(二旬) 즉 약 20일간에 걸쳐 한국에 머물며 박정희 자신과 "수차 장시간에 걸쳐서" 논의했고 한국의 실정을 충분히 파악했으니, 그의 설명을 듣고 기시 노부스케와 일본 당국자가 "호의로운 협력"을 해 주기를 기대한다는 내용이다. 한마디로 한일 수교에 적극적 의사를 표명하여 케네디의 가려운 데를 또다시 긁어 준 것이다.

시기적으로 보아, 박정희가 장도영을 축출하고 국가재건최고회의 의장에 올라 실질적 최고 통치자가 된 것이 1961년 7월 3일이었다. 그리고 동남아 지역 친선사절단³⁷ 단장인 최덕신³⁸ 당시 주베트남 대사가 이케다 일본 총리를 만나 메시지까지 전달하여 박정희의 위상을 확인해 준 것이 7월 5일이었으니, 기시 노부스케가 밀사를 파견한 것은 그 직후였을 것이다. 다

---
35. 편지 따위에서 '이제 그만 씀'을 이르는 말.
36. 밀사로 파견된 신영민이 누구인지는 이 편지에 나오는 내용 이상으로 확인된 것이 없다.
37. 1961년 6월 23일 외무부는 군사혁명에 대한 이해와 지지를 얻는 등의 목적으로 미주 지역, 동남아 지역, 중근동(中近東) 지역, 유럽 지역, 아프리카 지역 등 5개 지역에 친선사절단을 파견한다고 발표했다. 《조선일보》 1961.6.24. 1면.
38. 최덕신(崔德新, 1914.9.17.~1989.11.16.). 평안북도 의주 출생. 중국 황포군관학교 졸업(1936) 후 광복군에 복무. 해방 후 육군사관학교 특별반 3기 수료(1947). 육군사관학교 교장(1948), 제11사단장(1950), 주베트남 대사(1956) 등 역임. 5·16 쿠데타 후 외무부 장관(1961), 주서독 대사(1963), 천도교 교령(1967) 등 역임. 이후 월북해 북한에 정착(1986), 조선종교인협의회 회장 등 역임.

음이 최덕신이 전달한 박정희의 메시지(7월 4일 자) 내용으로 박정희 자신이 대한민국 대표선수임을 과시하고 있다.

> 최 대사는 내가 그에게 맡긴 임무, 즉 귀국으로부터 깊은 이해와 강력한 지지를 얻고 한일 양국 간의 따뜻한 우호관계를 굳게 하는 한편 경제, 문화와 같은 모든 분야에서 양국의 친선관계를 증진하고 유엔에서 앞으로도 한국의 입장을 지지해 주도록 최근에 발생한 한국의 군사혁명을 설명하는 임무를 귀하에 대하여 충실히 완수할 것을 나는 굳게 확신하는 바이다.[39]

박정희가 명실상부한 대한민국 대표선수로 등극하여 이처럼 "양국의 친선관계를 증진"할 의사를 분명히 했고, 7월 11일에는 일본 기자단의 질문에 대해 "정부는 한일회담을 신속하게 재개할 수 있는 준비를 추진하고 있다. 현안 사항을 해결한 후에 국교가 정상화되어야 한다"라고 말해 적극적 의지를 표명했다. 이와 함께 일본 측이 기시 노부스케를 통해 밀사를 파견하여 박정희의 긍정적 자세를 직접 확인하기까지 했다.

이후 한·미·일 간의 상황이 급진전된다. 8월 24일 한국 측이 제6차 한일회담[40]을 일본 측에 제의하자, 9월 12일 박정희가 그렇게도 고대하던 소식이 마침내 미국으로부터 날아온 것이다. 다음이 이에 대한 언론 보도다.

---

39. 《조선일보》 1961.7.6. 1면.
40. 한일회담 진행 과정은 다음과 같다. 이승만 정권 시절 예비회담(1951.10.20.~1952.2.27.)에 이어 제1차(1952.2.15.~4.25.), 제2차(1953.4.15.~7.23.), 제3차(1953.10.6.~10.21.)까지 계속되다가 제4차 회담(1957.4.15.~1960.4.15.)은 1960년의 4·19 혁명으로 중단되었고, 이후 장면 정권 시절의 제5차 회담(1960.10.25.~1961.5.15.)도 1961년의 5·16 쿠데타로 중단되었다. 5·16 쿠데타 후 속개된 제6차 회담(1961.10.20.~1964.4.) 역시 반대 운동으로 중단되었다가 제7차 회담(1964.12.3.~1965.6.22.)에서 타결되어 한일협정이 조인되었다.

케네디 대통령은 9월 12일 대한민국 국가재건최고회의 의장 박정희 장군을 11월 중순에 워싱턴을 방문하도록 초청했다고 백악관이 발표했다. 박 장군은 11월 14일과 15일에 워싱턴을 방문하도록 초청되었다. 케네디 대통령은 박 장군과 회담하게 된 것을 "대단히 만족스럽게 기대하고 있다"고 백악관 성명은 말했다. 케네디 대통령과 박정희 의장은 양국 간의 최근의 공동이익에 관한 문제를 토의하게 될 것이다.[41]

그런데 공식적으로 발표되지는 않았지만, 미국의 '초청'이라는 기쁜 소식에는 단서 조항이 붙어 있었다. 그것은 "미국에 오는 길에 도쿄를 들러 이케다 총리와 이야기 좀 하고 오라"는 것이었다.[42] 즉 "나를 만나러 오기 전에 이케다부터 만나 한일 국교 정상화 방안을 만들어서 들고 오라"는 일종의 지령(?)이었다.

이에 따라 박정희는 중앙정보부장 김종필을 일본에 파견해 이케다 총리와 회담케 하고 싶다는 의사를 10월 20일 극비리에 일본 측에 제의했다. 일본 정부가 이를 수용하자, 김종필은 10월 24일 일본으로 가서 다음 날 이케다를 만나 박정희가 11월 14일 미국을 방문하는 길에 도쿄에서 이케다와 회담을 하고 싶어 한다며, 일본 측에서 적합한 인사를 총리 대리로 한국에 파견해 박정희와 이케다 회담의 사전 교섭을 하도록 조치해 줄 것을 요청했다.

김종필의 요청에 대해 일본 측은 제6차 한일회담 수석대표였던 스기 미치스케[43]를 파견하기로 결정했다. 스기는 11월 2일 한국을 방문해 박정희

---

41. 《동아일보》 1961.9.13. 1면.
42. 「외교열전: "JFK가 박정희 방일 요구했다"」, 《연합뉴스》 2012.11.5.
43. 스기 미치스케(杉道助, 1884~1964). 제2차 세계대전 후 일본 오사카와 간사이 지역의 재계 거물. 야기 쇼텐(八木商店)의 사장으로서 오사카상공회의소 회장을 23년간에 걸쳐 역임.

제6차 한일회담 일본 측 수석대표 스기 미치스케(왼쪽)와 악수하는 박정희. 스기는 1961년 11월 2일부터 4일까지 서울에 머물며 박정희에게 이케다 일본 총리의 친서를 전달하고, 김종필 중앙정보부장, 최덕신 외무부 장관 등과 회담했다. | 사진출처: 국가기록원

를 만나, 미국 방문 도중에 일본에 들러주면 귀빈으로 대접하고 싶다는 취지가 담긴 이케다의 친서를 전달했다.[44] 이런 걸 '옆구리 찔러 절 받기'라고 하던가?

여기서 이케다가 파견한 스기 미치스케라는 인물을 잠시 들여다보자. 일본 정부가 왜 한일회담 수석대표로 외교관이나 정계 인물이 아닌 재계 인물을 기용했을까 하는 의문점이 생긴다. 일본 측 기록은 당시 농림대신이 외상에게 추천한 인물이라고 하고 있지만,[45] 그의 가문을 들여다보면 뭔가 이상하고 찜찜한 점이 눈에 띈다.

일본상공회의소 부회장, 신일본방송(현 마이니치방송) 사장, 해외시장조사회(현 일본무역진흥기구) 이사장 등을 맡았다. 이동준 편역, 『일한 국교정상화 교섭의 기록』, 도서출판 삼인, 2015, 465쪽.

44. 이동준 편역, 『일한 국교정상화 교섭의 기록』, 470쪽.
45. 이동준 편역, 『일한 국교정상화 교섭의 기록』, 466쪽.

그것은 일본이 제6차 한일회담 수석대표로 그리고 박정희에게 친서를 전달할 인물로 하필이면 정한론(征韓論)[46] 원조인 요시다 쇼인(吉田松陰)의 형 스기 민지(杉民治)의 손자 스기 미치스케를 택했기 때문이다. 요시다 쇼인은 29세 미혼으로 참수형을 당했기 때문에 스기 미치스케는 사실상 그의 후손이라고 할 수 있다. 한반도 침략에 앞장서다 안중근(安重根) 의사에 의해 살해당한 이토 히로부미(伊藤博文)가 그의 제자였다는 사실만으로도, 요시다 쇼인이 어떤 인물이었는지를 충분히 짐작할 수 있지 않은가?

어쨌든 박정희의 방일·방미 등 일이 이처럼 급박하게 돌아가자 미국이 본격적으로 움직여 라이샤워[47] 주일 미국대사가 한일 수뇌회담을 위한 준비작업에 들어갔고, 러스크 미 국무장관은 제1회 미일 무역 경제 합동위원회에 참석하기 위해 일본을 방문했다.

11월 2일 러스크 미 국무장관은 이케다 총리를 만난 자리에서 대일 청구권을 포함한 3억 수천만 달러라는 금액을 거론하면서 한국의 경제개발 5개년계획에 7억 달러의 외자가 필요하기 때문에 한일관계를 조속히 해결하고 한국을 지원하도록 요청했다. 러스크는 당시 청구권 문제에 소극적이었던 이케다에게 '타협'을 촉구한 것이다.[48]

이어서 11월 4일 러스크는 한국을 방문하고, 11월 5일 박정희와의 회담에서 "미국을 방문하는 길에 도쿄에 들러 이케다와 장시간 회담하는 것을 환영한다"고 말하고, "서로 얼굴을 맞댄 회담과 조용한 외교는 감정이 얽혀

---

46. 1870년대를 전후하여 일본 정계에서 일어났던 조선 정복에 관한 주장.
47. 에드윈 라이샤워(Edwin O. Reischauer, 1910.10.15.~1990.9.1.). 미국의 역사가, 외교관. 일본 도쿄 출생. 하버드대학에서 박사학위 취득(1939). 주일 미국대사(1961~1966), 하버드대학 교수(1966~1981) 등 역임.
48. 오오타 오사무, 『한일교섭-청구권문제 연구』, 308쪽.

있는 문제를 처리하는 유일한 방법"이다. 단, "미국 정부는 한일 교섭에서 직접 중개인 내지 중재인으로 참여할 수 없고, 또한 하지 말아야 하는데", 박정희가 미국의 도움을 요청하면 가능한 일을 다 할 준비가 되어 있다고 말했다.

이에 박정희는 "한국인은 진심으로 국교 정상화를 원하고 있으며 이케다와 직접 회담함으로써 성공적인 교섭의 기초가 구축되는 것을 원하고 있다"고 말하고 러스크의 도움 제공에 대해 감사의 뜻을 표시했다. 러스크의 한일 양국 방문은 쌍방의 의견을 조정하고 박정희의 방일을 간접적으로 촉진하는 것이었다.[49]

이같이 미국의 승인 과정을 거친 박정희는 미국에 가기에 앞서 일본을 방문하게 된다. 일본으로 가서 박정희는 한국인이라면 결코, 아니 절대 하지 말아야 할 망언을 토해낸다. 스기 미치스케의 작은 할아버지인 "요시다 쇼인을 존경한다"고 한 것이다. 이 장면을 자세히 들여다보자.

5) 박정희의 일본 방문: "요시다 쇼인을 존경합니다"

박정희는 마침내 케네디 미국 대통령과 일본 이케다 총리의 '초청'을 받아 1961년 11월 11일 정오 김포공항을 떠나 처음 행선지인 일본으로 향했다. 1944년 4월 일본육군사관학교를 졸업한 지 17년 만의 일본행이었고, 1954년 1월 미 육군 포병학교 유학생으로 선발되어 도미한 지 7년 만의 미국행이었다.

한일 양국의 국교 정상화 교섭에 결정적인 영향을 주게 될 박정희와 이

---

49. 오오타 오사무, 『한일교섭-청구권문제 연구』, 308~309쪽.

케다 하야토 간의 정치회담은 11월 12일 오전 10시부터 정오까지 두 시간에 걸쳐 계속되었다. 일본 총리 관저에서 열린 이날의 회담은 모두가 비공개리에 진행되었으며 예정 시간보다 30분간이나 회담 시간이 연장되어 한일 양국 사이에 가로놓인 여러 문제에 대해서 광범한 의견을 교환했다.[50]

도쿄에서의 이케다 일본 총리와의 회담은 수행 기자들이 눈치챈 것보다는 훨씬 중요한 문제를 결정한 것이었다. 여기서 훗날의 파란 많은 한일 국교 정상화 회담의 스케줄이 합의된 것이다. 박정희는 일본 정부와의 이 합의를 케네디 대통령과의 회담 선물로 들고 가게 돼 있었다. 미국 정부는 이승만의 반일적 고집에 골치 앓고 민주당 정부의 우유부단에 속을 태운 터라, 군인 독재권력으로 하여금 기어이 매듭을 짓게 하려고 하고 있었다. 일본 정부와의 이 사전 합의가, 새로 취임한 케네디 대통령이 박정희를 워싱턴으로 초대하는 외교 시나리오의 가장 중요한 동기이고 목적이었던 것이다. 군사정권에 대한 미국 정부의 확고한 지지와 일본을 새로운 국가적 '후견자'로 수락하는 한국 측 약속이 백악관에서 교환되게끔 돼 있었다.[51]

이케다와의 회담 다음 날, 박정희는 마치 물 만난 물고기인 양 행동했다. 11월 12일 낮 기시 노부스케와 기시 내각에서 부총리를 지낸 이시이 미쓰지로(石井次郞)가 주최한 환영회에서 박정희는 "일본에서 젊은 우리가 하고 있는 것을 보면 미숙한 부분도 있을 것이다. 그러나 젊은 육군 군인들이 군사혁명을 일으킨 것은 구국의 염(念)에 불탔기 때문으로, 나도 메이지(明治) 유신 때 지사(志士)의 마음으로 해 볼 것이다"라고 유창한 일본어로 말했다. 이어 박정희는 기시의 고향 출신으로 메이지유신의 정신적 지주인 요시다

---

50. 《동아일보》 1961.11.13. 1면.
51. 리영희, 『역정(歷程)-나의 청년시대』, 창작과비평사, 1988, 370~371쪽.

1961년 11월 11일 저녁 일본 총리 관저에서 열린 환영만찬회에서 환담하고 있는 이케다 하야토 총리(오른쪽), 박정희 국가재건최고회의 의장(가운데), 기시 노부스케 전 총리(왼쪽) | 사진출처: 민족문제연구소

쇼인을 존경한다면서 국가 건설과 한일관계 정상화를 위해 도와달라고 호소했다.[52]

요시다 쇼인을 존경한다? 당시 총칼로 언로(言路)를 틀어막고 있었길래 망정이지, 오늘날 최고지도자가 이런 말을 할 리도 없지만, 만일에 했다면 당장 탄핵하라며 국민이 들고일어날 일이었다. 요시다 쇼인은 에도(江戶) 막부(幕府) 시절 조슈번(長州藩)[53]의 하급 무사 출신으로 정한론(征韓論)과 대동아공영론(大東亞共榮論) 등을 주창하여 일본의 제국주의 팽창에 큰 영향을 끼친 인물이었기 때문이다.

환영회를 주최한 기시 노부스케는 박정희가 한 발언 내용을 다음과 같이

---

52. 이동준, 『불편한 회고-외교사료로 보는 한일관계 70년』, 도서출판 삼인, 2016, 118쪽.
53. 오늘날 야마구치(山口)현. 기시 노부스케의 고향이다.

소상히 기억하고 있다.

> 내가 박정희 씨와 처음 만난 것은 그가 아직 대통령이 되기 전이었습니다. 군사혁명이 일어난 직후 일본을 방문했을 때였지요. 박정희 씨의 이야기는 이런 거였어요. "우리 젊은 군인들이 군사혁명에 나선 것은 구국의 일념에 불탔기 때문인데, 그때 일본 메이지유신의 지사(志士)들을 떠올렸다"는 겁니다. "당신들의 선배인 요시다 쇼인이나 다카스기 신사쿠(高杉晉作), 구사카 겐즈이(久坂玄瑞) 같은 사람들을 생각하고 나섰다"고 말이지요. 하지만 실제로는 젊은 군인들이라서 정치가 뭔지를 모르는 거예요. 경제 문제 같은 거야 더더욱 모르고. 그런데 한국의 정계나 재계 사람들이 모두 다 자기 이익만 챙기지 국가라는 관념이 없다는 겁니다. 그래서 그들하고 상담을 하더라도 국가 건설은 불가능하기 때문에 우리 일본 정치인들의 의견을 듣고 싶다. 그러기 위해서는 우선 국교를 정상화해야 한다는 것입니다.[54]

그날 저녁 이번에는 박정희가 스스로 자리를 만들어 자신이 '도쿠토오닛폰진(特等日本人)'임을 과시했다. 그 장면을 잠시 돌이켜보자. 11월 12일 박정희가 초대한 만찬회가 영빈관에서 개최되었다. 오후 6시 30분부터 2시간가량 계속된 만찬회에는 이케다 총리를 비롯한 외상, 법무상, 통산상 등 일본 고위 관료, 스기 한일회담 대표, 기시 노부스케 등이 참석했다. 그런데 놀라운 일이 벌어졌다. 박정희가 이 만찬에 자신이 졸업한 만주국 육군군관학교 교장이었던 나구모 신이치로(南雲親一郎) 일제 예비역 중장과 동기생들을 초대한 것이다.[55]

---

54. 강상중·현무암, 『기시 노부스케와 박정희』, 이목 옮김, 도서출판 책과함께, 2012, 21쪽.

박정희 국가재건최고회의 의장이 1961년 11월 12일 일본 도쿄에서 주최한 만찬에서 만주국 육군군관학교 시절의 교장이었던 나구모 신이치로 일제 예비역 중장과 건배하고 있다 (NHK, 〈한일관계는 이렇게 구축되었다〉, 2010년 8월 1일 방영). | 출처: 이동준, 『불편한 회고-외교사료로 보는 한일관계 70년』, 119쪽.

선생님의 지도와 추천 덕분에 (일본) 육군사관학교를 나와 여기까지 올 수 있었습니다.

박정희는 과거의 은사인 나구모에게 깍듯하게 술잔을 올리며 이같이 자신을 키워 준 데 대해 감사의 고백을 했다. 이에 이케다를 비롯한 참석자 전원이 박수를 보냈고, 나구모는 자리에서 일어나 '제자' 박정희에게 다음과 같이 말했다. 이 장면은 사진에서처럼 2010년 8월 1일 일본 NHK방송에서 방영되었다.

나는 내 제자 가운데 한 나라의 최고지도자가 나왔다는 데 대해 눈물이 쏟

---

55. 《경향신문》 1961.11.13. 1면; 이동준, 『불편한 회고-외교사료로 보는 한일관계 70년』, 119쪽.

아질 정도의 영광을 느낍니다. 이것은 저 하나만의 영광이기도 합니다만 (중략) 그보다 더 중요한 게 있습니다. 그것은, 일본은 도덕이 땅에 떨어져 있는 상태인 데 비해 한국은 우리보다 도덕적으로 훨씬 우위에 있다는 사실입니다. 나는 해 준 기억도 별로 없는데 내가 교장이었던 것만으로 박 장군은 그동안에도 나에게 가끔 인삼을 보내 주어 보시다시피 이렇게 건강합니다.[56]

박정희의 체일 기간 내내 밀착 수행을 했던 최영택 주일대표부 참사관은 그 자리에서 이런 느낌을 받았다고 한다. "좌중을 둘러보니 일본 정치 지도자들이 감격하는 듯했습니다. 저는 속으로 '아, 일이 잘 풀리겠구나' 하는 안도감을 갖게 되었습니다."[57]

그러나 국내에서 보는 시각은 전혀 딴판이었다. 《조선일보》는 「만물상(萬物相)」난을 통해 박정희가 일본 방문에서 보인 행태에 대해 다음과 같이 신랄하게 비판한 것이다.

박 의장의 방일(訪日)을 일본에서 대대적으로 환영하고 있고 또 이것이 장차(將次)의 한일 국교 정상화에 중요한 일석(一石)을 던진 것임에 틀림이 없지마는 이에 대한 외신의 보도에는 미심(未審)한 점이 없지 않다.

"한국은 군인들을 훈련하는 데 마치 옛날 일본제국주의 사관학교에서 생도들을 훈련시키는 것과 같이 하고 있다"고 박 의장이 기시 전 총리에게 오찬 석상에서 언명했다고 외신은 전한다. 일본의 공동통신(共同通信)을 UPI가 인용한 것이니 몇 다리 건너오는 동안에 와전된 것인가. 그대로 믿어지지 않는다.

---

56. 이동준, 『불편한 회고-외교사료로 보는 한일관계 70년』, 119~120쪽.
57. 조갑제, 『박정희 5-문제는 경제야』, 조갑제닷컴, 2007, 108쪽.

현대 세계에서 국가조직이고 교육제도이고 군대 방식이고 상호 배우고 본뜨지 않은 순전히 독특한 것이란 있을 수 없을 것이다. 따라서 군대 훈련 방식에 있어서 미국식이든 일본식이든 남의 것을 섭취해 오는 그 사실 자체는 하등의 수치가 될 수 없는 일이리라.

다만 하필 "옛날 제국주의 사관학교에서" 생도들을 훈련시키던 방식을 답습하고 있다면 자랑이 되기 전에 치욕이 느껴지는 것은 우리로서는 어쩔 수 없을 것이다. 침략주의적이요 비민주주의 적이요 인권유린의 전형 케이스 같던 일본 군대의 훈련 방식에도 물론 엄격한 군기(軍紀) 면에서는 취할 점이 있기는 하겠지만, 바로 그 침략의 쓰라림을 받았던 우리로서는 다른 면은 몰라도 군대 면만은 구(舊) 일제의 답습 소리는 듣기 싫은 것의 하나이리라.

박 의장이 "일본의 지방 출신 의원들보다 더 훌륭한 일본말"로 말을 하여 일본 수상급들을 경탄케 했다고 외신은 말하지만 전인(前引)[58] 발언은 아무래도 오문(誤聞)에 기인하든지 그렇지 않으면 일본 통신의 고의적인 왜곡이 아닌가도 생각이 된다. 박 의장이 일본에게 그런 말을 했을까 싶지 않다.

박 의장이 초대한 만찬에는 일본의 정부 여당의 요인(要人)들이 초대되었는데 박 의장이 만주군관학교에 다닐 때의 교장도 참석했다 한다. 개인의 정분(情分)도 있을 것이지마는 전 국민의 열렬한 성원과 환송리에 중대한 짐을 쌍견(雙肩)에 지고 방일·도미하는 박 의장의 언행에는 국민 누구나의 국민적 관심이 쏠린다.

신문·통신이라는 것이 이른바 기구(氣球)도 던지고 과장도 묵살도 왜곡도 저지르는 수가 있기는 하겠지만 이번의 외신 보도도 그런 경우의 하나가 되는 것인가.[59]

---

58. 전(前)에 인용(引用)함.

이처럼 30시간이라는 짧은 일본 체재 동안 박정희는 한일기본조약을 놓고 이케다 하야토, 기시 노부스케 등과 "일본의 지방 출신 의원들보다 더 훌륭한 일본말"로 공식·비공식 회담을 열었고 이시이 미쓰지로, 오노 반보쿠[60] 등과도 정력적으로 면담을 벌였다. 이들 모두는 기시 노부스케의 영향력하에 있던 사람들이었다.

6) 박정희의 미국 방문: "대한민국은 언론의 자유를 향유하고 있음을 선언한다"

박정희는 일본에서 자신이 '특등 일본인'임을 한껏 과시한 후 미국으로 출발, 11월 13일 오후 4시 워싱턴 공항에 도착하여 린든 존슨[61] 부통령과 딘 러스크 국무장관의 영접을 받았다. 11월 14일 오전의 케네디와의 '수뇌회담'에서 박정희는 한일관계가 개선될 전망이 "희망적"이라고 보고했고, 두 사람은 "회담 결과에 대해 만족을 표명"했으며,[62] 이튿날 오후 열린 '고별회담'에 대해 케네디가 "대단히 좋은 회담이었다"며 만족을 표명했다[63]고 보도되었다.

---

59. 《조선일보》 1961.11.14. 1면.
60. 오노 반보쿠(大野伴睦, 1890.9.20.~1964.5.29.). 기후(岐阜)현 출생. 메이지(明治)대학 중퇴. 중의원 의원(1930~1942, 1946~1964), 중의원 의장(1952), 홋카이도 개발청 장관(1954), 일본 자유당 간사장 (1946), 자유민주당 부총재(1957~1959, 1961~1964) 등 역임.
61. 린든 존슨(Lyndon Baines Johnson, 1908.8.27.~1973.1.22.). 제36대 미국 대통령. 텍사스주 길레스피 카운티 출생, 사우스웨스트 텍사스 주립 교육대학 졸업(1930). 연방 하원의원(1937), 연방 상원의원(1949~1961) 등 역임. 미국 부통령 취임(1961) 후 케네디 대통령 암살로 대통령직 승계하여 제36대 대통령 취임(1963), 대통령 재선됨(1965).
62. 《동아일보》 1961.11.16. 1면.
63. 《동아일보》 1961.11.17. 1면.

1961년 11월 14일 백악관에서 만난 케네디 미국 대통령(오른쪽)과 박정희 국가재건최고회의 의장(가운데). 왼쪽은 최덕신 외무부 장관이다.

그러나 케네디-박정희 회담의 내용은 발표된 공동성명의 표현처럼 요란한 것도 아니었고, 한국에서 과대 포장하여 보도된 내용과도 사뭇 달랐다. 케네디는 박정희에 대해서 ①조속한 시일 내에 공정한 선거를 통해 민정으로 이양할 것, ②민정 이양에 앞서는 군의 정치 관여 금지와 원대 복귀, ③그때까지 모든 경제원조의 집행 연기, ④군사원조의 잠정적 동결, ⑤박정희가 제1차 경제계획으로 요구한 공업화계획 재원 23억 달러 요구의 백지화, ⑥조속한 한일회담 재개를 통하여 단시일 내의 한일 국교 정상화 실현, ⑦베트남 사태에 대한 한국의 협력 등을 요구했다. 이 가운데에서 조속한 민정 이양, 군의 원대 복귀, 그리고 무엇보다도 한일회담 재개를 통한 조속한 한일 국교 정상화의 실현이 중요한 요구 사항이었다.[64]

---

64. 리영희·임헌영, 『대화-한 지식인의 삶과 사상』, 한길사, 2005, 277쪽.

박정희는 케네디와의 회담에서 한국군의 베트남 파병을 제의했다.[65] 박정희로서는 케네디의 승인을 받으러 가는 마당에 그를 기쁘게 해 줄 선물로 마련한 제의였다. 당시 베트남전쟁이 시작되지는 않았지만, 미국이 베트남 정국의 불안으로 상당히 깊은 고민에 빠져 있던 시기였기 때문이다. 또한 베트남 카드를 내민 것은 유사시에 주한 미군이 베트남으로 파견되는 것을 차단하고 전쟁 특수를 통해 경제개발에 필요한 자금을 마련할 수 있다는 계산에서였다.

이때 박정희가 모델로 삼은 것 역시 일본이었다. 박정희는 한국전쟁 당시 일본이 얼마나 많은 이득을 한국전 특수로부터 챙겼는지를 누구보다도 잘 알고 있었으며, 이러한 관점에서 베트남 카드를 활용함으로써 단순히 미국의 환심을 사는 데 그치지 않고 베트남전 참전이 실현되면 보다 많은 이익을 얻을 수 있는 황금 기회가 될 수 있다는 사실을 간파하고 있었던 것이다.[66]

박정희의 미국 방문은 케네디의 입장에서 볼 때 일종의 면접시험과도 같은 것이었다. 이 면접시험에서 박정희는 일단 합격이 되었다. 아직 그의 깊숙한 속셈은 알 수 없었지만, 한국의 군정이 애당초 우려했던 것처럼 위험스러운 정권이 아니며 미국의 극동 정책에 차질을 가져올 만한 성격의 것이 아님을 확인할 수가 있었다. 측면의 손길로 얼마든지 미국의 구미에 맞도록 순화시킬 수 있다는 자신을 갖게 된 것이다. 여기에다 박정희는 군정

---

65. 이에 대해서는 다음과 같은 기록도 있다. "케네디 미국 대통령은 박정희에게 남베트남 정세에 관한 의견을 물었고, 박정희는 한국이 미국에 협력할 의사가 있음을 밝혔다. 이에 대해 케네디는 깊은 감사를 표한 뒤에 이후에 차차 검토해 나가자고 답변했다." 후루타 모토오, 『역사 속의 베트남전쟁』, 박홍영 옮김, 일조각, 2007, 192~193쪽.
66. 홍규덕, 「베트남전 참전 결정과정과 그 영향」, 한국정신문화연구원, 『1960년대의 대외관계와 남북문제』, 백산서당, 1999, 58쪽.

을 '최단시일'에 민간 정부 형태로 복귀시키겠다고 케네디에게 약속했다.[67]

케네디의 면접시험에 일단 합격하여 고무된 박정희는 미국 '내셔널 프레스 클럽'에서 연설한 후 기자들의 질문에 "대한민국은 언론의 자유를 향유하고 있음을 선언한다"고 큰소리쳤다. 그러나 자신이 케네디의 면접시험에 통과하기 위해 만들어 놓은 '빨갱이' 조용수를 살려 줄 수 없음을 공언했다. 다음이 이에 대한 언론 보도다.

【워싱턴 17일발AP동화=본사특약】박정희 의장은 민족일보 사건에 관련되어 사형 확정된 3명의 언론인에 대해서 사실상 관대한 처분을 거절했다. 이날 박 의장은 동 언론인의 감금과 언론자유의 탄압을 어떻게 정상화할 수 있느냐는 미국 기자 질문을 맨 처음 받았던 것이다.

박 의장은 한국에서 체포된 대부분의 기자들은 석방되었다고 말하면서 민족일보 사건의 동 언론인들은 조사 결과 신문인을 가장한 공산 간첩이라는 것이 판명된 것이라고 말했다. 그리고 그는 동 신문은 조련계(朝聯系) 자금으로 운영되었으며 그들의 모든 활동은 항상 북한 괴뢰의 지령을 받았던 것이라고 설명했다. 또한 그는 이 경우 외에는 "대한민국은 언론의 자유를 향유하고 있음을 선언한다"고 덧붙였다.

동 3인은 군사재판에서 유죄선고를 받고 상고를 제기했으나 각하되었으며 그들은 현재 관대한 처분을 박 의장에게 호소하고 있다. '내셔널 프레스 클럽'의 연단에서의 박 의장 언명은 사실상 이 남한 신문인의 사형 선고와 같다.[68]

---

67. 이상우, 『박정희 시대-5·16과 한·미관계』, 82~83쪽.
68. 《조선일보》 1961.11.17. 1면.

그러나 박정희의 "언론의 자유" 발언과는 달리, 쿠데타 직후인 1961년 5월 28일 "사이비 언론을 정화"한다며 1,170종의 일간지 등 간행물을 폐간함으로써 언론을 장악하기 시작했었다.[69]

2. 5·16 쿠데타와 군정

1) 절대 권력기관 중앙정보부

(1) "권력이란 부패하기 쉽고, 절대 권력은 절대 부패한다"

박정희는 케네디를 만나러 미국에 갔을 때 미국 기자들 앞에서 자신이 "정부·군부 및 사회 전반에 스며든 부패와 구악을 일소"했다고 자랑했다. 이는 "이 나라 사회의 모든 부패와 구악을 일소하고 퇴폐한 국민도의와 민족정기를 다시 바로잡기 위하여 청신한 기풍을 진작시킨다"는 이른바 혁명공약 제3항을 충실히 이행했다는 자신감에서 나온 말이었다.

과연 그렇게 됐을까? 결코 그렇게 될 수가 없었다는 것은, 1961년 5월 16일 쿠데타를 일으켜 그날 오전 5시 KBS 방송을 통해 발표된 "은인자중하던 군부는 … 국가의 행정·입법·사법의 3권을 완전히 장악하고 이어 군사혁명위원회를 조직했습니다"라는 「포고문」 내용에서 분명해진다. 국가의 행정·입법·사법의 3권을 완전히 장악했다는 것은 절대 권력을 장악했다는 것을 뜻하며, 실제 박정희와 군인 일행은 대한민국을 완전히 접수하여 장관직에서 경찰서장 자리까지 주요 직책을 몽땅 차지하여 절대 권력을 행사했기

---

[69]. 박지동, 『한국언론실증사 2』, 도서출판 아침, 2008, 310쪽.

때문이다.

그리고 '절대 권력'을 행사한 이때부터 영국의 역사가이자 정치가인 액튼 경(Lord John Dalberg-Acton)의 "권력은 부패하기 쉽고, 절대 권력은 절대 부패한다(Power tends to corrupt and absolute power corrupts absolutely)"는 명언이 이들에 의해 실행에 옮겨졌다. 그런데도 박정희는 외국 기자들을 앞에 두고 그야말로 새빨간 거짓말을 한 것이다.

박정희가 절대 권력을 장악한 후 가장 먼저 파기한 것이 "모든 부패와 구악을 일소"한다는 '혁명공약' 제3항이었다. 권력을 잡고 나서 돈이 필요하게 되자 국내에서는 중앙정보부를 창설하여 4대 의혹 사건 등을 통해 정치자금을 조달하는가 하면 "부패와 구악을 일소"한다며 기업을 협박하여, 또는 특정 기업과 밀착하여 돈을 뜯어냈다. 그리고 일본으로부터 엄청난 돈을 받아먹었다는 것이 가장 큰 문제였다.

쿠데타 세력의 정치자금 조달방식은 대체로 세 단계의 변화를 겪었다. 제1단계는 5·16 쿠데타 이후 군정 기간을 거쳐 1965년 한일회담이 타결되는 무렵까지의 기간으로 이때의 정치자금 염출은 중앙통제적인 것이 아니라 개별적인 각개 약진의 방식에 의해 이루어졌다. 초기에는 '만들어 쓰는' 유치한 길을 택하다가 '얻어 쓰는' 방식으로 전환했다.[70]

한일 국교 정상화를 계기로 외국의 돈이 쏟아져 들어오고 이에 따라 경제 규모가 확대되면서 제2단계의 정치자금 조달방식이 등장한다. 시기적으로 보아 1960년대 후반부터 1970년대 초에 걸쳐 청와대, 행정부 그리고 여당 실력자들의 이해(利害)와 생각이 서로 맞아떨어지던 밀월의 시기였다. 이 시기에는 대통령비서실장과 중앙정보부장, 그리고 행정부에서 부총리

---

70. 이상우, 『비록 박정희 시대(1)』, 중원문화사, 1984, 282쪽.

겸 경제기획원장관, 당에서 재정위원장이 참여하여 정치자금 염출을 협의했다.

이 모임에서는 우선 정치자금의 부과 대상이 될 만한 온갖 자료를 한곳에 모았다. 외자도입, 건설, 수입 등 개별적인 각종 청탁은 청와대, 기획원, 재무부, 상공부, 건설부, 서울시 등 여러 창구로 나뉘어 들어왔다. 실력자들의 모임은 이 같은 여러 갈래의 청탁을 하나의 창구로 모아 이를 종합 검토하여 일정액의 수수료, 커미션, 헌금을 할당하는 작업을 진행했다.[71]

정치자금 조달방식과 관련된 제3단계의 시기는 1972년 10월 시작된 유신체제 때부터였다. 이른바 '능률적 국정운영'을 내세운 유신체제하에서 박정희는 온갖 권력 채널을 한 손에 장악하고 정치자금 조달 루트도 자신이 직접 관장했다.

이렇게 하여 정치자금의 창구가 청와대로 일원화되고 돈주머니도 청와대에 있는 금고 하나로 일원화되었다. 이제 정당은 돈을 마련하는 루트가 아니라 청와대로부터 내려오는 하사금을 얻어다 쓰는 소비처로 전락했다. 모든 일은 청와대비서실과 경제기획원 같은 관료들이 관장하게 됐으며 관·재 유착이라는 새로운 문제가 제기되기도 했다.[72]

여기서는 '만들어 쓰는' 유치한 길을 택하다가 '얻어 쓰는' 방식으로 전환한 제1단계의 모습만을 검토하고, 제2단계와 제3단계에 대해서는 다음 기회에 다루기로 한다.

만들었든 얻었든 간에 뜯어낸 돈을 구체적으로 어디에 썼을까? 뜯어낸 박정희가 그런 걸 기록해 놓았을 리가 없으니, 뜯긴 쪽의 대표선수인 삼성

---

71. 이상우, 『비록 박정희 시대(1)』, 284~285쪽.
72. 이상우, 『비록 박정희 시대(1)』, 295쪽.

그룹 창업주 이병철[73]의 장남 이맹희의 기록을 먼저 보기로 하자.

'큰 봉투와 작은 봉투'라는 말이 생긴 것도 이 무렵의 일이다. 박 대통령에게 전하는 돈은 큰 봉투고 그걸 전하는 이에게 따로 내놓는 것은 작은 봉투였다. 그 작은 봉투에도 양옥집 몇 채에 해당하는 돈이 들어 있었던 걸로 기억하는데 그 돈은 다 어디로 흘러갔는지 궁금하다.[74]

여기서 이맹희가 궁금하다던 돈이 흘러 들어간 작은 예 하나를 들여다보기로 하자.

(2) "집은 구했어?"

1961년 박정희들이 5·16 쿠데타를 일으킬 때 앞에서 본 '혁명공약'이라는 거창한 명분을 내세웠지만, 쿠데타를 일으킨 데에는 현실적인 문제가 크게 작용했다. 5·16 쿠데타는 군의 일부 구성원들, 특히 육군사관학교 8기생들 사이에서 오랫동안 부글거린 불만의 표출이었다. 그들은 특히 신속한 진급에 장애를 겪었던 점과, 수많은 선배 장교의 부패와 파벌주의에 괴롭힘을 당했다.[75] 실제 상황을 들여다보자.

---

73. 이병철(李秉喆, 1910.2.12.~1987.11.19.). 호는 호암(湖巖). 경상남도 의령 출생. 중동중학교 4년 수료(1929), 일본 와세다(早稻田)대학 입학(1930). 삼성상회(三星商會)(1938), 삼성물산공사(1948), 제일모직(1954) 설립. 그 후 동방생명, 신세계백화점, 안국화재보험, 전주제지, 성균관대학교 등을 인수·경영. 중앙개발, 고려병원, 한국비료, 삼성전자, 제일합섬, 삼성중공업, 동양방송, 중앙일보사 등을 창설·운영.
74. 이맹희, 『묻어둔 이야기』, 도서출판 청산, 1993, 223쪽.
75. 미국 하원 국제관계위원회 국제기구소위원회, 『프레이저보고서』, 김병년 옮김, 레드북, 2011, 47쪽.

대부분 영관급 장교들로서 대령 또는 장군 진급을 목표로 했던 육군사관학교(육사) 5기생들과 8기생 중 중령으로 남아 있는 사람들은 인사정책에 심한 불만을 품고 있었다. 육군은 당시 심한 인사 정체 현상을 겪고 있었다. 합참의장직의 경우 쿠데타가 일어난 1961년까지 군사영어학교[76] 출신들이 모두 차지했고, 육군참모총장직의 경우도 두 번을 제외하고는 모두 그러했다. 특히 8기생은 소위에서 소령까지 승진하는 데 4년이 걸린 반면 소령에서 중령으로 진급하는 데 극단적인 경우 그 2배인 8년이 소요되었다.

이와 같은 군내 사정과 더불어 당시 민간정부가 취한 군 감축 조치도 군의 승진 정체를 촉진하는 요인이 되었다. 1957년과 1958년에 걸쳐 단행된 군 감축 결과 군 병력은 70만에서 60만으로 줄어들게 되었는데, 이는 하급 장교들의 승진 기회를 더욱 위축시키는 결과가 되었다. 그런데도 장면 정부가 병력을 40만으로 감축하겠다고 선거공약을 내걸자 위기감은 더욱 가중되게 되었다. 그 뒤 20만 감축 계획은 10만 감축으로 축소되었지만 이 역시 하급 장교들에게는 심각한 위협이 아닐 수 없었다.[77]

대표적인 예로 5·16 쿠데타 당시 박정희의 좌익 경력을 덮어 주기 위해 마구잡이로 사람들을 잡아들였다던 이석제의 경우를 들 수 있다. 육사 8기(특기)로 임관한 이석제는 한국전쟁이 한창이던 1952년에 육군 중령으로 진급한 이후 내리 10년 동안 중령 계급장을 달았다. 윗선에 줄을 대어 진급하

---

76. 군사영어학교(Military Language School): 해방 직후인 1945년 12월 5일 설립된 후 약 5개월 동안에 배출된 110명의 장교는 그 뒤 건군의 토대가 되었고, 그 가운데 68명이 장성으로 진급했다. 그들 중 대장 진급자는 8명, 중장이 20명이었으며, 참모총장을 역임한 자는 13명이나 되었다.
77 강창성, 『일본/한국 군벌정치』, 해동문화사, 1991, 351~353쪽.

1962년 12월 26일, 제3공화국 헌법 공포안에 서명하는 박정희 국가재건최고회의 의장 겸 대통령권한대행. 맨 오른쪽이 이석제 국가재건최고회의 법사위원장. | 사진출처: 국가기록원

려면 집이라도 팔아 돈질을 해야 했는데 그에게는 팔 집도 없었다. 그는 중견 장교로 근무하면서 독버섯처럼 만연한 부정부패를 뼈저리게 실감했다.

4·19 혁명이 일어난 1960년, 그러니까 5·16 쿠데타 1년 전 육군 중령인 그의 월급으로는 거지 신세를 겨우 면할 정도로 살림이 어려웠다. 군대 월급으로 네 식구가 보름 정도 버티면 다행이었다. 월급으로 생존이 불가능하니까 장교들은 사병들에게 지급되는 주식과 부식, 각종 보급품을 빼돌려 가정생활에 보태야 할 지경이었다. 이석제는 마침내 군 생활을 포기할 생각으로 사법고시에 몰두하기도 했다.[78]

이처럼 막다른 골목에 몰린 이석제는 박정희의 쿠데타에 가담했다. 그런데 정권을 잡고 나자 없던 '집'이 생겼을 뿐만 아니라 장관·감사원장이라는 감투에다 국회의원 배지까지 달았으니, 사람 팔자 시간문제라는 것이 바로

---

78. 이석제, 『각하, 우리 혁명합시다』, 14~16쪽.

이런 경우를 두고 하는 말이 아닐까? 이석제에게 처음으로 집이 생기는 장면을 보자.

어느 날 박 대통령이 청와대로 나를 불렀다.
"집은 구했어?"
"아직 못 구했습니다. 구하러 다니는 중입니다."
"빈털터리가 무슨 돈으로 집을 구해. 내가 좀 도와줄까?"
"다른 분이 도와주신다면 거절하겠습니다만 각하가 도와주신다면 고맙게 받겠습니다."
그런 대화를 나눈 후 청와대를 나서는데 정문에서 스톱이 걸렸다. 의전비서 조상호 씨가 뛰어나오면서 두툼한 봉투 하나를 건네주었다. 봉투 속에는 메모 한 장과 거금 5백만 원이 들어 있었다. 당시 화폐 가치로 5백만 원으로 좋은 집을 구할 수 있었지만 조그마한 집 한 채를 구하고 일부는 저금을 해 두었다. 이런 우여곡절 끝에 서울에서 집 한 채를 마련한 것이다.[79]

이처럼 쿠데타 전까지만 해도 전세방을 전전하던 장교들이 정부나 국영기업체의 간부 자리 하나를 차지한 뒤로는 단기간 안에 으리으리한 집을 마련하고 고급 가재도구를 들여놓은 예가 비일비재했다. 어처구니없던 일은 지난 정권 때의 부정축재자들을 조사하러 나선 군인들이 매수당하여 뇌물을 먹은 일이었다.

구황실재산(舊皇室財産)[80]을 먹어치우는가 하면 공원용지를 멋대로 불하

---
79. 이석제, 『각하, 우리 혁명합시다』, 44~45쪽.
80. 대한제국 때의 황제 집안 재산.

하여 뱃속을 채운 이른바 '혁명 주체세력'도 있었다. 작게는 뇌물수수로부터 크게는 이른바 4대 의혹 사건에 이르기까지 부정부패 없는 정치를 하겠다던 5·16 군인들의 군정(軍政) 2년 7개월은 '구악(舊惡)'을 저만치 능가하는 '신악(新惡)'으로 점철되어 있었다. 이렇게 해서 박정희 통치는 부정·부패를 일소하겠다던 '혁명공약'을 위배했던 것이며 5·16 정권에 대한 불신을 가중시켰다.[81] 그리고 5·16 이후 등장한 '신악(新惡)'의 중심에는 중앙정보부가 있었다.

(3) '부패'와 '억압'의 총본산 중앙정보부

박정희와 그의 조카사위 김종필은 5·16 쿠데타를 계획하면서 중앙정보부 창설을 구상했고, 쿠데타 성공이 분명해지자 1961년 5월 19일 종전의 '군사혁명위원회'라는 명칭을 '국가재건최고회의'로 바꾸고 김종필 주도하에 중앙정보부 창설 계획을 추진하게 된다. 김종필의 증언을 보자.

> 나는 다시 마이크를 잡았다. "국가재건최고회의는 입법·사법·행정권을 모두 장악하고 지휘·감독하는 국가 최고 통치기관입니다." 그리고 최고회의 직속으로 총무처, 공보실, 중앙정보부, 국가재건기획위원회, 국가재건국민운동본부, 수도방위사령부 등 6개 기구를 둔다고 설명했다. 통치기구안은 원안대로 통과됐다. 이런 방안의 대강은 거사 이전에 그려진 것이다. 그해 3월부터 내가 기본안을 제시하면 박 소장이 수정·보완했다.[82]

---

81. 이상우, 『박정권 18년-그 권력의 내막』, 동아일보사, 1986, 331쪽.
82. 김종필, 『김종필 증언록 1』, 130쪽.

1961년 8월 31일 서울 중앙정보부 남산청사를 방문한 박정희 국가재건최고회의 의장과 대화를 나누는 김종필 중앙정보부장(오른쪽) | 사진출처: 국가기록원

이렇게 하여 1961년 6월 10일 탄생한 중앙정보부는 국가 수준의 정보기관으로는 대한민국 최초였지만, 국가 안전보장을 위해 국내외의 정보를 수집하는 것이 주목적이 아니라 "공산세력의 간접침략과 혁명과업 수행의 장애를 제거하기 위하여"[83] 창설된 물리적 강제기구였다.[84] 중앙정보부라는 명칭은 미국 CIA를 흉내 낸 것이었지만 탄생 배경은 오히려 소련의 KGB[85]와 유사했다. 즉 쿠데타 이후 이른바 '혁명 보위 기구'로 출범한 것이다. 또한 조직에서도 해외와 국내 부문을 통합한 것도 유사점이라고 지적할 수 있다.[86]

---

83. 국가재건최고회의법 제18조(중앙정보부) ①공산세력의 간접침략과 혁명과업수행의 장애를 제거하기 위하여 국가재건최고회의에 중앙정보부를 둔다.
84. 한용원, 『한국의 군부정치』, 도서출판 대왕사, 1993, 256쪽.
85. KGB(국가보안위원회): 1954년부터 1991년까지 존속했던 소련(소비에트 사회주의공화국연방)의 정보기관. 첩보, 방첩, 정보 수집 및 정치경찰의 임무를 수행했으며, 법무기관이나 사법기관의 동의 없이 독자적으로 수사 체포할 수 있는 권한이 있었다. 특히 정치적으로 소련에 반대하는 의사를 표현하거나 그러한 사상을 가진 인사에게 요원을 붙여 철저히 감시하는 등 대국민 감시가 철저하기로 악명 높았다.
86. 김당, 『시크릿파일 국정원』, 메디치미디어, 2016, 132쪽.

중앙정보부는 '반혁명' 세력을 포함한 '혁명과업'에 장애가 되는 세력을 체포·수사했을 뿐만 아니라 정책연구실을 두어 화폐개혁, 고리채정리 등 '혁명정책'은 물론 헌법·정당법·선거법 등을 입안했고, 국교 정상화를 위한 한일교섭과 여당인 민주공화당의 사전 조직을 추진했다.[87] 중앙정보부는 국가기관의 모습을 한 박정희-김종필 라인의 버팀목이었다.

박정희가 권력을 움켜쥐고 18년 이상을 버틸 수 있었던 것은 중앙정보부 덕분이라 해도 과언이 아니다. 그의 집권기 동안 중앙정보부는 박정희의 권력 유지를 위해 정적(政敵)이나 민주화운동과 관련한 수많은 사람을 체포·고문·투옥·살인하는 만행을 저질렀고, 급기야 박정희도 자신이 만든 중앙정보부 부장의 손에 살해되는 비극을 겪었다. 중앙정보부가 어떤 집단이었는지는 작은 지면으로 일일이 설명할 수가 없을 정도이니, 1963년 중앙정보부장에 취임해 온갖 만행을 저지르며 충성을 다하다 결국 박정희에 의해 제거된 김형욱[88]의 말부터 들어보기로 한다.

중앙정보부 직업 수사관들의 전직은 사찰계 형사, 방첩부 내 문관, 헌병 하사관, 심지어 일제 치하에서 설치던 조선인 헌병과 밀정 등 형형색색이었다. 그중 어떤 사람은 일본 순사로서 독립운동가들을 때려잡다가 자유당 치하에서는 야당을 때려잡다가 한때 공산당이 서울을 점령했던 시절에는 우익 민주

---

87. 한용원, 『한국의 군부정치』, 256쪽.
88. 김형욱(金炯旭, 1925.1.16.~1979.10.?). 황해도 신천 출생. 육군사관학교(8기) 졸업(1949). 국가재건최고회의 최고위원(1961), 중앙정보부장(1963.7.12.~1969.10.20.), 제8대 국회의원(1971) 등 역임. 중앙정보부장 근무 중 수많은 정치공작과 공안 사건을 통해 박정희 체제 유지에 결정적 역할을 했으나 박정희로부터 버림을 받자, 1973년 미국으로 망명하여 박정희 체제의 내부 비리를 폭로했고 치부를 고발하는 회고록도 발간했다. 1979년 10월 1일 중앙정보부의 공작으로 파리로 갔다가 10월 7일 밤 실종되었다.

1963년 1월 7일 김종필(왼쪽) 초대 중앙정보부장은 육군 준장으로 진급하면서 전역식을 갖고 예편했다. 전역식 직후 육사 8기 동기생인 김형욱 최고위원과 기념사진을 찍었다. 김종필은 이날 박정희 국가재건최고회의 의장으로부터 1등 보국훈장 통일장을 수여받고 정보부장직을 사임했다. 그는 1월 18일 민주공화당 창당 준비위원장에 취임했다. 이때까지만 해도 김형욱은 김종필의 충실한 지지자였지만, 1963년 7월 중앙정보부장이 된 후 그를 괴롭혔다. 《중앙일보》 2015.6.8. | 사진출처: 국가기록원

인사를 때려잡다가 나중에는 공산당 간첩을 때려잡은 '천의 얼굴'을 가진 사나이도 있었다.

그들에게는 소위 '이데올로기'란 하나의 겉치레에 불과했다. 그들은 어떤 '이데올로기'의 이름으로 어떤 사람들도 때리고 고문할 수 있는 천부적인 재능을 가진 무정부주의자들이었다. 그들은 누구든지 증오할 수 있고 어떤 고문술도 개발할 수 있으며 피의자를 학대함으로써 자신을 확인하는 '새디스트'들이었다. 그들은 자신들의 그런 기능 발휘만 확보된다면 누구에게든지 거의 절대적인 충성을 바칠 수 있고, 어떤 권력자라도 일단 그들 앞에 꿇어 앉혀놓고 '이 새끼! 너 뭐야? 맛 좀 봐야 알겠어' 하고 으름장을 놓을 수 있는 인물들이었다.

그들은 분명히 사회의 어두운 그늘 아래서 번성하는 독버섯, 밟혀도 무섭게 살아나고 뜨거운 태양에 말라붙었다가도 빛이 사라지면 서슴지 않고 다시 살아나는 독버섯들이었다. 사회에 정치폭력의 그늘과 독재자들의 그 축축한 권력 연장의 음험한 습기가 없어지지 않는 한 독버섯은 어느 곳에선가 창궐하기 마련이다. 중앙정보부의 으스스한 이미지는 지도층에 의해 입안되고 그들의 맹활약에 의해 이룩된 것이었다.[89]

왜 이렇게 되었을까? 중앙정보부의 주축이었던 김종필을 비롯한 육사 8기 정보·방첩·첩보 장교들이 수사 경험이 없었기 때문이다. 그러니 하드웨어(조직)는 미국식이었지만 그것을 운용하는 소프트웨어(인력)는 일제강점기에 군과 경찰에서 경험을 전수받은 사람들로 구성될 수밖에 없었다. 그리고 이런 점은 역시 일본군 장교 출신으로 정보의 최종 사용자가 된 박정희의 정보에 대한 이해에 결정적 영향을 미쳤다.

다음은 안기부[90] 차장을 지낸 사람의 증언이다.

정보에 대한 일본식 이해는 만주사변에서 일본군, 특히 헌병 장교의 역할에서 기원을 찾을 수 있다. 이들의 기본 임무는 조작과 공작이었다. 즉 현대적 의미의 CA(Covert Action, 비밀공작)였다. 그러다 보니 중정의 초기 운영도 음모적인 시각으로 흐를 수밖에 없었다. 예를 들어 중정이 창설된 후 1970년대 중반까지 대북 정보를 포함한 해외 정보를 담당한 사람은 일본군 헌병 출신

---

89. 김형욱·박사월, 『김형욱 회고록: 제1부-5·16 비사』, 도서출판 아침, 1985, 235~236쪽.
90. '중앙정보부(중정)'는 1981년 1월 1일 전두환의 신군부에 의해 '국가안전기획부(안기부)'로, 김대중 대통령 시절인 1999년 1월 21일 '국가정보원(국정원)'으로 개칭되었다.

의 이철희[91] 차장이었다. 중앙정보부 시절 그의 정보관(情報觀)은 일본식 정보 개념의 대표적 사례로 꼽힌다. 박정희 대통령의 정보관에도 가장 큰 영향을 준 것으로 전해진다. 즉 정세를 조작하고 이를 위해 정치 문제를 만들어 나가는 것이 주 임무였다.[92]

박정희의 정보관(情報觀)이란 아주 단순하여 조작·공작과 그리고 '중앙정보부는 무서워야 한다'는 것이었다. 이 점은 1979년 10월 26일 중앙정보부장 김재규에 의해 죽임을 당할 때의 대화에도 그대로 나타난다. 다음이 그날 박정희와 김재규, 대통령 경호실장 차지철 그리고 대통령 비서실장 김계원이 참석한 술자리에서 나누었다는 대화의 마지막 부분이다.

박정희: 중앙정보부가 좀 무서워야지, 당신네는 (신민당 의원) 비행 조사서만 움켜쥐고 있으면 무엇 하나. 딱딱 입건해야지.

김재규: 알겠습니다. 대국적으로 상대방에게도 구실을 주고 국회에 나오라고 해야지 그러지 않고서는 나오지 않을 것입니다.

차지철: 신민당 놈들 그만두고 싶은 놈은 한 놈도 없습니다. 언론을 타고 반정부적인 놈들의 선동에서 그러는 거지 문제가 없다고 봅니다. 그 자식들, 신민당이고 뭐고 나오면 전차로 싹 깔아뭉개겠어요.

김재규: (오른쪽에 앉아 있던 김계원을 오른손으로 툭 치면서) 각하를 똑바로 모십시오. (차 실장을 쳐다보며) 각하, 이따위 버러지 같은 자식을 데리고

---

91. 이철희(李哲熙, 1923.9.10.~2014.2.23.). 충청북도 청주 출생. 일본 육군정보학교 졸업(1943). 해방 후 남조선경비사관학교(육사 전신) 2기 졸업(1946). 육군방첩부대장(1961), 중앙정보부 제2차장(1973) 등 역임.
92. 김당, 『시크릿파일 국정원』, 134쪽.

정치를 하니 올바로 되겠습니까?

("탕!" 권총 한 발 발사)

차지철: 김 부장, 왜 이래, 왜 이래.

박정희: 무슨 짓들이야!

김재규: (일어서면서 박정희를 향해서 한 발 발사)[93]

중앙정보부는 박정희 말대로 실제 무서운 곳이었다. 오죽했으면 국회의원을 다섯 번이나 지낸 송원영[94]이 마취 상태에서도 중앙정보부를 무서워했을까? 송원영 부인이 쓴 글을 보기로 하자.

남편은 암으로 세상을 떠나기 얼마 전에 맹장염 수술을 받은 일이 있다. 그 수술은 성공적으로 끝나서 남편은 중환자실로 옮겨진 직후에 마취에서 깨어났는데 그 깨어난 뒤의 첫 마디가 섬뜩했다.

"여기가 정보부요?" 하고 묻길래 나는 조심스럽게 "여기는 서울대학병원인데 …" 하고 대답했더니 남편은 이렇게 되받았다. "아냐. 명칭만 그럴 거야."

순간 나는 남편이 한없이 측은하게 여겨졌다. 중앙정보부에 툭하면 끌려가서 얼마나 곤욕을 당했기에 남편이 저런 생각을 하는가.[95]

다른 예를 하나 더 들어보자. 제15대 대통령을 지낸 김대중(金大中)의 최

---

93. 조갑제, 『유고(有故)! (2)』, 한길사, 1987, 138~139쪽.
94. 송원영(宋元英, 1928.11.14.~1995.7.23.). 언론인, 정치인. 평안남도 용강 출생. 고려대학교 철학과 졸업(1952). 경향신문 기자, 정치부장(1954~1960), 장면 국무총리 공보비서관(1960), 제7·8·9·10·12대 국회의원 등 역임.
95. 윤금중, 『국회의원 마누라가 본 이 나라의 개판정치』, 한국문원, 2000, 99~100쪽.

측근으로 조직과 자금을 관리할 정도로 신임을 받았던 권노갑[96]이 중앙정보부원들에게 당한 고문 이야기다.

1972년 10월 유신이 선포된 지 닷새 뒤 내게도 탄압의 손길이 뻗쳐 왔습니다. 갑자기 덩치가 좋은 기관원들이 집 안으로 들이닥쳐 내 양어깨를 꽉 붙들더니 "잠깐 가야 할 데가 있소" 하고 나를 문 밖으로 데리고 나갔습니다. 그날 내가 연행된 곳은 덕수고등학교 부근에 있던 중앙정보부 수사국이었습니다.

그들은 내 옷을 전부 벗기고 나체가 된 나의 사지를 묶더니 발목 밑에 각목을 끼워 넣고 통닭구이처럼 허공에 매달아 고통을 느끼게 했습니다. 그리곤 양동이 물에 수건을 적셔 내 얼굴에 덮고, 거기다 주전자의 물을 부었습니다. 숨이 막혀 기절하면 그들은 잠시 내가 깨어나기를 기다렸다가 다시 물고문을 하며 이렇게 협박했습니다. "너 하나 죽이는 건 아무것도 아니야. 이렇게 물고문 받다 죽어 봐야, 교통사고로 위장해 버리면 그만이야."

수사관들이 내게 알아내려는 것은 김대중 선생의 정치자금 관계, 군 인맥 관계, 여자관계 등 세 가지였습니다. 이 세 가지는 모두 김대중 선생의 정치 생명을 죽이려는 것들이었습니다.[97]

중앙정보부를 창설한 김종필까지도 1963년 1월 정보부장직을 사임한 후 자신이 만든 중앙정보부로부터 괴롭힘을 당하는 웃기는 일이 벌어진다. 이에 대한 김종필의 변명을 들어보자.

---

[96]. 권노갑(權魯甲, 1930.2.18.~). 전라남도 목포 출생. 목포상고(1949), 동국대학교 경제학과(1953) 졸업. 김대중 의원 비서관(1965), 제13·14·15대 국회의원, 동국대학교 총동창회장 등 역임.
[97]. 권노갑·김창혁,『권노갑 회고록 순명(順命)』, 동아E&D, 2014, 266~267쪽에서 발췌.

국가의 새 질서를 만들려면 무서운 데가 하나 있어야 했다. 외부에 큰소리를 쳐서 무섭게 해 놓고 일은 조용히 하자는 생각이었다. 나를 두고는 이런 말까지 생겼다. "우는 애도 정보부장이 온다고 하면 울음을 뚝 그친다." 중앙정보부는 수사권을 가지고 무서운 존재로 혁명정부를 강력히 뒷받침했다.

나는 정보부에 수사권을 한시적으로 부여할 계획이었다. 정보부가 수사권을 쥐면 미국의 CIA와 연방수사국(FBI)의 권한을 모두 갖게 된다. 최고회의에서 입법 취지를 설명할 때 나는 이렇게 말했다. "수사권은 혁명정부 기간에만 잠정적으로 갖는 겁니다. 민간 정부가 정식 출범한 뒤엔 수사권은 법무부 수사국에 환원시킵니다."

이 약속은 지켜지지 않았다. 나는 1963년 1월 정보부장직을 내놨고, 그해 12월 민정으로 이양했지만 정보부는 수사권을 유지했다. 그 후 후임 부장들 일부는 정보부의 기본 임무와 역할을 망각했다. 정치적 상황에 편승해 때로는 월권과 남용으로 국민의 지탄과 원성의 표적이 되기도 했다. 나는 정보부 창설자로서 그 책임을 느끼지 않을 수 없다.[98]

중앙정보부가 이처럼 수사권까지 움켜쥐고 반대 입장에 선 사람들을 체포, 구금, 고문 등의 악행을 저질렀을 뿐만 아니라 살인까지 저지른 데 대해 김종필이 책임을 느껴야 하는 것은 당연하다. 그러나 자신의 후임 부장들이 "정보부의 기본 임무와 역할을 망각했다"고 했지만, 실제 "망각"한 사람은 다름 아닌 박정희였다. 죽기 직전까지 중앙정보부가 무서운 존재가 되도록 채근한 당사자는 박정희가 아니었던가?

어쨌든 중앙정보부가 반대를 절대로 용납하지 않음으로써 박정희의 절

---

98. 김종필, 『김종필 증언록 1』, 138쪽에서 발췌.

대 권력을 옹위하는 존재가 되자, 그다음으로 부패가 따르는 것은 "절대 권력은 절대 부패한다"는 액튼 경의 말처럼 당연한 귀결이었다.

2) 정치자금 '만들어 쓰기'

(1) 중앙정보부와 4대 의혹 사건

1961년 5월 16일 박정희는 3,600여 명에 불과한 병력을 동원한 쿠데타로 장면 정권을 무너뜨렸다. 그날 계엄령이 선포되어 1962년 12월 6일 해제되기까지 1년 7개월 동안 대한민국은 건국 이래 최장기간 계엄 상태에 있었다. 이 동안에 언론은 철저히 통제되었고 어느 누구도 박정희 군사정부에 반대하는 의사를 표명할 수 없었다. 그러니 쿠데타 세력이 무슨 일을 벌이고 있는지에 대해 누구도 알 턱이 없었다.

이런 상황에서 박정희·김종필이 중심이 된 쿠데타 세력이 떼도둑으로 변하여 농단을 벌인 것이 이른바 4대 의혹 사건이다. 4대 의혹 사건이란 쿠데타 세력이 민주공화당의 사전 조직에 필요한 정치자금을 마련하기 위해 일으킨 네 가지 부정부패 사건으로 증권파동 사건, 워커힐 사건, 새나라자동차 사건, 파친코 사건을 가리킨다.

먼저 이 사건이 어떻게 마무리되었는지부터 살펴보기로 하자. 1963년 3월 6일 제3대 중앙정보부장 김재춘은 4대 의혹 사건 수사에 대한 중간발표를 통해 증권파동 사건과 관련하여 특정범죄처벌법 제2조 위반으로 7명을, 업무상배임죄로 5명을 구속했으며, 워커힐 사건과 관련해서는 3명을 업무상횡령죄로 구속했다고 말했다. 또한 새나라자동차 사건은 아직 단서를 잡지 못해 수사 중이고, 파친코 사건은 수사를 경찰에 위촉했다고 발표했다.

"4대 의혹 사건 수사결과 중간발표"를 보도한 《경향신문》 1963.3.6. 1면.

구속자들의 명단은 다음과 같다.

◇ 증권파동 사건 구속자(특정범죄처벌법 제2조 위반)

윤응상(통일·일흥증권 사장), 이창규(천일증권 전무), 강성원(중앙정보부 연구실 행정관), 정지원(중앙정보부 관리관실장), 유원식(국가재건최고회의 재경위원), 천병규(재무부 장관), 권병호(농협중앙회 부회장)

◇ 증권파동 사건 구속자(업무상배임죄)

서재식(증권거래소 이사장), 이동훈(증권거래소 전무이사), 박영희(증권거래소 상무이사), 장태섭(증권거래소 상무이사), 최응환(증권거래소 상무이사)

◇ 워커힐 사건 구속자(업무상횡령죄)

임병주(워커힐 이사장), 정해직(워커힐 택시부 고문), 유재명(워커힐 경리과장)[99]

---

99. 《경향신문》 1963.3.6. 1면.

4대 의혹 사건의 중심에는 중앙정보부가 있었다. 중앙정보부장 김종필은 어찌 되었는가? 김종필은 1963년 1월 6일 중앙정보부장을 사임했고, 2월 20일 모든 공직에서 사퇴한 후 2월 25일 이른바 '자의반(自意半) 타의반(他意半)'이라는 말을 남기고 출국해 버렸다. 또한 김종필과 육사 8기 동기인 중앙정보부 차장 이영근[100]은 병원에 입원하여 불구속 입건되었다. 결국 한쪽 몸통은 외국으로 피신하고, 다른 몸통은 병원에 숨어들어 꼬리들만 잡아들인 것이다.

　그나마 꼬리들은 어찌 되었는가? '태산명동서일필(泰山鳴動鼠一匹)' 즉 '태산이 떠나갈 듯 요동쳤으나 뛰어나온 것은 쥐 한 마리뿐'이라는 옛말 그대로였다. 1963년 6월 27일 증권파동 사건 피고인 전원에게 '무죄'가 선고된 것이다. 다음은 이에 대한 언론 보도 내용이다.

　　육군본부보통군법회의(재판장=박형훈 소장, 법무사 최영환 대령)는 6월 27일 오전 4대 의혹 사건 중 가장 큰 사건으로 알려진 증권파동 사건의 피고인 전원에게 "증거가 없거나 법률에 비추어 범죄가 구성되지 않는다"는 이유로 무죄를 선고했다.

　　판결 공판에서 법무사 최영환 대령은 1시간 30분에 걸쳐 판결문을 낭독하고, "농협의 이익을 위해 한전주(韓電株) 12만 8천 주를 시가보다 싸게 증권업자 윤응상 피고인에게 수의계약으로 매도하는 데 관여한 행위와 증권시장 파탄을 구하는 데 한도외융자(限度外融資) 3백 3십억 환을 방출한 행위는 혁명

---

[100] 이영근(李永根, 1924.2.4.~2020.5.25.). 평안북도 정주 출생. 오산고등학교 졸업(1943), 평양의전 4년 중퇴(1947), 육군사관학교(제8기) 졸업(1949). 중앙정보부 행정차장(1961), 국무총리 비서실장(1972), 제7·9·10대 국회의원 등 역임.

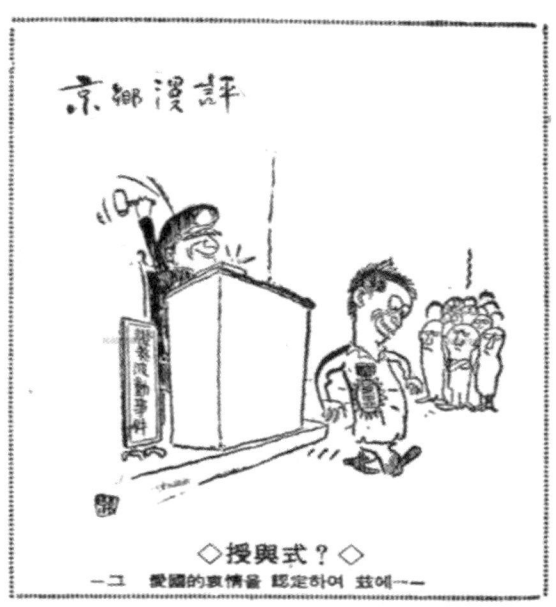

증권파동 사건이 "애국적 충정"에서 일어난 것이라며 무죄를 선고한 판결을 비꼰 만평 (《경향신문》1963.6.28. 1면). 이 판결은 국가재건최고회의 멤버들이 사전에 조작한 것이었다.

과업 수행을 위한 애국적 충정으로 증권시장 육성의 정부시책에 기여한 것"이라고 판시했다.[101]

증권파동으로 사람들은 패가망신하고 심지어 자살까지 했다. 이것을 "혁명과업 수행을 위한 애국적 충정으로 증권시장 육성의 정부시책에 기여한 것"이라고 판결했으니 한심하다는 말밖에는 달리 표현할 길이 없다. 우리나라에서는 권력형 비리가 발생하면 그 뒤처리가 늘 이 모양이었으니, 다른 나라의 자료에 의존할 수밖에 없는 현실이 안타깝기만 하다.

이 사건의 진상은 무엇이었는가? 미국 하원이 발간한 『프레이저 보고

101.《조선일보》1963.6.28. 1면.

서』 내용부터 보기로 하자.

　　1962년 2월, 김종필의 한국중앙정보부가 대규모 불법행위를 했다는 정보를 접했을 때, 미 대사관의 기대에 심각한 우려의 그림자가 드리워졌다. 워커힐 리조트 건설과 일본에서의 자동차 수입과 같은 상업적 거래들에 한국중앙정보부가 깊이 빠져들었다는 믿을만한 표시들이 있었다. 그 후 한국중앙정보부가 워커힐 프로젝트에서 수백만 달러의 순이익을 올렸다고 추정되었다.
　　1963년 봄 기간 동안 한국중앙정보부는 주식시장의 은밀한 조작에 휩쓸려 들어갔고, 이 공작으로 거의 4천만 달러를 챙겼다고 추정되었다. 이러한 활동과 동시에 김종필은 역설적이게도 방한 중인 국무부 고위 관리에게 '부패한 정치인들을 제거하기 위해서는' 군사혁명위원회가 정치활동을 금지시킬 필요가 있다고 언급했다.[102]

　　김종필이 언급했다는 것은 '정치활동정화법' 제정이었다. 1962년 3월 16일 제정된 이 법은 "정치활동을 정화하고 참신한 정치도의를 확립함을 목적으로 한다"[103]고 되어 있지만, 실제 목적은 쿠데타 세력의 집권을 위해 민간 정치인의 손발을 묶어 정치 참여를 막기 위한 것이었다.
　　이처럼 경쟁자들의 정치 참여를 원천봉쇄한 후 비밀리에 정당을 조직하기 위해 정치자금을 마련하려고 불법을 저지른 것이 4대 의혹 사건이었다. 이런 불법행위를 처벌하기는커녕 "애국적 충정"이라며 무죄를 선고했으니 사람들은 어리둥절했지만, 이것 역시 철저히 사전에 조작된 것이었다.

---

102. 미국 하원 국제관계위원회 국제기구소위원회, 『프레이저 보고서』, 360쪽.
103. 정치활동정화법 제1조.

재판이 조작되었다는 점에 대해 심증은 충분했지만 물증이 없었다. 추측만 무성한 채 반세기가 지난 후 미 국무부 비밀문서가 공개됨으로써 증권파동 재판이 조작되었다는 확실한 물증이 마침내 등장했다. 그것은 마지스트레티(William L. Magistretti) 주한 미국대사관 부대사가 당시 중앙정보부장 김재춘과의 면담을 기록한 「대화록(MEMORANDUM OF CONVERSATION)」이다.

1963년 6월 19일 마지스트레티 부대사는 자신의 집에서 중앙정보부장 김재춘을 만나, 김종필이 중앙정보부장이었던 시기에 한국 중앙정보부가 저지른 증권파동 사건(The ROK CIA Financial Scandals)에 대한 이야기를 듣고 「대화록」을 남겼다. 마지스트레티 부대사가 김재춘을 만난 날은 증권파동 사건 결심공판이 열려 피고인들에 대한 구형이 있던 날로, 구형부터 판결까지 모두 국가재건최고회의에 의해 사전에 조작되었을 뿐만 아니라 박정희도 이 조작을 묵인했던 사실이 「대화록」에 의해 밝혀졌다. 다음은 「대화록」 내용을 우리말로 옮긴 것이다.

한국 중앙정보부 증권파동 사건(The ROK CIA Financial Scandals)
1. 김재춘은 6월 18일 오후 박정희 국가재건최고회의 의장과 한국 중앙정보부의 부정사건(scandals)에 대해 크게 논쟁을 벌였다고 말했다. 그는 부정사건에 관련된 사람들이 엄한 처벌을 받고 있지 않다고 여겼기 때문에 항의했고, 부정 사건에 연루된 혐의로 김종필을 체포했어야 했다는 점을 박 의장에게 일러주었다고 말했다. 김재춘은 다른 사람들도 면책되어서는 안 된다고 여기고 있었다. 그는 국가재건최고회의 운영위원 김세배,[104] 국가재건최

---

104. 김세배(金世培, 1931.9.15.~2014.8.3.). 충청남도 아산 출생. 서울대학교 농과대학 졸업(1953), 제5회 고등고시 사법과 합격(1953). 중앙정보부 제5·7국장(1961), 대검찰청 수사국 국장(1964),

DATE & PLACE: June 19, 1963, Mr. Magistretti's Residence, Seoul

The ROK CIA Financial Scandals

1. KIM Chae-ch'un stated that he had a big argument with Supreme Council for National Reconstruction (SCNR) Chairman PAK Chong-hui on the afternoon of June 18 pertaining to the ROK Central Intelligence Agency (CIA) scandals. KIM stated he protested because he felt individuals involved in the scandals were not being given severe enough sentences. He informed Chairman PAK that KIM Chong-p'il should have been arrested because of his involvement in the scandals. KIM felt that the others should not be whitewashed. He stated that KIM So-pae, member of the Steering and Planning Committee of the SCNR; KIL Chae-ho, member of the Judiciary and Legislative Committee of the SCNR; and KIM Hyong-uk, Chairman of the Steering and Planning Committee of the SCNR, are now trying to have the stock market case whitewashed. They have already worked out the sentences in advance of the court's actual sentencing. Never before in the

주한 미국대사관 부대사 마지스트레티(William L. Magistretti, 재임 1961.11.1.~1963.9.30.)와 중앙정보부장 김재춘과의 1963년 6월 19일 자 「대화록」의 일부 내용. 이 「대화록」이 공개됨으로써 박정희 승인하에 김형욱·길재호 등이 구형량을 미리 결정하여 4대 의혹 사건 재판을 사전에 조작했다는 사실이 밝혀졌다. | 출처: https://andocu.tistory.com

고회의 법사위원 길재호,[105] 국가재건최고회의 운영위원장 김형욱 등이 현재 증권파동 사건을 뭉개 버리려 하고 있다고 말했다. 이들은 군법회의의 실제 판결에 앞서 판결 내용을 이미 성안해 놓았다고 말했다. 군법회의 역사상 사건을 재판에 부치는 검찰관을 제외한 어느 누구에 의해서도 판결 내용이 정해지는 전례가 없었다는 것이다. 김재춘은 만일 박정희 의장이 부정 사건에 관련된 사람들을 면책시킨다면 자신이 중앙정보부장직을 사임할 것이라는 점을 분명히 했다고 말했다. 그는 국민은 장님이 아니며 사건을 뭉개 버리는 것을 용인하지 않을 것이라고 말했다. 김종필 지지자들은 김재춘이 김종필에 대한 증오심 때문에 관련자들을 체포하고 있다고 말하고 있다는 것이다.

제8·9·10대 국회의원 등 역임.

[105] 길재호(吉在號, 1923.4.15.~1985.9.28.). 평안북도 영변 출생. 육군사관학교 제8기 졸업(1949). 국가재건최고회의 법사위원(1961), 민주공화당 사무총장(1966, 1970), 정책위원회 의장(1971), 제6·7·8대 국회의원 등 역임.

그는 만일 피고인들에게 무죄가 선고된다면 부당하게 체포했다 하여 김재춘 자신이 김종필 추종자들에 의해 암살될 수도 있다는 점을 덧붙여 말했다. 김재춘은 야당이 사건을 뭉개 버린 것을 선거운동에 이용할 것이라고 믿고 있었다.

  2. 6월 18일, 중앙정보부의 부정 사건을 다루는 한국 육군법무감과 수석 검찰관은 최고회의에 불려가 김형욱·길재호·김세배·강기천[106](국가재건최고회의 법제사법위원장)과 함께 논의에 들어갔다. 회의에서 이들은 증권파동에 관련된 피고인 각자에 대해 구형(求刑)할 형량에 대해 합의했다. 이들이 합의한 구형량은 다음과 같다. 윤응상 7년, 서재식 5년, 유원식 1년 6월, 천병규 3년 6월, 오덕준 2년, 권병호 3년, 이영근 1년, 강성원 5년, 이창규 2년, 정지원 2년. 이들은 멋대로 구형량에 합의했고 군법회의가 빠른 시일 내에 판결하게 한다는 데에도 합의했다. 김재춘은 이 합의 소식을 듣고 몹시 화가 나서 판결에 대한 독단적 결정에 대해 항의하기 위해 박정희 의장을 만나러 갔다. 그러자 박 의장은 이 문제를 검토하고 판결을 연기하는 데 동의했다. 박 의장은 이 문제를 충분히 검토하겠다고 약속했음에도 불구하고, 6월 19일 아침 김재춘에게 전화를 걸어 김형욱 등이 전날 내린 결정에 따라 검찰관들이 6월 19일 구형할 것이라고 말했다. 박 의장이 이 문제를 충분히 검토한바 판결을 미룰 이유를 찾지 못했다고 말한 것이다. 김재춘은 박 의장의 계획은 결국 선고 내용을 경감하여 피고인들을 석방하는 것이라고 말했다. 증권파동에 관련된 피고인들에 대해 앞으로 두세 차례 공판이 더는 열리지는 않을 것이며 증권파동에 관련된 피고인들 모두가 결국 석방될 것이라는 점은 분명하고, 이들이 석방된

---

106. 강기천(姜起千, 1927.11.11.~2019.11.19.). 전라남도 영암 출생. 울산고등농민학교 졸업 후 해군 소위 임관(1946), 해병 준장 진급(1957). 국가재건최고회의 최고위원(1961), 해병대 군단장(1964), 제7대 해병대 사령관(1966), 제9대 국회의원 등 역임.

후 김종필이 귀국할 것이라는 점 또한 분명하다는 것이다.

김종필의 복귀

3. 김재춘은 또한 국가재건최고회의의 급진적인(radical) 최고위원들이 김종필을 7월에 귀국시키려 할 것이라고 말했다. 그러나 박 의장은 총선거(general elections) 후 김종필을 귀국시키는 것이 현명한 방책이라는 결심을 했다고 한다. 김재춘은 덧붙여 말하기를, 지금 김종필은 자신이 총선거까지 귀국해서는 안 된다는 점을 분명히 인식하고 있다는 것이다. 급진파들(radicals)은 박 의장의 대통령 당선을 위해 온 힘을 다해야 하며 그렇게 하면 김종필이 정부에서 중요한 역할을 맡아 모든 추종자를 보살필 것이기 때문에 자기들 모두가 중요한 지위를 차지할 것이라고 믿고 있다는 것이다. 이런 까닭에 온건파들(moderates)은 박 의장이 구성하는 어떤 정부에도 참여하지 않을 결정을 이미 내렸다는 것이다.

당시 국가재건최고회의 감찰위원장은 채명신[107]이었다. 중앙정보부를 감찰했던 채명신도 그의 회고록 『사선(死線)을 넘고 넘어』에서 중앙정보부의 부패상에 대해 다음과 같이 기록하고 있다.

5·16 후 혁명정부의 권력 실세는 김종필 씨의 중앙정보부였다. 당시 '지나가는 여자들의 옷차림까지 관여한다'는 막강한 중앙정보부는 무소불위의 권력기관으로 자만에 빠져 있었다. 게다가 정당 창당을 계획하고 있던 김종필

---

107. 채명신(蔡命新, 1926.11.27.~2013.11.25.). 황해도 곡산군 출생. 조선경비사관학교(육군사관학교의 전신) 제5기로 졸업(1949). 제5사단장(1961), 국가재건최고회의의 감찰위원장(1961), 주베트남 한국군 사령관(1965~1969), 주스웨덴(1972), 그리스(1973), 브라질(1977) 대사 등 역임.

부장은 사회적 비판을 최소화할 목적으로 비밀리에 돈을 챙기는가 하면, 주가를 조작해 한탕하곤 빠져나가 일반 투자가들을 골탕 먹이는 등 소위 말하는 증권파동 같은 4대 의혹 사건으로 창당자금을 조달하고 있었다.[108]

이 같은 기록들이 단편적으로 남아 있기는 하지만, 4대 의혹 사건을 비롯한 쿠데타 세력이 저지른 부정부패에 대해서는 긴 세월이 지난 지금까지도 그 실상이 속 시원히 밝혀지지 않고 있는 부분이 많다. 이처럼 그 내용을 정리하는 데 한계가 있지만, 이제까지 밝혀진 자료들을 종합하여 이 4대 의혹 사건의 내용과 그 파장을 살펴보기로 한다.

(2) 4대 의혹 사건①: 증권파동 사건

4대 의혹 사건 가운데 가장 규모가 큰 것이 증권파동 사건이었다. 1961년 6월 10일 중앙정보부가 공식적으로 발족한 후 중앙정보부 행정차장 이영근, 중앙정보부 행정관 강성원,[109] 중앙정보부 관리실장 정지원(鄭智元, 당시 소령) 등 김종필의 심복들이 증권투기의 귀재로 소문난 윤응상[110]을 접촉함으로써 사건의 막이 오른다. 1961년 7월 강성원과 윤응상의 접촉이 시작되었고, 그해 박정희가 민정 이양 스케줄을 밝힌 8·12 성명이 발표된 직후 윤응상은 강성원을 만나 본격적으로 작업에 들어가게 된다. 당시 상황을 윤

---

108. 채명신, 『사선을 넘고 넘어: 채명신 회고록』, 매일경제신문사, 1994, 405쪽.
109. 강성원(康誠元, 1928.12.2.~2019.7.20.). 황해도 사리원 출생. 육군종합학교 제17기 졸업. 육군 소령 예편(1962), 중앙정보부 연구실장(1963), 서울신문 전무이사(1965), 민주공화당 사무차장(1966), 제8대 국회의원(1971), 한국낙농육우협회 회장(1992), 성원유업 회장(1996) 등 역임.
110. 윤응상(尹應相, ?~1997.5.29.). 황해도 해주 출생. 일본 쥬오(中央)대학 법학과 졸업(1939). 해방 후 한국통신 상무, 동양통신 전무, 한국비료(주) 사장 등 역임.

윤응상은 이렇게 말하고 있다.

민정 이양 스케줄이 발표된 것을 보고 즉시 강성원에게 연락해 만났다. 나는 그에게 "그렇게 쉽게 군정에서 민정으로 바꾸느냐. 민정으로 넘어가자면 1백억 환[111]의 자금이 필요한 것이 아니냐"고 말했다. 그랬더니 그는 "돈 있는 사람들은 부정축재 혐의로 묶여 있고 또 돈이 있다고 하더라도 이권에 관계 없이 돈을 내놓으려는 사람이 있겠느냐"고 말했다. 그래서 내가 1백억 환을 만들 테니 3개월간 7억 환 정도의 자금을 빌려달라고 했다. 강 소령은 자기는 돈에 관한 한 문외한이라며 정지원을 소개해 주었다. 이로부터 4개월간 명동 메트로호텔에서 연구, 준비한 끝에 12월 23일에야 작업에 착수했다. 우선 홍병준(洪炳峻) 씨를 불러 자본금 5억 환으로 통일증권을 설립하라고 지시했다. 홍씨는 어리둥절한 모양이었다. 당시의 증권회사 자본금은 2, 3천만 환이 고작이었는데 내가 제시한 액수가 엄청났기 때문이다. 이 자본금은 정지원의 소개로 융통했다.[112]

윤응상은 1962년 1월 12일 자로 통일증권을, 2월 3일 자로 일흥증권(日興證券)을 설립했다. 또한 1월 15일 국가재건최고회의는 "국민경제의 발전과 투자자의 보호를 목적으로 한다"[113]는 주식회사제 증권거래법을 통과시켰다. 이 법에 따라 증권거래소가 회원제가 아닌 주식회사제로 운영되기 때문

---

111. 환(圜): 1953년 2월 15일부터 1962년 6월 9일까지 사용되던 대한민국의 통화 단위. 1962년 6월 10일에 실시된 화폐개혁에 따라 '원'으로 대체되었으며 교환 비율은 10:1이었다.
112. 한국정치문제연구소, 『정풍(政風) 6-김종필과 이후락의 떡고물』, 도서출판 창민사, 1986, 70~71쪽.
113. 증권거래법 제1조.

1963년 군법회의 공판정에 나온 증권파동 연루자들. 이들은 6월 27일 전원 무죄판결을 받았다. 앞줄 왼쪽이 '투자의 귀재'로 불리던 윤응상 일흥증권 사장이다. | 출처: 《한국경제신문》

에 증권거래소 주식을 많이 매집한 주주가 대주주로서 증권거래소 인사권 등 각종 영향력을 행사할 수 있게 되어 증권파동을 일으키는 데 기여했다.

윤응상은 증권을 사들이기 시작했고 그가 막대한 자금과 막강한 배경을 갖고 있다는 소문이 나자 증권 시세가 오르기 시작했다. 그가 첫 매수 오퍼를 낸 액면가 50전인 대증주(대한증권거래소 주식)는 계속 올라갔고 거래소 주변에는 투자자들이 몰려들기 시작했다. 1962년 1월 중순쯤에는 윤응상이 벌써 30억 환을 벌었다는 소문이 나돌기 시작했고 그의 놀라운 솜씨에 창당자금 동원에 혈안이 되어 있던 중앙정보부의 젊은 장교들은 혀를 내둘렀다. 그리고 그는 2단계 작업에 착수했다.

당시 한국의 증권시장은 보잘것없었다. 증권시장에 나와 있는 주식이란 게 5개 시중은행과 한국전력, 미곡창고, 대증주, 증금주(證金株, 금융증권회사

주식) 등 10개 종목뿐이었다. 그런데 한전주(한국전력 주식)의 경우 총 발행 주식 3백 83만 5천여 주 가운데 대부분을 정부기관에서 보유한 채 증권시장에 내놓지 않고 있었기 때문에 1961년 말까지 거래되고 있던 주식은 10만 6천 8백여 주에 지나지 않았다. 윤응상은 바로 이 점을 노린 것이다.

1962년 1월 말 윤응상은 정지원에게 새로운 제안을 했다. "지금 증권가에서 인기 있는 주식은 한전주인데 이 주식의 상당 부분을 농협중앙회가 가지고 있소. 이것을 우리가 5%만 싸게 살 수 있게 해 주면 그 차익금으로 증권시장을 조작하여 상당한 자금을 만들 수 있을 거요."

이 일에는 중앙정보부의 강성원이 나섰다. 그는 농협 회장단에 압력을 가해 일흥증권이 수의계약으로 주식을 매입하게 하려고 했으나 걸림돌이 등장했다. 이를 위해서는 감독관청의 승인이 필요한데 감독관청인 농림부 장관이 김종필과 사이가 좋지 않은 장경순[114]이었기 때문이다.

여기서 김종필 일당의 날강도식 방법이 동원된다. 농림부 장관 대신 재무부 장관의 승인을 받기로 하고 중앙정보부 차장 이영근이 나서 재무부 장관 천병규에게 압력을 넣어 승인서를 받아냈고, 결국 한전주 12만 8천 주가 일흥증권으로 넘어갔다. 당시 한전주는 액면가 1만 환짜리가 1만 6천 6백 40환에 거래되고 있었는데, 5%를 깎은 1만 5천 8백 13환 70전에 불하되어 차액만도 어마어마한 액수였다. 그 후 한전주는 6만 환까지 치솟았다.

이어서 윤응상은 대증주를 사들이기 시작했다. 그러자 주식값이 폭등하

---

114. 장경순(張坰淳, 1922.3.23.~). 전라북도 김제 출생. 배재고등보통학교 졸업(1941), 일본 도요(東洋)대학 척식과 재학(1941~1943). 해방 후 전주북중학교 교사(1946), 육군사관학교 제7기 특별반 수료 후 임관(1948). 육군본부 작전참모부 교육처장(1960), 5·16 쿠데타 후 국가재건최고회의 최고위원, 농림부 장관(1961), 민주공화당 사무총장(1963), 제6~10대 국회의원, 제6~8대 국회부의장 등 역임.

기 시작했고 위험한 장세를 막으려던 증권거래소 이사장 주기식(朱琦植)이 사임했다. 1962년 4월 대증주 70%를 손에 넣은 윤응상은 서재식(徐載植)을 증권거래소 이사장에 앉히고 거래소의 증자를 요구했다. 그때 대증주는 액면가 50전의 70배가 넘는 35환 선에 도달해 있었다.

윤응상은 서재식과 협의하여 거래소의 증자로 발행된 신주(新株)에 액면가의 28배나 되는 14환의 프리미엄을 붙여 전국 시중은행을 통해 공모하기로 했다. 5월 24일 시중은행 근처의 여관들은 다음 날 일찍 은행에 가서 신주를 청약하려고 몰려든 투자가들로 초만원을 이루었다.

그러나 5월 말까지의 소화량이 부진하여 주식값이 폭락하자 당황한 윤응상은 가격고작전(價格高作戰)을 치열하게 전개하는 한편 공세가 만만치 않은 매도측의 유력한 업자들을 중앙정보부에 데려다가 협박과 구타까지 서슴지 않았다. 그러나 매도측도 사생을 결단하는 승부였기 때문에 만만치 않았다.

윤응상은 자금 사정도 고려하지 않고 월말납회(月末納會)까지 3일간에 무려 2백억 환의 매건옥(買建玉)[115]을 세웠고, 그 결과 월말 결제자금은 무려 5백억 환이라는 거액에 이르게 되었다. 예상했던 대로 수도결제[116] 불능이라는 파국이 빚어졌는데, 이것이 바로 '5월 증권파동'이다.

당황한 윤응상은 증권거래소 이사장 서재식에게 부족한 자금 2백억 환을 마련해 달라고 했지만, 그의 힘으로는 불가능한 일이었다. 결국 김종필까지 나서서 한국은행을 협박하게 된다. 좀 더 들여다보기로 하자.

---

115. 사기로 약정을 했으나 기일 안에 대금을 결제하지 아니한 증권.
116. 수도결제(受渡決濟): 증권의 매매결제가 이루어진 다음에 증권거래소가 지정한 결제기구를 통하여 3일째(보통거래), 또는 당일(당일결제거래)에 증권과 현금을 주고받는 것을 말한다.

1962년 5월 29일 밤 한국은행 총재 민병도(閔丙燾)는 한남동의 어느 단독주택으로 불려갔다. 거기에는 김종필을 비롯하여 국가재건최고회의 재정경제위원 유원식,[117] 재무부장관 천병규, 증권거래소 이사장 서재식 등 증권파동 사건의 주역들이 기다리고 있었다. 이 자리에서 김종필은 증권거래소의 위기를 타개하기 위해 한국은행이 특별융자를 해줄 것을 종용했다.

이틀 후인 5월 31일 천병규, 민병도 등 9명의 위원이 참석하여 금융통화위원회가 증권거래소에 대한 특별융자에 관한 의안을 놓고 논의한 끝에 9명의 찬성으로 통과되었다. 군인들이 나와 위압적인 분위기를 조성하고 있어서 반대할 수가 없었기 때문이었다. 당시 그 자리에 참석하여 금융통화위원들을 협박한 것으로 알려진 유원식은 다음과 같이 말하고 있다.

> 나는 그 전날 박정희 의장으로부터 금융통화위원회에 나가 보라는 지시를 받았다. 금융통화위원회는 재무부 산하에 있으므로 재무부를 감독하는 최고회의 재경위원으로서 내가 회의에 참석한 것은 아무런 잘못이 없다.[118]

이렇게 하여 한국은행은 증권거래소에 세 차례에 걸쳐 330억 환의 한도 외융자를 해 주었다. 당시 통화량의 10%에 해당하는 막대한 금액이었다. 이런 식으로 증권파동은 한숨을 돌렸으나 그 과정에서 프리미엄부 공모주에 응모한 5,242명의 선의의 투자가들은 176억 6천만 원이라는 상상할 수도 없을 정도의 엄청난 손실을 입었다. 그중에는 32살이라는 젊은 나이로 스

---

117. 유원식(柳原植, 1914.?~1987.1.31.). 경상북도 안동 출생. 만주군 특임 대위. 해방 후 육군사관학교 제8기 졸업. 5·16 쿠데타 후 국가재건최고회의 재정경제위원 등 역임. 육군 준장 예편(1963).
118. 한국정치문제연구소, 『정풍(政風) 6 - 김종필과 이후락의 떡고물』, 76쪽.

스로 목숨을 끊은 주부도 있었고, 수많은 가정이 파산하거나 이혼을 하는 등 참담한 비극을 겪어야 했다.

그해 6월 10일 김종필이 주도한 통화개혁은 이러한 증권파동의 후유증을 은폐하려는 방편 중 하나였다고 한다. 김종필이 통화개혁을 철저히 비밀에 부쳐 증권파동에 관련된 유원식을 제외하고는 최고회의 재경위원장이던 김동하마저도 김종필이 영국에서 새 화폐를 찍어올 때까지 까맣게 모르고 있었다는 것이다.[119]

이제까지 증권파동 사건에 대해 길게 언급한 것은, 박정희의 비호하에 김종필이 국민을 상대로 자행한 '날강도질'의 실체가 정확하게 알려지지 않았기 때문이다.

그렇다면 이런 범죄를 저지른 당사자들은 무어라고 말하고 있을까? 먼저 김종필의 심복이자 중앙정보부 행정관이던 강성원(육군 소령)의 이야기부터 들어보자. 여기 나오는 재건동지회는 1963년 2월 26일 창당한 민주공화당의 모체인 비밀조직이었다.

> 4대 의혹 사건 필두가 증권파동이었고 증권파동의 총지휘자, 총책임자가 바로 나 강성원이다. 내가 증권시장에 개입한 이유는 두 가지이다. 첫째는, 이를 통해 증권시장의 활황을 유도해 보자는 생각이었고 둘째는 그 과정에서 정치자금을 좀 빼다 쓰자 이런 두 가지였다. 이런 아이디어를 김종필 중앙정보부장에게 진언을 했고 시장에 개입할 것을 허락받아서 정책에 개입하게 된 것이다.
>
> 내가 그에게 증권에 관한 이야기를 한 것은 재건동지회 준비를 하기 시작

---

119. 한국정치문제연구소, 『정풍(政風) 6 - 김종필과 이후락의 떡고물』, 69~77쪽에서 발췌.

할 때였다. "증권시장에 직접 우리가 개입해서 붐을 일으키고 그 과정에서 재건동지회 건설자금도 어느 정도는 조달될 수 있을 것이다"라고 말씀드렸다. 그래서 허락을 받고 일을 시작한 것이다. 아무리 그래도 증권에 개입해서는 안 되는 것이었다. 솔직히 말해서 해서는 안 되는 일을 내가 한 것이다. 극심한 피해를 입은 소액 주주들이나 사람들에게 지금도 미안하고 죄송할 따름이다.[120]

두목인 김종필의 말도 들어보기로 하자. 증권파동이 일어나 국가재건최고회의에서 최고위원들이 웅성거리자 김종필은 대수로운 일이 아니라는 듯이 다음과 같이 말했다고 한다.

새 정당을 조직하려니까 돈이 많이 듭니다. 정당을 만드는 데 국고금을 쓸 수는 없지 않습니까. 그래서 증권시장에서 조달하여 쓴 것입니다. 원래 증권시장은 투기꾼들이 모이는 곳 아닙니까. 재미 보는 사람도 있고 손해 보는 사람도 있게 마련이지요. 이 방법은 제2차 세계대전 중 미국 CIA가 부족한 공작비를 보충하는 방법으로 썼는데 우리도 그 방법을 모방해 보았습니다.[121]

그런데 김종필은 2016년 발간된 『김종필 증언록』에서는 보고도 받지 못했다며 딴소리를 하고 있다. 그가 말하고 있는 "도의적인 책임"이란 과연 무엇을 뜻하는 것인가?

---

120. 한국정신문화원, 『내가 겪은 민주와 독재』, 도서출판 선인, 2001, 343~345쪽에서 발췌.
121. 조갑제, 『박정희 ⑥-한 운명적 인간의 나상(裸像)』, 조갑제닷컴, 2007, 94~95쪽.

나는 당시 보고를 받지 못했고 액수가 얼마인지도 몰랐다. 수많은 투자가가 막대한 피해를 본 증권파동에 대해 이 사건에 개입한 부서의 장으로서 도의적인 책임을 느낀다. 선의로 출발했고 내가 몰랐다 하더라도 정보부가 무리한 일을 벌여 국민에게 고통을 준 건 사실이다.[122]

대한민국 제2인자였던 김종필 자신도 모르는 사이에 일이 벌어졌다? 그의 말처럼 가볍게 넘겨버릴 수 없을 정도로 실제 파장은 엄청난 것이었다. 권력에 의한 주가조작은 증권시장에 더없는 생채기를 안겨, 종합주가지수가 증권파동 이전 수준을 회복하는 데 10년이 걸렸다. 한국 경제는 더 큰 병에 걸렸다. 투자자들의 외면으로 증시를 통한 내수자금 조달 통로가 막혀버리자 정부는 외자조달에 목을 걸었다. 거액의 차관을 만지는 동안 '떡고물'이 판을 치고 부패구조와 관치금융이 자리 잡았다. 1980년 초 대출의 90%가 정책자금이었으니 자금의 흐름도 기형적 구조로 변했다.

한국 사회가 받은 악영향은 더욱 치명적이다. 국가적인 범죄를 저질러도 처벌받지 않는 관행 속에 바르게 살기보다는 수단과 방법을 가리지 않고 치부하는 황금만능주의와 몰가치의 사고구조가 굳어졌다. 요즘이라고 다를까. 탈세와 위장 전입, 부동산 투기, 병역 기피가 무슨 고위공직자 후보의 자격처럼 변해버린 한국병의 근원은 어디일까. 국가와 민족의 발목을 잡는 부정과 부패는 몰염치와 망각의 온상 속에서 자란다.[123]

---

122. 김종필, 『김종필 증언록 1』, 198쪽.
123. 권홍우, 「군정의 주가조작 … 1962년 증권파동」, 《서울경제》 2016.5.31.

(3) 4대 의혹 사건②: 워커힐 사건

워커힐 건립은 5·16 쿠데타 한 달 후인 6월 중앙정부부장 김종필의 발상에서 비롯된 것이었다. 김종필은 미국의 5·16 쿠데타에 대한 부정적 인식을 바꾸기 위해 여러 가지 방안을 제시했고, 그중 대표적인 것이 '주한 미군과 외국인 관광객을 위한 위락시설을 갖춘 대규모 호텔 건설'이었다. 위락시설을 만들면 주로 일본으로 휴가를 가는 주한미군이 서울에서 휴가를 보내며 돈을 쓰게 하는 동시에 군사정권에 대한 이미지를 개선할 수 있을 것이라는 계산에서였다. 꿩 먹고 알 먹기라고나 할까? 발상 자체는 그럴듯했지만, 문제는 공사자금 유용, 뇌물 수수 등을 통해 돈을 만들어 쓴 데 있었다.

1961년 7월 중앙정보부 제2국장 석정선(石正善, 김종필과 육사 8기 동기)을 중심으로 하여 워커힐 건설을 위한 사단법인이 설립되었고, 석정선은 중앙정보부 제2국 제1과장 임병주(林炳柱, 육사 8기)를 이사장에 임명하여 공사에 착수할 준비를 갖추었다. 그리고 그해 11월 4일 교통부 장관, 재무부 장관, 경제기획원 부원장, 서울시장, 한국전력 사장, 산업은행 총재 등이 김종필의 주재하에 연석회의를 가졌다. 60억 환에 이르는 건설자금을 마련하기 위해서였다. 회의 결과 정부 예산에서 16억 환, 산업은행에서 21억 환, 주택공사에서 12억 환, 서울시에서 6억 환, 한국전력에서 1억 환을 대기로 결정했다.

이와 함께 워커힐 호텔 건설 부지로 예정된 광진구 광장동 일대 18만 평의 임야에는 토지 수용령이 발동되어, 땅 주인 14명은 시가 2,800여만 환짜리 토지 4만 1천여 평을 5분의 1쯤 되는 430만 환에 넘기고 쫓겨났다. 나머지 10만여 평은 재벌 설경동[124]의 소실의 소유였는데, 김종필이 압력을 넣

---

124. 설경동(薛卿東, 1901.3.19.~1974.1.20.). 대한전선그룹의 창업주. 평안북도 철산 출생. 일본 오쿠라(大倉)고등상업학교 중퇴(1922). 해방 후 월남하여 1953년 대한방적·원동흥업

1962년 12월 26일 워커힐 호텔 준공식이 서울시 광장동 현장에서 거행되었다. | 사진출처: 국가기록원

어 거의 거저 빼앗다시피 사들였다고 한다.

 1962년 4월 교통부가 국제관광공사법을 제정하여 관광공사를 설립하게 한 후, 워커힐 호텔의 건설을 교통부가 주관토록 했다. 워커힐 호텔 건설공사가 자금난으로 부진해지자 김종필은 교통부장관 박춘식(朴春植, 육사 5기)과 관광공사 사장 신두영(申斗泳)에게 압력을 가해 워커힐 호텔 건설과 아무 관련이 없는 정부주식 출자금 5억 3,590여만 환을 건설자금 명목으로 인출해 이사장인 임병주에게 전용, 가불케 하여 워커힐 호텔을 건립하게 했고 그 과정에서 막대한 공사자금을 빼돌렸다.

 특히 건설용 자재 중 나이트클럽의 회전무대, 전기장치, 심지어 시멘트까지도 모두 일본 제품이었는데, 중앙정보부는 이 자재들을 무검사·무관세로 들여와 150만 달러 이상의 자금을 마련했다. 또한 석정선의 지시에 따라 건설자재를 민주공화당 사무실로 내정된 옛 세브란스병원 건물의 수리용으

(1953), 대동증권(1954), 대한전선(1954), 대한제당(1956) 등 창업.

로 빼돌렸고, 접대비 등을 마련하기 위해 워커힐의 장교호텔 골조 마감 공사와 오물처리시설 등 6천만 환의 공사를 맡은 삼환기업으로부터 180만 환의 뇌물을 받기도 했다.

여기서 그친 것이 아니었다. 교통부 장관과 각 군(軍)의 공병감들에게 압력을 가해 각종 장비를 제공케 하고 인력을 노역시키는 등 무리하게 공권력을 행사한 대표적인 사례였다. 중앙정보부는 4,158대의 각종 장비와 연인원 2만 4,078명(군 형무소의 죄수와 공병)을 무상 노역케 했으며, 건설비 명목으로 책정한 5억 3,600만 환 중 실제 공사에 투입된 2억 8천만 환을 제외한 나머지 2억 5천여만 환을 착복했다.

비밀리에 추진되던 워커힐 호텔 건립 계획은 1962년 봄, 일본의 주간지들이 앞다퉈 "한국의 군사정권이 미군 장병을 끌어들이기 위해 술과 여자와 도박판 위주의 위락시설을 짓고 있다"고 보도하면서 알려지게 됐다. 미국의 AP통신, 뉴스위크 등도 1962년 10월 "이 시설은 매춘굴, 카지노, 미인 호스티스 등을 갖추고 있다"고 보도했다. 이에 미국 부인단체가 유엔군 사령부와 한국 정부에 강력 항의하기도 했다.

1963년 4월 워커힐 호텔이 문을 열자 박정희가 이곳을 자주 찾았다. 그러자 서울시장들은 워커힐 호텔에 가는 길을 정비하고 도로변에서 건설공사를 벌였다. 이는 박정희에게 열심히 일하고 있다는 것을 보여 주기 위한 가장 쉬운 방법이었기 때문이다.[125]

다음은 워커힐 사건에 대한 김종필의 해명이다.

---

125. 손정목, 「워커힐 건립」, 《중앙일보》 2003.9.5.; 김병택, 「4대 의혹사건」, 《영남신문》 2019. 1.15.; 한국정치문제연구소, 『정풍(政風) 6-김종필과 이후락의 떡고물』, 64~66쪽.

비용과 공기(工期)를 줄이기 위해 나는 육군 공병대와 군 형무소에 있는 죄수들을 동원하고, 육·해·공군·해병대의 트럭도 지원받았다. 이 과정에서 적절한 행정절차를 밟지 못한 부분은 있을지 모른다. 그러나 무슨 돈을 빼 썼다는 건 말이 안 된다.[126]

(4) 4대 의혹 사건③: 새나라자동차 사건

새나라자동차 사건도 워커힐 사건과 유사한 유형의 사건이었다. 1961년 10월 국가재건최고회의 의장 박정희의 특사 자격으로 타이완을 방문한 중앙정보부장 김종필은 타이완 자동차공업의 발전상을 보고 우리나라에도 자동차공업을 육성해야겠다고 생각했다. 당시 동양에서는 자동차를 만드는 나라가 일본뿐이었다. 일본에서 적당한 차를 가져와 자동차공업을 일으키고 외국인 관광객도 유치하면 좋겠다는 생각을 했다.[127] 이것은 어디까지나 김종필의 이야기이고, 실제 내용은 크게 차이가 있다.

1961년 12월경, 민주공화당 사전 조직에 한창 열을 올리고 있던 김종필 라인은 자금 조달의 한 방법으로 재일교포 재산 반입에 눈을 돌렸다. 재일교포 재산으로 공장을 건설하고 특혜를 제공함으로써 정치자금을 마련하자는 생각이었다. 이 역시 중앙정보부 제2국장이었던 석정선 등의 아이디어에 의해 일본으로부터 소형 자동차[128] 부품을 수입하여 국내에서 조립·생산한다는 계획이 세워졌다.

이 계획은 용의주도하게 추진되었다. 1962년 5월 박정희의 국가재건최

---

126. 김종필, 『김종필 증언록 1』, 195쪽.
127. 김종필, 『김종필 증언록 1』, 199쪽.
128. 당시 일본 닛산자동차가 생산한 소형차 '블루버드(Bluebird).'

1962년 일반인에게 공개된 '새나라 생산 제1호' 자동차. 실제는 '생산'이 아니라 '조립' 자동차였다. | 사진출처: https://m.blog.naver.com

고회의가 자동차공업을 보호한다는 그럴듯한 명분으로 '자동차공업보호법'을 제정하여 1967년 말까지 "자동차의 제조 및 조립에 필요한 시설재 및 부분품은 국내에서 생산될 때까지 관세를 면제하고"(제7조) "허가를 얻은 자가 제조 및 조립하는 자동차에 대하여는 지방세법에 정한 자동차세와 취득세를 감면"(제8조)할 수 있게 하여 멍석을 깔아 놓았던 것이다.

이 계획을 위해 점찍은 인물은 재일교포 야스타상사주식회사(安田商社株式會社) 사장인 박노정(朴魯禎)이었다. 일본 이름이 야스다 에이니(安田榮二)인 박노정은 재일교포 거류민단 부단장을 지낸 사람으로 도쿄 중심가에 몇 개의 빌딩과 맨션 그리고 호텔 등을 소유하고 있는 자산가였다.

박노정과의 접촉에는 최영택(崔英澤)이 나섰다. 최영택은 김종필과 육사 8기 동기로 중앙정보부 창설 멤버였고, 당시 주일대표부 참사관으로 파견되어 있었다. 박노정은 최영택의 제의에 나름대로 주판알을 튀겨 보니 수지 맞겠다는 판단이 서자 자신의 회사 전무인 안석규(安奭珪)를 한국에 파견했

1962년 12월 박정희 국가재건최고회의 의장(왼쪽)이 대규모 방한단을 이끌고 내한한 오노 반보쿠(大野伴睦) 일본 자민당 부총재(오른쪽)를 맞이하고 있다. 가운데는 육사 8기생으로 박정희와 육군본부 정보과에서 함께 일했고 5·16 쿠데타 후 중앙정보부 창설 멤버였던 최영택이다. 이때 최영택은 주일대표부 참사관이었다. | 사진출처: 중앙포토

고, 안석규는 당시 중앙정보부 차장보였던 석정선의 도움으로 새나라자동차공업주식회사를 설립했다. 설립자본금 1억 원 중 3천만 원을 박노정이 출자하고 나머지는 한일은행에서 융자를 받아 해결했다. 당시 김종필의 형 김종락[129]이 한일은행 상무이사였으니 중앙정보부는 손도 안 대고 코 푼 셈이라고나 할까?

1962년 5월, 국가재건최고회의는 자동차공업보호법을 제정해 향후 5년간 자동차 부품 수입을 무관세로 했고 이런 바탕 위에서 일본산 소형 승용차 '블루버드(Bluebird)'의 이름만 바꾼 '새나라자동차' 조립공장이 세워진 것이다. 그런데 조립공장을 세우기도 전에 일본 소형 승용차 완제품 400여 대를

---

129. 김종락(金鍾洛, 1920.5.16.~2013.8.22.). 충청남도 부여 출생. 공주고등보통학교, 일본 니혼(日本)대학 상경학부 경제과 졸업. 한일은행 전무, 서울은행 은행장, 코리아타코마 사장 등 역임.

관광용이라는 명목으로 면세 수입했다. 여기에 그치지 않고 2천여 대를 역시 면세 수입해 시중 업자에게 팔아넘겼다. 수입 가격은 1대에 13만 원인데 25만 원으로 팔아 약 2억 5천만 원의 이익을 취했다. 이런 돈들은 민주공화당 창당 자금으로 사용되었다.[130]

그런데 문제가 생겼다. '새나라' 조립공장에서 생긴 최초의 이익금 1,200만 원의 분배를 둘러싸고 김종필과 박노정 사이에 알력이 생긴 것이다. 박노정은 김종필이 제대로 이익배당을 해주지 않고 이익을 독점하려 한다며 각계에 진정서를 보냈다. 이를 알게 된 김종필은 노발대발하여 즉시 박노정을 잡아 오라는 체포령을 내렸다.

이를 눈치챈 박노정은 옷도 제대로 입지 못한 채 숙소인 반도호텔에서 뛰쳐나와 부산으로 가서 밀항선을 타고 일본으로 달아났다. 결국 모국의 권력자와 손을 잡고 돈벌이를 해 보겠다던 박노정은 투자금을 깨끗이 떼었을 뿐만 아니라 일본에서 밀입국 혐의로 체포되어 오랫동안 곤욕을 치르기까지 했다.[131]

당사자인 김종필의 이야기를 들어보자.

새나라자동차를 기획한 사람도 나다. 그래서 내가 일본 닛산을 찾아가 실마리를 텄다. 1961년 12월 정부는 일본 닛산의 소형차 블루버드를 부품 형태로 수입해 국내에서 조립·시판키로 했다. 우선 관광용으로 블루버드 완제품 250대를 면세로 도입키로 했다. 당시 재일교포 실업가 박노정(朴魯楨) 씨가 전체 자본금 1억 원 중 30%를 대고 70%는 은행융자로 해서 새나라공업주식

---

130. 이상우, 『비록 박정희 시대(1)』, 284쪽.
131. 한국정치문제연구소, 『정풍(政風) 6-김종필과 이후락의 떡고물』, 63쪽.

회사를 세웠다.

부평에 연간 6,000대를 생산할 수 있는 공장을 만들었다. 그런데 문제가 생겼다. 일본과 국교 정상화(1965년 6월 22일 조인)가 되기 전이라 박노정 씨가 대겠다는 자금을 국내로 들여올 수가 없었다. 그러던 중에 박노정 씨가 "돈을 못 대겠다"며 손을 들어 버렸다. 박 씨는 그동안 800만 원만 댔고 미국으로 도망을 가 버렸다. 이 때문에 새나라자동차는 1963년 5월까지 2,700여 대의 자동차를 생산하고 중단했다. 회사가 망한 것이다.

의혹을 제기하는 쪽은 내가 공장 설립과 차량 생산 과정에서 20억 원의 정치자금을 빼돌렸다고 주장한다. 하지만 거기에는 의혹도 부정도 있을 수 없다. 돈을 대던 사람이 미국으로 도망가 버린 판에 어떻게 수십억 원을 빼돌릴 수 있겠는가. 어쨌든 새나라자동차는 뒤에 국산 자동차 생산에 불을 붙였고, 오늘날 세계 4~5위의 자동차 생산국으로 도약하는 발판이 되었다.[132]

그러나 전문가의 판단은 김종필과 정반대다. 당시 수공업적 상태이긴 했으나 국산 자동차가 있었으니 이를 토대로 서서히 자동차산업을 발전시켰어야 했다는 것이다. 박정희 밑에서 경제 제2수석비서관을 지낸 오원철[133]의 이야기를 들어보자.

자동차공업도 수공업적으로나마 버스나 '시발'차[134]가 국산화되어 사용되

---

132. 김종필, 『김종필 증언록 1』, 199쪽.
133. 오원철(吳源哲, 1928.10.2.~2019.5.30.). 황해도 풍천 출생. 경성공업전문학교(서울공대 전신) 입학(1945), 공군 소위 임관(1951), 서울대학교 공과대학 화학공학과 졸업(1951), 공군 소령 전역(1957). 시발자동차 공장장(1957), 국산자동차(주) 공장장(1960), 국가재건최고회의 기획조사위원회 조사과장(1961), 상공부 공업제1국장(1964), 상공부 기획관리실장(1968), 상공부 차관보(1970), 대통령 경제 제2수석비서관(1971~1979) 등 역임.

고 있었으니, 이것을 기초로 해서 서서히 발전시켜 나가야 했을 것이다. 그런데 일본 차를 완제품으로 들여왔으니, 국내에는 일감이 없어져 버렸다. 이름은 '새나라'라고 했지만 이것은 일본 차가 새나라(한국)에 들어왔다는 것이지 국산품은 하나도 쓰지 않았다. 이 일로 우리나라 자동차 시장은 완전히 일본에게 내주어야 했고, 우리나라는 상당 기간 동안 자동차공업의 불모지가 되어 버렸다.135

(5) 4대 의혹 사건④: 파친코136 사건

파친코 사건은 4대 의혹 사건 가운데 가장 작은 규모의 부패 행위였으나, 정치자금을 마련하기 위해 국민의 사행심까지 조장했다는 점에서 크게 비난을 받았던 사건이었다. 도박 기계인 파친코를 들여온 데에는 김종필의 중앙정보부가 배후조종을 했고, 실제로 중앙정보부의 이영근·강성원·정지원 등이 수입 업무를 주관했다. 이를 위해 박정희의 국가재건최고회의는 '유기장법(遊技場法)'을 제정하여 1962년 3월 22일 시행령을 공포하기까지 했다.137

이 사건의 개요는 이렇다. 재일교포 김태준(金泰俊) 등이 세칭 빠찡꼬라고 불리는 회전당구대 100대 등을 부산항에 탁송하고 통관에 필요한 귀국증명서 1통을 위조해 재일교포 재산의 국내 반입인 것처럼 속여 국내에 들

---

134. '시발(始發)'자동차: 한국 최초로 제작된 사륜 구동 국산 자동차. 최무성·최혜성·최순성 3형제가 만든 지프형의 6인승, 2도어 차량으로, 1955년 8월부터 1963년 5월까지 제작되다가 1962년 일본 닛산의 완성차 블루버드가 '새나라자동차'라는 이름으로 수입되면서 생산이 중단되었다.
135. 오원철, 『한국형 경제건설 1』, 기아경제연구소, 1996, 252~253쪽.
136. 빠찡꼬, 빠쩡코, 빠칭코, 빠친코, 파칭코 등 여러 가지로 표기되고 있으나, 외래어 표기법에 따른 정확한 표기는 '파친코'다.
137. 한국정치문제연구소, 『정풍(政風) 6-김종필과 이후락의 떡고물』, 67쪽.

여왔다. 수입 과정에서 중앙정보부가 개입하여 일본의 시세보다 엄청나게 비싼 대당 1만 5천 원으로 국내 업자들에게 판매케 해 4천만 원이라는 거액의 커미션을 챙긴 것이다.[138]

다음은 당시 '회전당구'라는 이름으로 성행했던 파친코 노름의 열풍에 대한 언론 보도다.

> 비좁은 못 사이를 잘그락 스르륵 구르는 쇠알(鐵丸)이 어쩌다 조그만 구멍 속으로 들어가면 좌악 하고 쇠알이 쏟아져 나오는 맛에 날마다 회전당구장은 터질 듯 붐빈다. 실업자 군상들은 물론 60대의 노인, '모던걸'에 이르기까지 가지런히 당구대에 붙어 쇠알을 튀기기에 정신이 없다. 서울에는 자그마치 서른두 곳이나 회전당구장이 있다. 영업은 아침 10시부터 밤 10시까지, 공휴일을 뺀 평일에는 점심 시간인 정오부터 오후 2시, 퇴근 시간인 5시부터 밤 9시까지 6시간은 회전당구장마다 초만원이다.
>
> 기계 140대를 설치한 종로의 'M회전당구장'에서 35대의 영등포 'Y당구장'에 이르기까지 모두 32개소의 회전당구장에는 모두 2,530대의 기계가 설치되어 있어, 1개 업체에 평균 80대가 설치되어 있는 셈. 아마추어(?)와 프로(?)의 솜씨를 평균해서 한 사람이 15분 만에 십 원어치를 잃는다면(80대 중 그 절반만 늘 사람이 붙어 있는 셈치고) 1인당 1일(6시간) 소비 금액은 한 군데서 약 9천 6백 원, 따라서 서울 시내 전 회전당구장에 뿌려지는 돈은 무려 3십만 7천여 원에 달한다.(회전당구조합 측의 계산)
>
> 이 빠찡꼬는 지난 1957년 재일교포 오(吳) 모씨(서울역전 회전당구장 경영)가 재산 반입 형식으로 기계를 일본에서 도입, 민주당 정권 시부터 영업을 시

---

138. 국내에 들여온 회전당구대는 2,527대였다는 주장도 있다.(위키백과)

작했으나 당국의 지시로 중단, 지난해 5·16 혁명 후 행정소송에 승소, 비로소 본격적인 영업에 들어서기 시작했는데 기계 한 대에 1만5천 원이니 서울에만 기계 2,530대, 그 값이 무려 3천 8백여만 원이나 된다.[139]

이처럼 파친코 도박이 성행하자 당연히 여론이 들끓었다. 당시 《동아일보》의 독자투고란에 실린 한 시민의 반응을 보기로 하자.

과거 자유·민주당 정부에서도 허용되지 않은 회전당구(일명 빠찡꼬)가 지금 성행되고 있다. 이것은 사행 행위를 조장하고 밀수 행위를 장려한 데 불과하다. 기계에는 버젓이 일본 상표가 붙어 있는 것을 당국은 보았는지? … 당국으로서는 업자의 여러 가지 사정을 참작하고 업체 변경의 시간적 여유를 주기 위해 베푼 관용이겠지만 금년 말까지 영업행위를 계속케 하는 이유는 그 이유 하나만인가? 국가 초비상 시국하에 사행 및 밀수 행위를 조장하고 불량배의 온상이며 집결지인 건전치 못한 회전당구는 즉시 폐쇄돼야 한다.[140]

이처럼 여론이 빗발치자 당국은 폐쇄 조치를 하기에 이른다.

지난 4월부터 반년 동안 선풍 같은 붐을 일으켰던 회전당구장(빠찡꼬)은 1962년 10월 26일의 임시각의에서 폐쇄 조치가 의결됨에 따라 서리를 맞고 17일부터 문을 닫게 되었다. 하루 종일 '빠찡꼬' 집에서 일당을 버는 '프로'족은 어디로 가서 일당을 벌 것인지, 그리고 쇠알을 훔쳐(쇠알 1개 30전)다가 이

---

139. 「서울 망중한(忙中閑) (1): 회전당구」, 《동아일보》 1962.10.19. 7면에서 발췌.
140. 《동아일보》 1962.9.25. 3면에서 발췌.

집 저집에 팔아먹던 소매치기 선수는 어떻게 될 것인가? 기계 한 대에 1만 5천 원을 주고 사들였던 업자들은 그 밑천을 어떻게 추리게 될 것인가? 여하간 회전당구장이 서울 복판에 선을 보인 이후 당구장마다 고객이 초만원을 이루고 쇠알과 말 없는 대결을 하던 군상들은 끝없이 허전한 감을 느낄 것은 사실이지만 이것이 없어짐으로써 조금이라도 건전한 서울이 된 것도 사실이다.[141]

영문도 모른 채 당국의 조변석개식(朝變夕改式) 방침에 희생된 업자들은 어찌 되었을까?

한편 의혹 사건과는 무관한 선의의 업자들은 당국의 폐쇄조치가 부당하다고 서울고법에 행정소송을 제기했으나 지난 4월 "회전당구는 사행심을 조장, 공공의 복리에 위배되기 때문에 폐쇄가 타당하다"는 판결이 내려 패소했다.[142]

1963년 2월 25일, 4대 의혹 사건을 일으킨 장본인이자 박정희 정권 제2인자였던 김종필은 '순회대사'라는 타이틀을 달고 이른바 "자의반(自意半) 타의반(他意半)" 외유(外遊)를 떠났다. 출국에 앞선 공식 기자회견에서 중앙정보부가 국민의 지탄을 받았다는 이야기에 대해 그가 보인 반응은 다음과 같았다.

"조사 진행 중이므로 여러 말 하기 싫으나 다만 지난날은 혁명 기간이었다는 것을 하나의 판단기준으로 생각해 주기 바란다"고 말하고, 그 밖에 '워

---

141. 「서리 맞은 회전당구장」, 《경향신문》 1962.10.27. 7면에서 발췌.
142. 《동아일보》 1963.5.10. 3면.

커힐', '새나라자동차', '증권파동', '빠찡꼬' 등에 관련된 소위 의혹 사건들에 관해선 이 자리에서 해명할 생각은 없다고 말하고 그러나 "빠찡꼬에는 엉뚱한 사람이 걸렸을 것이다. 아무튼 내가 관련되어 있다고 한다면 언제든지 돌아와서 심판을 받겠다"고 말했다.[143]

그러나 4대 의혹 사건의 몸통인 박정희는 물론 시행자인 김종필도 죽을 때까지 심판을 받은 적은 없었다. 그렇지만 그들은 역사 속에서 통렬한 심판을 받아야 마땅하다.

3) 일본 정치자금 '받아 쓰기'

(1) CIA 『특별보고서』: '6천 6백만 달러' 또는 어림잡아 '37조 원'

2004년 8월 12일 민족문제연구소는 미국 중앙정보국(CIA)의 1966년 3월 18일 자 비밀문서인 『특별보고서(SPECIAL REPORT)』를 국사편찬위원회로부터 입수하여 공개했다. 이 보고서에 따르면 박정희가 일본으로부터 6천 6백만 달러를 받는 등 막대한 금액의 돈을 받았던 것으로 되어 있다. 먼저 『특별보고서』의 내용 가운데 돈 받은 내용이 기록된 부분을 살펴보기로 하자. 다음은 우리말로 옮긴 보고서 내용과 영어 원문이다.

민주공화당이 일본 기업으로부터 자금을 받고 있다는 비난은 충분한 근거가 있는 것 같다. 전하는 바에 의하면, 일본 기업들은 1961년부터 1965년까지의 민주공화당 예산의 3분의 2를 제공했는데, 6개 기업이 각자 1백만 달러

---

143. 《동아일보》 1963.2.25. 1면.

1966년 3월 18일 작성된 "한일관계의 미래(The Future of Korean-Japanese Relations)"라는 제목의 미국 CIA 비밀『특별보고서(SPECIAL REPORT)』의 표지.

에서 2천만 달러 총 6천 6백만 달러를 지원했다는 것이다. 21개월 전 "외유(外遊)"하기 이전의 직책이었던 민주공화당 당의장에 복귀한 실력자 김종필에 의하면, 민주공화당은 1967년의 대통령선거를 위해 2천 6백만 달러에 달하는 비용이 필요하리라 한다. 한일협상을 추진시킨 대가로 김종필에게 준 돈과 한국에서의 독점권을 부여한 대가로 여러 일본 기업이 준 돈 이외에도, 민주공화당은 또한 일본에서 사업하는 한국 기업들로부터 돈을 받았다. 전하는 바에 의하면, 정부방출미 6만 톤 대일 수출을 담합한 8개 한국 기업은 115,000달러 이상을 민주공화당에 제공했다고 한다.

Charges that the Democratic Republican Party(DRP) is receiving funds from Japanese firms are probably well founded. Japanese firms reportedly provided two thirds of the party's 1961-65 budget, six firms having paid the $66-million total, with individual contributions ranging from $1 million to $20 million. According to strong-man Kim Chong-pil, newly renamed to the DRP chairmanship he held before "his exile" 21 months ago, the party needs up to $26 million for the 1967 presidential campaign. In addition to the payments to Kim for promoting the Korea-Japan negotiations, and payments by various Japanese firms for granting them monopolies in Korea, the DRP has also received payoffs from Korean firms doing business in Japan. Eight Korean companies which banded together to control the export to Japan of 60,000 tons of government-released rice reportedly gave the DRP over $115,000.[144]

이 보고서의 내용은 다음과 같이 분석할 수 있다.

① 보고서에 의하면 한국의 민주공화당은 일본 기업으로부터 6,600만 달러를, 일본에서 사업하는 한국 기업으로부터 11만 5천 달러를 받았다. 보고서에는 돈을 받은 것이 민주공화당과 김종필로 되어 있지만, 실제 수령인은 통치권자인 박정희라고 보아야 할 것이다.

② 박정희가 돈을 받은 기간은 1961년부터 1965년까지다. 구체적으로 보면, 1961년 5·16 쿠데타 직후 기시 노부스케가 박정희의 대구사범학교 동창을 밀사로 파견하여 한일 국교 정상화에 대한 박정희의 의사를 타진하고 나서 박정희가 11월 11일 일본을 방문한 후부터, 1965년 6월 22일 한일협정이 정식 조인될 때까지다. 그러니 이 돈의 성격은 박정희가 이처럼 한일협상을 타결하고, 이에 덧붙여 일본 기업에 독점권을 부여한 대가였다.

③ 박정희가 6개 일본 기업으로부터 받은 금액은 6,600만 달러다. 그런데

---

144. CIA, *SPECIAL REPORT*, 18 March 1966, pp.6~7.

1965년의 한일협정 타결로 일본이 한국에 제공한 이른바 '청구권' 자금[145] 가운데 무상으로 제공된 것이 3억 달러였다. 이것은 현금 일시불이 아니라 "일본국의 생산물 및 용역"을 "10년 기간에 걸쳐 무상으로 제공"[146]하는 것이었다. 그런데 이 금액의 5분의 1 이상의 '현금'이 5년간에 걸쳐 고스란히 박정희의 수중으로 들어간 것이다.

④ 6,600만 달러는 우리 돈으로 얼마나 될까? 달러 환율을 1,000대 1로만 보아도 660억 원이라는 엄청난 금액이다. 그렇다면 당시의 6,600만 달러는 요즈음을 기준으로 하면 얼마나 될까? 먼저 《중앙일보》가 제시한 청구권 자금 환산 방식부터 보자.

> 청구권 자금이 정부의 재정 투자 형태로 쓰였다는 점에서 정부 예산 규모를 잣대로 삼을 수 있다. 1965년의 8억 달러는 그해 정부 예산(2,473억 원)의 87%에 해당했다. 2015년 정부 예산은 50년 전의 1,520배인 375조 원이고, 이를 기준으로 하면 청구권 자금 가치는 327조 원에 해당한다.[147]

이 같은 방식에 따라 6,600만 달러가 어느 정도의 가치인지를 따져 보면 이렇다. 2020년의 정부 예산이 513.5조 원이니, 이를 기준으로 하면 1965년의 8억 달러의 가치는 2020년에 이르면 444.7조 원이 된다. 이런 식으로 계산하면 1965년의 6,600만 달러의 가치는 2020년 기준으로도 약 37조 원으로

---

145. '대한민국과 일본국 간의 재산 및 청구권에 관한 문제의 해결과 경제협력에 관한 협정'(청구권 협정)에 따라 일본이 제공키로 한 3억 달러의 무상자금과 2억 달러의 장기 저리 차관을 말함.
146. '청구권 협정' 제1조.
147. 《중앙일보》 2015.5.1. 7면.

어림잡을 수 있다. 입이 떡 벌어지는 액수의 돈이다.

⑤ 박정희는 코 묻은 돈도 뺏어 먹었다. 일본에서 사업하는 한국 기업으로부터도 돈을 받았다는데, 그중에는 정부 방출미 수출 기업에서 받아먹은 돈도 있었으니 결국 쌀을 생산한 농민을 수탈한 게 아닌가?

⑥ 당시 한일협상의 주요 관심사 가운데 하나는 대일 청구권 자금의 금액 문제였다. '대일 청구권 자금'이란 일제강점기에 수탈당한 한국인의 재산권에 대한 보상뿐만 아니라 기타 징병·징용 등 일본의 식민지 지배에 대한 포괄적인 배상으로서의 성격을 가진 것이었다. 이런 중요한 사안을 규정하는 한일협정이 체결되기도 전에, 다시 말해 협정 체결을 위해 협상하는 도중에 "한일협상을 추진시킨 대가로(for promoting the Korea-Japan negotiations)" 돈을 받았다는 것은 그야말로 파렴치하고 매국적인 행위였다. 이러니 한일협상이 제대로 진행될 수 있었을까?

⑦ 그렇다면 일본은 왜 이런 엄청난 돈을 주었을까? 한일협상 때문이기도 했겠지만, 일본은 결코 밑지는 장사를 한 것이 아니었다. 무슨 말이냐 하면 6,600만 달러가 박정희들에게는 '횡재(橫財)'를 만난 셈이었지만, 일본으로서는 한국을 중간재 생산기지로 활용하고 일본 상품의 시장으로 만들기 위한 마중물로는 예상보다 훨씬 적은 액수였다는 것이다. 한국무역협회와 관세청의 수출입 통계를 보면, 1965년의 한일협정 체결로부터 2019년까지 54년간의 대일 무역적자 누적액이 6,046억 달러(약 708조 원)[148]에 이르렀으니 말이다.[149]

미국 CIA『특별보고서』의 주요 내용을 요약하면, 일본이 한국의 민주공

---

148. 물가상승률을 감안한 숫자가 아님.
149. 「한일수교 후 대일교역 적자만 54년째 … 누적적자 700조원 넘어」, 《연합뉴스》 2019.7.7.

화당 예산 3분의 2에 해당하는 금액을 제공했는데 이 돈은 한일협상 추진과 일본 기업에 독점권을 부여한 대가였다는 것이다. 다시 말하면 민주공화당은 일본에서 구린 냄새 나는 돈을 받아 창당·유지되었고, 그 대가로 한일협상이 추진되고 일본 기업에 독점권을 주었다는 이야기다.

박정희는 가장 믿을 만한 조카사위 김종필을 내세워 돈을 받았다. 그렇다면 이들이 언제부터 일본으로부터 돈을 받았는지를 따져 볼 차례다. 돈을 받은 사람들이 언제, 얼마를 받았다고 실토할 리도 없고 그런 적도 없으니, 이제까지 살펴본 것을 자료 삼아 유추해 보는 도리밖에 없다.

1961년 7월 3일 박정희는 허수아비 장도영을 내쫓고 국가재건최고회의 의장 자리에 올랐다. 박정희가 최고 지도자 자리에 오른 것을 본 기시 노부스케는 박정희의 대구사범학교 동창생 신영민을 보내 의사 타진을 한다. 이에 머리 좋은 김종필이 재빨리 움직여 자신의 심복이자 육사 8기 동기인 최영택을 주일대표부[150] 참사관에 앉혀 놓고 작업에 들어간다. 그리고 10월 2일 김종필이 박정희 일본 방문을 교섭하기 위해 극비리에 일본에 갔을 때 돈 받는 작업이 본격적으로 시작됐을 것이고, 이후 한 차례 더 일본을 방문하여 작업이 완료된다.

마지막으로 일본에서 돈을 받아 구체적으로 어떤 작업을 했는지를 살펴볼 차례다. 일본이 이른바 '혁명 과업'이 성취되면 '원대 복귀'할 군인들에게 돈을 주었을 리가 없다. 돈을 준 것은 군복을 벗고 정당을 만들어 정권을 장악해 일본의 입맛에 맞는 한국을 만들라는 취지에서였을 것이다. 그리고 한일협상도 일본, 그리고 미국의 구미에 맞게 추진해 달라는 것이었을

---

150. 1965년 12월 18일 한일기본조약이 발효됨으로써 주일대사관(주일본국대한민국대사관)으로 개칭됨.

것이다.

지금부터 살필 내용은 박정희와 김종필이 이 두 가지 문제를 어떻게 풀어 나갔는지에 대한 것이다.

(2) '민정 이양(民政移讓)'과 혁명공약 '제6항'의 변조 및 삭제

1961년 8월 13일 자 《동아일보》의 보도 내용처럼 박정희가 '정권 민간 이양' 시기와 방법을 발표한 1961년 8월 12일은 박정희의 미국 방문(1961.11.14.) 훨씬 전으로, 이 발표는 가능한 한 빨리 군정을 종식시키고 민정을 회복시키라는 미국의 정책 지침에 호응한 것이었다. 다른 말로 하면, 당시 간신히 미국의 쿠데타 승인을 받은 마당에 무슨 수를 쓰든지 미국의 비위를 맞추는 것이 무엇보다도 급선무라서 어쩔 수 없이 한 발표였다.

그러나 박정희건, 김종필이건 정권을 탈취하여 호랑이 등에 올라탄 마당에 그냥 내려올 수는 없었다. 이때 두뇌 회전이 빠른 김종필은 박정희건 자신이건 군복만 벗으면 민간인이 되어 얼마든지 '정권 민간 이양'에 참여할 수 있다고 판단하고, 마침 정당의 정치 활동을 일절 금지하고 있던 참에 자기들만 정당을 만들어 기선을 제압하자는 착상을 하게 된 것이다. 이에 대해 김종필은 다음과 같이 증언하고 있다.

> 1961년 8월 12일 박정희 최고회의 의장이 특별성명을 발표했다. 1963년 3월 이전에 새 헌법을 공포하고, 5월에 총선거를 치러 1963년 여름까지 정권을 민간에게 넘긴다는 계획이었다. 며칠 뒤 나는 석정선 정보부 제2국장과 강성원 행정관을 불렀다. 민정 이양 뒤에도 구정치인이 아닌 깨끗하고 유능한 정치세력이 정권을 잡아 혁명과업을 승계할 수 있는 방안을 연구해 보라고 지

1961년 8월 12일, 박정희 국가재건최고회의 의장은 1963년 여름 정권을 민간에 이양하겠다는 성명을 발표했다. 이 사실을 보도한《동아일보》1961년 8월 13일 1면 기사.

시했다.

1961년 10월 말, 석정선 국장이 내게 보고서를 냈다. 정보부 정책연구실 연구원인 윤천주[151] 고려대 교수와 김성희[152] 서울대 교수 등이 짜낸 안이었다. '구정치인의 집권을 막으려면 혁명 주체세력이 정권을 잡아야 하고, 그러기 위해서는 신당(新黨)을 만들어야 한다'는 내용이었다. 나는 보고서 표지에 '8·15 계획'[153]이라고 제목을 붙였다.

---

151. 윤천주(尹天柱, 1921.7.8.~2001.9.8.). 경상북도 선산 출생. 동래고등학교를 거쳐 일본 도쿄제국대학 중퇴(1945). 해방 후 서울대학교 문리과대학 정치학과 졸업(1947). 고려대학교 교수(1948), 5·16 쿠데타 후 국가재건최고회의 기획위원회 위원(1961), 민주공화당 사무총장(1963), 문교부 장관(1964), 제7대 국회의원, 부산대학교 총장(1973), 서울대학교 총장(1975) 등 역임.

152. 김성희(金成熺, 1920.5.12.~2006.4.29.). 부산 출생. 동래고등학교(1938), 경성제국대학 법문학부 졸업(1944). 해방 후 부산대학교(1946), 동국대학교(1953), 서울대학교 문리과대학 정치학과 교수(1956), 5·16 쿠데타 후 제7대 국회의원, 한국외국어대학교 대학원장(1976), 청주대학장(1979) 등 역임.

153. '8·15 계획'의 핵심 내용은 다음과 같다. ▲군인들이 예편해 대선과 총선에서 승리하고 민정에서도 정권을 잡아야 한다. ▲선거 승리를 위해 군인이 참여할 정당을 만들어야 한다.

5·16 직후 혁명정부가 내놓은 포고문에 따라 정당의 정치 활동을 일절 금지하고 있을 때다. 당을 만드는 것 역시 금지된 일이었다. 하지만 민정 이양 이후에도 혁명정신을 이어가려면 전국 단위의 강력한 정당이 필요했다. 나는 이 일이 혁명과업의 일환이라 믿고 내가 앞장서기로 했다. 어떤 욕을 먹더라도 몇 발짝 앞서 나가겠노라고 마음먹었다. 나중에 공화당을 불법으로 사전 조직했다고 비난도 받았지만, 그때 나는 앞만 보고 마구 달렸다.

1961년 12월 말, 박정희 최고회의 의장을 찾아가 '8·15 계획'을 보고했다. 나는 "민정 이양에 대비해 신당을 만들어야 한다"고 말했다. 박 의장은 그때까지만 해도 당을 만들어야 한다는 생각이 없었다. 박 의장은 "그걸 어떻게 벌써 만드느냐"고 반문했다. 나는 그를 설득했다. "벌써가 아니라 빨리 만들어야 합니다. 비난이 들어올 게 뻔한데, 각하께서는 모르는 것으로 하십시오. 최고위원들에게도 알리지 않겠습니다." 박 의장은 "그래, 해 봐"라고 승낙했다.[154]

김종필의 말로는 박정희가 특별성명을 발표한 후에야 민정(民政)에 참여할 궁리를 한 것처럼 되어 있지만, 실제 그런 발상을 하기 시작한 것은 훨씬 이전이었다. 구체적으로 말하면 쿠데타 후 1개월도 안 된 6월 10일 중앙정보부를 창설하여 권력을 마구 휘두르기 시작할 때부터라고 하는 것이 정확하다. 이때부터 '신당(新黨)' 착상의 걸림돌을 제거해 나가게 되는데, 그 걸림돌이란 다음과 같은 것이었다.

▲정당을 만들기 위해 때가 묻지 않은 민간인들의 협조가 필요하다. ▲구 정치인의 도전을 물리칠 방법을 찾아야 한다. ▲이러한 목표를 달성하기 위해 새 헌법과 선거제도를 고안해야 한다. 서중석·김덕련, 『서중석의 현대사 이야기 ⑥』, 도서출판 오월의봄, 2016, 101쪽.
154. 김종필, 『김종필 증언록 1』, 179~180쪽.

6. 이와 같은 우리의 과업이 성취되면 새롭고 양심적인 정치인들에게 언제든지 정권을 이양하고 우리들 본연의 임무에 복귀할 준비를 갖추겠습니다.

이것은 1961년 5월 16일 오전 5시 KBS 방송을 통해 군사혁명위원회 명의로 발표된 혁명공약 제6항의 내용이다. '혁명공약'에서 '공약(公約)'이란 말은 '어떤 일에 대하여 국민에게 실행하겠다고 한 약속'을 뜻한다. 그리고 이 혁명공약 제6항의 "본연의 임무에 복귀" 즉 '원대 복귀' 공약은, 김종필이 작성한 다섯 가지 공약에 박정희 자신이 여섯 번째로 추가한 것이었다. 이처럼 제6항은 국민에게 한 약속이었음에도 쿠데타 세력은 '원대 복귀' 공약을 지키지 않고 군복을 벗고 민간인으로 변신하여 정치에 참여했다. 어떻게 공약을 지키지 않고 넘어갔을까?

그 방법은 '혁명공약 제6항'의 변조와 삭제였다. '원대 복귀' 공약이 거추장스러우니 공약 자체를 없애 버리면 그만이겠으나 당장은 그럴 수 없으니, 우선 공약 자체를 변조하고 최종적으로는 삭제하는 길을 택한 것이다. 당시 장도영을 무너뜨려 구속할 정도로 무소불위(無所不爲)의 권력을 휘두르던 중앙정보부장 김종필에게 '혁명공약'의 변조와 삭제 같은 작업은 식은 죽 먹기였다.

박정희와 김종필은 '혁명공약'을 단계적으로 변조하다가 결국에는 제6항을 없애 버리고 제1항에서 제5항까지로 축소된 새로운 '혁명공약'을 만들어 내기에 이른다. 변조와 삭제의 자세한 과정을 들여다보면 다음과 같다.

「혁명공약 1」은 5·16 당시 발표한 '혁명공약' 제6항의 내용이 그대로 기재되어 있는 오리지널이다. 그러던 것이 어느 틈에 슬그머니 '혁명공약' 제6항이 '군인'의 공약으로 둔갑하고, '민간'의 공약이 추가되어 「혁명공약 2」

「혁명공약 1」　　　「혁명공약 2」　　　「혁명공약 3」

로 바뀐다. 도대체 군인들이 일으킨 '혁명'에 왜 민간인이 '공약'을 내걸어야 하는지 알다가도 모를 일이다. 다음이 「혁명공약 2」에서 제6항의 바뀐 내용이다.

　　6. (군인) 이와 같은 우리의 과업이 성취되면 새롭고 양심적인 정치인들에게 언제든지 정권을 이양하고 우리들 본연의 임무에 복귀할 준비를 갖춘다.
　　(민간) 이와 같은 우리의 과업을 조속히 성취하고 새로운 민주공화국의 군건한 토대를 이룩하기 위하여 우리는 몸과 마음을 바쳐 최선의 노력을 경주한다.

　　그러다가 '혁명공약'을 재차 변조한다. 「혁명공약 2」 제6항의 내용에서 '군인' 공약은 없애고 '민간' 공약만을 남긴 「혁명공약 3」으로 바꿔 버린 것이다. 다음과 같이 "본연의 임무에 복귀"한다는 '혁명공약' 내용을 아예 민간인용으로 바꾸어 버려 '혁명공약' 자체를 변조해 버린 것이다.

6. 이와 같은 우리의 과업을 조속히 성취하고 새로운 민주공화국의 굳건한 토대를 이룩하기 위하여 우리는 몸과 마음을 바쳐 최선의 노력을 경주한다.

여기에 그치지 않고 아예 제6항을 삭제하여 다섯 항만으로 된 '혁명공약'을 만들어 낸다.

그렇다면 박정희에게 '원대 복귀' 의도가 애당초 없었는데 속이기 위해 공약에 넣은 것일까, 아니면 처음에는 '원대 복귀' 의도가 있었는데 쿠데타에 성공하여 권력을 잡고 나서 생각이 달라진 것일까? 오늘날 본인들에게 물어볼 수도 없으니 남아 있는 자료를 통해 판단해보기로 한다.

언론 보도부터 보자. 1961년 6월 21일 자《동아일보》는 "민국일보 정치부장 구속, 혁명공약 일부 변경 운운 보도로"라는 제목의 1면 기사에서 다음과 같이 보도했다.

경찰은 6월 19일 밤 동업(同業) 민국일보 정치부장 조세형(趙世衡)[155] 기자를 국가재건최고회의령(슈) 제15호 위반으로 구속했다. 민국일보는 19일 자 석간에 「혁명공약 일부 변경, 제6항을 '최선의 노력 경주'로」라는 제목으로 "최근 공약 일부를 변경한 것으로 알려졌다"고 보도했던 것이다. 조 기자는 19일 밤 경찰에 연행되어 갔으며 20일 아침에 국가재건최고회의령(슈) 제15호 위반으로 구속되었다고 알려졌다. 최고회의령(슈) 제15호는 「언론, 출판, 보도 등은 국가 안보상 유해로운 기사, 논설, 만화, 사진 등을 공개하여서는

---

155. 조세형(趙世衡)(1931.8.22.~2009.6.17.). 전라북도 김제 출생. 전주고등학교, 서울대학교 문리과대학 졸업.《민국일보》정치부장,《한국일보》편집국장, 제10·13·14·15대 국회의원 등 역임.

안 된다」고 규정하고 있다.

이 보도를 통해 다음과 같은 결론을 내릴 수 있다.

첫째, 혁명공약 제6항을 변조한 시점이다. 《민국일보》가 이 사실을 보도한 것이 1961년 6월 19일이었으니, 변조를 시작한 시점은 최소한 5·16 쿠데타 후 한 달 3일이 지나기 이전의 어느 날이다.

둘째, 이처럼 '원대 복귀' 조항을 신속히 변조한 것으로 미루어, '원대 복귀' 의도가 애당초 없었고 그 조항은 단지 쿠데타의 명분을 세우는 도구에 불과했다는 데 무게가 더 실린다.

셋째, 이 사건은 창설된 지 열흘도 되지 않은 중앙정보부가 무소불위의 권력을 휘두르기 시작했음을 보여 주고 있다. 언론사 정치부장을 구속할 정도라면 경찰 스스로가 한 행위가 아니라 막강한 중앙정보부의 지시에 따른 것이 분명하기 때문이다.

넷째, 이 사건은 박정희와 김종필로 대표되는 쿠데타 세력이 지극히 몰상식한 집단이었음을 보여 주고 있다. 《민국일보》가 보도한 '혁명공약 일부 변경'이 어떻게 '국가 안보상 유해로운 기사'가 될 수 있단 말인가?

이로써 혁명공약이 변조되었다는 사실은 객관적으로 입증됐다. 다음으로 밝혀야 할 점은 언제 「혁명공약 2」에서 「혁명공약 3」으로 변조되었으며, 그리고 제6항이 삭제되었느냐 하는 것이다. 정확한 시점은 이에 대한 기록이 아직 발굴되지 않았으니 다음과 같이 추론할 수밖에 없다.

박정희의 국가재건최고회의는 전국의 모든 초·중·고등학생들이 이 혁명공약 전문을 외우고 낭독하도록 명령하고, 신문·방송은 물론 모든 간행물의 마지막 장에 혁명공약을 인쇄하도록 지시했다.[156] 현재 남아 있는 간행물을 보면,「혁명공약 2」에서「혁명공약 3」으로 변조된 것은 1961년이 끝나기 전의 어느 시점이었고, 제6항이 삭제되어 다섯 항으로 된 혁명공약으로 둔갑한 것은 이듬해 초부터였던 것으로 추론된다.

그리고 다섯 항으로 된 혁명공약으로 둔갑한 것은 혁명공약 암기 때문에 벌어진 일로 보인다. 학생들이 혁명공약을 외우게 했으니 군인들은 말할 것도 없었다. 그런데 군인들에게 암기시키다 보니 민간인용으로 변조된「혁명공약 3」의 내용이 마음에 걸려 제6항을 아예 없애 버리고 다섯 항으로 된 혁명공약으로 변조한 것이 아닌가 여겨진다.

다음은 군대에서 혁명공약을 암기시킨 이야기이다. 혁명공약을 외우지 못해 입대 후 첫 외출을 취소당한 이 이야기는 박정희가 한국 사회를 어떻게 만들고 있었는지를 웅변하고 있다.

> 나는 왜 혁명을 한 높은 군인들이 철학과 실천을 통하여 목적을 행하려 하지 않고 문장을 통하여 목적을 달성하려는지 걱정이 되었다. 그런 생각을 하고 있으니 아무리 애써봐도 이런 암기사항이 머리 속에 외워지지 않았다. … 헌병들의 요구로 외출증을 제시했다. 헌병이 나를 데리고 간 곳에는 나처럼 외출증을 뺏긴 군인들이 줄을 잇고 있었다. 십 열 종대로 열을 세웠다. 중위 계급장을 모자에 단 위관장교를 앞에 세운 여러 명의 헌병들이 몰려와서 주위를 에워싼다. 그리고는 우리한테서 빼앗아간 외출증을 가지고 한 사람씩 호명을 한다. 모두가 다 모여 있는 것을 확인하고서는 줄의 앞 사람부터 차례차례로 혁명공약을 외우게 했다. 나는 끝내 혁명공약을 외우지 못한다는 이

---

156. 김용호,『민주공화당 18년, 1962~1980 - 패권정당운동 실패의 원인과 결과』, 아카넷, 2020, 60쪽.

유 때문에 헌병대에서는 나의 소속부대인 특과학교로 통보를 보냈고 소속부대에서는 차편을 보내서 부대로 싣고 들어가는 대신, 주었던 외출증을 취소해 버린 것이다. 나는 군대 입대 후 처음 받은 외출을 이런 일로 취소당한 것이다.[157]

(3) 민주공화당의 전신 '재건동지회'

재건(再建). '허물어진 건물이나 조직 따위를 다시 일으켜 세움'이라는 뜻이다. 박정희는 1961년 5월 16일 자신이 나라를 허물어 놓고 다시 짓는다며 통치기구로 국가재건최고회의를 설치했다. 이어서 6월 11일에 제정된 '재건국민운동에 관한 법률'에 따라 재건국민운동본부를 신설하고, 서울과 각 도에 지부를, 지부 산하에는 각급 행정구역 단위마다 촉진회를 두었다. 이처럼 관 주도의 재건국민운동본부를 만들어 놓고 국민에게 '재건복'을 입게 하고 '재건체조'를 하게 하는 등 온통 '재건'이라는 글자를 붙여 국민 획일화 작업에 들어간다.

문제는 국가를 '재건'하겠다고 나선 사람들이 "일체의 정당 및 사회단체의 정치 활동을 금한다"는 포고(布告)[158]를 통해 다른 사람들의 손발을 다 묶어 놓고 자신들만이 정당을 비밀리에 조직하는 불법 행위를 자행한 데 있었다. 그것도 증권파동 등 불법적 행위를 통해 자금을 만들고, 대한제국을 강제 합병하여 36년간 탄압했던 일본으로부터 비밀리에 돈을 받아 정당을 조직한 것이다.

이처럼 불법 행위와 불법 자금으로 처음으로 만든 조직이 민주공화당의

---

157. 「못 외우는 암기사항」(https://gincilwords.tistory.com/1234 [삶의 진실을 찾아서])에서 발췌.
158. 1961년 5월 18일 자 군사혁명위원회 포고 제4호 3항.

허수아비로 내세웠던 장도영을 내쫓은 직후인 1961년 7월 7일, 예술인 200여 명이 서울 국도극장 앞길에서 국가재건국민운동 참여 결단식을 열었다. 박정희 최고회의 의장(왼쪽)을 향해 변형두 단장이 결의문을 읽고 있다. 그 뒤에 영화배우 황해, 허장강(맨 오른쪽) 부단장이 완장을 차고 있다. 박 의장 바로 옆은 송요찬 내각 수반. 그 옆은 넥타이를 맨 김종필 중앙정보부장. | 출처: 김종필, 『김종필 증언록 1』, 131쪽.

모체인 '재건동지회'였다. 이 같은 사전 창당작업은 비밀리에 진행되어 1962년 1월 말 종로2가 뒷골목 제일전당포 빌딩에 '동양화학주식회사'라는 간판을 내걸고, 중앙정보부 이영근 차장과 강성원 행정관을 중심으로 각계의 신진 엘리트를 발굴·포섭하는 작업부터 시작했다.

'재건동지회'에 참여한 사람은 예춘호(芮春浩) 부산 동아대 강사, 황성모(黃性模) 서울대 교수, 서인석(徐仁錫)《뉴욕타임스》서울특파원 등이었고, 윤주영(尹胄榮)《조선일보》편집국장도 뒤에 합류했다. 시·도 지부 책임자로는 서울 김홍식, 부산 예춘호, 경기 이영호, 강원 김우영, 충북 정태성, 충남 정인권, 전북 박노준, 전남 최정기, 경북 김호칠, 경남 박규상, 제주 이승택 등 주로 대학교수와 강사가 활동했다.[159]

---

159. 김종필, 『김종필 증언록 1』, 180~181쪽.

재건동지회 조직과 주요 참여자[161]

부서	책임자	참가자	인원수
조직발전부	이호범	박동윤, 손희식, 소두영 등	6명
조직부	강성원	황성모, 이용남 등	11명
조사부	서인석	장용, 이동영, 소두영, 손희식 등	25명
총무부	정지원	박동섭, 김창근, 이호범, 이윤영 등	25명
교육원	윤천주	김성희, 강상운, 이영근, 강성원, 서인석, 예춘호 등	10명

이처럼 비밀리에 '재건동지회'를 조직하는 한편, 박정희의 국가재건최고회의는 1962년 3월 16일 "정치 활동을 정화하고 참신한 정치도의를 확립"한다는 명분을 내세워 '정치활동정화법'이라는 것을 제정하여 무려 4,374명의 정치 활동을 봉쇄함으로써 반대 세력의 손발을 묶어 버렸다.

이때 명단에 오른 사람들은 최고회의에서 추방된 전 군부 지도자와 군사 정부에 비판적인 언론인을 비롯해서 자유당·민주당·신민당 및 진보적 군소 정당의 저명한 지도자, 전직 고위관리, 부정축재자, 남북학생회담 관련 학생 지도부 등이었다. 이들에게는 6년간 공직선거에 후보로 출마하거나, 선거운동에 종사하거나, 정치집회의 연사가 되거나, 정당 활동을 하는 것 등의 제반 정치 활동이 금지된 것이다.[161] 이러한 '정치활동정화법'에 항의하여 윤보선이 대통령직을 사임하자 박정희는 '대통령 권한대행' 자리를 차지하여 마침내 청와대에 입성했다.

'정치활동정화법' 제정을 통한 비경쟁 상태에서 재건동지회는 홀로 조직 활동에 박차를 가했다. 1962년 3월까지 중앙에 약 120명을 충원한 후 나중

---

160. 김용호, 『민주공화당 18년, 1962~1980 - 패권정당운동 실패의 원인과 결과』, 70쪽.
161. 「정치활동정화법」, 한국사사전편찬회, 『한국 근현대사사전』, 가람기획, 2005.

에 12개 시·도 지부에서 평균 20명, 그리고 131개 선거구별로 평균 여섯 명씩 충원하여 1962년 8월경에는 모두 약 1,200명으로 늘어났다. 이들이 나중에 창당되는 민주공화당의 핵심 엘리트가 되었다. 전국적으로 민간인 충원이 끝난 후 재건동지회에 참여할 저명인사 섭외에 착수했는데, 이때 충원된 인사가 윤일선 전 서울대 총장, 김성진 전 서울 의대 교수, 최규남 전 서울대 총장, 윤치영 전 국회의원 등이었다. 이렇게 하여 1962년 말 김종필 팀은 군인정당을 위한 전국적인 인적 네트워크를 완성했다.[162]

재건동지회는 비밀교육도 실시했다. 1962년 4월부터 1주일 단위로 10~40명씩 핵심 당 간부 후보에 대한 비밀교육을 실시하여 그해 말에 1,300여 명이 교육을 마친 것이다. 비밀교육의 본거지는 서울 종로구 낙원동의 춘추장(春秋莊)이란 이름의 옛 요정이었는데, 반쯤은 한식이고 반쯤은 양식인 대지 300평, 건평 80평의 이 건물은 증권파동을 주도한 윤응상이 전세를 얻어 김종필에게 헌납한 것이었다. 재건동지회의 비밀교육에 대해 제3대 중앙정보부장을 역임한 김형욱은 다음과 같이 기록하고 있다.

이 교육원의 원장은 당시 중앙정보부 판단위원 윤천주였고 김성희, 이영근 등이 강의를 맡았다. 교육은 일주일간 한 사람씩 격리된 독방에 유숙시키면서 정당론, 한국정치상황 분석, 5·16 혁명의 불가피성과 그 이념 계승의 의의, 신당의 조직원리 등을 주입식 교육으로 강의했는데, 후일 공화당 내분이 크게 번지자 다른 기밀문서와 함께 교과 내용을 담은 책자들도 몽땅 불태워졌다는 것도 나는 확인했다. 더욱이 피교육자들이 서로의 얼굴을 볼 수 없도록 격리되었고 피교육자는 강사의 얼굴을 볼 수 없고 강사만이 피교육자를

---
162. 김용호, 『민주공화당 18년, 1962~1980 – 패권정당운동 실패의 원인과 결과』, 68~69쪽.

볼 수 있도록 장치되어 있고, 세포 조직의 기본을 무너뜨리지 않기 위해 장소 출입도 시간차(時間差)를 두었다고 하는데 이건 문자 그대로 밀봉교육 바로 그것이었다고 나는 판단했다.[163]

김종필은 박정희에게 이같이 창당작업을 하고 있는 요원들의 사기 진작을 위해 춘추장 방문을 여러 차례 권유했으나 성사되지 않다가, 1962년 8월 하순 박정희가 처음으로 춘추장을 방문했다. 춘추장에서 박정희는 윤천주·김성희 교수 등으로부터 당 규약 작성과 운영 방향에 대한 설명을 듣고 긍정적인 반응을 보였다. 특히 유능한 사람들이 모여 창당작업이 이루어지고 있다는 인상을 받고 박정희는 이들을 격려했다.[164]

이런 작업 모두가 일본 측으로부터 받은 돈으로 뻔뻔스럽게 행한 것이었다.

(4) 박정희의 번의(翻意)[165] 쇼: 2·18 성명→2·27 선서→3·16 성명→4·8 성명

1962년 11월 15일 박정희 군사정권은 헌법 개정안을 공고했다. 이 개정안의 핵심 내용은 4년 임기의 단원제 국회와 4년 임기의 대통령이 1차에 한하여 중임할 수 있는 대통령중심제였다. 12월 6일 쿠데타 이후 내려졌던 계엄령이 해제되고, 헌법 개정안은 12월 17일 실시된 국민투표에서 투표율 85.28%에 78.78%의 찬성으로 통과되었다.

한편 김종필은 지방 대의원과 사무국 요원 등 1,300여 명에 대한 훈련 교

---

163. 김형욱·박사월, 『김형욱 회고록 제1부』, 241쪽.
164. 김용호, 『민주공화당 18년, 1962~1980 – 패권정당운동 실패의 원인과 결과』, 71쪽.
165. 전에 가졌던 생각이나 마음을 뒤집음.

육을 마치자 1962년 12월 13일 서울 워커힐에서 5·16 주체 세력들에게 신당 조직 계획을 설명했다. 비밀리에 창당작업을 지휘해 온 이영근 중앙정보부 차장으로부터 브리핑을 들은 5·16 주체들은 크게 분노했다. 무엇보다도 그 중요한 일이 자신들도 모르는 사이에 이뤄졌다는 것에 대한 배신감과 소외감 때문이었다.[166]

자신들도 모르는 사이에 이런 일이 벌어진 점에 대해 심기가 불편했던 참에, 당 조직을 사무국 조직과 원내 대의기구로 이원화시켜 사무국이 대의기구를 통제한다는 당 조직 이원화 부분에 이르자 5·16 주체들은 흥분하여 감정을 그대로 노출하고 말았다. 이러한 설명을 듣고 재떨이가 날아가고 접시가 허공을 가르는 등 난장판이 벌어졌다.[167] 여기에 4대 의혹 사건을 통해 창당자금을 조달한 점에 대한 불만도 한몫을 했다.[168]

이런 와중에 박정희는 대통령 출마 의사를 밝혔다. 1962년 12월 27일, 박정희는 기자회견을 통해 3군 참모총장과 해병대 사령관을 제외한 국가재건최고위원 전원이 "군복을 벗고 민정에 참여하기로 결정했고, 자신도 최고위원의 한 사람으로 민정(民政)에 참여하기로" 했으며, 자신의 대통령 출마 문제는 "말할 수 있는 입장에 있지도 않으며 시기도 아니다"라고 말하고 "그러나 당원으로 당에서 결정을 내리면 복종해야 하는 것"이라고 하여 출마 의사를 정식으로 표명한 것이다.[169]

그리고 "우리는 최고위원들의 민정 참여가 공약 위배가 아니고 더욱 충실히 공약을 지키는 것이라고 안다. 만약 군복을 입고 자동적으로 참여하

---

166. 김문, 『장군의 비망록 1』, 별방, 1998, 21쪽.
167. 이석제, 『각하, 우리 혁명합시다』, 189쪽.
168. 한용원, 『한국의 군부정치』, 259쪽.
169. 《조선일보》 1962.12.28. 1면.

1962년 12월 27일 박정희가 기자회견을 통해 "대통령 출마 의사를 정식으로 표명했다"고 보도한 《조선일보》 1962년 12월 28일 1면 기사.

여 이번 특혜를 받는다면 공약 위배의 비난을 받겠지만 군복을 벗고 민간인과 같은 자격으로 나가 국민이 선출해 준다면 그것이 국가를 위해 봉사하는 길이고 공약을 지키는 길일 것이다"라는 궤변을 늘어놓으며, 민정에 참여하는 것이, 원대 복귀를 약속한 '혁명공약 제6항'을 저버리는 것이 아님을 강조했다. 앞에서 살펴본 바처럼 '혁명공약 제6항'을 변조·삭제해 가며 꼼수를 부리다가 마침내 마각을 드러낸 것이다.

이렇게 하여 민정 이양이 순조롭게 진행되는 것처럼 보였지만, 비밀 창당작업에 대한 군사정권 내에서의 불만이 높아지고 '혁명공약 제6항'에서 국민에게 약속한 원대 복귀 문제를 놓고 갈등이 확대되자 민정 이양 자체가 흔들리기 시작했다. 이에 따라 박정희는 자신의 말을 계속 뒤집게 되는데, 1963년 초부터 2·18 성명→2·27 선서→3·16 성명→4·8 성명에 이르는 일련의 '번의 쇼'를 펼치게 된다.

지금부터 박정희가 어떤 배경과 의도에서 계속 말 뒤집기를 하며 국민을 기만했는지에 대해 언론 보도를 보아가며 조목조목 따져보기로 한다. 이처럼 자세히 들여다보는 것은 군(軍)의 힘에 의존하는 권력의 속성을 들여다보기 위해서다.

① 1962년 12월 27일 군복을 벗고 민정에 참여하겠다던 박정희가 이듬해 2월 18일 민정 불참 성명을 발표하게 된 까닭은 한국 군부와 미국의 반대 때문이었다. 박정희가 민정 불참 성명을 발표하기 바로 전날 저녁, 육군참모총장 관사에 김종오 육군참모총장을 비롯한 이맹기 해군참모총장, 장성환 공군참모총장, 김두찬 해병대 사령관 등이 모여 "혁명 직후 우리가 국

박정희의 '2·18 민정 불참 성명' 보도
(《동아일보》1963.2.18. 1면)

민에게 공약한 대로 양심적이고 유능한 정치인에게 정권을 이양하고 원대 복귀를 하는 것이 우리의 애국적인 임무"라는 데 의견을 함께했다. 이들뿐만 아니라 박병권 국방부 장관과 김진위 수도방위사령관도 뜻을 같이한다는 의사를 전달해 왔다. 거기다 후견국인 미국도 박정희의 민정 참여를 반대하고 있었으니 문자 그대로 진퇴양난(進退兩難)이었다. 이때 박정희는 김종필, 김형욱, 길재호, 홍종철[170] 등 육군사관학교 8기생들과 논의한 결과

---

170. 홍종철(洪鍾哲, 1924.9.20.~1974.6.9.). 평안북도 철산 출생. 육군사관학교 제8기 졸업(1949). 제6군단 작전참모(1959), 5·16 쿠데타 후 국가재건최고회의 문교사회위원장, 대통령 경호실장(1963), 문교부 차관(1964), 문화공보부 장관(1968), 문교부 장관(1969) 등 역임.

한 걸음 물러나기로 하고 '2·18 민정 불참 성명'을 발표하게 된다.[171]

김종필의 '자의반 타의반 외유' 보도
《동아일보》 1963.2.25. 1면

② 이른바 혁명 주체들은 4대 의혹 사건, 비밀 창당작업 등 김종필의 독주에 대한 불만이 컸다. 박정희는 우선 소나기는 피하자는 판단에서 '2·18 성명' 이틀 후인 1963년 2월 20일 김종필을 민주공화당 창당준비위원장 등 모든 공직에서 사퇴케 했다. 바로 다음 날 김종필에 대해 비판적이던 김재춘을 중앙정보부장에 임명했고, 2월 25일 김종필은 이른바 '자의반(自意半) 타의반(他意半)' 외유 길에 오른다. 또한 바로 다음 날인 2월 26일 김종필이 비밀리에 만든 민주공화당이 창당대회를 열고 당 총재에 정구영,[172] 당 의장에 김정렬[173]이 선출된다. 문제의 김종필만 자리를 비우고 정치 일정은 예정대로 진행된 것이다.

③ 박정희는 2월 27일 서울 시민회관에서 '정국 수습을 위한 선서식'을

---

171. 서중석·김덕련, 『서중석의 현대사 이야기 ⑥』, 141~143쪽.
172. 정구영(鄭求瑛, 1896.6.22.~1978.5.22.). 충청북도 옥천 출생. 경성법률전수학교 졸업(1919). 경성지방법원 검사(1923), 조선변호사협회 회장(1943), 일제 패망 후 조선법조회 이사장(1946), 서울변호사협회 회장(1959), 민주공화당 총재(1963), 제6·7대 국회의원, 민주공화당 탈당(1974) 후 민주회복국민회의 고문 등 역임.
173. 김정렬(金貞烈, 1917.9.29.~1992.9.7.일.). 일본 시고쿠(四國) 가가와(香川)현 출생. 일본육군사관학교 제54기 졸업(1940), 아케노(明野)비행학교 갑종학생 과정 이수(1943), 육군 항공대위 진급(1944), 일제 패망 후 경비사관학교 제5기 졸업, 소위 임관(1948). 초대(1949), 3대(1953) 공군참모총장, 민주공화당 의장(1963), 제7대 국회의원 등 역임. 『친일인명사전』(민족문제연구소)에 등재됨.

열었다. 이 자리에 모인 재야 정치지도자들과 정당 대표 군(軍) 대표들은, 박정희가 '2·18 민정 불참 성명'을 발표할 때 제시한 '정국 수습 9개 방안'을 수락·준수할 것을 선서했다. 박정희는 한국 헌정사상 초유의 선서식에서 낭독한 성명서를 통해 "혁명정부가 당초 기대했던 '세대의 교체'라는 정치목표에 있어서 완전히 실패하고 말았음을 솔직히 자인"하고 "민정에 참여하지 아니하겠"으며, "정정법(정치활동정화법)에 의한 정치 활동 금지를 오늘부로 전면 해제할 것을 선언"했다. 3천여 명의 방청객이 현장에서 지켜보는 가운데 방송으로 중계된 '선서식'에서 박정희는 눈물까지 흘렸고 국민, 언론, 정치인 등 모두는 군정이 종식된다는 사실에 흥분했다.

'2·27 정국 수습을 위한 선서식' 보도
《조선일보》 1963.2.28. 1면

④ 그러나 호랑이 등에 올라타 4대 의혹 사건과 일본과의 거래 등 치명적 약점이 있는 박정희가 쉽게 호랑이 등에서 내려오리라고 생각한 것이 일대 착각이었음이 얼마 가지 않아 드러나게 된다. 2보 전진을 위한 1보 후퇴라는 박정희의 교활한 전략에 말려들어 그의 이이제이[174] 수법을 눈치채지 못한 것이다.

그가 쓴 수법은 간단하다. 눈물까지 흘리며 벌인 '선서식' 나흘 후인 2월 21일 박정희는 중앙정보부장이라는 제2인자 자리에 평소 김종필을 비판하

---

174. 이이제이(以夷制夷): 오랑캐로 오랑캐를 친다는 뜻으로, 어떤 적을 이용하여 다른 적을 제어함을 이르는 말.

'군(軍) 일부서 쿠데타 음모' 보도
《조선일보》 1963.3.12. 1면

던 김재춘을 앉혔고, 한 달 후인 3월 11일 김재춘은 '군(軍) 일부 쿠데타 음모' 사건을 발표했다. 김재춘은 이 음모 경위와 구체적인 진상에 관해서는 전혀 밝히지 않고 "자기들이 장기집권할 의도하에 무력으로 정권을 장악할 망상된 음모"라고만 말했다.[175]

'알래스카 토벌 작전'이라고 불린 이 사건으로, 반(反)김종필 라인으로 박정희의 민정 참여를 반대하던 만주군 함경도 출신 쿠데타 세력(김동하, 김윤근, 박임항, 박창암)이 제거된다. 박정희는 이들의 요구에 따라 김종필을 중앙정보부장에서 해임하고 외유를 보낸 후, 경기도 김포 출신으로 이들과는 계열이 전혀 다른 김재춘의 손을 빌려 거세해 버린 것이다.

당시 재판부는 이 '사건 아닌 사건'을 처리하면서 골머리를 앓아야 했다. 결국 피의자라는 사람들이 기소 사실을 시인하는 대신 곧이어 보석·사면·복권시킨다는 '협상 재판'을 거쳐 정치적으로 처리되었다. 이 사건은 원대 복귀를 주장하는 껄끄러운 존재들을 싹 쓸어버린 일대 작전이었다.[176]

⑤ 이후 박정희가 밟은 수순은, 이미 이승만 정권 때부터 보아 온 것처럼 정해진 거나 다름없었다. 이승만과 다른 점이 있다면 민간인뿐만 아니라[177]

---

175. 《조선일보》 1963.3.12. 1면.
176. 중앙일보 특별취재팀, 『실록 박정희』, 중앙M&B, 1998, 104쪽.
177. 3월 13일 저녁과 14일 오전, '국민자위연맹(國民自衛聯盟)'이라는 단체 소속 청년들이 "박의장은 난국 수습에 과감하라"는 등의 내용이 적힌 플래카드를 들고 시위를 벌였다.

대한민국 역사상 최초로 현역 군인들이 친위 데모에 동원된 것이다. 3월 15일, 60여 명의 위관 및 영관급 현역 장교와 30여 명의 하사관이 데모를 벌이며 "쿠데타 음모자 강력 처벌, 계엄령 선포, 군정 연장, 국방부 장관 해임" 등을 요구했다. 또한 건의문을 통해 "2·27 선서 이후에도 구태의연한 구 정객들의 정치 활동을 즉시 정지시키고, 혁명공약 제6항은 현재로서는 실현 가능성이 없으므로 군정 기간을 연장하든지 박 의장 자신이 민정에 참여해서라도 이를 기필코 실천할 것"을 주장했다.[178]

박정희는 "데모에 가담한 군인을 엄격히 군법으로 다루도록" 지시하며 표정 관리를 하는 한편, 개각을 단행하여 자신의 민정 참여를 반대하는 박병권[179] 국방부 장관 등을 갈아치우는 등 군인 데모대의 요구(?)를 실행에 옮기기 시작했다. 3월 16일 오후, 박정희는 군정을 4년간 연장할 것을 결정했다고 밝히고 "정치 활동이 시작된 지난 2개월 반 동안의 정계 양상이 민정 이양을 할 수 있을 만한 체제가 되지 못했기 때문에 부득이 민정 이양을 연기하자는 결심을 내리게 된 것"이라고 말했다.

그리고 국가재건최고회의가 의결한 군정 4년 연장을 위한 헌법 개정안에 대한 가부(可否)를 국민투표에 부쳐 부결되면 예정대로 민정 이양을 하겠다고 밝혀 군정 연장에 애꿎은 국민을 끌어들였다. 이뿐만 아니라 '비상사태 수습을 위한 임시조치법'[180]을 공포하여 정치 활동을 정지시키고 언론·

---

178. 《동아일보》 1963.3.15. 1면.
179. 박병권(朴炳權, 1920.1.8.~2005.9.20.). 충청남도 논산 출생. 연희전문학교 문과 졸업(1944) 후 학도병으로 강제 징집, 일제 패망 후 군사영어학교 졸업(1946). 이범석 국방부 장관 부관(1948), 제9사단장(1951), 육군사관학교 교장(1954), 제3군단장, 5·16 쿠데타 후 국방부 장관(1961) 등 역임. 박정희 민정 참여를 반대하여 국방부 장관 자진 사임(1963). 한일협정 반대 운동으로 구속(1965).
180. 제1조(목적) 이 법은 1963년 1월 1일을 기하여 허용된 정치활동으로 야기된 국가비상사

'군정 4년 연장 국민투표로 결정' 보도(《경향신문》 1963.3.16. 1면)

출판과 집회 및 시위를 제한했다.

박정희는 또한 "군정에서 민정으로 옮긴다는 것은 단순한 민정에서 민정으로의 정권교체와는 또 다른 특별한 용의(用意)와 준비를 수반하여야 한다는 것이며 그것은 다시는 군정을 필요로 하지 않을 건전한 민정에로의 정치적 체질 개선을 수반하여야 한다는 것"[181]이라는 아리송한 궤변으로 군정 연장을 합리화했으나, 막상 자신의 민정 참여에 대해서는 아무런 언급 없이 슬쩍 넘겨 버리는 수법을 썼다.

박정희의 군정 연장 성명에 대한 일본 쪽 반응이 눈길을 끈다. 만주 인맥을 중심으로 한 일본 극우 세력은 이 군정 연장 성명을 적극적으로 환영했다. 김종필-오히라 메모가 비밀리에 작성된 후 내한하여 박정희·김종필과 함께 밤새워 술을 마셨다는 오노 반보쿠 자민당 부총재는 3·16 성명 바로 다음 날, 다음과 같은 이야기를 했다고 한다.

태를 수습하기 위하여 정치활동을 일시 제한함으로써 정국의 안정을 기함을 목적으로 한다.

181. 《경향신문》 1963.3.16. 1면.

지난달 도쿄에서 김종필 씨는 "3월 중순 한국 정치 정세가 서너 번 바뀔 것이며 그 결과는 일본에 유리할 것"이라고 내게 말한 바 있다. 16일 박 의장이 국민이 승인한다면 군정을 4개년 연장하겠다고 발표한 건 김씨의 예측이 옳았음을 보여 준다. 군정의 계속이 일본에 유리하다는 것은 한일 국교 정상화 회담의 조기 타결을 가능케 할 것이기 때문이다. 청구권 문제가 해결되면 어로 및 독도 문제 등의 제(諸) 난관이 손쉽게 제거될 것이라고 내게 김씨가 말했던 것에 비추어 난 그렇게 생각한다.[182]

박정희는 또다시 군(軍)을 정치에 이용했다. 3·16 군정 연장 성명 후 엿새 만인 3월 22일 오전, 국방부에서 160명의 군 지휘관[183]이 모여 박정희의 3·16 성명을 절대 지지한다는 결의문을 채택했고, 김성은[184] 국방부 장관을 선두로 97대의 지프에 분승해 청와대로 달려갔다. '지프차 데모' 또는 '별판 데모'라고 불렸던 이 데모에서, 지난 2월 17일에는 박병권 전임 국방부 장관과 함께 박정희의 민정 참여에 반대했던 3군 참모총장과 해병대 사령관이 이번에는 신임 국방부 장관 김성은을 따라 박정희 지지대열로 참여했다.[185]

⑥ 3·16 군정 연장 성명 후 정치권, 언론, 학생 등의 저항이 시작되고 해외에서도 항의 시위가 벌어졌다. 그러나 이러한 저항이나 항의보다 훨씬 더 위

---

182. 서중석·김덕련, 『서중석의 현대사 이야기 ⑦』, 도서출판 오월의봄, 2017, 166쪽.
183. 국방부에서 장관을 비롯해 17명, 육군에서 참모총장을 비롯해 사단장급 이상 79명, 해군에서 참모총장을 비롯해 16명, 공군에서 참모총장을 비롯해 23명, 해병대에서 사령관을 비롯해 25명.
184. 김성은(金聖恩, 1924.12.20.~2007.5.15.). 경상남도 창원 출생. 만주국 하얼빈농대 재학 중 일본 패망. 해군 소위 임관(1946) 후 해병대 창설 참여(1949). 해병교육단장(1953), 해병대 제1사단장(1956), 해병대 사령관(1960), 5·16 쿠데타 후 재향군인회 회장(1962), 국방부 장관(1963), 대통령 안보특별보좌관(1968) 등 역임.
185. 서중석·김덕련, 『서중석의 현대사 이야기 ⑥』, 166쪽.

력적인 것은 미국의 압력이었다. 3월 25일 보다 못한 미 국무성은 3·16 성명이 "안정되고 효과적인 정치에 대한 위협이 될 수 없다"는 내용의 성명을 발표했고, 4월 2일 케네디 미 대통령은 친서를 보내 박정희에게 직접 압력을 가했다. 미국은 말만으로는 안 되겠다고 여겨지자 실질적인 카드를 내밀었다. 다음은 이에 대한 김재춘의 증언이다.

3·16 성명이 있자 미국은 2천 5백만 달러의 추가 원조를 보류하겠다는 얘기를 공공연히 하고 다녔어요. 게다가 잉여농산물 추가 도입 계획도 보류를 시켰고요. 1962년에 흉년이 들어 1963년의 보릿고개를 어떻게 넘기느냐가 정부의 골칫거리였어요. 그런데도 박 의장이 군정 연장안을 계속 고집하자, 미측은 추가 원조뿐만 아니라 대한(對韓) 원조계획까지 재검토하겠다는 뜻을 암시하면서 잉여농산물 도입을 실제로 중단시켰을 뿐 아니라, 잉여농산물을 적재하고 한국으로 항행하던 선박에 대해서도 가까운 인접 국가 항구에 기항해서 다음 지시를 기다리도록 조처한 것입니다.[186]

결국 4월 8일, 박정희는 '중대(重大) 성명'을 발표했다. 2·18 불출마 성명, 3·16 군정 연장 성명에 이은 세 번째 '중대 성명'으로 자꾸 말을 뒤집는 것이 쑥스러웠던지 이번 것은 에둘러댄 성명이었다. 4·8 성명의 내용을 보면, "군정 연장 개헌을 위한 국민투표를 9월 말까지 보류, 9월 말에 다시 총선거 또는 국민투표를 결정, 정부는 민생 안정에 노력, 정당에 체질 개선을 권고하고 비상사태 수습을 위한 임시조치법을 폐지하고 정당 활동을 재개" 한다는 것이었다.

---

186. 강성재, 『쿠데타 권력의 생리』, 동아일보사, 1987, 107쪽에서 발췌.

'국민투표 보류, 정치활동 재개 허용' 보도(《경향신문》 1963.4.8. 1면)

이처럼 사실상 군정 연장 철회 성명을 내면서도, 박정희는 자신의 거취에 대해서는 한 마디도 입 밖에 내지 않고 다른 사람을 통해 자신의 의사를 밝히는 간접화법을 사용했다. 4·8 성명 다음 날, 내각 수반 김현철[187]이 기자회견을 통해 "나는 박 의장의 출마 여부에 대해서 대변할 입장에 있지 않으나, 법 테두리 안에서 출마하지 못하는 자를 제외하고는 누구든지 출마할 수 있다"고 밝혀 박정희의 출마를 간접적으로 시사한 것이다. 박정희의 대통령 출마는 이후 끈질긴 외교적 절충 결과 추가 잉여농산물 도입 문제가 타결된 5월 하순경 미국의 양해를 얻게 된다.[188]

마침내 1963년 7월 27일 박정희는 민정 이양을 위한 구체적인 선거 일정을 발표하면서 본인과 다른 군인들의 민정 참여를 공식 선언했다. 이에 따라 박정희는 8월 30일 다시는 이 나라에 본인과 같은 불운한 군인이 없도록 하자라는 말을 남기고 군을 전역한 후 곧바로 공화당에 입당했다. 그리고

---

187. 김현철(金顯哲, 1901.11.3.~1989.1.27.). 서울 출생. 경성고등공업학교 광산과 졸업(1921), 미국 컬럼비아대학교 석사(1932), 아메리칸대학교 박사(1933) 취득. 대한민국 임시정부 주미외교위원회 위원 겸 재정부장(1933), 일제 패망 후 재무부 장관(1955), 부흥부 장관(1956), 5·16 쿠데타 후 경제기획원 장관, 내각 수반(1962), 주미대사(1964) 등 역임.
188. 강성재, 『쿠데타 권력의 생리』, 110~111쪽.

다음 날 열린 공화당 제3차 전당대회에서 총재에 취임하고, 대통령 후보 수락 연설을 했다. 2월 18일부터 시작된 국민에 대한 회유와 협박이 마침내 성공을 거둔 것이다.

4) 박정희, 김종필 그리고 일본

(1) 김종필-오히라 메모

한일 문제를 중앙정보부장 김종필 한 사람에게 도맡기다시피 한 처사에 대해 이것도 박정희의 치밀한 정치 조작의 일환이라고 보는 사람도 있다. 민정 직후 명실상부한 제2인자로 클로즈업된 김종필을 내정으로부터 손 떼게 하기 위한 거세 작전의 한 가닥이었다는 것이다. 실제로 김종필은 군정 말기부터 민정 초인 1964년 무렵까지 한일 국교 정상화에 온 정열을 쏟았다가 국민으로부터 '저자세 외교의 장본인', '친일파' 심지어는 '제2의 이완용'이라는 소리까지 들었다. 그러다 한일회담 반대 운동이 일어나자 또다시 '자의반(自意半) 타의반(他意半)'의 외유길에 올라야 했다.[189]

그런 의도가 있었다 해도, 박정희로서는 한일협상이라는 중요하고 보안이 필요한 작업에 조카사위인 김종필을 내세우는 도리밖에 없었다. 당시 김종필은 만 35세에 불과한 청년이었지만 영악하고 민첩했다. 앞서 말한 것처럼 그는 자신의 육군사관학교 제8기 동기이자 측근인 최영택을 주일대표부 참사관에 꽂아 대일 연락책 역할을 맡겨 놓고 작업을 추진했다. 1961년 10월 24일 박정희 당시 국가재건최고회의 의장의 특사 자격으로 이케다 총리를 만나러 극비리에 일본을 방문했던 것도 최영택을 통한 작업이었다.

---

189. 이상우, 『박정권 18년-그 권력의 내막』, 190쪽.

김종필 자신은 중앙정보부장 신분으로 한일협상이라는 외교 문제에 개입하게 된 까닭을 "나라 일으킬 밑천이 필요했다" 즉 돈이 필요했다며 다음과 같이 말하고 있다.

국교 정상화 협상의 주테마는 결국 일본한테 돈을 내라는 것이었다. 일본이 식민지 시대 때 한국인에게 진 빚이나 가한 고통에 대한 대가를 한국이 받아오는 문제다. 일본은 더 이상 진전시키면 자기네가 불리하다는 생각이었고 한국 측은 말 한마디 잘못하거나 제대로 받아오지 못하면 매국노 소리를 듣기 십상이었다. 그래서 일본 문제만 나오면 전부 뒷짐만 지고 주저앉아 있는 형편이었다. 일본에 대한 한국인의 분노와 한국인에 대한 일본인의 경멸감이 많이 남아 있을 때였다.

그런 정황 속에서 나는 생각했다. '그래, 내가 하자. 혁명에 목숨까지 바친 놈인데 무슨 비난을 받든 뭐가 두려운가. 욕을 할 테면 해라. 나는 대한민국을 위해 움직인다. 내가 길을 뚫겠다. 용기도, 배짱도, 발상도 새로 내겠다.'[190]

과연 김종필이 한일협상에 팔을 걷어붙이고 나선 동기가 이게 전부일까. "나라 일으킬 밑천이 필요"해서 욕먹을 각오로 한일협상에 나섰다는 것인데, 우리가 이미 살펴본 바대로 "한일협상을 추진시킨 대가로(for promoting the Korea-Japan negotiations)" 뒷돈을 받았다는 미국 CIA 보고서의 내용은 어떻게 설명할 것인가?

어쨌든 김종필은 계속 움직였다. 1962년 2월 3일부터 동남아시아 등지를 친선 방문한 후 2월 19일 특사 자격으로 일본을 방문해 21일 오전 10시부터

---

190. 김종필, 『김종필 증언록 1』, 211쪽.

김종필(왼쪽)과 이케다 하야토 일본 총리 | 사진출처: 중앙일보

이케다 일본 총리와 회담했다. 다음은 일본 측 기록에 나오는 김종필의 주요 발언 내용이다.

나는 동남아시아를 돌아보고 나서, 현재 국제 정세하에서는 한 나라만으로 제대로 갈 수 없다는 사실을 절실하게 느꼈다. 미국이 거액의 돈을 각국에 사용하고 있는 것도 그 때문이며, 아시아에서는 일본이 미국과 같은 입장에 있다고 생각한다. 일본 국민은 이런 점을 이해하지 않을까. 따라서 일한 문제에 대해서도 일일이 세세한 것은 말하지 말고, 긴 안목으로 한국의 미래를 생각하고 큰 입장에서 고려하기 바란다. 이런 의미에서 각하가 결심하길 간절히 바란다.[191]

일본이 동남아시아 각국에 배상을 지불했을 때는 일일이 계산해 금액을 내지는 않았을 것이다. 우리는 이번 정치적 절충에서 일본 측이 틀을 제시해

---

191. 이동준 편역, 『일한 국교정상화 교섭의 기록』, 513쪽.

줄 것이라고 생각했다. 구도만 만들면 세목은 빨리 정해질 것으로 판단된다. 일본 측이 정말로 마무리 지을 생각이 있다면, 이 정도는 필요하다고 생각한다. 이번에는 어떻게 해서든 틀을 제시해 줄 것을 부탁한다.[192]

아무리 일본으로부터 뒷돈을 받았다 해도 일본을 상대할 때 박정희나 김종필에게도 나름대로 최소한의 애국심은 있었을 것이다. 그리고 김종필이 일본을 들락거리며 부산을 떤 데에는 또 다른 변수, 즉 미국이라는 후견국의 압력이 있었기 때문이기도 했다. 케네디 미국 대통령이 박정희에게 다음과 같은 내용의 친서(1962년 6월 4일 자)를 보내 한일회담 타결을 독촉한 것이다.

> 친애하는 박 대통령 각하
>
> 지난해 11월 워싱턴에서 각하를 만나 한일 양국 간의 관계 정상화 문제에 관해 논의한 이래로 본인은 줄곧 그 문제에 관해 생각해 왔습니다. (중략) 각하의 앞에는 많은 장애물이 가로놓여 있지만, 본인은 각하께서 회담 타결을 위해 각하의 권한이 허용하는 범위 내에서 모든 노력을 다하실 것이라는 점을 확신하고 있습니다. 본인은 각하의 지도하에 회담이 타결되어 수년 후 우리가 위대한 정치력의 산물이자 한일 양국 국민과 태평양 연안의 모든 인류를 위한 새로운 시대의 시작이었다고 회고할 수 있게 되기를 바라마지 않습니다.[193]

---

192. 이동준 편역, 『일한 국교정상화 교섭의 기록』, 516쪽.
193. 이도성, 『실록 박정희와 한일회담』, 도서출판 한송, 1995, 41쪽에서 발췌.

케네디가 CIA를 통해 박정희와 일본의 금전 관계에 대해 보고받지 않았을 리가 없다. 이래저래 급한 쪽은 박정희이니 1962년 10월 20일 김종필을 일본으로 다시 보내며, 그를 통해 다음과 같은 내용의 편지를 이케다 일본 총리에게 전하게 한다.

친애하는 이케다 총리 각하

저는 한국의 중앙정보부장 김종필 대령이 미국 방문 시에 잠시 일본에 들를 기회에 각하에게 제 진심 어린 인사를 전하도록 부탁했습니다.

저는 극동의 안녕 평화와 자유진영의 단결이라는 견지에서 한일 양국의 국교 정상화가 시급히 이루어져야 한다는 요망이 중대해짐에 따라 양국 간 현안 해결을 위한 기운이 조성되고 있는 것을 보고 기쁘게 생각합니다.

저로서는 이런 좋은 분위기를 현재 진행 중인 국교 정상화 회담을 상호 만족할 수 있도록 타결하기 위해 최대한 활용하는 것이 우리의 의무라고 생각합니다.

이러한 견지에서 저는 김 부장이 각하 및 각하를 보좌하는 분들과 양국의 관심사가 되어 있는 제반 문제를 기탄없이 진지하게 논의할 기회를 얻는 것과, 일본 체류 기간은 짧지만 상기 목표 달성에 큰 효과를 거둘 것을 희망해 마지 않습니다.

마지막으로 각하의 건강과 행복을 기원합니다.

1962년 10월 19일
대통령 권한대행 국가재건최고회의 의장 박정희[194]

---

194. 이동준 편역, 『일한 국교정상화 교섭의 기록』, 559~560쪽.

이처럼 박정희와 김종필이 번갈아 가며 '옆구리 찔러 절 받기 작업'을 계속한 결과, 1962년 10월 20일 오후 김종필과 오히라[195] 일본 외상의 제1차 회담이 열렸다. 이 회담에서 오히라는 협상 전체를 달마 그림에 비유하면 "청구권 금액은 마지막에 눈을 그려 넣는 것"이라고 호기를 부리면서 무상으로 2억 5천만 달러, 최대 3억 달러까지 제공할 뜻을 내비쳤다. 그러나 김종필은 "군사정권이 아니었다면 불가능하다"면서 "무상 3억 플러스알파에 경제협력기금(정부 차관을 의미)이라도 활용해 가능한 한 6억이라는 숫자에 다가가고 싶다"고 말했다.

결국 11월 12일 두 번째 만남에서 오히라는 당초에 검토했던 '무상(無償) 3억 달러', '유상(有償) 2억 달러'에 향후 대폭 늘 것으로 예상은 되지만 일본 정부가 책임질 수는 없는 민간 차관 명목으로 1억 달러를 보태 한국이 원한 총액 6억 달러에 화답하게 된다. 김종필과 오히라는 이렇게 합의한 숫자를 각각 메모했다.[196]

오히라 일본 외상의 필기 메모[197] 내용은 다음과 같다.

1. 무상(無償)

한국은 3.5억 달러(O·A[198]를 포함함)

---

195. 오히라 마사요시(大平正芳, 1910.3.12.1~1980.6.12.). 일본 가가와현(香川縣) 출생. 히토쓰바시(一橋)대학 졸업(1936) 후 대장성 관리 생활. 중의원 의원에 당선(1952)되어 10차례 연임. 관방장관(1960), 외무대신(1962, 1972), 총리대신(1978) 등 역임.
196. 이동준, 『불편한 회고-외교사료로 보는 한일관계 70년』, 도서출판 삼인, 2016, 133쪽.
197. 한일회담 타결 당시 북동아시아 과장이던 구로다 미즈오(黑田瑞夫)는 다음과 같이 말하고 있다. "나는 1965년 가을에 오히라 전 외무대신을 방문해 이 양해각서를 받고 싶다고 말했다. 오히라 대신은 그 자리에서 자신의 지갑에 넣고 있던 메모를 나에게 내주었다. 대신은 이것을 계속 가지고 다녔던 것이다. 이 종잇조각은 현재 북동아시아과에 보관되어 있다." 이동준 편역, 『일한 국교정상화 교섭의 기록』, 572쪽.

1962년 11월 12일 김종필(왼쪽) 중앙정보부장이 일본 외무성에서 오히라 마사요시 외상과 회담하고 있다. | 사진출처: 김종필, 『김종필 증언록 1』, 220쪽.

일본은 2.5억 달러(O·A를 포함함)

이것을 양측이 3억 달러(O·A를 포함함)를 10년(다만 앞당기는 것은 가능함) 안에 주는 것으로 양측 최고 정상에 건의한다.

2. 유상(有償)

한국은 (해외경제협력기금) 2.5억 달러(3할 이하, 7년 거치, 20~30년)

일본은 1억 달러(3.5할, 5년 거치, 20년)

이것을 양측이 2억 달러(3.5할, 7년 거치, 20년)로 양측 최고 정상에 건의한다(10년, 다만 앞당기는 것은 가능함).

3. 수출입은행에 대해서는 한국은 별개로 취급하는 것을 희망

〔일본은 1억 달러 이상의 프로젝트부터 신장(伸張)할 수 있다.〕

이것을 양자 합의하고, 국교 정상화 이전이라고 하더라도 바로 협력하도

---

198. 오픈 계정(open account): 무역 당사국이 거래할 때마다 결제하지 않고 정기적으로 차감액만 주고받는 계정으로 청산계정(淸算計定)이라고도 함.

록 추진하는 것을 양국 정상에 건의한다.[199]

일본 측 기록인 오히라의 메모를 소개하는 것은 2015년 5월 3일 김종필이 《중앙일보》와의 인터뷰에서, 한국 외교부가 2005년 8월 26일 공개한 '김종필-오히라 메모'가 자신이 쓴 '진본(眞本)'이 아니라고 부인했기 때문이다. 다음이 이를 보도한 2015년 5월 4일 자 《중앙일보》의 기사 내용이다. 'JP'는 '종필'의 영문 이니셜이다.

> JP는 3일 중앙일보와 인터뷰에서 "외교부가 공개한 2장짜리 문서는 내가 오히라와 함께 쓴 메모가 아니다"고 증언했다. JP는 "그때 사용한 종이는 오히라 집무실에 있던 손바닥만 한 크기의 메모지 1장으로 그 내용도 매우 간단해 서너 줄에 불과했다. 글씨체도 내 필체가 아니다. 나는 한글과 한자를 혼용해 작성했다"고 말했다. 외교부 공개본은 2장짜리로 일어와 영어로 작성돼 있다. JP는 '외교부 공개문이 오히라가 작성한 건 아닌가'라는 질문에 "엉터리다. 오히라도 1장의 메모지에 나와 똑같은 내용을 기록했다. 우리는 각자가 쓴 메모를 서로 비교·확인했다. 회담 중 그가 쓴 게 아니다"고 답변했다. 이에 따라 JP가 쓴 '김-오히라 메모' 원본의 소재가 관심사로 떠오른다.
>
> JP는 "회담 이튿날인 1962년 11월 13일 박정희 최고회의 의장에게 보고하고 메모는 배석했던 최덕신 외무부 장관에게 넘겨줬다"고 밝혔다. JP는 "내가 작성한 메모가 장관을 통해 외무부에 전달되거나 보관하는 과정에서 분실된 게 아닐까"라고 추측했다.

---

199. 이동준 편역, 『일한 국교정상화 교섭의 기록』, 571~572쪽.

한국 외교부가 공개한 '김종필 메모'가 진본이든 아니든 간에 두 사람이 "합의 내용을 각각 쓰고 서로 대조해 보았다"[200]고 하니 '오히라 메모'와 내용은 마찬가지다. 메모 내용을 좀 더 구체적으로 설명하면 아래와 같다.

1. 무상 공여로 3억 달러를 10년에 나누어 제공하되 그 기간은 단축시킬 수 있다. 내용은 용역과 물품, 한일 청산계정에 대일부채로 남은 4,573만 달러는 3억 달러 중에서 상쇄한다.

2. 해외 협력기금 차관으로 2억 달러를 10년에 나누어 제공하되 그 기간은 단축시킬 수 있다. 7년 거치에 20년 분할 상환, 연리는 3푼 5리(정부 차관)

3. 수출입은행 조건차관으로 1억 달러 이상을 제공한다. 조건을 경우에 따라 달리함. 이것은 국교 정상화 전이라도 실시할 수 있다.(민간차관)[201]

이러한 내용은 김종필 개인의 협상력에 의한 것이라고 보기는 어렵다. 일본 측 공문서에 따르면 1962년 8월에 한국 측이 청구권 3억 달러와 그와 비슷한 수준의 정부 차관을 희망한다는 판단하에 '무상 3억 달러', '유상 2억 달러' 방안을 염두에 두고 있었다. 여기에는 무상으로 3억 달러 정도는 한국에 줘야 한다는 견해를 여러 차례 제시했던 미국의 입장도 감안했다.[202]

이러한 김종필-오히라 메모에는 자금 제공의 명목에 관해서는 한마디의 언급도 포함되지 않아 쌍방이 그 명목을 편의적으로 해석할 수 있는 여지를 최대한 남겼다. 그 후 교환된 정부 간 합의 문서에는 일본의 무상·유상

---

200. 김종필, 『김종필 증언록 1』, 222쪽.
201. 이상우, 『박정희 시대-5·16과 한·미관계』, 149쪽.
202. 이동준, 『불편한 회고-외교사료로 보는 한일관계 70년』, 132~133쪽.

자금 제공의 결과로서 청구권 문제가 해결되었다고 규정되어 있어 한국 측이 청구권을 포기한 사실이 확인되었다.[203]

그렇다고 해서 일본의 경제적 도움을 토대로 하여 한국의 산업화가 크게 진전되었다는 것을 굳이 부인할 필요는 없다. 일반적으로 일본의 한국에 대한 경제협력은 대일 청구권에 대한 정치적 타협으로서의 무상 3억 달러, 유상 2억 달러, 총 5억 달러로 설명되지만, 이외에도 일본은 한국의 요청에 따라 1990년까지 각종 공공차관과 민간자본 투자를 지속적으로 투입했다. 다만 이 같은 일본의 경제협력은 어디까지나 경제와 냉전의 논리로 과거사를 봉인해 버린 1965년에 타결된 '굴욕적' 한일협정의 대가로 이루어진 것이었다.[204]

여기에 일본이 한국에 제공한 이른바 경제협력자금의 뿌리가 미국의 대일 원조 자금이었다는 점에도 주목할 필요가 있다. 즉 태평양전쟁에서 패망한 일본을 점령한 미국은 전후 복구를 위해 막대한 원조를 제공했고, 이를 변제하기 위해 일본이 모아 둔 자금을 경협 자금으로 활용한 것이다. 한국에 대한 미국의 원조 부담을 덜어 주기 위해 일본이 이 자금을 재활용한 셈이었다.[205]

그럼에도 불구하고 일본으로부터 비밀리에 엄청난 돈을 받고 추진한 한일협상, 그 결과물로 탄생한 한일협정의 문제점이 그대로 덮어지는 것은 아니다. 요즘처럼 종군위안부 피해 문제가 제기될 때만이 아니라 일본 천황의 대한(對韓) 사과 수준이 문제가 될 때, 독도 문제가 비화될 때, 재일 한국

---

203. 이원덕, 『한일 과거사 처리의 원점』, 300쪽.
204. 이동준, 『불편한 회고-외교사료로 보는 한일관계 70년』, 161~162쪽.
205. 이동준, 『불편한 회고-외교사료로 보는 한일관계 70년』, 166쪽.

인의 법적 지위 문제와 재일(在日) 문화재 반환 문제가 대두될 때, 태평양전쟁 중의 한인(韓人) 피해 보상 문제가 거론될 때 예외 없이 반복되는 대목이 바로 당시의 부실했던 한일협상이기 때문이다.[206]

이러한 한일협상의 결과 탄생한 한일협정의 문제점은 이 책 뒷부분(제3부 제3장)에서 자세히 검토할 것이다.

(2) 박정희와 기시 노부스케 인맥

박정희가 쿠데타로 집권한 뒤 일본은 한국에게 외국 아닌 외국이었다. 이른바 유착관계라고 표현되었던 당시의 한일관계는 국가 대 국가의 단순한 우호관계가 아니라 뭔가 끈적끈적한 인간관계가 개재되어 있음을 뜻했다. 그런데 이 인간관계가 역사적·지리적으로 가까운 한일 두 나라 국민 사이의 친밀한 관계가 아니라 양국 집권세력 중 특정 인사 또는 세력들 간에 구축된 동류의식 같은 데서 비롯되었다는 점이 문제였다.[207]

박정희의 대일 정책에서 가장 이해할 수 없는 것은 일본의 일부 정치세력과의 '검은' 유착이다. 마치 폭력조직 간의 거래처럼 의리를 내세우며 오랫동안 은밀하게 유지된 이 관계는 수시로 공식적인 외교 채널을 압도하며 한일관계 전체를 왜곡시켰다. 그야말로 '흑막(黑幕) 정치'였던 만큼 이에 대해선 소문만 무성할 뿐 그 실체는 아직도 거의 규명되지 않고 있다. 다만 비밀 해제된 한일 양국의 외교 사료나 관련자들의 회고록 등을 참고하면 복잡하게 얽힌 흑막 속에서 기시 노부스케를 중심으로 한 이른바 일본 내 만주 인맥과의 유대관계가 유별났다는 점을 금세 확인할 수 있다.[208]

---

206. 김충식, 『남산의 부장들』(개정증보판), 메디치미디어, 2012, 82쪽.
207. 이상우, 『박정권 18년-그 권력의 내막』, 106쪽.

그 '흑막정치'의 중심에 있었다는 기시 노부스케의 인맥에 대해 살펴보기로 하자.

한일회담 당시 일본 총리 이케다 하야토와 한일협정을 체결할 때의 총리 사토 에이사쿠[209]부터 보자. 이케다 하야토는 기시 노부스케 제2차 내각(1958. 6.12.~1959.6.18.)에서 국무대신과 통산대신을 지내다 총리가 된 인물이고, 사토 에이사쿠는 기시 노부스케의 친동생이니 더 언급할 필요도 없다. 1965년 6월 22일 일본 외상으로 한일협정 체결의 마침표를 찍은 시나 에쓰사부로[210]는 누구인가? 그는 기시 노부스케 내각에서 관방장관, 이케다 하야토와 사토 에이사쿠 내각에서 외무대신을 역임한 사람으로 특히 기시 노부스케와 인연이 깊었던 인물이다. 기시 노부스케가 만주국 산업부 차장(1937)과 총무성 차장(1939) 등을 역임하며 실세로 활약하던 시절, 그의 휘하에서 과장의 직책을 수행한 인물이었다.

박정희가 일본 방문 중이던 1961년 11월 12일, 기시 노부스케와 함께 박정희 환영모임을 주최한 이시이 미쓰지로(石田光次郎)를 보자. 그는 경찰 출신으로 태평양전쟁 기간 중 타이완총독부 참사관, 요시다 시게루[211] 내각

---

208. 이동준, 『불편한 회고-외교사료로 보는 한일관계 70년』, 137쪽.
209. 사토 에이사쿠(佐藤榮作, 1901.3.27.~1975.6.3.). 야마구치(山口)현 출생. 기시 노부스케의 친동생. 도쿄제국대학 법학부 졸업(1924). 고등문관시험 합격 후 오사카 철도국장(1944), 일본 패전 후 요시다 시게루 제2차 내각에서 관방장관(1948), 기시 노부스케 제2차 내각에서 대장대신(1958), 이케다 하야토 내각에서 대장대신, 통상대신(1961), 제61·62·63대 총리대신(1964~1972) 등 역임. 노벨 평화상 수상(1974).
210. 시나 에쓰사부로(椎名悦三郎, 1898.1.16.~1979.9.30.). 이와테(岩手)현 출생. 도쿄제국대학 졸업 후 농상무성 근무. 기시 노부스케 아래에서 만주국 통제과장, 산업부 광공과장을 지낸 후 일본으로 돌아와 군수성 육군 사정 장관 겸 총동원국장 등 역임. 일본 패전 후 중의원 의원(1955), 기시 노부스케 내각 관방장관, 이케다 하야토와 사토 에이사쿠 내각에서 외무대신 등 역임.
211. 요시다 시게루(吉田茂, 1878.9.22.~1967.10.20.). 도쿄 인근 요코스카시(橫須賀市) 출생. 도

에서 운수상, 기시 노부스케 제1차 내각에서 국무대신(부총리)과 자유민주당(자민당) 총무회장 등을 역임한 후 5·16 쿠데타 후 한일회담이 진행될 때 자민당 내에 설치된 '일한문제간담회'의 좌장이 되어 한일국교 타결에 적극적인 역할을 한 인물이다.

박정희가 일본 방문 때 만났던 기시 노부스케 측근으로 오노 반보쿠라는 인물도 있다. 그는 1963년 12월 17일의 박정희 대통령 취임식 때 일본 경축사절단장으로 입국하기에 앞서 일본 기자들에게 "박 대통령과는 서로 부자(父子)간이라고 자인할 만큼이나 친한 사이"라고 전제하고 "아들의 경사스런 무대를 보게 되는 것이 무엇보다 기쁘다"고 말했다고 한다. 이러한 오노 반보쿠의 '망언'에 대해 이를 취소하라는 국내 여론이 비등했고 그의 숙소 앞에서 데모까지 일어났다. 이에 대한 그의 반응은 "표현의 차이"라는 것이었다.[212]

오노 반보쿠는 이 발언 전에도 '타이완·한국을 합한 일본합중국' 같은 위험한 주장을 서슴지 않은 인물이다. '부자지간' 발언 파문 당시 언론 보도를 보면, 오노 반보쿠가 박정희 취임식에 참석한 후 일본에 돌아가 이케다 총리에게 방한 결과를 보고하는 자리에서도 이 이야기가 나왔다는 것이다. 오노 반보쿠가 억울하다는 반응을 보이자, 그 자리에 있던 오히라 마사요시 일본 외상은 "나도 '한국 고관을 아무개 군' 하고 불렀더니 후에 문제가 됐습니다"라며 장단을 맞췄다 한다.[213]

어떻게 했길래 일본인들로부터 이런 발언까지 나오게 되었을까? 1962

쿄제국대학 법학과 졸업(1906) 후 외교관 시험 합격. 외무차관(1928), 영국 대사(1936), 반전 활동 혐의로 체포(1945). 일본 패전 후 제45·48·49·50·51대 총리대신 역임.
212. 《경향신문》 1963.12.21. 2면.
213. 서중석·김덕련, 『서중석의 현대사 이야기 ⑦』, 59쪽.

1962년 12월 10일 김종필 중앙정보부장이 한국을 방문한 오노 반보쿠를 반갑게 맞이하고 있다. | 사진출처: 국가기록원

년 12월 10일 오노 반보쿠가 한국을 방문했을 때의 일화에서 그 해답을 찾을 수 있다. 언론 보도부터 보자.

> 고비에 다다른 한일교섭은 일본의 여당인 자민당 부총재 오노 반보쿠 씨가 오는 10일에 방한함으로써 국교 정상화에의 막바지 길을 달리게 되었다. 이케다 일본 수상의 최종안을 휴대하고 갈 것으로 보여지는 오노 부총재의 방한으로 한일 국교 협상의 초점은 도쿄에서부터 잠시 동안 '서울'의 실질적인 정치회담으로 옮겨지게 될 것 같다.[214]

이른바 김종필-오히라 메모를 비밀리에 작성했던 것이 1962년 11월 12일이었다. 그러고 나서 한 달이 지나 최종담판을 지으러 오노 반보쿠가 한국

---

214. 《동아일보》 1962.12.7. 3면.

에 오니 문자 그대로 '칙사(勅使)'[215] 대접으로 구워삶아 한일협상을 타결해야 한다. 그래서 박정희까지 나서 술판을 벌였는데, 당시 오노 반보쿠와 동행했던 일본 외무성 아시아국장 이세키 유지로(伊関祐二郎)는 귀국 후 다음과 같이 보고했다.

오히라 대신과 김 부장의 양해에 대해 이케다 총리가 재단(裁斷)을 유보했기 때문에 한국 측은 크게 실망했다. 이번 방한 중에도 상대측은 시종 이 양해대로 결정해 달라고 요청했다. 이에 대해 오노 씨는 가슴을 두드리면서 "나는 남자다. 귀국하면 반드시 총리의 승낙을 얻겠다"고 답했다.[216]

1962년 12월 12일 밤, 대한민국의 국가수반이라는 박정희가 처음 만난 일본 외무 공무원 이세키는 요정에서 밤새워 술을 퍼먹었다. 이에 대해 이세키는 다음과 같은 글을 남겼다.

서울에서는 오노 씨와 김종필 부장 둘이서만 회담을 했다. 그래서 오노 씨가 책임을 지고 이를 총리가 받아들이게 한다고 말한 것이다. 그날 밤 용산의 안가에서는 박정희, 김종필, 오노 씨를 비롯해 나까지 4명이 밤을 새워 술을 마셨다. 오노 씨는 혈압도 높고 이런 자리에서 마시고 쓰러지면 곤란하기 때문에 일찍 들어간다고 해 먼저 침실에서 쉬게 했다. 내일 아침까지 여기에 있겠다고 하여, 나는 박정희와 김종필 2명을 상대로 마셨다. 두 사람이 술이 강해 마시게 되어 버렸고, 나는 제정신을 잃었다. 아침에 보니 나는 거기서 자고

---
215. 임금의 명령을 전달하는 사신.
216. 이동준 편역, 『일한 국교정상화 교섭의 기록』, 580쪽.

있었다. 재미있었다.[217]

이런 인맥을 가진 기시 노부스케에 대한 박정희의 애착은 끈질겼다고나 할까? 1961년 8월 기시 노부스케에게 편지를 보낸 지 2년 만에 박정희는 다음과 같은 내용의 편지를 재차 보낸다.

근계(謹啓)

거반(去般)[218] 귀국을 방문한 바 있는 박흥식[219] 씨 편으로 전해 주신 귀하의 서한에 접하고 상금(尙今)[220] 회신을 드리지 못하고 있는 차에 금번 다시 박흥식 씨가 귀국을 방문하는 기회를 이용하여 귀하에게 경의를 표하게 됨을 기쁘게 생각합니다.

한일 간의 국교가 하루속히 정상화되어야 한다는 것은 본인의 변함없는 신념입니다. 이는 한일 양국의 공동번영의 터를 마련할 것이며 현재의 국제 사정하에서 극동의 안전과 평화에 기여하는 바 지대하리라고 믿습니다. 귀하께서도 항상 한일관계의 개선에 관심을 가지시어 적극적인 노력을 아끼시지 않는 데 대하여 본인은 심심한 사의를 표하는 바이며 한일회담의 조기 타결을 위하여 배전의 협조 있기를 바라마지 않습니다.

---

217. 이동준 편역, 『일한 국교정상화 교섭의 기록』, 580~581쪽.
218. 말하는 때 이전의 지나간 차례나 때.
219. 박흥식(朴興植, 1903.8.6.~1994.5.10.). 일제강점기의 상징적인 조선인 재벌. 평안남도 용강 출생. 용강공립보통학교 졸업(1915). 고향에서 미곡상·지류도매업·인쇄소를 경영하다가 1926년 상경하여 화신(和信)백화점(1931), 화신상사(주) 사장(1941) 등 역임. 중일전쟁(1937) 후 거액의 국방헌금 기부, 각종 친일 단체 참여, 일본 천황을 만나 '대동아전쟁 완수에 전력을 바칠 것'을 맹세(1942)하는 등 친일 활동을 함. 『친일인명사전』(민족문제연구소)에 등재됨.
220. 지금까지 또는 아직.

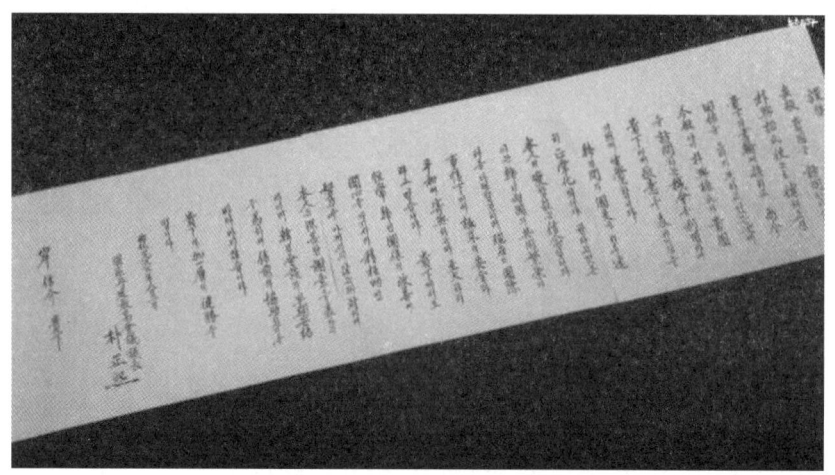

박정희가 기시 노부스케에게 보낸 1963년 8월 1일 자 편지. 이 편지는 앞서 소개한 1961년 8월의 편지와 함께 국사편찬위원회가 일본 국회도서관 헌정자료실에서 찾아내어 공개한 것이다. | 사진출처: 뉴스타파

    귀하의 가일층의 건승을 빕니다.

                  서기 1963년 8월 1일 국가재건최고회의의장 박정희

    기시 노부스케(岸信介) 귀하

    조속한 한일 국교 정상화를 바란다는 이 편지의 내용은 지난번 것과 다를 바 없고, 다만 중개인이 박정희 대구사범학교 동기 신영민에서 박흥식으로 바뀐 점이 눈에 띈다. 김종필이 주일대표부에 심어 놓은 최영택도 있고, 한일회담을 위해 파견된 외교관들도 있었을 텐데 왜 하필이면 박흥식이었을까?

    먼저 박흥식이라는 인물부터 보자. 그는 1949년 1월 반민특위[221]에 제1

---

221. 반민족행위특별조사위원회(반민특위): 반민족행위처벌법(반민법)을 집행하기 위해 동법 제8·9조에 의해 1948년 9월 29일 제헌국회에 설치된 특별기관. 1948년 10월부터 친일반

1962년 1월 18일, 박정희 국가재건최고회의 의장(오른쪽)에게 '남서울계획안'을 설명하고 있는 박흥식 | 사진출처: 국가기록원

호로 구속되었던 인물이다. 일제강점기의 상징적인 조선인 재벌이긴 했지만, 그는 어디까지나 '장사꾼'이었다. 그럼에도 그가 찬란한 친일 경력을 자랑하는 저명인사를 제치고 제1호로 구속된 것은 전투기라는 전쟁무기 제조를 목적으로 회사를 설립했기 때문이었다. 다음은 반민특위의 조사보고서 가운데 박흥식의 제일 범죄 사실로 지적된 내용이다.

> 피의자 박흥식은 소위 대동아전쟁[222]이 결전 단계에 이르렀을 쇼와(昭化) 19년(1944년) 2월 일본이 항공전력을 증대하자 일본 필승의 신념 아래 조선비행기공업(주)를 설립코자 설립 취지를 조선총독, 조선군사령관, 내각총리대신에게 피력하여 흔쾌히 승낙을 얻어 회사 창설 지령을 받음. 이후 피의자는 수차에 걸쳐 일본 도쿄에 가서 일본 정부 당국과 절충한 결과 자본금 5천

민족행위자들에 대한 예비 조사를 시작으로 의욕적인 활동을 벌였으나, 이승만 대통령과 친일세력의 비협조와 방해로 1949년 10월 해체되었다.
222. '태평양전쟁'에 대한 일본 정부의 호칭.

만 원의 조선비행기공업주식회사 설립을 내락받고 쇼와 19년 7월 박흥식이 발기인이 되어 설립 취지서를 내걸고 공모했다. 쇼와 19년 10월 4일 박흥식은 대표 취체역이 돼 조선비행기(주) 설립 등록을 마치고 동년 10월 30일 조선총독 아베 노부유키(阿部信行)에게 항공기 제조 사업허가를 받았다. 이어 동년 12월 육군대신으로부터 군수회사로 지정돼 12월 자신이 생산책임자로 취임하면서 대표 취체역의 자격상실 등기를 완료했다.[223]

이 조사보고서 내용을 보면 일제강점기 말 박흥식은 거물이었다는 사실을 알 수가 있다. 전투기를 제조할 목적으로 군수회사를 설립했으니 그가 접촉한 인물만 해도 조선총독, 조선군 사령관, 일본 총리대신 등 굵직굵직한 인물들이다. 당시 조선총독은 아베 노부유키,[224] 조선군 사령관은 이타가키 세이시로[225]였고, 일본 총리대신은 도조 히데키로 내무대신·육군대신·참모총장을 겸임하고 있었다.

이 세 사람과 기시 노부스케, 네 사람은 모두 A급 전범이었다는 공통점이 있다. 아베 노부유키와 기시 노부스케는 풀려났지만, 도조 히데키와 이타가키 세이시로는 교수형을 당한다. 여기서 주목해야 할 점은 기시 노부스케가 도조 히데키 내각(1941~1944)에서 상공대신 및 군수성 차관으로 근무

---

[223] 정운현 편역, 『풀어서 쓴 반민특위 재판기록 II』, 선인, 2009, 19~20쪽.
[224] 아베 노부유키(阿部信行, 1875.11.24.~1953.9.7.). 일본 이시카와(石川)현 출생. 일본육군사관학교(1897), 육군대학교 졸업. 육군차관(1928), 타이완군 사령관(1933) 등 역임 후 2·26사건 관련으로 예편. 총리대신(1939), 조선총독(1944) 등 역임. 일본 패전 후 A급 전쟁범죄자(전범)로 체포되었으나 증거 불충분으로 석방됨.
[225] 이타가키 세이시로(板垣征四郎, 1885.1.21.~1948.12.23.). 일본 이와테(岩手)현 출생. 일본육군사관학교(1904), 육군대학교(1916) 졸업. 만주국 관동군 참모장(1936), 육군대신(1939), 조선군 사령관(1941) 등 역임. 일본 패전 후 A급 전범으로 극동국제군사재판에 회부되어 1948년 12월 23일 교수형 당함.

했다는 사실이다. 그러니 기시 노부스케는 박흥식을 잘 아는 사이였고, 전범으로 복역하다 석방된 후 박흥식의 화신(和信) 도쿄사무소 고문을 맡고 있었다.[226]

그렇다면 박흥식은 박정희와 기시 노부스케 사이에서 어떤 일을 하고 있었을까? 당시 재벌급 기업가였던 박흥식의 역할이 단순히 편지를 전달하는 것일 리는 없고, 틀림없이 '돈 심부름'이었을 것이다. 편지를 보낸 1963년 8월 1일, 그때는 이미 박정희가 민정 참여를 선언하고 7월 12일 중앙정보부장에 김형욱을 임명하는 등 대통령 선거에 대비하던 시기여서 실탄이 필요했을 것이기 때문이다. 이 역할의 대가로 박흥식이 박정희로부터 송도해수욕장 개발권과 원진레이온 설립권을 얻어 냈다[227]고 하니 그럴 가능성이 농후하다.

후일 박정희는 기시 노부스케에게 진 신세를 '훈장'으로 갚는다. 1970년 6월 18일 박정희가 한일협력위원회[228] 일본 측 의장인 기시에게 1등 수교훈장을 수여한 것이다.[229] 만주국 총무성 차장 출신으로 일본 A급 전쟁범죄자였다가 간신히 살아남아 일본 총리에 오른 기시 노부스케. 바로 이 사람에게 만주국 육군 중위 출신으로 남조선노동당 가담자였다가 간신히 살아남아 대한민국 대통령 자리에 오른 박정희가 대한민국 1등 수교훈장을 수여했다? 몹시 씁쓸한 기분이 나는 대목이다.

---

226. 김동조, 『냉전시대의 우리 외교』, 문화일보, 2000, 153쪽.
227. 김용석, 「다시 쓰는 한반도 100년: 일, 5·16 직후 먼저 국교정상화 의사타진」, 《경향신문》 2001.11.3. 14면.
228. 1969년 한국과 일본 두 나라의 정치·경제·문화 등 다방면에 걸친 협력 방안을 논의하기 위해 발족한 민간기구.
229. 《경향신문》 1970.6.18. 1면.

3. 제5대 대통령 선거

1) 윤보선은 왜 패배했는가

제5대 대통령 선거일이 1963년 10월 15일로 확정되고 9월 15일 후보 등록을 마감한 결과, 기호순으로 장이석(신흥당), 송요찬(자민당), 박정희(민주공화당), 오재영(추풍회), 윤보선(민정당), 허정(국민의당), 변영태(정민회) 등 7명이 대통령 후보로 공고되었으나, 10월 2일 허정, 10월 7일에는 송요찬 후보가 윤보선을 지지한다며 대통령 후보직을 사퇴함으로써 선거는 사실상 박정희와 윤보선의 2파전으로 전개되었다.

선거 결과를 보자. 공화당(共和黨) 박정희 후보가 470만 2,642표(46.65%)를 얻어 454만 6,614표(45.10%)를 획득한 민정당(民政黨) 윤보선 후보를 불과 15만 6,028표 차이로 따돌리고 승리했다. 박정희의 승리가, 첫째로 중앙정보부를 비롯한 막강한 조직을 활용한 부정선거, 그리고 4대 의혹 사건을 통해 마련한 돈에다가 일본으로부터 받은 막대한 자금을 동원한 덕분이었음은 말할 것도 없다.

그러나 15만여 표 차이라는 박빙의 접전에서 패한 것은 윤보선 후보 측이 자초했다고 볼 수도 있다. 그것은 유권자의 마음을 움직일 수 있는 뚜렷한 명분을 내세우지 못했을 뿐만 아니라, 정책 대결로 승부를 걸지 않고 박정희의 약점을 어설프게 파고드는 데만 몰두했기 때문이었다. 구체적으로 무엇이 문제였을까?

먼저 박정희가 외친 '민족적 민주주의'라는 것이 구체적 내용이 없는 허황한 주장이었음에도 이에 맞설 충분한 논리를 펼치지 않아 지식인들로부

1963년 10월, 거리에 나붙은 제5대 대통령 선거 포스터를 사람들이 쳐다보고 있다. | 사진 출처: 한겨레

터 외면당했다. 여기에 '사상논쟁(思想論爭)'을 잘못된 방향으로 지나치게 벌임으로써 호남과 진보적 유권자의 반감을 사게 되어 이들이 오히려 박정희를 지지하게 만들었다. 또한 중앙정보부가 만든 'YTP'라는 조직에 대한 제보를 받았음에도 실체 파악을 하지 않고 공격하는 데만 급급하여 이 조직의 박정희 선거운동을 방관한 셈이 되었다.

지금부터 이 같은 문제점들을 중심으로 제5대 대통령 선거를 분석하고, 이제까지 구체적으로 알려지지 않았던 'YTP'의 정체를 철저히 밝혀내기로 한다.

(1) 박정희의 '민족적 민주주의'

박정희는 18여 년간 통치하며 세 가지의 민주주의를 발명했다.

첫째가 쿠데타 다음 해인 1962년 군정기(軍政期)에 만든 정체불명의 '행정적 민주주의'라는 것으로 박정희 이름으로 발간된 저작[230] 가운데 『우리 민족의 나갈 길』이라는 책에 등장한다. 이 책에서 '행정적 민주주의'를 'Administrative Democracy'라고 영어로 번역까지 해 가며 "우리의 사회적 정치적 현실에 알맞은 민주주의"[231]라고 했지만, 무슨 민주주의를 뜻하는지 도무지 이해할 수 없다.

다음으로 박정희가 내세운 것이 우리의 관심사인 '민족적 민주주의'라는 것이다. 1963년 대통령 선거 때 등장한 '민족적 민주주의'[232] 역시 민족주의에 토대를 둔 민주주의라는 문자 그대로의 뜻 외에는 구체적 내용이 없이 논쟁만 불러일으켰다. 그가 주장한 세 가지 민주주의 중 내용이 분명한 것은 1972년 유신 쿠데타와 함께 탄생한 '한국적 민주주의'[233]라는 것으로, 박정희 민주주의의 완결판이라 할 수 있다.

박정희가 '민족적 민주주의'에 대해 최초로 언급한 것은, 1963년 9월 23일 오전에 있었던 서울중앙방송국(오늘날 KBS) 라디오 정견 발표 방송에서였다. 다음은 이에 대한 언론 보도다.

---

230. 박정희는 집권 기간에 『지도자도(指導者道)』(1961), 『혁명과업완수를 위한 국민의 길-국민운동의 방향』(1962), 『우리 민족의 나갈 길』(1962), 『국가와 혁명과 나』(1963), 『민족의 저력』(1971), 『민족중흥의 길』(1978) 등의 저작을 출간했고, 미출간 저작으로 『한국 민주의』(1972, 국립중앙도서관 소장)를 남겼다.
231. 박정희, 『우리 민족의 나갈 길-사회재건의 이념』, 동아출판사, 1962, 229쪽.
232. 박정희는 1967년 제6대 대통령 선거에서도 '민족적 민주주의'를 활용했다.
233. '한국적 민주주의'의 내용은 유신헌법에 규정되어 있다. 유신헌법은 통일주체국민회의 대의원에 의한 대통령 간접선거제, 국회 의석 3분의 1을 사실상 대통령이 지명, 대통령과 국회의원 임기를 6년으로 연장, 국회해산권 및 사실상 무제한의 긴급조치권을 대통령에게 부여, 국회의 국정감사권 폐지 등 모든 권력을 대통령 한 사람에게 집중시켜 실질적으로 박정희의 영구집권을 보장하는 내용이었다.

《경향신문》(1963.10.11. 3면)은 「무엇이 다른가」라는 제목으로, 민주주의 논쟁에 대한 공화당의 서인석(徐仁錫) 선전부장과 민정당의 김영삼(金泳三) 임시대변인의 주장이 담긴 글을 실었다. 박정희가 주장한 '민족적 민주주의'는 구체적 내용이 없는 선전도구에 불과했다.

공화당 대통령 후보 박정희 씨는 9월 23일 "자주와 민주를 지향한 민족적 이념이 없는 곳에서는 결코 진정한 자유민주주의는 꽃피지 않으며 오직 자유민주주의는 건전한 민족주의의 바탕 위에서 존재해야 한다"고 말했다. 박씨는 이날 오전 7시 10분 중앙방송을 통한 그의 첫 정견 발표에서 이같이 주장하면서 "이번 선거는 민족적 이념을 망각한 가식의 자유민주주의 사상과 강력한 민족적 이념을 바탕으로 한 자유민주주의 사상과의 대결이다"고 역설했다. 박씨는 "지난 2년 동안 이 자주와 자립의 민족의식을 되살리기 위해 무한히 애써 왔다"고 말하고 "사랑스러운 자손을 위하여 그들에게 '자립'이라는 유산을 물려주어야 한다"고 주장했다.[234]

---

234. 《경향신문》 1963.9.23. 1면.

박정희는 태생적으로 식민사관[235]에 찌들어 있는 인물이었다. 이 같은 박정희가 만들어 낸 수식어가 붙어 있는 '민족적 민주주의'라는 것은 체계적 사유에서 비롯된 논리적인 완결성을 형성하지 못하고 정치적 상황에 맞춰 가며 변용된 것이었다.[236] 그럼에도 불구하고 윤보선 측이 이에 대한 논리적 대응을 하지 않고 박정희의 '사상'에만 공격을 퍼붓자 박정희를 진보적 인물로 착각한 사람들이 박정희를 지지하는 일이 벌어지게 된다.

구체적 예를 보기로 하자. 당시 서울대 문리대에 재학 중이던 소설가 김승옥(金承鈺, 불문과 60학번)과 중앙대에 재학 중이던 문학평론가 임헌영(任軒永, 국문과 61학번)의 증언이 이 사실을 입증하고 있다. 다음은 「4월혁명과 60년대를 다시 생각한다」라는 좌담(2001.9.22.)에서 이들이 한 증언이다.

먼저 전라남도 순천고등학교 출신 김승옥의 이야기부터 들어보자.

> 이 자리에서 고백할 게 하나 있는데, 박정희 대통령이 민정 이양 형식으로 대통령 선거에 나왔을 때 나는 박정희에게 투표했어요. 학교 친구들은 다 아니라고 하는데, 그 무렵 내 눈에는 4·19 이후 집권한 민주적 세력들이 어쩐지 미국 원조물자 가지고 나눠 먹고 사는 똘마니구나 싶은 느낌밖에 안 들었단 말예요. 별로 기대할 것이 없었어요. 그 사람들보다는 차라리 촌티 나는 박정희의 민족주의가 낫겠다. 그래서 나는 정말 박정희한테 표를 찍었어요.[237]

---

235. 식민사관(植民史觀): 일제가 한반도의 식민 지배를 역사적으로 정당화하고 조선인에 대한 통치를 용이하게 할 목적으로 정책적·조직적으로 조작한 역사관으로, 일선동조론(日鮮同祖論), 정체성론(停滯性論), 타율성론(他律性論), 당파성론(黨派性論) 등으로 정리할 수 있다. 송철원, 『박정희 쿠데타 개론』, 도서출판 현기연, 2020, 42~48쪽.
236. 최광승·조원빈, 「박정희의 민주주의관과 유신체제 정당화」, 《동북아논총》 26(2), 2021.6., 46쪽.
237. 최원식·임규찬 엮음, 『4월혁명과 한국문학』, 창작과비평사, 2002, 46쪽.

다음은 경상북도 의성 출신 임헌영의 증언이다.

> (5·16이 났을 때) 중앙대에도 우리 선배들 중에 중도좌파들이 있었어요. 그래서 그냥 있을 수 없다고 해서 군인들이 삼엄한데도 시청 앞까지 일부러 왔어요. 계엄 상태에서 군인들이 완전히 전투무장을 해서 곳곳에 있고 교통정리까지도 군인들이 하고 경찰들은 다 사라진 상태였는데 일부러 시청 앞까지 와서 샅샅이 다 돌아봤어요. 참 한심했는데, JP가 만든 휘황찬란한 단어 '민족적 민주주의' 때문에 아주 황홀해서 … 김 형도 박정희를 찍었다고 하는데 저도 그랬어요. 박정희를 찍으라고 저는 운동할 정도였어요.[238]

대통령 선거에 이어 1963년 11월 26일 시행된 제6대 국회의원 선거에서도 비슷한 상황이 연출되었다. 이른바 '자의반 타의반' 외유에서 10월 23일 귀국한 김종필은 각종 기고와 연설, 토론 등을 통해 '민족적 민주주의'를 왕성하게 전파했다. 11월 4일 고려대에서의 강연을 통해, 11월 5일에는 서울대 문리대생들과의 토론회를 통해 '민족적 민주주의'를 설명하고 토론하기도 했다. 결국 박정희의 공화당은 국회의원 선거에서 전체 175석 가운데 3분의 2에 육박하는 110석을 차지했고, 윤보선의 민정당은 41명의 당선자를 내는 데 그쳤다.

이처럼 당시에는 지식인들이 박정희가 내세운 '민족적 민주주의'에 큰 관심을 보이고 있었지만, 얼마 후 박정희의 '굴욕적' 한일협정 추진 과정을 목격한 후 이들의 관심은 배신감으로 바뀌어 거대한 분노로 폭발하게 된다.

---

238. 최원식·임규찬 엮음, 『4월혁명과 한국문학』, 48쪽에서 발췌.

(2) 윤보선의 '사상논쟁'

1963년 9월 22일, 여순사건[239]이 시작된 여수에서 사상논쟁의 불씨가 지펴졌다. 윤보선의 찬조 연사인 윤제술[240]이 "이곳은 여순 반란 사건[241]이란 핏자국이 묻은 곳이다. 그 사건을 만들어 낸 장본인들이 죽었느냐 살았느냐, 살았다면 지금 대한민국에서 지금 무슨 일을 하고 있는가를 여러분은 아는가 모르는가. 여러분이 모른다면 저 종고산(鍾鼓山)은 알 것이다"라며 알 듯 모를 듯한 소리로 여순 반란 사건을 거론했다.[242]

바로 다음 날 박정희는 서구식(西歐式) 민주주의를 가리켜 '가식적 민주주의'라고 비판하고, 후진성을 탈피하기 위해서 한국에는 자주적 민족주의가 타당하다고 주장하고 나섬으로써 사상논쟁(思想論爭)의 씨앗을 뿌렸다. 이와 거의 때를 같이하여 민정당의 윤보선은 박정희의 '민족적 민주주의'를 '이질적 민주주의'라고 지적, 마침내는 박정희를 여순사건과 관련시켜 사상적 이질자(異質者)로 몰아 사상논쟁에 불을 붙이게 된다.[243]

투표일을 불과 이틀 앞둔 10월 13일, 《동아일보》호외가 배포되었다. 박

---

239. 여수·순천사건(1948.10.19.~10.27.). 전라남도 여수시에 주둔 중이었던 제14연대 군인들이 제주 4·3 사건 진압을 위한 출동 명령을 거부하고 무장 반란을 일으킨 사건. 반란군은 여수를 점령한 뒤 순천으로 이동했으며 이후 전라남도 일대를 점령했다. 이승만 정부는 계엄령을 선포한 뒤 5개 연대를 투입해 여순 지역 탈환에 성공했으나, 진압 과정 중 무고한 민간인이 희생당했다.(다음백과)
240. 윤제술(尹濟述, 1904.1.29.~1986.7.24.). 전북 김제 출생. 도쿄고등사범학교 영문과 졸업(1929), 중동중학교, 보성중학교, 성남중학교 교사. 일제 패망 후 성남고등학교 교장(1946), 제3·4·5·6·7·8대 국회의원, 민정당 부총재(1960), 국회부의장(1968) 등 역임.
241. '여수순천반란사건' 또는 '여순반란사건'이라는 표현은 여수와 순천 주민이 반란을 일으켰다는 오해를 불러일으킬 수도 있으므로 '여수순천사건' 또는 '여순사건'이라고 부르는 것이 보통이다.
242. 한홍구, 「'억울했던 빨갱이' 박정희의 비명을 기억하라」, 《한겨레》, 2015.10.23.; 김준하, 『대통령과 장군』, 나남출판, 2002, 314~315쪽.
243. 「무엇이 다른가」, 《경향신문》 1963.10.11. 3면.

정희 후보가 좌익 혐의로 군사재판에서 무기징역 선고를 받았다는 내용이었다. 윤보선 후보 측이 제시한 것은 1949년 2월 17일 자 《경향신문》과 2월 18일 자 《서울신문》 기사, 그리고 자체적으로 입수한 문건이었다.

《동아일보》 호외에는 커다란 글씨로 '민정당 여순사건 자료를 공개'라는 제목이 붙어 있었고, 부제(副題)는 '박정희 씨에 무기 언도'라는 내용이었다. 그러니 윤보선 측이 제기한 사상논쟁의 핵심은 '여순사건'에 '박정희'가 관련되어 '무기 언도'를 받았다는 내용이었다. 이것은 윤보선 측에서 확실한 증거도 확보하지 못한 채 문제 제기에만 급급했던 경솔한 처사였다.[244] 왜 경솔했을까?

'박정희'는 '여순사건'과 전혀 관련이 없었다. 이 책의 제1부 제2장의 '박정희의 변신④'(92~100쪽)에서 자세히 살펴보았듯이, 박정희가 공산주의 정당인 남조선노동당(남로당)의 비밀당원임이 밝혀져 무기징역을 선고받은 것은 엄연한 사실이었다. 그러나 여순사건 당시 박정희는 토벌사령부 작전참모로 활동했으며, 남로당원이라는 사실이 드러난 것은 여순사건 직후의 숙군(肅軍) 과정에서였다.

당시 남로당은 장교와 사병을 구분하여 군 공작을 진행했는데, 장교에 대한 공작은 중앙당에서, 사병에 대한 공작은 각 도당에서 맡고 있었다. 장교들은 근무지 이동이 빈발했기 때문에 지방당에서 장교에 대한 공작을 할 수가 없었기 때문이다. 그러니 장교 그룹과 하사관·사병 그룹은 전혀 연결되어 있지 않은 상태였다.

여순사건에서 핵심적인 역할을 맡은 것은 여수에 주둔하고 있던 제14연대의 지창수(池昌洙) 상사를 중심으로 한 하사관 그룹이었고, 남로당 전남도당

---

244. 김준하, 『대통령과 장군』, 327쪽.

1948년 10월 여순사건 때 반란군 토벌을 위해 광주 토벌사령부에 내려간 작전참모 박정희 소령(왼쪽)이 사령관 송호성 준장(왼쪽에서 두 번째)과 작전 협의를 하고 있다. 오른쪽은 미군 임시군사고문단원들이다. 박정희는 남로당 비밀당원이었으나 여순사건과는 아무 관련이 없었다.

과 연락이 닿지 않은 상태에서 급히 회의를 소집해 무장봉기를 결정했다. 그것은 제주 4·3 사건 진압 명령뿐만이 아니라 그날 저녁 지창수 이하 좌익 세포원들을 체포할 것이라는 정보를 입수했기 때문이다.

이런 상태에서 지창수와 같은 부대에 속한 장교들도 무장봉기 결정을 알지 못했으니 박정희는 말할 것도 없었다. 그런데도 윤보선 측은 박정희가 여순사건과 관련 있는 것으로 폭로하는 실수를 저지른 것이다. 이런 실수를 저지른 것은 여순사건에서 일반 시민이 반란군보다는 진압군으로부터 훨씬 더 많은 피해를 당했지만 이를 인식하지 못하고, 이 사건을 단순히 '빨갱이들'에 의한 '반란' 사건으로만 인식한 보수 정치인의 한계 때문이었다. 결국 윤보선은 선거 전략의 일환으로 정책 대결 대신 사상논쟁에 몰두했으나, 국민에게 큰 충격을 주었다는 자기만족을 느낀 것 외에는 결과적으로 대실패였다.

이 결과 극우 반공주의자인 박정희가 엉터리 민족주의를 내세워 진보세력의 표를 얻어 대통령에 당선되는 어이없는 일이 벌어진 것이다. 이 일에 대해 리영희[245]는 대담집인 『대화』에서 다음과 같이 주장했다.

> 윤보선이 박정희의 과거 행적을 놓고 그를 극렬하게 친공분자로 위험시하자 지배계층, 부유층, 극우 반공 성분의 유권자들은 윤보선을 지지했어. 반대로 방금 얘기한 좌익세력과 변화를 원하는 하층 민중들은 박정희 쪽으로 기울었어요. 그런 이유로 박정희 쪽으로 기울었던 과거 남로당 계열이나 사회주의자 내지 진보세력들은 결과적으로 완전히 오판을 한 셈이지.[246]

임헌영의 다음과 같은 증언은 좀 더 구체적이다.

> (박정희가) 여순사건 관련자로 공격받아 5·16으로 투옥 중이던 혁신세력들도 면회 온 가족에게 박정희를 찍으라고 했답니다. 그걸 보니까 이럴 것이 아니라 바로 '민족적 민주주의' 세력을 키워야 한다 하면서 마을사람들 촌사람들 할 것 없이 우리 친구들이나 학생들에게도 박정희를 찍어야 한다고 했죠. 그걸 지금 생각하면 너무 어리석어서 당시의 진보세력들의 한계를 느끼게 해 줍니다.[247]

---

245. 리영희(李泳禧, 1929.12.2.~2010.12.5.). 평안북도 운산 출생. 언론인, 교수, 사회운동가. 한국해양대학교 항해학과 졸업(1950) 후 통역장교로 지원 입대하여 육군 소위 임관(1950), 육군 소령 예편(1957). 합동통신 외신부 기자(1957~1964), 조선일보 정치부·외신부장(1964~1969. 강제 해직), 합동통신 외신부장(1970~1971. 강제 해직), 한양대학교 교수(1972~1995) 등 역임. 한양대학교 교수 재직 중 4번 해직, 5번 구속됨.
246. 리영희·임헌영, 『대화』, 도서출판 한길사, 2005, 287쪽.
247. 최원식·임규찬 엮음, 『4월혁명과 한국문학』, 49쪽.

이 결과 전라도 지역 유권자가 대거 박정희에게 투표하는 기현상이 벌어지게 된다. 당시 박정희의 대통령 당선을 위해 온갖 공작을 펼쳤던 중앙정보부장 김형욱 측도 같은 판단을 하고 있었다. 김형욱의 회고를 보자.

1963년 10월 16일 아침이 밝아오고 있었다. 오후로 접어들자 박정희의 근소한 우세가 다소 안정세를 보였다. 박정희는 15만여 표 차로 근소하게 윤보선을 이겼다. 전라도 지방에서 박정희가 윤보선을 무려 28만여 표 차로 압승한 것이 박정희의 당선에 결정적인 요인이 되었다. 다른 지방에서는 비교적 예상대로 표가 나왔다. 자유당 시절 대통령 선거 때 조봉암이 이승만을 눌러 이겼던 지역에서는 예외 없이 박정희가 윤보선을 눌러 이겼다. 좌익세력이 박정희를 지지할 것이라는 김영민[248]의 주장은 사실로서 입증되었다.[249]

(3) 중앙정보부장 김형욱의 선거 공작

1963년 7월 13일 신임 정보부장 김형욱 대령은 "앞으로 중앙정보부는 본연의 임무에 돌아갈 것이며 일체 정치에서 손을 떼게 될 것"이라고 말했다. 김 부장은 중앙정보부 본연의 임무가 ①사실을 사실대로 밝혀 정책 수립에 반영시키고, ②국가안전보장에 유해로운 요소를 제거하는 것이라고 설명했다. 그는 또한 "중앙정보부가 조금이라도 민원(民怨)의 대상이 된다면 이를 과감히 시정하여 국민들과 호흡을 같이하도록 할 것이다"라고 취임 소감을 말했다.[250]

---

248. 김영민(金永旼): 육군사관학교 제8기. 육군본부 정보국 공작처장, 중앙정보부 제3국장 역임.
249. 김형욱·박사월, 『김형욱 회고록: 제2부-한국중앙정보부』, 도서출판 아침, 2005, 83~84쪽.
250. 《동아일보》1963.7.13. 1면.

중앙정보부장 취임 직후 기자회견을 하는 김형욱(1963.7.13.) | 사진출처: 브레이크뉴스

이러한 내용은 《동아일보》에 보도된 내용을 그대로 옮겨 적은 것이다. 그렇게도 되고 싶었던 정보부장 자리에 올라 흥분해서였을까, 아니면 아랫사람들이 적어 주는 대로 읊었기 때문이었을까? 무슨 수를 써서라도 박정희를 대통령으로 만들어야 자신의 제2인자 자리도 지킬 수 있다는 사실을 잘 알고 있던 김형욱이 이런 도사 같은 발언을 한 것은, 아마도 제2인자로서 체통을 지켜야 한다는 생각에서였을 것이다.

이후 김형욱은 중앙정보부를 "나는 새도 떨어지게 만든다"거나, "남자를 여자로 바꾸는 것 빼고는 무슨 일이든 할 수 있다"는 존재로 만들어 민원(民怨) 즉 '국민의 원망'을 사는 존재가 되게 했다. 이 책에서 소개하는 김형욱의 비행(非行)들은 주로 학생 등 청년층을 대상으로 저질렀고 그 진위(眞僞)가 기록을 통해 확인된 것에 한정하기로 한다. 그가 저지른 짓을 모두 소개하려면 책 한 권이 별도로 필요하기 때문이다.

10·15 대통령 선거를 불과 3개월 앞두고 총사령탑을 맡은 김형욱이 먼저 손을 댄 것이 비밀단체인 문맹퇴치회(MTP)를 청년사상연구회(청사회, YTP)

라는 공식 단체로 바꾸어 선거운동에 투입하는 것이었다. 그런데 선거전이 중반에 접어든 10월 2일 허정[251]이 돌연 대통령 후보를 사퇴하고 윤보선을 지지하는 충격적인 사태가 벌어졌다. 그리고 이에 따른 야당 후보의 연쇄 사퇴 기미가 보이자 김형욱은 부랴부랴 긴급회의를 소집하여 대책을 협의했다. 회의 결과 무슨 수를 쓰든지 간에 변영태[252] 후보의 사퇴는 극력 저지하되, 송요찬 후보에 대해서는 사퇴 성명서의 내용을 누그러뜨리게 한다는 기본 방침을 세우고 대책 마련을 위한 논의에 들어갔다.

문제는 당시 청렴·강직한 인물로 명성이 자자했던 변영태를 어떤 방법으로 사퇴하지 않도록 하느냐는 것이었다. 변영태의 대쪽 같은 성격으로 보아 금전의 유혹이나 권력의 위협에 넘어갈 인물이 결코 아니었기 때문이다. 이런 변영태를 공략하는 방안을 놓고 오랜 시간 토론을 거듭한 끝에 기발한 아이디어가 등장했다. 변영태가 명예와 자부심을 존중하는 성격이므로 이를 부추기는 편지 공세를 벌여 사퇴를 막자는 안(案)이었다.

김형욱은 이 제안을 즉시 받아들여 편지 문안 등을 작성하라는 지시를 내렸다. 천편일률적인 편지는 들통이 날 우려가 있다는 지적에 따라 수십 가지 문안이 작성되었으며 그것도 조금씩 변형해 가면서 쓰기로 했다. 같은 사람이 여러 통의 편지를 쓸 때는 필적을 조금씩 달리해서 쓰기도 하고

---

251. 허정(許政, 1896.4.8.~1988.9.18.). 부산 출생. 초량사립보통학교, 보성중학교, 보성전문학교 졸업. 1919년 3·1운동으로 중국 망명. 프랑스 거주 한국인 거류민 회장(1920), 북미(北美) 거주 한국 교민 총단장(1922). 해방 후 제헌국회의원, 교통부 장관(1948), 사회부 장관(1950), 서울특별시장(1957), 외무부 장관(1960), 4·19 혁명 후 과도정부 내각 수반 겸 외무부 장관(1960) 등 역임.
252. 변영태(卞榮泰, 1892.12.15.~1969.3.10.). 경기도 부평 출생. 만주 신흥학교 졸업(1912), 중국 협화대학(協和大學) 1년 수료(1916). 중앙고등보통학교 교사(1920~1943), 일제 패망 후 고려대학교 교수(1945), 외무부 장관(1951), 국제연합 수석대표(1952), 국무총리(1954), 정민회(正民會) 대통령 후보(1963) 등 역임.

농어촌 지역에서 발송하는 편지는 일부러 맞춤법에 틀리게 쓰도록 했다. 또한 김형욱은 내용을 다양화하기 위해 청사회(YTP) 회원들을 동원하거나, 정보부 요원들을 출신 모교에 파견하여 후배들에게 편지를 쓰도록 부추기기도 했다.

김형욱은 이렇게 만들어진 수천 통의 격려 편지를 가지각색의 봉투에 넣은 다음 요원들을 시켜 서울은 물론 전국 각지와 제주도에까지 운반하게 했다. 이윽고 그 편지들은 우체통에 넣어져 해당 우체국의 소인이 찍힌 채 서울의 변영태의 집으로 우송되었다.[253]

변영태에게 보낸 격려 편지는 대략 다음과 같은 요지였다고 한다.

> 평소 존경해 온 선생님. 선생님께서 외무장관·국무총리를 역임하시면서도 얼마나 청렴결백한 생활을 하셨는지, 국민들은 잘 알고 있습니다. 또 선생님께서 얼마나 고결한 지조와 학자적 양심을 가지고 있는가도 알 만한 사람은 다 아는 사실입니다. 그런 선생님께서 이번 선거에 출마하시는 것을 보고 이번에야말로 이 나라를 구할 진정한 지도자가 나서게 됐다고 기뻐했습니다. 그런데 작금 신문 보도를 보면 선생님께서 후보를 사퇴할 가능성이 많다고 합니다. 저는 선생님을 성원하고 지지하는 국민들이 의외로 많은데도 불구하고 선생님께서 무엇 때문에 사퇴하시려 하는지 도무지 납득할 수 없습니다. 야당의 농간에 넘어가 사퇴하신다면 선생님을 지지하고 있는 수많은 사람들에게 좌절과 실망을 안겨 줄 것으로 믿어 의심치 않습니다. 따라서 선생님께서는 어떤 유혹과 협박에도 후보를 사퇴하시지 말기를 바라며, 투표 날까지

---

253. 한국정치문제연구소, 『정풍(政風) 4-김형욱의 두 얼굴, 그 충성과 배신』, 159~162쪽에서 발췌.

건투하시어 당선의 영광을 차지하시기를 기원합니다.[254]

당시 야당 후보 단일화 운동을 하던 강원용[255]의 다음과 같은 글은 김형욱의 편지쓰기 공작이 대성공을 거두었다는 사실을 입증하고 있다.

그런데 우리를 더 맥 빠지게 한 것은 변영태의 태도였다. 좀 꼬장꼬장한 성격의 그는 우리 집에서 멀지 않은 곳에 살고 있었는데, 우리가 찾아가 후보 단일화를 위해 이번에는 사퇴를 해 달라고 간곡히 얘기하자 엉뚱하게도 하나님의 계시 운운하면서 고집을 부렸다.

"내 내자가 얼마 전 기도원에 가서 기도를 하다가 이번 선거에는 반드시 내가 나가야 하고 또 나가면 틀림없이 당선된다는 계시를 받았다네. 만일에 내가 이 계시를 어기면 하나님의 중벌을 받게 된다는 얘기야."

그는 책상 서랍을 열어 그 속에서 편지 뭉치를 잔뜩 꺼내 우리에게 보여 주었다. 내용을 보니 "우리들은 존경하는 변영태 후보께서 꼭 대통령이 되기를 바라고 있으니 절대 흔들리지 말고 소신 있게 선거에 나서달라"는 요지의 편지들이었다.

내가 보기에는 야당 후보 난립을 이용하려는 군사정부 측의 공작임이 분명한데도 변영태는 그 편지들을 보고 많은 사람들이 자기를 지지한다는 착각에 빠져 끝내 후보로 나설 것을 고집했다. … 1963년 10월 15일의 대통령

---

254. 강성재, 『쿠데타 권력의 생리』, 126쪽.
255. 강원용(姜元龍, 1917.7.3.~2006.8.17.). 함경남도 이원 출생. 장로교 목사. 메이지(明治)학원 영문학부 졸업(1940). 일제 패망 후 한국신학대학 졸업(1948), 경동교회 목사(1949), 캐나다 매니토바대학에서 신학박사 학위 취득(1954), 크리스챤아카데미 설립(1959). 민주회복국민회의 대표위원(1974), 국정자문위원(1980), 방송위원회 위원장(1988) 등 역임.

선거에서 박정희와 윤보선의 득표 차는 불과 15만여 표였다. 그런데 변영태가 얻은 표가 22만여 표였으니 그가 후보를 사퇴했더라면 윤보선이 이길 수 있는 선거였던 셈이다.[256]

(4) 'YTP' 공격, '청사회'의 활약

대통령 선거일을 열흘 앞둔 1963년 10월 5일, 민정당의 윤보선 후보는 서울 남산공원 야외음악당에 모인 15만 명에 달하는 청중 앞에서 한 연설에서, "YTP라는 각 대학에 만들어진 비밀결사는 명령 복종에 생명을 걸 것을 서약했고 폭로하면 생명을 내놓는다고 하는데 이 조직은 무엇에 쓰는 조직인가"라고 하며 YTP에 대해 맹공을 퍼부었다.[257] YTP가 공개석상에서 최초로 거명되는 순간이었다. 이어서 10월 11일 김영삼 민정당 임시대변인은 다음과 같이 폭로했다.

> 김영삼 민정당 임시대변인은 11일 하오 "각 대학 내에 YTP라는 비밀결사가 조직되어 박정희 씨의 당선을 위해 움직이고 있다"고 폭로했다. 김씨는 이러한 비밀결사의 정보가 서울에 있는 모(某)대학 책임자[258]로부터 입수되었다고 밝히면서 "전국 대학에 침투되어 있는 이 결사는 공화당이 사전 조직될 때 착수된 것이며 회원은 생명을 걸고 명령에 복종하도록 되어 있다"고 알렸다. "이 조직은 각 대학 내에 점조직으로 되어 있기 때문에 회원 상호 간에도 얼굴을 모른다"고 밝힌 그는 "10일 밤에도 시내 모(某)요정에서 책임자

---

256. 강원용, 『역사의 언덕에서 3: Between and Beyond』, 도서출판 한길사, 2003, 92~93쪽.
257. 「민정당 연설요지」, 《동아일보》 1963.10.5. 호외(號外) 2면.
258. YTP의 존재를 제보한 사람은 성균관대학교에 재학 중이던 오성섭(吳聖燮)이었다. 그는 후일 YTP 총회장 조정찬(趙正燦)의 매제(妹弟)가 된다.

1963년 10월 5일 서울 남산 야외음악당에서 제5대 대통령 선거 유세를 하고 있는 윤보선 후보. 15만 명에 가까운 청중이 모인 자리에서 윤보선 후보는 "YTP는 무엇에 소용되는 조직인가"라며 처음으로 YTP에 대해 언급했다. | 사진출처: dongA.com

들이 모여 어떠한 일이 있더라도 박정희 씨의 당선을 위해 행동할 것을 결의 했다"고 말했는데 "이러한 비밀결사는 도저히 민주주의 국가에서 있을 수 없는 일이며 나치스 조직과 흡사한 것"이라고 비난했다. 그가 공개한 YTP의 서약서는 다음과 같은 내용으로 되어 있다.

①반공을 제1의(義)로 삼고 혁명과업 수행에 전력을 경주한다.

②회(會)의 교육, 훈련, 활동, 명령 등 일체의 비밀은 생명으로 엄수하며 배신할 때는 생명을 바친다.

③명령은 생명을 걸고 절대 복종한다.[259]

잠시 후 자세히 분석할 테지만, 윤보선과 김영삼이 공격한 YTP는 청년사상연구회(靑年思想硏究會)를 영어로 번역한 Youth Thought Party의 이니셜로

259.《조선일보》1963.10.12. 1면.

약칭 청사회(靑思會)로 불리는 청년단체였다. 대통령 선거를 앞둔 1963년 8월, 이 단체는 청사회라는 이름으로 공화당의 청년조직으로 거론되어 언론에 보도된 적이 있었다. 그런 일이 있고 2개월이 지나 대통령 선거운동 과정에서 야당 측 공격의 대상으로 등장한 것이다. 뭔가 이상하다.

요즘 같으면 도저히 믿기지 않는 일일 테지만, 놀랍게도 당시 야당이건 언론이건 YTP가 곧 청사회라는 사실을 까맣게 모르고 있었다. 물론 박정희와 중앙정보부 그리고 아마도 공화당 지도부까지는 'YTP=청사회'라는 사실을 알고는 있었겠지만, 선거 막판에 이르러 그냥 입을 꾹 닫고 있었을 따름이었다.

결과론적인 이야기지만, 불과 15만여 표 차이로 패배한 선거 결과를 볼 때 윤보선과 김영삼의 야당과 그리고 언론은 YTP라는 존재에 대해 더 파헤쳐 공격했어야 했다. 야당은 박정희의 남로당 경력에만 지나치게 집착하여 사상논쟁에만 몰두하지 말고 중앙정보부의 치밀한 정치공작에도 신경을 썼어야 했었다.

웃기는 일은 야당 측이 YTP와 청사회가 같은 단체라는 것을 몰랐다는 데서 벌어졌다. 청사회가 결성된 것이 1963년 7월 25일, 공화당 청년조직으로 거론된 것이 8월 26일, 야당 후보와 임시대변인이 YTP를 공격한 것이 각각 10월 5일과 11일이었다. 그런데도 YTP는 '청사회'라는 이름으로 전국 각지에서 결성대회를 공개적으로 열고 있었다. "각지(各地)서 청사회 결성"이라는 제목의 다음과 같은 언론 보도는 이 사실을 입증하고 있다.

【光州發】13일 상오 광주시 금남로 희망예식장에서는 청사회 전남도위원회 결성대회가 열렸는데 이날 이미 조직된 각 시·군위원회에서 선출된 대의원

60여 명이 참석, 회장에는 서울에서 특수교육을 받았다고 자칭하는 이형길(李炯吉)(23) 씨를 지명, 이의 없이 박수로 선출했다. 청사회는 전남도 내에 벌써 5천여 명을 넘는 청년학생회원을 갖고 있다 하며 당면한 업무는 세포 조직이라고 밝혔는데 7개 공약으로 4.19 및 5.16 혁명정신을 계승 10대 이상 30대 미만의 순수한 정예 청년세력을 총규합, 사회개혁의 선구자가 된다고 내세웠다.

【濟州發】지난 10일 하오 제주시 중앙예식장에서는 청사회 제주도위원회가 결성되었다. 세부 활동을 위해 각 동·읍·면 위원회를 구성 확장할 수 있게 되어 있는 청사회 결성대회에는 대학생이 주동이 된 20대 청년 50여 명이 참석, 이곳 공화당 사무당원들이 내빈 자격으로 출석했는데 이런 갑작스런 단체가 선거를 눈앞에 두고 조직되어 색다른 관심을 모았다.

【春川發】13일 상오 춘천시 옥천동 에덴예식장에서는 농대, 교대생들 150여 명이 모여 청사회 강원도지부 결성대회를 열었다.[260]

이뿐만이 아니었다. YTP는 "5·16 혁명이념을 계승하여 국민혁명의 선봉에 선다" 등을 내용으로 하는 박정희 지지 「공동선언」에 '청사회' 이름으로 가담하기도 했다. 1963년 10월 1일 자 《동아일보》, 《조선일보》 등 유력 일간지 1면에 광고 형식으로 게재된 「공동선언」에는 '전국청년단체연합회'라는 명칭 아래 '청사회' 등 13개 단체가 가담했으며, 《조선일보》 1면 하단에 실린 이 「공동선언」 광고 바로 옆에는 박정희 대통령 후보 선전 광고가 나란히 붙어 있어 마치 엄청난 청년단체들이 박정희를 지지하는 것처럼 보이게 하고 있다.

---

260. 《동아일보》 1963.10.14. 7면.

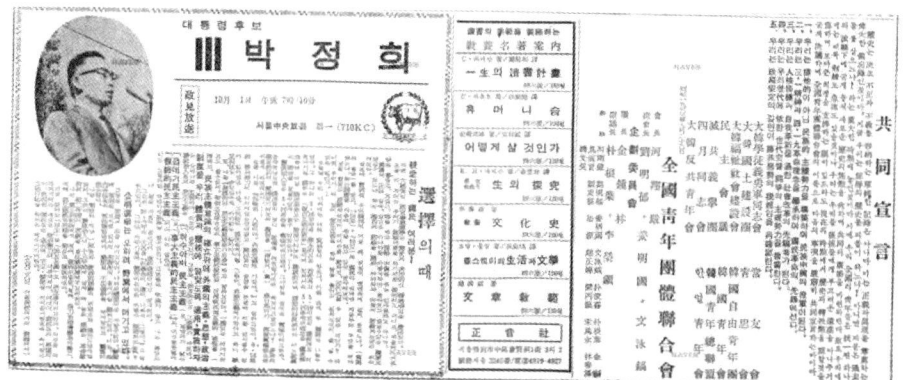

'대통령 후보 박정희' 광고 오른쪽에 나란히 실린 「공동선언」 광고. 「공동선언」에는 청사회 회장단 이름(조정찬, 김종림)이 보인다. | 《조선일보》 1963.10.1. 1면.

여기서 민정당 대통령 후보 윤보선 측에 YTP의 존재를 제보한 오성섭의 이야기를 잠시 듣고 넘어가도록 하자. 당시 성균관대학교에 재학 중이었고 평소 이 단체에 대해 들어 알고 있었던 오성섭은 YTP 회장 측근을 시켜 'YTP 회의록'을 은밀히 입수케 하여 이를 윤보선 측에 전해 폭로하게 했다는 것이다. 오성섭에 의하면 YTP의 회장은 조정찬(趙正燦)이었고, 부회장은 김종림(金鍾林)[261]이었다.[262] 조정찬은 동국대학교 총학생회장을 지냈다는 사실 이외에 신상에 관해 노출된 바가 별로 없지만, 김종림은 자신의 정체를 숨기고 사회활동을 활발히 하여 흥사단 이사장을 지내는가 하면 국민훈장

---

261. 김종림(金鍾林, 1936.9.5.~2005.9.30.). 충청북도 청주 출생. 청주고등학교(1957), 경희대학교(1961) 졸업. 전국청년단체연합회 회장, 민주공화당 중앙상임위원(1963), 중앙일보사 개발부장(1969), 서울신문사 총무국장, 상무이사(1974~1989), (사)흥사단 이사장(1994), 충청매일신문 사장(1995), 우리민족서로돕기운동 공동대표(1996) 등 역임.
262. 이 내용은 행정안전부 국가기록원 주관으로 2009년 시행된 『6·3 항쟁 2차 구술기록』 중 2009년 9월 2일의 오성섭(吳聖燮, 1939.3.3.~) 구술기록 가운데 나오는 것이다. 윤보선 측에 제보할 당시 오성섭은 성균관대학교 중국어문학과에 재학 중이었고, 한일협정 반대 운동에 가담한 사람들의 조직인 '6·3동지회' 사무총장을 역임했다. 후일 그는 YTP(청사회) 회장 조정찬의 매제(妹弟)가 된다.

모란장까지 추서된 인물이기도 하다.

앞서 말한「공동선언」으로 돌아가자. 이「공동선언」내용을 자세히 들여다보면, 이를 주관한 '전국청년단체연합회' 기획위원회 의장에 YTP 부회장 '김종림'이라는 이름이, 위원 명단에는 YTP 회장 '조정찬'도 보인다.

여기서 그친 것이 아니었다. YTP는 또한 민정당 임시대변인 김영삼이 그 존재를 폭로한 후에도 '세대교체 쟁취 전국청년성토대회'(이하 '성토대회')라는 이상한 행사를 주관하고 '청사회'라는 이름으로 가담한다. 1963년 10월 9일, 윤보선이 나흘 전에 유세를 벌였던 서울 남산 야외음악당 바로 그 자리에서 윤보선을 "기성세대", 청년을 "피해받은 세대"라며 "기성세대를 고발"하고 "기성세대에 포고"하는 행사를 대대적으로 벌인 것이다.

이 '성토대회'의 다음과 같은 연설 제목만 보아도 이들이 무슨 행위를 하려 했는가를 넉넉히 짐작할 수 있다.

1. 혁명을 오게 한 자는 누구냐?
2. 최근의 북한 실정과 한국의 현실
3. 4·19의 이름으로 기성세대를 고발한다.
4. 피해받은 세대는 호소한다.
5. 새세대는 기성세대에 포고한다.

이 '성토대회'라는 것도 자세히 들여다보면 사실상 YTP가 주관한 것이었다. 이 대회를 주관한 것이 '전국청년단체연합회'로 되어 있는데, 10월 1일 발표한 「공동선언」도 주관하고 있었다. 그런데 '전국청년단체연합회'의 기획위원회 의장이 YTP 부회장 김종림이었으니 '성토대회'도 YTP가 주관한

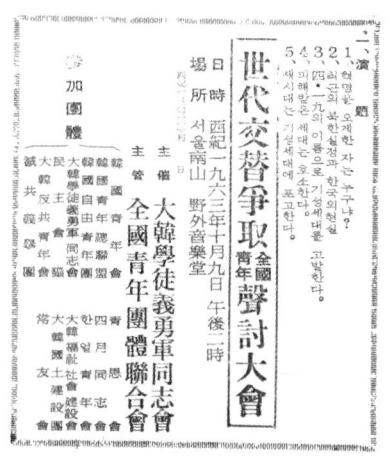

'세대교체 쟁취 전국청년성토대회' 광고 | 《조선일보》 1963.10.8. 6면.

것이었다. 이 김종림이라는 사람의 이력서[263]에도 분명히 1963년부터 '전국청년단체연합회 회장'을 지낸 것으로 되어 있고, 생활신조는 "정직한 사람이 되자"로 적혀 있다. 자신의 생활신조에 따라 정직하게 기록해 두었다고 할까?

이제까지 살펴본 바처럼 야당이 어설프게 공격하자 YTP는 '청사회'라는 명칭으로 불법 선거운동을 계속했고, 우여곡절 끝에 10월 15일의 대통령 선거에서 박정희가 승리한다. 박정희 승리 8일 후인 10월 23일, 그해 2월 25일 민주공화당 창당을 둘러싼 내분으로 외유를 떠났던 김종필이 당당히 귀국한다. 그의 귀국에 대한 언론 보도를 보면 몸을 숨긴 YTP가 '청사회'라는 이름으로 또다시 등장한다.

풍운과 행운을 짊어진 문제의 인물 김종필 씨가 만 240일 만에 돌아온 10

---

263. 《중앙일보》 인물정보.

월 23일, 좁은 김포공항은 사람의 물결로 법석을 이루었다. 초야(草野)의 몸인 그에게 보내지는 환영을 위해 공화당은 물론 아시아자유청년회, 근민회, 청사회 등이 플래카드와 꽃다발을 들고 비행장 안으로 밀려들었다.264

도대체 YTP 또는 청사회라는 단체의 정체는 무엇이었나?

2) YTP의 정체: KKP→MTP→YTP

(1) 'KKP'와 윤재욱, 이범석, 조경규: 1960년 8월 6일~1961년 5·16 쿠데타

1963년 10월 5일 민정당 윤보선 후보가, 10월 11일에는 민정당 임시대변인 김영삼이 'YTP'라는 '비밀결사'에 대해 공격을 퍼붓자, 박정희의 공화당은 민정당이 'V·D(Victory·Defeat) 작전'이라는 무시무시한 승패 양면 공작을 음모하고 있다고 비난하여 상호 폭로전이 시작됐다.265 이때 처음 등장한 YTP라는 단체에 대한 논쟁은 이듬해 4월까지 계속되었다. 도대체 YTP란 어떤 단체였는가?

1960년의 4·19 혁명 후 실시된 총선거266에서 선거운동에 참여했던 청년들이 모여 그해 8월 6일 결성한 비밀단체가 KKP(구국당)267였고, KKP는 1961년 5·16 쿠데타 후 중앙정보부와 연결되어 MTP(문맹퇴치회)268로 변신

---

264. 《동아일보》 1963.7.13. 1면.
265. 《경향신문》 1963.10.10. 1면.
266. 4·19혁명 후의 제2공화국은 하원인 민의원(民議院)과 상원인 참의원(參議院), 양원제를 채택하고 있었다.
267. KKP의 'KK'는 '구국(救國)'을 영어로 표기했을 때의 이니셜이고, 'P'는 '당(黨)'을 뜻하는 'Party'의 이니셜이다.
268. MTP의 MT 또한 '문맹(文盲)'의 '문'과 '퇴치(退治)'의 '퇴'를 각각 영어로 표기했을 때의

야당의 YTP 공세에 대해, 야당이 오히려 VD 작전 음모를 하고 있다고 공화당이 비난한 사실을 풍자한 「경향만평」 | 《경향신문》 1963.10.10. 1면.

한다. 1963년 10월 15일의 대통령 선거에서 박정희를 당선시키기 위한 청년 조직으로 변신하기 위해 1963년 7월 25일 결성대회를 갖고 공개적으로 등장한 것이 YTP(청년사상연구회)였다. 그러나 비밀단체라는 태생적 한계 때문에 야당과 학생들의 공격을 받고 결국에는 몰락의 길로 들어서게 된다.

지금부터 KKP에서 MTP로, 다시 YTP로 변신한 후 몰락하기까지의 과정을 자세히 살펴보기로 하자.

1960년 8월 3일 밤 남태령고개 동쪽 관악산 산골짜기에 청년 20여 명이 모여 있었다. 이들은 1960년 7월 29일 실시된 총선거에 출마한 사회대중당 영등포 을구 유병묵[269] 민의원 후보의 선거운동을 돕던 흑석동[270] 주변의

이니셜이고, P는 당(黨)'을 뜻하는 'Party'의 이니셜이다.

269. 유병묵(劉秉默, 1910.10.18.~1988.7.13.). 함경남도 홍원군 출생. 일본 니혼(日本)대학 철학과 졸업(1940). 일제 패망 후 여운형(呂運亨)의 근로인민당 청년국장, 여운형 피살 후 중앙

대학생들로,[271] 흑석동에 있는 은로(恩露)초등학교 출신이 다수였다고 한다. 이들이 밤을 새우며 토론한 결과 얻은 결론은 장차 정당 결성을 목표로 하되 우선 우익 비밀단체를 조직하자는 것이었다.

1960년 8월 6일 오후 6시 참가 내약자(內約者)[272] 40여 명 전원이 참석하여 3년 후 YTP로 변신하는 초기 조직인 KKP 결성대회를 개최했다. 밤새워 진행된 결성대회에서 비밀결사를 조직원칙으로 결정하고 당수로 후일 YTP의 총회장이 되는 동국대학교 총학생회장 출신 조정찬을 선출했다. ①생명을 걸고 비밀을 지킨다. ②생명을 걸고 명령에 복종한다. ③당을 위하여 일체를 바친다.[273] 이것이 KKP의 입당 서약이었고 정체를 숨기기 위해 대외 활동에는 '대한구민계몽회(大韓救民啓蒙會, 약칭 계몽회)'[274]라는 이름을 내걸었다.

KKP 당수 조정찬은 관악산 남태령고개 소재 4천여 평의 사유지를 당에

대학교 철학과 교수, 한국외국어대학교 독문과 교수(1948~1960) 등 역임. 4·19 혁명 후 사회대중당 상무위원 겸 조직위원장(1960)을 지내고, 사회당 창당을 주도한(1961) 후 5·16 쿠데타로 8년간 도피, 크리스챤아카데미 사건 배후 혐의로 피검(1979). 1988년 7월 13일 강원도 명주군 퇴곡리 자택에서 산책 중 폭우로 인한 급류에 휘말려 사망.

270. 당시 흑석동은 영등포구였다.
271. 사회대중당(社會大衆黨)은 4·19 혁명 직후인 1960년 5월 13일 창당한 혁신정당으로, 5·16 쿠데타가 일어나 1961년 5월 22일 해체되었다. 진보정당인 사회대중당 유병묵의 선거운동을 돕던 젊은이들이 극우 비밀단체를 조직할 모의를 했다는 것은 참으로 어처구니없는 대목이다.
272. 이들은 조직에 가담하는 것에 사전에 동의한 사람만을 결성대회에 참여시켰다.
273. 후일 YTP 행동규범의 기본 원칙은 대부분 KKP 시절에 이미 정해진 것이었다.
274. 이들은 자신의 정체를 감추기 위해 당시 경제 상황이 곤궁했고 문맹이 많았다는 점을 교묘하게 이용하여 조직 명칭에 '구민(救民)'·'계몽(啓蒙)'·'문맹퇴치(文盲退治)'라는 말을 활용했다. 실제 1960년 12월 29일 실시된 서울특별시장 선거에서는 유권자가 지지 후보를 투표용지에 직접 써 넣는 기명투표제를 채택했는데 투표율이 36.4%에 불과했다. 투표율이 저조했던 것은 날씨 탓도 있었지만, 문맹자가 많았던 것도 한 원인이었다.

기증했다.[275] 당원들은 이곳에 공동 작업으로 벽돌로 된 막사를 건립하여 비밀교육 훈련장 및 비밀집회 장소로 삼아 당원 교육을 실시했는가 하면, 야영도 하고 야간 산악 훈련도 했다.

각 대학 조직과 시·도 조직을 마친 KKP는 군(軍) 조직도 만들려 했으나 성과 없이 초기 조직을 완료했다. 이때의 중앙 부서와 책임자 명단은 다음과 같다.[276]

▲당수 조정찬(당시 직업 미상)　　▲총무 김모(당시 고대 정외과생)

▲재정 김모(당시 서울고 졸)　　▲조직 김모(당시 숭문고 졸)

▲정보 김모(당시 한양대 법과생)　　▲훈련 박모(당시 직업 미상)

▲사업 이모(당시 국민대 졸)　　▲선전 윤모(당시 직업 미상)[277]

시·도당과 대학위원회 등 그런대로 전국 조직망을 갖춘 KKP는 이범석[278]을 지도자로 추대하기로 하고 이범석과 친분이 두터운 윤재욱[279]과의 접촉

---

275. 조정찬은 흑석동의 유복한 가정에서 태어났다고 한다. 그가 기증한 훈련장 터의 사진도 남아 있다. 김원기, 「YTP '청사회(靑思會)'」,《신동아》 1964년 10월호, 177쪽.
276. 조정찬 이외에는 이름이 밝혀지지 않았지만, 후일 연구에 도움이 되는 자료가 될 것이라고 여겨 인용한다.
277. 김원기, 「YTP '청사회(靑思會)'」, 179~180쪽.
278. 이범석(李範奭, 1900.10.20.~1972.5.11.). 서울 출생. 경성고등보통학교 재학 중(1915) 중국으로 망명하여 원난강무학교(雲南講武學校) 수석 졸업. 신흥무관학교 교관(1919), 청산리 대첩에서 제2제대 지휘관(1920), 대한민국 임시정부 광복군 창설에 참여 광복군 사령부 참모장(1941), 일제 패망 후 조선민족청년단 단장(1946), 정부 수립 후 초대 국무총리 겸 국방부 장관(1948), 내무부 장관(1950), 참의원(1960) 등 역임.
279. 윤재욱(尹在旭, 1910.8.25.~1996.6.2.). 경기도 안성 출생. 피어선 고등성경학교 졸업. 치과의사 검정시험 합격(1941) 후 치과의원 개업. 일제 패망 후 제헌국회의원, 제3대 국회의원, 제헌동지회 회장 등 역임. 이범석과 친분이 두터워 '족청계'로 알려졌고 자유당 창당에 적극 참여했다.

에 들어간다. 이들이 이범석을 지도자로 삼으려 했던 것은 "첫째, 이범석만이 비밀결사와 같은 강력한 단체를 이끌어 갈 수 있으며, 둘째, 과거 청년운동의 경험이 있다는 점, 그리고 생존해 있는 유력한 혁명투사의 한 분이며 혼란기를 지킬 수 있는 강력한 개성을 가졌다는 것 등 때문"[280]이었다고 한다.

1960년 7·29 총선에서 이범석은 참의원에 당선되었고, 그해 초가을 윤재욱의 주선으로 조정찬과 KKP 간부들이 이범석을 만나게 된다. 이 자리에서 KKP에 대한 설명을 듣고, 이범석은 즉석에서 적극적으로 후원할 것을 약속했을 뿐만 아니라 호칭과 암호 연락 방법 등에 대한 충고의 말까지도 했다고 한다. 또한 이범석은 지방 간부 야영 훈련 때 사냥한다는 명분으로 관악산 훈련장까지 비밀리에 찾아와 주먹밥을 나누어 먹으며 강연하는가 하면, 자신의 회갑 잔치를 그만두고 20만 환을 KKP에 지원하기도 했다. 윤재욱도 여러 차례 훈련장에 찾아와 '회의 진행법'이나 '회의 파괴법' 등을 주제로 강의하기도 했다.

이처럼 KKP의 활용 가치를 간파한 이범석은 자신이 설립했던 조선민족청년단[281] 부단장을 역임하고 당시 참의원이었던 안호상[282]을 KKP와 연

---

280. 김원기, 「YTP '청사회(靑思會)'」, 180쪽.
281. 조선민족청년단(朝鮮民族靑年團): 약칭 '족청(族靑).' 1946년 10월 9일 미군정의 전면적인 후원을 받으면서 이범석이 조직한 우익 청년단체. 비정치·비군사·비종파를 내세우며 청년들에 대한 훈련에 치중해 100만 명이 넘는 청년을 조직했다. 그러나 '족청'의 조직이 지나치게 비대해지는 것을 우려한 이승만 대통령의 지시에 따라 1949년 1월 15일 대한청년단으로 통합·해체되었다. 해산된 후에도 '족청계'라는 형태로 남아 자유당 창당 과정에서 큰 역할을 했다.
282. 안호상(安浩相, 1902.1.23.~1999.2.21.). 경상남도 의령 출생. 중국 상하이 퉁지대학(同濟大學) 예과 졸업(1924) 후, 독일 예나대학에서 철학박사 학위 취득(1929), 보성전문학교 교수(1933). 일제 패망 후 서울대학교 문리과대학 교수(1945), 조선청년단 부단장(1946), 정부 수립 후 초대 문교부 장관(1948), 참의원 의원(1960) 등 역임.

1947년 10월 9일 조선민족청년단 창립 1주년 사열식 모습. 오른쪽부터 이범석(단장), 유해준(학생부장), 안춘생(훈련부장). 4·19혁명 후 참의원에 당선된 이범석은 KKP가 정치적으로 활용할 만한 가치가 있다고 보고 물심양면으로 지원을 아끼지 않았다. | 사진출처:《국방일보》

결시켜 주었다. 안호상도 적극적인 지원을 약속했고 참의원 세비(歲費)의 일부라며 격려금을 주는 등 KKP를 후원하여 이범석과 함께 KKP의 정신적 지주가 되었다.

1960년 12월에 시행된 네 차례의 지방자치 선거[283]는 KKP에 조직 운영을 위한 자금줄이 되기도 했다. 예를 들면, 이들은 극빈아동 교육, 양로원 설립 등 소위 '구민(救民)'을 내세워 영등포구에서 시의원으로 나설 인사들로부터 찬조금을 걷어 일부를 KKP 조직자금으로 사용하여 물의를 일으켰는가 하면, 선거운동을 미끼로 시의원 입후보 예상자들에게 접근하여 이중으로 돈을 받는 등 파렴치한 행위를 주저함이 없이 행했다.

KKP는 이범석과의 접촉을 계속하는 한편, 윤재욱을 통해 조경규[284]와도

---

[283]. 1960년 12월 12일에는 서울특별시 시의원 및 도의원 선거가, 12월 19일에는 시·읍·면 의회 의원 선거가, 12월 26일에는 시·읍·면장 선거가, 12월 29일에는 서울특별시장·도지사 선거가 치러졌다.

[284]. 조경규(趙瓊奎, 1904.1.6.~1983.1.13.). 경상남도 함안 출생. 배재고등학교, 세브란스 의학전문학교 졸업. 대구민보 사장, 대한노총 최고위원, 자유당 중앙위원, 제2·3·4대 국회의

관계를 맺게 된다. 윤재욱의 주선도 있었지만, 조정찬이 조경규와 종씨(宗氏)로 사적으로 아는 사이라서 급속도로 가까워질 수 있었다.

KKP가 자유당[285] 출신 조경규와 가까이하려 한 것은 4·19 혁명 후 임자가 없어진 자유당의 유산이 탐났기 때문이었다. 결국 구자유당계(舊自由黨系)의 대표 격이었던 조경규는 KKP를 신임하게 되고, KKP의 가장 적극적인 후원자가 되어 찬조금을 지급하는가 하면 KKP 간부들에게 구자유당의 재산 내역을 밝히고 재산을 처분하면 상당액을 KKP에 지급하겠다고 했다고 한다. 다음은 조경규가 당시 《동아일보》 김원기[286] 기자에게 한 증언이다.

YTP의 전신(前身)인 KKP에 관여한 사실이 있다. 4·19 이후 민주당 정권 시절의 사상적인 혼란 상태는 반공 운동을 해오던 나로서는 크게 우려하지 않을 수 없었다. 이때 평소에 내가 잘 아는 반공에 투철한 몇 청년이 찾아와 KKP의 내용을 이야기하고 협조를 청하기에 승낙하고 사실상 협조를 해 왔었다. 나와 마찬가지의 입장에서 협조한 사람 중에는 이범석 장군과 윤재욱 씨 등이 있다. 그때 KKP는 주로 반공과 민족주의가 그 사상의 주류였으며 이중조직 비밀결사로써 각 대학에 세포를 가지고 최소한 한 학급에 1명 이상씩의 회원을 확보하고 있었다. 그들이 상당한 조직을 가졌다는 것은 학생 간부 선거 때 KKP가 미는 사람이면 십중팔구 당선되는 것을 보아 짐작할 수

원, 국회부의장(1955~1958) 등 역임.

285. 1951년 12월 23일에 이승만을 당수로 이범석을 부당수로 창당된 정당. 이승만의 지시로 1953년 12월에 이범석을 비롯한 족청계 인사들이 제명되자 이기붕이 실권을 장악하게 되었고, 1961년 4·19 혁명이 일어나 실질적으로 해체되었다.

286. 김원기(金元基, 1937.2.16.~). 전라북도 정읍 출생. 전주고등학교(1955), 연세대학교 정치외교학과(1962) 졸업. 동아일보 기자, 제10·11·13·14·16·17대 국회의원, 국회의장(2004) 등 역임.

있었다. 이들은 일본, 타이완의 극우단체와 유대를 맺기 위해 1961년 6·7월경에 대표를 보낼 계획도 있었으며, 또 5·16 나던 해 5·6월경에는 전국 조직을 총동원하여 불여의(不如意)하면 혁명까지도 각오하는 시위 운동을 전개하려다가 5·16 혁명의 돌발로 좌절되었었다.

 내가 알기로는 민주당 정권 때 이범석 장군이 한번 '큰소리'를 친 적이 있는데, 그것은 바로 KKP를 믿고 한 이야기일 것이다. KKP에 대해서는 윤재욱 씨가 나보다 잘 알 것이다. KKP를 이범석 장군 쪽으로 끌고 가려고 노력하던 사람이 바로 윤씨이며 윤씨는 거의 날마다 KKP와 접촉을 했다. 이 장군이 남태령 산골 훈련장에 가서 직접 교련을 시킨 적도 있다.[287]

한편 윤재욱은 김원기 기자에게 다음과 같이 증언하며 발뺌을 했다.

 '대한구민계몽회'라고만 알았지, 그것이 비밀단체인 것은 몰랐다. 관악산 남태령고개에 가서 회의 진행법에 대해 강의했던 것은 사실이나 선서를 한 일은 없다. 이범석 장군을 내가 소개했던 것도 사실이다. 이 일에 대해서는 나보다 조경규 씨가 더 잘 알 것이다. YTP라는 이름은 금시초문이다. 조정찬 등 이전 KKP 간부들이 공화당의 앞잡이가 되었다는 얘기는 근래에 들었다.[288]

 KKP는 이후 변신하는 MTP와 YTP의 세 단계 가운데 가장 그럴듯한(?) 시기였다고 할 수 있다. 그러나 단체라는 것이 장기간에 걸쳐 양성한 자생력을 토대로 하지 않고 지도자 몇 사람에게 전적으로 의존하게 되면 취약

---

287. 김원기, 「YTP '청사회(靑思會)'」, 182쪽.
288. 김원기, 「YTP '청사회(靑思會)'」, 181쪽.

점을 보이기 마련이다. 즉 지도자가 사라지면 전체 조직이 갈팡질팡하는 취약점이 생기게 되는데, 바로 KKP가 그러했다.

(2) MTP와 박정희, 박창암, 이용택, 김종필: 1961년 5·16 쿠데타 이후~1963년 7월 24일

KKP(구국당)가 방황하게 된 것은 5·16 쿠데타 때문이었다. 쿠데타가 일어나자 이범석·안호상 등이 KKP와의 연락을 끊어 버린 것이다. 이른바 '저명인사'라는 사람들이 스스로의 능력과 인격으로 청년들을 규합하여 정치세력화하려 하지 않고 몰려온 철없는 젊은이들을 부추겨 자신의 정치적 기반을 쌓으려 한 속셈이 드러나는 장면이었다. 그나마 5·16 후까지 관심을 보인 것은 조경규 혼자였지만 그도 KKP를 쿠데타 세력과 연결해 씻을 수 없는 잘못을 저질렀다. 조경규의 증언부터 보자.

> 5·16이 나고 나의 주선이라기보다 내가 인연이 되어 KKP 간부들과 이용택[289]이 만나게 된 것도 사실이다. 이 군은 바로 내가 데리고 있던 청년이다. 특히 '반공'을 국시(國是)의 제1로 한다는 혁명정부의 공약으로 보아 '반공'을 내세우는 KKP와 반공 운동 전선에서 협조할 수 있다고 믿었기 때문이었다. 지금 생각하면 그것이 실책이었다. YTP가 바로 KKP의 후신(後身)이라는 것은 얼마 후 YTP 문제가 신문에서 크게 떠들어 댈 무렵에야 알았다.[290]

---

289. 이용택(李龍澤, 1930.11.29.~). 경상북도 달성군 출생. 대구농림고등학교 졸업. 육군헌병학교 9기(1950, 육군 하사), 육군보병학교 갑종간부 7기 수료(1951, 육군 소위). 육군 헌병 병과로 전과하여 군 수사관 생활 시작(1954), 육군 대위 제대(1960). 중앙정보부 제6국장, 대한지적공사 사장(1978), 제11·12대 국회의원 등 역임.
290. 김원기, 「YTP '청사회(靑思會)'」, 183쪽.

조경규는 KKP가 MTP로 바뀌고 다시 YTP가 되는 과정은 알지 못했던 것처럼 보인다. 어쨌든 조경규가 KKP와 이용택을 연결한 후 KKP는 '문맹퇴치회' 즉 MTP라는 비밀 프락치 조직으로 전락하게 되는데, 이 과정을 정리해 보기로 하자.

5·16 쿠데타 다음 날인 1961년 5월 17일 이용택은 박창암[291] 대령의 연락을 받고 상경하여 '5·16 혁명'에 대한 일반 국민의 여론 및 소망 등에 대해 조사·보고하라는 명을 받는다. 이용택은 전국을 돌며 조사하여 보고서를 작성했고,[292] 이 보고서를 본 박정희의 "학생들을 상대로 일을 했으면 좋겠다"는 지시에 따라 '문맹퇴치회' 즉 MTP를 만들었다는 것이다. 이에 대한 이용택의 말을 들어보자.

> 내 보고서를 보고 맘에 들었던 박정희 최고회의 부의장은 과거 내가 학생운동을 했던 점을 알고 "학생들을 상대로 일을 했으면 좋겠다"고 말했습니다. 당시 학생들은 혁명을 반대했으며, 박 부의장은 저항 세력에 대해 우려하면서 학생들의 동태가 궁금했던 것입니다. 그래서 생각 끝에 학생들을 조직, '문맹퇴치 운동'을 벌이기로 했죠. 나는 중학 시절 방학 때 고향에서 야학(夜學)을 운영한 경험도 있는데 학생들에게 제의해 결국 약 3만 명의 전국적인 조직을 만들었습니다.
>
> 상도동에 있던 큰 적산(敵産)[293] 가옥을 교육장으로 사용했습니다. 이곳에

---

291. 박창암(朴蒼巖, 1923.5.15.~2003.11.10.). 함경남도 북청 출생. 만주국립연길(간도)사범학교 졸업. 만주국 간도특설대 입대(1943). 일제 패망 후 육군 중위 임관(1949), 육군특수부대장, 육군사관학교 생도대장(1960), 5·16 쿠데타 후 혁명검찰부장(1961) 등 역임.
292. 김석규, 「이용택 전 중앙정보부 수사국장 증언」, 《월간조선》 2004년 4월호, 408쪽.
293. 1945년 8·15 광복 이전까지 한국 내에 있던 일제(日帝)나 일본인 소유의 재산을 광복 후에

전 중앙정보부 수사국장 이용택(사진)의 인터뷰 내용을 보도한 《월간조선》(2004년 4월호, 406~425쪽). 이용택은 이 인터뷰에서 박정희의 지시에 따라 MTP를 조직했다고 증언했다.

서 숙식을 제공하면서 문맹퇴치회 회원들을 교육시켰습니다. 군사혁명이 일어난 이유와 향후 방향, 민주주의의 원리 등을 3일씩 교육하고 내보냈습니다. 나는 주로 학생들의 입소 및 퇴소식에 가서 격려의 말을 했습니다.

하루는 3개 팀이 온다고 해서 격려사를 하러 갔더니 중앙정보부 수사관들이 들이닥쳤습니다. 계엄포고령 중 불법집회에 걸린 것입니다. 저와 간부 학생들이 조사를 받게 됐죠. 활동 내용을 박정희 의장만 알고 있었고 학생들을 위한 교재비와 차비, 식비 등 필요한 돈을 박 의장이 지원해 주었기 때문에 다른 사람들은 잘 몰랐던 겁니다. 그때 박 의장은 존 F. 케네디 미 대통령과 회담하러 외유 중이어서 제대로 보고되지도 않았습니다. 박 의장의 귀국 후 김종필이 이를 보고하자 불문에 부치는 것으로 종결됐습니다.[294]

이르는 말.

294. 김석규, 「이용택 전 중앙정보부 수사국장 증언」, 410~411쪽. 인용문에서 박정희 호칭(부의장 또는 의장)은 1961년 7월 3일 박정희가 국가재건최고회의 부의장에서 의장으로 취임한 것에 따른 것이다.

김종필과 육군사관학교 제8기 동기이며 중앙정보부 감찰실장을 지낸 방준모의 다음과 같은 증언은 이용택의 말을 뒷받침해 주고 있다.

> 5·16 직후 박창암 혁명검찰부[295] 부장은 안전가옥을 구입하고 대학생 서클을 만들어 그들을 교육시키고 있었다. 대학생들이 불온 서클을 조직하고 이상한 교육을 받고 있다는 제보가 들어왔다. 나와 이병희[296] 서울분실장을 위시해서 10여 명의 수사관이 한밤중에 그 집으로 쳐들어갔다. 그 안전가옥에서 이용택이 대학생 서클을 교육시키고 있었다. 그날 밤 나의 손으로 이용택을 체포했던 것이다.
>
> 박창암 혁검부장이 "불온 서클이 아닌 건전 서클이다"라고 증인을 서서 그는 그다음 날 풀려났다. 그 후 박창암은 이용택을 김종필 정보부장에게 소개해서 정보부에 근무토록 해 주었다. 이용택은 내가 헌병 중령으로 있을 때 헌병 중위로 있었던 후배였다.[297]

이제까지의 증언을 종합하면 KKP는 다음과 같은 과정을 거쳐 MTP로 변신한다.

5·16 쿠데타 직후 박정희가 혁명검찰부장이던 박창암에게 학생 이용단

---

[295] 1961년 7월, '국가 재건 비상조치법'에 의거하여 설치된 특별 검찰 기관. 강력한 권한을 행사하여 3·15 부정선거 사건, 7·29 선거 난동 사건, 특수 반국가 행위 사건, 반혁명 사건, 단체적 폭력 행위 사건, 특수 밀수 사건, 국사 및 군사에 관한 독직 사건, 부정 축재 사건 따위를 다루었다. 혁명검찰부의 공소시효는 1961년 12월 11일 밤 12시까지였다.

[296] 이병희(李秉禧, 1926.8.1.~1997.1.13.). 경기도 용인 출생. 삼일상고(1946), 육군사관학교 제8기 졸업(1949), 육군특무대 근무. 5·16 쿠데타 후 중앙정보부 서울시지부장(1961), 제1무임소장관(1971), 제6·7·8·9·10·13·15대 국회의원 등 역임.

[297] 문일석, 『KCIA-X파일 ①: 중앙정보부 전 감찰실장 방준모 증언』, 한솔미디어, 1996, 46쪽.

박창암은 박정희의 지시에 따라 MTP를 조직했으나 '반혁명 사건'으로 숙청당했다. 이 사건으로 법정에 선 박창암(왼쪽)과 이를 보도한 《한국일보》호외(1963.3.11.). | 사진출처: https://blog.daum.net/blankspace

체를 만들 것을 지시하자, 이용택은 조경규를 통해 알게 된 KKP를 박창암과 연결한다. 이후 필요한 비용 일체를 박정희로부터 받아 KKP를 MTP로 변신시키기 위한 교육에 들어갔다. 그런데 이를 불법집회로 오인한 중앙정보부가 이용택을 체포했지만, 박창암의 해명으로 풀려나고 MTP는 결국 김종필의 중앙정보부 손아귀에 들어간다.

이같이 MTP가 중앙정보부의 프락치 단체로 전락하기 시작한 시기는 "11월 90여 명의 회원이 중앙정보부에 검거되어 20일 후 풀려나왔다"는 회장인 조정찬의 증언[298]으로 미루어 보아, 1961년 말에서 1962년 초의 어느 시점이었을 것이다.

결국 MTP의 조직은 박정희의 발상과 후원으로 시작되어 박창암과 이용택에 의해 진행되다가 김종필에 의해 완성되었다는 것인데, 관련자들 가운

---

298. 「정당의 '서자' 될 순 없다고, 청사회장의 YTP 설명」, 《경향신문》 1964.4.18. 3면.

데 이 일에 대해 언급한 사람은 이용택이 유일하다. 박정희는 비명횡사했으니 그렇다 치고 김종필의 회고록 어디에도 이에 대한 언급이 없다. 그리고 시작은 박창암이 했지만 김종필에게 인계했고, 박창암은 권력투쟁에 밀려 1963년 3월 이른바 '반혁명 사건'으로 구속된다. KKP가 MTP로 넘어가는 초기 과정에서 최고 상전이었던 박창암이 구속된 것은 MTP 구성원들에게는 큰 충격이었을 것이다.

여기서 '반혁명 사건'이라는 것을 잠시 들여다보고 넘어가기로 하자. 2년 반 동안의 군정(軍政) 기간에 일어난 '반혁명 사건'만 해도 10건에 이른다.[299] 이 가운데 '혁명 주체세력' 간의 권력투쟁 과정에서 벌어진 사건은 '장도영 일파 반혁명 사건'(1961.7.3.)과 '군 일부 쿠데타 음모 사건'(1963.3.11.)이다. 이 두 사건을 통해 쿠데타 당일 대포·병력·탱크를 동원해 쿠데타를 성사시킨 세력은 거의 제거되고 박정희와 김종필을 중심으로 한 정보 계통 세력, 다시 말해 맨손으로 쿠데타를 한 세력만이 남아 권력을 장악하게 된다.

이른바 '텍사스 토벌 작전'[300]으로 불리는 전자의 사건에는 당시 제6군단 포병단 단장 문재준 대령과 제1공수단 단장 박치옥 대령 등이, '알래스카 토벌 작전'으로 불리는 후자 사건에는 탱크를 몰고 한강을 건넜던 김포 해병여단장 김윤근 준장을 비롯해 김종필의 독주를 견제하던 김동하·박임항·박창암 등 만주군 출신들이 대거 숙청됐다. 박창암이 관련된 후자의 사건은 MTP에서의 이용택의 위상에도 영향을 미친다.

다시 MTP(문맹퇴치회) 쪽으로 시선을 돌려보자. 이용택은 자신이 "야학

---

299. 국가재건최고회의, 『한국군사혁명사 제1집』(상), 1963, 347~385쪽.
300. 장도영과 주요 관련자들의 고향이 평안도 일대였기 때문에 '텍사스 토벌 작전', 그리고 김동하 등 주요 관련자들은 함경도 출신이었기 때문에 '알래스카 토벌 작전'이라고 불렀다.

(夜學)을 운영한 경험"도 있고 해서 "문맹퇴치 운동을 벌이기로" 하고, "학생들에게 제의해 결국 약 3만 명의 전국적인 조직을 만들어" "군사혁명이 일어난 이유와 향후 방향, 민주주의의 원리 등을 3일씩 교육"했다고 했다. '문맹(文盲)'이란 '배우지 못해 글을 읽거나 쓸 줄 모름' 즉 낫 놓고 기역 자도 모른다는 뜻이다. 그렇다면 '문맹'을 '퇴치'하려는 학생들에게는 마땅히 글을 읽거나 쓰게 하는 방식을 교육해야 한다. 그런데도 "군사혁명이 일어난 이유" 등을 교육했다니 참으로 웃기는 일이 아닌가?

"3만 명의 전국적인 조직"을 만들어 구체적으로 어떤 교육이 시행되었을까? MTP는 『향지(向志)』라는 이름의 팸플릿을 교육 교재로 발간했는데, 그 내용 가운데 주목을 끄는 부분을 살펴보면 다음과 같다.[301]

이 교재의 첫머리에는 "본 교재는 본회(本會)의 모든 기밀이 기록되어 있으므로 정식으로 입회하여 선서한 회원 이외 여하한 자에게도 보일 수 없다", "본 교재에 의하여 교육받은 사실은 여하한 경우, 여하한 사람에게도 말할 수 없다"는 등의 괴상한 경고문이 붙어 있었다. 또한 MTP 운영 요강(要綱) 제34조에서는 "회(會)의 기밀을 탄로하거나 회의 명예를 손상시키거나 회의 발전을 저해롭게 한 회원은 여하한 수단으로든지 엄격한 처벌을 가하여 등교를 못하게 할 것이며 천추만대(千秋萬代)에 걸쳐 처벌한다"고 규정하여 섬찟한 보복 조항까지 두고 있었다.

다음은 이 교재에 규정된 MTP의 '7대 원칙'이다.

1. 우리들은 비밀결사이다.

1. 회원을 엄격히 심사하여 소정의 훈련을 거친다.

---

301. 자세한 내용은 김원기, 「YTP '청사회(靑思會)'」, 184~189쪽 참조.

1. 반공투쟁의 전위에 선다.
1. 일당일파(一黨一派)를 지지하는 정치사회 문제에 관여하지 않는다.
1. 회원자격은 10대 이상 30대 미만을 원칙으로 한다. 단, 기획위원회에서 과반수 찬동(贊同)을 받을 경우에 한하여 30대 이상도 회원이 될 수 있다.
1. 군사혁명정부가 천명한 공약 실천에 적극 노력한다.
1. 본회(本會)가 해산되기 전까지는 사망 이외는 탈퇴를 불허한다.

MTP는 주로 대학생 등 청년 지식층을 포섭하여 자신의 특수 목적과 활동에 적응시켜야 했기 때문에 특수한 방법으로 교육훈련을 실시했다. 이들은 먼저 '5·16 군사혁명의 불가피성'과 '군사혁명을 지지하여야 할 의의' 등을 교육하여 군사정부에 대한 절대적인 충성심을 주입하고, 다음 단계로 MTP 자체에 대한 선전 교육을 한다. 이렇게 하여 피교육자가 충분히 자기 위치에 대해 긍지를 갖게 되었다고 인정되면, 서서히 누구나 공명하지 않을 수 없는 광범하고 일반적인 내용의 교육을 시행하고 이와 병행하여 특수 목적을 위한 특수교육으로 들어갔다. 또한 교육과정 전반에 걸쳐 신비롭고도 위협적인 분위기를 지속시킴으로써 교육 효과와 교육 후의 기밀 보장에 실효를 거두려고 노력했다.

MTP의 정예 회원들은 교육 지침에도 없는 여러 가지 특별교육을 받기도 했다. 예를 들면 미행법, 접선법, 와이어 타는 법, 교살법, 교살을 자살로 가장하는 법, 접선이 탄로 났을 때 안전을 유지하는 방법 등과 같은 희한한 교육도 행해졌다. 또한 MTP는 KKP 시절부터 체력훈련에 주력하여, 지도자급 가운데는 여러 가지 무술 유단자가 수두룩했다. 회장인 조정찬도 유단자였다.

MTP의 회원 교육은 어디에서 어떻게 시행되었는가? MTP의 교육장은 회별(會別)로 독립 가옥을 전세 내어 비밀 가옥으로 정하고 인근 주민에게 의심을 사지 않도록 특별한 안전 조치를 했다. 비밀 가옥은 사람들의 출입이 많지 않은 골목길에서 깊숙이 들어가고 사방에서 자유롭게 출입할 수 있는 곳으로 정했는데, 확인된 곳으로는 영등포구 상도동에 3개 처가 있었으며 이 밖에 마포에도 비밀 가옥이 있었다고 한다. 이러한 비밀 가옥은 보안을 위해 출입이 제한되고 피교육자는 교육이 끝날 때까지 출입이 절대 금지되었으며 출입 시에는 호출 신호가 정해진 초인종이 사용되었다고 한다.

선정된 회원은 각 회별로 중앙에 소집되어 중앙교육위원들로부터 교육을 받았는데 피교육자들은 상호 신분을 밝히지 못하게 되어 있었다. MTP는 무엇보다도 활동의 기밀 유지와 활동 기밀 교육에 교육과정의 상당 부분을 충당하고 있었다. 비밀 유지를 위하여 비밀 가옥은 누구에게도 말하지 말아야 했고, 비밀 가옥에 타인을 대동하는 것은 절대 엄금이었다.

그리고 인가된 사항 외에는 어떤 회원에게도 말하면 안 되었고, 교육 내용 및 지시 사항은 직속 상부 지령자 외에는 누구에게도 말할 수 없었다. 또한 회원들은 자신의 신분을 은폐하기 위해 회원 상호 간에 반드시 가명 또는 암호를 사용했다. 모든 연락문(連絡文)에도 암호가 사용됐다.

그리고 회원들은 교육받고 명령받은 사항 이외에는 억측하지 않도록 특별한 주의를 받았으며 상부에서 교육한 내용과 지령 이외에는 어떠한 사항에 대한 질문도 할 수 없었다. 회원들에게는 ①모든 행동은 남에게 주목을 받지 않도록 가장 평범하고 태연한 자세로 행하라, ②일체 관제 운동 같은 인상을 주지 않도록 하라, ③어느 국가기관에서 옹호하는 듯한 인상을 주지 말라는 등의 지시를 내렸다.

KKP가 이같이 통제되어 중앙정보부의 지시에 따르는 MTP로 변신하자,

회원들은 정보활동을 통해 동료 학생들에 대한 첩보를 수집해야 하는 신세로 전락하고 말았다. 이들은 당시 서울 시내 9개 종합대학, 37개 단과대학과 각 지방대학에까지 조직을 확대하여 광범위하고 조직적인 학원 사찰 행위를 자행했다. 이들은 대학생들의 동태(動態), 서클 활동, 군사정권에 대한 반향 등 다방면에 걸친 정보를 수집하여 상부에 보고했다. 또한 학생회장 선거에 개입하여 회원을 출마시켜 당선시키거나, 특정인의 선거를 돕거나 방해하기도 했고, 경우에 따라서는 학생 서클을 파괴하기도 했다.[302]

이런 가운데 1963년 1월 6일, 초창기의 MTP를 박창암으로부터 인계받아 비밀단체로 완성한 김종필이 중앙정보부장 직에서 물러났다. 제2대 중앙정보부장에는 김용순(재임, 1963.1.7.~1963.2.20.), 그리고 제3대에는 김재춘(재임, 1963.2.21.~1963.7.11.)이 임명되었으나 단명에 그쳤다. 그리고 나서 10월 15일 시행될 대통령 선거에 박정희를 당선시켜야 한다는 막중한 책임을 떠안고 7월 12일 김형욱 육군 대령이 제4대 중앙정보부장 자리에 임명됐다.

MTP의 탈선은 과연 여기서 멈출 것인가?

(3) 민주공화당 청년조직, 청사회=YTP

제4대 중앙정보부장에 오른 김형욱은 박정희에게 기필코 당선되게 하겠다는 약속을 하고 중앙정보부에 대통령 선거를 주관하는 특별기구를 설치했다. 그리고 한남동에 쥐도 새도 모르게 안전가옥을 마련하여 선거 담당 요원을 배치한 다음 정기적으로 선거운동에 대한 분석과 평가, 전국의 득표 예상 등을 보고하게 하는 한편 그곳에서 수시로 당정협의회(黨政協議會)를 개최하여 선거 전략을 숙의했다. 정치에 관여하지 않는다던 중앙정보

---

302. 김원기, 「YTP '청사회(靑思會)'」, 190쪽.

부가 실질적인 선거본부가 되었고, 김형욱은 그것을 총괄하는 총사령탑의 역할을 맡게 된 것이다.303

이 와중에 '문맹'을 '퇴치'하는 행위를 단 한 번도 하지 않았던 '문맹퇴치회' 즉 MTP는 어찌 되었을까? 이들의 행방과 더불어 궁극적인 목표는 무엇이었는지가 궁금하다. 비밀단체를 표방하고 자신을 숨긴 까닭에 정확히 알 수는 없지만. MTP라는 명칭에서 P는 '정당'을 뜻하는 Party의 준말이었다 하니, 정계에 진출하여 한국 사회를 휘어잡을 꿈을 가졌던 것 같다.

그러던 차에 자신들의 후견감독인 격인 중앙정보부 김형욱이 선거 총사령탑 역할을 맡았고, 중앙정보부가 비밀리에 만든 민주공화당(약칭 공화당)이라는 정당이 창당되었으니 청년단체를 표방하고 여기에 슬쩍 무임승차하면 정치 쪽으로 쉽게 방향 전환을 할 수 있을 것이다. 이런 착상을 하기는 했는데, '문맹퇴치회'라는 문패를 가지고는 문제가 있어 개명한 것이 청년사상연구회(青年思想研究會, 약칭 청사회)였고, 영문으로는 YTP(Youth Thought Party의 이니셜)를 사용키로 했다.

명칭부터 심각한 문제를 안고 있었다. 누가 작명했는지 몰라도, 하필이면 일본의 우익단체 중 하나인 청년사상연구회(青年思想研究會, 약칭 청사회)라는 명칭을 그대로 모방했으니 그렇다. 일본 청사회는 1961년 4월 8일, 30개 단체가 규합·결성된 단체로, 행동 방침으로는 일본 천황(天皇)을 원수로 하고 애국, 민족의식, 교육칙어(敎育勅語)의 부활을 내세우고 있는 우익단체였다.304

이처럼 일본 극우단체의 이름을 그대로 따 붙인 청사회는 1963년 7월 25

---

303. 한국정치문제연구소, 『정풍(政風) 4-김형욱의 두 얼굴, 그 충성과 배신』, 158쪽.
304. 「이것이 일본이다(91)-우익운동(右翼運動)」, 《매일경제신문》 1972.5.24. 4면.

YTP 본부 즉 '청사회 중앙총회'가 있던 건물. 서울 남대문시장 입구 대로변에 있는 이 건물은 2022년 현재까지도 남아 있다. | 사진출처: 서울대학교 문리과대학 신문 《새세대》 (1964.5.8.)

일 서울 시민회관에서 결성대회를 열었다. 언론 보도를 보면, 결성대회를 마치고 가던 전세버스가 굴러떨어져 4명이 즉사했다 하니 출범 때부터 불길한 조짐을 보이고 있었다.

    7월 25일 낮 2시쯤 경기도 가평군 외서면 청평리 지서 서쪽 5백 미터 지점에서 서울발 춘천행 춘천여객 강원 영1289호 버스(운전사 강영순)가 60도 경사의 비탈길을 돌다가 운전 부주의로 높이 5미터의 언덕 아래 강물에 추락, 승객 35명 중 4명은 즉사, 2명은 중상, 31명은 경상을 입었다. 이날 이 버스는 서울에서 있었던 학생단체 청사회(靑思會)의 결성대회에 참석하고 돌아가던 길이었는데 중상자 2명은 가평 육군정양병원에 입원 중이다.[305]

---

305. 《동아일보》 1963.7.26. 7면.

당시 박정희의 공화당은 10월 15일 시행될 제5대 대통령 선거를 준비 중이었고, 이참에 문맹퇴치회는 이같이 청년단체로 변신한 모습으로 공화당에 입성하려고 했다. 이때 '청사회'라는 명칭만 사용하고 영문으로 된 'YTP'는 입 밖에 내지 않았기 때문에 어처구니없는 혼선이 빚어지게 된다. 이 과정을 언론 보도를 통해 차근차근 살펴보기로 하자.

대통령 선거를 앞두고 조직 확대를 서두르고 있는 민주공화당은 전국적 규모의 청년단체와 부녀단체 조직을 각각 추진하고 있다. 기성(旣成) 청년단체 및 부녀단체를 광범하게 흡수, 공화당의 외곽단체 내지는 산하단체로서 선거 전열(戰列)의 앞장에 내세울 이 두 개의 특수조직은 청년단체가 5백만 원, 부녀단체가 4백만 원의 결성비를 각각 책정받고 결성을 서두르고 있다. 16일 공화당의 한 간부는 이 청년단체의 명칭을 '청사회(靑思會)'로 내정했다고 밝히면서 늦어도 8월 말까지는 조직의 근간이 잡힐 것이라고 말하고 현재 책임자를 물색 중이라고 덧붙였다. … 한편 청년단체 조직을 둘러싸고 조직부 안(案)과 청년분위 안(案)이 각각 맞서고 있으며 당내 일부에서는 청년단체가 비난의 대상이 될 가능성이 크다는 이유를 들어 결성 포기를 주장하고 있다.[306]

이처럼 MTP가 공화당으로부터 500만 원이라는 결성비까지 받고 청사회로 변신하여 자신의 괴이한 본래 모습을 감추려고 했지만 세상에 비밀이란 없는 법. 이 "청년단체가 비난의 대상이 될 가능성이 크다"는 주장이 거세지자 공화당은 하루 만에 한 발짝 뒤로 물러선다.

306.《동아일보》1963.8.16. 1면.

선거 준비의 일환책(一環策)으로 청년단체 조직을 추진하던 공화당은 당 방침을 변경, 당 직속 단체로서의 청년단체를 조직하지 않고 외곽단체로서의 청년단을 지원하기로 결정했다. 공화당 대변인 서인석 씨는 "청년단체를 조직하지 않기로 당무회의에서 결의했다"고 말하고 "청사회라는 청년단체가 후원을 요청해 온 일이 있어 당 간부들은 그 성격과 조직을 검토했으니 당의 직속 단체로 삼지 않고 필요하다면 외곽단체로 간접적인 지원만을 해 줄 용의가 있다"고 말했다.[307]

그러자 청사회가 발끈하고 나섰는데, 오히려 의혹만 더 키웠다. 언론 보도를 보자.

8월 16일 하오 청사회 사무총장이라는 임춘택(林春澤) 씨(25세)와 선전부장이라는 이중호(李仲鎬) 씨(25세)는 반도호텔에서 기자회견을 자청, 청사회 내용을 공개했는데 이에 의하면 청사회는 "9년 전에 고등학생 몇몇 사람에 의해 발족된 학술연구단체로서 지금은 전국에 5만 회원이 있는데 조직은 전국 시·읍·면을 단위로 하고 회의 목적은 5·16 이념의 계승, 국민혁명의 선봉대, 반공투쟁의 전위대 역할을 하는 데 있다"는 것.

그러면서 이들은 시민회관에서 한때 대의원대회를 가졌던 화려한 행사와 조직을 움직이는 데 드는 막대한 자금에 대해서는 "공개할 수 없다"고 답변을 안 했는가 하면 "순수한 학술단체가 무엇 때문에 읍·면 단위의 조직체를 가지며 또 9년간의 연구업적은 무엇이며 혁명 선봉대, 반공의 전위대라는 말은 학술단체와 거리가 먼 것 아니냐"는 질문에 대해서는 그대로 묵묵부답.

307.《조선일보》1963.8.17. 2면.

그런가 하면 간부라는 이 젊은이들은 "우리는 공화당이 어디 있는 줄도 모르는데 그들이 우리를 이용하려 하니 기막힌 일"이라고 사뭇 의분(義憤) 조(調)로 공화당을 매도(罵倒)하기까지 했다. 그러나 이런 소식을 전해 들은 공화당 간부들은 "홍! 그 친구들 사람 잡을 짓을 하는군. … 공화당 노선을 지지할 테니 청사회를 직속 단체로 보고 돈을 좀 대달라고 청사회 간부들이 당사를 부리나케 드나들었는데 무슨 소리냐"고 했다.[308]

이런 사태가 벌어진 것이, 공화당과 청사회가 사전에 입을 맞추고 짠 각본에 의한 것이었는지는 밝혀진 바 없다. 다만 이후의 청사회 움직임으로 보아서는 그럴 가능성이 농후하다. 문제는 제보받고도 철저하게 조사하지 않아 'YTP=청사회'라는 사실도 모른 채 헛발질을 해, 결과적으로 YTP가 계속 활동하도록 방치해 버린 야당 측에 있었다. 그리고 언론에도 있었다.

박정희 정부 당국자에 의해 YTP의 존재와 YTP가 곧 '청사회'라는 사실이 최초로 확인된 것은 1964년 4월 17일 엄민영[309] 내무부 장관의 국회 답변에서였다. 다음은 이에 대한 언론 보도다.

민정당의 이중재(李重載) 의원은 "학생데모 후 정부는 3천만 원의 자금을 뿌려 학생 회유책을 쓰고 있다는데 이 자금의 출처와 배후조종자는 누구인가"라고 따졌다. 이 의원은 또 대통령 선거 때 99만 원의 선거자금을 쓴 YTP

---

308. 《조선일보》 1963.8.18. 3면.
309. 엄민영(嚴敏永, 1915.2.4.~1969.12.10). 경상북도 선산 출생. 대구사범학교 졸업 후 규슈(九州)제국대학 법문학부 졸업(1939), 일본 고등문관시험 행정과 합격(1940). 임실 군수(1943), 무주 군수(1945). 일제 패망 후 서울대학교 법과대학 교수(1949), 경희대학교 법과대학 학장(1957), 참의원(1960), 5·16 쿠데타 후 국가재건최고회의 의장 고문(1961), 내무부 장관(1963, 1966), 주일대사 등 역임. 『친일인명사전』(민족문제연구소)에 등재됨.

조직의 배후조종 세력을 밝혀내어야 한다고 주장하고 앞으로도 학원 사찰이 계속되어 학생들이 자위권을 발동할 때에 정부는 어떻게 대처할 것인가라고 물었다.

답변에 나선 엄 내무장관은 "말썽을 일으키고 있는 YTP는 선거를 전후해서 만들어진 '청사회(靑思會)'라는 청년단체"라고 밝히고 "조사 결과 그들의 헌장 내용은 결코 불순한 것이 아니며 조직이나 자금도 대단한 것이 아니다"라고 말했다.

한편 YTP라는 단체가 '청사회'라고 국회에서 엄 장관이 답변하자 청사회의 한 책임자는 이날 오후 "청사회는 9년간 지하조직 형식으로 활동해 왔으며 작년에 표면화되었다"고 밝혔다. 시내 시경(市警) 앞에 있는 동회(同會)의 부회장은 "공화당 자금으로 조직된 단체가 아니며 선거운동에도 가담한 일이 없다"고 강경히 부인했다.[310]

---

310. 《경향신문》 1964.4.17. 1면에서 발췌.

제2장
한일회담과 6·3 항쟁

1963년 12월 17일, 박정희가 제5대 대통령에 취임함으로써 대한민국 제3공화국(1963.12.17.~1972.10.16.)이 시작된다. 이후 그의 죽음에 이를 때까지 박정희의 집권사는 곧 민주화 운동사라고 해도 과언이 아닐 정도로 시종 민주화를 외치는 세력과 충돌했다. 지식인, 재야인사, 야당 정치인, 일반 시민 등이 민주화를 위해 헌신적 투쟁에 나섰고, 그 선봉에는 항상 학생들이 있었다. 이러한 학생들의 투쟁 가운데 최초이자 일본과 직접 관련된 6·3 항쟁을 중심으로 자세히 살펴보기로 한다.

1. 군정기(軍政期)의 학생운동

1) 한미행정협정 체결 촉구 시위(1962.6.6.~6.9.)

박정희에 의해 언론·출판·집회·결사의 자유가 억압당한 군정(軍政) 기간(1961.5.16.~1963.12.16.)에도 학생들은 움직였다. 군사정권에 대한 비판과 민족주의에 기반한 항의가 '한미행정협정 체결 촉구' 시위로 표출되었고, 이

1963년 12월 17일 오후 2시 중앙청 앞에서 거행된 제5대 대통령 취임식에서 박정희가 취임사를 하고 있다. | 사진출처: e영상역사관

는 5·16 쿠데타 이후 학생들이 한 최초의 정치적 시위였다.

이 시위는 1962년 봄 임진강 부근에서 한 나무꾼이 미군에 의해 살해당하고, 곧이어 또 다른 한국인이 살해당하는 사건이 이어진 데서 비롯됐다. 1962년 3월부터 서울대생들은 이 문제가 한국전쟁 당시 미군의 지위와 관련하여 한국과 미국이 체결했던 '대전협정'[1]의 불평등성에 기인한다고 판단하고, '대전협정'을 대체하는 한미행정협정을 조속히 체결할 것을 박정희와 케네디에게 진정하려 했다. 이러한 시도는 군사정권과 학교 측의 강력한 '정치 관여 불용(不容)'이라는 의지 표현으로 일단 잠잠해졌으나, 5월 말 파주에서 미군 장교 등 6명이 한국 소년을 절도로 몰아 사형(私刑)을 가해 결

---

1. 대전협정: 한국전쟁 직후인 1950년 7월 12일, 임시수도 대전에서 한국 정부와 주한 미국대사 간의 서신 교환을 통해 맺은 '재한 미국군대의 관할권에 관한 한미협정'이라는 명칭의 불평등조약. 1966년 7월 9일 대전협정의 불평등성을 제거하기 위해 '대한민국과 아메리카합중국 간의 상호방위조약 제4조에 의한 시설과 구역 및 대한민국에서의 합중국 군대의 지위에 관한 협정' 즉 한미행정협정(SOFA)이 체결되었으나 여전히 협정의 불평등이 지적되고 있다.

1962년 6월 6일의 한미행정협정 촉구 시위로 구속되거나 연행되었던 고려대학교 학생들이 모여 기념 촬영을 했다. | 사진제공: 박정훈(전 국회의원)

국 그 소년이 사망한 사건이 발생하자 학생들이 즉각 한미행정협정의 조속한 체결을 요구하는 시위를 벌인 것이다.[2]

학생들의 시위는 고려대학교부터 시작되었다. 1962년 현충일인 6월 6일 오전, 약 3천 명의 고려대학생들은 교내에서 현충식을 마친 후 "부끄러운 조상이 될 수 없어 궐기한다"는 취지를 밝히고 시위에 나섰다. 이들은 안암동 로터리에서 경찰의 제지를 받고, 미국 정부와 한국 정부에 보내는 메시지를 낭독·채택한 후 학교로 돌아갔다. 그러나 100여 명의 학생들은 미국대사관 앞으로 집결하려다 경찰에 연행됐다.

다음은 고려대생들이 발표한 선언문의 일부 내용이다.

우리는 왜 행동하는가? 문화민족의 오랜 역사가 타락의 함정으로 굴러떨

---

2. 민주화운동기념사업회 연구소, 『한국민주화운동사 1』, 돌베개, 2008, 370쪽.

어져 짧은 문화사를 지닌 타민족과의 상승된 세력 조성에 의해, 우리의 주권을 아니 인간 천부(天賦)의 권리를 옹호해야 할 엄숙한 역사의 명령 앞에 직면하고 있기 때문이다. 한미행정협정을 조속히 체결하라. 이것이 우리의 구호이다. 형식적인 논리나 허황한 이론을 전개하려 함이 아니요, 더욱이 우리의 행동은 항의가 아니다. 건의와 촉진을 뜻함이다.[3]

5·16 쿠데타 이후 최초의 정치적 학생시위였던 이 사건으로 280여 명의 고려대생이 연행되어 주동 학생인 정외과 2학년 박정훈·서진영·김덕규·조홍규·이규정·이기중·김경용·표창운·서상순·윤영태·이무웅, 4학년 오정권·한춘기 등 13명이 '집회에 관한 임시조치법' 위반으로 6월 7일 구속되었다.[4]

이어서 서울대학교 학생들이 움직였다. 6월 8일 정오 서울대 문리과대학과 법과대학생 천여 명은 동숭동 문리과대학 교정에 모여 "한미행정협정을 조속히 체결하라", "고대생을 즉각 석방하라"는 등의 플래카드를 들고 '한미행정협정 촉진 궐기대회'를 열었다. 이들은 선언문과 결의문, 그리고 고려대생을 지지하고 거족적으로 단합하자는 전국대학생에게 보내는 호소문을 채택했다.

이어 "우리는 인간의 존엄성을 찾기 위해 일어섰다. 행정협정을 조속히 체결하라"는 내용의 국가재건최고회의 박정희 의장 및 케네디 미국 대통령에게 보내는 메시지를 채택한 다음, 김덕창(문리대 중문과 4년) 서울대학교 총학생회장이 학생회가 이 궐기대회를 전폭적으로 지지한다는 발언을 했다. 궐기대회를 마친 학생들은 미국대사관까지 행진해 나가려 했으나 헌

---

3. 《경향신문》 1962.6.6. 3면.
4. 《동아일보》 1962.6.9. 3면.

병들에 의해 40여 명이 연행됐다.⁵

이날 서울대생들은 선언문을 통해 행동에 나서게 된 동기를 다음과 같이 피력했다.

> 천하가 주지하다시피 수많은 우리 겨레들에게 가해진 숱한 살인, 린치, 폭행에 대해서 이제 이 이상 더 침묵할 수 있으며 어떻게 데모 이외의 방법을 도출할 수 있겠는가? 오늘 이 우리의 의식(意識)은 단순한 반미도 아니고 피부적인 반정부도 아니다. 오직 우리는 하나의 인간으로서 우리 민족이 가질 수 있는 최소한도의 연대의식에서 터진 이 우울한 울분을 발산시키며 한미 양국의 영원한 우의를 위해서 최후로 이 행동을 감행하는 것이다.⁶

구속됐던 고려대생 13명과 연행된 서울대생 47명은 6월 8일 밤 모두 석방되었으나, 한미행정협정 체결을 촉구하는 시위는 대구에서도 이어졌다. 6월 9일 오전 10시 대구대학 남녀 학생 약 300여 명은 교정에 모여 한미행정협정을 촉구하는 결의문과 메시지를 채택하고 시위에 나섰으나 저지당했다.⁷

2) 자유수호 궐기대회(1963.3.29.)와 군정 연장 반대 시위(1963.4.19.)

1963년 3월 16일 박정희가 군정 4년 연장 성명을 발표하여 국민을 겁박한 것은 엄청난 파장을 불러일으켜, 정치권은 비난 성명에 이어 시위에 나

---

5. 《경향신문》 1962.6.8. 3면.; 《동아일보》 1962.6.9. 3면.
6. 《경향신문》 1962.6.8. 3면.
7. 《조선일보》 1962.6.9. 3면.

서고, 동아·조선·경향 등 언론 매체는 항의 차원에서 사설(社說) 게재를 중단했으며, 미 국무성도 "군정 연장이 안정되고 효과적인 정치에 위협이 될 수 있다"는 공식 태도를 표명했다.

그리고 마침내 학생들이 움직이기 시작했다. 3월 29일 서울대생 약 400명은 서울대 문리대 교정에 있는 4월 학생혁명 기념탑 앞에서 자유수호 궐기대회를 연 것이다. 학생들은 "군정연장 결사반대", "구정치인은 자숙하라", "우리는 자주국민"이라는 내용의 플래카드를 들고 선언문, 결의문, 전국 대학생에게 보내는 메시지를 낭독한 후 토론에 들어갔다.

다음은 이들이 발표한 선언문

1963년 3월 29일 서울대학교 학생들의 '자유수호 궐기대회'를 보도한 《조선일보》 1963.3.30. 7면.

전문(全文)이다.

　　지금까지 한국의 정치사는 무정형(無定形)의 역사였다. 집권자와 대중, 여당과 야당, 군인과 직업정치인, 즉 대응되는 집단 간의 통정(統整)된 일련의 상관관계가 단절되고 통치자는 놀랄만한 고자세로서 대중정서와 새로운 정신의 계발, 경제사회 질서에 대해서 자아류(自我流)의 독단에 빠져 있었고 대중은 대중대로 놀랄만한 저자세로서 방향감각을 상실한 채 그들의 생활의식은 정치의식에 압도당하고 말았다. 그리고 이러한 한국사회의 끊일 줄 모르는 소요 속에서 정치의 잉여가치가 위세를 발하고 사회변동의 가변적 요인인 자기표현과 신조는 목가적인 환상론에 불과했다.

4·19는 이러한 혼돈 속에서도 진정한 자유와 평등의 탑을 건설할 수 있다는 가능성을 수립한 것이며, 그러기에 우리의 친우들은 잿빛 페이브먼트 위에 혈흔을 남기며 용감히 쓰러져갔던 것이다. 그러기에 오늘 우리는 또다시 엄청난 결단으로서 선열(先烈)이 남긴 '피'의 발언을 강행한다. 그러나 우리는 4·19가 수립한 위대한 열망과 상반되는 사회적 숱한 비합리의 자초가 5월 군사혁명의 불가피성의 비극이었다고 재론치 말자. 그러나 5월 군사혁명의 수락은 어디까지나 4월의 파종(播種)에 대한 시비(施肥)로서 4월의 대전제 위에 그 조건부 존재 이유가 마련되었던 것이다.

혁명정부는 그들의 치열한 의욕에도 불구하고 숱한 부패와 무능을 초래했다. 그리고서도 3·16 선언으로 그들 자신의 집권 연장을 도모하려고 하고 있다. 그러나 너무도 명백하다시피 이러한 최근의 위기 요인은 정치의 난맥상보다 오히려 군(軍) 자체 내의 부패, 알력, 그 불투명한 의식에서 더욱 많이 유래된 것이다. 지금까지 군(軍)의 치적(治績)으로 보아서 군(軍)이 진정 앞으로 이 사회의 모든 질서를 유지할 수 있고 4년 후에 양당정치의 이상적 분위기를 조성시킬 수 있다고 보장할 만한 아무것도 우리는 가지고 있지 않다. 그것이 4년인지 10년인지 우리는 모른다. 이제 우리는 4월의 선열의 뜻을 이어 이 긴박한 역사적 상황 위에 새로운 깃발을 세운다.

우리는 한국의 정치사에 불합리한 방법으로 집권 연장의 가능성을 수립하려는 군정(軍政)의 비논리를 규탄한다.

우리는 몰지각한 구정치인의 파쟁(派爭)과 비합리를 불신한다.

우리는 어떤 외부적 강제에 있어서 이 위기가 무마되는 것을 배격한다.

우리의 운명을 우리가 개척하는 것이다. 우리는 2·27 이후 우리에게 준 감명, 그 상실된 감명을 다시 우리에게 제공할 수 있도록 군(軍)의 본연의 위치로 복귀해 줄 것을 강력히 요청한다. 우리는 해체된 이 민족의 문제의식을 재집결하여 자유와 평등이 병존하는 복지사회를 건설키 위해서 새로운 깃발을 세운다.[8]

이어서 1963년 4월 19일, 서울대학교 학생들은 박정희가 참석한 서울운동장에서 열린 4·19 혁명 3주년 기념식을 거부하고 동숭동 문리과대학 교정에서 독자적인 추도식을 올렸다. 오전 10시 40분부터 약 10분 만에 끝난 이 행사에서, 학교 당국이 집회를 불허했기 때문에 국기 게양조차 하지 못한 가운데 학생들은 빈 국기 게양대를 향해 경례한 다음 혁명공약을 낭독했는데 제6항에 들어가서는 학생들이 모두 제창했다.[9] 그리고 다음과 같은 요지의 '제4선언문'을 발표했다.

오늘 우리는 가시지 않은 사회적 혼란과 역사적 퇴영(退嬰)의 민족적 비운을 그날의 양심과 이성으로 증언하려 4월의 광장에 섰다.

4월! 뜨거운 피의 적이었던 백색독재와 그를 밑받침한 사회적 제(諸) 모순 즉 사회경제적 반봉건적(半封建的) 구조와 외세 의존의 매판적 정치경제 질서

---

8. 《조선일보》 1963.3.30. 7면.
9. 《동아일보》 1963.4.19. 1면.

의식의 보수성 등 온갖 질곡은 의연(依然)히 온존(溫存)된 채 4월의 정신은 왜곡되고 자기합리화의 선전물로 타락했다.

질서를 약속하며 집권한 군사정부는 무질서한 자기분열의 노정(露呈)에 당황하여 안정이라는 이름으로 이를 도호(塗糊)하기 위해 분망(奔忙)하며 부를 공약한 정권이 화사(華奢)한 계획 이면에서 의혹사건을 조작하고 민생고를 가중시켰다.

4월의 피의 대가인 기본적 제(諸) 자유권은 헌법 책자의 지면(紙面) 위에서만 효력을 발휘하고 입헌주의는 중대성명주의로 대치되었다.

민족자주 역량은 외국대사관의 성명 앞에 압도당하고 외국 정부의 망언 앞에 우롱당했다.

애국의 자유는 칩거적(蟄居的) 고고(孤高)와 체관(諦觀)의 미덕을 강요당하면서 짓밟히었다.

이와 같은 모든 부자유와 비논리는 국민의 이름으로 민주주의적으로 분식(粉飾)되고 있다.

군사정부의 위압적이고 획일적인 피상적 개혁에의 기도는 사회적 모순을 더욱 첨예화(尖銳化)시키고 그것의 확대재생산을 예약해주었을 뿐이다.

현실을 인용(認容)케 해주는 모든 조건의 소멸(消滅)을 아는 우리는 현재의 모든 정치질서가 민족과 역사의 요청에로 복귀할 것을 강력히 요구한다.

또한 우리는 자주적 민족역량을 무시하는 어떤 외세간섭도 민족의 긍지와 세계사의 조류가 용서하지 않을 것임을 확신한다.

우리는 자유와 진리와 전진하는 역사가 항상 우리의 편임을 4월의 광장에서 다시 다짐한다.[10]

---

10. 《조선일보》 1963.4.20. 2면에서 발췌.

1963년 4월 19일 서울대학교 학생들이 '군정연장 결사반대' 등의 구호를 적은 플래카드를 들고 침묵시위를 벌이고 있다. | 사진출처:《경향신문》

추도식을 마친 후 오전 11시부터 학생들은 침묵시위에 들어가, 종로2가에 이르자 앞쪽에 선 학생들이 종이에 먹으로 쓴 "군정연장 결사반대", "구정치인은 자숙하라", "미국은 한국의 내정에 간섭하지 말라", "혁명아는 통곡한다", "학원의 자유를 보장하라"라는 플래카드를 꺼내 들고 행진을 계속했다.

11시 55분 학생들은 중앙청 앞에 다다르기 전 국가재건최고회의 앞에서 3분간 연좌, 말없이 플래카드를 펴 보이고 다시 일어나 행진, 중앙청 앞을 거쳐 안국동·재동·원남동을 돌아 12시 30분 서울대학교 본부에 도착, 묵념 후 만세삼창을 한 후 해산했다.[11] 독자적으로 벌인 이 4·19 추도식 행사는 이후 박정희 정권에 대해 학생들이 전개할 투쟁의 신호탄이었다.

대구에서도 학생들의 움직임이 있었다. 1963년 5월 10일, 박정희는 지방 시찰 도중 경북대학교에 들러 "진리 탐구를 위한 진지한 태도와 이를 뒷받침하는 학원의 자유는 우리나라의 지성 수준을 향상시키는 두 가지 요인이 될 것이다"라고 말했다.[12]

이를 비웃기라도 하듯 학생들이 나서려다 미수에 그친 일이 일어났다. 5·16 쿠데타 2주년이 되는 5월 16일, 경북대학교 학생회장 등 학생회 간부들이 "여하한 군정도 반대한다", "민생고를 해결하라", "학원의 사찰을 근절하라", "구정치인은 자숙하라"는 내용의 전단지 약 2천 장을 준비하고 2·28 학생의거[13] 기념탑 앞에서 시위하려다 교수들의 제지로 해산한 것이다.[14]

---

11. 《경향신문》 1963.4.19. 7면.
12. 《동아일보》 1963.5.10. 7면.
13. '2·28 민주운동'이라고도 함. 1960년 이승만 독재정권의 부패와 무능이 극에 달한 상황에서 제4대 정·부통령 선거를 앞두고 저질러진 불의와 부정에 분노해 대구지역 8개 고등학교 학생들이 중심이 되어 일으킨 대한민국 정부 수립 후 최초의 민주화운동으로, 2018년 2월 6일 국가기념일로 지정됨.
14. 《조선일보》 1963.5.17. 7면.

2. 6·3 세대는 누구인가

박정희는 1961년 5월 16일 쿠데타로 집권하여 1979년 10월 26일 살해될 때까지 정확히 18년 5개월 11일간 집권했다. 이 기나긴 집권 기간에 학생들의 끊임없는 저항이 이어졌고, 저항이 있을 때마다 박정희는 강권(強權)을 발동했다. 그리고 박정희 통치에 최초로 저항한 세력이 6·3세대였다.

먼저 박정희가 강권을 발동하는 장면부터 자세히 들여다보기로 하자.

긴 집권 기간에 박정희는 비상계엄[15]을 네 차례 선포하고 위수령[16]을 세 차례 발동했다. 네 차례의 비상계엄은 ①5·16 쿠데타로 선포한 비상계엄(1961.5.16.~1962.12.5.), ②한일회담 반대 시위 진압을 위한 비상계엄(1964.6.3.~7.29), ③유신체제 확립을 위한 비상계엄(1972.10.17.~12.13.), ④부마항쟁(1979.10.16.~10.20.) 시 부산 항쟁 진압을 위한 비상계엄이 선포(1979.10.18.)되었다.

세 차례의 위수령은 ①한일협정 조인 및 비준 반대 시위(1965.2.17.~8.26.) 진압을 위한 위수령 발동(1965.8.26.), ②1971년의 교련 철폐와 부정부패 규탄 시위 진압을 위한 위수령 발동(1971.10.15.), ③부마항쟁 시 마산·창원 항쟁 진압을 위한 위수령 발동(1979.10.20.)이 그것이다. 위수령을 발동한 것도, 자꾸만 계엄을 선포하는 것이 남사스러워 대신 발동한 것이었다.

계엄령과 위수령뿐만이 아니었다. 1970년대에 들어서자 박정희는 강권 발동의 또 다른 모습을 보여 준다.

---

15. 계엄(戒嚴)이란 '군사적 필요나 사회의 안녕과 질서 유지를 위해 일정한 지역의 행정권과 사법권의 전부 또는 일부를 군(軍)이 맡아 다스리는 일'로 계엄 선포는 대통령의 고유 권한이다. 사회질서 교란 정도에 따라 비상계엄과 경비계엄으로 구분된다.
16. 위수령(衛戍令)이란 비상사태나 자연재해 발생 시 '육군 부대가 계속적으로 일정한 지역에 주둔하여 그 지역의 경비, 질서 유지, 군대의 규율 감시와 군에 딸린 건축물과 시설물 따위를 보호하도록 규정한 대통령령'으로, 2018년 9월 11일 폐지되었다.

2019년 7월 24일 6·3 동지회 경남지부 임원들이 마산에 모여 아베 정권이 취한 경제 보복 조치를 규탄하는 모임을 가졌다. | 사진출처: 《경남뉴스투데이》 2019.7.27.

1971년 10월 15일의 위수령 선포도 모자랐는지, 12월 6일 박정희는 느닷없이 국가가 안전보장상 중대한 시점에 있다고 보고, 국가안보를 저해하는 모든 행위를 용납하지 않으며 무책임한 안보 논쟁을 삼갈 것과 최악의 경우 기본권의 일부도 유보할 결의를 해야 할 것이라는 내용의 '국가비상사태'를 선언했다. 그러나 당시 이러한 선언을 구체화할 실정법적 근거가 없었으므로 여당이었던 민주공화당은 이를 뒷받침하기 위해 '국가보위에 관한 특별조치법'이라는 법률안을 작성하여, 야당의 강력한 반대를 무릅쓰고 12월 27일 새벽 전격적으로 통과시켰다.[17]

이처럼 사회적 모순이 표출되어 긴급한 사태가 벌어질 때마다 계엄령 선포, 위수령 발동, 국가비상사태 선포 등과 같은 강권 발동을 매번 하는 것은 성가시고도 귀찮은 일이었다. 그래서 연구 끝에 고안해 낸 방법이 박정희가 마음대로 할 수 있는 내용의 헌법을 만드는 것이었다. 이에 따라 1972년

---

17. 「국가보위에 관한 특별조치법」, 『한국민족문화대백과사전』.

10월 17일 비상계엄을 선포하여 국회를 해산하고 정당 및 정치 활동을 중지시키는 등 헌법의 일부 기능을 정지시키고 '유신헌법'이라는 것을 만들어 국민에게 강요했다. 이후 1979년 10월 26일 박정희가 김재규의 총에 의해 살해될 때까지 한국의 민주주의는 암흑기에 들어서게 된다.

1964년, 최초로 박정희에 저항한 세력이 '6·3 세대'였다. 이른바 '민족적 민주주의'를 내세워 대통령에 당선된 박정희가 한일회담에 '민족'을 무시하고 '굴욕적' 자세로 임했을 뿐만 아니라, 부정부패 사건이 잇따르고 학원사찰 문제까지 불거지자 학생들은 격렬하게 저항했다. 이에 박정희는 1964년 6월 3일 비상계엄을 선포, 군(軍)을 동원해 이를 저지했다. 이듬해에도 한일협정 체결과 국회 비준을 강행하려는 데 대해 또다시 학생들의 저항이 격렬해지자, 8월 26일 이번에는 위수령을 발동해 이를 물리쳤다. 이 같은 2년간에 걸친 학생들의 저항이 1964년 6월 3일의 비상계엄 선포로 최초의 좌절을 맛보았기 때문에 이 저항 운동을 보통 '6·3 항쟁'[18]이라고 부르고 '6·3 항쟁'에 학생 신분으로 참여했던 사람들을 '6·3 세대'라고 부르는 것이다.

그렇다면 '6·3 세대'란 구체적으로 누구를 가리키는 것인가? '6·3세대'란 1964년 3월 24일의 시위에서 시작되어 1965년 8월 26일 위수령 발동으로 좌절된 '6·3 항쟁'에 고등학생이나 대학생 신분으로 참여한 사람들을 말한다. 그리고 이들 가운데 특히 1961년에 대학의 정치외교학과 등 사회과학 계열 학과에 입학한 학생들이 주류를 이루게 된다.

---

18. '6·3 운동', '6·3 사태' 등으로 부르도 한다. 1964년 6월 3일을 뜻하는 '6·3'이라는 말이 1964년부터 1965년까지 2년간에 걸친 투쟁을 설명하기에는 부적절하다고 하여 '한일협정 반대 운동'이라고 불러야 한다는 주장도 있다. 그러나 2년간에 걸쳐 투쟁한 학생들이 한일협정 반대뿐만 아니라 박정희 독재 타파를 목표로 했고, 이들 중 상당수는 졸업 후에도 반독재투쟁에 진력했기 때문에 '한일협정 반대 운동'이라는 말은 운동 목표의 일부만을 설명하고 있어 적절하지 않다고 여겨진다.

그렇게 된 것은 1960년의 4·19 혁명 영향으로 1961년에 우수한 고교 졸업자들이 대거 사회과학 계열 학과에 응시했기 때문이다. 예를 들면, 서울대 문리대의 경우 정치학과와 외교학과[19]의 합격권 커트라인이 최고로 높아지자 두 과의 정원을 60명에서 84명으로 증원했고, 고려대 정치외교학과의 경우 180명에 가까운 합격생이 나와 분반(分班)까지 해야 할 정도였다. 다른 대학도 마찬가지였다. 이처럼 다수의 우수한 학생이 사회과학 계열 학과에 모여들어 저항의 핵심을 이루자 5·16 쿠데타로 정권을 잡은 박정희는 1962년부터 이들 학과의 정원을 대폭 감축한다.

3. 학생운동의 동력(動力): 이념 서클

1) 서울대의 민족주의비교연구회(민비연)

다음의 사진은 서울대 문리대 6·3 세대가 모여 찍은 것으로, 사진을 찍은 김도현(金道鉉)까지 합하면 등장인물은 총 18명이다. 이들 18명을 출신 고등학교별로 보면 18명 중 경북고가 11명이고, 부산고·마산고·남성고·중동고·대전고·대광고·서울사대부고가 각각 1명이다. 출신 도별(道別)로 보면 TK(대구·경북)가 13명, PK(부산·경남)가 2명, 전남이 1명, 전북이 1명, 충남이 1명으로 다수가 경북고 출신이다.

1960년대 초반까지만 하더라도 경북고 수재 그룹은 반골로 통했다. 경북고 출신 서울대 문리대생이라면 일단 관할 동대문경찰서의 '블랙리스트'에

---

19. 당시 서울대학교에서 정치학과와 외교학과는 분리되어 있었다.

후일 서울대 문리대의 '대일 굴욕외교 반대 투쟁'에 앞장서게 되는 인물들이 1963년 겨울 동숭동 교정에 모여 찍은 사진이다. 김도현(정치 61, 서울사대부고)이 촬영했다. 앞줄 왼쪽부터 이원재(사회 61, 경북고), 송재윤(정치 62, 남성고), 박삼옥(정치 62, 경북고), 안택수(정치 62, 경북고). 둘째 줄 왼쪽부터 성유보(정치 61, 경북고), 김영배(철학 62, 경북고), 박용환(정치 62, 경북고), 김중태(정치 61, 경북고), 김지하(미학 59, 중동고), 박재일(지리 60, 경북고). 뒷줄 왼쪽부터 조화유(사회 61, 부산고), 김유진(정치 61, 경북고), 백승진(사학 62, 경북고), 송진혁(정치 61, 경북고), 이수용(정치 60, 마산고), 배한룡(정치 61, 대전고), 최혜성(철학 60, 대광고). | 괄호 안은 학과, 학번, 출신 고등학교

오를 정도였다. 2·28 민주운동 주동자 이대우(李大雨), 4·19 혁명의 주역 윤식(尹埴)·이수정(李秀正), 6·3 세대의 선두주자 김중태(金重泰)·현승일(玄勝一) 등은 모두 경북고 출신이다. 30여 년간 영화를 누린 TK 정권의 산실인 경북고의 또 다른 얼굴이다.[20]

이 사진의 중심인물은 김중태로, 이즈음 그는 문리대의 '이념 서클' 민족주의비교연구회(민비연) 회장이었다. '이념 서클'이란 '국가, 민족, 민주주의 등을 학술적으로 연구·토론하여 이를 통해 한국의 현실을 고민한 대학생

---

20. 신동호, 『오늘의 한국정치와 6·3세대』, 도서출판 예문, 1996, 362쪽.

서클'을 말한다. 1960년대 학생운동은 각 대학 단위로 몇몇 '활동가'에 의해 주도되는 운동이었고, 이들 '활동가'를 결집시키고 재생산하는 단위가 바로 대학 내 '이념 서클'이었다. 학생들은 쿠데타로 수립된 군사정권의 비민주성과 실정을 비판하면서 '민족주의'에 기반을 둔 새로운 이념 서클을 각 대학에 건설하기 시작했다.[21]

이러한 이념 서클 가운데 가장 대표적인 것이 바로 문리대의 민비연이었다. 민비연은 1963년 10월 4일 서울대 문리대 강당에서 50여 명의 창립회원이 참석한 가운데 문리대 사회학과 교수 황성모[22]를 지도교수로 하여 발족하여 학생처에 정식 등록된 단체였다. 민비연의 초대 집행부는 대부분 정치학과 학생이었다. 회장 이종률(李鍾律, 정치 60), 총무부장 박범진(朴範珍, 정치 60), 연구부장 김경재(金景梓, 정치 60) 등은 정치학과 4학년생이었고, 기획부장 김승의(金承毅, 사회 60) 밑에 정치학과 3학년인 권근술(權根述, 정치 61)과 성유보(成裕普, 정치 61)가 차장이었다.

민비연은 창립선언문에서 "고립적 일방적 전근대적 강의의 맹점을 탈피하고 여러 나라의 민족주의를 비교·연구함으로써 민족주의에 대한 과학적 인식의 토대를 마련하여 민족사적 현실을 타개할 수 있는 한국적 민족주의의 관념을 정립한다"고 밝히고, 첫째 가능한 한 합법적인 범위 안에서 학생운동의 기반을 넓히고, 둘째 연구발표회나 세미나를 통해 학술적·이념적 지표를 확립하며, 셋째 민정 이양에 대비한 학생운동의 새 방향을 정립

---

21. 오제연, 「1960년대 대학생 '이념서클'의 조직과 활동」, 이호룡·정근식 엮음, 『학생운동의 시대』, 선인, 2013, 64쪽, 79쪽.
22. 황성모(黃性模, 1926.5.10.~1992.9.30.). 경상남도 사천 출생. 서울대 문리대 사회학과(1949), 동 대학원 졸업(1955), 독일 뮌스터대학 사회학박사 학위 취득(1960). 서울대 문리대 교수(1962~1969), 충남대학교 교수(1976~1980), 인제대학교 교수(1991~1992) 등 역임. 1967년 민족주의비교연구회 사건으로 옥고를 치렀다.

한다는 활동 목표를 제시했다.[23]

박정희가 민족적 민주주의를 처음으로 들고나온 것이 1963년 9월 23일이었으니, 이때는 정치적으로 매우 민감한 시기였다. 이런 시기에 민족주의비교연구회가 창립된 것에 대해 언론은 곱지 않은 시선을 보냈다.「민족주의 이념 학원으로」라는 제목의 다음과 같은 기사가 그러했다.

> 선거를 앞두고 민족주의에 대한 사상논쟁이 벌어지고 있는 요즘 서울대학교 문리과 대학생들이 "민족주의에 대한 과학적 인식을 토대로 한 한국적 민족주의 이념을 모색, 정립한다"는 '민족주의비교연구회'를 만들었다. 그런데 이 학생들의 '민족주의비교연구회'가 순수한 학술 그룹인지 또는 어떤 행동을 전제로 한 것인지에 관해서는 전혀 알려져 있지 않으며 연구발표회, 연구지 발간, 강연회 등에 쓰일 돈의 출처도 밝혀져 있지 않다.[24]

이에 대해 민비연 창립에 관여했던 박범진은 다음과 같이 증언하고 있다.

> 우리가 졸업하기 전에 후배들에게 무엇인가 남기고 졸업하는 것이 어떤가 하는 의견이 있었습니다. 그걸 제일 먼저 제의한 친구가 이종률입니다. 그 당시 민족주의에 관심이 높은 점을 고려하여 민족주의에 대해 연구하는 서클이면 좋겠다고 했습니다. 학교에 합법적인 연구단체로 등록을 하려면 지도교수가 있어야 해서, 정치학과 교수님들을 모시려 했으나 모두 사양을 하셨습니다. 교수 명단을 보니 사회학과에 황성모 교수가 있어서, 이분이 공화당

---

23. 『한일협정 반대운동(6·3 운동) 사료총집 1책』, 민주화운동기념사업회, 2013년, 373쪽.
24. 《조선일보》 1963.10.9. 7면에서 발췌.

사전 조직할 때 참여하셨던 분이 아닌가 해서 찾아가 부탁드렸더니 흔쾌히 수락해 주셨습니다.[25]

1963년 11월 5일, 서울대학교 문리과대학 정치학회가 김종필을 초청하여 벌인 토론회에 민비연 주요 멤버들이 토론자로 참여해 공화당 정권의 민족주의를 신랄하게 추궁함으로써 언론의 삐딱한 시선에 대해 해명(?)을 했다. 김종필은 다음과 같은 6명의 학생 토론자와 강당을 꽉 메운 학생들 앞에서 한국적 민족주의의 이념을 기점으로 하여 국토통일, 대미(對美)·대일(對日) 문제, 경제자립과 사회풍조 개선 문제 등에 대해 두 시간 반에 걸쳐 토론을 벌인 것이다. 다음은 학생 토론자 명단으로 전원 민비연 회원이었다.

▲김경재(金景梓, 정치학과 4) ▲박범진(朴範珍, 정치학과 4) ▲이종률(李鍾律, 정치학과 4) ▲현승일(玄勝一, 정치학과 3) ▲김중태(金重泰, 정치학과 3) ▲성래진(成來振, 정치학과 3)[26] 사회=권근술(權根述, 정치학과 3)

이날 토론회에서 김종필은 과거 어느 공개석상에서보다도 가장 신랄히 미국의 대한(對韓) 원조 방법을 비판했고 한민족의 정신적·경제적 '주체성 확립'의 필요성을 시종일관 강조했다. 시종 비판적인 토론자들의 질문과 청중의 분위기 속에서 김종필의 주장은 찬·반의 박수를 받았다.

이날 특히 한국적 민족주의와 아시아·아프리카 제국(諸國)의 민족주의의 차이는 무엇인가, 민족주의를 주창하는 공화당이 원조에 의한 매판자본(買

---

25. 이지수 엮음, 『박정희 시대를 회고한다』, 선인, 2010, 28쪽.
26. 성유보(成裕普)로 개명.

1963년 11월 5일, 김종필이 서울대 문리대 정치학과 학생들과 벌인 정치 토론 내용을 보도한 《동아일보》 1963.11.6. 3면.

辦資本)과 결탁을 했다고 의혹을 사지 않는가 등의 기본적인 질문에는 비교적 불투명하거나 웃어넘기는 제스처로 넘겼다. 또한 워커힐 건설, 새나라 차(車) 도입 등 날카로운 질문과 대일 외교 문제에 대한 추궁에 김종필은 시종 수세(守勢)에 놓여 있었다. 민족주의와 한일 문제에 관한 토론 내용을 소개하면 다음과 같다.

▲문=공화당이 말하는 민족적 민주주의나 행정적 민주주의가 인도네시아의 교도민주주의나 나세르의 민족주의와 어떻게 다른가?

▲답=공화당이 내거는 민족주의는 감상적 민족주의가 아니다. 그 본질은 ①외국자본의 지배를 벗어나 경제적 식민지 양상의 현실을 탈피해서 경제적 자립을 이룩하고 ②이데올로기적인 면에서는 수구주의, 사대주의, 급진적 서구사상 및 자유방임적 자유의 퇴폐를 탈피하고 ③정신적인 면에서는 반미

(反美) 아닌 양키즘의 배격이 그 본질이다. 정책 면에서 볼 때 이는 단계적으로 실시해야 할 것이다.

▲문=평화선27과 무상공여 및 한일회담에 대한 대략적인 전망은?

▲답=실제 한일 문제를 책임지고 해보겠다는 이가 없었다. 합의 본 것은 청구권뿐이며 독도 문제가 논의되었다. 과거 청구권이 논의되던 초기에는 80억 불(弗), 60, 12, 심지어 8억, 6억 설도 있었다. 일본은 혁명 이후에야 7천 5백만 불을 들고나왔다. 서로 간에 청구권 기준에 차이가 있어 장시간 논의 끝에 정치적 해결을 하기로 했던 것이다.

▲문=결과적으로 일본은 도획량(盜獲量)으로만도 몇 년 안에 청구권 액을 상쇄시킬 수 있다는데 청구권에 따른 원조액이 상품자본으로 도입되고 그나마 관세율 등 정치적 부대조건이 붙는다면 한국 기간산업과의 관계는 어떻게 될 것인가? 오히려 일본의 소비시장화할 염려는 없는가? 그런 의미에서 평화선 해결이 그렇게 시급하다고 보는가?

▲답=국교 정상화 뒤의 경제적·정신적 침투 위협이 염려가 된다. 군(軍) 작전에서 배운 것이지만 공격은 더 좋은 방어가 된다. 오히려 우리가 내부에서 자세를 찾는 것이 문제가 된다. 유럽이 크다 해도 미국의 영향을 받고 있으며 미국은 아시아 때문에 골치를 앓고 있다. 이 속의 한국은 막기만 할 수는 없으며 방어에서 공격으로 나가야 한다.28

---

27. 평화선(平和線, Peace Line): 1952년 1월 18일 이승만 대통령이 대통령령 '대한민국 인접 해양의 주권에 대한 대통령의 선언'을 공표함으로써 설정된 대한민국과 주변 국가 간의 수역 구분과 자원 및 주권 보호를 위한 경계선으로 '이승만 라인'이라고도 한다. 평화선은 1965년 6월 22일 한일협정이 체결됨으로써 사실상 철폐되었다.
28. 《동아일보》 1963.11.6. 3면.

이후의 민비연 모습에 대해 성유보는 다음과 같이 기록하고 있다.

> 1963년 말, 4학년 졸업이 가까워지자 김중태가 2대 회장을 맡았다. 나는 연구부장이 되었다. 그러나 1964년 3월 새 학기가 되자 김중태는 '한일회담 반대 운동'에 앞장서기로 하고 회장직을 사퇴해 3대 회장을 현승일(정치 61)이 맡았다. 민비연을 연구 동아리로 계속 유지시키려는 속셈이었다. 그런데 현승일도 한일회담 반대 시위로 구속됐고, 2학기에는 조봉계(趙奉桂, 사회 61)가 4대 회장을 이어받았다. 1965년 겨울에는 정치학과 3학년 박지동(朴智東)에게 5대 회장직이 넘어갔다.
>
> 역시나 박정희 정권은 민비연을 집중적으로 탄압했다. 명색이 연구부장인 나는 연구발표회나 학술대회 제대로 한 번 못해 보았고, 박지동도 제대로 활동 한 번 못한 채 감옥만 가게 되었다. 5대 회장 박지동은 1965년 3월 27일 민비연 주최 학술강연회를 열었다는 이유로 구속됐다. 이때 초청 연사는 시인 조지훈, 언론인 송건호, 김성두, 그리고 조동필 고려대 교수였다. 민비연은 1965년 9월 16일 박정희 정권에 의해 강제로 해체되었다.[29]

2) 고려대의 민족사상연구회(민사회)와 민주정치사상연구회(민정회)[30]

고려대학교의 대표적인 이념 서클은 민족주의를 연구하는 민족사상연구

---

29. 성유보, 「서울대 문리대 민비연 2년 만에 강제 해체」, 《한겨레》 2014.1.27.
30 고려대의 이념 서클에 대한 이 글은, 오제연의 〈1960년대 대학생 '이념서클'의 조직과 활동〉(이호룡·정근식 엮음, 『학생운동의 시대』, 선인. 2013)에 나오는 내용을 중심으로 하여, 『6·3 학생운동사』(역사비평사, 2001), 『고려대학교 학생운동사』(고려대학교 출판부, 2005) 등을 참고하여 작성한 것이다.

1964년 가을, 6·3 항쟁의 고려대학교 주역들이 모여 사진 촬영을 했다. 뒷줄 맨 왼쪽 박정훈, 가운뎃줄 왼쪽에서 첫째 최장집, 셋째 서진영, 앞줄 왼쪽에서 두 번째 손옥백, 세 번째 김덕규 | 사진 제공: 박정훈

회(민사회)였다. 1963년 4월 29일 철학과 김경탁(金敬琢) 교수를 지도교수로 하여 "우리 민족의 나아갈 길과 민족사상의 제 연구"를 목적으로 발족한 민사회는 서울대 문리대의 민비연, 연세대의 한연회(한국문제연구회)처럼 민족주의를 연구하는 서클이었다. 이 서클은 사실상 고려대 학생운동의 이론적 자양분이었다.

이 모임은 당초 일부 민통련[31]과 사조회 회원을 주축으로 출발했으나, 사조회가 한미행정협정 촉구 시위의 사상적 배후로 집중 추궁당하자 발전적으로 해체된 후 결성된 조직이다. 사조회 1대 회장 윤성천, 2대 회장 최장집

---

31. 민족통일연맹: 4·19혁명 후 대학생들의 통일운동은 전국적으로 확대되었는데, 시발이 된 것이 1960년 11월 1일 발기대회를 가진 서울대 '민족통일연맹'이었다. 이후 전국적으로 대학가에 민족통일연맹 조직이 결성되기 시작하여, 1961년 5월 5일 전국 17개 대학 대표가 참석한 가운데 '민족통일전국학생연맹 결성준비대회'가 개최되었다. 그러나 5·16 쿠데타로 좌절되어 관련자들은 체포되어 중형을 선고받기도 했다.(한국민족문화대백과사전)

(61학번), 4·19 세대인 손주환·강경식·양영식·정재원, 3학년(61학번)인 서진영·신광옥·김병길·이태영·박경구, 후배 그룹인 정성헌·김홍식(64학번) 등이 회원이었다.

민사회는 1964년의 6·3 항쟁 때 전면에 나서지 않은 데다 핵심인 최장집·서진영이 비상계엄 선포 후 검거되지 않는 바람에 서울대 민비연과 같은 가혹한 탄압은 모면했다.[32] 그러나 이후 민사회는 1965년 한일협정 조인 및 비준 반대, 3선개헌 반대, 교련 반대 시위, 유신 반대 시위에 이르기까지 한국민족사상연구회(한사회)로 명칭을 바꾸어 투쟁하다가 많은 간부가 투옥되었고, 결국 1972년 유신체제가 들어서면서 강제 해산되었다.[33]

당시 고려대학교에는 민주정치사상연구회(민정회)라는 또 다른 서클이 있었다. 민정회는 고려대 정치외교학과 학생들 중심으로 의회민주주의와 사상을 연구하는 모임이었는데, 정외과 김영두(金永斗) 교수를 지도교수로 하여 4·19 혁명 전후에 만들어진 것으로 보인다. 창립 이후 지속적으로 사상토론회와 더불어 교수나 사회 저명인사를 초청하여 좌담회나 강연회를 개최해 왔다.

민정회에는 1963년 11월 현재 43명 정도의 회원이 참여하고 있었다. 정외과 61학번인 박정훈·손옥백·김덕규·조홍규 등이 민정회의 리더였고, 민사회의 핵심인 최장집·서진영 등도 정외과 학생이어서 자연스레 민정회에서도 활동했다. 민정회 회원은 정외과 학생답게 현실정치에 관심이 많았고 민족주의적 성향이 강했지만 민사회보다는 보수적이었다. 그러나 1964년부터 1965년에 이르는 6·3 항쟁에는 '행동'적인 측면에서 민정회가 민사회보

---

32. 신동호, 『오늘의 한국정치와 6·3세대』, 112쪽.
33. 6·3동지회, 『6·3학생운동사』, 역사비평사, 2001, 178~179쪽.

다도 훨씬 더 적극적으로 가담했다.

고려대는 시위하게 되면 전교생이 모두 동참하는 특징을 가지고 있었기 때문에 학생회가 앞장서는 경우가 많았다. 그런데 당시 민정회의 박정훈이 고려대 정경대 학생회장을 맡고 있어서 자연스럽게 정경대 학생회가 시위 전면에 나섰다. 그 밖에 법대와 상대 학생회도 학생운동에 적극 동참했다. 반면 총학생회는 학생운동에 소극적이었다. 이런 자세는 1963년 11월 4일 고려대 총학생회가 주최한 '학술·사상 대강연회'에서 나타난다.

1963년 10월 15일 제5대 대통령 선거에서 박정희가 승리하자 8개월 전 이른바 '자의반 타의반' 외유[34]를 떠났던 김종필이 10월 23일 귀국했다. 귀국 후 그는 11월 26일에 시행될 제6대 국회의원 선거에 대비하여 기고·강연·토론 등을 통해 민족적 민주주의, 한일회담 등에 대해 홍보하고 있었다.

이때 고려대 총학생회가 '학술·사상 대강연회'에 김종필을 연사로 초청했고, 다음 날 서울대 문리대 학생들은 자신들과의 토론회에 김종필을 초청했다. 그러자 정경대 학생회장 박정훈이 고려대가 여당 측 인사의 강연을 일방적으로 청취하는 데 대해 형평성을 문제 삼아 제동을 걸고 나섰고, 결국 재야 측의 장준하도 연사로 초청되었다.

11월 4일 오후 2시, 김종필은 고려대에서 ①한국 민족주의와 민주주의, ②대한(對韓) 미국 정책의 제문제(諸問題), ③대일(對日) 외교정책의 문제점, ④제3공화국의 민주적 전망이라는 네 가지 문제에 대해 약 1시간 동안 강연했다. 강연 내용 가운데 '대일(對日) 관계'에 대한 강연 요지는 다음과 같다.

---

34. 1963년 2월 25일 김종필은 4대 의혹 사건과 관련해 1차 외유를 떠났고, 1964년 6월 18일에는 6·3 항쟁으로 2차 외유를 떠났다.

김종필의 11월 4일 고려대 강연을 보도한 《경향신문》(1963.11.5. 2면)과 장준하의 11월 5일 고려대 강연을 보도한 《경향신문》(1963.11.6. 2면)

대일(對日) 관계: 한마디로 말해 "대일외교는 저자세다"라는 말이 일부 일본인이나 우리 국민들의 견해인 모양인데 내 기억으로는 일본에 가서 교섭 중 한 번도 '저자세'를 취한 적이 없다. 다음으로 비밀외교 운운하는데 외교 관례상 일일이 밝혀서도 안 될 성질의 것도 있는 것이다.

일본에 가서 내가 교섭한 내용을 공개하겠다. 내가 일본 요인들과 합의를 본 것은 ▲청구권으로 3억 달러, ▲해외경제기금 2억 달러(7년 거치), ▲수출입은행에서 1억 달러 이상 무제한으로 한다는 것이었다.

다음 평화선 문제인데, 여러분이 아시다시피 한국은 40리(浬), 일본은 12리(浬) 선(線)을 주장했었다. 이(李) 라인은 그 설정 초기엔 확실히 현명했었다. 그 후 한국은 그 방어를 제대로 하지 못해 우수한 장비를 갖춘 일(日) 어선단(魚船團)에 남획당함으로써 그 존재가치를 재평가할 때가 된 것이다. 그러나 정부는 이 나라 어민들의 희생을 강요하면서까지 타결할 생각은 없다. 현재 정부는 1억 2천만 불 이상의 어선, 자재 도입 및 기술 원조를 일본에 요구하고 있어 실현될 것으로 보인다.[35]

장준하는 11월 5일 오후 고려대에서 강연했다. 다음은 장준하 강연에 대한 언론 보도 내용이다.

> 장준하 씨는 고려대학교 주최 학술사상대강연회에서 "우리에게 민족주의가 없는 것이 아니라 정책이 없다"고 말했다. 11월 4일 김종필 씨에 이어 5일 열린 강연회에서 2천여 청중에게 "민족주의는 군사정부에 의해 새롭게 만들어진 것이 아니다"라고 말하면서 "민족주의는 호사한 호텔 창가에서 샹송을 들으며 흘리는 눈물 속에서 불려지는 감상이 아니다"라고 김종필 씨가 말하는 민족주의를 비난했다.
>
> 학생들의 박수를 보다 많이 받은 장씨는 한때 3권(三權)을 쥐고 흔들었던 김종필 씨가 항상 말하는 '의욕론(意欲論)'에 관한 비판에서 이렇게 말했다.
>
> "그는 말끝마다 의욕, 의욕 하지만 지식이 없는 의욕은 위험하다. 그들의 의욕은 국고금의 낭비를 초래할 뿐이며 워커힐 같은 음욕(淫慾) 탕지(蕩池)를 낳은 것뿐이다. 군사정부의 의욕이란 도대체 무엇을 가리키는 것일까? 무식한 자의 의욕과잉은 무리와 위험을 낳고 지(知)에 근거하지 않은 정권의 의욕과잉은 민생고를 가중케 한다. 650여만 달러의 워커힐은 3천여 명을 취업시킬 수 있는 대공장(大工場) 6, 7개에 해당한다"고 지적했다.
>
> '선의의 독재'를 가소로운 표현이라고 논박한 장씨는 제3공화국에의 기대는 "없다"고 말했다. 그러나 "군정의 연장체(延長體) 같은 박정희 정부의 독주를 막는 유일한 길은 야당 국회를 출현시키는 것뿐"이라고 결론지었다.[36]

---

35. 《경향신문》 1963.11.5. 2면에서 발췌.
36. 《경향신문》 1963.11.6. 2면에서 발췌.

3) 연세대학교의 한국문제연구회(한연회)[37]

1963년 10월 29일 연세대에서도 민족주의를 앞세운 이념 서클인 한국문제연구회(한연회)가 창립되었다. 한연회의 전신은 1962년 연세대 정외과와 행정학과 학생들을 중심으로 만들어진 오시회(五時會)라는 독서모임이었다. 오시회라는 이름은 하루에 5시간 이상 책을 읽고 5시간 이상 공부를 하며 매일 오후 5시까지는 도서관에서 공부한다는 의미에서 붙여진 이름이었다.

이처럼 독서모임으로 시작했던 오시회가 다음 해 연세대의 주요한 이념 서클로 발전한 계기가 된 것은 1963년의 총학생회장 선거였다. 오시회에는 김용서·오건환 등 서울고등학교 출신들이 많았는데, 이들은 역시 서울고 출신으로 총학생회장 선거에 출마한 안성혁의 당선을 위해 노력했다.

이후 총학생회장에 당선된 안성혁은 오시회를 바탕으로 총학생회를 지원하는 강력한 이념 서클을 만들고자 했고, 오시회 회원들도 총학생회의 지원을 통해 자신의 영향력과 역량을 키우고자 했다. 이에 따라 오시회가 발전적으로 해체되고 연세대 총학생회의 산하단체로 한연회가 탄생했다. 한연회의 모토는 "당신의 조국, 한국을 알자"였다.

창립회원 22명과 선배인 명예회원 4명으로 시작한 한연회는 "한국의 사상, 통일, 정치, 산업경제, 민족문화, 과학기술 등의 모든 문제를 진지하게 연구하여 한국 민족이 지닌 무한한 가능성을 찾기에 노력하겠다"는 목표

---

37. 연세대학교의 이념 서클에 대한 이 글은 오제연의 「1960년대 대학생 '이념서클'의 조직과 활동」에 나오는 내용을 중심으로 6·3동지회, 『6·3학생운동사』와 김영래·김영철 엮음, 『연세대학교 학생운동사-당신의 조국을 알자』, 한국문제연구회, 2013 등을 참고하여 작성한 것이다.

를 내걸었다. 총학생회장 안성혁이 초대 회장으로 선출되었고 총학생회 간부 대부분이 회원으로 가입했으며, 학생처장이 지도교수를 맡았다.

창립총회에서는 한연회의 활동 범위를 순수한 학문 도야에만 국한시킬 것이냐의 여부를 놓고 열띤 토론이 벌어졌다고 한다. 대다수 오시회 출신은 한연회도 오시회와 같이 회원 개인의 학문 도야와 교내 면학 분위기 조성을 주도하는 데 더 큰 관심을 가져야 한다고 주장했지만, 김용서·오건환 등 일부 오시회 출신과 안성혁 등 총학생회 간부들은 한연회가 연세대 이념 서클로서 학생운동의 주체가 되어야 한다고 주장했다.

초기 한연회의 활동은 전형적인 학술 서클의 모습을 보였다. 한연회는 회칙과 사업계획에 따라 매주 금요일 오후 문과대학 지하 강의실에서 토론회를 열었다. 토론회마다 한 가지 주제와 주제 발표자를 정해 토론을 진행했고, 이에 대한 지도교수의 평가를 들었다. 당시 토론회에는 거의 20여 명 이상의 학생이 참석했는데, 그중에는 대학원생도 포함되어 있었다.

또한 수시로 사회 저명인사들을 초청해 강연을 듣기도 했다. 1963년 11월 11일에는 '제3공화국의 전망'이라는 주제로 함석헌,[38] 조동필[39] 등을 초청하여 강연을 들었다. 다음은 함석헌의 강연에 대한 언론 보도 내용이다.

> 함석헌 씨는 11월 11일 오후 연세대학교 학생회가 주최한 강연회에서 "군

---

38. 함석헌(咸錫憲, 1901.3.13.~1989.2.4.). 평안북도 용천 출생. 3·1운동 참여(1919), 오산학교(五山學校)(1923), 일본 도쿄(東京)고등사범학교 졸업(1928), 오산학교 교사(1928), 계우회(鷄友會) 사건과 성서조선 사건으로 각각 1년간 복역. 일제 패망 후 신의주학생사건으로 월남(1947),《사상계》주필.
39. 조동필(趙東弼, 1919.4.18.~2001.10.25.). 경기도 안성 출생. 일본 메이지(明治)대학 졸업. 동국대, 중앙대, 건국대, 조선대 교수(1947~1951), 고려대 정경대 경제학과 교수(1951~1984), 대한일보 논설위원(1972), 평택공과대학 학장(1998) 등 역임.

함석헌의 11월 11일 연세대 강연을 보도한 《동아일보》 1963.11.12. 2면.

사정부가 민족이라는 말을 내세우는 것은 국민의 자유사상을 짓누르기 위한 복안에서 나온 것"이라고 주장했다. '제3공화국과 새 지도이념'이라는 연제(演題)로 연설한 함씨는 "대통령 선거 때 그 사람들이 말을 하자고 해서 어느 장소에서 만났는데 약 1시간 동안 반미주의를 선전하자는 권유를 들었다"고 폭로하면서 "민족주의를 내세우는 것은 국민을 속이려는 뱃속"이라고 말했다.

함씨는 이어 "그들은 나에게 종교가이니 입을 다물어달라고 애걸했고 그 다음 날엔 모든 편의를 다 베풀어줄 테니 선거가 끝날 때까지 1개월만 외유 해달라는 호소를 해 온 바 있었다"고 말하여 강당을 메운 3천여 학생들을 긴장시켰다.

그는 박 의장이 한때 좌익이었다는 보도에 의심이 났다고 하면서 "만약 그렇지 않으면 윤보선 씨를 처벌하든지 그게 사실이라면 해명을 해야 할 것"이라고 말했다.

"반미(反美) 하자는 사람들의 일본에 대한 태도를 보라"고 지적한 함씨는 "그들은 서구식이 안 된다고 하니 그 모자, 그 피스톨, 그 정보망은 한국적인 것인가"라고 꼬집어 물었다.⁴⁰

그러나 1964년 박정희 정권이 한일회담에 굴욕적인 자세로 임하자, 한연회의 활동도 더 이상 '학술' 모임에만 묶여 있을 수 없었다. 서울대, 고려대 등의 이념 서클과 연합하여 적극적으로 한일회담 반대 운동에 뛰어들었다. 초대 회장이자 총학생회장인 안성혁이 주도적으로 다른 대학의 지도부와 연대투쟁을 모색했고, 2대 한연회 회장을 맡았던 오건환과 3대 회장 박영남, 4대 회장 이영철 그리고 정준성 등이 다른 대학 서클과 연대하여 운동에 계속 불을 지펴 나갔다.

1964년 3월 24일의 한일회담 반대 시위 당시 각 대학 총학생회가 소극적일 때 안성혁은 총학생회를 가동시켜 총지휘했다. 연세대가 이때처럼 거칠게 학생운동을 벌인 것은 드문 일이었다. 1964년과 1965년, 2년에 걸쳐 연세대 학생운동에 깊숙이 관여했던 정준성의 이야기를 들어보자.

연세대가 전통적으로 다른 대학에 비해 학생운동에서 액티브한 면이 부족했던 것은 사실이다. 자유당 때 이기붕의 아들이 다닌 적이 있고 4·19 때도 희생이 적어 다른 학교에서 '부르주아 학교'라고 손가락질하기도 했다. 그런데 6·3 항쟁을 거치면서 연세대의 컬러가 갑자기 액티브해지기 시작했다.⁴¹

---

40. 《동아일보》1963.11.12. 2면.
41. 신동호, 『오늘의 한국정치와 6·3세대』, 127쪽.

1964년 3월, 연세대학교 학생들이 '매국적 한일회담 즉각 중단하라'는 플래카드를 앞세우고 백양로(白楊路)를 행진하여 학교 정문으로 향하고 있다. | 사진출처:《경향신문》

한연회 제2대 회장이었던 오건환은 연세대 6·3 항쟁의 이념 토대를 제공한 이론적 지도자였다. 안성혁과 서울고 동기로 뒤늦게 입학(62학번)한 그는 모든 성명서를 도맡아 작성했다. 3대 회장을 맡은 박영남은 서울대 문리대 김지하와 중동고등학교 동창으로 연세대 학생운동을 최일선에서 몸으로 부딪친 행동가였다. 그는 이영철, 정준성 등과 함께 다른 대학과의 연대 채널이기도 했다.

연세대 운동권의 '맏형'으로 통했던 이영철의 존재도 무시할 수 없었다. 그는 1965년 10월 서클 재등록 때 한연회 재건을 주도했고, "당신의 조국, 한국을 알자"라는 한연회의 모토도 이때 나온 것이었다. 이영철은 후일 서울대·고려대 등의 이념 서클과 함께 '한국연구학생연맹'을 조직, 1960년대 초반과 1970년대 초반에 위력을 발휘하게 되는 대학연합 학생운동의 기틀을 구축하기도 했다.[42]

---

42. 신동호,『오늘의 한국정치와 6·3세대』, 132~133쪽.

4. 6·3 항쟁①: 한일회담 반대운동(1964.3.24.~4.23.)

1) 1964년 3월의 학생운동(1964.3.24.~28.)

(1) 한일회담 반대 투쟁의 봉화가 오르다: 1964년 3월 24일

미국과 일본, 그리고 박정희가 각자 나름대로 한일 국교 정상화를 서둘러야 할 동기가 있었음은 앞에서 자세히 살펴보았다. 1963년 11월 22일 미국 대통령 케네디가 암살된 후 들어선 린든 존슨 행정부도 한일회담을 조속히 타결해야 한다는 원칙하에 적극적인 자세로 한일 양국을 압박해 들어가기 시작했다. 한일회담이 타결되지 않는다는 것은 베트남전쟁[43]에 발을 들여놓은 미국의 군사정책과 세계전략에도 큰 부담이 되는 것이었기 때문이었다.

1964년 1월 18일 미 법무장관 로버트 케네디[44]가 내한, 박정희와 군사원조, 한일회담 등에 관해 회담하고 빠른 시일 내에 한일회담을 타결지을 것을 종용했다. 미국이 베트남전쟁에서 어려움을 겪기 시작하고 한국군 참전 논의가 본격화하기 시작하던 1월 29일, 이번에는 미 국무장관 딘 러스크

---

43. 베트남에서 북베트남과 남베트남 사이에 벌어졌던 전쟁(1955~1975). 베트남은 제네바협정에 따라 북위 17도를 경계로 북베트남과 남베트남으로 분할되었다. 북베트남은 남베트남이 협정에 따른 공동 선거를 시행하지 않자 베트남 전쟁을 일으켰다. 미국 등 여러 나라가 개입한 이 전쟁은 엄청난 파괴와 인명 손실을 남기고 1973년 휴전협정으로 종전되었으나 전투는 계속되었고, 1975년 북베트남의 전면 공세 속에 4월 30일 남베트남 정부가 항복하면서 종결되었다. 1976년 7월 2일 베트남은 베트남사회주의공화국으로 통일되었다. (다음백과)
44. 로버트 케네디(Robert F. Kennedy, 1925.11.20.~1968.6.6.). 미국 제35대 대통령 존 F. 케네디의 동생. 하버드대학 졸업(1948), 버지니아대학 법학학위 취득(1951). 존 F. 케네디 행정부 법무장관, 대통령 고문(1961), 상원의원(1964) 등 역임. 1968년 6월 6일 암살당함.

가 한국을 방문하여 박정희와 회담하고 "한일회담의 조속한 타결은 한일 양국뿐만 아니라 전 자유세계의 이익에 크게 공헌할 것이며, 미국의 대한(對韓) 군사·경제 원조에 관한 기본 정책은 한일관계의 정상화로 인해 영향을 받지 않을 것"이라는 내용의 공공성명을 발표했다.[45] 그러나 이러한 것은 어디까지나 한·미·일 3국 수뇌부의 희망사항이었을 뿐, 한국 국민의 마음에 진정으로 와닿은 것이 아니었다.

우선 1962년 11월 12일에 합의하여 작성된 김종필-오히라 메모만 해도, 그 존재와 내용이 먼저 알려진 것은 국내 언론이 아닌 일본 언론이었다. 김종필이 일본 언론인에게 흘려 《요미우리신문(讀賣新聞)》이 특종 보도하게 한 것이다.[46]

그리고 김종필-오히라 메모의 내용은 일본이 '무상 3억 달러, 유상(정부차관) 2억 달러, 민간 차관 1억 달러 이상'을 한국에 제공한다는 것이었지만, 일본이 무엇 때문에 제공하는가 하는 자금의 명목에 대해서는 한마디 언급도 없었다. 그러니 한국은 이 자금이 식민 지배에 대한 보상 성격을 가지고 있는 청구권 자금이라고 설명했지만, 일본은 시종 경제협력자금 및 독립축하금이라고 주장한 것이다.

문제점을 정리하면, 김종필-오히라 메모가 국민의 기대보다 적은 액수로 작성되었다는 것과 애매한 명목, 비밀리에 이루어진 협상 과정, 그리고 무엇보다도 돈 몇 푼 받는 대가로 평화선, 독도 문제 등을 양보해 버리는 굴욕적 자세를 취했다는 것이었다. 앞서 미국 CIA『특별보고서』를 통해 살펴본 바처럼 일본으로부터 엄청난 돈을 받고 있었으니 어찌 당당한 자세를

---

45. 이도성, 『실록 박정희와 한일회담』, 250쪽.
46. 「1962년 김·오히라 메모 특종은 JP가 흘린 것」, 《조선일보》 2020.3.21.

취할 수가 있었겠는가?

　미국의 재촉에 따라 한일회담 타결이 임박해지는 분위기가 뒤따르자, 그동안 주시해오던 야당, 지식인 그리고 학생들이 박정희 정권이 굴욕적인 저자세로 회담에 임하는 데 반대하는 투쟁에 본격적으로 나섰다. 먼저 야당과 재야 세력이 '대일굴욕외교반대 범국민투쟁위원회'를 결성하여 3월 15일부터 대규모 유세를 벌였다. 그럼에도 박정희는 3월 20일 김종필 공화당 의장을 한일회담이 진행 중인 일본에 파견하여 정치적 타결 의지를 분명히 했다.[47]

　마침내 3월 24일, 한일회담 타결을 저지하기 위해 학생들이 나섰다. "4·19 이후 가장 큰 시위"[48]이자 5·16 쿠데타 이후 최초의 본격적인 반정부 데모였다. 서울대학교, 고려대학교, 연세대학교. 학생운동사의 기념비적인 이 세 대학의 연대투쟁은 사전에 조율된 것이었고, 투쟁 방식은 동시다발적이 아니라 순차적인 것으로 결정됐다. 당시만 해도 학원 내에 중앙정보부를 비롯한 학원 사찰망이 깊숙이 침투하고 있어서 누가 첩자인지 알기조차 힘들었다. 그러니 동시에 봉기하는 방식은 보안 유지가 어려워 자칫하면 전체가 무너질 가능성이 있었다. 어디서든 먼저 불을 붙이는 것이 더 중요한 상황이었다.[49]

　원래 계획은 오전에 고려대가, 오후에 서울대, 연세대 순서로 나오게 되어 있었다. 그러나 첫 번째 주자인 고려대 시위는 학교 당국의 저지로 오후로 미루어져 서울대가 선봉에 서게 되었고, 6월 3일 계엄령이 선포될 때까

---

47. 민주화운동기념사업회 연구소, 『한국민주화운동사 1』, 407쪽.
48. 《조선일보》 1964.3.25. 1면.
49. 신동호, 『오늘의 한국정치와 6·3세대』, 22쪽.

1964년 3월 24일, 서울대학교 문리대 학생들이 동숭동 교정에서 '제국주의자 및 민족 반역자 화형식'을 거행하고 있다. 《동아일보》는 "연옥(煉獄)의 처형대에 세운 매국의 망령"이라고 보도했다. | 사진출처: 《동아일보》

지 72일에 걸친 투쟁의 대장정에 들어가게 된다.

서울대의 모습부터 보자.[50] 3월 24일 오후 1시 20분경 서울대학교 문리대 학생 300여 명은 교정에 모여 이케다 일본 총리와 이완용 허수아비에 불을 붙여 화형에 처하는 '제국주의자 및 민족반역자 화형식'을 거행한 후 교문을 박차고 거리로 나와 시위에 들어갔다. 문리대생들보다 조금 늦게 교문을 나선 서울대 법대생들은 이들과 합류하여 미국대사관 앞을 지날 때는 "미국은 한일회담에 개입치 말라"는 구호를 외쳤고, 서울시청 앞에 일본 상사와 합작으로 건설 중이던 뉴코리아호텔 앞에 이르자 연좌하여 "일본 재벌 물러가라"며 성토대회를 벌였다. 국회의사당[51] 앞에 도착한 서울대 데

---

50. 서울대 3·24 시위는 김중태(金重泰, 정치학과 61)가 조직과 고려대·연세대 등 타교와의 연락 등 중심 역할을 하고, 현승일(玄勝一, 정치학과 61)이 현장 지휘, 최혜성(崔惠成, 철학과 60)이 자금, 김도현(金道鉉, 정치학과 61)이 선언문 등 문건 작성을 분담하여 실행되었다. 6·3동지회, 『6·3학생운동사』, 251쪽.
51. 현재 서울시의회 건물.

모대는 한일회담 즉각 중지, 김종필 소환 등을 외치며 연좌했다.[52]
다음은 서울대 문리대 학생들이 발표한 '3·24 선언문'의 요지다.

일본 제국주의의 잔혹한 압제하에서 피 어린 항쟁을 통하여 전취한 해방 조국의 민족자주성은 다시 제국주의적 일본 독점자본의 독아(毒牙)에 박살되기 한 걸음 직전에 있다. 한국전쟁을 밑천으로 재기한 일본의 제국주의적 전쟁상인들은 다시 한국을 장악하려는 음모를 책동하고 있으며 정부는 한국 어민의 생명선이며 국가존망의 국방선이며 한국 최대의 미개발보고인 평화선을 방매(放賣)하여 36년간의 압제와 착취의 대가를 6억 불로 흥정하고 있다.

이것이 일본 제국주의자가 한국을 강점하면서 백만 장정을 징용으로, 군대로, 노예노동으로 강제사역시키고 민족문화의 재보를 착취해가고 마지막 순간까지 금괴를 도탈(盜奪)해가고 은행권을 남발하는 단말마(斷末摩)의 발악을 자행한 대가이다.

한일회담 조기타결을 서두르는 정부는 과연 민족의 주체성을 보장하기 위해 무슨 준비를 하고 있는가? 민족 이익과 긍지를 배반하고 모든 민족적 양심의 반대 속에도 굴욕외교를 강행하는 정부가 일본 자본의 시녀로 타락하지 않는다는 아무런 보장도 없다.

이제 민족의 양심적 자주역량은 일본 제국주의의 독아로 조국을 유인하는 한일회담을 즉각 중지할 것을 요구한다.

1964년 3월 24일
서울대학교 제국주의자 및 민족반역자 화형집행식[53]

---

52. 6·3동지회, 『6·3학생운동사』, 254쪽.
53. 6·3동지회, 『6·3학생운동사』, 457~458쪽에서 발췌.

고려대학교 시위[54]는 어찌 되었는가? 3월 24일 오전 10시경, 간부진이 회의를 갖고 11시 30분부터 시위를 전개하기로 결정했다. 그러나 전교생의 집결이 지연되는 등 준비 미흡과 학교 당국의 저지로 오후 2시 30분부터 시위에 돌입하게 되었다. 정경대 학생회장 박정훈의 연설과 법대생 심광옥의 호소문 낭독이 이어지고, 상대 학생회장 이명박의 선언문 낭독 후 전체 고려대생 명의로 다음과 같은 내용의 결의문과 대정부 경고문을 채택했다.[55]

결의문

조국은 바야흐로 일인의 농간에 의하여 쓰러져가는 위기에 직면했다. 겨레의 양심이 살아 있고 민족혼이 불멸하는 우리 항일본산의 후예들은 이제 한일 굴욕외교의 전적 책임을 정부에 묻는다. 만약 한 치의 애국심이라도 있다면 조국의 앞날을 위해 민족정기 앞에 할복하라.

대정부 경고문

1. 우리는 민주주의 최후의 보루임을 알라

1. 조국과 민족이 너희 일당의 것이 아님을 알라

한일 굴욕회담만이 현 정부의 유일한 탈출로가 아님을 알라

우리의 자유의사를 무력행사로 짓밟지 말라

---

54. 1964년 3월 개강과 동시에 정경대 학생회장 박정훈(朴正勳)과 최장집(崔章集), 김덕규(金德圭), 손옥백(孫玉百), 법대 학생회장 이경우(李炅祐), 상대 학생회장 이명박(李明博) 그리고 총학생회장 구자신(具滋信) 등이 함께 시위를 계획했다. 최장집은 서울대생 김중태와 3월 24일 공동시위로 확대하자고 논의했고 학생회가 이를 받아들여 단독시위 대신 공동투쟁을 벌이게 되었다. 고려대학교 100년사 편찬위원회, 『고려대학교 학생운동사』, 고려대학교출판부, 2005, 175~176쪽.

55. 고려대학교 100년사 편찬위원회, 『고려대학교 학생운동사』, 176~177쪽.

고려대학교 데모대를 경찰이 제지하고 있다.(1964.3.24.) | 사진출처: 《경향신문》

고려대학교 학생 1,500여 명은 "왜 일본을 신임하는가", "저자세 굴욕 한일회담 즉각 중지", "국민 여론 존중하라", "평화선 사수하라"는 등의 내용이 적힌 플래카드를 들고 교문 밖을 나와 안암동 로터리, 종로, 을지로 등지에서 최루탄과 곤봉 세례를 받고 심지어 육박전까지 벌인 끝에 국회의사당까지 진출했다.

세 번째로 연세대학교 학생들이 시위[56]에 나섰다. 이날 연세대 대강당에서 열린 장준하·함석헌 초청 시국강연회에 참석했던 학생 2천여 명이 4시 10분경 데모에 돌입한 것이다. 다음은 이날 발표된 선언문의 내용이다.

---

56. 연세대학교의 3·24 한일회담 반대 데모는 총학생회장이자 한국문제연구회 회장을 맡고 있던 안성혁(安聖爀)이 고려대학교·서울대학교와 연대해서 준비해 왔던 것이었다. 6·3동지회, 『6·3학생운동사』, 348쪽.

1964년 3월 24일 오후, 연세대 학생 2천여 명이 경찰기동대의 저지를 받으며 서대문 굴레방다리까지 진출했다가 수많은 인근 주민이 주시하는 가운데 트럭에 실려 구호를 외치며 연행되고 있다. | 사진출처: 《동아일보》

선언문

국가는 백년대계요, 민족은 인격체이다. 민중은 역사의 바탕이요, 대학은 민족 양심의 최후 보루이다. 우리 연세대학교는 아래 사항이 관철될 때까지 성명 운동과 더불어 범학생운동, 대대적 국민운동을 전개시킬 것을 엄숙히 선언한다.

1. 민족 긍지를 상실한 대일굴욕외교를 즉시 중단하라.

1. 백만 어민의 생명선이요 국방의 절대선인 평화선을 그 알량한 청구권과 바꾸기 전에 한일관계의 근본적인 해결책을 강구하여 국민 앞에 명시하라.

1. 4·19 이념과 민족자립경제의 반역적 망국재벌을 처단하고 그 재산을 국가에 환수하여 민족자본화하라.[57]

---

57. 6·3동지회, 『6·3학생운동사』, 347쪽.

서울대, 고려대, 연세대. 당시 이 세 대학 학생들이 경찰 저지선을 뚫고 광화문 부근에 집결하여 경찰과 충돌하는 모습을 언론 보도를 통해 살펴보면 이렇다.

이날 종로 5가의 경찰 저지선을 파상적으로 뚫고 나온 고려대 데모대원 약 3백 명은 오후 6시 15분쯤 국회의사당 앞으로 돌진, 연좌데모에 들어갔다. 이때부터 광화문에서 시청 앞까지의 길은 완전히 교통이 차단되었고 방독마스크를 쓰거나 곤봉을 든 경찰 수백 명이 삼엄한 경비를 벌이는 가운데, 고려대 데모대는 "민족과 조국이 너희들 한 사람의 것이 아니며, 무력으로 국민의 자유를 억압하지 말라"고 소리 높이 외쳤다.

이때 신촌에서 경찰의 저지선을 뚫고 나온 연세대생 약 100명이 법원 앞을 지나 정동의 뒷골목을 빠져나와 국회의사당 동쪽 골목에 진출, 한때 경찰의 제지를 받았으나, 의사당 앞의 고려대생들과 합류하기에 이르렀다.

이들이 교가와 응원 구호를 부르고 있을 때, 중앙청 쪽으로부터 3백여 명의 고려대생과 10여 명의 서울대생이 국회의사당 쪽으로 밀려오다가, 세종로 네거리에서 경찰의 완강한 저지를 받아 주춤했으나 다시 이를 돌파, 국제극장[58] 앞에서 소리 높이 "굴욕외교 반대"의 구호를 외쳤다.

한편 이들 데모대와 합류하려고 국제극장 앞에서 벼르던 데모대가 오후 7시가 지난 후 또다시 밀려와 곳곳에서 경찰과 충돌하여 최루탄이 8발이나 발사되고, 데모대와 일부 시민들이 경찰에 투석했다. 데모대원과 경찰이 수라장 속에 조선일보사 건너편의 중부소방서 앞에서 오랫동안 대치하다가 오후

---

58. 1957년 9월 28일 개관하여 1985년 4월 14일 폐관한 단관 극장으로, 광화문 동화면세점 건물 자리에 있었다.

1964년 3월 25일 오후, 광화문 방면과 서울시청 앞에서 국회의사당 앞으로 모여드는 학생 시위대 | 사진출처: 《경향신문》

7시 45분 고려대생들의 해산을 시작으로 오후 8시 모두 해산했다.[59]

(2) 학생데모 전국으로 파급: 1964년 3월 25~28일

서울에서 터진 3·24 대학생 데모는 3월 25일부터 전국으로 파급되었다. 서울에서는 여러 대학과 중·고등학교가 데모에 나섰고, 지방에서도 부산의 수산대학, 동아대학, 대구의 경북대학·대구대학·청구대학·한국사회사업대학, 전주의 전북대학 등의 데모로 재연(再燃), 전국적으로 확대된 것이다.

서울에서의 시위를 보면, 25일 아침 경찰의 저지 없이 비교적 평온한 가운데 데모에 돌입한 연세대(약 3,500명), 한양대(약 4,000명), 중앙대(약 2,000명), 건국대(약 3,000명), 경희대(약 1,000명), 동국대(약 3,000명), 외국어대(약 500명) 등의 대학생과 배명·성동·수송 등 남녀 중·고등학생(약 2,000명)은 정

---

59. 《조선일보》 1964.3.25. 1면.

1964년 3월 26일 오전, 경기고등학교 학생 1,500여 명은 "이것이 민족적 민주주의이드냐"라는 플래카드를 들고 시위를 벌였다. | 사진출처:《월간조선》

오가 지나면서부터 국회의사당 앞에 차례로 합류했고, 이어서 오후 1시 20분 교문을 출발한 서울대 문리대와 법대생 300여 명도 서울시청을 거쳐 국회의사당 앞에 도착했다. 이후 시위대는 청와대 입구까지 진출하여 경찰 저지선과 충돌, 투석전이 벌어졌고 결국 최루탄을 발사하여 오후 5시 30분경 모두 해산했다.[60]

3월 26일에도 대일 굴욕외교를 규탄하는 학생데모가 연 사흘째 계속되었다. 서울에서만 30개 고등학교 학생 3만여 명, 3개 대학생 1천여 명, 정당인 500여 명이 국회와 중앙청 앞으로 밀물처럼 몰려들었다. 연쇄적으로 일어나는 학생데모의 구호는 "한일회담 즉각 중지", "매국 외교의 주역 김종필을 즉각 소환하라", 또는 일본 상사(商社)의 퇴거를 요구하는 등 점차 강해지는 느낌을 주었다.

서울 이외의 전국 각지 데모 상황을 보면, 부산 7,700명, 원주 2,500명, 평택 1,800명, 이리(현 익산) 5천 명, 대전 1,500명, 군산 1천 명, 청주 1,300명, 광

60.《동아일보》1964.3.25.;《조선일보》1964.3.26.

주 1만 7,700명, 수원 1천 명, 온양 1,800명, 통영 800명, 여수 500명, 인천 700명, 대구 700명 등이 거리에 나섰다.[61]

이처럼 한일회담 반대 시위가 격화되는 가운데 박정희는 3월 26일 정오 특별성명을 발표하고 "나는 나와 이 정권의 생명을 걸고 또 역사 앞에 맹세한다"고 말한 다음 "우리는 오직 국민과 민족을 위해 한일회담에 임할 뿐 추호의 사심은 없다"고 강조하며 확고한 신념으로 한일회담을 추진해 나가 겠다고 선언했다. 또한 한일회담에 임하는 정부의 자세가 '저자세'·'굴욕적' 이 아니라고 주장했다.[62]

이런 가운데 한일회담을 '측면 지원'하기 위해 일본 도쿄에 가 있던 공화당 의장 김종필은 3월 26일, 조속한 한일 국교 정상화를 위한 한국 정부의 정책은 학생데모에도 불구하고 계속 변동이 없을 것이며 데모에 참가한 학생은 20%에 불과하다고 말하여 불길에 기름을 끼얹고 있었다.

이에 대답이라도 하듯, 한일회담 반대의 불길은 고등학생을 중심으로 하여 연 나흘째 치솟았다. 서울에서는 영등포고등학교 학생 900명을 필두로 보인상고(500명), 동국전공고(1,300명), 휘문고(500명), 동국무선고(1,000명)와 서울대 상과대학(1,000명) 학생들이 거리로 뛰쳐나왔다. 지방에서도 광주 사레지오고(1,000명), 천안에서 천안고·천안공고·복자여중(도합 2,000명), 인천 송도중·고(1,200명), 춘천고(1,500명), 춘천농대(400명), 수원고(800명), 청주에서 청주대(300명)·교대(250명)·청주고(1,400명)·청주상고(1,600명)·청주농고(900명), 목포에서는 문태고·목포고·목포공고·목포상고(도합 3,500명), 전주의 5개 고등학교(도합 6,400명), 진주에서 해인고(650명)·진주고(1,200명), 충주공대(200

---

61. 《조선일보》 1964.3.27. 1면.
62. 《경향신문》 1964.3.26. 1면.

1964년 3월 27일, 영등포고등학교 학생들이 중앙청 앞에 설치된 바리케이드에 막혀 연좌시위를 벌이고 있다.

명), 충주실업고(1,000명), 충주고(600명), 충주여고(500명), 안성 안법중고(800명), 부산 혜화여고(1,500명) 등의 학생이 한일회담에 항의하여 거리로 나왔다.[63]

연 나흘째로 접어든 학생데모가 일본 도쿄에 있던 김종필의 소환을 주장하고 있는 가운데 3월 27일 오전, 박정희는 김종필이 28일 안으로 귀국하도록 지시했다. 이에 따라 김종필이 귀국한 3월 28일 성서(城西)고등학교 남녀 학생 약 500명이 김포공항에서 굴욕 외교 반대 시위를 벌였다. 학생들은 "굴욕 외교를 반대한다", "평화선을 사수하자", "민심(民心)은 천심(天心)이다", "김종필을 만나게 해달라"는 등의 구호를 외치며 경찰과 충돌했다.[64]

한편 김종필이 귀국한 이날 오전 성균관대학 남녀 학생 4천 명은 교정에 집합, "정부는 국민이 신뢰할 수 있는 정책을 수립하라. 이것이 관철 안 될

---

63. 《동아일보》 1964.3.27. 1면.
64. 《동아일보》 1964.3.28. 1면.

김종필이 일본에서 귀국한 1964년 3월 28일, 성균관대학생들이 김종필의 귀국을 기다렸다는 취지의 플래카드를 앞세우고 대학로에서 시위하고 있다. | 사진출처:《동아일보》

때 우리는 죽음으로 투쟁하겠다"는 결의문을 낭독하고, "그대를 기다렸노라", "누구를 위한 회담인가" 등의 플래카드를 앞세우고 시위에 나섰다.[65] 김종필이 소환된 이후 학생시위는 일단 소강상태를 보였다.

3·24 시위는 한일협정 반대 투쟁의 본격적인 시작을 알린 서막이었다. 이 시위는 김종필 소환이라는 당면 목표를 달성했지만 한일회담 자체를 중단시키지는 못했다. 아직 반정부·반미와는 선을 긋고 운동의 방향을 굴욕적 한일회담 반대로 한정한 학생들은 일단 그 정도에서 학원으로 물러났다. 그러나 3·24 시위 이후 일본으로부터의 정치자금 수수 의혹, 국공유지 부정불하 사건, 괴소포 배달 사건, 학원 사찰 폭로 등을 거치면서 박정희 정권의 부정부패와 비민주성에 대한 국민의 분노가 고조되었고, 이에 따라 한일회담 반대 투쟁의 성격은 커다란 변화를 보이기 시작했다.[66]

---

65. 《경향신문》 1964.3.28. 1면.
66. 민주화운동기념사업회 연구소, 『한국민주화운동사 1』, 415쪽.

2) 박정희 정권의 부정부패와 학원 공작

(1) "박정희 정권은 일본으로부터 1억 3천만 달러를 받았다": 김준연 의원 폭로

'굴욕적' 한일회담 반대 학생데모가 사흘째 계속되던 3월 26일, 야당 국회의원 김준연[67]은 국회 본회의 발언에서 박 정권이 "일본으로부터 1억 3천만 달러의 청구권을 이미 받았다"고 주장했다. 그는 가장 정통한 소식통으로부터 이 같은 말을 들었다면서, 1963년 1월 국가재건최고회의 재경위원장이던 김동하가 "공화당의 자금 출처를 알면 국민이 기절할 것"이라고 한 발언을 상기시켰다.[68]

이어서 4월 2일 오전, 김준연은 "어떠한 정치적 보복도 각오하고 성명을 발표한다"며, "공화당 정부는 일본 돈을 가지고 선거도 치르고 정치도 하고 있는 혐의가 있다"고 비난한 뒤 12개 의혹을 국민에게 밝히라고 요구했다. 다음이 김준연이 제시한 12개 의혹의 내용이다.

①일본에 대한 청산계정(淸算計定) 4,759만 달러를 한일수교 때 공제키로 하고 이미 소비해버린 흑막을 밝히라. 교포 실업가 손달원(孫達元) 씨가 이 공제 조건으로 기계공작소 설치안을 거절당한 경위를 밝히라.

②지난 3월 말까지 지불해야 할 유산스 베이스(외상거래)로 수입 소화된 6,500만 달러는 무엇으로 갚을 것인가.

---

67. 김준연(金俊淵, 1895.3.14.~1971.12.31.). 전라남도 영암 출생. 경기공립보통학교(1917), 일본 도쿄(東京)대학(1921) 졸업. 조선일보 모스크바 특파원(1925), 동아일보 편집국장으로 재직 시(1928) 제3차 공산당 사건(세칭 ML당 사건)으로 7년간 투옥 후 동아일보 주필(1934). 일제 패망 후 법무부 장관(1950), 제1·3·4·5·6대 국회의원 등 역임.
68. 《동아일보》 1964.3.26. 1면.

"박 정권이 일본으로부터 1억 3천만 달러를 이미 받았다"는 야당 국회의원 김준연의 발언을 보도한 《조선일보》 1964.3.27. 1면.

③장(張)모 씨가 일본을 통해 캐나다에서 양곡 500만 달러어치를 도입하고 그 커미션 10만 달러를 주기로 한 내막을 밝히라.

④P-K(박정희-김종필) 라인이 일본에서 약 2,000만 달러(일화 70억 원)를 받은 사실의 경위를 밝히라.

⑤필리핀 배상액을 10분의 1로 줄이는 데 성공시켜 흑(黑)·백(白) 커미션을 받은 오노(大野) 자민당 부총재와 김종필 씨 간에 군사혁명 나던 해에 있었던 비밀 교섭 내막을 밝히라.

⑥공화당이 선거에 이기면 9,000만 달러를 일본에서 줄 것이라고 하는 말이 공화당에서 흘러나왔는데 그 진상을 밝히라.

⑦오키나와에 수출한 미곡(米穀) 대금은 어떻게 되었나.

⑧이병철(李秉喆) 씨가 신고한 50만 달러의 일본 도피재산은 어찌 되었는가.

⑨54개의 일본 상사가 반입한 재산, 교포 재산의 반입액, 일본이 지금까지 직접, 간접으로 투자한 금액을 밝히라. 특히 사카모토(坂本)가 도입한 1,500만

달러와 의암발전소에 투입된 일본 자금, 뉴코리아호텔 자금의 경위 등을 밝히라.

⑩김종필 씨가 외유(外遊) 때 한국은행에서 가져간 돈 10만 달러를 비롯해서 6, 7명의 기타 인사들이 해외에서 소비하고 있는 달러화 총액을 밝히고 그 계정을 공개하라.

⑪김종필 씨가 구입한 비행기와 쾌속정 및 해외 간의 장거리 통신장비에 소요된 달러 액(額)을 밝히라.

⑫김씨가 국제관례에 의해 받았다는 6%의 백(白) 커미션과 평화선 홍정 대가로 받았다는 거액의 암거래 커미션을 밝히라.

*주(註)=김준연 씨에 의하면 백(白) 커미션은 관례화된 공식적인 것이고, 흑(黑) 커미션은 암거래적인 비공식적인 것이라 한다.[69]

이처럼 폭로에다 의혹 제기가 이어지자 4월 4일 공화당은 명예훼손, 허위사실 유포로 김준연을 고발했다. 이에 대해 김준연은 4월 8일 박정희 대통령과 김종필 공화당 의장을 헌법에 규정된 외환죄(外患罪) 혐의로 맞고발했고, 정부는 김준연에 대한 구속 동의 요청안을 4월 18일 자로 국회에 제출했다. 박정희 대통령 명의로 제출된 이 요청안은, 김준연 의원이 박정희와 김종필에 대해 ①출판물에 의한 명예훼손, ②특정범죄 처벌에 관한 임시특례법 위반, ③무고죄 등을 저질렀다고 지적했다.

그러나 이 요청안은 야당의 줄기찬 의사 지연에 밀려 표결을 하지 못한 채 4월 21일 국회가 폐회했다. 다음 날 김종필은 폭로가 허무맹랑한 사실이라고 공개 사과하여 정치적으로 해결할 것을 제의했으나, 김준연이 단호하

---

69. 《경향신문》 1964.4.2. 1면.; 《동아일보》 1964.4.2. 1면.; 《조선일보》 1964.4.3. 1면.

게 이를 거부하자 검찰은 4월 26일 그를 구속·수감했다. 그러나 박정희에게도 일말의 양심은 있었는지, 5월 2일 김준연을 보석으로 풀어 주게 된다.

당시 김준연에 대해 여당은 "정신병자"라고 몰아붙였고, 동료로부터도 "머리에 구멍이 난 불쌍한 인간"이란 핀잔도 받았지만, 그의 정신과 머리가 아주 멀쩡했음이 40년이 지난 2004년에 가서 분명히 밝혀지지 않았던가?

이미 앞에서 자세히 살펴보았듯이, 2004년 8월 12일 민족문제연구소는 미국 CIA의 1966년 3월 18일 자『특별보고서』를 입수하여 공개했다. 그 내용을 다시 살펴보면, 1961년부터 1965년까지 민주공화당 예산의 3분의 2인 6,600만 달러를 일본 기업이 부담했고, 일본에서 사업하는 한국 기업으로부터도 11만 5,000달러 이상을 민주공화당이 받았다는 것이었다. 그런데 민주공화당은 김종필이 비밀리에 조직한 정당이었고 박정희는 민주공화당 후보로 대통령에 당선됐으니, 김준연이 제기한 의혹은 금액의 차이는 있었을지언정 진실임이 밝혀졌다.

다만 이 미국 CIA의 보고서만으로 그가 제기한 의혹 모두가 밝혀진 것은 아니었으니, 나머지에 대한 규명은 후일의 연구 과제로 남긴다.

(2) 국(國)·공유지(公有地) 부정 불하 사건: 만주국과 박정희 그리고 황종률

'불하(拂下)'란 "국가 또는 공공 단체의 재산을 개인에게 팔아넘기는 일"을 말한다. 그런데 "이 나라 사회의 모든 부패와 구악(舊惡)을 일소(一掃)"하겠다는 '혁명공약'을 내세워 쿠데타를 일으켰던 박정희, 바로 그 박정희의 정부에서 국가나 공공 단체의 재산을 멋대로 팔아넘긴 부패 사건이 발생했다. 1964년 봄, 세상을 떠들썩하게 한 이른바 국·공유지 부정 불하 사건이다. 당시의 언론 보도를 통해 이 사건 내막을 들여다보기로 한다.

사직공원 용지(用地) 부정 불하 사건의 진상을 보도한 《경향신문》(1964.4.6. 6면). 왼쪽 약도에서 사선(斜線) 부분이 부정 불하된 공원용지다.

이 사건이 세상에 처음 알려진 것은 사직공원 용지 부정 불하에 대한 《동아일보》 보도(1964.4.4. 7면)로부터였고, 그 후 《경향신문》이 그 진상을 세상에 다음과 같이 알렸다.

> 사직동 산1-1번지 중 공원용지 녹지대로 되어 있는 2만 3천 190평의 땅은 그 뒤에 성곽도 있어 문교부의 보호 관리지대이며 농림부의 보호 임야지대이고 하여 감히 시민들은 넘겨다보지도 못할 땅이었다. 문교부가 갑자기 보호 조치를 해제함에 따라 재무부는 이 땅을 382만 1천 원으로 사정하고 김영동(金永東) 씨 등 6명에게 수의계약했고, 김씨 등은 일시불이기 때문에 3할 공제를 받아 269만 7,890원이라는 헐값에 사들였다. 당시 사직동의 땅값은 입지 조건이 나쁜 곳도 평당 2만 원 정도였는데 불하 가격은 150원꼴밖에 되지 않았으며, 더욱이 도시계획법 제48조에 의하면 "공원용지는 양여 매각할 수 없다"고 되어 있어 의혹을 짙게 하고 있다. 이 땅은 불하된 이후 모 은행에서 근저당으로 650만 원과 560만 원을 대부받았다.[70]

이 사건이 있자 1964년 4월 10일 자 《조선일보》는 「사직공원 용지까지 팔아먹게 부패했던가」라는 제목의 사설에서 다음과 같이 개탄하고 있다.

> 사직공원 용지(用地) 불하 사건이 크게 말썽을 일으키고 있다. 평당 150원에 불하했는데 그 땅을 담보로 은행으로부터 그 몇 배나 되는 액수의 융자까지 받았다 한다. 이 사건이 빙산의 일각에 지나지 않으리라는 것은, 국회에서 야당이 조사를 제의한 것을 보면 이 외에도 용지 불하 사건이 많다는 것으로서 충분히 짐작할 수 있다. 이 불하 사건이 결정된 것이 작년 12월 16일이라니 깜짝 놀라지 않을 수 없다. 지난해 12월 16일이라면 바로 군정(軍政) 마지막 날이다. 군사혁명 정권은 구정권을 부패, 무능했다고 규정하여 놓고 "이 나라 사회의 모든 부패와 구악을 일소하고 퇴폐한 국민도의와 민족정기를 바로잡기 위하여 청신한 기풍을 진작한다"고 공약했던 사실을 기억한다. 제반(諸般) 행정절차가 그렇게 용이하고 간편한 것이 아니라는 것은 잘 아는 터이지만, 군정 종말에 가서 어떻게 이런 일이 있었느냐는 점에 생각이 미치면 인간으로서의 신뢰성은 완전히 포기할 수밖에 없겠다.[71]

사직공원 사건이 터지자 언론은 연일 크게 보도했다. 그러자 박정희는 4월 7일 "대로(大怒)"하여 "진상을 철저히 조사하라"는 특별지시를 내리고, 4월 8일에는 법무부 장관과 검찰총장을 불러 관련자는 지위 고하를 막론하고 엄중 조치하도록 지시했다. 국회는 4월 16일 '국공유지 등 부정 불하 진상조사특별위원회' 설치를 의결하고, 사직·삼청·남산 등 세 공원, 동구릉(東

---

70. 《경향신문》 1964.4.6. 6면에서 발췌.
71. 《조선일보》 1964.4.10. 2면에서 발췌.

九陵), 수유리 유원지, 한강 백사장, 전 한일면업 안동 소재 대지, 불광동 대지, 월곡동 소재 구황실 재산, 서울시유지 도로 등 14건의 부정 불하 사건의 진상과 그 배후에 권력 개입 여부를 조사하기로 했다. 그리고 사직공원 사건에 검찰이 나섰다.

    4월 21일 오전, 서울지검은 주범 김영동(金永東)이 사직공원을 부정 불하함에 있어 그 자금을 은행에서 대부받기 위해 육지수(陸芝修)에게 부탁하여 상업은행에서 총 1,200만 원을 대부받았다는 새로운 사실을 밝혀내고, 김(金)이 도피 중 김(金)을 은닉했던 한태연(韓泰淵) 의원 등 4명을 범인은닉 혐의로 정식 입건했다. 검찰은 주범 김(金)을 구속한 후 불하 및 대부 관계로 육(陸) 교수와 황종률(黃鍾律) 전 재무부 장관을 밝혀냈고, 사세청 등 관계 공무원을 매수하는 데 김(金)의 조카가 움직였으며 주범 김(金)이 도피 중 한 의원 집에 숨었었다는 사실 등을 들추어낸 것이다.[72]

    여기서 사건 관련자들의 면면을 보면 입이 떡 벌어진다. 대부를 알선했다는 육지수[73]는 현직 대학교수로 박정희 부인 육영수(陸英修)의 사촌오빠였고, 한태연[74]은 유명한 헌법학 교수로 5·16 쿠데타 세력에 협력하여 국회

---

72. 《경향신문》 1964.4.21. 7면에서 발췌.
73. 육지수(陸芝修, 1907.10.16.~1967.6.28.). 서울 출생. 도쿄(東京)제국대학 경제학부 졸업(1933). 1936년부터 연희전문학교, 경성제국대학, 평양사범학교 교수, 일제 패망 후 서울대학교 상과대학, 고려대학교 교수를 거쳐 서울대학교 문리과대학 교수(1955), 학술원 회원(1960) 등 역임.
74. 한태연(韓泰淵)(1916.1.5.~2010.9.20.). 함경남도 영흥 출생. 일본 와세다(早稲田) 대학 법학과 졸업(1943), 일본 고등문관시험 행정과 합격. 서울대학교 법과대학 교수, 제6대 국회의원(민주공화당), 한국헌법학회 회장(1969), 서울신문 주필(1973), 제9·10대 국회의원(유신정우회) 등 역임.

황종률 전 재무부 장관 구속을 보도한 《경향신문》 1964.4.24. 1면.

의원을 지낸 후 유신헌법 제정에 참여하는 인물인데 범인을 숨겨 주었다가 들통이 났다는 것이다. 가장 주목해야 할 인물은 황종률이라는 사람으로, 그는 사직공원 부정 불하 당시 재무부 장관이라는 엄청난 감투를 쓰고 있었다. 검찰은 황종률과 그의 비서를 업무상 배임교사 혐의로 구속했다. 이들을 구속한 혐의는, 황종률이 비서를 시켜 부정 불하 사건의 주범 김영동을 서울시 관재국장 강신경에게 전화로 소개하면서 선처할 것을 부탁하여 2,600만 원의 국고 손실을 끼쳤다는 것이었다.

'태산명동서일필(泰山鳴動鼠一匹).' '태산이 떠나갈 듯 요동쳤으나 뛰어나온 것은 쥐 한 마리뿐'이라는 옛말은 역시 헛말이 아니었다. 거물이 구속되었으니 그 뒤에 무언가 있을 것 같았지만, 생쥐들만 튀어나온 것이다. 생쥐들만 나오는 장면을 복원해 보면 이렇다.

황종률은 구속되기 전에 중앙정보부장 김형욱과 검찰총장 신직수, 그리고 공화당 의장 김종필을 만나 억울함을 호소했다고 한다.[75] 그러나 들끓는

---

75. 《조선일보》 1964.5.6. 1면.

여론은 어찌하랴. 결국 검찰은 4월 24일 황종률을 구속했고, 5월 11일 황종률은 구속 기소, 한태연은 불구속 기소하는 선에서 수사를 종결했다. 박정희 사촌 처남 육지수는 융자알선에 대한 사례금 조로 30만 원을 받았으나 법률상 알선수뢰죄(斡旋收賂罪)가 구성되지 않는다며 무혐의 처리했다. 그리고 주범인 김영동 외에 서울시 관재국장 강신경, 사직동 사무장 김노성 등 10여 명의 잔챙이만 잔뜩 구속 기소하고 끝내 버린 것이다.[76]

그 후 요즈음도 가끔 볼 수 있는 장면이 연출되어, 구속될 때 멀쩡하던 황종률이 한 달 만인 5월 23일 병보석으로 출감, 병원에 입원한다. 그리고 학생데모가 격화되어 6월 3일 비상계엄이 선포되는 등 어수선해진 틈을 타서 재판을 질질 끌다가, 이듬해인 1965년 3월 3일 검찰은 황종률에게 "정범(正犯)에 준하여 처벌해 달라"는 형량(刑量) 없는 구형을 하고,[77] 3월 13일 무죄가 선고된다. 무죄 선고 후 검찰이 보인 행태는 더욱 해괴하여, 항소기일인 1주일이 넘도록 항소를 하지 않아 항소를 포기함으로써 황종률의 무죄를 확정시켜 버렸다. 항소 포기 이유인즉 담당 검사가 출장 중이어서 항소기일을 놓쳤다는 것이었다.[78]

이처럼 박정희가 억지를 써 가며 황종률을 구출했던 것은 그가 결코 버릴 수 없는 패였기 때문이었다. 황종률은 1965년 말 주일대사로 거론되더니, 1966년 1월 5일 경제과학심의회 상임위원으로 위촉되어 외무부 장관 고문으로 일본을 방문하는가 하면, 그해 12월 26일에는 무임소장관에 임명됐다. 여기에 그치지 않고 1967년 10월 3일에는 체신부 장관, 1968년 5월 21일에

---

76. 《경향신문》 1964.5.11. 7면.
77. 《경향신문》 1965.3.3. 7면.
78. 《경향신문》 1965.3.27. 7면.

는 재무부 장관으로 화려하게 컴백했다. 그 후 국회의원까지 지냈다.

그렇다면 황종률은 왜 박정희가 버릴 수 없는 패였을까? 한마디로 답하면 일제의 괴뢰국 만주국 출신들이 형성한 인맥, 즉 만주 인맥 때문이었다. 1931년 9월 18일 만주사변을 일으킨 일본은 1932년 초까지 거의 만주 전체를 점령하고, 3월 1일에는 괴뢰국인 만주국 성립을 선포하여 일본 침략전쟁의 병참기지로 만들었다. 이때부터 만들어지는 만주 인맥은 크게 군부 인맥과 관료 인맥으로 나뉘는데 이는 한일 양국이 마찬가지였다.

일제 패전 후 한국의 만주 인맥은 미군정의 정책 덕분에 군부와 관료의 주류에 편입되었고, 박정희로 대표되는 만주 군관학교 출신 군부 인맥이 5·16 쿠데타를 성공시키자 만주 관료 인맥은 쿠데타 세력이 권력을 유지하고 일본과의 관계를 원활히 하는 데 큰 역할을 하게 된다. 바로 이 만주 관료 인맥의 중심에 황종률이 있었던 것이다.

만주국을 세운 일본은 장교 양성기관으로 1932년 만주국 중앙육군훈련처(일명 펑톈 군관학교)를, 1939년에는 만주국 육군군관학교(일명 신징 군관학교)를 설치했다. 전자의 대표적인 졸업생은 정일권, 후자는 박정희였다. 한편 민간 지도자 양성을 위해 1932년 대동학원[79]을, 1936년 법정학교(후일 신징법정대학)[80]를, 1938년 건국대학[81]을 설립했다.

---

79. 대동학원(大同學院): 1932년 7월, 만주국 수도 신징(新京, 현 창춘長春)에 설립된 고등 관료 양성기관. 대학이나 전문학교 졸업자를 대상으로 학생을 선발했고, 1938년 이후에는 만주국 고등고시 합격생도 의무적으로 대동학원에서 교육을 받았다. 최충희, 「만주국 대동학원 조선인 학생들에 관한 연구」, 서울시립대학교 석사학위 논문, 2010.
80. 법정학교(法政學校): 1936년 만주국 신징에 설립된 3년제 사법 인재 양성기관으로 3년 후 신징법정대학(法政大學)으로 개명. 졸업 후 지방법원과 검찰청에서 1년간 실무를 거친 후 고등관 시험에 합격한 사람은 '후보법관'으로 임명됐다. 남창룡, 『만주제국 조선인』, 도서출판 신세림, 2000, 51~52쪽.
81. 건국대학(建國大學): 1938년 5월 만주국 신징에 설립된 만주국 최고학부. 교육 과정은 예

황종률이 들어간 대동학원은 다른 고등교육기관과는 달리 졸업하면 전원 취직이 보장되었기 때문에 취직이 어렵던 1930년대 당시 대동학원은 젊은이들에게 매력적인 곳이었다. 조선인이 대동학원에 입학한 것은 이 같은 취직난 타개뿐만 아니라, 민족차별 없이 출세할 수 있다는 인식, '오족협화'[82]라는 일본 정책, 그리고 징병 회피 등이 그 동기였다.

대동학원은 1932년 제1기를 시작으로 1945년 제19기까지 4천여 명의 졸업생을 배출했는데, 그 가운데 조선인은 총 116명이었고 만주국 산하 각 기관의 간부로 진출했다. 이들 가운데 일제 패망 후 남한의 지도층으로 활동한 인물이 적지 않다.[83] 다음은 대동학원 졸업생 가운데 대한민국에서 활동한 대표적인 인물 다섯 명의 약력이다.[84]

#황종률(黃鍾律, 1909~1972). 서울 출생. 일본 규슈(九州)제국대학 법문학부(1935), 대동학원 제5기 졸업(1936). 만주국 펑톈(奉天) 세무감독서 사무관, 경제부 사무관(1939), 총무청 참사관(1945). 일제 패망 후 연희전문학교 교수(1945), 충청북도지사(1960), 5·16 쿠데타 후 국가재건최고회의 재경위원회 자문위원(1961), 재무부 장관(1963, 1968), 무임소장관(1966), 체신부 장관(1967), 제8대 국회의원 등 역임.

과에 해당하는 전기와 본과에 해당하는 후기로 나뉘어 각각 3년씩 총 6년 과정이었다. 재학 중 경비는 관비였고 졸업 후 관료로 진출할 수 있었다. 정운현, 『친일파는 살아 있다』, 책으로보는세상, 2011, 267~268쪽.

82. 오족협화(五族協和): 일본이 만주국을 건국할 때 내세운 이념. 5족은 일본인·한족(漢族)·만주족·조선인·몽골족을 이르는 것으로, 다섯 민족이 협력하고 화합하여 구미 제국주의를 막아 내고 아시아인의 번영을 이루자는 것이다.
83. 정운현, 『친일파는 살아 있다』, 265~266쪽.
84. 남창룡, 『만주제국 조선인』, 148~224쪽과 친일인명사전 편찬위원회, 『친일인명사전』(전3권), 민족문제연구소, 2009 등의 내용을 중심으로 정리함.

#신기석(申基碩, 1908~1989). 경북 안동 출생. 경성제국대학 법문학부(1933), 대동학원 제9기 졸업(1938), 만주국 고등관특별적격고시 합격(1939), 만주국 흥농부 사무관(1940), 흥농부 이사관(1945). 일제 패망 후 연희대학교 교수(1947), 서울대학교 문리과대학 교수(1948), 5·16 쿠데타 후 국가재건최고회의 내무위원회 자문위원(1961), 부산대학교 총장(1963, 1969), 영남대학교 총장(1969), 제9대 국회의원 등 역임.

#권일(權逸, 1911~2001). 본명 권혁주(權赫周). 경북 예천 출생. 일본 고등문관시험 사법과 합격(1937), 일본 메이지(明治)대학(1938), 대동학원 제10기 졸업(1939), 만주국 옌지(延吉) 심판관. 일제 패망 후 재일본대한민국거류민단 단장(1961), 5·16 쿠데타 후 한일회담 대표단 고문(1965), 민주공화당 입당(1967), 제8·9대 국회의원 등 역임.

#고재필(高在珌, 1913~2005). 전남 담양 출생. 일본 주오(中央)대학 졸업(1939), 대동학원 제11기 졸업(1939), 만주국 고등관고시 합격(1941) 후 사무관을 거쳐 천임관 2등 승진. 일제 패망 후 육군 준장, 5·16 쿠데타 후 민주공화당 창당준비위원, 제7·8·9대 국회의원, 보건사회부 장관(1973), 제2무임소장관(1977) 등 역임.

최규하(崔圭夏, 1919~2006). 강원도 원주 출생. 도쿄고등사범학교 영어영문학과(1941), 대동학원 제15기 졸업(1943), 만주국 수습 관료. 일제 패망 후 농림부 양정과장(1948), 외무부 통상국장(1951), 외무부 차관(1959), 5·16 쿠데타 후 말레이시아 대사(1963), 외무부 장관(1967), 대통령 외교담당 특별보좌관(1971), 국무총리(1976), 대한민국 제10대 대통령(1979) 등 역임.

*대동학원 졸업 순, # 표시는 『친일인명사전』에 등재된 인물[85]

---

85. 만주국 대동학원, 법정대학, 건국대학 졸업생 전부가 친일인명사전에 등재된 것은 아님.

이 사람들 가운데 황종률이라는 인물을 좀 더 깊이 들여다보자. 그는 만주국 펑톈(奉天) 세무감독서 사무관 시절, 만주의 대표적인 한글 친일잡지인 《재만조선인통신》 1939년 9월호에 다음과 같은 요지의 글을 기고했다.

> 일본의 실력을 중심으로 지나(支那: 중국)에서 백적(白赤) 제국주의국을 구축하고 일지(日支: 일본과 중국) 양국이 일개의 생산공동체가 되어 자원, 자금, 인재 등의 일지 합판(合辦)[86]으로 지나를 공동개발하여 동아(東亞) 블록 내에 자급자족을 보장하여 기(其) 물적 기초 위에서 일지 합작으로 백인 제국주의하에 신음하는 이여(爾餘)[87] 아세아 민족을 해방시켜야 할 것이다.[88]

여기서 만주국 관료 인맥의 중심, 기시 노부스케가 떠오른다. 도쿄제국대학을 졸업(1920)한 기시는 상공성 공무국장을 지내고(1935), 1936년 10월 만주국 국정 최고기관인 국무원에 배속되어 만주로 갔다. 1937년에 산업부 차장, 1939년 3월에는 총무청 차장에 취임하여 계획경제·통제경제를 대담하게 도입·실시한 만주국 산업개발 5개년계획의 중심 역할을 했다.

앞에서 살펴본 바와 같이, 기시 노부스케는 5·16 쿠데타 직후부터 적극적으로 박정희와의 접촉에 나섰고, 이 과정에서 과거 만주국 경제 관련 관리로 기시 노부스케의 휘하에 있었던 황종률이 두 사람 사이에서 큰 역할을 했으리라는 것은 불문가지다. 이러한 것은 박정희가 국가재건최고회의 재경위원회 자문위원, 그리고 재무부 장관이라는 중책을 맡긴 사실로도 충분

---

86. '합작(合作)'의 옛말.
87. '그 나머지'라는 뜻.
88. 친일인명사전 편찬위원회, 『친일인명사전』 3, 1013쪽.

히 짐작할 수 있다.

황종률의 부인 조현경(趙賢景)을 보아도 황종률이 박정희에게 어떤 존재였는지를 짐작할 수 있다. 이화여전을 졸업한 조현경은 규슈제국대학[89] 법문학부 서양사학과 출신으로 황종률과는 이른바 제국대학 유학생 커플이었다.[90] 조현경은 1961년 8월 15일 재건국민운동 서울시 지부가 개최한 국민단합촉진 강연회에서 '군사혁명의 길'이라는 연제의 강연까지 한 인물이었다.[91] 황종률이 재무부 장관이던 1963년 3월 27일, 조현경이 신병으로 사망했으니 박정희로서는 신경을 쓰지 않을 수 없었을 것이다.

세상을 떠들썩하게 했던 국공유지 부정 불하 사건은 사건 발생 2년 만인 1966년 7월 다음과 같은 결론으로 싱겁게 끝났다.

> 국회는 7월 4일 본회의에서 국공유지 부정 불하 사건을 조사했던 특별위원회의 조사보고서를 여야 이의 없이 채택했다. 전후 39차에 걸친 회의 끝에 조사위가 조사한 부정 불하 사건은 사직공원 사건을 비롯, 13건에 달했는데 ①사직공원 사건은 부정 매매계약임이 확인됐음으로 그 매매계약을 취소, 원상 조처토록 할 것과 아울러 관련 공무원은 그 직위 고하를 막론하고 엄중 처단 할 것이며 ②삼청공원 사건은 관재(管財) 당국이 불법하게 매각처분했음으로 이를 국유로 환원할 것이며 ③동구릉(東九陵) 개간 허가 사건은 이미

---

89. 제국대학은 근대 일본의 엘리트 육성 장치였고 해방 이후에는 남북한 국가건설의 중요한 인적 자원이었다. 1886년 포고된 제국대학령에 근거하여 도쿄(東京, 1886)를 시작으로, 교토(京都, 1897), 도호쿠(東北, 1907), 규슈(九州, 1910), 홋카이도(北海道, 1918), 게이조(京城, 1924), 다이호쿠(臺北, 1928), 오사카(大阪, 1931), 나고야(名古屋, 1939)의 순으로 총 아홉 개의 제국대학이 설립되었다. 정종현, 『제국대학의 조센징』, 휴머니스트, 2019, 21쪽.
90. 정종현, 『제국대학의 조센징』, 115쪽.
91. 《경향신문》 1961.8.12. 3면.

개간이 완료됐으나 개간 허가 과정에서 부정이 개재하고 있으므로 관계 공무원을 엄중처단할 것이며 ④수유동 임야 불하 사건 역시 부당 불하이므로 즉각 국유로 환원하고 ⑤정릉 임야 사건은 부정 불하임이 확실시되므로 이를 국유로 환원할 것과 연고자들의 억울함이 없도록 조처할 것이며 ⑥예장동 군경유자녀원 대지 사건은 관련 공무원들에 대해서는 사면령으로 처벌할 수 없으나 이를 국유 환원시킬 것을 각각 건의했다.[92]

⑶ 김형욱 중앙정보부의 학원 공작①: 학원 사찰

김형욱은 1963년 7월 12일 꿈에도 그리던 중앙정보부장에 임명되어 6년 3개월여 동안 국민을 상대로 온갖 흉측한 짓을 저지르다, 1969년 10월 17일 3선 개헌안이 국민투표로 확정된 지 사흘 만에 용도 폐기된다. 그리고 박정희는 3선 개헌안 확정 직후 제5대 중앙정보부장에 김계원[93]을 임명키로 하고 그에게 통보했다. 다음은 이들이 나눈 대화 내용이라고 한다.

박 대통령이 김계원에게 말했다. "앞으로 중앙정보부장을 맡아 도와주어야겠소."
김계원은 놀랐다. "각하, 저는 정보부장감이 되질 못합니다. 저를 잘 아시지 않습니까. 다른 일이라면 몰라도 과분합니다."
그러나 박 대통령은 완강했다. "내가 김 장군을 잘 알지 잘 알아. 성격을

---
92. 《동아일보》 1966.7.4. 1면.
93. 김계원(金桂元, 1923.6.28.~2016.12.3.). 경상북도 영주 출생. 연희전문학교 2년 수료 후 학도병으로 징집되어 일본 육군예비사관학교 졸업, 소위 임관(1945). 일제 패망 후 군사영어학교 졸업(1946), 5·16 쿠데타 후 육군참모총장(1966), 중앙정보부장(1969), 주타이완 대사(1971), 대통령 비서실장(1978) 등 역임.

알고 시키는 거요. 김형욱이처럼 패지 않아도 될 테니 한번 해봐요."[94]

　　18년간의 집권 기간 내내 박정희는 늘 자신에게 저항하는 학생들과 충돌했다. 박정희가 쓴 저항을 막는 방식은 중앙정보부 같은 정보기관으로 하여금 저항하는 학생들을 잡아다 '패는', 좀 더 구체적으로 말하면 '고문하는' 것이었다. 이를 위해서는 어느 놈이 박정희에게 대들려고 하는지를 먼저 알아내야 한다. 이러한 필요에서 학원 사찰을 벌이게 된다.

　　박정희 정권은 어떻게 학원 사찰을 했는가? 여러 방식이 동원됐지만, 그 중 하나는 대학생들을 잘 알고 있는 선배 졸업생을 활용하는 방식이었다. 즉 각 대학 출신 선배들을 중앙정보부원으로 채용하여 이들이 후배 학생들의 동태를 파악하고 감시토록 한 것이다. 서울대학교 졸업생 김덕창(金德昌)과 고려대학교 졸업생 박세혁(朴世赫)을 중앙정보부원으로 채용한 것이 대표적인 예이다.

　　김형욱의 중앙정보부가 각 대학에 파견한 선배 정보원들에 대한 기록을 남겼을 리가 없으니, 여기서는 확실한 기록이 남아 있는 김덕창[95]을 중심으로 자세히 들여다보기로 한다. 박정희와 전두환 시절 민주화운동으로 투옥되어 5년 8개월 동안 복역한 이신범[96]의 기록 가운데 김덕창에 대한

---

94. 김충식, 『남산의 부장들』(개정증보판), 메디치미디어, 2012, 189쪽.
95. 김덕창(金德昌): 경기고등학교(1957), 서울대 문리대 중문과 졸업(1963). 문리대 재학 시 서울대 총학생회장을 지냄. 1963년 중앙정보부원이 되어 주로 서울대 후배들에 대한 사찰을 담당한 후 국가안전기획부(안기부) 전북지부장(1986), 안기부 경남지부장(1988), 안기부 심리정보국장(1990), 내외통신 사장(1993~1995) 등 역임.
96. 이신범(李信範, 1950.3.10.~). 충청남도 예산 출생. 서울대학교 법과대학 법학과 입학(1967, 21년 6개월 만인 1988년 졸업). 서울대 법대 《자유의 종》 발행인(1971), 미국 워싱턴 국제정책개발연구소 선임연구위원(1983), 통일민주당 정책실장(1988), 환경관리공단 이사(1993), 제15대 국회의원(1996), 한국LPG산업협회 회장(2015) 등 역임.

1964년 5월 8일 자 《새세대》(서울대학교 문리과대학 신문)에 실린 "이거 되겠습니까? 이거 안 됩니다"라며 당국의 '학원 사찰'을 풍자한 만평(漫評). 당시 문리과대학 불문학과에 재학 중이던 소설가 김승옥(金承鈺, 60학번)이 '김이구(金二九)'라는 필명으로 그린 것이다. | 출처: 『송상근 스크랩』

내용부터 보기로 하자.

> 정치사찰을 전문으로 하는 곳이 중앙정보부 2국이었다. 학원반, 종교반이라는 이름의 재야 담당 부서가 여기에 속했다. 부이사관 김[97]이 학원반 반장. 김은 서울대 중문과 학생으로 학생회장을 지냈다. 한일회담 반대 운동이 한창일 무렵 그는 기자로 취직했다며 학교를 출입했는데 학원 사찰이 문제가 되던 당시, 사찰 물의에 휘말렸던 인물이다. 김은 기자가 아니라 정보부원으로 취직했던 것이다.
>
> (내가) 3학년이던 1969년에 3선개헌 반대 운동에 나섰을 때 그는 정보부 서

---

97. 김덕창을 가리킴.

울대 총책으로 부임했다. 총장실을 자기 사무실처럼 들락거리는 그를 자주 볼 수 있었다. 김은 자신이 학생운동의 계보나 인맥에 정통하다는 자부심이 대단했다. 1974년 민청학련사건 때는 문리대 출신 후배들 몇을 끝까지 빨갱이로 모는 데 앞장섰다는 소문이 파다했다. 그래서였는지 그는 전두환 정권의 국가안전기획부에도 중용됐다.[98]

김덕창은 경기고등학교를 졸업하고, 1959년 서울대학교 문리과대학(서울대 문리대) 중문과(中文科)에 입학, 1961년 서울대 문리대 학생회 상임위원장으로 활동하다가 문리대 학생회장에 당선되어 서울대 총학생회장까지 지낸 인물이다. 그런 그가 1963년 문리대 졸업 후 중앙정보부원으로 변신하게 되는데, 졸업 직전 그가 《경향신문》에 투고한 다음과 같은 글에는 정보부원이 되기 직전의 심정이 잘 나타나 있다.

> 지난 4년간의 대학생활에 막 종지부를 찍으려 하니 자축감(自祝感)보다 회한이 앞서는 것은 별로 괴이한 일은 아닐 것이다. 제기랄! 그럼 어설픈 푸념이나 해 두자.
> 놈은 교복에 배지를 달고 다니며 으스대던 기쁨과 남달리 활동을 했다면 학생회 활동 또 학생신문의 발간 등을 해 보았다는 즐거움도 가졌었고 학생회장이라는 큰(?) 감투 덕분에 듣기만 해도 등골이 오싹해지는 관비 호텔(?)에 강제 투숙당했던 괴로움을 맛보기도 했었지만 이젠 그것들은 하나의 추억으로만 자위하기엔 너무나도 무의미하다고 한탄도 하고 있다.
> 놈이 졸업한다는 말은 아예 대학에서 청소당한다는 말로 표현되는 게 더

---

98. 이신범, 『광야의 끝에서』, 실천문학사, 1991, 26쪽.

1961년 4월 19일 서울대생들이 4·19 혁명 1주년을 맞아 침묵시위를 하는 장면으로, 당시 서울대 문리대 학생회 상임위원장이던 김덕창(왼쪽)이 침묵시위를 지휘하고 있다. 후일 김덕창은 중앙정보부원이 되어 후배들을 사찰했다. | 사진 출처:《동아일보》

현실적일지도 모른다. 그러나 놈에겐 다행인지 불행인지 2, 3년 동안은 자신의 갈 곳에 대하여 생각하는 것이 별로 급한 일은 아니다. 제일 먼저 군대 2등병 사령장이 날아 들어올 것이기 때문에. 놈에겐 천만다행이다.[99]

김덕창은 1960년 4·19 혁명에 참여했고,[100] 1962년 6월 8일 서울대 문리대에서 있었던 '한미행정협정 촉진 궐기대회'의 주동 학생으로 지목되어 연행된 적이 있었다.[101] 김덕창의 글을 보면, 자신이 참여했던 이런 학생운동이 "너무나도 무의미하다"고 한탄하고 있다. 또한 그는 대학을 졸업하는 것이 "대학에서 청소당한다"고 여겨, 결국 군에 입대하여 '쫄병' 신세를 면치 못할 것이라고 자조(自嘲)하고 있다.

---

99. 김덕창,「2등병으로」,《경향신문》1963.2.7. 3면에서 발췌.
100. 김덕창은 1963년 4·19 혁명 3주년을 맞아 정부가 유공자 349명에게 수여하는 '건국포장(建國褒章)'을 받았다.《조선일보》1963.4.18. 2면.
101.《동아일보》1962.6.9. 1면.

중앙정보부가 대학생들을 대상으로 한 학원 사찰을 본격적으로 시작한 것은 김형욱의 취임 후부터였다. 그러니 김덕창이 정보부원으로 변신한 것은 1963년 서울대 문리대를 졸업한 후인 7월, 김형욱이 정보부장에 취임한 무렵인 것처럼 보인다. 그리고 김덕창이 정보부원이 된 후 입대하여 '쫄병' 신세가 되었다는 기록이 없는 것으로 보아 적당한 수를 써 '쫄병' 신세를 면한 것 같다. 서울대학교 총학생회장 출신 정보부원이라는 귀중한 존재를 입대시켜 '쫄병'으로 썩힐 리야 없지 않았겠는가?

이런 김덕창이 모교인 서울대 문리대 캠퍼스에 모습을 드러내기 시작한 것은 1963년 9월, 2학기가 시작될 무렵이었고 이미 졸업한 김덕창이 자주 나타나는 것이 뭔가 이상하다는 말이 돌기 시작했다. 그는 처음에는 《코리아 헤럴드》 기자라고 했는데 그의 영어 실력을 잘 알고 있던 후배들은 이상하게 여겼다. 그리고 한국과 같은 후진국에서 필요한 것은 "선의의 독재"라고 주장하는가 하면 자신이 공화당에 입당했는데 국회의원이 되려면 후배들의 도움이 필요하다고도 했다.

그때까지 학원 사찰을 위해 중앙정보부원이 대학을 출입하는 경우는 거의 없었다. 이전에는 문리대에 중앙정보부원이 아니라 동대문경찰서 정보과 형사 차익수(車益秀)[102]가 출입했다. 그는 1960년 4.19 혁명 다음 날부터 동숭동 서울대학교를 공개적으로 출입하여 웬만한 학생이면 다 알고 있었고, 그 역시 학생들과 잘 어울려서 학생들은 농담 삼아 그를 '차 교수' 또는 '차 박사'라고도 불렀다. 이런 마당에 김덕창이 뭔가 이상하기는 해도 중앙정보부원이라고 생각하는 사람은 별로 없었다.

---

102. 차익수는 1986년 6월 26일 경감으로 정년 퇴임했다. 「광화문 수첩」, 《동아일보》 1986.6.27. 10면.

김덕창이 모교를 출입하기 시작한 그해 10월 15일에는 제5대 대통령 선거가 있었다. 사실상 박정희와 윤보선의 양자 대결 상황에서 변영태 후보의 사퇴를 막기 위해 김형욱이 편지쓰기 공작을 대대적으로 펼쳤음은 이미 살펴본 바 있다. 이 공작에 김덕창도 가담하여 경기고등학교 출신 문리대 후배들이 변영태에게 후보 사퇴를 하지 말라고 요청하는 편지를 쓰게 하기도 했다.

김덕창이 한 일에는 이런 일도 있었다. 자기 휘하에 상당한 조직이 있음을 가장하기 위한 가짜 조직을 만드는 일이었다. 그는 자신이 공화당 전국구의원이 되는 데 필요하다며 서식을 가지고 다니며 후배들을 모으고 있었다. 이때도 역시 경기고 출신 문리대 후배들이 주요 대상이었다.[103] 그가 문리대 내 프락치 조직망 형성을 시도한 사례는 4월 23일 있었던 '학원사찰성토대회'에서 폭로되었으니 나중에 들여다보기로 한다.

김덕창에 대한 에피소드를 하나 소개하기로 한다. 1964년 3월 24일 서울대·고려대·연세대가 연속적으로 벌인 시위는 원래 3월 18일로 예정되어 있었으나, 김덕창이 냄새를 맡아 3월 24일로 미뤄진 이야기로 여기서 K씨는 김덕창을 가리킨다.

> 거사일이 3월 18일로 확정된 어느 날이었다. 《새세대》 기자이자 거사 준비팀인 사학과 이현배는 중앙정보부의 학원 사찰 요원으로 알려진 K씨로부터 "김중태를 좀 만나게 해 달라"는 부탁을 받는다. 이현배가 이를 김중태에게 전했다.

---

103. 김덕창은 자신의 능력을 과시하기 위해 이 가짜 조직을 정보부에 실제 보고했다 한다. 필자는 이 이야기를 중앙정보부를 퇴직한 필자의 친구 부친으로부터 들은 적이 있다.

"그래, 역으로 한번 떠보자."

3월 16일 문리대 앞 중국음식점 진아춘에서 세 사람이 함께 자리했다. K씨는 서울문리대 출신으로 학생회장까지 지낸 학내 유명 인물이었다. 김중태를 만나자 그는 협박조로 말했다.

"지금이 어떤 때냐?" "까불면 잡아넣는다"는 협박과 설득이 이어졌다. 이를 듣고 있던 김중태가 화장실에 간다며 일어섰다. 이현배가 뒤따라가 귀띔했다.

"아무래도 뒤에 누가 있는 것 같아요."

"젠장, 냄새 맡았어."

먼저 자리로 돌아온 이현배를 보고 K씨가 투덜거렸다.

"뭣하는 거야."

"설사하는 모양입니다."

김중태는 무사히 뒷문으로 빠져나갔다. 이튿날 김중태는 18일 거사 계획을 취소했다.[104]

이 일은 경기고등학교 출신 문리대생들이 주도하여 학원사찰성토대회를 벌이게 되는 중요한 동기가 된다.

(4) 김형욱 중앙정보부의 학원 공작②: 괴소포 사건과 YTP의 재등장

국공유지 부정 불하 사건으로 박정희 정권의 부정부패가 본격적으로 드러나기 시작한 시점에 야당 의원과 3·24 시위 주동 학생들에게 괴소포가 배달되는 사건이 터졌다. 1964년 4월 4일 사직공원 용지 부정 불하 사건을

---

104. 신동호, 『오늘의 한국정치와 6·3세대』, 27~28쪽.

屈辱外交反對學生「데모」두 主動者에
날아든 正體不明의 怪小包

3·24 韓日會談반대대학생「데모」의 주동자인 서울
大文理大 玄勝一(23=政治科四年) 군과 金重泰(25
=政治科四年) 군에게 등기우편으로 불온문서와 미

본포분 一택「달라」씩이 우송되어왔는데 학생들은
『간첩의 짓으로 보기에는 석연치 않은점이많다』
고 말하고있어 주목을 끌고있다.

3·24 한일회담 반대 데모를 주동한 학생들에게 '괴소포'가 배달된 사건을 보도한《동아일보》1964.4.10. 7면.

최초로 보도했던《동아일보》가 4월 10일 자 기사에서 괴소포 사건을 보도한 것이다.

괴소포는 먼저 1964년 4월 5일 야당 국회의원 조재천[105]에게 배달되었다. 뒤이어 4월 8일 서울대 문리대 시위를 주도한 김중태(金重泰)와 현승일(玄勝一)에게, 4월 9일에는 고려대 박정훈(朴正勳)과 서진영(徐鎭英), 연세대 안성혁(安聖爀)에게 각각 괴소포가 배달되었다. 이들 괴소포의 발신 주소는 모두 부산이었고 발신자는 재일교포로 추정되었다. 소포 속에는 "당신의 영웅적 행동을 찬양한다. 계속 박 정권 타도에 힘써 달라"는 편지와 함께 미화(美貨) 100달러가 들어 있었다. 야당 의원과 시위 주도 학생들을 북한과 연계시켜 친북 좌익세력으로 음해·탄압하려는 중앙정보부의 공작이었다.[106]

---

105. 조재천(曺在千, 1912.11.19.~1970.7.5.). 전라남도 광양 출생. 대구사범학교 강습과 수료(1933), 조선변호사시험, 일본 고등문관시험 사법과 합격(1940). 평양지방법원 판사(1943), 평양지방법원 검사(1945). 일제 패망 후 서울지방검찰청 부장검사(1946), 경상북도 경찰국장(1949), 경상북도 지사(1950), 법무부 장관(1960), 내무부 장관(1961), 제3·4·5·6대 국회의원 등 역임.『친일인명사전』에 등재됨.
106. 민주화운동기념사업회 연구소,『한국민주화운동사 1』, 412쪽.

국공유지 부정 불하 사건에 이어 괴소포 배달 사건으로 여론이 들끓자, 경찰이 엉뚱하게 수선을 떨고 나섰다. 4월 13일 치안국장[107]은 괴소포를 부친 범인이 ①재일 조총련계와 접선한 밀수자들, ②한국에 밀입국한 조총련계 또는 북한 간첩으로 보고 수사를 하고 있다며, 괴소포를 보낸 사람의 몽타주까지 만들어 3만 원의 현상금을 걸고 공개수사에 착수했다고 발표했다.[108] 또한 부산 경찰국은 달러 암거래상까지 검거하여 사건 관련 여부를 추궁 중에 있다고도 했다.[109] 경찰은 뻔한 일을 두고 허탕만 치고 있었다.

언론은 연일 괴소포 배달 사건을 보도했고,《조선일보》는 사설(社說)을 통해 다음과 같이 비판했다.

괴소포 사건의 여파는 급기야 학원 사찰 문제를 에워싼 여야 대립의 정쟁거리로 발전되고 말았다. "사찰을 하고 있다"는 야당 측의 공격과 "그런 일이 절대 없다"고 잡아떼는 정부·여당의 해명 중 그 어느 쪽이 거짓말을 하고 있는지는 조석으로 학원에 몸을 담고 있는 교육 당사자나 학생들이 누구보다도 그 실태를 잘 알고 있을 것이다. 민주질서하에서 학원에 정보기관이 파고 들어가, 학생 상호 간에 불신을 초래한다거나 학원의 자유를 억압하며 감시한다는 것은 도저히 용납될 수 없는 권력의 남용이요 죄악이 아닐 수 없는 것이다.[110]

---

107. 오늘날 경찰청장. 경무부장(1945~1948)→치안국장(1948~1974)→치안본부장(1974~1990)→경찰청장(1990~현재) 순으로 호칭이 바뀌었다.
108.《경향신문》 1964.4.13. 7면.
109.《조선일보》 1964.4.14. 7면.
110.《조선일보》 1964.4.15. 2면.

한편 국회에서는 야당 의원들이 학원 사찰에 대해 맹공을 퍼부었고, 이 과정에서 1963년 10월 대통령 선거 기간에 등장했던 YTP가 또다시 도마 위에 올랐다. 4월 13일 국회에서 야당 의원 김영삼이 "괴소포가 전달된 것은 과거 자유당 수법처럼 조작한 연극이 아니냐"며 따지는 가운데, "YTP라는 괴조직체가 각 대학에 있다고 하는데 이 조직체의 예산은 어디에서 나오는가"라고 질의했다. 이에 대해 내무부 차관은 "YTP라는 조직체는 금시초문"이라고 답변했다.[111]

사태가 긴박하게 돌아가자 박정희가 나섰다. 박정희는 4월 15일 밤 특별성명을 발표하고, 중앙정보부를 개편·축소하여 지방 지부를 원칙적으로 폐지하고 학원 사찰에 대하여는 "학원 사찰의 말을 듣고 즉시 못하도록 지시한 바 있다. 대통령 지시도 듣지 않는다면 나는 오히려 그들을 사찰해야겠다"[112]는 등 자못 비장한 태도를 보였다. 그러나 이후의 중앙정보부가 보인 행태로 미루어 박정희가 한 말은 3월에 벌어졌던 대대적인 학생 시위에 질겁하여 급한 김에 내뱉은 사탕발림에 불과한 것이었다.

이처럼 박정희가 급한 불을 끄려고 나섰지만, 한일회담에 더하여 학원 사찰이라는 문제가 등장하자 학생들이 또다시 움직였다. 4월 17일 서울대 문리대생 200여 명이 "한일 굴욕외교 반대", "학원사찰의 즉각 중지", "구속된 김중태 군의 석방" 등을 외치며 데모에 나선 것이다.

한편 4월 17일 국회에서 엄민영 내무부 장관은 YTP의 배후와 정보부원이 대학에 상주하고 있는 문제에 대해 질문을 받고, "말썽을 일으키고 있는 YTP는 선거를 전후해서 만들어진 '청사회(靑思會)'라는 청년단체"라고 밝

---

111. 《경향신문》 1964.4.13. 1면.
112. 《동아일보》 1964.4.16. 1면.

YTP(청사회) 회장 조정찬의 해명을 보도한 《경향신문》의 「정가낙수」(1964.4.18. 3면)

히고 "조사 결과 그들의 헌장 내용은 결코 불순한 것이 아니며 조직이나 자금도 대단한 것이 아니다"라고 말했다.[113] 마침내 박정희 정부 당국자에 의해 최초로 YTP의 존재와 YTP가 곧 '청사회'라는 사실이 확인되는 순간이었다.

학원 사찰 문제로 시끄러워지고 급기야 정부 당국자에 의해 YTP의 존재가 확인되자, 마침내 YTP 회장 조정찬이 나섰다. 그는 언론을 통해 YTP 최고 책임자로서는 처음이자 마지막으로 해명(?)이라는 것을 한 것이다. 다음이 "정당의 '서자(庶子)' 될 순 없다고, 청사회장(靑思會長)의 YTP 설명"이라는 제목이 붙은 《경향신문》의 보도 내용이다.

"우리는 공화당의 똘마니가 아니다." "여야는 순진무구한 우리를 정쟁의 불씨로 이용하고 있다." 17일 학원 정치사찰로 국회 안이 떠들썩할 때 물의의 초점이 된 YTP(청사회) 회장 조정찬(趙正燦) 씨(동국대 출신)는 이렇게 반

---

113. 《경향신문》 1964.4.17. 1면.

발했다. '부정선거의 앞잡이', '학원 사찰의 CIA 첩자' 등으로 취급받아 정가에서 말이 많은 YTP라는 조직에 관해 조씨는 다음과 같이 그 정체를 밝혔다.

"9년 전 서울 시내 고등학생 약 백여 명이 모여 '독서클럽'을 만든 것이 YTP의 효시(嚆矢)였다. 명예와 타산과 보수 없이 조국과 민족을 위해 '그림자 없는 전사'가 되자는 일념하에 자유당 치하 지하조직으로 움직여오다가 4·19 후 관악산 속에서 동지 38명이 모여 대한구민계몽회(大韓救民啓蒙會, KKP)로 개칭 발족했다. 이때까지는 이범석(李範奭) 장군의 적극적인 후원과 함석헌(咸錫憲) 선생의 지도를 받아 왔었다. 그러나 5·16 후 그해 11월 반혁명음모단체라는 누명을 쓰고 90여 명의 회원이 CIA에 검거되었다. 우리는 20일 후 '다시는 의심 받는 일을 안 하겠다' 각서를 쓰고 풀려나왔다.

작년 정치 활동이 시작된 후인 7월 25일 우리는 '청사회'로 이름을 바꿔 재출발의 결성대회를 가진 것이다. 지난 대통령 선거 직전인 9월경 공화당에서는 우리 조직을 동당(同黨) 청년부, 또는 방계 단체로 만들기 위해 끊임없는 교섭과 압력을 가해 왔다. 그때 본인은 직접 공화당에 출두하여 차트를 만들어 '청사회'에 관한 브리핑까지 한 일이 있다. 그 당시의 상황은 공화당의 서인석(徐仁錫) 의원이 잘 알고 있다. 그러나 각 도위원장으로 구성된 상무위(常務委)에서 '긴 안목으로 볼 때 공화당 정권도 일시적이다. 우리는 공화당의 똘마니가 될 수 없다'는 결론 아래 공화당과의 협상을 결렬시키고 만 것이다. 우리는 선거 때를 전후해서 공화당과는 금전상 1전(錢) 1분(分)의 관계도 없을 뿐 아니라 선거에 이용당하지도 않았다.

전국에 5만 3천 명을 헤아리는 방대한 조직을 갖고 있는 우리이지만 공화당이나 CIA와 관련된 사람은 하나도 없는 것으로 확신한다. 우리는 매일 저녁 '중앙총회'(시경 앞 소재)에 모여 당면 문제에 대한 토론회, 이념강좌, 학술연구발표회를 하고 있다. 또 동작동 국군묘지에서부터 관악산까지 지정 코스의 등산훈련으로 정신무장을 쌓고 있다. 우리를 오해하고 악선전하는 야당의 윤보선, 김영삼 등 정치인들을 상대로 고발할 생각은 없다. 20일부터는 그들을 개인적으로 방문하거나 초청해서 우리의 목적과 활동상황을 PR하겠다."운운.【哲】[114]

YTP라는 단체의 탄생 경위와 성격에 대해서는 앞에서 자세히 살펴본 바 있지만, 독자들의 이해를 돕기 위해 간단히 정리하면 이렇다.

1960년 8월 6일 조정찬을 중심으로 결성된 구국당(KKP)은 이범석, 안호상, 윤재욱, 조경규 등의 후원으로 순항하는 듯했으나, 5·16 쿠데타로 암초에 부딪히게 된다. 한편 쿠데타 후 혁명검찰부장 박창암의 연락을 받고 상경한 이용택은 박정희로부터 어용 학생조직을 만들라는 지시를 받고, 조경규로부터 KKP를 소개받고 이 단체를 문맹퇴치회(MTP)로 개명하고 비밀 프락치 조직으로 만들기 위한 교육에 들어간다.

회원 교육을 위한 안전가옥을 마련하여 교육하던 중 MTP를 불온 서클로 본 김종필의 중앙정보부가 교육 현장을 덮쳤으나, 박창암의 해명으로 MTP는 중앙정보부로 인계되고 이용택은 정보부에서 근무하게 된다. 이런 경로로 MTP는 정보부의 프락치 조직으로 전락하여 전국 각 대학에 조직을 확대하고 학원 공작을 자행하다가, 김종필이 비밀리에 만든 재건당(민주공화당의 전신) 조직에도 관여하게 된다.

이후 MTP는 제4대 중앙정보부장에 취임한 김형욱에게 인계되어[115] 명

---

114. 《경향신문》 1964.4.18. 3면.
115. 초대 중앙정보부장 김종필에 이어 제2대 정보부장에 김용순(金容珣, 재임 1963.1.7.~1963.

칭을 청년사상연구회(약칭 청사회, YTP)로 바꾸고 1963년 10월 15일의 대통령선거를 위한 공화당 청년조직으로 변신하고자 했으나, 공화당 내부의 반발로 정당 공식조직으로의 꿈은 사라져 버린다. 야당은 선거 기간 동안 YTP를 비밀 청년조직이라며 맹렬히 공격했으나, 'YTP가 곧 청사회'라는 사실을 아무도 알지 못하는 틈을 타 청사회 이름으로 선거운동을 계속하여 박정희의 대통령 당선에 기여한다.

비밀조직이란 정체가 드러나는 순간 가치를 상실하는 법. 선거가 끝난 마당에 박정희건, 정보부건 YTP라는 단체가 거추장스러운 존재가 되어 관심 밖으로 밀려나게 된다. 그러나 괴소포 사건 등으로 학원 사찰 문제가 거론되자 YTP라는 존재가 야당 국회의원의 입을 통해 다시 등장하여 언론에 보도되기에 이른다. 그러자 YTP 문제가 처음 거론된 지 7개월여 만인 1964년 4월 17일, 내무부 장관 엄민영의 입을 통해 'YTP=청사회'라는 사실이 공식적으로는 처음 밝혀지게 된다. 그제서야 YTP 회장 조정찬이 나타나 해명이라는 걸 하게 되고, 《경향신문》이 이를 보도한 것이다.

조정찬의 해명을 들여다보자. 그의 말과는 정반대로 YTP(청사회)는 '공화당의 똘마니'가 되고자 했고, 중앙정보부로부터 지시와 지원을 받는 비밀 어용단체였으니 '순진무구한' 존재가 아니라 '정쟁의 불씨'가 된 조직이었다. 명칭을 MTP(문맹퇴치회)에서 YTP(청사회)로 바꾼 것도 공화당의 '끊임없는 교섭과 압력' 때문이 아니라, '공화당에 출두하여 차트를 만들어 브리핑까지' 해 가며 공화당의 청년조직이 되고자 함에서였다. 그리고 공화당의 공식 청년조직이 되지 않은 것은 '공화당 정권도 일시적'이라는 판단 때문

2.20.), 제3대에 김재춘(金在春, 재임 1963.2.21.~1963.7.11.)이 취임했으나, 이들의 재임 기간은 각각 45일과 4개월 19일에 불과해 MTP의 존재를 정확히 파악할 수 없었을 것이다.

이 아니라, "청사회가 비난의 대상이 될 가능성이 크다"는 공화당 내부에서의 반발 때문이었다. 그리고 5만 3천 명에 달하는 방대한 조직이라고 했는데 그 유지 비용을 어떻게 조달했는지에 대한 언급도 없다. 이처럼 정체가 불투명한 YTP라는 존재는 급기야 큰 풍파를 일으키게 된다.

3) 1964년 4월의 학생운동(1964.4.17.~23.)

(1) 4·19혁명 4주년과 학생시위

박정희 정권이 강행한 '굴욕적' 한일회담이라는 이슈에 괴소포 사건으로 생긴 학원 사찰에 대한 비판이 더해져, 학생들은 4·19 혁명 4주년 기념일을 전후하여 또다시 움직였다.

4주년 기념일인 1964년 4월 19일이 일요일이었던 관계로, 학생 데모는 금요일인 4월 17일부터 시작된다. 4월 17일 정오, 서울대 문리대생 200여 명이 "한일굴욕외교 반대", "학원사찰 즉각 중지" 등을 외치며 시위에 나섰고, 토요일인 4월 18일에도 서울대 사범대학생 250여 명이 "못살겠다 정보정치 정보부 해체하라"는 등의 구호를 외치면서 시위에 돌입, 경찰과 충돌했다.[116]

그리고 4월 19일, 정부와 학생들은 4·19 혁명 4주년 기념식을 따로 거행했다. 정부 주최 기념식은 시민회관에서 거행되었고, 시청 앞에서 거행된 한국학생총연합회 주최 기념식에는 연세대를 비롯한 17개 대학생 1천여 명이 참가했다. 학생들은 기념식을 마친 후 시위에 들어가 동국대와 건국대 학생들은 경찰과 충돌했다.[117]

---

116. 《동아일보》 1964.4.17. 3면.; 《동아일보》 1964.4.18. 7면.
117. 《동아일보》 1964.4.20. 7면.

4월 20일에도 시위는 계속되었다. 이날 서울대 문리대생들은 4·19 혁명 4주년 기념식을 거행하고 발표한 '제5선언문'을 통해 "한일굴욕회담의 반대", "사회구조의 민족적 재편성", "대학의 완전한 자유화와 이의 제도화" 등을 요구했다. 또한 선언문은 한일문제에 대하여 "정치·경제·문화의 제 영역에 있어서 일본의 모든 침투를 소화할 수 있는 민족적 자립의 토대를 완전 구축하고 민족적 주체성을 유지하면서 평등한 입장에서 재출발되어야 한다"고 주장했다.[118]

기념식을 마친 250여 명의 문리대와 법대 학생들은 "4·19의 붉은 피는 매국 정권을 증오한다"는 등의 플래카드를 들고 시위에 돌입, 역시 시위에 나선 500여 명의 성균관대 학생과 합류하여 경찰과 충돌, 투석전을 벌였다. 이날 고등학생들도 시위에 나서 1천여 명의 청주공고 학생들은 "한일회담 백지화하라", "5월 혁명의 자랑은 4월 혁명의 모독이다"라는 내용의 플래카드를 들고 거리로 나와 "5월 혁명 자랑 말고 경제 문제 해결하라"는 등 구호를 외치며 시가를 행진했다.[119]

4월 21일에는 경찰과 학생들 간에 3·24 데모 이후 최대의 공방전이 벌어졌다. 이날 오후 성균관대 학생 1천여 명은 "구속된 애국 학생 즉시 석방하라", "5·16은 4·19의 연장일 수 없다"는 플래카드를 들고 전날에 이어 시위에 들어갔고, 이어서 동국대학생 1,800여 명이 시위에 들어가 일곱 차례에 걸친 돌팔매와 최루탄의 싸움으로 학생 80여 명, 시민 30여 명, 경찰관 10여 명이 중경상을 입었고, 131명이 연행되었다.[120]

---

118. 6·3동지회, 『6·3학생운동사』, 257~258쪽.
119. 《경향신문》 1964.4.20. 7면.
120. 《동아일보》 1964.4.21. 3면.; 《조선일보》 1964.4.22. 3면.

1964년 4월 21일 오후, 경찰이 곤봉을 휘두르며 데모 학생들을 무차별 진압하고 있다. | 사진출처:《동아일보》

동국대의 시위는 단연 압권이었다. 이날 '함석헌·장준하 선생 초청 시국강연회'가 끝난 후 시위에 돌입한 동국대생들의 모습을 언론 보도를 통해 살펴보기로 한다.

함석헌 씨의 시국강연회가 끝난 후 최영보(경찰행정학과 3년) 군 등이 쓴 "위국살신(爲國殺身)", "제2의 이재명(李在明)[121]", 두 통의 혈서에 자극을 받은 1,800여 학생들은 이 혈서를 앞세우고 "사꾸라 장학금 이거 되겠습니까?", "닷도산 보기 싫고 새나라 듣기 싫다", "평화선 결사 수호" 등의 학원 자유 수호, 굴욕외교 반대의 플래카드를 들고 충무로 5가 네거리에 나온 것은 3시

---

121. 이재명(李在明, 1887~1910). 대한제국 시기의 독립운동가. 평안북도 선천 출생. 미국 하와이로 노동 이민(1904), 안창호의 애국계몽단체 '공립협회(共立協會)' 가입(1906), 매국노 처단을 자원하여 귀국(1907), 1909년 12월 22일 종현천주교회당(鍾峴天主敎會堂, 현 서울 명동성당)에서 열린 벨기에 국왕 추도식에 참석한 이완용을 칼로 찔러 중상을 입히고 체포되어 사형 선고를 받고 1910년 9월 30일 순국함.

20분쯤. 경찰 저지선과 두 차례에 걸쳐 충돌, 돌파, 30여 발의 최루탄의 응전(應戰)이 20여 분 동안 벌어졌다.

이때 18명의 학생이 연행되고 5명의 학생이 다쳐 피를 흘리는 동안, 학생들은 못다 터진 최루탄을 주워 경찰관에게 다시 던지는 등 치열한 저항을 했으며, 등에 심한 상처를 입은 이대윤(정외과 1년) 군의 피를 보고 시위 학생들은 흥분, 방산시장을 가운데 두고 분산 약 2킬로의 산발적인 달음박질로 종로 3가에 다시 모인 것은 4시 40분쯤 되었다.

이곳에서 전차(電車) 두 대를 빼앗아 운전사를 내동댕이치고 밀면서 경찰 저지선을 뚫으려다 50여 발의 최루탄 추격 발사에 골목으로 분산 5시 10분쯤 각기 흩어졌다.

종로 3가 골목마다 비오는 진 땅에 쓰러진 여인과 어린이들이 2, 3명씩 허우적댔으며, 벗고 간 고무신만도 골목마다 즐비한데, 어느 한 부인은 치마까지 벗기운 채 경찰관 틈을 누비고 있었다.[122]

지하철이 없던 이 시절, 지상을 달리는 전차(電車)가 버스와 함께 주요한 대중교통수단이었다. 경찰과 충돌한 동국대생들이 이런 전차를 탈취하여 저지선을 돌파하려 했던 것은 물론 옳은 일이 아니었다. 그럼에도 불구하고 이 장면은 한일회담을 저지하고, 박정희 정권의 부정부패에 항의하며, 학원의 자유를 쟁취하려는 열망이 얼마나 절실했는지를 웅변하고 있지 않은가?

---

122. 《조선일보》 1964.4.22. 3면에서 발췌.

(2) 「학원사찰 및 학원분열에 대한 보고서」 작성

1964년 4월 15일 밤 박정희가 특별성명을 발표했다는 사실은 앞에서 언급한 바 있다. 특별성명 내용 가운데 부정부패와 학원 사찰 문제에 관해 그가 말한 내용을 언론 보도를 통해 살펴보면 다음과 같다.

박 대통령은 "최근 나를 가장 불쾌하게 만든 사실은 군정(軍政) 말기, 민정(民政) 이양기를 이용한 부정(不正) 사실들"이라고 지적, 잇따른 의혹 사건에 대해 철저히 디스릴 방침임을 명백히 하고 "부정부패를 은폐하면서까지 정치를 해 나갈 생각은 추호도 없다"고 말했다. 그는 "특수한 지위와 신분을 이용한 부정부패는 더욱 엄단하겠다"고 못을 박았다. 그는 "학원의 질서는 그들 지성의 자유에 맡겨야 한다"고 강조, "대통령의 이 지시를 듣지 않는다면 나는 오히려 그들을 사찰하겠다"고 경고했다.[123]

박정희가 특별히 성명까지 발표해가면서 다짐했던 말을 되새겨 보자. "부정부패를 은폐하면서까지 정치를 해 나갈 생각은 추호도 없다"고 국민 앞에서 큰소리치던 그가 황종률을 얼렁뚱땅 둘러대며 풀어 주었으니, 정치하기를 그만두었어야 하지 않은가? 학원 사찰을 하지 말라는 자기 말을 안 들으면 "그들을 사찰하겠다"고 '경고'까지 했는데도, 여전히 학원 사찰이 계속되었으니 대통령의 특별성명이 '뻥'이었단 말인가?

학생들은 바보가 아니었다. 그리고 절망했다. "학원의 질서는 그들 지성의 자유에 맡겨야 한다"는 대통령 말씀은 정치인의 말이니 그러려니 하고 넘겨 버릴 수도 있겠지만, 자신들을 옹호해 주리라고 믿었던 사람들이 침

123.《경향신문》1964.4.16. 1면.

묵하자 절망하기 시작한 것이다. 서울대 문리대의 학생신문 《새세대》는 「학원의 순수성과 자유」라는 제목의 사설을 통해 당시 학생들의 심정을 다음과 같이 표현하고 있다.

> 수많은 학생들이 깨어진 머리통을 움켜쥐고 병상에서 신음하는 동안, 수많은 학생들이 단지 인간의 기본권인 데모를 했다는 이유로서 캄캄한 교도소에서 몸부림치고 있을 때 전(全) 한국의 지성이라고 자부하는 우리의 교수님들은 우리에게 무엇을 제시해 주었는가? 우리는 배움에 의하여 눈을 뜨고 배움에 따라 실천에 옮겼는데도 불구하고, 우리를 가르친 교수님들은 이에 대해 일언반구(一言半句)조차 없고 강압적(强壓的) 침묵만을 계속하면서 오히려 외면한 사실을 우리 학생들은 어떻게 보아야만 하겠는가?[124]

이처럼 교수들이 방관하는 가운데 대통령의 말씀과는 정반대로 학원의 질서가 '지성의 자유'에 맡겨지지 않고, 중앙정보부라는 정보기관의 사찰을 통한 '협박'에 의해 위협받고 있었다. 서울대 문리대 내에서 가장 큰 문제는 학생회장 출신으로 정보부원이 된 김덕창[125]이 후배들, 특히 경기고등학교 출신 후배들을 활용하여 '협박'할 소재를 캐고 있었다는 점이었다.

경기고등학교는 명문(名門) 중의 명문이었다. 당시에는 중학교와 고등학교 입학시험이 존재하여 전국의 수재들이 서울에 있는 명문 학교에 진학하려고 몰려들었다. 경기고등학교·서울고등학교·경복고등학교를 이른바 서울의 3대 명문으로 꼽았는데, 그 가운데서도 경기고등학교를 최고로 쳤다.

---

124. 《새세대》 1964.5.8.
125. 김덕창(金德昌): 경기고 53회 졸업(1957), 1959년 문리대 중문과 입학.

오늘날 '마로니에 공원'으로 바뀐 문리대 캠퍼스 내에 있었던 서울대학교 문리과대학 건물. 이 건물이 헐린 자리에는 한국문화예술진흥원 산하 아르코 미술관이 건립되었다.

경기고 졸업생 가운데 절반 이상이 서울대에 진학했고, 서울고·경복고 역시 많은 졸업생이 서울대에 들어갔다.

오늘날 마로니에 공원으로 변신한 동숭동 문리대 캠퍼스는 좁은 공간이었다. 이 좁은 공간에서 얼굴이 잘 알려진 김덕창은 눈을 벌겋게 뜨고 헤집고 다녔으니 별별 소문이 나돌고 있었다. 1964년 3월 18일로 예정했던 시위가 3월 24일로 미루어진 것도 김덕창이 경기고 후배들을 동원하여 사전에 정보를 알아내 시위 지도부를 협박했기 때문이었으며, 이후의 시위에 대한 정보도 이들을 통해 누설되고 있다는 것이었다.

3·24 시위에 이어 다음 날부터 시위 규모가 엄청나게 확대되었다. 당시 문리대 정치학과 4학년이던 송철원[126]은 3월 25일 오전 동료 학생들과 함께 시위에 참여하여 동대문경찰서에 긴급 구속되었다가 오후에 풀려났다.[127] 그러나 다음 글에 나오는 K씨 즉 정보부원 김덕창이라는 인물로 해서 삶의

---

126. 송철원(宋哲元): 경기고 57회 졸업(1961), 1961년 문리대 정치학과 입학.
127. 《경향신문》 1964.3.25. 3면.

방향이 바뀌게 된다.

송철원은 풀려난 후 다시 운동권에서 이탈, 유학 준비를 계속했다. 그러나 그의 앞에는 영영 유학길에 오르지 못할 운명이 기다리고 있었다. 4월 초 경기고 후배인 이영섭[128]과 백영철[129]이 그의 집으로 찾아오면서부터다.

"큰일 났습니다."

그가 놀라서 이유를 물었다.

"학교에서 경기고 출신은 전부 프락치라고 소문나 있습니다."

그는 금방 K씨를 떠올렸다.

"아니, 그 선배 때문에 그런 모양인데 다 아는 일이잖아?"

"좌우간 얼굴을 들고 다닐 수가 없어요."

듣고 보니 한가하게 공부하고 있을 때가 아니었다. 선배로서 나서서 수습을 해야 할 처지였다. '경기고 내부의 일' 때문에 잠시 책을 덮고 학교로 나온 송철원은 이를 계기로 엄청난 일에 말려들고 만다.[130]

즉시 경기고 출신 문리대생들을 중심으로 하여 중앙정보부에 의한 학원사찰에 대해 조사에 나서기로 하고, 문리대의 '한일회담반대투쟁위원회' 산하에 '학원사찰조사위원회'를 꾸렸다. '학원사찰조사위원회' 위원장은 선배인 손정박[131]이 맡고 조사 책임은 송철원이 맡아, 최혜성,[132] 이영섭, 최해

---

128. 이영섭(李永燮): 경기고 58회 졸업(1962), 1962년 문리대 국문학과 입학.
129. 백영철(白榮哲): 경기고 58회 졸업(1962), 1962년 문리대 외교학과 입학.
130. 신동호, 『오늘의 한국정치와 6·3세대』, 34~35쪽.
131. 손정박(孫正博): 경기고 56회 졸업(1960), 1961년 문리대 정치학과 입학.
132. 최혜성(崔惠成): 대광고 졸업(1960), 1960년 문리대 철학과 입학.

1964년 4월 13일 '학원사찰 성토대회'를 보도한 서울대학교《대학신문》(1964.4.27.). 동숭동 문리대 교정의 4·19 혁명기념탑 앞에서 거행된 성토대회에서 손정박(孫正博, 정치학과 4)이 성토대회를 주재하고 있는 모습이 보인다.

용133 등의 협력으로 철저한 조사에 들어가기 시작했다. 다음은 조사위원장을 맡았던 손정박의 증언이다.

중앙정보부에 몸담은 모 선배134가 다른 선배를 통해 접촉을 시도해 와 호기심 반, 반간계 반 여러 번 만나게 되었고, 처음 두어 번 만난 모 선배는 빠지고 윤모135라는 사람으로 바뀌었고, 그들이 요구하는 데모의 진행 상황, 주동자, 계획 등에 대해 피상적 응답이 있었고, 접촉 중 이들이 광범위하게 학생들을 접촉·회유하고 있다는 감이 들었다. 그들은 나와의 관계를 계속 잇고자 일

---

133. 최해용(崔海容): 경기고 58회 졸업(1962), 1962년 문리대 사회학과 입학.
134. 김덕창을 가리킴.
135. 중앙정보부 제3과 수사계장 윤종원(尹從源)으로 추정됨.「정보부 서울지부 3과 수사계장 윤종원(尹從源) 씨를 소환」,《동아일보》1964.6.2. 3면 기사 참조.

이 다 지나면 $1,000를 줄 테니 미국 관광이나 가라고 회유했고, 나는 당장 현찰로 달라고 요구했다. 사찰의 물증으로 하고자 함이었다. 그러나 나의 요구는 묵살되었고, 더 이상 접촉을 끊고 '학원사찰 성토대회'를 열게 되었다.[136]

조사 책임을 맡은 송철원은 동창이자 서울대 의과대학에 재학 중인 최무웅[137]과 이영섭의 집에 조사본부를 차렸다. 경찰이나 정보기관의 추적을 피하기 위해서였다. 이영섭의 부친은 공안부 검사였는데 이들의 수상한(?) 활동을 못 본 척해 주었다. 송철원은 이 양쪽 집을 오가며 관련자들을 불러 심문했다. 관련자는 "내가 진술한 게 사실이다"는 각서와 진술서를 썼고, 송철원도 개인적인 신상을 죽을 때까지 발설하지 않겠다는 서약서를 써 주었다.[138]

조사한 결과 드러난 사실은 이러했다. 1963년 대통령 선거에서 이미 문리대 경기고 동문들[139]을 활용했던 김덕창의 학원 공작은 3·24 시위 전에 시작되어 3·24 시위 때 본격적으로 행해졌다. 예를 들면 학생들의 교내에서의 동태를 보고하게 하거나 시위 때 몇 명의 학생이 어디까지 진출했는가 하는 정보를 공중전화를 통해 302-453X번으로 자기에게 보고하는 등의 임무를 주고 그 대가로 식사를 제공하거나 월 2, 3천 원의 정보비를 제공했던 것이다. 조사 결과 3·24 시위는 원래 3월 18일경 거사할 예정이었지만 이들을 통해 정보가 누설되어 연기되었다는 사실도 확인되었다.

---

136. 「손정박 비망록」, 『한일협정반대운동 구술사료수집사업(2차)』, 민주화운동기념사업회, 2013.
137. 최무웅(崔武雄): 경기고 57회 졸업(1961), 1961년 서울대 의예과 입학.
138. 신동호, 『오늘의 한국정치와 6·3세대』, 38~39쪽.
139. 김덕창은 경기고 후배들뿐만 아니라 자신의 동기생도 '프락치'로 활용했다.

그리고 경기고 커넥션을 조사하는 과정에서 김덕창의 중앙정보부와는 다른 라인에서 문리대에 프락치 조직이 있음을 파악하게 되는 부수적 성과도 거두었다. 조사 결과 몇몇 문리대생의 경우만 해도 '한국사회연구회' 등 37개에 달하는 사이비 어용 학생단체와 연관되어 있었다. 이렇게 조사가 마무리되어 갈 무렵 뜻밖의 일이 일어난다.

이러한 상황에서 송철원은 뜻밖의 수확을 올렸던 것이다. 프락치 조사를 하던 중 사회학과의 최해용이 헐레벌떡 달려와 "좀 만나자는 사람이 있다"는 것이었다. 문제의 제보자는 법대 쪽 낙산다방에서 기다리고 있었다. 중앙대 재학생이라며 이름을 밝히지 않은 그[140]는 송철원을 만나자 한 가방 분량이 되는 서류뭉치를 내놓았다. "이런 걸 조사한다고 들었는데 보고 난 뒤 알아서 처리하세요." 서류를 찬찬히 살피던 송철원은 깜짝 놀랐다. 어마어마한 내용이 들어 있었다. 문제의 YTP 문건이었다.[141]

그가 주고 간 서류뭉치에는 당시 세상을 떠들썩하게 했지만, 그때까지 실체가 베일에 싸여 있던 YTP라는 단체의 문건이 들어 있었다. 즉 YTP의 기관지인 《향지(向志)》를 비롯하여 YTP서울특별시위원회의 회의록, 입회원서, 신상명세 카드, 서약서, 훈련교본 등 어마어마한 내용의 문건이 나타난 것이다.

이렇게 입수한 문건을 토대로 YTP에 대한 조사를 마친 후 다음과 같은 요지의 「학원사찰 및 학원분열에 대한 보고서」를 작성했다. 「학원사찰 및 학원분열에 대한 보고서」에서, 학원사찰성토대회를 여는 것은 "건전한 아카데미즘 형성과 상아탑 속에서만은 보장되어야 할 절대적 자유의 침해에

---

140. 최해용은 '김영삭' 또는 '이영삭'이었던 것으로 기억하고 있다.
141. 신동호, 『오늘의 한국정치와 6·3세대』, 37쪽.

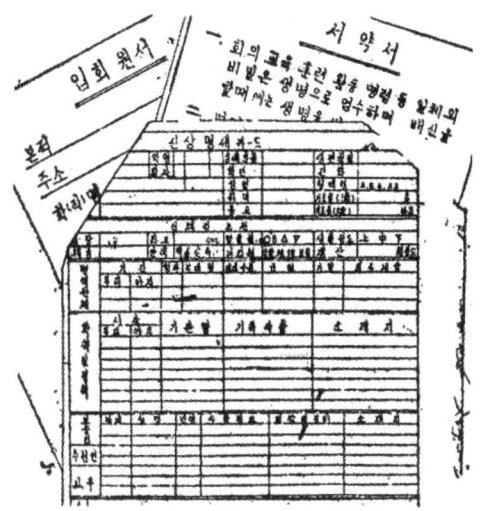

송철원이 입수한 'YTP 입회원서'와 '서약서' 등의 용지 | 출처: 《동아일보》 1964.4.24. 3면.

대한 지성인의 놀라움의 표시이요, 이는 조국의 장래에 대한 우리들의 의무마저도 송두리째 앗아가려는 당국의 행위에 대한 우리들의 분노의 표시이다"라고 전제하고, 대학가에서 벌어지고 있는 학원 사찰을 다섯 가지 유형으로 분류하여 각각 다음과 같은 제목을 붙여 비판했다.

①중앙정보부의 학원사찰에 관한 건: '학원사찰성토대회'를 개최하는 데 주된 동기를 제공한 중앙정보부원 김덕창(金德昌)의 학원 공작을 주로 규탄했다.

②악명 높은 YTP에 관한 건: 김덕창의 학원 공작을 조사하던 과정에서 등장한 중앙대생이 제공한 문건을 토대로 YTP에 대해 조사한 내용을 폭로했다.

③사이비 학생조직: 문리대 내의 사이비 학생단체만 해도 37개에 달하고 그 가운데 가장 저열(低劣)한 것은 공화당이 많은 자금을 투입한 '한국사회

연구회'라는 점을 지적했다.

④불안감 조성: 대학 내에 형사가 상주하고, 3·24 시위 이후 학생들을 납치하는 등 대학에 불안감 조성하는 문제를 성토했다.

⑤학원분열 획책: 해외 유학, 해외 유람 등을 미끼로 학생을 매수하고 각 대학 간에 불신감을 조성하는 당국이 학원분열을 시도한 실례를 들어 비판했다.

(3) 학원사찰 성토대회

1964년 4월 23일 오후 2시 30분, 그동안 조사한 내용을 발표하는 행사가 열렸다. 문리대 교정에 있는 4월혁명기념탑 앞에 헌화한 후 '박 정권'이 '중앙정보부'를 통해 '한일회담 반대'라고 쓴 플래카드를 든 학생들을 몽둥이 찜질하거나 돈으로 매수하는 광경을 그린 대형 만화를 앞에 걸어 놓고 '학원사찰에 대한 성토대회'를 개최한 것이다.

다음은 서울대학교의 《대학신문》이 '학원사찰에 대한 성토대회'에 대해 보도한 기사 내용이다.[142]

한일회담 반대의 라인을 따라 3·24 학생시위 이후 캠퍼스를 박차고 가두로 진출했던 한일회담반대투위는 "아카데미즘의 형성과 상아탑 속에서만은 보장되어야 할 절대적 자유의 침해에 대한 지성인의 놀라움을 표시"하고 "한일회담 반대의 투쟁 대오를 교란, 약화시키려는 의도"를 저지시키기 위

---

142. '학원사찰 성토대회'에 대한 기록은 1964년 4월 27일 자 《대학신문》과 1964년 5월 8일 자 《세세대》의 보도 내용이 가장 정확하다. 《동아일보》 1964.4.24. 3면, 《조선일보》 같은 날짜 7면, 《경향신문》 같은 날짜 3면, 《한국일보》 같은 날짜 3면에도 보도되었다.

서울대 문리대에서 열린 '학원사찰 성토대회'를 보도한 기사. 《동아일보》 1964.4.24. 3면.

해 학원사찰조사위원회를 조직, 그 내적 정비의 첫 단계에 들어가고 있다.

문리대 학원사찰조사위(學園查察調査委)는 지난 23일 2시 30분, 문리대 4·19 의거기념탑 앞에서 중앙정보부의 학원침투 등 다섯 항목의 학원사찰을 규탄하는 성토대회를 열고 손정박(정치. 4) 군 등의 진상폭로와 「학원사찰 및 학원분열에 대한 보고서」를 공개하여 참집(參集)한 300여 학생들을 격분시켰다. 조위(調委)가 폭로한 진상은 다음과 같다.

◆정보부의 학원 침투/전(電) 302-453X

중앙정보부에서 파견된 김모(본 대학 출신)는 학원 내에 어용 학생단체를 조직하고 학생들의 동태 파악과 자유로운 학내활동의 저지·파괴·분열을 획책코자 학생들을 포섭, 정보 제공을 강요했다. 기자로 신분을 가장한 김모는 1인당 월 2, 3천 원의 금액을 정보비로 제공하고 포섭 작전으로 금전 수교, 향응 제공을 실행했고 전화 302-453X 로 정보 연락을 취하게 했다.

①C군(君)(3년)은 약 1,000원의 현금을 받고 "학교에 별일 없나?" "예, 별일

없습니다" 식의 전화를 교환했으며 학생시위가 3월 18일에 거사된다는 정보도 제공했다고 증언했다.

②K군(4년)이 2,000원을 김모로부터 받았고

③김모가 학생들을 포섭하여 일종의 서약서를 쓰게 한 것이 S군(4년), K군(4년)에 의해 확인되었다

조사위(調査委)는 "이와 같은 엉터리 사꾸라 대장을 배치한 중앙정보부의 인재부족과 무능력에 심히 동정하는바"라고 덧붙였다.

◆악명 높은 YTP/갑피(甲皮)516이 암호

▷ "귀회(貴會)의 구국이념과 제반 원칙에 찬동하고 귀회의 목적관철을 위해 생명까지 바칠 것을 서약하오니 입회(入會)하여 주십시오."(YTP 입회원서)

▷ ①일체의 비밀은 생명으로 엄수하며 배신할 때에는 생명을 바친다.

②명령은 생명을 걸고 절대 복종한다.

③반공을 회(會)의 제1주의로 삼고 혁명과업 수행에 전력을 경주한다.

(YTP 서약서 내 용)

YTP는 청사회(靑思會)로 '문맹퇴치회(文盲退治會)'라는 가명의 비밀테러단체였다. 이러한 괴단체의 본부는 남대문 근처의 금마차다방 상층에 있는 사무실로 문에 '갑피(甲皮)516'이라는 암호를 표시했다 한다. 연락전화는 ⑧84XX로 평상인은 도저히 통화 불능이며 이 다이얼을 돌리면 아무런 신호도 들리지 않고 전화국의 관할권 외에 있는데 교환수에 의하면 이러한 전화는 여러 대가 있었다고 한다.

서울대는 주로 서울위원회로부터 월 만 원 정도의 자금을 받았다고 한다. 일단 입회가 허락되면 탈퇴가 곤란하며 회원 간의 '퍼스널 커뮤니케이션'

을 억제해야 하는데 그 일례로 "아무리 가깝더라도 일정한 기간 동안 담회를 억제한다"는 식이었다.

◆사이비 학생조직 무려 39개나 돼

본 대학 내의 사이비 학생단체는 39개며 가장 저열 부패한 단체는 '한국사회연구회'로 공화당으로부터 막대한 자금이 투입되어 조직되었다. 자금의 대부분을 회장인 H군(법대), K군(4년)의 호주머니로 상당한 액수가 흘러들었다고 간주된다.

◆불안감의 조성도/낙산다방에 형사 많아

조사위(調査委)는 "3·24 시위 이후 대학가에서의 납치가 공공연히 거행되고 경찰서 출두를 강요하는 추태를 보이는데 그 실례로 지난 3월 21일 하오 9시경 학림다방에서 김도현(金道鉉, 정치·4) 군이 사복형사의 시발택시에 납치되었고 김중태(金重泰, 정치·4) 군을 동대문서에 출두시켜 빨갱이로 몰고 이에 김군이 울분, 의자를 밀어 파괴되자 기물파손 등의 죄목으로 기소했다"고 지적했다.

◆학원의 분열 획책/유학, 수표, 향연 등

학생들을 분열, 교란시키려고

①문리대 내 기존 단체에 대항할 수 있는 단체 조직, 굴욕회담반대 투위(鬪委)의 진척 상황에 대한 정보 제공에 성공하는 경우 재정적 보증은 물론 해외 유람을 제의해 온 모 기관원이 있고

②H군(4년)에 의하면 조선호텔 등에서 향연, 해외 유학의 알선 5만 원짜리

수표의 제시 등 유혹의 손을 뻗쳤으며

③시내 각 대학교 간의 불신감을 조성하고 동일보조를 방해하고 있다고 한다.

이러한 다섯 항목에 걸쳐 학원 사찰·조사의 일부를 폭로한 조사위는 "가두로 돌출한 학생들의 정열은 여하한 분열공작에도 불구하고 분산·약화되지 않으리라"는 입장을 재선언하고 해산했다.[143]

이 학원사찰 성토대회가 열린 다음 날인 4월 24일, 동국대학교 학생 500여 명은 운동장에 모여 성토대회를 열었다. 동국대 총학생회는 성명서를 발표하고 ①언론·출판·집회·결사의 자유를 보장과 학원 사찰의 철폐를 위해 투쟁한다, ②YTP를 색출·폭로한다, ③정부는 부정부패를 공개하라, ④구속학생 즉시 석방하라, ⑤평화적 시위를 막지 말라. 전제적 방법을 자행할 때는 극한투쟁을 벌이겠다는 등 5개 항의 결의문도 채택했다.[144]

이후 '굴욕적' 한일회담 반대로 시작된 학생들의 저항은 어느덧 박정희 정권 반대 투쟁으로 성격이 바뀌게 된다.

---

143. 《대학신문》 1964.4.27.
144. 《동아일보》 1964.4.24. 3면.

5. 6·3 항쟁②: 박정희 정권 퇴진운동(1964.5.20.~6.3.)

1) 민족적 민주주의 장례식(1964.5.20.)

박정희의 이념을 장사 지내다

3월 24일의 학생 시위 이후 일본으로부터의 정치자금 수수 의혹, 국공유지 부정 불하 사건, 괴소포 배달 사건, 학원 사찰 성토대회 등을 거치면서 박정희 정권의 부정부패와 비민주성에 대한 국민의 분노가 고조되었고, 이에 따라 한일회담 반대 투쟁의 성격이 크게 변하기 시작한다. 투쟁의 방향이 박정희 정권 퇴진으로 전환된 것이다.

박정희는 이른바 민족적 민주주의라는 이념을 내세워 1963년의 대통령 선거와 국회의원 선거에서 크게 재미를 보았다는 것은 이미 살펴보았다. 그런데 민족주의에 토대를 둔 민주주의를 하겠다며 호언장담하던 박정희가 일본과 밀실에서 슬쩍 한일회담을 매듭지으려 하고 있으니, 이는 분명 민족을 배신하는 행위였다. 이에 박정희의 상표 격인 민족적 민주주의를 아예 장사 지내 버리자는 강경한 방안이 서울대 문리대에서 대두되어 동국대학교 측과 공동투쟁에 합의하게 된다. 다음은 이에 대한 동국대학교 학생 측의 기록이다.

1964년 5월 3일 서울대 문리대 김중태, 박재일, 최혜성, 송철원이 동국대 제대교우회실을 방문했다. 회의는 오후 2시부터 시작됐다. 문리대 측은 공동 투쟁방안으로 사이비 민족적 민주주의 장례식을 박정희가 쿠데타를 일으킨 5월 16일 동국대학교 교정에서 거행하자고 제안했다. 그러나 동국대 측은 거사일이 축제 기간과 중복되고 학교가 사립대인 점을 고려하여 5월 20일 서울대 문리대 교정에서 집행할 것을 주장, 동국대 안이 받아들여졌다.[145]

서울대와 동국대 측이 이같이 합의한 후 1964년 5월 16일 오후 7시경 당시 서울대 문리대 건너편에 있던 중국식당 진아춘(進雅春)에 서울의 각 대학 대표들이 모여 '민족적 민주주의 장례식' 일정에 합의했다. 이 모임에는 서울대 문리대 대표로 김중태(金重泰)·현승일(玄勝一)·김도현(金道鉉)·송철원(宋哲元)·최혜성(崔惠成)·이원재(李源栽), 동국대학교 대표로 장장순(張長淳)·박동인(朴東仁), 성균관대학교 대표로 박형길(朴炯吉)·김광렬(金光烈) 외 4명, 건국대학교 대표로 김영목(金榮睦)·백승홍(白勝弘), 서울대 사범대 대표로 김길렬(金吉烈) 외 2명 등 21명이 참석하여 박정희가 주장하는 민족적 민주주의는 가식적 허구의 것으로 단정하고 이를 말살하는 것을 의미하는 '황소식[146] 민족적 민주주의 장례식'을 대대적으로 거행할 것에 합의했다.[147]

이렇게 하여 5월 20일 오후, 정부 측의 불허(不許) 방침에도 불구하고 '민족적 민주주의 장례식 및 성토대회'가 예정대로 거행되었다. 다음은 이에 대한 언론 보도다.

대일굴욕외교반대 전국학생총연합회 주최 '민족적 민주주의 장례식 및 성토대회'는 5월 20일 오후 2시 당국의 강력한 반대 및 삼엄한 경비에도 불구하

---

145. 「동국대학교 6·3운동」, 6·3동지회, 『6·3학생운동사』, 214쪽.
146. '황소식(式)'이라는 말을 붙였던 것은, 반대의 대상이 민족적 민주주의 자체가 아니라 그것을 제대로 수행하지 않는 박정희 정권이라는 점을 강조하기 위해서였다. '황소'는 박정희의 민주공화당을 상징하는 동물이었다.
147. 「김중태·현승일·김도현 공소장 전문(全文)」, 《조선일보》 1964.6.18. 4면.

'민족적 민주주의 장례식'이 거행된 문리대 운동장에 청중이 모여 있다. | 사진출처:《동아일보》

고 강행되었다. 서울대학교 문리대 교정에서 열린 이 성토대회에서 4천여(학생 3천·일반 1천) 명의 군중들은 현 정부를 군사정부의 변신으로 규정하면서 "결단을 내릴 때가 왔다"고 선언했다. 경찰기동대가 학교 주변을 에워싼 가운데 단행된 이 대회는 개회사, 선언문 낭독에 이어 민족적 민주주의를 가장(假葬)시키는 조사(弔辭) 낭독 등으로 진행되었다.[148]

오후 3시 대회를 마친 후 학생들은 서울시청 앞 광장에서 관을 태우기 위해 데모에 나섰는데 서울대 미대(美大) 앞에서 이를 저지하려던 경찰과 충돌, 돌과 최루탄의 맞싸움이 5시간 동안 계속되어 학생 21명, 민간인 28명, 경찰관 16명이 중상을 입었고, 학생 94명, 민간인 91명이 경찰에 연행되었다. 이날 시위 군중은 시작한 지 5시간 만인 오후 7시 40분경 1천여 경찰관의 출동으

148.《경향신문》1964. 5. 20. 1면.

'민족적 민주주의 장례식'이 끝난 후, 학생과 시민들은 시위에 들어갔다. | 사진출처: 《동아일보》

로 해산했다.[149]

박정희를 노발대발케 한 민족적 민주주의 장례식. 그러나 이날 시위의 주역은 거의 검거망에서 사라져 버렸다. 주모자급 검거에 실패한 수사당국은 연행자에 대해 무더기 영장신청을 했다. 그러나 모조리 기각되었다.

이날 밤 정부 종합청사에는 밤새 불이 켜져 있었다. 자정이 조금 넘어 중앙정보부는 '민족적 민주주의 장례식'에서 조사(弔辭)를 낭독한 송철원을 붙잡는 쾌거를 올렸다. 뒤이어 일단의 무장군인들이 법원과 판사의 자택에 난입했다. 데모 학생들의 영장 기각 사태에 대한 군부의 노골적인 불만 표출이었다. 학생들에 의해 산송장이 된 박정희의 진노는 송철원 린치 사건

---

149. 《조선일보》 1964.5.21. 1면.

1964년 5월 20일 '민족적 민주주의 장례식'에서 조사(弔詞)를 낭독하고 있는 송철원 | 사진 출처: 뉴스영화 〈난동데모〉의 영상 캡처

과 무장군인 법원 난입 사건이라는 더 큰 악수를 초래한 셈이었다.[150]

군인과 중앙정보부가 저지른 이 악수를 들여다보기 전에 송철원이 낭독한 조사의 내용부터 보기로 하자. 다음은 '민족적 민주주의 장례식'에서 송철원이 낭독한 조사(弔辭, 김지하 작성)의 전문(全文)[151]이다.

민족적 민주주의 장례식 조사(弔辭)

시체여! 너는 오래전에 이미 죽었다. 죽어서 썩어가고 있었다. 넋 없는 시체여! 반민족적, 비민주적, 민족적 민주주의여!

썩고 있던 내 주검의 악취는 '사쿠라'의 향기가 되어, 마침내는 우리들 학원의 잔잔한 후각이 가꾸고 사랑하는 늘푸른 수풀 속에 너와 일본의 2대(代) 잡종, 이른바 사쿠라를 심어놓았다. 생전에도 죄가 많아 욕만 먹는 시체여! 지금도 풍겨온다. 강렬하게 냄새가 지금 이 순간에도 충혈된 사냥개들의 눈

---

150. 신동호, 『오늘의 한국정치와 6·3세대』, 54쪽.
151. 6·3동지회, 『6·3학생운동사』, 470~473쪽.

으로부터 우리를 엄습한다.

시체여! 죽어서까지도 개악(改惡)과 조어(造語)와 전언(轉言)과 번의(翻意)와 난동(亂動)과 불안(不安)과 탄압(彈壓)의 명수요, 천재요, 거장이었다. 너, 시체여! 너는 그리하여 일대의 천재(賤才)요, 절대의 졸작이었다. 구악을 신악으로 개악하여, 세대를 교체하고, 골백번의 번의의 번의를 번의하여 권태감의 흥분으로 국민정서를 배신하고, 부정불하, 부정축재, 매판자본 육성으로 빠찡고에, 새나라에, 최루탄 등등 주로 생활필수품만 수입하며 노동자의 언덕으로 알았던 '워커힐'에 퇴폐를 증산하여 민족정기를 바로잡아 국민도의를 고취하고 경제를 재건한 철두철미 위대한 시체여! 해괴할손 민족적 민주주의여!

너는 또한 뉴코리아의 무수한 유리창에서 체질마저 개악했다. 어둡고 괴로웠던 3년 전 안개 낀 어느 봄날 새벽, 네가 3천만 온 겨레에게 외치던 귀에도 쟁쟁한 그 역사적인 절규를 너는 벌써 잊었는가? 절망과 기아선상에서 허덕이는 민생고를 시급히 해결하겠다던 공약 밑에 너는 그러나 맨 먼저 민족적 양심세력에 대한 무자비한 탄압을 시작했다. 그때 이미 우리는 알았다. 너 죽음의 저 야릇하게 피비린내 감도는 낌새를 우리는 보았다. 죽음으로, 죽음으로만 향한 너의 절망적인 몸부림을. 우리는 들었다. 우리에게 정사를 강요하는 너의 맹목적이고 소름 끼치도록 무서운 목소리를. 그리고 우리는 맛보았다. 극한의 절망과 뼈를 깎는 기아의 서러움을.

시체여! 반민족적 비민주주의여! 석학의 머리로서도, 천부의 감으로서도 난해하기만 한 이즘이여! 너의 정체는 무엇이냐?

절망과 기아로부터의 해방자로 자처하는 소위 혁명정부가 전면적인 절망과 영원한 기아 속으로 민족을 함몰시키기에 이르도록 한 너의 본질은 무엇이었느냐? 무엇이더란 말이냐? 말하지 않아도 좋다. 말 못하는 시체여! 길고

긴 독재자의 채찍을 휘두르다가 오히려 자신의 치명적인 상처를 스스로 때리고 넘어진 너, 누더기와 악취와 그 위에서만 피는 사쿠라의 산실인 너. 박의장의 이른바 민족적 민주주의여! 너의 본질은 안개다!

어느 봄날 새벽의 안개 속에서 튀어나온 너, 안개여. 너는 안개 속에서 살다가 안개 속에서 죽은, 우유부단과 정체불명과 조삼모사와 동서남북의 상징이요, 혼합물질이었다. 한없는 망설임과 번의, 종잡을 길 없는 막연한 정치이념, 끝없는 혼란과 무질서와 굴욕적인 사대근성, 방향감각과 주체의식과 지도력의 상실, 이것이 너의 전부다. 이처럼 황당무계한 소위 혁명정신으로, 이같이 허무맹랑한 이념의 몰골을 그대로 쳐들고서 공약을 한다. 재건을 한다. 유대를 더욱 공고히 한다. 고리채 어쩌구, 5개년 계획에 심지어 사상논쟁까지 벌이던 그 어마어마한 배짱은 도시 어디서 빌려온 것일까? 그것은 '덴노헤이카'에서 빌린 것이 분명하다. 일본군의 그 지긋지긋한 전통의 카리스마적 성격은 한국군 구조의 바닥에 아직도 허황한 권력에의 미망과 함께 문제의 그 배아를 길러낸 것이다.

시체여! 고향으로 돌아가라! 너는 이미 돌아갔어야만 했다. 죽어서라도 돌아가라, 시체여! 우리 3천만이 모두 너의 주검 위에 지금 수의를 덮어주고 있다. 들리느냐? 너의 명복을 비는 드높은 목소리, 목소리, 목소리들이 이미 죽은 네 육신과 정신으로 결코 반공도 재건도 쇄신도 불가능하다는 저 민족의 함성이 들리지 않느냐? 저 통곡이 들리지 않느냐? 가거라! 말없이 조용히 떠나가거라! 그리하여 높은 골짜기를 돌고 돌아가, 다시는 돌아오지 말아라. 시체여! 하나의 어리디어린 생명을, 꽃분이, 순분이의 까칠까칠 야위고 노오랗게 부어오른 그 얼굴을, 아들의 공납금을 마련키 위해 자동차에 뛰어드는 어떤 아버지의 울음소리를 결코 결코 잊어서는 안 된다.

5월 16일만의 민족적 민주주의여! 백의민족이 너에게 내리는 마지막의 이 새하얀 수의를 감고 훌훌히 떠나가거라! 너의 고향 그곳으로 돌아가거라, 안개 속으로 가거라! 시체여! 돌아가거라! 이제 안개가 걷히면 맑고 찬란한 아침이 오리니 그때 너도 머언 하늘에서 복받쳐 오르는 기쁨에 흐느끼리라. 일찍 죽어 복되었던 네 운명에 감사하리라!

　　그러나 시체여! 지금 너는 무엇을 하고 있는가? 지금 너는 무엇을 하고 있는가! 지금 너는 무엇을 하고 있는가! 바로 지금 거기서 네 옆 사람과 후딱 주고받은 그 입가의 웃음은 무엇을 뜻하고 있는가? 대량 검거의 군호인가? 최루탄 발사의 신호인가? 그러나 시체여! 우리는 믿는다. 그것은 목메도록, 뜨거운 조국과 너의 최후의 악수인 것을! 우리는 안다. 그것은 죽은 이의 입술가에 변함없이 서리는 행복의 미소인 것을.

　　시체여!

1964년 5월 20일
민족적 민주주의 장례식

2) '무장군인 법원 난입 사건'과 '송철원 린치 사건'(1964.5.21.)

　　1964년 5월 21일 새벽, 육군공수단 소속 군인 13명이 법원에 난입하는 사건이 일어났다. 카빈과 권총을 휴대한 이들 무장군인은 집단으로 법원에 난입한 후 영장 담당 판사 집으로 찾아가 민족적 민주주의 장례식 후 데모에 가담한 학생들의 영장을 발부하라며 압력을 가하는 등 헌정사상 초유의 중대 사건이 벌어진 것이다. 이들 무장군인의 사법부에 대한 압력 행위는

무장군인 법원 난입 사건을 보도한 《동아일보》 1964.5.21. 1면.

데모로 연행된 학생들에 대한 경찰의 구속영장 신청이 대부분 기각된 후 약 3시간 만에 일어났다.

언론 보도를 중심으로 이날 무장군인들의 행적을 정리해 보자.

5월 21일 새벽 무장군인 13명이 법원에 난입한 후, 당일 영장 담당 양헌(梁憲) 판사 자택에 이르러 왜 영장을 기각했느냐고 따지고 나서 7시 반에 물러가기까지 3시간 동안의 행적을 정리하면 다음과 같다.

그날 새벽 4시 반 앰뷸런스를 타고 온 군인 13명이 굳게 잠긴 법원청사 정문을 두드려 문을 열게 하고 "검찰청 숙직실이 어디냐? 10분 내로 담당 검사를 불러오라"고 위협하면서 전원이 숙직실에 난입했다. 그리고 숙직실에서 나온 군인들은 오전 5시 57분 법원 숙직실로 갔으나 판사가 퇴청했다는 사실을 알고 나자 숙직 서기를 데리고 오전 6시 10분 양헌 판사 자택에 도착했다.

이들은 양 판사 자택 앞에 이르자 "영장을 기각한 판사가 누구냐. 양헌이 나오너라"는 등 고함을 지르는 통에 인근 주민들도 새벽잠에서 깨어나는 등 한때 쿠데타라도 일어난 것이 아닌가 하여 어떤 집에서는 급히 라디오를 듣는 등 소동이 벌어졌었다고 한다.[152]

그때 새벽 3시까지 영장을 검토한 양 판사는 넥타이도 풀지 못하고 의자에 앉아 잠시 눈을 붙이고 있었는데, 군인들이 찾아들었다는 것이다. 양 판사는 "법관으로서 아무런 압력이나 영향을 받지 않았으며 앞으로도 법관으로서의 소신대로 처리할 뿐이다"라고 말했다. 한편 한 법원 직원은 "이래서야 어디 사법부가 국민의 최후 보루로서의 임무를 지킬 수 있겠느냐"며 탄식하기도 했다.[153]

이 사건의 파장은 매우 컸다. 대법원은 박정희에게 엄중 항의했고, 국회에서 야당은 이를 '국기를 흔드는 난동'으로 단정하고, 대통령에 대한 탄핵안까지 준비했다. 그러나 박정희는 이 사태의 근본 원인을 엉뚱하게 "일부 정치인들의 무궤도한 언동과 일부 언론의 무책임한 선동, 일부 학생들의 불법적 행동 그리고 정부의 지나친 관용"에서 찾는 담화를 발표하여 여론에 불을 질렀다.

무장군인 법원 난입 사건은 한일회담 반대시위가 6·3 항쟁으로 비화되는 데 중요한 징검다리가 되었다. 사건 파장이 커지자 정부는 군인 8명과 법원 난입을 지시한 최문영 대령을 구속해 군사재판에 회부했다. 그러나 이들 대부분은 무죄로 석방되었고, 유죄판결을 받은 사람도 얼마 안 가서 모두 형집행정지로 석방되었다.[154]

비슷한 시각, 한일회담 반대시위가 6·3 항쟁으로 비화되는 데 중요한 징검다리가 된 또 다른 사건이 벌어지고 있었다. 그것은 '송철원 린치 사건'이

---

152. 《동아일보》 1964.5.21. 7면에서 발췌.
153. 《경향신문》 1964.5.21. 7면에서 발췌.
154. 한홍구, 『사법부: 법을 지배한 자들의 역사』, 돌베개, 2016, 47쪽.

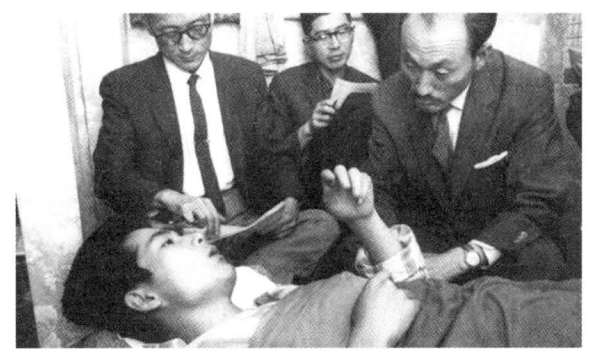

1964년 5월 27일, 박한상 한국인권옹호협회 회장(국회의원)에게 담뱃불에 지져진 손을 내보이며 당시 상황을 설명하는 송철원 | 사진출처:《동아일보》

라고 불리며 무장군인 '법원 난입 사건'과 함께 연일 신문 지면을 도배하다시피 하며 크게 보도되었다. 언론에 보도된 내용에 따라 이 사건을 정리하면 이렇다.

> 5월 20일 서울대 문리대 교정에서 열린 '민족적 민주주의 장례식'의 주모 혐의자(조사를 낭독한 학생)로 지목되어 동대문경찰서에 연행, 문초 중 22일 밤 석방되어 철도병원에 입원 중인 서울대 문리대 정치학과 4년 송철원(宋哲元, 22) 군이 동대문경찰서에 구치되기 전날 밤중에 모 기관원에게 연행되어 심한 폭행을 당한 사실이 밝혀졌다.
> 송군은 '민족적 민주주의 장례식'이 있었던 20일 밤 12시 40분쯤, 서울시 중구 장충동 친구 최(崔)모 군 집에서 자고 있었는데 돌연 4명의 중부경찰서 형사를 자칭하는 청년들에게 이끌려 밖에 대기하고 있던 검은색 지프차로 납치된 후 중부경찰서로 직행, 곧 그 차로 청년들과 같이 충무로 2가 대한항공사 앞길까지 갔을 때 미리 대기하고 있던 모 기관원 수 명에게 인계되었다.

송군을 인계받은 모 기관원들은 송군와 눈을 가리고 승용차로 위치를 알 수 없는 산꼭대기에 있는 건물 안으로 끌고 가서 "김중태 등의 거처를 대라"고 마구 매질을 한 끝에 송군이 실신해 넘어지자 담뱃불로 손을 지지는 등 말 못 할 고문을 가한 끝에 경찰병원으로 옮겨 진찰을 받게 하고, 다시 치안국 마당으로 데리고 가서 동대문경찰서원에게 인계, 21일 새벽 4시쯤에야 동대문경찰서에 구치되었다 한다.

동대문경찰서는 22일 오후 송군에 대한 구속영장을 신청했으나 법원에서 기각, 이날 밤 11시쯤 귀가시켰는데 송군은 하복부와 늑골에 심한 타박상을 입고 철도병원에 입원 가료 중이다.[155]

이 기사에서 '모 기관'이란 중앙정보부였다. 4월 23일 송철원이 중앙정보부를 겨냥한 '학원사찰성토대회'를 열자 정보부장 김형욱은 부하들에게 그를 잡아다가 손보라고 닦달하고 있었고 마침내 실행에 옮긴 것이었다. 그러나 막상 사건이 터지자 김형욱은 시침을 뚝 따고 부하들 탓을 했다고 한다.

김형욱은 며칠 동안 간부회의에서 송철원을 잡아 본때를 보이라고 채근했다. 그래서 김모 씨(장군 출신)가 명령대로 실행한 일이 있었다. 이것이 중앙정보부의 학생 린치다 해서 여론이 들끓고 야당은 물론 공화당까지 정보부 공격에 가세했다. 사태가 시끄럽게 번지자 김형욱은 다시 간부회의에서 "누가 그런 짓 시켰길래 시끄럽게 되었느냐"고 되레 밑을 탓하는 것이었다. 그 린치 사건이 6·3 사태를 격화시켰다.[156]

---

155. 《동아일보》 1964.5.23. 7면.
156. 김충식, 『남산의 부장들』(개정증보판), 133쪽.

이른바 '송철원 린치 사건'의 여파는 쉽게 가라앉지 않고 있었다. 누가 봐도 정보부 짓이 뻔하다고 여기는 마당에, 김형욱인들 그냥 있을 수만은 없었다. 5월 29일 오전 박정희가 '무장군인 법원 난입 사건'과 '학생 린치 사건'에 대해 "국민의 의혹을 풀도록 하라"고 강력히 지시하자,[157] 그날 밤 김형욱은 박정희를 방문하고 이 사건에 대한 "검찰 수사의 공정성을 보장하기 위해" 사표를 제출했다.[158] 그리고 다음 날 마침내 '송철원 린치 사건'의 범인들이 검찰에 자진 출두했다.

검찰은 5월 30일 밤 서울대 문리대생 송철원 군 린치 사건의 진범이며 중앙정보부원인 이동식(30), 박영철(27), 송명성(28) 등 3명을 불법감금 및 상해 혐의로 구속, 서울교도소에 수감했다. 서울지검 형사3부 정명래 검사는 사건 발생 후 10일 만이며 수사에 착수한 지 4일 만에 범인들을 밝혀냈다. 이날 검찰에 나온 이들은 소감을 묻는 기자 질문에 "직무 수행을 하다 실수가 있어 법에 저촉되면 달게 받을 것이나 우리들 행위에는 추호도 양심에 거리끼는 바 없다"고 조금도 뉘우침이 없는 태도를 보였다.[159]

이들의 이름은 모두 가명이었다. 본명은 각각 이시복(李時馥), 박세혁(朴世赫), 송병찬(宋炳贊)으로 박세혁은 고려대, 송병찬은 연세대 학생 간부 출신이었다. 이들의 배후 인물로 밝혀진 사람은 송철원을 경찰에 인계해가라고 연락한 중앙정보부 제3과 수사계장 윤종원(尹從源)뿐이었다. 이 사건으로

---

157. 《경향신문》 1964.5.29. 1면.
158. 박정희는 비상계엄 선포 다음 날인 1964년 6월 4일 김형욱의 사표를 반려했다.
159. 《조선일보》 1964.5.31. 7면.

이시복, 박세혁, 송병찬, 세 사람은 1심에서 징역 6월, 항소심에서 징역 6월에 집행유예 1년을 선고받고[160] 형이 확정됨으로써 현역 중앙정보부원이 피의자를 고문한 혐의로 실형이 확정된 유일한 예로 남게 되었다.

3) '난국타개 학생총궐기대회'(1964.5.25.~26.)와 집단 단식농성(1964.5.30.)

1964년 3월 24일의 한일회담 반대 운동으로 본격화한 학생운동은, 연세대학교의 총학생회와 고려대학교의 일부 단과대학 학생회의 경우처럼 학생회가 투쟁의 구심점이 되어 시위를 주도한 경우도 있었다. 그러나 서울대를 비롯한 대부분의 학생회는 온건 노선을 지향하며 투쟁에 소극적이었다. 이에 따라 많은 경우 학생회라는 공식기구와 관계없이 각 대학에서 다양한 형태의 투쟁위원회가 조직되어 시위를 주도했다. 3·24 시위 당시 서울대에서 민비연 주도로 만든 '대일굴욕회담반대 투쟁위원회', 5·20 민족적 민주주의 장례식을 주관한 대학연합 투쟁위원회인 '한일굴욕회담반대 학생총연합회', 그리고 6월 2일 고려대생 시위 당시 결성한 '구국투쟁위원회' 등이 대표적인 투쟁위원회였다.

그러나 박정희 정권의 비민주성과 반민족성이 분명해지고 학생들과 정부의 충돌이 격화되자 학생회도 보다 적극적인 자세를 취할 수밖에 없었다. 이에 전국 33개 대학 학생회[161]가 난국타개 학생대책위원회를 결성했고, 각 대학은 1964년 5월 25일과 5월 26일 양일에 걸쳐 '난국타개 학생총궐기대회'를 열게 된다.

---

160. 《동아일보》 1964.10.29. 7면.
161. 민주화운동기념사업회, 『한일협정반대운동(6·3운동) 사료총집, 1책 일지1』, 2013, 575쪽.

난국타개 궐기대회는 대부분 학교에서 가두시위 없이 학내집회 형식으로 치러졌다. 일부 학생회가 박정희 정권과 밀착했기 때문에 모의 과정에서부터 외부 개입이 있었고 내부적으로도 갈등이 많았다. 그러나 난국타개 궐기대회는 학생회라는 전체 학생의 공조직을 한일회담 반대 투쟁의 중심으로 이끌어냈다는 면에서 상당한 파급효과를 가져왔다.[162]

난국타개 학생대책위원회는 궐기대회에 임하여 '난국타개 학생총궐기대회 선언문', '구국비상결의선언', '행동강령'을 발표했는데, '구국비상결의선언' 내용은 다음과 같다.

> 민족의 5천 년 역사를 왜곡되게 하느냐? 정의와 자유의 힘으로 3천만 민족의 운명을 봉건, 외압, 독재, 신식민주의의 굴레로부터 벗어나게 하느냐? 하는 국가초비상 시 우리 전국 100만 청년학도는 다음과 같이 결의, 선언한다.
>
> 현 위정자는 5·16 이후 감행한 수많은 부정부패 행위를 철저히 규명하여 국민 앞에 사죄하라.
>
> 신성한 학원을 침입한 경찰을 즉각 파면하고 관계 책임자를 즉시 엄단하라.
>
> 새벽에 법원을 강간한 일부 불법 테러 군인과 관계 책임자를 즉시 엄단하라.
>
> 구속 중인 애국학생을 즉시 석방하라.
>
> 파국에 직면한 민생고 타개는 망국 독점 매판재벌의 엄단 몰수로부터 출발하라.
>
> 정치자금을 양성화하는 입법조치를 하라.
>
> 위험천만한 비상시국을 조성하는 과장된 포고나 무근거한 과장 선동을 지양하라.

---

162. 민주화운동기념사업회 연구소, 『한국민주화운동사 1』, 422~424쪽.

진정한 학생의 외침이 퇴폐타락한 구정객들이나 몰지각한 일부 정파들을 위한 것이 아님을 명백히 하며, 여하한 이들의 편승도 규탄 타도할 것이다.[163]

또한 '행동강령'에 "금주 내 우리의 의로운 주창(主唱)이 관철될 획기적 전기가 이룩되지 않을 때는 4·19정신으로 실력투쟁도 불사할 것을 천명한다"라고 명시함으로써 이후 대규모 항쟁의 여지를 열어 놓았다.

난국타개 궐기대회가 시작된 5월 25일 가두시위에 나선 학교는 서울대 문리대와 춘천교육대학 등이었고, 5월 26일에는 성남고등학교 학생들이 시위에 나섰다.

여기서 주목할 것은 서울대 문리대 학생회의 움직임이다. 그때까지 서울대 문리대가 학생운동을 이끄는 중심에 있었음에도 학생회가 방관하여 투쟁위원회 중심으로 운동이 이루어지고 있었다. 그러던 것이 5·20 민족적 민주주의 장례식으로 투쟁위원회의 김중태·현승일·김도현 등이 당국에 의해 수배되어 지도부 부재 상태에 빠지게 되자, 5월 25일의 난국타개 궐기대회를 계기로 학생회가 문리대 학생운동의 선봉에 서게 되는 것이다.

5월 25일 문리대, 법대, 미대 등 서울대생 500여 명은 문리대 구내 4월학생혁명기념탑 앞에 모여 문리대 학생회장 김덕룡의 선언문 낭독을 시작으로 난국타개 궐기대회를 열었다. 대회를 마친 학생들은 "학원의 자유를 사수하자!", "구속 학생, 시민 즉각 석방하라!", "폭력 정치집단은 자폭하라!"는 등의 플래카드를 들고 가두시위에 들어갔다.

이를 계기로 문리대 학생회와 투쟁위원회 멤버들의 합작으로 집단 단식농성에 들어가게 되는데, 이때 맹활약한 김지하는 다음과 같이 기록하고

163.《동아일보》1964.5.25. 1면.

5월 25일 서울대 문리대생들이 '난국타개 학생총궐기대회'를 마치고 가두시위를 하고 있다. | 사진출처: 《동아일보》

있다.

그날 저녁과 이튿날 오전까지 밤을 새우며 나는 송철원의 집에서 손정박·박영호·박지동 형과 모임을 가졌다. 제일선 리더십이었던 삼인조, 김중태·김도현·현승일 형이 동국대의 장장순 형 등과 함께 전국에 현상수배되어 몸을 감추었기 때문이다. 우리는 장기적인 연좌 단식농성 '시위'를 계획했다. 장소는 문리대 캠퍼스의 4·19학생혁명기념탑 아래였고 시일은 아마도 5월 25일경부터였던 것 같다. 이번에는 김덕룡(金德龍) 형의 문리대 학생회를 끌어들이기로 하고 총책임을 손정박이 맡았다. 나는 농성 시 가장 중요하다는 '방송선전반'을 맡았다.[164]

이렇게 하여 문리대 학생회와 투쟁위원회 멤버들의 합작으로 연좌 단식농성 '시위'가 시작된다.

---

164. 김지하, 『김지하 회고록-흰 그늘의 길 2』, 도서출판 학고재, 2003, 36~37쪽.

5월 30일 오후, 서울대 문리대 학생회는 자유쟁취궐기대회를 열고 정부가 행한 반민주적 처사를 규탄했다. 문리대 학생회장 김덕룡은 "우리는 정의를 수호하기 위하여 시간과 체력을 담보로 하여 3·24로부터 5·25까지 투쟁을 계속해 왔다. 정당한 요구가 관철될 때까지 폭력은 쓰지 않겠으나 반매판, 반외세, 반봉건, 반전제를 지향하는 금일의 단식투쟁은 내일의 피의 투쟁이 될지도 모름을 알리며 우리는 우리를 괴롭힌다"라는 요지의 선언문을 낭독한 후 '최루탄 박살식'에 들어갔다.

'최루탄 박살식'을 끝낸 학생들은 오후 3시 30분부터 단식투쟁에 들어갔는데, 이때 "탄아 탄아 최루탄아, 8군으로 돌아가라. 우리 눈에 눈물 지면 박가분(朴哥粉)이 지워질라. 꾸라 꾸라 사꾸라야, 일본으로 돌아가라, 네가 피어 붉어지면, 샤미센(三味線)[165]이 들려올라"라고 하는 김지하가 가사를 만든 〈최루탄가〉를 〈녹두장군〉 곡에 맞추어 부르기도 했다.[166]

다시 김지하의 기록으로 들어가 보자.

> 많은 여대생들이 방송반에 참가했다. 여성들의 부드러우면서도 날카로운 고성은 나라와 민족의 위기를 내용이 아니라 그 목청 자체로서 이미 드러내 알리고 있었다. 몸을 숨겼던 김중태·김도현·현승일 형 등이 나타나 제각기 명연설을 남기고 의도적으로 자수했다. 그것은 우리 운동을 순식간에 합법적 차원으로 끌어올렸다. 김덕룡 형도 가담하여 지도부에서 움직였다.[167]

---

165. 샤미센(三味線): 일본의 가장 대표적인 현악기로 민요의 반주나 근세 일본 음악의 대부분 종목에 사용된다.
166. 민주화운동기념사업회, 『한일협정반대운동(6·3운동) 사료총집, 1책 일지1』, 594~595쪽.
167. 김지하, 『김지하 회고록-흰 그늘의 길 2』, 41쪽.

(왼쪽) 나흘째 단식농성 중인 서울대 문리대생들(1964.6.2.) | 사진출처:《동아일보》. (오른쪽) 함석헌 씨가 서울대 단식 학생들을 격려한 것을 보도한《경향신문》1964.6.3. 3면.

당시까지 유례를 찾을 수 없었던 학생들의 집단 단식농성은 사회적으로 큰 파장을 불러일으켰다. 5월 30일 오후 1시, 20여 명의 학생으로 시작한 단식농성은 시간이 지날수록 동참 학생 수가 계속 늘었다. 특히 각 학교의 교내 방송뿐만 아니라 일간신문이나 동아방송[168] 등 라디오 방송이 단식 학생들의 상황을 수시로 전하면서 단식농성 그 자체가 투쟁의 효과적인 선동 수단이 될 수 있었다.[169]

---

168. 동아방송(東亞放送, 1963.4.25.~1980.11.30.): 동아일보사에서 운영하던 민영 라디오 방송. 전두환 정권이 언론통폐합을 실시하면서 1980년 12월 1일 KBS에 매각되었다.
169. 민주화운동기념사업회 연구소,『한국민주화운동사 1』, 425쪽.

4) "주관적인 애국충정은 객관적인 망국행위임을 직시하고 박 정권은 하야하라"(1964.6.2.)

"박 정권 하야"라는 표현이 최초로 등장한 것은 전남대학교 학생들의 시위 때였다. 5월 27일 오전 전남대 학생 300여 명은 "박 정권의 하야를 권한다"는 요지의 성명서를 낭독하고 시위에 돌입, "애국충정 남았거든 하야로 보답하라", "권고, 권고, 하야 권고" 등의 구호를 외치며 행진, 강력히 저지하는 경찰과 투석전을 벌인 것이다.[170]

그러나 서울 쪽의 학생회를 비롯한 지도부는 박 정권에게 계엄 선포의 빌미를 준다며 '하야(下野)'라는 표현은 자제하며 몸을 사리고 있었다. 그러다 마침내 6월 2일 고려대학교에서 "박정권 하야"를 들고나왔다. 고려대 측의 기록[171]에 따라 그 경위를 살펴보면 이렇다.

각 대학 총학생회장의 모임인 난국타개 학생대책위원회가 기획한 각 대학의 난국타개 궐기대회는 거의 시위는 하지 않고 문자 그대로 '궐기대회'만 개최하는 데 그쳤다. 5월 25일 고려대의 난국타개 궐기대회 역시 정경대 학생회장 박정훈, 법대 학생회장 이경우, 상대 학생회장 이명박 등 단과대학 학생회장들만 나서고 총학생회장과 임원들은 뒷짐만 지고 있었다. 이에 단과대학 학생회장들은 총학생회를 비판하고 새로운 길을 모색하기로 한다.

5월 31일 정경대 학생회장 박정훈과 최장집, 김덕규, 김병길, 손옥백, 김광현 등은 더 강력한 투쟁에 합의하고, 오후 7시 이경우 법대 학생회장실에 집합했다. 이 모임에는 교양학부 학생회장 정성헌과 법학과 4년생 이기명

---

170. 《동아일보》 1964.5.27. 7면.
171. 고려대학교 100년사 편찬위원회, 『고려대학교 학생운동사』, 179~181쪽.

1964년 6월 2일, 고려대생들이 "박 정권 하야"를 외치며 시위에 나서고 있다. | 사진출처: 《동아일보》.

과 김재하도 참석했다. 이날 모임 참가자들은 박정희 정권에 대한 심도 있는 토론 결과 다음과 같은 결론에 도달했다.

  4·19 의거 후 1년도 안 되는 합헌 민간정부를 붕괴시키고 시급한 민생고를 해결함이 혁명공약상의 거사 이유였으나 더욱 악화했다.

  공화당 정부는 위장된 군정연장에 불과한 군사정권으로서 3년간의 군정 기간에 부정부패와 통치능력이 없다는 점이 충분히 입증되었으며, 그들의 굴욕적인 한일회담은 정권 연장에 불과할 뿐 아니라 일본이 새로운 경제·정치의 종주국으로 부상하여 민족의 자주주체성이 말살될 것이다.

  일본의 한반도 진출은 남북 긴장이 극에 달하여 민족 역량이 손상될 우려가 있고, 박 정권은 심지어 밀가루 무상 살포로 15만 표 차로 신승한 사실상 패배 정권이며 4·19정신인 민주·민족·자주의 이념에 배치되는 파쇼 정권으로, 한일회담이 늦더라도 청구권과 평화선의 실리를 찾고 차관에서 경제 개발의 모델을 찾아야 한다.

박정희 정권에 대한 비판 논의가 계속되던 중 이기명이 박정희 하야(下野) 권고안을 제기했고, 참석자들은 하야 요구라는 새로운 충격적인 구호가 3·24 시위 이후 계속된 국민의 주장을 관철하고 굴욕외교를 저지할 수 있다는 판단 아래 만장일치로 합의했다.

그리고 '구국투쟁위원회'를 결성하고 법대 4학년 김재하를 위원장으로, 단과대학 학생회장 박정훈·이경우·이명박 등을 부위원장으로 하며, 정외과의 최장집을 기획책, 김덕규를 선전책, 응원단장인 손옥백을 집행책, 민사회의 김병길·김홍식과 역도부의 김광현·김남홍, 그리고 이기명과 1학년 교양학부 학생회장 정성헌 등을 책임부원으로 하여 6월 2일의 시위를 준비하기로 했다.

고려대학교는 1960년 4·19 혁명 시기에도 대학생 참여에 도화선 역할을 한 경험이 있었다. 2월 말부터 고등학생들이 팔을 걷어붙이고 이승만 독재 타도를 외치고 있을 때 대학생은 대부분 몸을 사리는 기회주의적 태도를 보였는데, 이때 대학생 시위가 폭발하는 데 도화선 역할을 한 것이 4·18 고려대학생들의 시위였다.

고대생들의 6월 2일 시위 역시 이와 비슷한 역할을 했다. 이날 오전 11시, 약 2천 명의 고대생들은 구국투쟁궐기대회를 열고, 11시 20분부터 시위에 돌입했다. 이들은 "주관적인 애국 충정은 객관적인 망국 행위임을 직시하고 박 정권은 하야하라", "배고파 못 살겠다 악덕재벌 잡아먹자", "미국은 가면을 벗고 진정한 우호국임을 보여달라"는 등 내용의 플래카드를 앞세우고 국회의사당까지 진격했다. 고대생들은 선언문을 통해 박 정권 타도의 이유를 다음과 같이 제시했다.

> 오늘 우리는 조국의 역사적 부름에 당하여 결의와 행동으로써 대정부 투쟁을 선언하는 바이다. 민족 생활 진로가 일보 밖의 지표를 발견할 수 없게 되었으며, 이 이상 더 잔인하게 인간 생활을 영위하여야 하기에는 우리들의 선조들은 너무나 슬퍼한다. 우리는 민족이 임종을 고하는 호곡을 듣고 있다. 독재와 전대미문의 가공할 부정, 부패, 불신, 악덕재벌의 횡포, 이 모든 간사한 정치적 폐해는 전위에 선 우리들과 전 국민의 과업으로 요구되는 박 정권 타도의 이유이다.[172]

서울대생들도 거리로 뛰쳐나왔다. 서울대 법대생 500여 명은 '자유투쟁 궐기대회'를 가진 후 문리대를 방문하여 단식농성 학생들을 격려했다. 그리고 시청 앞 광장에서의 단식농성을 목표로 가두시위를 벌이다 경찰에 전원 연행된 후 밤늦게 풀려났다. 이 가운데 100여 명은 법대에서 단식농성에 들어갔다. 또한 서울대 상과대학생들도 시위에 나선 후 70여 명이 문리대 단식에 합류했다.[173]

그날 오후 동국대생들도 '난국타개 동대투쟁위원회' 주최로 구국성토대회를 열고 약 20명의 학생이 단식투쟁에 들어갔고, 전남대에서도 약 500명의 학생이 모여 난국타개 성토대회를 열었다.[174]

---

172. 6·3동지회, 『6·3학생운동사』, 479쪽.
173. 민주화운동기념사업회 연구소, 『한국민주화운동사 1』, 427쪽.
174. 민주화운동기념사업회, 『한일협정반대운동(6·3운동) 사료총집, 1책 일지1』, 610~611쪽.

6. 6·3 항쟁③: 비상계엄(1964.6.3.~7.29.)

1) 1964년 6월 3일

(1) 학생시위와 비상계엄 선포

학생들은 6월 2일의 시위에 자극받아 다음 날인 6월 3일 박정희 정권 타도를 목표로 전면적인 항쟁에 돌입했다. 계엄 선포설이 나돌고 있었으나, 서울대 문리대 단식농성 학생 수가 400명에 육박하는 등 3·24 시위 이래 투쟁의 기세가 최고조에 이른 상황에서 학생들도 선택의 여지가 없었다. 서울에서만도 약 1만 2,000~1만 5,000명의 학생이 거리로 쏟아져 나왔다.[175]

6월 3일의 시위는 당시 캠퍼스가 수원에 있던 서울대 농과대학 학생들의 도보 상경 투쟁부터 시작되었다. 서울대 농대생 600여 명은 아침 6시 발대식을 가진 후 7시 40분경부터 170리 길을 도보로 행군하여 서울 시위대에 합류했다. 6월 2일 학생 간부들이 서울로 가서 문리대생과 합세하여 단식투쟁을 하기로 결의, 6월 3일 기숙 학생들이 새벽에 기상하여 서울로 향해 12시간에 걸친 도보 행군 끝에 서울에 도착한 것이다.[176]

오전 10시가 넘어서자 각 대학에서 학생들이 거리로 쏟아져 나왔다. 고려대생 2천여 명은 신설동과 안암동 로터리 부근에서 경찰과 충돌한 후 국회의사당 앞을 점거했다. 연세대생 2천여 명과 홍익대생 1천여 명은 아현동 로터리에서 경찰과 치열한 공방을 벌이다 충정로를 거쳐 중앙청과 국회의사당으로 진출했다.

---

175. 민주화운동기념사업회 연구소, 『한국민주화운동사 1』, 427~428쪽.
176. 《경향신문》 1964.6.3. 3면.

1964년 6월 3일 오전 7시 40분 수원을 출발한 서울대 농대 도보 상경 데모 선발대가 오후 6시 55분 시민의 박수를 받으며 중앙청을 향해 행진하는 장면 | 사진출처: 《동아일보》.

또한 성균관대생 1천여 명은 '박정희 씨'와 '민생고'라는 이름의 꼭두각시 인형을 앞세우고 중앙청 부근으로 진출했고, 동국대생 2천여 명과 서울대 음대생 150여 명은 을지로 3가와 1가에서 경찰 저지선을 뚫고 국회의사당으로 진출했다. 한양대생 2천여 명과 서울대 의대생 150여 명, 치대생 300여 명도 시위에 나섰다. 그리고 중앙대생 800여 명과 숭실대생 500여 명은 노량진에서 한강을 건너 광화문에 모여 연좌시위에 들어갔다.[177]

서울대 문리대의 단식투쟁은 어떻게 되었을까? 단식투쟁을 계속하던 문리대에서는 상대생·의대생에 ROTC 학생들까지 가담하여 숫자가 300명이 훨씬 넘었으나, 비가 퍼부어 이학부 신축공사장 시멘트 바닥으로 옮겨 농성을 계속했다. 이들 학생 중 쓰러진 학생만도 40여 명, 치료를 받은 뒤 병원에서 나와 다시 가담한 학생들이 30명이고 10명은 치료 중이었다.

이들 단식 학생들은 단식 100시간을 돌파한 오후 5시경, 단식을 중단하

---

177. 《동아일보》 1964.6.3.1. 7면.

서울대 문리대 단식투쟁 현장에서 학우들에게 보리차를 따라주는 여학생 | 사진출처: 《동아일보》.

고 가두시위에 나섰다. 이들은 단식 때의 차림 그대로, 앞서 중앙정보부에 의해 고문을 당한 송철원을 들것에 싣고 거리로 나와 큰 반향을 일으켰다. 세브란스병원에 입원 중이던 그를 이현배(사학과 63)가 산책 나오는 척하다 대기 중이던 택시에 태워 데리고 온 것이다. 단식 중이던 법대생 200여 명도 문리대 시위대에 합세하여 침묵행진을 하며 세종로로 향했다. 광화문과 종로 일대는 완전히 데모대들로 뒤덮여 있었다.[178]

김지하는 당시 상황을 다음과 같이 설명하고 있다.

조금이라도 불편하거나 기력이 없는 사람들은 모두 들것에 실었고 어떤 학생은 링거를 꽂은 채 의대생들의 호위를 받으며 가두 진출을 하기 시작했다. 내 주위에는 성능 좋은 라디오가 서너 대나 집결해 있었다. 우리가 가두로 나서면서부터 동아방송이 흥분하기 시작했다. 종로 5가를 지나 파고다 공원

---

178. 민주화운동기념사업회, 『한일협정반대운동(6·3운동) 사료총집, 1책 일지1』, 617~618쪽.

앞을 지날 때 동아방송에선 이런 말이 흘러나왔다.

"학생 시위대는 지금 막 파고다 공원을 통과했습니다. 청와대로! 청와대로! 일보 또 일보!"

광화문 동아일보 앞에서 다시 대오를 정비했다. 맨 앞에 거대한 태극기를 열 명 가까운 학생들이 붙들었고, 바로 그 뒤에 박삼옥 그룹과 내가 어깨동무하여 열 짓고 그 뒤를 문리대 검도반원들이 따랐다. 중앙청 바로 뒤에 솟은 백악과 먼 곳 보현봉의 푸른 모습이 일본 제국주의 조선 침략의 지휘부였던 중앙청의 흰 대리석 건물과 전혀 어울리지 않음을 새삼스레 느끼며 정문을 돌아 해무청(海務廳) 앞에서 정지했다. 청와대 입구 방향에 군 트럭들, 큰 판자들을 붙여 저지막을 형성한 군 트럭들이 뒤로 돌아서서 열 지어 있었다. 그 주변에 방독면을 쓴, 비정한 기계와 흡사한 군인들이 삼엄하게 늘어서 있었다.[179]

그날 6월 3일, 서울 시내에서 가장 격렬한 시위가 벌어진 곳은 중앙청이 있던 세종로 일대였다. 세종로의 시민회관과 유솜 건물 앞의 경찰 제1저지선에 걸려 일단 멈춘 학생과 시민은 1만 여 명에 달했다. 오후 3시경 학생들이 철조망 1개를 50미터가량 끌어내고 투석을 하자 경찰은 최루탄을 발사했고 공수부대의 풍차까지 동원했다. 그러나 학생들은 제2저지선(경기도청 앞)과 제3저지선(중앙청 정문 앞)을 연달아 돌파했다. 시위대는 제4저지선(조달청 앞)으로 밀려들어 청와대를 포위하고 오후 7시 30분경 경찰과 대치했다. 학생들이 청와대 외곽의 방위선을 돌파하고 청와대를 경비하고 있던 중무장한 공수부대를 포위함으로써 6·3 시위는 절정으로 치달았다.[180]

---

179. 김지하, 『김지하 회고록-흰 그늘의 길 2』, 43~44쪽.
180. 민주화운동기념사업회, 『한일협정반대운동(6·3운동) 사료총집, 1책 일지1』, 618~619쪽.

1964년 6월 3일 오후, 중앙청 앞에서 데모대가 군경과 대치하고 있다. 오른쪽에 최루탄 연기를 데모대 쪽으로 날려 보내기 위한 공수부대의 풍차가 보인다. | 사진출처:《동아일보》

그날 밤 9시 40분, 서울특별시 전역에 오후 8시로 소급하여 비상계엄이 선포됐다. 이때의 장면을 역시 김지하의 기록을 통해 복원해 보자.

> 순식간에 최루탄이 머리 위에 우박처럼 쏟아졌다. 눈을 가린 채 나는 이렇게 소리 질렀다. "움직이지 마시오!"
> 그러나 눈에서 손을 떼어보니 이미 군중은 모조리 일어나 중앙청 정문 쪽으로 뛰어 달아나고 있었다. 텅 빈 해무청 앞 아스팔트에 우박같이, 우박같이 최루탄만, 최루탄만 쏟아지고 또 쏟아졌다.
> 나 역시 중앙청 쪽으로 뛰어가 대오를 다시 정리하고는 방향을 동숭동으로 바꿔 잡았다. 행진하면서 '민주학생의 노래'와 '해방의 노래' 등을 선창하게 했다.
> 나는 대오의 걸음을 재촉하며 거리의 불빛들, 4·19 때와 달리 구경만 하는

1964년 6월 3일 오후, 청와대 입구 통의동까지 진출한 데모대 | 사진출처:《동아일보》.

시민들을 쳐다보며 생각했다.

계엄령! 상황이라는 실존적 조건이 신(神)이었다. 지금 우리를 움직이는 것은 집단이건 개인이건 인간적 의지나 신념이 아니라 계엄이라는 상황이었다. 왜 이렇게 된 것인지 동숭동으로 돌아가면서 내내 생각했다.[181]

(2) 이윤식(李允植)의 죽음

1964년 6월 3일의 항쟁 과정에서 대학생 한 명이 사망했다는 사실을 아는 사람은 별로 없다. 당국이 학생들을 자극할까 우려하여 쉬쉬했고, 그날 저녁 선포된 비상계엄으로 언론이 검열을 받아 제대로 취재하여 보도할 수 없었기 때문이다. 사망한 학생은 건국대학교 학생 이윤식(李允植)으로, 7월 29일 계엄이 해제되고야 자세히 보도된 내용은 다음과 같다.

---

181. 김지하, 『김지하 회고록-흰 그늘의 길 2』, 45~46쪽에서 발췌.

6월 3일 밤 9시 50분, 아침부터 일기 시작한 서울의 대학생 데모가 경찰의 최루탄 공세와 어둠 때문인지 한결 약화되었을 무렵 중앙청 앞과 통의동 제2 제지선에서 약 1,500명의 데모대와 대치하고 있던 경비 군인들은 돌연 행동을 개시, 수십 발의 최루탄을 쏘며 마구 밀어내기 시작했다. 때를 같이하여 서울 일원엔 비상계엄령이 선포되었다.

이날 밤 9시 50분쯤 통의동 길목에서 연좌 데모하던 6백여 명의 학생들은 갑자기 최루탄을 쏘며 밀어내는 군인들에 쫓겨 중앙청 앞 광장으로 후퇴, 그곳에 머무르고 있던 데모대와 합류, 불붙은 나무토막을 던지며 응수, 약 30분간 공방전을 벌였으나 데모대는 더 이상 저항할 힘을 잃어 일제히 세종로 네거리 쪽으로 쫓기기 시작했다.

공수단원들은 뿔뿔이 흩어져 도망가는 데모 학생들 뒤통수에 개머리판 세례를 퍼부어 많은 학생이 비명을 지르며 쓰러졌다. 이날 밤 세종로 네거리 수도의대 부속병원엔 자정이 가깝도록 최루탄과 소총 개머리판에 머리를 다친 환자들이 줄을 이었었다.

수많은 부상자를 낸 6·3 사태 뒤 시중엔 "데모 학생 몇 명이 죽었다"는 등 갖은 소문이 파다하더니 마침내 6일 오후 서울대병원에 입원 가료 중이던 건국대생 이윤식(20, 지역사회대 농경과) 군이 절명했다. 이(李)군 사망에 대한 기사를 일절 금지해 온 계엄 당국은 9일에야 비로소 발표를 냈다.

"지난 3일 학생 데모 때 데모대원들이 탈취한 트럭에 탔다가 떨어져 중상을 입은 건국대생 이윤식 군이 지난 7일 오전 9시 반 사망했다. 이군은 지난 3일 오후 4시 반 데모대원이 중앙청 앞에서 탈취한 트럭 뒤에 탔다가 중부소방서 앞길에서 굴러떨어져 차 뒷바퀴가 이군을 깔아 넘어 두개골 골절, 늑골 골절, 폐·간 파열 등의 중상을 입고 서울대병원에서 응급 가료 중 사망했다."

건국대생 이윤식의 석연치 않은 죽음을 보도한 《동아일보》 1964.7.29. 3면.

이같이 간단한 당국 발표와는 달리 어딘가 석연치 않은 점이 있었다. 서울대병원의 사망진단서에 적힌 사망 시간도 가지각색(주동선 씨는 6일 오전 8시, 김승환·왕영종 씨는 6일 오후 3시)인 데다 사인도 10여 가지가 넘었다.

광주시(光州市) 서석동 23반 이병일(李秉馹, 43) 씨의 장남인 이군은 광주농고를 거쳐 지난봄 건국대에 입학했는데 부모에게 효도가 극진하여 아버지 힘을 덜어드리기 위해 하숙하라는 집의 말을 마다하고 서울서 자취해 왔다 한다.

그가 비명으로 숨지기 1주일 전 어머니에게 쓴 편지엔 "서울대 문리대생들이 단식투쟁에 들어갔습니다. 정부에선 아무 대책도 없다니 정말 울분이 터집니다. 제가 문리대에 들어갔다면 저도 그들과 함께 기울어져 가는 나라를 바로 세워 보려고 단식투쟁에 기꺼이 참여했을 겁니다." 이같이 눈물겨운 사연도 담겨 있었다.[182]

---

182. 《동아일보》 1964.7.29. 5면.

이윤식의 사망 원인이 과연 경찰 발표대로였는지에 대해서는, 이에 대한 구체적인 기록이 없으니 그대로 믿을 수밖에 별도리가 없다. 다만 다음과 같이 45년 만에 민주화운동 관련자로 추서되고 명예 졸업장을 받은 것이, 그의 넋에 조금이라도 위로가 되기를 바랄 뿐이다.

1964년 굴욕적인 한일회담 반대와 군사독재 정권의 계엄령에 항거한 민주운동인 6·3학생운동의 첫 희생자에게 45년 만에 대학 졸업장이 수여되었다. 건국대학교는 2009년 4월 29일, 6·3학생운동 당시 시위 도중 중상을 입고 치료 중 사망한 고 이윤식 씨에 대해 민주화운동 관련 희생자로 명예 졸업장을 수여하기로 결정하고, 어버이날인 5월 8일 법학전문대학원 국제회의장에서 이씨의 어머니 이삼숙(85, 광주 동구 동명동) 씨 등 유가족이 참석한 가운데 학위 수여식을 했다.

이씨에 대한 명예 졸업장 수여는 민주화운동 관련자 명예회복 및 보상심의위원회(위원장 김성기)가 올 2월 민주화운동 관련자 명예회복 및 보상 등에 관한 법률에 따라 6·3 학생운동 당시 이씨의 사고를 민주화운동으로 희생된 것으로 인정, 민주화 관련자 추서와 보상을 의결함에 따라 이뤄지게 됐다. 전남 보성 태생인 이씨는 건국대 농업경영과 1학년(당시 20세)에 재학 중이던 1964년 6월 3일 서울 광화문에서 건국대 학생 600여 명과 함께 '굴욕적 한일회담 반대' 시위에 참여해 시위대와 함께 트럭을 타고 이동 도중 서울 중부소방서 앞길에서 트럭에서 떨어져 중상을 입은 후 서울대병원으로 후송돼 치료를 받았으나 나흘 만인 6월 7일 혼수상태에서 깨어나지 못하고 희생됐다.

사고 소식을 들은 어머니는 12시간이 넘게 걸리는 완행열차를 타고 서울에 도착했으나 경찰의 통제 때문에 아들을 자주 면회하지 못했다. 또 아들의 죽음이 시위대를 자극할까 싶어 장례식도 제대로 치르지 못한 채 경찰 통제 하에 급히 안장했다고 전했다. 어머니 이 씨는 이후 "죽은 자식 키우는 어미 심정이나 산 자식 키우는 어미 심정이나 매한가지"라며 슬픔을 삼키고 살아왔다. 이씨의 유가족들은 지난 2007년 12월 6·3학생운동의 비중과 법적 위상을 바로 잡는 민주화운동 관련자 명예회복 및 보상 등에 관한 법률 개정안이 발효되자 당시 상황에 대한 신문 보도와 관련자 증언 등을 토대로 광주시와 민주화 보상 심의위원회에 민주화운동 관련자 보상을 신청했으며, 13개월 동안 심사와 조사 끝에 민주화 보상 심의위원회로부터 민주화 관련자 통지를 받았으며, 올 2월 정부로부터 45년 만에 민주화 관련자 추서를 받았다.[183]

(3) 「현 시국에 관한 대통령 특별교서(特別敎書)」

1964년 6월 3일, 박상길[184] 청와대 대변인은 "박정희 대통령은 현 시국 수습을 위해 계엄의 선포를 전혀 고려하고 있지 않다"고 말했다. 박 대변인은 박정희가 현 시국 전환을 위해 '모종(某種) 구상'을 하고 있다는 것이 계엄 선포 고려가 아니라는 것을 이날 공식으로 밝힌 것이다.[185]

그런데 이 사실이 언론에 보도된 바로 그날 밤, 박정희는 비상계엄을 선포했다. 어찌 된 일인가? 한 나라의 최고 지도자 대변인이라는 사람이 허투루 말했을 리도 없고, 뭔가 확신할 만한 근거가 있어서 한 발언일 것이다.

---

183. 「6·3 항쟁 희생자에 45년 만에 명예 졸업장」, 대한뉴스(http://www.dhns.co.kr), 2009.5.8.
184. 박상길(朴相吉, 1925.2.16.~2003.4.17.). 경상남도 함양 출생. 펑톈(奉天)학원 정경과(政經科) 졸업, 세계사정연구소 소장(1951), 자유당 중앙위원(1953), 제4대 국회의원(1958), 청와대 대변인 겸 대통령 비서실 공보비서관(1964), 총무처 차관(1965), 수협중앙회 회장(1969) 등 역임.
185. 《동아일보》 1964.6.3. 1면.

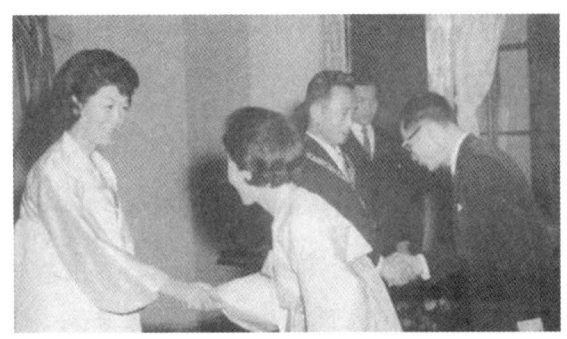

박정희 대통령 내외와 박상길(오른쪽) 내외 | 사진출처: 박상길, 『나와 제3·4공화국』

그 근거란 무엇인가? 그것은 박정희가 박상길에게 친필로 써서 준「현(現) 시국에 관한 대통령 특별교서(特別敎書)」라는 문건(文件)이었다. 1964년 6월 2일 작성된 이 문건 말미에는 다음과 같은 내용이 적혀 있었다.

> 끝으로 본인이 이 기회에 내외 동포에게 명백히 천명코자 하는 바는 이 같은 현안의 종결과 이에서 오는 조국의 안전 및 국가 근대화의 기초가 확립된다고 하면 본인은 민주정치의 진보를 위하여 차기 선거에 출마치 아니하고, 일차 임기만으로 조국에의 봉사를 끝마칠 결심임을 내외에 밝히는 바이다.

이에 대한 박상길의 이야기를 들어보자.

> 그런데 이 교서가 나에게 하달되어 그 발표 절차를 밟으려는 찰나에 하루를 못 참고 다음 날 사태는 터지고, 그날로 비상계엄을 발표하기에 이른 것이다. 만약에 사태가 며칠만 늦어지고 이 특별교서가 내외에 천명되었더라면 양상은 어떻게 되었을 것인가? 그 누구도 예측에 확정적인 단정은 못했

으리라.[186]

　박정희가 왜 태도를 뒤집었는지에 대한 정확한 기록은 없지만, 한일 국교 정상화라는 카드를 잃고 싶지 않았던 미국이 발버둥 치다시피 해서 박정희를 일으켜 세웠을 가능성을 배제할 수 없다.[187] 그것은 대규모 가두시위를 진압하기 위해 박정희가 계엄령을 선포하자 전시작전통제권을 가지고 있는 미군 사령관이 한국군 2개 전투사단의 사용을 용인[188]한 것으로도 짐작할 수 있다.

　또한 과거 박정희가 혁명공약 제6항의 '원대 복귀' 약속을 파기한 것과 '2·18 민정 불참 성명'을 번의한 것에서 볼 수 있듯이 자신이 한 약속을 자주 뒤집었던 전력으로 보아 이 「현 시국에 관한 대통령 특별교서」라는 것도 급하면 쓰려고 했던 도구에 불과했던 것이 아니었을까? 이 점은 "조국의 안전 및 국가 근대화의 기초가 확립된다고 하면"이라는 단서 조항과 "일차 임기만으로 조국에의 봉사를 끝마칠 결심" 즉 1967년까지 대통령을 하겠다는 결심을 표명한 데서 분명해진다.

　이 박정희의 특별교서는 앞으로의 연구 대상이라 여겨 전문(全文)을 소개한다.

　　현 시국에 관한 대통령 특별교서(特別敎書)
　　국민 제위께서 아시는 바와 같이 이해 지난 삼월을 전후하여 타결(妥結)의

---

186. 박상길, 『나와 제3·4공화국』, 한진출판사, 1982, 165쪽.
187. 강준만, 『한국 현대사 산책-1960년대편 2권』, 인물과사상사, 2004, 301~302쪽.
188. 브루스 커밍스, 『브루스 커밍스의 한국현대사』, 김동노·이교선·이진준·한기욱 옮김, 창비, 2001, 509쪽.

정점에 다가선 바 있었던 한일회담(韓日會談)은 돌연한 학생데모와 이에 수반하는 국내(國內) 정정(政情)의 변동으로 회담이 중단에 빠진 지 수삭(數朔)을 경과하게 되었다.

이러고도 아직 혼돈을 거듭하는 국내(國內) 정정(政情)은 다소간 완화(緩和)의 차이는 있을지언정 그대로 불안상태를 벗어나지 못하고 있고, 이러한 결과는 막중한 국정(國政)의 정체(停滯)와 경제의 침체, 물가의 앙등은 물론, 국민생활의 위협과 사회 불안의 조성(助成)을 부채질하고 있다.

아시는 바와 같이 본인과 정부는 그간 막대한 희생을 감내하면서 진정한 재야(在野)의 소리와 민의(民意)를 듣고 건설적인 공통의 광장을 마련해 보고자 최후의 선까지 인내 자제해 왔다.

그러나 이 같은 본인과 정부 측의 충정(衷情)에도 불구하고 현실은 정반대의 현상을 나타내고 있으니, 정쟁(政爭)은 아직 상대적 격화(激化)를 거듭할 뿐이고, 학생데모는 신성한 4·19정신(四·一九精神)에서 멀리 이탈하여 기점을 잃은 난동으로 타락(墮落)해가고 있다.

본인은 여기에서 건설적 창조가 기대될 수 없고, 전체 국민적 소망하고 유리(遊離)된 작금의 현상을 이 이상 지속하거나 그대로 방치해 둘 수 없음을 통감하게 되었다.

우리는 무엇인가 이 혼미상태에 종지부를 찍고 생동하는 국가, 일하는 국민, 전진하는 사회로 일대 전진의 계기를 조성하지 않으면 안 된다.

이에 본인은 현 국면을 타개함에 있어 몇 가지의 요건이 수반되지 않으면 안 될 것을 절감하여, 다음과 같이 금후 시정(施政)의 당면방침을 정하게 되었음을 밝히는 바이다.

1. 사회질서의 확립과 정국의 안정, 현하(現下) 경제·사회·국가적 침체의 기

본 원인이 사회적 불안과 정국의 불안정에 기초되고, 또 이것이 두드러진 학생시위와 그에 따르는 제반 부작용에 기인되고 있음은 작금의 현실이 반증해 주고 남음이 있다.

그런고로 당면한 사회 안정과 정국의 안정을 가기(可期)하는 일은 오직 이 부절제한 '데모' 사태를 어떻게 수습할 것인가에 귀착된다.

본인은 여기에서 그간 본인과 정부가 반성해 마땅할 몇 가지의 일과 앞으로의 할 일을 감안(勘案)하면서, 한편으로 명분을 잃은 학생시위에 이상 더 자제할 수 없음을 상도(想到)하면서 무한정한 정체상태를 지양하기 위하여 금후 국법(國法)의 한계가 용납하는 최대한의 선에서 오직 강력히 이를 조처할 것임을 밝히는 바이다. 아무리 완벽한 자유민주(自由民主) 체제하의 사회와 또 일부 이유 있는 '데모'라 치더라도 국가 사회의 기틀을 위태롭게 하고, 개인이나 국가가 일을 할 수 없는 장해가 된대서야 먼저 이를 저지 않고서는 다른 무슨 일도 할 수가 없기 까닭이다.

그런고로 정부는 안정을 바라는 국민(國民)의 뜻에 부응(副應)하기 위하여도 금후는 일체의 시위에 대하여 국가와 법의 최대한의 권위를 발동(發動)하여 단호히 이를 조처할 것이다.

2. 국정의 쇄신에 대하여

본인은 그간 혁신운동(革新運動)의 전개, 식량의 증산, 경제재건 등 몇 가지의 주요 시정방침을 천명한 바 있었다.

그러나 이 같은 구상과 의욕들은 그간 안으로는 일차내각(一次內閣)을 통한 신공화국 기틀의 정비와 상대적으로는 정쟁의 혼란과 시위의 연발 등으로 효과 있는 추진을 보지 못했을 뿐만 아니라 여기에 상당한 불미 사태까지 야기되어 국정이 침체되어 있음은 본인의 가장 큰 관심사의 하나이다.

여기에서 본인은 정비 내각으로부터 일하는 정부로의 개각(改閣)과 '데모 사태(沙汰)'의 단호한 처리로 최대한의 안정 위에서 몇 가지의 일을 하려는 것이다.

①일부 부정사건과 불미사태에 대한 조처.

기정사실에 대하여는 이미 법대로 엄중 다스릴 것을 지시했으려니와, 금후의 이 같은 사태에 대하여는 법이 허용하는 극한의 선에서 추상과 같이 징치(懲治)할 것이며, 특히 공무원의 부정행위, 나태 등은 솔선하여 엄단케 할 것이다. 언젠가도 언급했듯이 본인은 부정을 용인하면서까지 정권(政權)을 유지할 생각은 촌호(寸毫)도 없는 바이다.

②혁신운동의 실천.

증산운동, 경제재건 등이 국가재건의 적극 정책의 하나라고 하면 혁신운동(革新運動)은 축소와 내핍과 절약을 통한 소극적인 국가재건 정책의 중요한 일단이다.

이 운동의 영역은 실로 넓고 깊어야 할 것이지만, 본인은 이 운동의 탄력화(彈力化)와 효율을 위하여, 먼저 정부 자체가 할 몇 가지의 대본(大本)을 시달하는 동시에 이 운동의 효과적 추진을 위한 적응의 기구를 마련토록 내각에 지시할 것이다.

③식량확보와 물가정책.

과반(過般) 정부 개각은 식량확보 및 물가안정과 강력한 경제시책의 수행을 주안(主眼)으로 이루어졌다. 본인은 무슨 일이 있더라도 식량만은 다시는 부족 소동이 없도록 방지할 작정이며, 이에 준하여 물가안정과 경제조건 개선에 최대한 주력토록 부총리를 직접 책임으로 한 경제 각료 연대책임제를 기히 엄달한 바 있고, 특히 일부 생필품 통제를 통한 국민 기본생활의 안정면에서 경제정책의 기본점에 몇 가지의 구상을 검토해 보도록 지시할 것이다.

3. 한일(韓日) 간 국교 정상화에 대하여

독립(獨立) 이래 지금까지 현안 중의 현안으로 내려오고 있는 한일회담의 종결(終結)을 통한 양국 간 국교의 정상화는 급변해가는 대외경제의 추세와 지리상의 숙명적 근린관계(近隣關係) 및 양국 간의 경제적 이익을 위하여 피차간 하루빨리 타결을 보아야 된다는 점에 대하여는 내외도 한결같이 견해를 같이하고 있다. 특히 한국은 광대한 적색대륙(赤色大陸)의 일단에 위치해 있고, 이 지세상(地勢上)의 불리를 극복키 위한 자유진영과의 연결의 공고성 및 국가의 최우선 과제가 되어 있는 경제건설에 따르는 근대화작업을 위하여 이 현안의 결정적인 타결을 모색하지 않으면 안 되게 되어 있다.

국가 간 외교 타협의 목적은 물론 최대한의 이익과 조건을 마련함에 있다.

그러나 이에 못지않게 중요한 것은 또한 시리(時利)를 얻어야 한다는 점이다. 그간 정부는 이 회담에 대한 광범한 민의를 듣는 데 가치 있는 기간을 얻은 바 있다.

이 문제에 대한 국민의 여론은 양국 간 국교의 정상화 자체는 긍정하되, 다만 이에 임하는 태도와 이익의 다과 및 장래 할 몇 가지의 우려로 요약되고 있다. 이에 있어 본인은 이 같은 국민의 애국충정을 충분히 감안하여 최대한의 권위와 최대한의 이익, 정상화 이후에 있어서의 일체의 우려를 철저히 배제하는 선에서 새로운 각오로 회담 재개에 임할 것이다. 다만 국민 각위에게 바라는 것은 이러한 것에 못지않게 시리(時利) 또한 중요하다는 점에 대한 이해이다. 내외정세는 늦으면 늦을수록 우리에게 유리할 것이 없음을 말해 주고 있다.

무엇보다도 시급한 국가경제의 재건은 보다 많은 외자를 요청하고 있다.

한일회담의 타결은 그 자체에서 얻은 이도 이러니와 여기에 부수되는 세계의 각 우방으로 통하는 경제적 지원의 길이 틔어질 것임을 간과해서는 안 된다.

그리고 이 양국 간의 타결에서 얻어지는 금액은 단 한 푼도 낭비됨이 없이 오직 국가경제 재건에 쓰여질 것임을 단언한다. 본인은 조국의 안정과 국민의 보다 나은 생활의 향상, 이 사회의 근대화란 역사적 과정에 즈음하여 이 숙제의 해결을 본인 집권 중의 최대 과제의 하나로 인식하고 있다.

끝으로 본인이 이 기회에 내외 동포에게 명백히 천명코자 하는 바는 이 같은 현안의 종결과 이에서 오는 조국의 안전 및 국가 근대화의 기초가 확립된다고 하면 본인은 민주정치의 진보를 위하여 차기 선거에 출마치 아니하고, 일차 임기만으로 조국에의 봉사를 끝마칠 결심임을 내외에 밝히는 바이다.[189]

2) 1964년의 구속 학생 명단 및 재판과정

1964년 6월 3일 비상계엄이 선포되고 7월 29일 해제될 때까지 55일 동안 학생 168명, 민간인 173명, 언론인 348명이 구속되었고, 많은 사람이 수배되었다. 계엄 해제와 더불어 민간재판에 회부된 피의자는 구속 172명, 불구속 50명이었다. 이 기간 중 포고령 위반으로 890건, 1,120명이 검거되었으며, 그중 540명이 군사재판에, 86명이 민간재판에, 216명이 즉결재판에 회부되었고, 278명이 방면되었다.[190]

---

189. 박상길, 『나와 제3·4공화국』, 166~169쪽. 인용문의 한자와 고딕 부분 등은 책에 실린 내용 그대로임.
190. 강준만, 『한국 현대사 산책-1960년대편 2권』, 300쪽.

다음은 계엄 선포 후 구속된 학생들의 명단과 재판과정에 대한 기록이다.

【1964년 구속 학생 명단(1)】

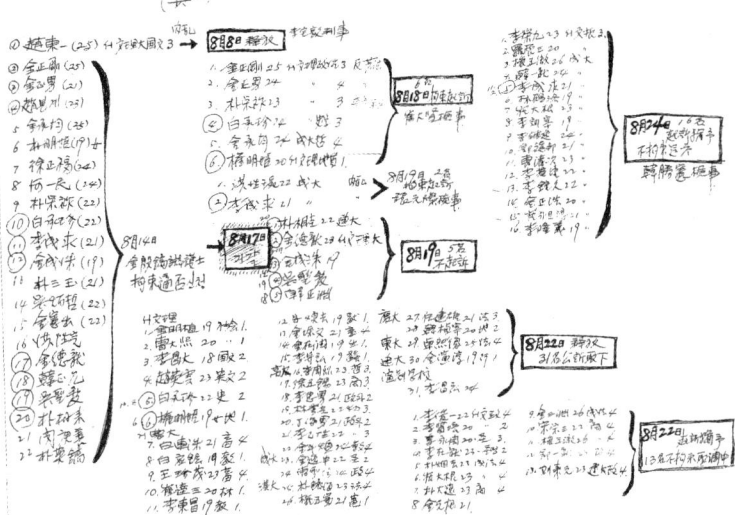

【1964년 구속학생 명단(2)】

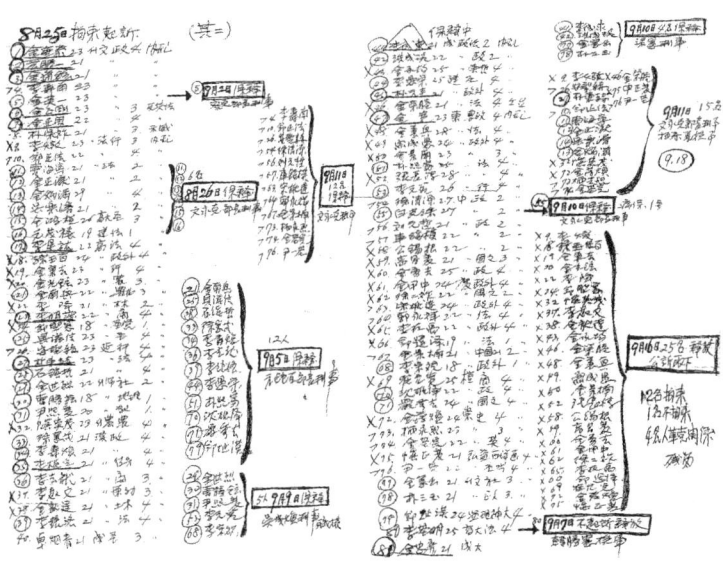

【1964년 구속학생 명단(3)】

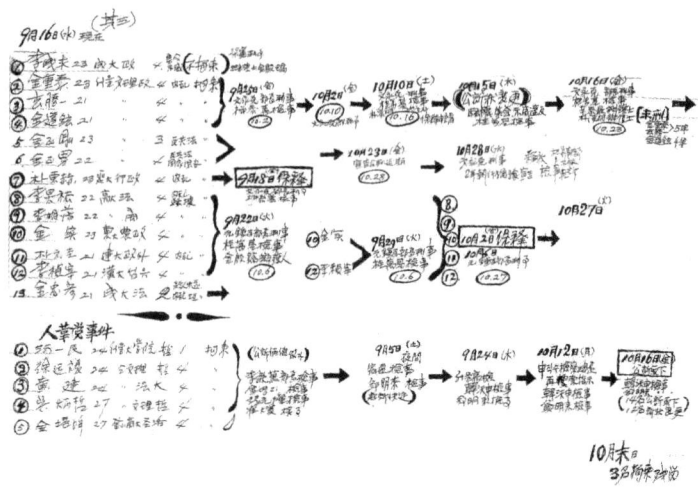

【1964년 구속학생 명단(4)】

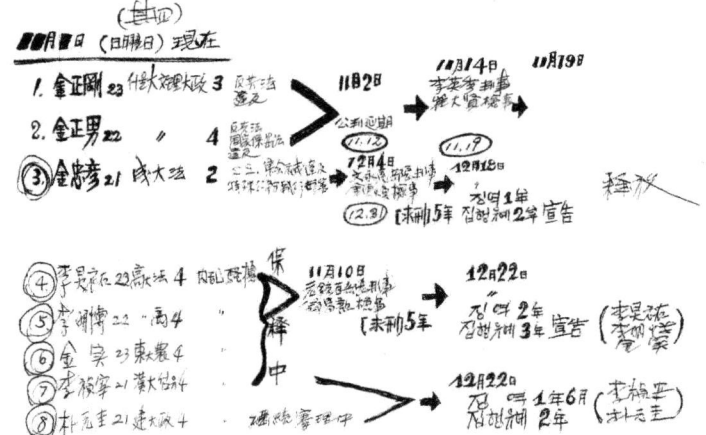

이 기록은 송상근[191] 선생이 작성한 스크랩북에 나오는 내용 중 일부다. 그는 1961년부터 1971년까지의 기록을 모은 총 45권 6,570쪽에 달하는 스크랩북을 남겼다. 신문, 잡지 등의 스크랩은 물론 각종 문건, 학생운동 유인물, 편지, 메모 등이 수록된 이 스크랩북은 모두 영구 보존을 위해 2008년 5월 29일 국가기록원에 기증되었다.

이 같은 '송상근 스크랩북'에 수록된 이【구속 학생 명단】은 송상근 선생이 신문 보도 등 자료를 토대로 하여 구속 학생들의 명단과 재판과정을 철필(鐵筆)로 기록한 것이다. 다음은 이 내용 그대로를 알아보기 쉽게 정리한 것이다.

【1964년 구속학생 명단(1-1): 송상근 스크랩북 1964년 3권】

기일(其一)

①조동일(趙東一)(25) 서 문리대(文理大)국문(國文)3 내란(內亂) → **8월(月) 8일(日) 석방(釋放)**

이택돈(李宅敦) 판사(判事)

8월(月) 14일(日) 김은호(金殷鎬) 변호사(辯護士) **구속적부(拘束適否) 신청**
→ 8월(月) 17일(日) 기각

②김정강(金正剛)(25) ③김정남(金正男)(21) ④조봉계(趙봉계)(23)
5. 김승균(金承均)(25) 6. 권명희(權明姬)(19) 여(女) 7. 서정복(徐正福)(24)
8. 하일민(河一民)(24) 9. 박영조(朴榮祚)(22) ⑩백승진(白承珍)(22)
⑪이성구(李成求)(21) ⑫김성수(金成洙)(19) 13. 박삼옥(朴三玉)(21)

---

191. 송상근(宋相根, 1913.10.15.~2010.2.7.). 충청남도 성환 출생. 휘문고보(1933), 세브란스의전 졸업(1937). 함경북도 성진(1940), 서울(1946)에서 개업, 육군 대위(군의관) 예편(1953). 시립 아동병원장(1954), 시립 영등포병원장(1958), 철도병원장(1963~1971) 등 역임.

14. 오병철(吳炳哲)(22)   15. 김헌출(金憲出)(22)   16. 홍성완(洪性完)
⑰김덕룡(金德龍)   ⑱한정윤(韓正允)   ⑲오성섭(吳聖燮)
⑳박상래(朴相來)   21. 민경선(閔庚善)   22. 박영호(朴英鎬)

8월(月) 18일(日) 6명 구속기소(拘束起訴): 최대현(崔大賢) 검사(檢事)

1. 김정강(金正剛) 25   서 문리(文理) 정치(政治)   3   반공법(反共法)
2. 김정남(金正男) 24   〃   4   〃
3. 박영조(朴榮祚) 23   〃   3   집회시위(集會示威)
④백승진(白承珍) 24   〃   사학(史學)   3
5. 김승균(金承均) 24   성대(成大) 철(哲)   4
⑥권명희(權明姬) 20   서 문리(文理) 지질(地質)   1

8월(月) 19일(日) 2명 구속기소(拘束起訴): 장원찬(張元燦) 검사(檢事)

1. 홍성완(洪性琓) 22   성대(成大)   내란(內亂)
②이성구(李成求) 21   〃   〃

8월(月) 19일(日) 5명 불기소(不起訴)

①박상규(朴相圭) 22 건대(建大)   ②김덕룡(金德龍) 23 서 문리대(文理大)
③김성수(金成洙) 19   ④오성섭(吳聖燮)   ⑤한정연(韓正淵)

8월 22일 기소유예(起訴猶豫), 13명(名) 불구속(不拘束) 취조(取調) 중(中)

1. 이준일(李俊一) 22 서 문정(文政) 4   2. 이헌배(李賢培) 20 서 문사(文史) 2
3. 강영주(姜永周) 20 서 경(經) 3   4. 이재룡(李在龍) 23 서 경영(經營) 2
5. 박형길(朴炯吉) 23 성(成) 법(法) 4   6. 최대근(崔大根) 23 성(成) 법(法) 4
7. 박대원(朴大遠) 23 성(成) 상(商) 4   8. 김원근(金元根) 21 성(成) 화(化) 4
9. 김삼연(金三淵) 26 성(成) 법(法) 4   10. 송영삼(宋榮三) 22 성(成) 상(商) 4
11. 권오철(權五澈) 26 성(成) 상(商) 4   12. 정일룡(鄭一龍) 23 성(成) 정(政) 4
13. 유동원(劉東元) 23 건대(建大) 정(政) 4

【1964년 구속학생 명단(2-1): 송상근 스크랩북 1964년 3권】

기이(其二)

8월(月) 25일(日) 구속기소(拘束起訴)

1. 김중태(金重泰) 23 서 문정(文政) 4 내란(內亂)
2. 현승일(玄勝一) 21 〃 〃
3. 김도현(金道鉉) 21 〃 〃
4. 이수용(李壽勇) 23 〃 〃
5. 김영일(金英一) 23 〃 〃
6. 김정강(金正剛) 23 〃 3 반공법(反共法)
7. 김정남(金正男) 22 〃 4 〃
8. 박영조(朴榮祚) 21 〃 3 시위(示威)
9. 이 돈(李 燉) 23 서 법행(法行) 3 내란(內亂)
10. 정정길(鄭正佶) 22 〃 4 〃
11. 조해녕(曺海寧) 21 서 법법(法法) 2 〃
12. 김정룡(金正瀧) 21 〃 2 〃
13. 김병만(金炳滿) 29 〃 4 〃
14. 오낙준(吳樂濬) 21 〃 2 〃
15. 김홍식(金鴻植) 26 고대(高大) 경(經) 3 〃
16. 원무희(元茂禧) 19 건(建) 법(法) 1 〃
17. 이경우(李炅祐) 22 고(高) 법(法) 4 〃
18. 손옥백(孫玉百) 24 고(高) 정외(政外) 4 〃
19. 김병길(金秉吉) 23 고(高) 행(行) 4 〃
20. 김광현(金光鉉) 23 고(高) 농(農) 3 〃
21. 김남흥(金南興) 22 고(高) 농화(農化) 3 〃
22. 이 융(李 隆) 21 고(高) 임(林) 2 〃
23. 이명박(李明博) 22 고(高) 상(商) 4 〃
24. 정성헌(鄭聖憲) 18 고(高) 경영(經營) 1 〃

→ 5.김영일(金英一)
9월(月) 2일(日) 보석(保釋)
문영극(文永克) 부장판사(部長判事)

→ 11,12,13,14,15,16, 6명
8월(月) 26일(日) 보석(保釋)
문영극(文永克) 부장판사(部長判事)

25. 구자신(九滋信) 23 고(高) 경(經)	4	〃
26. 안성혁(安聖赫) 23 연(延) 행(行)	4	〃
27. 박동혁(朴東赫) 23 연(延) 법(法)	4	〃
28. 석진철(石鎭哲) 21 연(硏) 법(法)	4	〃
29. 전세열(全世烈) 22 서 사(師) 사(社)	2	〃
30. 조승현(曺勝鉉) 18 서 사(師) 지(地)	1	〃
31. 윤희섭(尹熙燮) 20 서 사(師) 교(敎)	1	〃
32. 신영무(愼英茂) 23 서 농(農) 농(農)	4	〃
33. 서헌무(徐憲武) 21 한(漢) 정(政)	4	〃
34. 이수환(李壽煥) 21 〃	4	〃
35. 이정재(李禎宰) 21 한(漢) 섬유	4	〃
36. 이길호(李吉鎬) 21 한(漢) 상(商)	3	〃
37. 이기문(李起文) 21 한(漢) 원자(原子)	3	〃
38. 김용달(金龍達) 21 한(漢) 토목(土木)	4	〃

【1964년 구속학생 명단(2-2): 송상근 스크랩북 1964년 3권】

기이(其二)

8월(月) 25일(日) 구속기소(拘束起訴)

39. 이종락(李鍾洛) 21 한(漢) 법(法)	4	내란(內亂)
40. 탁형춘(卓炯春) 21 성(成) 경(經)	3	〃
41. 이성구(李成求) 21 성(成) 정치(政治)	2	〃
42. 홍성완(洪成琬) 22 성(成) 정(政)	2	〃
43. 김승균(金承均) 25 성(成) 동철(東哲)	4	〃
44. 이우영(李寓榮) 25 건(建) 경(經)	4	〃
45. 박원규(朴元圭) 21 건(建) 정외(政外)	4	〃
46. 김영목(金榮睦) 21 건(建) 법(法)	4	〃
47. 김 실(金 實) 23 동(東) 농정(農政)	4	〃

48.김선흥(金善興) 28 동(東) 법(法)	4	〃	
49.어성우(魚誠愚) 24 동(東) 정외(政外)	4	〃	
50.김경남(金京南) 23 〃	4	〃	
51.박희부(朴熙富) 25 동(東) 법(法)	4	〃	
52.장장순(張長淳) 28 〃	4	〃	
53.이원범(李元範) 26 동(東) 행(行)	4	〃	
54.서청원(徐淸源) 27 중(中) 정(政)	2	〃	
55.백광수(白光洙) 27 〃	2	〃	→ 55.백광수(白光洙) **9월 10일 보석(保釋), 병보(病保)1호(號)** 문영극(文永克) 부장판사(部長判事)
56.유원철(劉元哲) 21 〃	2	〃	
57.차진모(車鎭模) 22 〃	2	〃	
58.공석근(公錫根) 22 〃	2	〃	
59.고창섭(高昌燮) 21 중(中) 국문(國文)	3	〃	
60.김용길(金勇吉) 25 중(中) 정(政)	4	〃	
61.김갑중(金甲中) 24 경(慶) 정외(政外)	4	〃	
62.서이조(徐二祚) 22 경(慶) 국문(國文)	2	〃	
63.송웅달(宋雄達) 24 경(慶) 정외(政外)	4	〃	
64.곽영상(郭永祥) 22 경(慶) 법(法)	4	〃	
65.이재우(李在禹) 22 경(慶) 정외(政外)	4	〃	
66.정운택(鄭運澤) 19 경(慶) 법(法)	1	〃	
67.김경남(金景楠) 21 경(慶) 중문(中文)	2	〃	
68.이종관(李宗觀) 18 경(慶) 정외(政外)	1	〃	
69.최윤관(崔允寬) 25 단(檀) 상(商)	4	〃	
70.심웅택(沈雄澤) 22 단(檀) 정(政)	4	〃	
71.노수길(盧秀吉) 24 단(檀) 국문(國文)	4	〃	
72.김순환(金淳煥) 24 숭(崇) 사(史)	4	〃	
73.유영렬(柳永烈) 23 〃	3	〃	
74.김기완(金基完) 22 숭(崇) 영(英)	4	〃	
75.신정섭(愼正燮) 21 홍대(弘大) 서양화	4	〃	
76.윤일기(尹一基) 22 홍대(弘大) 조각	4	〃	

【1964년 구속학생 명단(2-3): 송상근 스크랩북 1964년 3권】

기이(其二)

8월(月) 25일(日) 구속기소(拘束起訴)

77. 김헌출(金憲出) 21 서 문사(文社) 3   내란(內亂)
78. 박삼옥(朴三玉) 21 서 문정(文政) 3   〃
79. 정지한(鄭址漢) 24 감리신대(감리신대) 4 〃

9월(月) 7일(日) 불기소(不起訴) 석방(釋放): 한승헌(韓勝憲) 검사(檢事)

80. 이기명(李基明) 25 고대(高大) 법(法) 4   〃

9월(月) 14일(日) 구속기소(拘束起訴): 한승헌(韓勝憲) 검사(檢事)

81. 김충언(金忠彦) 21 성대(成大) 법(法) 2   집시법(集示法) 위반(違反)

※9월(月) 5일(日) 보석(保釋): 12명

원종백(元鍾百) 부장판사(部長判事)

21. 김남흥(金南興)   25. 구자신(九滋信)   28. 석진철(石鎭哲)
33. 서헌무(徐憲武)   34. 이수환(李壽煥)   36. 이길호(李吉鎬)
39. 이종락(李鍾洛)   44. 이우영(李寓榮)   51. 박희부(朴熙富)
70. 심웅택(沈雄澤)   71. 노수길(盧秀吉)   79. 정지한(鄭址漢)

※9월(月) 9일(日) 보석(保釋): 5명

오성환(吳成煥) 판사(判事) 직권(職權)

29. 전세열(全世烈)   30. 조승현(曺勝鉉)   31. 윤희섭(尹熙燮)
53. 이원범(李元範)   68. 이종관(李宗觀)

※ 9월(月) 10일(日) 보석(保釋): 4명

양헌(梁憲) 판사(判事)

41. 이성구(李成求)　　42. 홍성완(洪成琓)　　77. 김헌출(金憲出)

78. 박삼옥(朴三玉)

※ 9월(月) 11일(日) 보석(保釋): 12명

문영극(文永克) 부장판사(部長判事)

4. 이수용(李壽勇)　　10. 정정길(鄭正佶)　　26. 안성혁(安聖赫)

54. 서청원(徐淸源)　　56. 유원철(劉元哲)　　57. 차진모(車鎭模)

63. 송웅달(宋雄達)　　64. 곽영상(郭永祥)　　67. 김경남(金景楠)

73. 유영렬(柳永烈)　　74. 김기완(金基完)　　76. 윤일기(尹一基)

【1964년 구속학생 명단(2-4): 송상근 스크랩북 1964년 3권】

기이(其二)

※ 9월(月) 16일(日) 공소취하(公訴取下) 석방(釋放): 25명(名)

9. 이돈(李燉)　　18. 손옥백(孫玉百)　　19. 김병길(金秉吉)

20. 김광현(金光鉉)　　22. 이융(李隆)　　24. 정성헌(鄭聖憲)

32. 신영무(愼英茂)　　37. 이기문(李起文)　　38. 김용달(金龍達)

43. 김승균(金承均)　　46. 김영목(金榮睦)　　48. 김선홍(金善興)

49. 어성우(魚誠愚)　　50. 김경남(金京南)　　52. 장장순(張長淳)

58. 공석근(公錫根)　　59. 고창섭(高昌燮)　　60. 김용길(金勇吉)

61. 김갑중(金甲中)　　62. 서이조(徐二祚)　　65. 이재우(李在禹)

66. 정운택(鄭運澤)　　69. 최윤관(崔允寬)　　72. 김순환(金淳煥)

75. 신정섭(愼正燮)

※ 12명(名) 구속(拘束)

　1명(名) 불구속(不拘束)

4명(名) 인혁당(人革黨)[192] 관계(關係) 잔여(殘餘)[193]

【1964년 구속학생 명단(3-1): 송상근 스크랩북 1964년 3권】

기삼(其三)

9월(月) 16일(日) (수(水)) 현재(現在)

1. 이성구(李成求) 23	성대(成大)	정(政)	4	집회시위(集會示威)	불구속(不拘束)
2. 김중태(金重泰) 23	서울 문리(文理)	정(政)	4	내란(內亂)	구속(拘束)
3. 현승일(玄勝一) 21	〃		4	〃	〃
4. 김도현(金道鉉) 21	〃		4	〃	〃
5. 김정강(金正剛) 23	〃		3	반공법(反共法)	〃
6. 김정남(金正男) 22	〃		4	반공법(反共法) 국가보안(國家保安)	〃
7. 박동혁(朴東赫) 23	연대(延大)	행정(行政)	4	내란(內亂)	〃
8. 이경우(李炅祐) 22	고대(高大)	법(法)	4	내란(內亂), 소요(騷擾)	〃
9. 이명박(李明博) 22	고대(高大)	상(商)	4	〃	〃
10. 김실(金實) 23	동대(東大)	농정(農政)	4	〃	〃
11. 박원규(朴元圭) 2	건대(建大)	정외(政外)	4	내란(內亂)	
12. 이정재(李禎宰) 21	한대(漢大)	섬유	4	〃	〃
13. 김충언(金忠彦) 21	성대(成大)	법(法)	2	살인미수(殺人未遂) 내란(內亂), 소요(騷擾)	〃

192. 인민혁명당사건(人民革命黨事件): 1964년 8월 국가변란을 기도한 대규모 지하조직인 인민혁명당(이하 인혁당)이 '북괴의 지령'을 받고 한일회담 반대 학생데모를 '배후조종'한 것으로 중앙정보부에 의해 발표된 '인민혁명당사건'(1차 인혁당사건)과 1974년 4월 전국민주청년학생총연맹(이하 민청학련)사건의 배후로 발표된 '인혁당재건위원회사건'(2차 인혁당사건)을 말한다. (한국민족문화대백과사전)

193. 25명의 학생이 공소 취하로 석방된 1964년 9월 16일 현재, 구속 상태인 학생은 12명, 불구속으로 재판이 진행 중인 학생이 1명, 이른바 인민혁명당사건으로 구속 중인 학생이 4명이라는 기록이다.

1964년 6월 23일, 수도경비사 계엄보통군법회의 공판정으로 향하는 서울대 문리대 정치학과 김도현, 현승일, 김중태(왼쪽부터) | 사진출처:《동아일보》

1. 이성구(李成求) → 양헌(梁憲) 판사(判事), 변호사(辯護士) 김은호(金殷鎬)

② 김중태(金重泰)　　9월(月) 25일(日) 금(金)　　10월 2일 금(金)　　10월 10일 토(土)
③ 현승일(玄勝一) → 문영극(文永克) 부장판사 → 문영극 부장판사 → 문영극(文永克) 판사
④ 김도현(金道鉉)　유태선(柳泰善) 검사　　　　　　　　　계만기(桂萬基) 검사
　　　　　　　　　　　　　　　　　　　　　　　　　박한상(朴漢相) 변호사
　　　　　　　　　　　　　　　　　　　　　　　　　보석신청(保釋申請)

　　　10월 15일 목(木)　　　　　10월 16일 금(金)
→ 공소장(公訴狀) 변경(變更)　→ 문영극(文永克) 부장판사
　소요(騷擾), 집회시위(集會示威) 위반(違反)　계만기(桂萬基) 검사　　**구형(求刑)**
　계만기(桂萬基) 검사　　　　　신태악(辛泰嶽) 변호사　김중태, 현승일 5년
　　　　　　　　　　　　　　　박한상(朴漢相) 변호사　김도현 4년

　　　10월 23일 금(金)　　　　　10월 28일 수(水)
→ 선고공판(宣告公判) 연기(延期)　→ 문영극(文永克) 판사　　계만기(桂萬基) 검사
　10월 28일　　　　　　　　　　**2년 집행유예(執行猶豫)**　불복(不服), 항소(抗訴)
　　　　　　　　　　　　　　　선고(宣告), 석방(釋放)

【1964년 구속학생 명단(3-2): 송상근 스크랩북 1964년 3권】

기삼(其三)

7. 박동혁(朴東赫) → 9월(月) 18일(日) 금(金) 보석(保釋)
　　　　　　　문영극(文永克) 부장판사, 유태선(柳泰善) 검사

⑧이경우(李炅祐)　　9월 22일 화(火)
⑨이명박(李明博)　　원종백(元鍾百) 부장판사　　　　　9월(月) 29일(日) 화(火)
⑩김실(金實)　　→ 계만기(桂萬基) 검사　→ ⑩김실(金實)　　원종백(元鍾百) 부장판사 →
⑪박원규(朴元圭)　　김은호(金殷鎬) 변호인　　⑫이정재(李禎宰) 계만기(桂萬基) 검사
⑫이정재(李禎宰)

⑧이경우(李炅祐)　　⑪박원규(朴元圭)
⑨이명박(李明博)　　⑫이정재(李禎宰) → 10월(月) 2일(日) 금(金) 보석(保釋)
⑩김실(金實)

⑬김충언(金忠彦)

─────────────────────────────────────

인혁당(人革黨) 사건(事件)

①하일민(河一民) 24　서울 대학원(大學院) 철(哲)　1　구속(拘束)
②서정복(서정복) 24　〃　문리(文理)　〃　4　〃
③황건(黃建) 24　〃　법대(法大)　　　4　〃　→
④오병철(吳炳哲) 27　〃　문리(文理) 철(哲)　4　〃
⑤김배균(金培均) 27　부산상대(釜山商大) 경제(經濟)　4　〃

"구속(拘束) 가치(價値) 없다"　　9월(月) 5일(日) 토(土)　　9월(月) 24일(日) 목(木)
이용훈(李龍薰) 부장검사　　　기소(起訴) 결정(決定)　　서울 고검(高檢)
→ 김병리(金炳리) 검사(檢事) →　야간숙직(夜間宿直) →　한옥신(韓沃申) 검사 →
　장원찬(張元燦) 검사(檢事)　　정명래(鄭明來) 검사　　정명래(鄭明來) 검사
　최대현(崔大賢) 검사(檢事)

10월(月) 12일(日) 월(月)	10월(月) 16일(日) 금(金)	10월(月) 말일(末日)
신직수(申直秀) 검찰총장(檢察總長)	공소취하(公訴取下)	3명 구속(拘束) 잔여(殘餘)
→ 재수사(再搜査) 지시(指示) →	한옥신(韓沃申) 검사 →	
한옥신(韓沃申) 검사	정명래(鄭明來) 검사	
정명래(鄭明來) 검사	14명 공소취하(公訴取下)	
	12명 소장변경(訴狀變更)	

【1964년 구속학생 명단(4): 송상근 스크랩북 1964년 3권】

기사(其四)

11월(月) 1일(日) 일요일(日曜日) 현재(現在)

① 김정강(金正剛) 23 서울대(大) 문리대(文理大) 정(政) 3   11월(月) 2일(日)
　　　　　　　　　　　　　　　　　　　　　→　 공판연기　　→
② 김정남(金正男) 22　　〃　　　　　　　　　 4　　　　(公判延期)

11월(月) 14일(日)	11월(月) 19일(日)
→ 이영수(李英秀) 판사 →	〃
최대현(崔大賢) 검사	〃

③ 김충언(金忠彦) 21 성대(成大) 법(法) 2　　소요, 집회시위(集會시위) 위반(違反)
　　　　　　　　　　　　　　　　　　　　　특수공무집행방해(特殊公務執行妨害)

12월(月) 4일(日)　　　　　　　　　　　　　　12월(月) 18일(日)
→ 문영극(文永克) 부장판사　　→　　　　 징역 1년(年)
　 김동환(金東煥) 검사　　　　　　　　　 집행유예 2년(年) 선고(宣告), 석방(釋放)

④이경우(李炅祐) 23 고대(高大) 법(法) 4　　　내란(內亂) 소요(騷擾) -　보석(保釋) 중(中)

⑤이명박(李明博) 22 고대(高大) 상(商) 4　　　　〃　　　　　　　　〃

⑥김실(金實) 23　　동대(동대) 농(農) 4　　　　〃　　　　　　　　〃

⑦이정재(李禎宰) 21 한대(漢大) 섬유 4　　　　〃　　　　　　　　〃

⑧박원규(朴元圭) 21 건대(建大) 정(政) 4　　　　〃　　　　　계속(繼續) 심리(審理) 중(中)

　　④이경우(李炅祐)　　　11월(月) 10일(日)　　12월(月) 22일(日)

→⑤이명박(李明博)　→　원종백(元鍾百) 부장판사　→　징역 2년(年)

　　⑥김실(金實)　　　　정창훈(鄭昌勳) 검사　　집행유예 3년(年) 선고(宣告)

　　　　　　　　　　　　구형(求刑) 5년(年)

　　⑦이정재(李禎宰)　　　12월(月) 22일(日)

→　　　　　　　　　→　　징역 1년(年) 6월(月)

　　⑧박원규(朴元圭)　　　집행유예 2년(年) 선고(宣告)

제3부
박정희와 한일협정

1965년 12월 18일 오전 10시 44분, 한일 양국은 한일협정 비준서를 교환함으로써 정상적인 국교 관계에 들어섰다. 비준서 교환식에는 양국 야당 인사가 한 명도 참석하지 않았다. 사진은 비준서를 교환한 후 축배를 들고 있는 장면이다. | 사진출처:《동아일보》

학생, 야당, 재야의 굴욕외교에 대한 반대를 비상계엄 선포로 돌파한 박정희는 1964년 12월 3일 한일회담을 재개했다. 1965년 2월 20일 한일기본조약이 가조인, 4월 3일 3대 현안요강이 가조인된 후, 6월 22일 한일협정*이 정식 조인되었고, 8월 14일 한일협정 비준동의안이 야당이 불참한 가운데 일당 국회에서 통과되었다. 8월 26일 위수령 발동으로 군을 투입하여 반대 투쟁을 저지하고, 12월 18일 한일 양국이 비준서를 교환함으로써 한일협정이 정식 발효된다. 이에 이르기까지의 과정과 주요 사건 그리고 학생들의 반대 투쟁을 중심으로 당시 모습을 되살려보기로 한다.

---

* '한일협정'이란 한일 양국 간에 조인된 기본조약, 4개의 부속협정(청구권 협정, 재일교포 법적 지위 협정, 어업 협정, 문화재 협정) 및 25개의 문서의 총칭이다.

제1장
한일협정 조인 반대 운동
1965년 2월 18일~6월 22일

1. 1965년 1월

다카스기 신이치(高杉晉一)의 망언(1월 7일)

박정희는 1964년 6월 3일 비상계엄 선포 후 많은 학생·언론인·민간인을 구속하여 사태를 진정시켰다. 그러고 나서 미국의 적극적 개입에 따라 1964년 12월 3일 한일회담을 재개했다. 1964년 8월 베트남전쟁이 확대되면서 미국이 조속한 한일회담 재개와 타결을 촉구한 데 따른 것이다.

미 국무성 차관보 번디[1]는 9월 하순부터 10월에 걸쳐 일본과 한국을 차례로 방문하여 양국 고위 관계자들과 연쇄 회담을 갖고 한일회담 타결의 중요성을 강조했다. 1964년 10월 중국이 핵실험에 성공하자 미국의 개입 강도는 더욱 강해졌다. 미국은 박정희 정권에게 계속 평화선만 고집하지 말고

---

1. 맥조지 번디(McGeorge Bundy, 1919.3.30.~1996.9.16.). 미국의 관료, 정치학자. 미국 보스턴 출생, 예일대학교 졸업(1940). 외교관계평의회 연구원(1948), 하버드대학교 인문대학 학장(1953~1961), 케네디 및 존슨 대통령 안보담당 특별보좌관(1961~1966), 포드재단 이사장(1966~1979) 등 역임.

한일회담 일본 측 수석대표 다카스기 신이치(高杉晋一)의 망언을 보도한《동아일보》1965. 1.19. 1면.

한일회담을 타결하여 조속히 경제재건을 이룩하고 동북아시아 안보질서 강화에 동참할 것을 요구했다. 여기에 1964년 11월 9일 출범한 사토 내각이 미국과 보조를 같이하여 한일회담이 재개될 수 있었다.[2]

이 마당에 일본 측 수석대표로 임명된 다카스기 신이치(高杉晋一)가 1965년 1월 7일 일본 기자와의 '환담(歡談)' 석상에서 다음과 같은 망언을 쏟아낸 사실이 드러나 또다시 한국인의 아픈 상처를 건드렸다. 다음이 그의 망언 내용이다.

①일한(日韓) 문제는 지금 최종 고비에 와 있는데 이 교섭은 보다 배짱을 세워 대국적 입장에서 추진하지 않으면 안 된다. 일본은 차제에 형이 된 기분으로 임하지 않으면 안 된다.

②일본이 조선에 대한 과거의 통치에 대해 사과하라는 이야기도 있다고 하지만, 일본으로서도 할 말이 없는 것은 아니다. 일본의 국민감정으로 보아

---

2. 민주화운동기념사업회 연구소, 『한국민주화운동사 1』, 돌베개, 2008, 439쪽.

그런 이야기는 할 수가 없는 말이다.

일본은 분명히 조선을 지배했다. 그러나 일본은 좋은 일을 하려고, 조선을 보다 낫게 하려고 한 일이었다. 지금 한국에는 나무가 하나도 없다고 한다. 이런 것은 조선이 일본으로부터 떨어진 때문이라고 할 수도 있다. 20년쯤 더 일본과 상종했더라면 그렇게 되지 않았을지도 모른다. 일본의 노력은 결국 전쟁으로 좌절되었지만 20년쯤 더 조선을 가지고 있었더라면 좋았을 것이다. 타이완의 경우는 성공했다고 볼 수 있지 않은가.

일본이 사과해야 한다고 하는 이야기는 타당한 말이 아니다. 일본은 조선에 공장, 가옥, 살림 등을 모두 그냥 두고 왔다. 창씨개명(創氏改名)만 해도 그것은 조선인을 동화(同化)하여 일본인과 같이 취급하려고 취하여진 조처였으며 나쁜 짓이었다고만 할 수 없다.

과거를 따지자면 한국 측에 할 말이 없을 수 없겠지만 이쪽에도 할 말은 있다. 따라서 과거를 들추는 것은 좋지 못하다. 일본은 차제에 친척이 된 기분에서 이야기를 결말내야 할 것이다.

일본으로서는 한국이 60만 대군을 가지고 북조선으로부터의 침략을 막고 있다는 사실을 높이 평가하고 이에 감사하지 않으면 안 된다. 과거를 따지고 있다가는 회담은 앞으로 또 10년을 끌더라도 타결되기 힘들 것이다. 어떻게 국교를 터 나가나 구체적으로 작정해 나가는 일이 남아 있을 뿐이다.[3]

이것은 1950년대 구보다 망언[4]보다도 더 심한 발언이었다. 한국 측 수석

---

3. 《동아일보》 1965.1.19. 1면.
4. 1953년 10월 15일, 한일회담 일본 측 수석대표 구보다 간이치로(久保田貫一郎)가 "일본은 36년간 많은 이익을 한국인에게 주었다. 일본이 (한국에) 진출하지 않았더라면 한국은 중국이나 러시아에 점령돼 더욱 비참한 상태에 놓였을 것"이라고 한 발언.

대표 김동조[5]는 이 내용을 알고 눈앞이 캄캄했다. 그래서 바로 일본 측에 연락해 "이 발언을 한 걸 다 부인해라"라고 당부했으나, 《동아일보》가 다카스기 망언 전체를 보도해 버렸다. 그러니 한국 측에서 공식 해명을 요구하지 않을 수 없었고, 일본 측이 "이런 일이 없었다"고 이야기하는 걸로 이 일을 끝맺었다. 이런 해프닝이 일어난 것은 어떻게든, 무슨 일이 있든 한일회담을 끝내야 했기 때문이었다.[6]

왜 일본은 망언을 되풀이했을까? '너희는 어차피 미국의 뜻에 따라 움직여야 하는 존재'라고 깔보았기 때문이며, 말도 안 되는 핑계를 대어 이른바 '대일 청구권'을 한 푼이라도 깎아 보자는 것이 또 다른 이유였을 것이다.

2. 1965년 2월

시나(椎名) 외상의 방한(2월 17일)과 한일기본조약 가조인(2월 20일)

한일회담을 전면적으로 반대하는 한일 두 나라 야당의 성토가 계속되는 가운데 시나 에쓰사부로 일본 외상이 양국 교섭의 마지막 '정치적 손질'을 하기 위해 1965년 2월 17일 오후 서울에 도착했다. 그는 도착 성명에서 "한일 양국의 오랜 역사에는 불행한 기간이 있었던 것은 참으로 유감스러운

---

5. 김동조(金東祚, 1918.8.14.~2004.12.9.). 부산 출생. 경성고등상업학교(1940), 일본 규슈(九州) 제국대학 법학부 졸업, 일본고등문관시험 행정과 합격(1943). 외무부 정무국 국장(1953), 외무부 차관(1957), 주일본대표부 대사(1964), 주일본 대사(1965), 주미국 대사(1967), 외무부 장관(1973) 등 역임.
6. 서중석·김덕련, 『서중석의 현대사 이야기 ⑦』, 도서출판 오월의봄, 2017, 133~135쪽.

일로서 깊이 반성하는 바이다'라고 말했다.[7]

그러나 시나 외상은 말로만 반성하고 있었다. 그는 1963년 발간된 《동화(同化)와 정치》라는 잡지에 일본 제국주의가 '영광의 제국주의'라는 내용의 글을 투고한 사실이 언론에 보도되어 한국인은 이미 그의 속셈을 잘 알고 있었다. 다음이 시나 외상이 투고한 글에 나오는 내용이다.

> 일본이 메이지(明治) 이래 서구 제국주의의 이빨로부터 아시아를 지키고 일본의 독립을 유지하기 위해 타이완을 경영하고 조선을 합방하고 만주에 5족동화(五族同化)의 꿈을 붙인 것이 일본 제국주의라고 한다면, 그것은 영광의 제국주의이며 고토 신페이(後藤新平)[8]는 아시아 해방의 개척자일 것이다. 나는 그렇게 확신한다.[9]

우리는 앞에서 기시 노부스케와 박정희가 서로 편지를 주고받거나 상면하여 짝짜꿍하는 장면을 여러 차례 살펴보았다. 기시 노부스케는 일제 괴뢰국 만주국의 산업부 차관으로 만주국을 쥐고 흔들던 인물이었고, 그 밑에서 근무했던 시나 에쓰사부로가 언급한 고토 신페이는 그의 숙부로 만철 초대 총재를 지낸 인물이었다. 그렇다면 박정희는? 그 역시 만주국군 중위 출신이 아니었던가? 만주 경력으로 보면 박정희가 가장 뒤처졌고, 게다가 미국이 계속 닦달하고 있었으니 한일협정이 가는 방향이 어디일지는 불문

---

7. 《동아일보》 1965.2.17. 1면.
8. 고토 신페이(後藤新平, 1857.7.24.~1929.4.13.). 의사, 관료, 정치가. 이와테(岩手)현 출생. 스카가와의학교 졸업. 타이완 총독부 민정장관(1898), 만철(남만주철도주식회사) 초대 총재(1906), 일본제국 체신대신(1908), 외무대신(1918, 1923), 도쿄시장(1920) 등 역임.
9. 《동아일보》 1965.2.16. 1면.

시나 외상이 방한한 다음 날인 1965년 2월 18일, 6·3동지회 회원들이 서울 파고다 공원에서 성토대회를 열고 있다. | 사진출처:《경향신문》

가지였다.

시나 외상의 과거사 '반성' 언급에도 불구하고 그의 방한을 계기로 겨울잠을 자던 한일협정 반대 투쟁이 다시 일어난 것은 당연했다. 방한 하루 전날인 2월 16일, 범국민투위[10]는 "김-오히라 메모 백지화와 평화선의 고수 및 한일무역 불균형 등의 시정 등이 이루어지지 않은 상황에서의 한일회담 타결을 반대한다"고 밝혔다. 2월 17일에는 방한한 시나 외상의 숙소인 조선호텔 앞에서 야당 당원과 학생, 시민 수십 명이 달걀을 던지고 호텔에 게양된 일장기를 찢으려다 14명이 연행되었다.[11]

그러자 학생들도 다시 집단행동을 개시했다. 2월 18일 오후 1시 30분경 서울 파고다 공원 팔각정에서 10여 명의 6·3동지회[12] 소속 학생들이 "이등박문[13] 망령 성토 학생대회"라고 쓴 플래카드를 펼쳐 들었다. 이들은 팔각

---

10. 대일굴욕외교반대 범국민투쟁위원회: 1964년 3월 6일 야당과 재야 세력이 결성한 범국민적 투쟁기구.
11. 민주화운동기념사업회 연구소, 『한국민주화운동사 1』, 441쪽.
12. 6·3 동지회: 6·3 항쟁을 주도했던 각 대학 학생대표들이 1964년 11월 3일 서울 중구 대성빌딩에서 결성한 모임.

정을 중심으로 모인 150여 명의 시민에게 ①영광의 제국주의자 시나는 즉시 퇴거하라, ②제2의 을사보호조약을 결사 거부한다는 등 6개 항의 한일회담 반대 격문을 뿌렸다. 이날 학생들은 30분간 성토대회를 열고 자진 해산하겠다고 경찰에 호소했으나 경찰은 이를 제지하고 학생들을 연행했다.[14]

2월 19일에는 범국민투위가 서울시청 앞에서 1964년 6·3 항쟁 이후 최초로 대규모 성토대회를 열기 위해 야당 인사 100여 명과 시민 15,000여 명이 모였으나, 경찰이 강력히 저지했다.

이 같은 반대를 무릅쓰고 2월 20일 오후 2시, 한일 양국은 전문(前文)과 전문(全文) 7조로 된 기본조약에 가조인[15]했다. 기본조약이란 정식 외교관계를 수립하거나 중단되었던 관계를 복구하는 외교적 합의문서를 말한다. 한일기본조약은 이 자체만으로 효력을 발생, 현실적으로 국교 정상화가 이루어지는 것은 아니며 청구권, 어업, 문화재, 교포 법적 지위 문제 등이 타결되어 조인해야 효력을 발생하게 된다.[16]

주한 미국대사관이 본국에 보낸 보고 전문에 따르면, 한일협정 가조인 성공을 축하하기 위해 박정희를 예방한 주한 미국대사가 향후의 전망을 묻자 그는 "만약 협상의 성공을 위해 필요하다면 계엄령을 선포할 준비가 되어 있으며 협상을 지속적으로 강하게 추진할 것"이라고 말하면서, "한국 국

---

13. '이토 히로부미(伊藤博文, 1841.10.16.~1909.10.26.)'의 한글 표기.
14. 《동아일보》 1965.2.18. 7면.;《경향신문》 1965.2.18. 3면.;《조선일보》 1965.2.19. 3면. 경찰이 연행한 학생들의 명단은 다음과 같다. 이재우(경희대 정외과 4년), 김경남(동국대 정외과 3년), 박동인(동국대 법과 4년), 이경우(고려대 법과 4년), 김병길(고려대 법과 4년), 김보환(숭실대 사학과 4년)
15. 가조인(假調印): 전권대사가 정식 조인을 하기 전에 합의된 협정 초안의 내용을 확인·고정시키기 위해 서명하는 외교적 행위. 가조인으로 협정이 발효되는 것은 아니며, 발효되지 않아도 합의를 무효화할 만한 중대한 요건 변동이 없는 한 그 내용을 수정할 수 없다.
16. 《경향신문》 1965.2.20. 1면.

민의 절대다수가 일본과의 협정을 바라고 있다"고 말했다고 한다.[17]

3. 1965년 3월

'3·24 제2선언문'과 '격문(檄文)' 작성

1965년 3월 송철원(宋哲元)은 서울대학교 문리과대학 학생회[18]로부터 1964년의 3·24 시위 1주년을 맞이하여 선언문과 격문을 제작해 달라는 부탁을 받고, 1965년 3월 23일 오전 9시경 서울시 서대문구 교남동(현재는 종로구) 51번지 소재 우학명(禹學命)의 집에 김지하(金芝河), 박재일(朴才一), 최혜성(崔惠成) 등과 함께 모여 김지하가 '3.24 제2선언'을, 송철원이 '격문(檄文)'을 작성하여[19] 인쇄를 마쳤으나, 학생회로부터 '3.24'행사가 취소되었다는 연락을 받고 인쇄한 문건을 소각했다. 그러나 이 문건을 중앙정보부에서 입수하여 1965년 9월 15일 송철원·박재일·최혜성은 구속되고 김지하는 도피한다.[20] 소각한 문건을 중앙정보부가 어떻게 입수했는지는 지금까지도 의문으로 남아 있다.

김지하는 당시 도피했던 일에 대해 다음과 같이 기록하고 있다.

> 그날 밤, 나는 수유리에 숨어 있었다. 그때 나를 지키기 위해 내 곁에 있던

---

17. 민주화운동기념사업회, 『한일협정반대운동(6·3운동) 사료총집, 2책 일지2』, 2013, 62쪽.
18. 당시 학생회장 박영조(朴榮祚, 정치학과 62학번).
19. 「민족주의비교연구회 2차 사건 공소장」 1963.10.13.
20. 이 책의 제3부 제2장 '4. 1965년 9월: 6·3 항쟁의 종언'(570쪽 이하) 참조.

정남, 한때 김영삼 정부에서 교육문화 수석비서관을 한 그 김정남(金正男)이 시내에 갔다 와서 정보부가 내 어머니, 아버지를 잡아다 나 숨은 곳을 대라고 전기고문을 서너 차례나 한 끝에 아버지가 졸도하고 고혈압이 크게 터져 반병신이 돼 버렸다는 얘기를 나직나직 들려주었다.

우리는 소주를 마셨다. 희뿌옇게 먼동이 터올 때 뒷산 의암 손병희 묘소 근처에서 밝아오는 동쪽을 바라보고 혼자 속으로 굳게 맹세했다.

'내 눈에 흙이 들어가기 전까지는 반드시 박정희를 무너뜨리겠다!'[21]

다음은 발표되지는 않았으나 문제가 되었던 '3·24 제2선언문'과 '격문'의 내용이다.

3·24 제2선언

민족사의 전진적 발전은 드디어 피의 폭풍을 요구했다.

위대한 전민족(全民族) 양심은 이제 구국항쟁의 횃불을 높이 올리며, 반외압세력, 반봉건, 반매판(反買辦)의 삼월 투쟁이 기아와 질곡 속에 매몰된 조국을 발전적으로 변화시키려는 엄숙한 역사적 요청이었음을 다시 한 번 천명한다.

민족적 양심세력의 무자비한 압살자(壓殺者), 치기만만한 공보적(公報的) 공갈로서 참된 3월의 추억을 중상한 현 정권은 사상(史上) 공전(空前)의 정치적 공포주의의 엄호사격 아래 강도 일본과 매국적 한일 흥정을 계속 강행하고 있다.

매판성 친일 악덕재벌 및 그 주구인 정상배들은 피에 굶주린 신제국주의

---

21. 김지하, 『김지하 회고록-흰 그늘의 길 2』, 도서출판 학고재, 2003, 94쪽.

김지하가 작성한 '3·24 제2선언' | 출처: 송상근 스크랩

일본 독점자본에의 열병적 향수에 마취되어, 시장 강탈에 급급한 일제의 쇠발꿈치 아래 조국을 인도하여 그 혈세로서 저들의 기름진 복부를 팽창시키면서, 이것이 곧 조국의 근대화라고 기만하고 있다. 새로운 동남아 공영권의 시대착오적 몽상에 사로잡힌 제국주의 일본 해적배들은 또한 저들대로 선린외교라는 굳센 쇠사슬로 일련의 동남아를 자기 몸에 얽매어 놓은 뒤, 이들 제국(諸國)이 감히 자기의 신성한 의지에 저항하지 못하도록 저들 비전(秘傳)의 예리한 일본도를 갈고 있다. 범죄적 제국주의 침략 신경이 발톱 끝까지 긴장된 일본 독점자본 및 그 번견(番犬)이며 파시스트 전쟁광의 적자(嫡子) 佐藤(사토) 내각에게 매소부적 추파를 던지는 국내 민족반역자인 매판망국재벌 및 그 주구(走狗)인 정상배들은 또한 그들대로 그들의 상전(上典)의 5월 상륙을 기다리면서, 극도의 대외의존적인 조국의 기형적 정치 경제 사회구조의 모순을 더욱 심각화하고 있다. 이들의 더러운 흡혈귀적 이윤추구가 중소 민족자

산계층, 농어민, 노동자 및 도시소비대중의 일방적 희생을 강요하면서 자기만의 비대화를 획책하고 있다.

이러한 반민족사적 흉계에 신음하는 조국의 현실에 직면하여 우리는 역사적 사명감을 통감하고, 앞으로 여하한 망국책동도 결코 좌시하지 않을 것을 엄숙히 선언한다.

우리는 외세의존의 모든 사상과 제도의 근본적 개혁 없이는, 전체 국민의 희생 위에 홀로 군림하는 매판자본의 타도 없이는, 외세의존과 그 주구 매판자본을 지지하는 정치질서의 철폐 없이는 민족자립으로 가는 어떠한 길도 폐쇄되어 있음을 분명히 인식한다. 민족적 긍지와 이익을 배반하고 일본 예속화를 촉진하는 매국적 한일 흥정의 즉시 중단을 엄숙히 요구한다.

폭풍처럼 억세찬 민족사의 전진적 승리를 확신하면서 우리는 저 3월 항쟁의 역사적 의의를 재확인한다.

1965년 3월 24일
서울대학교 문리과대학 학생회

격문(檄文)

지성(知性)에 찬 젊음을 정의의 광장에 후려쳐 뿌리던 그 날, 그 날로부터 삼백 예순 다섯 날, 우리는 황금의 침묵을 안은 채 삼월의 태양을 다시금 만끽한다.

요염하기만한 독화(毒花)의 덤불을 헤치고 민족사의 전진적 승리를 쟁취코자 자랑스러이 어깨를 결던 우리들 무죄의 전과자들은 감격과 수난과 회한이 교차되어, 분노를 머금은 채 무엇인가를 숙고하고 있다.

송철원이 작성한 '격문(檄文)' | 출처: 송상근 스크랩

　　기쁨에 넘쳐 자유의 종을 난타하던 타수들의 혈혼을 되새기며, 수탈과 착취의 질곡에서 탈환한 내 사랑하는 조국의 참담하고 부정적인 현실에 말없이 통곡을 보낸다.

　　오늘을 보자!

　　신제국주의로 무장한 신흥 해적은 저들의 더러운 배설물을 미끼로 삼아 내 강토에 상륙하려 하고 있으며, 홀로 영리하나 어리석은 군상(群像)들은 박색(薄色)의 교태를 보이며 끝없는 곡예를 계속하고 있다.

　　민족의 고혈(膏血)과 선혈(鮮血)로 응집된 생명의 바다를 팔아 선열들의 뼛가루가 거름된 내 금수강산을 왜인들의 오물처리장으로 만들고 있는 그들, 그들은 국민의 푼돈을 모아, 천부(天賦)의 매판적 소질을 타고난 반민족적 악질 재벌에게 선사함으로서 민족자본을 육성한다는 사기와 기만을 서슴지 않고 있다.

공포에 치가 떨리는 정보정치로 양심의 수호자들을 무자비하게 타격하던 그들, 그들은 정권 유지금인 몇 푼의 불화(弗貨)를 댓가로, 지금 불어오기 시작한 남풍에 돛을 단 강도들과 자기만의 과오로 피폐해진 내 조국을 계약함으로써 독점자본의 철쇄에 다시 예속시키려 하고 있다.

오늘

우리, 반외압세력, 반매판, 반봉건의 봉화를 높이 들던 상아탑의 전위대들은 조국이 부여해준 역사적 사명을 지실(知悉)하고 있다. 선진(先進)들의 피 흘리던 항쟁을 본받아 기아와 공포의 설움을 스스로 맛보던 열풍의 광장을 또한 분명히 기억한다.

그리하여 역사가 우리를 필요로 할 때, 수다한 양심이 우리에게 절규할 때, 정의의 기치를 높이 게양할 것이다.

아니, 게양해야만 한다!

1965년 3월 24일
서울대학교 문리과대학 학생회

4. 1965년 4월: 한일협정 가조인 무효투쟁

1) 3대 현안(懸案) 요강(要綱) 가조인(4월 3일), 평화선과 학생데모

1965년 4월 3일 오전, 한국과 일본은 일본 도쿄에서 청구권, 어업(漁業), 법적 지위 등 3대 현안을 일괄 타결하고 각각의 협정에 정식 가조인했다. 구

3대 현안 요강 가조인을 보도한 《동아일보》 1965.4.3. 1면.

체적으로 보면 '한일간의 청구권 문제 해결 및 경제협력에 관한 합의사항', '한일 간의 어업 문제에 관한 합의사항', '재일 한국인 대우에 관한 합의사항'에 가조인함으로써 14년 동안 끌어온 한일 간의 기나긴 교섭을 사실상 매듭짓고 형식적인 절차만 남게 된 것이다.

뒤에서 자세히 검토할 테지만, 한일협정의 특징은 한일 양국 간의 '쟁점'을 '모호한 방식'으로 처리한 점에 있었다. 가조인 당시 국민의 분노를 가장 크게 일으킨 것은 '어업' 문제 타결을 통해 평화선을 교묘하게 포기했다는 점이었다.

평화선이란 1952년 1월 18일 이승만 대통령이 한반도 주변수역에 한국의 주권을 선언한 해양선으로 '이승만 라인' 또는 '리 라인(Lee Line)'이라고도 한다. 해안에서부터 평균 60마일(약 53해리)에 달하는 이 평화선을 선포한 이유는 ①한일 간의 어업상의 격차, ②어업자원 및 대륙붕자원 보호, ③세계 각국의 영해확장 및 주권적 전관화 추세, ④일본 주변에 선포된 해역선인 '맥아더 라인'[22] 철폐에 따른 보완책 등이었다. 한편 평화선을 포함한 어업 문제에 첨예한 이해관계가 걸려 있던 일본은 한일회담을 통해 지속적으로 그 철폐를 주장했고, 회담의 성사에 급급하던 우리 측의 일방적인 양보로 한일협정의 체결과 함께 폐지된 것이다.[23]

평화선 문제는 청구권 문제와 더불어 한일국교 정상화를 좌우하는 시한폭탄이라고 해도 과언이 아닐 정도로 민감한 문제였다. 당시 한국인은 대부분 평화선을 영해선으로 간주하여 평화선을 포기하는 것은 국토를 팔아먹는 행위라고 인식하고 있었기 때문이다. 일부 한국인은 평화선을 잃으면 다시 일본의 식민지가 될 것이라고 우려할 정도였다.

이 같은 시기에 박정희는 일본으로부터 청구권 자금을 받아내어 경제개발에 나서고자 했고, 일본은 청구권과 평화선을 상쇄하는 것을 청구권 문제 합의 이행의 전제조건으로 내세우고 있었다. 이에 따라 박정희는 청구권 자금을 받아내기 위해서는 평화선 문제에 대한 '후퇴'가 불가피하다고 보았다. 1962년 11월 12일 대일 청구권 문제에 합의하여 '김종필-오히라 메모'가 작성되기 직전, 박정희는 "청구권 문제에서 일본 측이 성의를 표시하면 평화선 문제에서 융통성 있는 태도로 임할 것"이라는 메시지를 일본 측에 전하라는 긴급 훈령을 김종필에게 보냈다. 그러자 1962년 11월 10일 김종필은 일본에서 열린 기자회견에서 다음과 같이 말했다.

평화선은 어업보다 국방선으로 생각하고 있다. 일본에 대한 선이 아니므로 일본이 신경을 쓸 필요가 없다. 외화 획득 방법과 어업이 큰 관계가 있는

---

22. 맥아더 라인(MacArthur Line): 1945년 9월 27일, 미국 극동군 사령관 D. 맥아더가 일본 주변에 선포한 해역선(海域線)으로 일본 어선의 활동 가능 영역을 나타낸다. 1946년 6월과 1949년 9월 두 차례에 걸쳐 확대되었고, 1952년 4월 샌프란시스코조약 발효와 더불어 소멸했다.(두산백과)
23. 한국사사전편찬회, 『한국 근현대사사전』, 가람기획, 2005.

것이다. 어업 문제는 청구권에 따라 융통성이 있을 수 있다. 일본이 청구권에 관해 선을 제시하여 수락하면 급진전하게 될 것이다. 한국을 강하게 만들기 위해 일본이 1~2억 정도 더 낸다 하더라도 이것은 결국 일본의 이익이 될 것이다.[24]

그러고 나서 '김종필-오히라 메모' 작성으로 청구권의 윤곽이 정해지자, 전관수역(專管水域) 즉 한국 어민만이 배타적으로 어로 행위를 할 수 있는 수역을 12해리까지 설정하고 40해리까지는 공동규제수역으로 하는 어업협정에 합의를 본 것이다. 이 어업협정에서 언급하지 않는 방식으로 평화선은 슬그머니 사라지게 된다. 모호한 방식에 의한 쟁점 봉합이었다.

국민의 여망을 저버린 채 평화선을 포기하고 한일회담을 타결한 사실은, 이후 한일협정의 조인과 비준을 둘러싸고 반대 투쟁이 다시 격렬하게 전개될 것을 예고하고 있었다. 그동안 범민투위를 통해 한일회담 반대의 목소리를 높였던 야당은 가조인된 한일협정을 즉각 부정하고 극한투쟁을 선포했다. 그리고 1964년 6·3 항쟁 이후 침묵하던 학생들도 본격적으로 움직이기 시작했다.

1965년 3월 31일 전남대학교 학생들이 1964년의 6·3 항쟁 이후 최초로 가두시위를 벌였다. 800여 명이 참여한 이날 시위에서 학생들은 "매국외교 결사규탄", "김-오히라 비밀흥정 이완용을 웃긴다", "빼앗긴 평화선 아이고 아이고"라고 쓴 플래카드를 앞세우고 경찰과 격렬한 투석전을 벌였다. 학생시위 재발을 두려워했던 박정희 정권은 이 시위를 폭력적으로 진압했을 뿐만 아니라 강화된 학칙을 적용하여 시위 주도자 7명을 제적하고 그중 4

---

24. 이동준, 『불편한 회고-외교사료로 보는 한일관계 70년』, 도서출판 삼인, 2016, 181~182쪽.

명에게 징집 영장을 발부했다. 이후 시위 주도 학생에 대한 제적과 징집은 학생운동에 대한 탄압의 전형적인 수단으로 자리 잡았다.[25]

4월 7일 오후, 서울 시내 9개 대학(8개 종합대, 1개 단과대) 대표 12명이 '평화선사수 학생연합투쟁위원회'를 결성했다. 이들은 전국 학생들에게 평화선 사수를 호소하면서 4월 9일부터 대학별로 성토대회와 평화적인 시위로 투쟁할 것이라는 성명서와 데모를 하다 구속된 전남대생을 비롯한 지방 학생들의 석방과 즉각 복학을 요구하는 등의 대정부 요구사항을 발표했다.[26]

2) 서울법대 시위(4월 10일)와 동국대생 김중배 사망(4월 15일)

1965년 4월 9일 동국대학 학생들의 교내 성토대회에 이어, 4월 10일 서울대 법대생들이 서울에서의 첫 학생시위를 벌였다. 오전 10시 "평화선을 사수하자"는 등의 구호를 외치며 교문을 나선 법대생들(약 300명)은 스크럼을 짜고 구보로 종로 5가에서 4가까지 나가려다가 경찰 간부들의 제지를 받았으나 그대로 강행, 10시 25분 파고다 공원 앞에 이르자 곤봉으로 무장한 기동 병력(500여 명)의 제지를 받고 연좌데모에 들어갔다. 이들은 전원 경찰 버스로 연행됐다.[27]

이후 연일 학생데모가 잇달았다. 4월 11일 경희대생 200여 명, 연세대생 2,000명, 동국대 2부 학생 200여 명이 성토대회를 열었고, 12일에는 초급대학 학생들의 연합체인 초급대학연맹회가 한일회담에 반대하는 결의문을 발

---

25. 민주화운동기념사업회 연구소, 『한국민주화운동사 1』, 442~444쪽.
26. 《동아일보》, 《경향신문》 1965.4.8. 7면.
27. 《동아일보》 1965.4.10. 7면.

1965년 4월 10일 서울에서 최초로 시위에 나선 서울대 법대생들이 파고다 공원 앞에서 연좌시위를 하고 있다. | 사진출처:《동아일보》

표하고 구속 학생을 즉시 석방할 것과 각 대학 학생회장들을 강제로 소집하여 정부 정책을 홍보하는 비열한 방법을 중단하라고 요구했다.

4월 13일에는 서울 시내 대학생 5,400여 명이 굴욕외교 반대시위에 나섰다. 고려대(1,000여 명), 연세대(1,200여 명), 경희대(900여 명), 동국대(800여 명), 성균관대(500여 명), 숭실대(600여 명), 국학대(400여 명) 등의 학생들이 플래카드를 들고 거리로 나와 시위를 감행했고, 경찰은 최루탄을 발사하고 경찰봉을 휘둘렀다.

4월 14일에도 학생시위는 멈추지 않았다. 12시경 중앙대생(300여 명)이 성토대회를 마치고 시위에 나서 경찰과 투석전을 전개했는가 하면, 성균관대생(약 700명)도 성토대회 후 시위에 나서 경찰기동대와 충돌했다.

4월 15일 고려대생(1,200여 명)이 시위를 재개하여 30여 명이 연행되고 2명이 구속되었고, 제주대생(300여 명)은 '평화선 사수 성토대회'를 마치고 시위에 들어갔다. 또한 한국외국어대학생(400여 명)도 시위에 나섰고 서울대 법대생(300여 명)은 학생총회를 개최하고 단식투쟁에 들어갔다. 고등학교

동국대생 김중배 사망을 보도한 《동아일보》 1965.4.16. 3면.

최초로 경기고등학생들이 시위에 나서기도 했다.

이날, 1965년 4월 13일 시위 도중 경찰봉에 맞아 머리를 다친 동국대생 김중배(金仲培, 농학과 3)가 사망하는 사건이 발생했다. 1964년 건국대생 이윤식이 사망한 데 이은 두 번째의 학생 사망 사건이었다. 기록을 통해 이 사건을 되돌아보기로 하자.

동국대생들은 4월 13일 성토대회를 열고 오후 1시 40분경 거리로 나왔다. … 이때 쌍림동 부근 골목길에 숨어 있던 경찰이 기습작전으로 학생들을 구타하여 20여 명이 땅바닥에 쓰러졌고 70여 명이 중부서로 연행당했다. 한편 쌍림동 골목으로 도주하던 김중배 외 5명은 골목이 막혀 다시 허겁지겁 달아나다 뒤쫓던 경찰 곤봉에 김중배가 두부를 맞고 인근 집으로 피신했다. 동료 학생들은 김군을 응급치료한 후 약 30분간 안정시켰다.

그러나 의식불명 상태가 계속되어 숙소로 갔다가 이비인후과 병원에서 응급치료를 한 후, 중부시립병원과 수도의대병원에 "데모하다 다쳤다"며 입원을 요청했으나 거절당하고, 4월 14일 새벽 2시 "장난하다 몽둥이로 맞았다"

고 속여 서울대학병원에 입원시켰다. 그러나 김중배는 4월 15일 오후 8시 15분 절명했다.

김중배의 사망 소식을 들은 동국대생 2천여 명은 4월 16일 위령제를 올리고 "오늘 우리 벗을 잃었다. 평화선을 잃은 백만 학도의 울부짖음을 저지하는 이유는 어디 있느냐. 전 동국 건아의 슬픔을 김군은 아느냐"는 내용의 추도사를 한 후 "김중배를 누가 죽였나"는 등의 내용이 적힌 플래카드를 앞세우고 시위에 나섰다.[28]

4월 16일 동국대생뿐만 아니라 건국대생(2,000여 명)도 성토대회 후 시위에 들어가 한양대생과 합류하여 경찰백차를 탈취하며 시위를 벌였다. 서울대 상대생(200여 명)은 성토대회 후 50여 명이 단식투쟁에 돌입했고, 이화여대생(4,000여 명), 경희대생(1,500여 명), 연세대생(400여 명)은 성토대회를 벌이는가 하면 전남대생(400여 명)도 농성을 벌였다.

문교부는 4월 16일 오후 한일회담 반대시위로 정상수업이 어려운 고등학교 이상의 학교는 4월 말까지 학교 책임자의 재량으로 임시 휴교하도록 각 대학과 서울시교육위원회에 긴급 지시했다. 이 같은 휴교령에도 시위와 성토대회는 계속되었다.

4월 17일 오전, 서울의 고교생 3천여 명이 시위를 벌여 경찰과 충돌했고, 서울대 사범대생(150여 명)은 성토대회를, 고려대생(100여 명)은 '경찰봉 장례식'을 벌였다.

4월 19일, 4·19 혁명 5주년을 맞아 오전 11시부터 서울대 문리대생(300여 명)과 유가족이 참가한 가운데 기념 추도식을 갖고 침묵시위를 벌였다. 학

---

28. 6·3동지회, 『6·3학생운동사』, 역사비평사, 2001, 223~224쪽.; 《동아일보》 1965.4.16. 3면.

1965년 4·19혁명 5주년이 되는 날, 서울대 문리대생들이 가랑비를 맞으며 침묵시위를 벌이고 있다. | 보도사진 작가 구와바라 시세이(桑原史成) 촬영

생들은 종로 5가-종로 4가-원남동-혜화동-문리대 코스로 행진할 것을 경찰과 합의, 가랑비가 내리는 가운데 경찰의 경호(?)를 받으며 침묵시위를 벌인 후 오후 1시 30분 종료했다.[29]

4·19 기념일을 맞아 동국대, 중앙대, 성균관대, 국민대 등에서도 간소한 추념식을 거행했다. 한편 제주도에서는 제주대생(100여 명)과 남주고교생(약 200명)이 성토대회를 열고 시위를 벌여 경찰과 충돌했다. 이후 서울에서의 휴교 조치로 학생들의 투쟁은 잠시 지방으로 옮겨졌다.

4월 20일 오전, 전북대학생(500여 명)이 성토대회 후 시위에 들어가 경찰 저지를 받았고, 연세대생(200여 명)이 성토대회를 열었다. 낮 12시경에는 서울대생들(100여 명)과 서강대생(300여 명)도 성토대회를 열었다.

4월 21일 오전 9시 30분경 부산 수산대생(300여 명)은 "고기 없는 어장에 어업근대화 필요 없다", "도둑맞고 빼앗기고 남은 것은 무엇이냐", "황금어

---

29. 《동아일보》 1965.4.19. 3면.

장 사수하자" 등 플래카드를 들고 시위에 나서 경찰 제지를 받았고, 오전 10시 40분경에는 경북대 법대생(100여 명)이 "김중배 군의 살해자를 엄벌하라", "4·3 가조인을 무효화하라"는 결의문을 발표하고 시위를 벌였다.

4월 22일 경북대 시위가 또다시 벌어졌다. 오전 10시경 경북대 법대생과 문리대생 약 200명이 "구속학생 석방하라". "평화선을 사수하자" 등의 플래카드를 들고 "경찰봉은 살인봉이다", "김중배 군의 살해범을 엄단하라" 등의 구호를 외치며 시위에 나서 경찰의 저지를 받았다. 오후 2시에는 대한예수교장로회신학대생(160여 명)이 휴교 조치를 반대하는 성토대회를 열기도 했다.

4월 23일에도 대구에서 시위가 벌어져 오전 11시 대구대생(500여 명)이 성토대회를 연 후 시위에 나서는가 하면, 12시 30분경에는 청구대생(600여 명)도 대일 굴욕외교 반대시위를 벌여 경찰 제지를 받았다.

4월 26일부터는 서울에서의 저항이 재개되었다. 이날 12시 40분부터 한국외국어대생(300여 명)은 성토대회를 마친 후 학생회장 등 30여 명이 결의사항 관철을 요구하며 단식에 들어갔다. 4월 27일 오전에는 한국신학대생 100여 명이 서울시청 앞 광장에 산발적으로 집결하여 중앙청을 향해 시위하다 경찰에 의해 해산되는가 하면, 4월 29일 오후 1시 40분부터 서울대 문리대생(200여 명)은 성토대회 후 시위를 벌이다 전원 경찰에 연행되었다. 4월 30일에는 서울대 사범대생(약 50명)과 대전 감리교신학대생(160여 명)이 성토대회를 벌였다.

5. 1965년 5~6월: 한일협정 조인 반대 투쟁

1965년 5월 2일 오후, 박정희는 "학생데모는 애국이 아니며, 지식인은 용기 없고 옹졸하며, 언론인은 무책임하다"며 학생·지식인·언론을 맹렬히 비난했다. 이후의 박정희 통치 방향을 암시하는 듯한 그의 발언 내용을 언론 보도를 통해 살펴보고, 박정희의 주장에 대한 조지훈[30]의 반론을 들어보기로 한다.

"학생데모는 애국이 아니다" "언론은 무책임, 지식인은 옹졸"
박정희 대통령은 5월 2일 오후 한일회담 반대 등으로 격동을 거듭하고 있는 현 정국에 언급, 학생들의 데모와 언론의 태도, 그리고 야당 정치인의 행동 및 일부 지식인들의 사고방식이 그릇된 것이라고 격렬한 비난을 가했다. 진해 제4비료공장 기공식에 참석한 박 대통령은 미리 준비했던 치사(致辭)를 젖혀놓고 즉석연설을 통해 오랜 침묵을 깨뜨리고 처음으로 전반적인 문제를 들추어 "학생들의 데모가 절대 애국적이 아니라고 단언한다"고 말하면서 언론은 무책임하고, 지식인은 용기 없고 옹졸하다고 최근의 그의 심경 일단을 밝혔다.
격한 어조로 연설을 계속한 그는 "일제 때 같이 항거만 하는 정치인과 언론인들의 근본적 사고방식과 자세는 버려져야 한다"고 강조하면서 "오늘날 정부는 여러분의 정부이고, 대통령은 여러분이 뽑은 대통령"이라고 말했다.

---

30. 조지훈(趙芝薰, 1920.12.3.~1968.5.17.). 시인. 경상북도 영양 출생. 본명 조동탁(趙東卓). 독학으로 중학 과정을 마치고, 혜화전문학교(동국대학교 전신) 불교학과 졸업. 오대산 월정사 불교전문강원 강사(1941), 조선어학회 편찬원(1942), 고려대 문리대 교수(1947), 한국시인회 회장(1967) 등 역임.

박정희의 즉석연설을 보도한《동아일보》와 조지훈의 반론을 보도한《조선일보》

박 대통령은 무조건적인 대정부 비판 태도를 비난하면서 "우리나라 인텔리들은 정부가 하는 일을 무조건 반대해야만 지식인이고 인텔리라는 사고방식을 뜯어고쳐야 한다"고 말했다. 그는 "어째서 정부가 잘하는 일은 잘됐다고 칭찬하지 못하는가?"라고 반문하면서 이것은 "용기 없고 옹졸한 인텔리이다"라고 비난하고 "무책임한 언론기관에서 무책임한 소리를 하는데 국민은 뇌화부동[31]하지 말라"고 말했다.

비료공장 기공식에 참가한 학생들을 앞에 놓고 박 대통령은 요즘의 한일회담 반대 학생데모에 언급, 다음과 같이 말했다.

"요새 학생들이 플래카드를 들고 데모라는 철없는 짓들을 하고 있다. 이 나라는 10년, 20년 후에는 제군의 세대이다. 오늘의 모든 일은 기성세대가 맡

---

31. 부화뇌동(附和雷同. 줏대 없이 남의 의견에 따라 움직임)의 잘못된 표현.

고 있다. 여러분은 아직 배워야 한다. 정치에 낱낱이 간섭하고 참여할 시기도 아니며 책임도 없다. 요새 한일회담에 대해 야당 인사들은 최후일각까지 반대투쟁을 한다고 한다. 여기에 철부지한 학생들이 매국외교니 굴욕외교니 하고 비난한다. 지금까지는 정부의 고충도 모르고 했기 때문에 가만히 있겠다."

이렇게 학생들의 현실 참여를 비난한 박 대통령은 "학생들이 내용도 모르며 한일회담을 반대한다"고 하면서 "확실히 말해두지만 학생들이 거리에 나와서 떠든다고 절대로 애국이 아니라고 단언하며, 그런 행동은 정치인의 앞잡이밖에 안 된다. 무엇을 알고 떠들어라"고 말했다.

그는 "일부 인사는 한일회담의 내용을 알고 애국적인 입장에서 반대하는 부분도 있다"고 전제한 후, "대부분 정치인들은 언필칭(言必稱) 매국외교니 굴욕외교니 정권연장을 위해서니 하면서 반대한다"고 야당 정치인들에게도 비난의 화살을 퍼부었다. 박 대통령은 "이러한 국민 자세를 가지고서는 도저히 자립을 달성할 수 없다"고 말했다.

특히 학생들 자세에 힘줘 말한 그는 서독(西獨) 방문 시 "학생들이 데모하고 떠드는 나라치고 잘되는 나라가 없다"고 한 뤼프케 대통령의 말을 인용하면서 한국 학생들의 정치 관여를 뤼프케 대통령으로부터 질문받았을 때 "나는 창피하고 부끄러웠다"고 말했다. 박 대통령은 학생들이 4·19 정신 운운하며 거리로 뛰어나오는 데 대해 "그러한 일은 100년 또는 200년에 나올까 말까 하는 숭고한 정신"이라고 말했다.[32]

---

32. 《동아일보》 1965.5.3. 1면.

"그들은 과연 비애국적이며 무책임하고 옹졸한가"

_조지훈

지난 5월 2일 진해 제4비료공장 기공식 석상에서 박 대통령이 치사를 통해 데모 학생의 비애국성, 언론의 무책임, 지식인의 옹졸을 격렬하게 비난했다는 보도는 상당한 물의를 자아낸 모양이다.

신문보도에 의하면 이 치사는 즉석연설이었다 하는바, 그러므로 저간(這間)의 박 대통령의 심중(心中)을 단적으로 드러낸 것이라 할 수 있고, 따라서 이 점이 국민의 관심이 집중되는 것이 사실이라 하겠다.

그러나 이번 연설은 한마디로 덮어 말한다면 그 자리에 있는 이의 발언으로서는 너무 편협하고 규각(圭角)[33]이 서는 어조라 하겠다.

야(野)에 있을 때와 아래 있을 때는 강한 경고와 충언이 귀를 거슬리게 할 수 있지만, 윗사람이 되면 겸양과 아량으로 위의(威儀)[34]를 삼아야 하는 것이 대경대법(大經大法)[35]인 까닭이다. 더구나 정치란 있는 장애물도 건드리지 않고 회피하여 목표점에 도달하는 것이 상책인데, 민중을 자극하고 적을 만들어 새로운 장애를 일으킨다는 것은 득책(得策)은 확실히 아닌 것이다.

학생과 언론과 지식인은 그래도 다른 국민여론의 정수(精髓), 우리의 국운(國運)을 기대할 곳이 이 세 분야밖에 없다는 것은 아무도 부인하지 못할 것이다. 일언(一言)으로 삼면(三面)을 공격하는 용기는 일신(一身)으로 국민 전체에 맞서려는 자세라 아니할 수 없다. 학생과 언론과 지식인들의 비판은 오히려 위정(爲政) 책임자의 반성의 자료가 될지언정 비애국, 무책임, 옹졸이라는 일

---

33. 모나 귀퉁이의 뾰족한 곳, 말이나 뜻·행동이 서로 맞지 아니함.
34. 위엄이 있고 엄숙한 태도나 차림새.
35. 공명정대한 큰 원리와 법칙.

언(一言)으로 매도할 성질의 것은 아니기 때문이다.

하기는 학생데모 남발의 폐해를 우리도 4월혁명 이래 누누이 경고한 바 있다. 그러나 한일문제의 타결에 이만한 정도의 반발과 발언이 있어서 안 되고, 그것이 비애국적이고, 또 그것을 힘으로 눌러야 한다고 생각한다면 그것은 잘못된 생각이다. 민족의 정기나, 누적된 감정이나 현실의 이해 어느 모로 봐서도 한일문제는 당연히 이런 혼란을 겪지 않고는 안 되게 돼 있는 것이다.

언론의 횡포에 대해서도 우리는 3·15부정선거 이래 언론계의 자기 엄폐(掩蔽)[36]를 비판해왔고 언론윤리의 수립을 종용해왔다. 그렇다 해서 언론에 대한 어떠한 탄압이라든가, 일률적인 무책임이란 딱지를 붙이는 데 대해서는 우리는 민족을 위한 한국 언론의 과거나 현재의 공적을 더 높이 평가하고 옹호하려는 자(者)이다.

지식인 문제도 그렇다. 자유당 치하의 암흑기에 지식인들의 대부분이 무기력하게 정부 비판을 기피하고 있을 때 국민들은 이것을 안타까이 여기고 있었다. 오늘의 지식인들의 사회참여 의식은 그때보다 훨씬 적극적인 것이 사실이다.

박 대통령이 지식인을 옹졸하다고 하는 것은 정부를 비판하는 데 용기가 없다는 말이 아니고, 정부의 잘하는 일을 칭찬할 용기가 없다는 뜻이니 얘기가 다르지만, 우리는 역대 정권이 조금씩 잘한 일을 기억하고 있고, 이것은 언제든지 찾아서 정당히 평가해줄 수가 있다.

그러나 잘한 일보다 잘못한 일이 훨씬 더 많고 잘못한 일은 언제나 방대한 문제여서 거기 비해서는 너무나 미세한 잘한 일을 찬양할 여유가 없다는 것도 사실이다. 발등에 떨어지는 불이 연달은 나머지에, 이제는 이마빼기에 불

---

36. 가리어 숨김.

이 떨어지게 되었으니 어느 겨를에 "잘했다, 잘했다"고 할 수 있을까 말이다.

박 대통령의 이번 발언은 한일문제가 정점에 이른 민족적인 흥분상태와 그에 임하는 자신의 결의를 나타내기 때문에 격렬한 언사로 표현된 줄로 안다. 그러나 학생과 언론과 지식인은 모두 다 제 나름의 애국의 성충(誠忠)[37]을 지녔고, 그것은 한일문제가 여야의 정권 쟁탈전으로만 휩쓸려가는 것을 우려하는 점에서는 다름이 없을 줄 안다. 혼란과 격돌은 각오해야 하고, 그 혼란과 격돌 속에 타협과 해결이 모색되어 민족 전체가 빠져 있는 이 심한 딜레머에서 벗어나기를 염원하는 우리는 박 대통령이 지적한 비애국성과 무책임과 옹졸이란 3대 난점이 오히려 정권 담당자 자신들의 후회지사(後悔之事)가 되지 않기를 충심으로 빌고 있다. 백보를 양보해서 학생데모는 비애국적이고, 언론은 무책임하고, 지식인은 옹졸하다고 하자. 그것은 이 판국에 있어선 간접적임을 면치 못한다. 그러나 정권을 담당하는 이들의 애국과 책임과 용기는 그르치기만 하면 한 개인의 성패(成敗)에 멈추는 것이 아니고, 민족·국가 전체의 운명에 직접적으로 연결되어 있다는 것을 경성(警醒)[38]하지 않으면 안 될 것이다.

지식인은 옹졸하다는 말에 대해서 우리는 그다지 노하지 않는다. 박 대통령은 아마 옹졸하지 않은 지식인의 표준을 그 연설에서 인례(引例)한바 요즘 학생들은 "기국주의[39]가 무엇인지도 모르고 기국주의를 반대한다"는 말을 들려준 어느 대학 교수의 같은 태도에 드는지 모르지만, 대다수의 지식인은 아마 옹졸한 지식인이 될지언정 감언(甘言)으로 순어이(順於耳)함으로써 그런 의

---

37. 마음속에서 우러나오는 정성.
38. 정신을 차려 그릇된 행동을 하지 않도록 타일러 깨우침.
39. 기국주의(旗國主義): 공해상의 선박이나 항공기는 국적(國籍)을 가진 국가의 배타적 관할권에 속한다는 국제법상의 원칙.

미의 용기있는 지식인이 되기를 바라진 않을 것이기 때문이다. (고대 교수)[40]

박정희의 방미(5월 16일)와 한일협정 조인(6월 22일)

1965년 4월 3일의 한일협정 가조인 이후 한일 양국은 조속한 정식 조인을 목표로 마지막 협상에 박차를 가했다. 이에 범민투위는 5월 초부터 각 지방을 순회하며 한일회담 조인을 저지하기 위한 궐기대회를 열기 시작했다. 또한 학생데모가 애국적이 아니라는 박정희의 경고에도 5월 6일과 7일에는 광주에서, 5월 12일에는 목포에서 고등학생들이 시위를 벌였다.

한일협정 조인 반대를 외치는 시위가 벌어지는 가운데 5월 16일 박정희는 정상회담을 하기 위해 미국으로 떠났다. 미국 대통령 린든 존슨은 '하늘의 백악관'이라고 불리는 대통령 전용기는 물론 의전·경호·공보 담당자까지 보내는 정성을 쏟았고, 둘이 함께 카퍼레이드를 하며 숙소인 영빈관까지 직접 바래다주는 등 극진한 대접을 했다.

4년 전인 1961년 11월, 박정희가 케네디 대통령을 만나기 위해 민항기와 미 공군 수송기 등을 몇 번이나 갈아타고 워싱턴에 도착했을 때와는 하늘과 땅 차이였다. 4년 전에는 5·16 쿠데타의 추인을 받으러 빈손으로 갔지만, 1965년 5월 미국에 가는 박정희의 손에는 베트남 파병[41]과 한일회담 타

---

40. 《조선일보》 1965.5.5. 1면.
41. 한국군 베트남 파병은 1964년 9월 11일의 의무중대 및 태권도 교관단의 파견을 시작으로 4차에 걸쳐 이루어졌다. 제2차는 1965년 3월 건설지원단(비둘기부대)이 파병되었고, 이후 제3차는 1965년 10월(청룡부대)과 11월(맹호부대)에 전투부대가 파병되었다. 제4차는 1966년 4월(맹호부대)과 10월(백마부대)에 각각 파병되었다. 연인원 32만 5,517명이 파병된 가운데 5,099명의 사망자, 1만 1,232명의 부상자 그리고 4명의 실종자가 발생했고, 15만 9,132명이 고엽제 피해를 입었다.(위키백과)

박정희와 린든 존슨 미국 대통령. 존슨 대통령은 1965년 5월 미국을 국빈 방문한 박정희를 극진히 대접했다. | 사진출처:《조선일보》

결이라는 선물 보따리가 있어서였다. 미국은 그 대가로 한일 국교 정상화 이후에도 미국의 경제·군사 원조가 계속될 것을 약속했다.

한미 정상회담이 진행 중이던 5월 18일, 서울대생들이 성토대회를 열고 교문을 나섰다. 이날 오전 10시 20분 서울대 사범대생(100여 명)은 성토대회 후 연좌데모를 벌였고, 오후 1시 20분부터 서울대 법대생(약 150명)도 성토대회를 벌인 후 "Friendship Yes, Interference No(우정은 좋으나 간섭은 싫다)"는 내용의 플래카드를 들고 시위를 시도했다. 또한 서울대 문리대생(200여 명)도 오후 1시 "미국은 한일회담에 간섭말라"는 플래카드를 걸어 놓고 성토대회를 벌인 후 시위에 나섰다.

1965년 6월 한일협정 정식 조인은 초읽기에 들어갔고, 조인을 저지하려는 노력도 절박하게 진행되었다. 6월 12일 오전 서울대 법대생(200여 명)은 성토대회를 마친 후 오후 1시 50분경 "분쇄하자 매춘외교 타도하자 매판자본"이라는 플래카드를 들고 시위에 나섰다. 이들은 급거 출동한 경찰기동대와 충돌, 5분간 옥신각신하다가 장명봉(張明奉, 법학과 3년) 등 10여 명이

1965년 6월 12일, 서울대 법대 학생회장 장명봉이 동대문경찰서장과 언쟁을 벌이고 있다.
| 사진출처:《경향신문》

경찰에 연행되고 해산했다.[42]

이에 앞서 법대생들은 학생총회를 열고 다음과 같은 사항을 결의했다.

①정부는 현재 진행 중인 한일회담을 즉각 중지하고, 국민의 진정한 의사를 받아들여 새로운 자세로 회담을 시작하라. ②미국은 한국 국민이 원하는 바를 직시하고 한일회담에 간섭하지 말라. ③한미행정협정을 체결함에 있어서 한미 양국 정부는 호혜평등의 원칙을 준수하여 한미 양국의 참다운 우호관계를 재확인한다.[43]

6월 14일 오전 11시 30분, 서울대 법대생(약 100명)은 학생총회를 열고 이 결의사항이 관철될 때까지 무기한 단식투쟁에 들어가기로 결의했다. 법대생들의 단식은 한일협정이 조인된 6월 22일 오후 5시, 마지막까지 남은 64명이 '민족주체성 확립', '조국자주성 확립'이라는 혈서를 쓰고 단식 9일 200

42.《경향신문》1965.6.12. 7면.
43. 민주화운동기념사업회, 『한일협정반대운동(6·3운동) 사료총집, 2책 일지2』, 255쪽.

시간이라는 기록을 남기고 자진 해산했다. 법대 단식에 참여한 학생 총수는 상대생 40여 명을 합쳐 모두 400여 명(여학생 5명 포함)이었으며 186명이 졸도했다.[44]

6월 18일 고려대생 1,000여 명과 서울대 상대생 400여 명이 성토대회 후 가두시위에 들어갔고, 6월 19일에는 사범대생도 단식투쟁에 돌입했다. 한일협정 조인을 하루 앞둔 6월 21일에는 15개 대학, 4개 고등학생 1만여 명이 성토대회와 가두시위를 벌였다.

많은 대학이 임시휴강과 방학에 들어간 가운데 6월 22일 오후 5시, 한일 양국은 도쿄에 있는 일본 총리관저에서 한일협정에 정식 조인함으로써 반세기를 끌어온 비정상적인 관계에 종지부를 찍고 새로운 한일관계를 수립했다. 이날 조인에는 한국 측에서 이동원 외무부 장관, 김동조 주일대사, 일본 측에서 시나 외상과 다카스기 수석대표가 기본조약, 청구권, 어업, 법적 지위 및 문화재 협정 등 5개의 기본 협정을 비롯한 25개에 달하는 조약, 협정, 의정서, 부속문서, 교환서한에 연서로 서명했다. 또 나머지 합의의사록, 성명, 토의기록, 왕복서한 등에는 양국 정부가 임명한 각 분과위원회의 수석대표가 서명했다. 이같이 정식 조인을 마침으로써 한일 양국 국회의 비준 동의만 남게 되었다.

44.《동아일보》1965.6.23. 3면.

제2장
한일협정 비준 반대 및 무효화 운동
1965년 6월 23일~8월 14일 이후

1. 1965년 6~7월: 한일협정 비준 반대 투쟁①

1) 여대생과 의대생도 투쟁에 나서다

한일협정 조인 다음 날인 6월 23일, 서울에서는 이화여대, 숙명여대, 성균관대, 서강대, 서라벌예대, 가톨릭의대 등에서 학생들이 한일협정 비준을 반대하는 성토대회와 시위를 벌였다.

가장 주목을 받았던 것은 이화여대생들의 시위였다. 6월 22일 4천여 명이 참여하여 성토대회를 열었던 이화여대생은, 6월 23일 이화여대 사상 최초의 대규모 가두시위를 벌였다. 이날 12시 15분경 이화여대생(1,500여 명)은 의대 학생들을 앞세우고 "국회는 한일협정 비준을 거부하라"는 플래카드를 들고 시위에 들어가 3·1절 노래를 부르며 이대 입구까지 진출했으나 200여 명의 경찰기동대에 밀려 교문 쪽으로 후퇴, 연좌데모를 벌였다.

12시 40분경 대치하고 있던 경찰이 최루탄 30여 발을 교문 안팎으로 발사, 경찰봉으로 학생들을 구타하여 50여 명이 부상당하고, 10여 명이 최루

1965년 6월 23일, 경찰은 이화여대생 데모대에 30여 발의 최루탄을 발사, 부근은 한때 눈물바다를 이루었다. | 사진출처: 《동아일보》

탄에 숨이 막혀 졸도했다. 이날 경찰은 연좌해 있는 학생들 틈을 뚫고 들어가 경찰봉을 휘둘렀는데, 학생들은 "징그러운 손을 몸에 대지 말라"고 아우성치며 대들기도 했다. 흩어졌던 학생들은 다시 모여 연좌시위를 벌였다.

이화여대 교문에서 최루탄이 터지던 6월 23일, 서강대생(500여 명)은 국회는 비준을 거부하라고 외치며 전교생이 단식투쟁을 벌이기로 결의했고, 연세대 정법대생(50여 명)과 경희대생(25명)은 단식투쟁을 계속했다.

이날 부산, 대구, 춘천, 대전, 제주 지역 대학생도 성토대회, 시위, 단식투쟁을 벌였다. 부산공업전문학교 학생(약 600명)은 성토대회를 연 후 연좌데모에 들어갔고, 수산대생(300여 명)은 '평화선 애도 장송식'과 '수산자원 멸족 장송식'을 거행하고 학생 60명이 유기한 단식투쟁에 돌입했다.

경북대생(700여 명)은 "국회의원은 거수기가 되지 말라"는 내용의 결의문을 채택하고 시위를 벌였고, 춘천농대생(450여 명)과 대전실업초대생(100여 명)도 각각 성토대회를 벌이고 시위를 시도했다.[1]

---

1. 《동아일보》 1965.6.23. 3면, 1965.6.24. 7면.; 《경향신문》 1965.6.23. 3면, 1965.6.24. 7면.; 《부산일보》 1965.6.24. 5면.; 《매일신문》 1965.6.24. 3면.

경찰 저지로 연좌하고 있는 서울여대생들 | 사진출처: 《동아일보》

6월 24일에는 숙명여대생(1,500여 명)이 성토대회를 벌인 후 시위에 나서 갈월동 굴다리 앞에서 연좌했다가 해산했다. 성균관대생(200여 명)과 대전 농전생도 시위에 나섰고, 연세대, 서강대, 경희대, 국민대, 경기대, 충남대 등은 단식투쟁에 들어가거나 시위를 이어갔다.

6월 25일, 전날 성토대회를 벌였던 서울여대생(500여 명)은 "한일회담 비준을 국민투표에 붙이라"는 구호를 외치며 서울 쪽으로 도보 행진하다 경찰의 저지로 1시간가량 연좌시위를 벌인 후 학교로 되돌아갔다. 덕성여대생(300여 명)도 성토대회 후 시위에 나서려 했으나 학교 측의 저지로 연좌시위를 벌였다. 이화여대, 연세대, 경희대, 경기대, 성균관대, 경북대 의대 등의 학생들은 단식투쟁을 계속했다.

6월 26일 연세대, 경희대, 경기대, 경북대 의대생 등은 단식을 중단했고, 이화여대생은 28일까지 시한부 단식에, 수도여자사범대, 청주대, 한국사회사업대 학생은 단식투쟁을 계속했다. 한편 건국대 학생(300여 명)은 한일협정 비준 반대 시위를 하기 위해 학교 버스 5대에 분승, 시내로 들어오다 서울운동장 앞에서 경찰 제지를 받았다.

6월 28일에는 학생들이 대거 시위를 벌였다. 연세대생(2,000여 명)은 "평화선 어디 갔나, 이동원 대답하라"는 등의 구호를 외치며 시위를 벌였고, 외국어대생(300여 명)은 "최후의 국민의 발언이다"라는 플래카드를 앞세우고 침묵시위를 벌이다 경찰의 제지를 받았다. 또한 경기공전 학생 450여 명과 부산대학교 학생(1,500여 명)도 시위에 나섰다. 고려대생(300여 명)은 철야농성을 벌였다.

6월 29일에도 5개 대학 5천여 명이 시위에 나섰다. 고려대생 4,000여 명은 성토대회를 마치고 "한일협정비준 결사반대", "Yankee Keep Silent", "근조 민족적 민주주의" 등의 플래카드를 앞세우고 "쪽발이 싫소, 짚신 족하오" 등의 구호를 외치며 시위에 돌입했다. 명지대생(500여 명)도 "국민의사를 받아들여 매국조인 백지화하라"는 플래카드를 앞세우고 시위를 벌여 경찰 저지를 받았고, 수도공대생(150여 명)도 시위에 나서다 경찰에 연행되는가 하면, 동덕여대생(400여 명)은 성토대회를 마친 다음 시위를 벌이려다 저지당하자 단식에 들어갔다.

6월 30일, 서울에서는 연세대, 건국대, 동덕여대, 경기공전, 감리교신학대 등 5개교가, 지방에서는 충남대, 대전대, 대전초대 등 3개 대학 600여 명이 단식농성을 벌였다. 서울여대생(500여 명)은 성토대회를 열었고, 대구 청구공전생(약 300명)은 시위하려다 경찰 저지를 받는가 하면, 가톨릭의대생(130여 명)은 무기한 단식투쟁에 들어갔다.

7월 1일, 건국대·감리교신학대·명지대 학생들은 단식을 끝냈고, 연세대·

1965년 7월 3일, 서울대 의대생들이 가운을 입은 채 시위에 나서고 있다. | 사진출처: 《동아일보》

가톨릭의대·동덕여대·서울여대 학생들은 단식을 계속했다.

7월 3일 오전 9시 30분, 서울대 의대생 200여 명은 한일협정 비준 반대 성토대회를 마친 후 가운을 입은 채 150여 명이 시위에 나섰다. "한일협정 속 발증은 치료불능 악성종양"이라는 플래카드를 들고 교문을 나선 학생들은 종로 4가 쪽으로 나가다 경찰기동대에 저지되어 104명이 연행됐다.

이날 성토대회에서 "경찰은 평화적인 학생들의 시위에 악랄한 수법을 버리라"는 등 5개 항과 박정희 대통령에게 보내는 건의문을 채택했는데, 학생들은 이 건의문에서 "대학을 곤봉으로 두들긴다고 해서 이 어쩔 수 없는 숙명적인 역사의 명령을 어떻게 어기고 냉소하고 침묵을 지키라는 것입니까?"라고 물었다.[2] 동대문경찰서는 연행 학생 104명 중 강명식(본과 3년), 김용재(본과 4년), 김경세(본과 4년) 등 3명을 구속하고 101명은 즉결 심판에 넘겼다.[3]

---

2. 《동아일보》 1965.7.3. 7면.
3. 《동아일보》 1965.7.5. 3면.

이후 학생들의 시위, 단식, 서명운동 등이 계속되는 가운데 스승들이 나섰다. 7월 12일, 재경 대학교수단 354명이 서울대에서 한일협정 비준을 반대하는 선언문을 발표한 것이다. 다음은 재경 대학교수단에 발표한 선언문 전문(全文)이다.

　　재경교수단 한일협정 비준 반대선언
　　대한민국 주권자는 엄연히 국민이다. 국민은 정부의 정책을 언제나 자유로이 비판하는 권리를 가진다. 그럼에도 불구하고 정부는 국민의 비등하는 여론을 최루탄과 경찰봉에 의한 폭압 및 가식에 찬 선전으로 봉쇄하는 한편 일본에 대해서는 이해할 수 없는 초조와 애걸로써 굴욕적인 협정에 조인하고 말았다.
　　우리 교수 일동은 한일협정의 내용을 신중히 분석 검토한 끝에 다음과 같은 이유로 그것이 우리의 민족적 자주성과 국가적 이익에 막대한 손실을 가져올 뿐더러 장차 심히 우려할 사태가 전개될 것이 예견되므로 이에 그 비준의 반대를 선언한다.

　　첫째로, 기본조약은 과거 일본제국주의 침략을 합법화시켰을 뿐만 아니라 우리 주권의 약화 및 제반 협정의 불평등과 국가적 손실을 초래할 굴욕적인 전제를 인정해 놓았다.
　　둘째로, 청구권은 당당히 요구할 수 있는 재산상의 피해를 보상하는 것이 못되고 무상제공 또는 경제협정이라는 미명(美名) 아래 경제적 시혜를 가장했으며 일본 자본의 경제적 지배를 위한 소지(素地)를 마련해 주었다.
　　셋째로, 어업협정은 허다한 국제적 관례와 선례에 비추어 의당히 정당화되는 평화선을 포기함으로써 우리 어민의 생존권을 치명적으로 위협하고 국가어업을 일본 어업자본에 예속시키는 결과를 초래했다.

넷째로, 재일교포의 법적 지위에 관한 제(諸) 규정은 종래의 식민주의적 처우를 청산시키기는커녕, 징병, 징용 등 일본 군국주의의 강제 노력(勞力) 동원 등에 의해 야기된 제(諸) 결과를 피해자(재일교포)에게 전가시킴으로써 비인도적 배신을 자행했다.

다섯째로, 강탈 또는 절취(竊取)로 불법반출해간 문화재의 반환에 있어서 정부는 과장적 나열에 그친 무실(無實)한 품목만을 '인도'받음으로써 마땅히 요구해야 할 귀중한 품목의 반환을 자진 포기한 결과가 되었다.

정부는 이 모든 희생을 무릅쓰는 이유가 일본과 제휴하여 반공태세를 강화하는 데 있다고 주장, 미국 역시 이를 뒷받침하여 왔다. 그러나 일본 측은 여전히 한일국교 정상화가 반공을 위한 조치는 결코 아니라고 밝히고 있으니, 굴욕외교의 명분은 어디서 찾아볼 수가 있겠는가.

국민의 압도적 다수가 맹렬히 반대하는 한일협정의 비준을 정부가 그대로 강행하는 경우에는 한국을 위해서는 물론, 올바른 한일국교 정상화를 위해서나, 전통적인 한미간의 우호관계를 위해서나 불행한 결과만을 가져오리라고 우리는 단정한다.

이상의 모든 점을 고려한 끝에 우리들은 다음과 같이 요구한다.

첫째, 국회는 여야를 막론하고 당파적 이해를 초월하여 이 치욕적인 불평등협정을 결연히 거부하라.

둘째, 정부는 그동안의 애국학생들에 대한 비인도적 만행을 사과하고 구속학생들을 즉시 석방하라.

1965년 7월 12일

재경 대학교수단

(명단 생략)[4]

2) 고등학생도 투쟁에 나서다

1965년, 고등학생들이 시위에 나선 것은 이미 4월부터였다. 4월 15일 오전 9시 반쯤, 경기고등학교 학생들(약 1천 명)은 "평화선 암매! 을사년은 통곡한다"는 플래카드를 앞세우고 시위를 하려다 학교 측에 의해 저지당했다. 이어서 학생들은 10시 20분경 스크럼을 짜고 교문을 나섰으나, 약 400명의 경찰기동대의 강력한 저지와 함께 최루탄이 발사됐고 학생들은 투석으로 응수했다. 학생 중 약 400명은 낙원동까지, 약 300명은 안국동 로터리까지 진출했으나 경찰 제지를 받았다.[5]

이후 고등학생들이 속속 시위에 나섰다. 4월 17일, 서울의 배재, 보성, 마포 3개 고등학생 3천여 명이 시위를 벌여 경찰과 충돌했다. 4월 19일, 대구 경북사대부고생(500여 명)이 4·19 혁명 5주년 기념식을 마치고 시위에 나섰고, 4월 24일에는 대구 계성고등학생(200여 명)과 영남고등학생(300여 명)이 시위에 나서 경찰에 연행되기도 했다. 4월 27일에는 전북 익산의 함열중·고교생(300여 명)이 평화선을 사수하자는 플래카드를 들고 시위를 벌이다 경

---

4. 《동아일보》 1965.7.12. 4면.
5. 《동아일보》 1965.4.15. 7면.

1965년 4월 15일 경기고 학생들이 교문 앞에서 기동경찰과 대치하고 있다. | 사진출처: 《동아일보》

찰 제지로 해산했다.

5월 3일에는 광주일고생(800여 명)이 굴욕외교반대 시위를 하다가 경찰과 충돌, 귀교했으며, 5월 7일에는 광주 숭일고 학생(2천여 명)이 시위에 들어갔으나 경찰기동대의 저지로 해산했다. 5월 11일에도 목포고교생(800여 명)이 시위를 하다 경찰과 충돌하여 투석전까지 벌였다.

6월에는 고등학생 시위가 서울로 옮겨와 6월 21일 숭실고(약 650명), 대광고(약 300명), 양정고(약 300명) 학생들이 시위에 나섰다가 경찰과 충돌했다. 그러다 대전으로 옮겨 6월 22일 대전 보문고교생 약 100명이 연좌시위를 벌이다 학교 측의 만류로 해산했고, 6월 23일에는 대전 대성고교생(100여 명)이 한일협정 조인반대 시위에 나서 경찰의 제지를 받았다.

여고생도 나섰다. 6월 25일 중앙여고생 1,500여 명이 교정에 모여 "일본의 경제침략을 배격한다"는 플래카드를 들고 한일회담 비준 반대를 외쳤고, 동양공고생(약 380명)과 논산 대건고생(450명)은 시위에 나섰다. 다음 날에도 숭의여고생(1,500여 명)이 성토대회를 벌였고, 성남고교생(약 400명)은 시

1965년 7월 3일 이화여고생들이 노천극장에 모여 외래품 배격 각성회를 열었다. | 사진출처: 《동아일보》

위에 나서 노량진역 앞까지 진출했다.

7월 1일에는 상명여고생(500여 명)이 첫 시간 수업을 마치고 교정에 집합, 성토대회를 가진 후 시위에 나서 무장경찰과 대치하다 학교로 되돌아갔고, 배화여중·고 학생들은 독도수비대원들에게 전해달라며 책·담배·옷 등 위문품을 기탁하기도 했다. 이날 지방 고등학생들도 움직였다. 부산 동래고 교생 1,000여 명, 대구 협성상고생 약 300명, 강릉농고생 600여 명, 여수공고생 250여 명이 시위에 들어갔으나 경찰의 제지로 해산했다.

7월 3일 오전 9시 30분, 이화여고 전교생 1,500여 명은 노천극장에 모여 한일협정 반대 운동의 일환으로 '외래 상품 사지도 말고 쓰지도 말자'는 각성회(覺醒會)를 열었다. 이화여고생은 이화여대 여학생에게 경찰봉 세례를 가하며 최루탄을 발사한 경찰의 태도를 규탄하고, 다음과 같은 결의문을 채택한 다음, 전교생이 '일본 상품을 쓰지 않겠다'고 서명하고 수업에 들어갔다.

①일본 상품을 배격한다.

②일본말, 일본노래, 일본책 등 일본 무드를 없애는 데 앞장선다.

③순진한 농촌 사람들에게 일본물이 들지 않도록 계몽운동을 벌인다.

④재일교포 국민학생들에게 민족정신을 불어넣기 위해 우리말 책자(동화 등) 모으기와 모금운동을 벌인다.[6]

이날 동북고교생 300여 명이 "3억 불의 선심으로 3천억 불 뺏어간다"는 플래카드를 앞세우고 시위를 벌였고, 성북고교생(350여 명)은 성토대회를 연 후 "한일협정을 고려장하라", "경찰은 민족애를 더럽히지 말라" 등의 구호를 외치며 시위에 들어갔으며, 배재고교생(약 400명)도 성토대회를 벌였다.

이처럼 고등학생들이 맹렬히 움직이자 7월 5일 전국 대부분의 고등학교가 조기방학에 들어갔다. 이에 따라 7월 6일 오전, 서울 경복고교생 400여 명과 동성고교생 180여 명이 단식투쟁을 끝냈고, 7월 5일 오전부터 연좌 단식투쟁에 들어갔던 대구여고 전교생(1,400여 명)도 해산했다. 그러나 7월 7일, 신성여고생 250여 명과 제주 오현고교생 80여 명은 조기방학에 항의하며 각각 48시간, 75시간 시한부 단식을 벌여 끝까지 투쟁 의지를 보여 주었다.

6.《동아일보》1965.7.3. 7면.

2. 1965년 7~8월: 한일협정 비준 반대투쟁②

1) 한비연 결성과 비준 반대 투쟁(7월 13일~8월 13일)

1965년 6월 말 거의 모든 대학이 갑자기 여름방학에 들어갔다. 학생운동을 막기 위한 이러한 '정치방학'으로 개별 학교 단위의 투쟁이 어려움을 겪게 되자 주도 학생들은 개별 대학을 뛰어넘는 조직적 연합운동을 모색하기 시작했다. 마침내 1965년 7월 13일 오전 11시 연세대 의대 교수실에 서울대, 연세대, 고려대, 동국대, 이화여대, 숙명여대 등 서울 시내 종합대학 대표들이 모여 '한일협정비준반대 각대학연합체'(한비연)[7]를 결성했다.[8]

이날 한비연 결성 모임에는 연세대 김영수(의과대학 학생회장), 서울대 장명봉(법대 학생회장)·진치남(법대 4년), 고려대 김의철(총학생회 총무부장), 동국대 권석충(동국대투쟁위원회 위원장), 이화여대 진민자(총학생회장)·신춘자(법대 학생회장, 신인령으로 개명), 숙명여대 박경자(법정대 학생회장) 등이 참석했다.[9]

이 모임의 구성원에서 알 수 있듯이 한비연은 연합 형태에서 색다른 면이 있었다. 1964년의 '난국타개 학생대책위원회'처럼 학생회라는 공조직만의 연대도 아니었고, 민비연이 주도했던 '한일굴욕외교반대 학생총연합회'처럼 각 대학 투쟁위원회 중심의 단발적인 결사체도 아니었다. 즉 공식 조

---

[7] '한일협정비준반대 각대학연합체'는 '한비연', '각대학연합체' 등의 약칭으로 부르나, 여기서는 '한비연'으로 통일해 표기한다.
[8] 한비연은 7월 말 건국대, 경희대, 외국어대, 중앙대 대표 등이 추가 참가하여 11개 대학의 연합조직이 되었다. (민주화운동기념사업회 연구소, 『한국민주화운동사 1』, 454쪽.
[9] 6·3동지회, 『6·3학생운동사』, 424~425쪽.

1965년 7월 13일, 6개 대학 대표들이 연세대학교에 모여 '한비연'을 결성했다. | 사진출처: 《경향신문》

직인 학생회와 비공식 조직인 투쟁위원회가 접목된 형태였다.[10]

이렇게 된 데에는 입학 정원 감축 정책이 한몫했다. 박정희 정권은 1964년도 학생시위의 주력이 서울대 문리대와 고려대 등의 사회과학 계열 학생들로 이루어졌다고 판단하여, 1965년 입시에서 문리대 정치학과의 정원을 절반(20명)으로 감축했고, 고려대 정치외교학과도 60명으로 정원을 대폭 감축해 버렸다.

이렇게 되자 서울대의 경우 학생운동의 주력이 문리대에서 법과대학으로 옮겨 가고, 고려대가 주도했던 리더십이 연세대·동국대·이화여대 등으로 분산되기에 이른다. 여기에 '정치방학'과 맞물려 한일협정 국회 비준을 저지하기 위해 연합의 필요성이 제기되어 한비연을 결성하게 되었고 이후의 투쟁을 한비연이 주도하게 된다.

이런 상황에서 종교계·문화계·학계의 한일협정 비준 반대 성명에 이어 7월 14일 오전, 박정희 군정에서 외무부 장관을 역임한 김홍일 예비역 중장

---

10. 신동호, 『오늘의 한국정치와 6·3세대』, 도서출판 예문, 1996, 270쪽.

을 비롯한 김재춘, 송요찬, 최경록 등 11명의 예비역 장성들이 '한일협정에 대한 반대 의사를 표명하는 연판성명'을 발표했다. 바로 이날 밤, 국회에서 공화당이 의장석을 점거하는 기습작전을 감행해 1분 30초 만에 '한일협정 비준동의안'과 '월남파병동의안'에 대한 보고를 듣고 발의하는 사태가 벌어졌다.

이같이 상황이 긴박하게 돌아가는 가운데 한비연은 7월 15일 대성빌딩에서 한일협정 비준 반대 연합궐기대회를 열었다. 대회에 참석하려던 이화여대, 숙명여대, 건국대, 연세 의대, 서울대 농대 등의 학생을 경찰이 연행하는 바람에 서울대 법대생 20여 명과 동국대생 20여 명이 모인 가운데 12시 15분이 되어서야 대회가 시작되었다. 이들은 결의문을 통해 다음과 같은 의지를 표명했다.

    1. 전체 학생은 비준반대 서명운동에 적극 참여한다.
    2. 공화당 소속 의원들을 형제의 정으로 민족양심에 호소하고 설득한다.
    3. 일본 상품의 배척운동을 전개한다.
    4. 우리의 의사가 무시될 때 불행한 사태가 올 것임을 경고한다.[11]

7월 18일 오후 1시, 연세대 의대 학생회의실에 한비연 대표들이 모여 한비연 3차 회의를 개최하고 여야 의원들에게 '호소 서한'을 전달키로 결의했다. 이에 따라 7월 21일 오전, 장명봉(서울대 법대)·신춘자(이화여대)·권석충(동국대)이 국회에 잠입하여 비준 저지를 촉구하는 서한을 여야 국회의원 175명 전원에게 전달했다.

---

11. 6·3동지회, 『6·3학생운동사』, 426쪽.

7월 25일 오후 2시 6·3동지회, 민족수호학사총연맹, 한비연 회원들이 서울대 문리대 교정에 모여 향후 투쟁에 관해 논의했다. 1964년의 구속자로 구성된 6·3동지회와 서울대 문리대 출신 모임인 민족수호학사총연맹은 거의 다 졸업생으로 이루어져 있었다. 여기에 재학생으로 구성된 한비연이 힘을 합쳐 효과적인 투쟁을 하기로 한 것이다.

　　이날 참석자는 6·3동지회의 박동인(동국대)·김경남(동국대)·박병환(한양대)·김도현(문리대)·민승(건국대), 민족수호학사총연맹의 이수용(문리대)·최혜성(문리대), 한비연의 장명봉(서울대 법대)·진치남(서울대 법대)·권석충(동국대)·진민자(이화여대)·신춘자(이화여대) 등이었다. 이들은 다음과 같은 사항에 합의했다.

　　1. 한일협정 비준안이 국회에서 통과되기 직전 대대적인 비준반대집회를 공동 개최한다.

　　2. 개학 후 한비연 대표들이 본격적 투쟁에 들어갈 때 6·3동지회와 민족수호학사총연맹이 적극 지원한다.[12]

　　한일협정 국회 비준이 임박함에 따라 8월 5일 오후 4시, 한비연 각 대학 대표들은 연세대 뒷산에 모여 다음과 같이 투쟁계획을 수립했다.

　　1. 8월 7일 정오, 명동 국립극장 앞 노상에서 한일협정 비준반대 제2차 연합궐기대회 개최(정보 사전 누출로 실패)

　　2. 8월 10일, 동국대학교 교정에서 공개 기자회견(기자회견 대표: 권석충,

---

12. 6·3동지회, 『6·3학생운동사』, 427쪽.

장명봉, 진치남)

   3. 8월 12일 오후 1시, 서울대 문리대 교정에서 한일협정 비준반대 제23차 연합궐기대회 개최

   4. 8월 14일, 매국문서 무효선언 성명 발표[13]

3. 1965년 8월: 한일협정 무효화 투쟁과 위수령 발동

1) 한일협정 비준(8월 14일)과 학생들의 성토·시위(8월 15~25일)

1965년 8월 14일 저녁, 한일협정 비준 동의안이 여당 단독 국회에서 통과되자 한비연은 '매국문서 무효선언'을 발표하고 이의 폐기를 위해 극한투쟁을 전개할 것을 선언했다.

그리고 8월 15일 오후, 한비연 각 대학 대표들은 경기도 송추유원지에서 새로운 결의를 다지기 위한 모임을 가졌다. 이날 일부 대표들은 효과적인 투쟁을 위해서는 최루탄에 맞설 수 있는 공격무기가 있어야 한다고 주장하고 그 공격무기는 사제폭탄(화염병)이라고 하여 이화여대 등 일부 대학의 긍정적 평가를 받기도 했으나 대다수의 각 대학 대표들은 이러한 공격무기가 순수한 학생들의 투쟁을 왜곡시킬 수 있다고 판단하여 받아들이지 않았다.[14]

---

13. 6·3동지회, 『6·3학생운동사』, 429쪽.
14. 6·3동지회, 『6·3학생운동사』, 432쪽. 당국은 이해 9월 민비연 2차 사건에서 이 일을 '폭발물 사용음모'라는 죄목으로 기소했으나 사법부는 무죄로 판결했다.

1965년 8월 14일 오후 7시 25분, 한일협정 비준안이 야당이 불참한 공화당 일당 국회에서 가(可) 100, 부(否) 0, 기권 1로 통과되었다. | 사진 출처: 연합뉴스

8월 17일, 한비연을 주도하던 장명봉의 서울대 법대가 나섰다. 이날 오전 10시, 서울대 법대 학생회는 학생휴게실에서 '한일협정 비준안 일당국회통과 무효선언식'을 갖고 개학 후 한일협정 비준의 무효화와 폐기를 위해 강력한 실력행사를 하겠다고 선언했다.

서울대 법대 학생회는 선언문을 통해 "한일협정 비준안이 일당 국회에서 강행 통과된 것은 민주주의를 정면으로 부인하는 것이며, 의회제도를 시살하는 것"이라고 규탄하고 "다음과 같이 결의하고 요구한다"고 선언했다.

1. 국시를 부인하는 일당 국회에서 통과된 매국협정을 박살하기 위해 투쟁을 전개하겠다.

2. 일당 국회를 해산하고 새로운 국민여론을 반영할 수 있는 새 국회를 소집하기 위해 총 선거를 실시하라.

3. 현 정권은 민주주의를 정면으로 부정하고 헌정위기 사태를 유발한 책임을 통감하고 자진 이 매국협정을 철폐하라.

4. 앞으로 매국문서의 무효화 및 폐기를 위해 투쟁하는 각 대학연합체와 공동보조를 취할 것이며 개학과 동시에 강력한 실력행사를 감행코자 한다.[15]

이어서 8월 18일 서울대 법대생들(200여 명)은 한일협정 비준 후 최초로 학생 성토대회를 열었고, '정치방학'이 끝나고 일부 대학이 개강한 8월 20일부터 한일협정 비준 무효화를 외치는 가두시위가 부활했다.

8월 20일 오전, 경희대학생들(2천여 명)은 "한일협정 비준 무효"를 외치며 시위에 나서 경찰과 충돌, 경찰의 최루탄 발사에 투석전으로 맞섰고, 부산 동아대생(2천여 명)도 성토대회 후 시위에 나서 경찰과 충돌했다. 이 밖에 경기대생(약 300명)은 성토대회를, 서울대 법대생은 개학에 앞서 성명서를 발표했다.

8월 21일에는 서울대 문리대와 법대, 한양대, 동국대생 등 1,300여 명이 한일협정 무효화를 외치며 시위를 벌였다. 이날 오전 문리대 학생들은 학생총회를 연 후 가두시위에 돌입했으나 경찰 저지에 막혀 일부 학생들은 법대 성토대회에 합류했다. 비슷한 시각 서울대 법대생(300여 명)은 성토대회를 마치고 문리대생들과 합류, 가두시위에 돌입하여 최루탄을 쏘는 경찰에 투석으로 맞섰다. 이에 경찰은 경찰봉을 휘둘러 75명의 학생을 연행했다.

한편 한양대생(500여 명)도 시위에 들어가 최루탄 세례를 받고 해산했고, 동국대생 500여 명이 시위에 나섰다가 일단 해산한 후 700여 명이 재차 시위에 돌입, 경찰이 최루탄을 발사하자 해산했다. 이 밖에 연세대생(500여 명)과 고려대·동양의대 학생들은 성토대회를 열었다. 8월 22일에는 중앙대생(500여 명)이 성토대회를 연 후 100여 명이 기한부 단식에 들어갔다.

---

15. 《동아일보》 1965.8.17. 7면.

1965년 8월 21일, 최루탄·경찰봉 등을 동원한 경찰의 강력한 저지를 받고 있는 서울대 법대 시위 학생들 | 사진출처:《동아일보》

    8월 23일 개학과 더불어 당국의 강력한 저지에도 불구하고 한일협정 비준을 규탄하는 시위는 일부 지방 대학과 고등학교에까지 파급되어 전국적으로 번졌다. 이날 연세대생(2천여 명)은 성토대회를 연 뒤 "한일협정 비준을 무효화하라"는 등의 플래카드를 들고 "나라 팔고 축배드는 매국정권 물러가라"는 구호를 외치며 아현동 로터리까지 진출했다가 최루탄 발사로 해산했다. 중앙대생(2천여 명)도 시위에 돌입하여 경찰과 충돌, 10여 발의 최루탄을 쏘자 학생들은 투석으로 맞섰다.

    이 밖에도 전북대생(1천여 명), 한양대생(2천여 명), 동국대생(2천여 명), 전남대생(1천여 명), 외국어대생(500여 명), 숭실대생(500여 명), 경희대생(600여 명), 제주대생(100여 명), 서울대 사범대생(40여 명), 오산중·고생(300여 명) 등이 한일협정 무효를 외치며 거리로 쏟아져나왔다.

    8월 24일 학생시위는 1만여 명의 학생이 거리로 나와 나흘째 계속되었고, 서울대·고려대·연세대의 시위에는 트럭에 분승한 무장군인들이 거리를 누

1965년 8월 23일, 중앙대 시위대가 경찰에 쫓기고 있다. | 사진출처:《동아일보》

비며 '위력시위'를 하여 군이 동원될 가능성을 예고하고 있었다.

이날 서울대 단과대학생 2,500여 명은 동숭동 문리대 교정에서 학생총회를 열고 "매국문서 불사르라"는 등의 플래카드를 앞세우고 시위에 돌입하여 최루탄과 연막탄을 터뜨리며 저지하는 경찰에 대항하며 일진일퇴를 벌였고, 연세대생(2,500여 명)은 성토대회를 연 뒤 2천여 명이 시위에 돌입, 경찰과 충돌했다. 고려대생 2천여 명, 중앙대생 2천여 명, 단국대생 1천여 명, 명지대생 500여 명, 외국어대생 200여 명도 시위에 들어갔고, 숭실대생 300여 명은 성토대회를 열었다.

학생시위가 닷새째 계속된 8월 25일 오전, 서울대, 고려대, 한양대, 경희대, 건국대, 외국어대, 국민대, 경기초대와 성동공고 등의 학생 10,000여 명이 시위에 나서 곳곳에서 무장군인 및 경찰과 충돌했다. 특히 고려대의 경우 경찰 대신 무장군인들이 나타나 폭력으로 시위를 진압했다. 이날 오전, 고려대생 2천여 명이 성토대회를 연 후 시위에 나서 무장군인과 충돌하는 장면은 이렇게 전개된다.

1965년 8월 25일 오전, 수도경비사령부 소속 무장군인들이 고려대생을 마구 구타하고 있다. | 사진출처:《동아일보》

집회를 마친 고려대생들은 "한일협정은 무효다"라는 플래카드를 앞세우고 3·1절 노래와 교가를 부르며 교문을 나서 오전 11시경 안암동 로터리에 진출했다. 이때 군 트럭에 분승 대기하고 있던 3백여 무장군인과의 격렬한 투석전, 최루탄, 연막탄 공방이 20여 분간 벌어졌다. 시위대는 시험을 치르고 나온 교양학부 학생들과 합류하여 군인들과 일진일퇴를 계속하며 투석전과 연좌시위를 벌였다. 그런데 이 과정에서 시위대로 돌진한 군용 지프에 철학과 학생이 치어 중상을 입고 수도의대병원으로 급송되는 불상사가 발생했다. 이 광경을 목도한 학생들은 학교에서 나온 3백여 명과 합류하여 연좌시위에 들어갔다. 이들 역시 다시 출동한 무장군인들의 최루탄과 곤봉세례에 밀려 해산했다.[16]

이날 시위 중 경찰은 보이지 않았으며 카빈 소총에 방독면을 쓴 800여 명의 무장군인이 중령의 지휘를 받으며 시위 저지를 전담했다. 이들의 시위 저

---

16. 고려대학교 100년사 편찬위원회, 『고려대학교 학생운동사』, 고려대학교출판부, 2005, 189쪽.

1965년 8월 25일 오전, 카빈 소총에 방독면을 쓴 군인들이 고려대 학생을 구타하는 것을 말리려던 아주머니가 함께 끌려가고 있다. | 사진출처:《동아일보》

지 방법은 경찰보다 더욱 강경, 도망가는 학생들을 뒤따라가며 카빈 개머리로 때리고 구둣발로 마구 밟았으며, 연도에 나와 있던 부녀자들은 이를 보다 못해 뛰어나와 끌려가는 학생들을 붙들고 늘어지기도 하고 군인들에게 욕설과 돌을 던지기도 했다. 이들은 또한 취재 기자에게도 마구 욕설과 행패를 부렸고,《코리아 헤럴드》사진 기자는 뭇매를 맞았다.[17]

2) 무장군인 고려대 난입(8월 25일)과 위수령 발동(8월 26일)

8월 25일 오전의 고려대생들과 무장군인들의 충돌은 오후에도 이어졌다. 그러자 오후 1시 30분경, 학생들의 투석을 빌미로 무장군인 500여 명이 고려대 교정에 난입하여 강의실, 고대신문사, 도서관, 강당, 식당 등지에서 야

17.《동아일보》1965.8.25. 3면.

1965년 8월 25일 오후 1시 고려대 앞의 수도경비사령부 소속 무장군인들 모습. 이들은 30분 후 고려대에 난입했다. | 사진출처:《동아일보》

전용 곡괭이 자루로 유리창을 부수는가 하면, 도서관 열람실과 강의실 등에 최루탄을 던졌다. 이들은 여학생회관 앞까지 최루탄을 쏘았고, 학생들을 구둣발로 짓밟고 곡괭이 자루로 마구 구타하며 수십 명을 연행해 갔다. 난입한 무장군인들은 이를 말리던 여학생들도 때렸는데, 피해가 가장 심했던 곳은 고대신문사와 식당이었다.

오후 1시 40분경 카빈총을 든 무장군인 10여 명이 고대신문사에 들어가 총 개머리판으로 문짝과 유리창 등을 부수고 신문사 안에 있던 학생 4명에게 "문을 열라"고 소리쳤으며, 같은 시간에 무장군인 수십 명이 학생 30여 명이 공부하고 있던 2층 자유열람실에 들어가 문을 부수고 최루탄 3발을 쏘아 남학생 5~6명이 2층에서 뛰어내리다 상처를 입었다. 또한 군인들은 구내식당에서 밥을 먹고 있던 학생들도 야전용 곡괭이 자루로 닥치는 대로 후려갈겨 수십 명이 부상당했다.[18]

18.《동아일보》1965.8.25. 3면에서 발췌 정리.

이 같은 무장군인의 학원 난입은 사상 초유의 일이었다. 군인들이 물러간 오후 4시, 교정에 모인 1천여 명의 고대생은 아연실색한 가운데 성토대회를 열었다. 교수들도 긴급회의를 열어 "해방 후 20년간은 물론 악랄한 일제하에서도 관헌이 학원에 대하여 이 같은 잔학한 폭거를 감행한 것을 우리는 견문하지 못했다"는 항의문을 발표하기에 이르렀다. 고려대 교수회의는 또한 "연행 학생 즉각 석방", "국방부 장관 및 관계 장관 인책", "난동, 난입 군인 색출 처단" 등을 요구하는 결의문을 채택했다. 그러나 '학원 강간'이라는 비난까지 받았던 무장군인 고려대 난입에 대해 정부 당국의 자세는 무책임 자체였다. 국방부 장관이 "정당방위였다"며 비판의 목소리를 일축해 버린 것이다.[19]

그리고 마침내 대통령인 박정희가 직접 학생과 교수 그리고 정치인을 위협하고 나섰다. 8월 25일 오후 7시, 박정희는 정부 각료들과 중앙정보부장, 서울 시내 각 대학 총·학장을 배석시킨 가운데 전국 방송망을 통해 발표한 특별담화에서 "학생데모가 근절되지 않는다면 학원을 폐쇄하는 한이 있더라도 데모 만능의 폐풍(弊風)을 기어이 뿌리 뽑아야 하겠다"고 말하고, "교직자나 학교 당국자가 학원 질서를 유지하는 책임을 다하지 못한다면 엄격한 책임을 추궁하고 가차 없는 행정조처를 취하겠다"고 격한 어조로 경고한 것이다.

다음은 박정희가 이 특별담화를 통해 학생·교직자·정치인을 비판한 주요 내용으로, 박정희가 어느 정도로 왜곡된 시각을 갖고 있었는지를 보여 주는 장면이다.

---

19. 고려대학교 100년사 편찬위원회, 『고려대학교 학생운동사』, 190쪽.

나는 학원에서 학구에 전념하는 대다수 학생들을 보호하기 위해서 불순한 동기로 또는 비록 동기에 있어서는 선의일망정 그 결과에 있어서는 사회 공공질서를 파괴하는 데모 행위를 본직으로 알고 있는 일부 '정치학생'의 버릇을 근절시켜야 할 절실한 필요를 통감하고 있다.

공부하기 싫고, 시험 치기 싫어서 한일회담 반대를 핑계 삼아 선량한 학생까지 폭력으로 협박하여 거리로 끌고 나오는 이러한 무법과 폭력이 횡행하고 있으면서도 그들 불순 학생들은 언필칭 학원의 자유를 부르짖고, 학원의 자치를 운운하고 있는 것이 사실이다. 타학교가 데모를 했으니까 우리도 안 하면 학교의 명예가 손상된다는 이따위 식 사고방식이 과연 지성인을 자부하는 학생들이 할 행동이라고 보는가?

또 일부 교직자들은 어떤가? 학생 데모를 영웅시하고 그들을 선동함으로써 자기가 입신출세(立身出世)할 수 있는 기회가 올 것을 은근히 바라는 기회주의자가 있는가 하면 학생의 주장에 아부하고, 그 감정에 영합하여 값싼 인기를 얻지 않고서는 자기의 무식과 무능을 감출 수 없는 사이비 학자, 신분이 보장됨을 기화로 삼아 책임도 지지 못할 망언으로 국민을 우롱하는 무책임한 학자, 이러한 일부 엉터리 학자가 제거되지 않는 한 학문의 자유와 학원의 민주화를 기대할 수는 없는 것이다.

또 일부 정치인들은 어떤가? 국가의 진로와 민족의 활로는 아랑곳없이 공부시켜야 할 학생을 오직 당리당략(黨利黨略)의 제물로 희생시켜 학생 데모에 힘입어 정권의 횡재(橫財)를 망상하는 반동 정객이 민주정치의 이름을 더럽히고 있는 것이 또한 이 나라 사회의 현실이다.

선도되어야 할 학생, 제거되어야 할 교직자, 소탕되어야 할 정치인, 이들의 수는 엄격히 따져 극히 적은 '일부'에 지나지 않다. 나는 대다수 학생, 대다수 정치인, 그리고 대다수 교직자의 명예를 추락시키고, 크게는 국가, 민족의 정상적인 발전을 저해하는 이 일부 암적 존재를 뿌리 뽑는 데 필요한 모든 조치를 강구할 것이다.[20]

이는 분명 1964년 6월 2일 고려대생들이 "주관적인 애국충정은 객관적인 망국행위임을 직시하고 박 정권 하야하라"는 플래카드를 들고나와 최초로 '박 정권 하야!'를 외친 일에 대한 복수전이었다. 이때는 비상계엄을 선포했지만, 계엄 선포 1년 만에 또다시 계엄을 선포하는 것이 부담스러웠는지 누군가의 아이디어로 위수령을 발동하여[21] 서울 일원은 "선포 없는 계엄상태"[22]에 처하게 된다.

3) 무장군인 재차 난입(8월 26일)과 학원방위 총궐기대회(8월 27일)

위수령 발동에도 불구하고 8월 26일 오전 이종우(李鍾雨) 부총장 등 교수 50명을 비롯한 고려대생 2,000여 명은 교정에 모여 '무장군인 난입난동 규탄대회'를 열었다. 박정희 말대로라면 "공부하기 싫고 시험 치기 싫어" 하는 학생들과 "학생의 주장에 아부하고 그 감정에 영합"하려는 교수들이 모인 것이다.

학생들은 선언문에서 "이제 우리 젊은 학도는 이 땅의 양심과 진리의 최후의 경각에서 기성세대가 저지른 과오의 공백에 조종을 고하며 학원의 자

---

20. 《조선일보》 1965.8.26. 2면에서 발췌.
21. 이때의 위수령 발동은 위헌(違憲)이었다. 송철원, 『박정희 쿠데타 개론』, 도서출판 현기연, 2020, 207~208쪽.
22. 《동아일보》 1965.8.26. 1면.

1965년 8월 26일 오전, 고려대학교 교수들과 학생들이 모여 무장군인 난입 규탄대회를 열고 있다. | 사진출처:《동아일보》

유와 교권의 확립을 위해 고대 6천 건아는 총궐기한다"는 의지를 밝혔다. 학생들은 또한 "①우리는 무장군인의 학원 난입, 난동 사태를 백만 학도의 이름으로 규탄하며, 이를 정당시하는 정부 당국의 무책임한 언동을 즉각 철회하라. ②우리는 이 사태에 대한 정부 측의 정중한 사과 및 관계 장관의 즉각적인 인책을 요구한다. ③교수회의의 의결 사항을 전폭 지지한다"고 결의했다.[23]

이날 오전 고려대학교 교우회도 결의사항을 성명서를 통해 다음과 같이 발표했다.

> 본 교우회는 작(昨) 25일 오후 1시 30분경 중령이 지휘하는 무장군인 약 150명이 모교 캠퍼스에 불법 침입하여 학원의 자유를 유린하고 도서관, 연구실, 실험실, 강의실 등 학교시설 및 기물을 파괴한 뒤에 남녀학생과 교직원들을

23.《경향신문》1965.8.26. 3면.

무차별 폭행, 연행할뿐더러 도서관 열람실과 여학생회관에 최루탄을 발사하는 등 천인공노할 만행을 자행한 사태를 중시하고 온 국민과 역사 앞에 이 진상을 고발한다.

항일구국운동의 아성인 모교의 권위와 질서가 총검의 횡포 아래 이처럼 짓밟힌 사례는 악랄한 일제 군국주의 치하에서도 일찍이 볼 수 없었던 일로서 정부당국에 이를 엄중 항의하고 문책한다.

정부당국은 8·25사태에 대하여 즉각 공개사과하고 적반하장격으로 무장군인의 학원난입을 '정당방위' 운운한 국방장관과 문교부장관 등 관계 국무위원을 인책시키는 동시에, 불법 연행한 학생, 교직원들을 즉시 전원 석방하고 난동군인을 색출, 엄단하는 한편 파괴된 모교의 시설과 기물을 변상하라. 만일 그렇지 않으면 1만 5천 교우는 총궐기하여 모교 수호를 위한 투쟁을 끝까지 전개할 것임을 밝혀 둔다.

박정희의 군대는 교수·학생·동문의 항의를 아랑곳하지 않았다. 8월 26일 오후 무장군인들이 또다시 고려대에 난입하고, 연세대에서도 같은 사태가 발생한 것이다. 고려대의 경우부터 보자.

'무장군인 난입난동 규탄대회'를 마친 학생들은 플래카드를 앞세우고 시위에 나서려 했으나, 교문에서 "데모를 하려면 우리를 밟고 넘어가라"며 막아선 60여 명의 교수와 승강이를 벌였다. 이때 공군 헬리콥터가 고려대 상공 50미터까지 낮게 선회하자 학생들은 욕설을 퍼부으며 교수들을 제치고 시위에 들어갔고, 무장군인들이 쏜 최루탄과 연막탄에 맞서 투석전을 벌이다 오후 3시경 학교 안으로 쫓겨 들어갔다.

이때 문제가 되는 장면이 또다시 연출되었다. 시위 학생들을 뒤쫓아 학

1965년 8월 26일 오후, 무장군인들이 고려대에 다시 난입하여 학생들을 폭행하고 무차별 연행했다. | 사진출처:《동아일보》

교로 들어간 군인들은 연막탄을 쏜 후 곡괭이 자루로 도망가는 학생을 구타하여 눈알이 빠지기도 했으나 그대로 연행했다. 어떤 학생은 발가벗긴 채 매 맞으며 끌려갔고, 도망가는 여학생까지 연행했다. 군인들은 학교 근처의 민가도 샅샅이 뒤져 숨어 있는 학생들을 연행하는가 하면, 구경하는 사람들에게까지 해산하지 않는다며 최루탄을 발사했다.

연세대에서는 어떤 일이 있었는가?

이날 오전, 연세대생 2천여 명은 무장군인의 고려대 난입을 규탄하는 성토대회를 열고 시위에 들어가 신촌역까지 진출했다. 그러자 무장군인들은 최루탄과 연막탄을 쏘아 해산시키려 했으나 학생들이 투석으로 응수했고, 이들을 추격한 무장군인 50여 명이 트럭 등에 분승, 연세대 교내에 난입했다. 이들은 교정을 일주한 후 교문 앞에 진을 치고 지나가는 차를 무조건 세운 다음 학생처럼 보이면 끌어내어 연행해 갔다.[24]

24.《조선일보》1965.8.27. 3면.

무장군인들이 재차 대학 캠퍼스에 난입한 이날, 서울 시내 6개 대학 학생 8천여 명이 "한일협정 비준 무효", "학원의 자유" 등을 외치며 시위에 나서 경찰과 충돌, 최루탄이 발사됐고, 대광고교 등 2개 고등학생 약 500명도 거리로 나섰다. 서울대생(500여 명)은 성토대회를 열고 시위에 들어가 성균관대생(1천여 명)과 합류했고, 동국대생(2천여 명), 경희대생(1천여 명), 명지대생(300여 명)도 시위에 나서 경찰과 충돌했다. 또한 서울대 의대생(50여 명)은 무기한 단식에 돌입했다.

두 차례에 걸쳐 캠퍼스를 짓밟힌 고려대에서 학생들은 '학원방위'를 선언하고 나섰다. 8월 27일 오전, 고려대생 1,000여 명과 서울대, 건국대, 중앙대, 성균관대, 한양대, 경희대 등 학생 100여 명은 고려대 강당에서 '학원방위 학생총궐기대회'를 개최하고 "우리는 현재 무장군인, 무장경찰에 포위되어 있고 우리에겐 연행과 구타와 구속만이 남아 있다. 우리 학원을 지키고 우리의 신변을 무력으로부터 방위하기 위해 이 자리에서 떠나지 않겠다"고 선언한 후 8월 30일 정오까지 기한부 농성에 들어갔다.

강당 전면에 "한일협정은 완전무효", "구속학생 석방하라", "현 사태의 모든 책임은 대통령이" 등의 플래카드를 내걸고 부상당한 시위 학생들의 회복을 비는 묵념으로 시작된 이 날 궐기대회에서 학생들은 "①정부는 일당 국회에서 비준 강행된 매국적 한일협정을 즉각 폐기, 무효화하라. ②매국국회를 즉시 해산, 국민의 심판을 받으라. ③학원난입 백색테러단을 처형하고 국민에게 공개사과하라. ④구속학생을 석방하고 인적·물적 손해를 배상하라" 등 5개 항목의 결의문을 채택하고 계속 투쟁할 것을 다짐했다.

이날 낮 12시 15분 이화여대생(4천여 명)은 대강당에서 채플을 마치고, "①한일협정 비준의 무효를 재확인한다. ②정부의 각성을 촉구한다"는 등

고려대에서 열린 '학원방위 총궐기대회'를 보도한 《동아일보》 1965.8.27. 3면.

6개 항의 결의문을 채택하고, 8월 28일 오전 8시까지 학원방위를 위한 기한부 철야농성을 하기로 결의했다.

연세대학생(200여 명)은 이날 오전 강당에 모여 박 대통령의 특별담화 및 무장군인들의 학원난입 규탄대회를 열고 "이성 잃은 정부처사를 더 이상 좌시할 수 없다", "난동군인들을 엄중 처단하라"는 등 6개 항의 결의문을 채택하고 시위에 나서려다 교수들의 만류로 해산했다.

이날 오전, 성균관대생(1,000여 명)도 학원 난입 사건과 박 대통령 특별담화에 대한 규탄대회를 열고 시위에 나서려는데 교수들이 만류했고, 숙명여대 총학생회장 등 학생회 간부 15명이 고려대에서 열리는 '학원방위 총궐기대회'에 참석하려다 교수들의 만류로 좌절되는가 하면, 서울대 사대생 200여 명과 동양의대생 50여 명은 군인의 학원 난입을 성토하며 농성에 들어갔다.[25] 그리고 8월 28일, 대부분의 대학이 휴교에 들어갔다.

---

25. 《동아일보》 1965.8.27. 3면.

이런 가운데 8월 29일 오전, 서울대생 400여 명은 문리대 교정에서 '전 서울대학 학원방위단'을 결성하고 "군경의 학원 내 침입을 막고 어용 총·학장 및 교수들의 배격을 위해 투쟁할 것"을 다짐했다. 그리고 8월 30일 전체 서울대학생이 궐기할 것을 결의했으나, 당국의 저지로 좌절되었다.

4. 1965년 9월: 6·3 항쟁의 종언

1) 서울대 상대 '군화 화형식'과 고려대 '학원방위총궐기대회'(9월 6일)

1965년 9월 6일, 이날은 1년 6개월 동안 벌어진 6·3 항쟁이 사실상 종지부를 찍는 날이었다. 그런데 6·3 항쟁이 시작하고 끝날 때 똑같은 장면이 연출되었다는 사실은 주목할 만하다. 그 시작과 끝의 모습을 정리하면 이렇다.

1964년 3월 24일의 한일회담 반대 운동과 더불어 6·3 항쟁이 시작되었다. 이날 서울대 문리대 학생들이 이케다(池田) 일본 총리와 이완용 허수아비에 불을 붙여 화형에 처하는 '제국주의자 및 민족반역자 화형식'을 거행한 후 교문을 나서 시위에 들어감으로써 한일회담 반대 투쟁이 시작되었고, 투쟁의 기세가 거세지자 박정희는 6월 3일 비상계엄을 선포하여 이를 제압했다.

1965년 들어 한일협정 조인과 비준에 대한 맹렬한 반대를 강압으로 제압했으나 한일협정 무효화 투쟁이 가속화되자, 박정희는 협박과 더불어 8월 26일 위수령을 발동해 군대를 동원했다. 이 같은 강권 발동에 대한 마지막 저항인 궐기대회가 9월 6일 서울대 상대에서 열렸고 이 자리에서 최루탄·군화·경찰봉에 대한 화형식이 벌어져 '화형'이라는 똑같은 장면으로 6·3 항

1964년 3월 24일의 '제국주의자 및 민족반역자 화형식' 장면(왼쪽)과 1965년 9월 6일의 '최루탄·군화·경찰봉에 대한 화형식' 장면 | 사진출처:《동아일보》

쟁의 대미를 장식한 것이다.

1965년 9월 6일 '군화'를 '화형'에 처하여 박정희 정권의 군 출신 실세들을 격분하게 만든 화형식 장면을 복원해 보자.

라디오를 듣던 당시 서울대 상대 무역학과 4학년생 조상희(趙相熙)는 흥분했다. 고려대에 무장군인이 난입한 8월 25일, 학교에서 저녁을 먹다 "학원을 폐쇄하는 한이 있더라도 데모를 뿌리 뽑겠다"라는 박정희의 특별담화를 들은 그는 종잡을 수 없는 감정의 기복에 휩싸였다. 박정희 담화 이튿날 위수령이 선포됐다. 군인들의 모습을 보자 그는 더욱 흥분했다. 이대로 가만있을 수 없었으나 뾰족한 방법이 없었다. 거사할 만한 사람들은 거의 검거되거나 주목받고 있었고, 흉금을 터놓고 얘기할 수 있는 동료들마저 "군 통치 상황이라 까딱하다가는 죽는다"며 몸을 사린 것이다.

조상희는 애초부터 군대난입 규탄과 5·16 자체를 부정하는 자극적인 이벤트를 계획하고 있었다. 개강일의 어수선한 상황을 틈타 도서관 열람실에서 기습적으로 시험거부 및 동맹휴학 결의를 한 뒤 밖으로 유도한다는 게 그의 시나리오였다. 마침내 D데이인 9월 6일 아침, 비장한 각오로 도서관에 들어선 조상희는 동원된 학생 수가 생각보다 적은 데 놀랐지만 집회를 강행했다.

열띤 분위기가 되자 조상희가 소리쳤다. "여러분! 그러면 운동장으로 나가 우리의 맹휴 결의를 대내외에 공표합시다." 조상희는 숨돌릴 틈 없이 집회를 강행했다. 일간지 기자들도 도착해 있었다. "군대의 학원 진입으로 학원의 자유는 이제 끝나버렸습니다. 가두데모에 들어가기 전에 군화 화형식부터 하고 나갑시다."

갑자기 분위기가 얼어붙었다. 조상희는 신고 있던 군화를 벗어들었다. 고등학교 2학년 시절 대여장학금으로 산 군화였다. 내다 버려야 할 만큼 낡을 대로 낡은 것이었다. "이 군화는 대한민국 학원을 짓밟은 군화입니다." 이렇게 말하고 군화를 모의 최루탄과 경찰봉이 있는 곳에 나란히 놓았다. 휘발유가 뿌려지고 불길이 치솟았다.[26]

그러니까 애당초 화형 대상은 최루탄과 경찰봉이었는데, 마지막 순간에 조상희가 자기 군화를 벗어 놓아 화형 대상으로 추가한 것이었다. 다른 학생들이 '군화 화형식'을 한다는 사실을 미리 알면 반대할까 봐 혼자서 계획한 일이었고, 조상희는 이 일로 여러 달 동안 도피해야 했다.

이 화형식에 대해 언론은 다음과 같이 보도했다.

궐기대회 후 학생들은 본관 앞뜰에서 최루탄·군화·경찰봉에 대한 화형식을 갖고 휘발유를 뿌려 불태웠다. 타오르는 불길을 바라보며 학생들은 3·1절

---

26. 신동호, 『오늘의 한국정치와 6·3세대』, 342~351쪽에서 발췌.

노래와 만세를 불렀다.[27]

1965년 9월 6일, 서울대 상대생들의 군화 화형식과 함께 고려대생들도 '학원방위총궐기대회'를 열어 6·3 항쟁의 말미를 장식했다. 그날 고려대에는 이미 휴업령이 내려져 있었다. 이에 대한 기록부터 보자.

9월 6일 박정희 정권은 대학사상 유례없는 폭거로 '민족 고대'를 짓밟았다. 일제 하의 폭압 때조차 없던 사립학원에 대한 무기휴업령을 내린 것이다. 문교부가 내건 이유는 "시위 주동 학생과 정치교수 징계에 학교 당국이 협조하지 않았다"는 것이다. 교육계는 물론 사회에도 큰 파문을 던진 정부의 강경책은 9월 9일 김성식, 김경탁, 이항녕 등 교수 3명의 사임과 조홍규 등 학생 6명의 자퇴로 수습되어 두 주 후인 9월 20일에야 해제되었다. '정치교수', '정치학생'이라는 해괴한 이름으로 축출자 명단에 오른 교수 중에는 처음에 조지훈, 조동필도 포함되어 있었다.[28]

휴업령이 내려진 9월 6일 오전 11시 30분, 고려대생 1,000여 명은 문교부의 무기휴업 조치에 대해 '학원방위총궐기대회'를 강당에서 열었다. "민주수호 교권방위"라는 플래카드를 붙이고 열린 대회에서 학생들은 선언문을 통해 "총칼만능의 풍조를 뿌리 뽑겠다"고 선언하고, 대통령과 교우에게 보내는 메시지를 박수로 채택했다.

---

27. 《동아일보》 1965.9.6. 3면.
28. 고려대학교 100년사 편찬위원회, 『고려대학교 학생운동사』, 191~192쪽.

2) 민족주의비교연구회(민비연) 해체(9월 11일)와 2차 민비연 사건(9월 15일)

이제까지 학생들이 1년 6개월에 걸쳐 한일회담과 한일협정에 반대하여 투쟁한 모습을 속속들이 살펴보았다. 이처럼 투쟁의 모습을 자세히 들여다 본 것은 학생들의 투쟁이 단순히 한일협정 반대에 그치지 않고 박정희 정권 자체를 겨냥해 싸운 '항쟁'이었다는 점을 보여 주기 위해서였다. 이 점은 1964년은 물론 1965년에도 주도 학생들을 '내란죄'로 기소한 데서도 분명히 드러난다.

당시 학생들은 박정희에게 어떤 존재였는가? "학생은 비애국적이며, 언론인은 무책임하고, 지식인은 옹졸하다." 이 같은 박정희의 말처럼 학생은 언론인과 지식인과 함께 박정희 시대의 3대 배척 대상이었다. 이 가운데서도 자신의 말을 듣지 않고 대드는 학생들과 그들을 부추기는 교수야말로 박정희 권력의 '공공의 적'이었다. 그래서 학생들은 잡아넣고 교수는 학원에서 추방했다.

문제는 학생들의 수가 많다는 것이었다. 이에 소수정예 원칙을 세워 평소 눈엣가시 같던 서울대 문리대의 민족주의비교연구회(민비연)와 그 핵심 구성원을 타격 목표로 삼아 민비연을 해체하고 핵심 구성원을 구속하여 내란죄 등으로 재판에 넘겼다. 이것이 1964년의 이른바 '1차 민비연 사건'에 이은 1965년의 '2차 민비연 사건'이다. '내란음모', '내란선동' 등 어마어마한 죄목으로 기소하여 수적으로 부담되는 학생 세력에게 일종의 경고장을 보낸 것이다. 이 경위를 언론 보도를 통해 살펴보기로 하자.

서울대학교가 문리대 학생 학술연구단체인 민족주의비교연구회를 해체

민비연 해체를 보도한 《조선일보》 1965. 9. 18. 3면.

시켰음이 9월 18일 알려졌다. 이 학생단체의 해체는 정부가 학교 당국에 "정치 활동을 하는 학원 내 서클을 즉시 해체시키라"는 지시를 내린 후, 학교 당국에서 동 연구회 지도교수 황성모(黃性模) 교수에게 "교직을 사퇴하든지 지도교수직을 탈퇴하든지 하라"고 지시함에 따라 지난 9월 7일 황 교수가 총장에게 ①지도교수직을 탈퇴하겠다, ②정치에는 관계하지 않겠다는 등 내용의 각서를 제출, 지난 9월 11일 해체된 것으로 알려졌다.

민족주의비교연구회는 지난 1963년 10월 문리대 학술연구단체로 출발, 학술적 모임을 가져오다 작년 9월에 학교 당국에 의해 재등록이 보류, 금년 3월에 정식 등록되어 연구발표를 해왔다. 구속된 민족주의비교연구회의 핵심 멤버인 김중태, 이수용(정치 4) 군과 모 수사기관에 연행된 송철원 군 등 5명의 학생들은 내란음모 혐의를 받고 있는 것으로 알려졌다.[29]

---

29. 《경향신문》 1965. 9. 18. 7면.

'2차 민비연 사건'은 최종적으로 서울대 문리대생 5명과 법대생 1명을 구속·기소하여 재판에 회부하는 것으로 종결된다. 이로써 1964년의 6·3 비상계엄을 겪으며 1년 6개월 동안 끈질기게 계속된 6·3 항쟁은 1965년의 8·26 위수령 발동을 고비로 좌절되어 종말에 이른다. 이 과정을 되돌아보기로 하자.

1964년 3·24 시위로 시작된 학생들의 굴욕적 한일회담 반대 투쟁이 '5·20 민족적 민주주의 장례식'을 계기로 박정희 권력 거부 투쟁으로 확대되자 박정희는 6·3 비상계엄을 선포했다. 비상계엄 선포로 학생들의 투쟁은 일단 좌절되었다. 이 과정에서 많은 학생이 연행·구속되어 재판에 회부되었고, 건국대 학생 한 명이 귀중한 목숨을 잃기까지 했다.

학생들은 이에 좌절하지 않고 1965년 2월 18일 파고다 공원에서의 '한일 굴욕회담반대 성토대회'를 시작으로 또다시 귀중한 목숨을 잃어 가며 한일협정 조인(6월 22일) 반대 투쟁, 한일협정 비준(8월 14일) 반대 투쟁 그리고 한일협정 무효화 투쟁에 이르기까지 끈질기게 싸우고 또 싸웠다. 그러나 박정희가 군대를 동원하고 위수령이라는 강권 발동을 하자 투쟁을 멈출 수밖에 없었다.

한일협정 반대 투쟁 세력의 희생은 너무나 컸다. 많은 사람의 피와 땀에도 불구하고 돌아온 것은 무자비한 폭력과 가혹한 대규모 처벌이었다. 특히 4·19라는 승리의 경험을 바탕으로 치열하게 싸웠던 학원은 박정희 정권에 의해 완전히 유린당했다. 이후 학원과 사회에는 한동안 패배감과 무력감이 만연했다.

그러나 2년간 지속한 한일협정 반대 투쟁은 외적 실패에도 불구하고 한국 민주화운동의 역량을 크게 신장시켰고, 한일협정 반대 투쟁의 경험과 자산은 이후 민주화운동의 발전에 밑거름이 되었다. 학원과 사회가 패배감과 무력감을 극복하는 데는 그리 오랜 시간이 필요하지 않았다.[30]

오늘날 박정희의 잘못된 한일협정 추진으로 인해 여러 가지 문제점을 노출하고 있을 뿐만 아니라, 졸속으로 추진된 한일협정은 한일 간의 근본 문제 해결은커녕 양국 사이에 벌어지고 있는 심한 갈등의 근본 원인이 되고 있다. 이러한 현실은 학생들에 의해 치열하게 전개된 6·3 항쟁의 정당성을 웅변하고 있지 않은가?

이제 2차 민비연 사건에서 구속된 학생들과 최종적으로 재판에 회부된 학생들의 모습을 기록을 통해 정리하는 것으로 6·3 항쟁 전개에 대한 이야기를 끝내고자 한다.

(1) '2차 민비연 사건 구속자 명단' 텍스트①[31]

다음은 2차 민비연 사건[32]의 구속자 명단과 구속 후의 추이에 대한 기록 원본이다. 중앙정보부 수사관 박삼철(朴三喆) 명의로 발부된 송철원의 구속통지서(1965년 9월 16일 자)에 의하면 공식적인 구속 일시는 9월 15일 19시다.

이 기록은 구속 초기에 작성된 것으로, 이후 서울대생 6명을 제외하고 모두 석방되었다. 최종적으로 재판에 회부된 사람은 서울대 문리대의 김중태·최혜성·박재일·이수용·송철원과 서울대 법대의 진치남 등 6명이었다.

---

30. 민주화운동기념사업회 연구소, 『한국민주화운동사 1』, 468쪽.
31. 송상근 스크랩북 1965년 5권에 나오는 내용이다.
32. 통칭 '민족주의비교연구회(민비연) 사건'으로 불리는 사건은 세 차례 있었다. 1차 민비연 사건은 1964년 6월 17일 수도경비사령부 계엄보통군법회의 검찰부가 3·24 데모 이래 각종 집회·시위를 주도한 혐의로 서울대 문리대생 김중태·현승일·김도현을 내란죄로 구속한 사건이고, 3차 민비연 사건은 1967년 7월 8일 중앙정보부장 김형욱이 발표한 '동베를린 사건'에 한 묶음으로 엮인 사건을 말한다.

송철원 구속통지서 | 출처: 송상근 스크랩

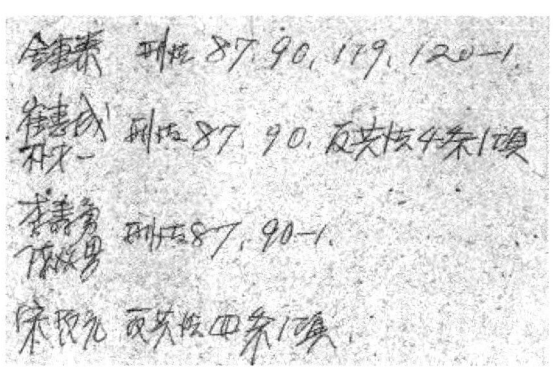

(2) '2차 민비연 사건 구속자 명단' 풀이①

9월 16일 구속통지(拘束通知)

    9월 24일 송청(送廳)

    담당검사(擔當檢事) 박종현 15호(號)

구속자(拘束者) 명단(名單)

1. 김중태(金重泰) (서 문리(文理) 4)[33]

2. 최혜성(崔惠成) (24. 서 문리(文理) 4)

3. 박재일(朴才一) (27. 〃)

4. 우학명(禹學命) (24.   〃)   ……10월 2일 석방(釋放)

5. 송철원(宋哲元) (23. 무[34])

6. 이수남(李壽男)[35] (26. 서 문리(文理))

7. 박영호(朴英浩) (23. 서 대학원(大學院)) ……10월 2일 석방(釋放)

---

33. '서 문리(文理)'는 '서울대학교 문리과대학(文理科大學)'을, '동대(東大)'는 '동국대학교(東國大學校)'를, '연대(延大)'는 '연세대학교(延世大學校)'를 말한다.
34. 송철원은 당시 서울대학교 문리과대학 정치학과를 졸업하여 '무직(無職)' 신분이었음.
35. '이수남(李壽男)'은 '이수용(李壽勇)'의 착오. 일부 신문에서 이렇게 보도했다.

8. 장장순(張長淳) (29. 동대학원(東大學院))

9. 정준성(鄭駿成) (23. 연대학원(延大學院)) ······10월 2일 석방(釋放)

10. 이원범(李元範) (29. 동대(東大) 4)

11. 박영남(朴英男) (26. 연대(延大) 2) ······석방(釋放)

불구속(不拘束) 김한림(金韓林)[36]

10월(月) 13일(日) 적부심사(適否審査) 각하

김중태(金重泰) 형법(刑法) 87. 90. 119. 120-1

최혜성(崔惠成) 형법(刑法) 87. 90. 반공법(反共法) 4조(條) 1항(項)

박재일(朴才一)   〃

이수용(李壽勇) 형법(刑法) 87. 90-1

진치남(陳治男)   〃

송철원(宋哲元) 반공법(反共法) 4조(條) 1항(項)

---

36. 김한림 씨는 이때에는 불구속 입건되었으나 1965년 10월 28일 구속된다. 이에 대한 언론 보도는 다음과 같다. "28일 서울지검공안부 박종연(朴宗演) 검사는 김중태(金重泰)(25.서울 문리대(文理大) 정치과) 군을 숨겨 준 기독교여자전도회 서울연합회 총무 김한림(金韓林)(52) 씨를 범인은닉 혐의로 구속했다. 김씨는 지난 8월 하순께 김군이 지명수배된 것을 알면서 시험 공부하는 학생으로 가장, 자기 집과 임경애(林敬愛)(동회 집사) 씨 집에 숨겨 주고 용돈 1만 원을 준 혐의이다." 《중앙일보》 1965.10.28. 정지아, 『김한림: 어머니, 우리들의 어머니』, 민주화운동기념사업회, 2006 참조.

(3) '2차 민비연 사건 구속자 명단' 텍스트②[37]

(4) '2차 민비연 사건 구속자 명단' 풀이②

10월 12일　　　　박종연(朴宗演) 검사(檢事) 기소(起訴)

구속기소(拘束起訴)

1. 김중태(金重泰) (25 서문(文)정(政) 4)[38]

2. 최혜성(崔惠成) (25 서문(文)철(哲) 4)

3. 박재일(朴才一) (27 서문(文)지(地) 4)

---

37. 앞의 '2차 민비연 사건 구속자 명단' 텍스트①을 작성한 이후에 변화된 상황에 대한 기록이다.
38. '서문(文)'은 '서울대학교 문리과대학'을 가리킴.

4. 송철원(宋哲元) (24 서문(文)정(政)졸(卒))

  5. 이수용(李壽勇) (26 서문(文)정(政) 4)

  6. 진치남(陳治男) (25 서법대(法大) 4)

  7. 진민자(陳敏子) (22 이대(梨大)과(科)4)[39]···10월 29일 보석(保釋), 황계룡(黃桂龍) 판사

  8. 장장순(張長淳) (26 동국(東國)대학원(大學院) 1)···10월 13일 적부심사 통과(通過)

  9. 이원범(李元範) (24 동국대(東國大) 행(行) 4) ···   〃

불구속기소(不拘束起訴)

  1. 우학명(禹學命) (24 서문(文)지(地) 4)

  2. 박영호(朴英浩) (25 서대학원(大學院) 1)

  3. 정준성(鄭駿成) (25 연(延)대학원(大學院) 1)

  4. 박영남(朴英男) (24 연(延)철(哲) 4)

  5. 김한림(金韓林) (여(女) 범인(犯人) 은닉)[40] 10월 28일 구속기소(拘束起訴)

지명수배(指名手配)

  1. 김영일(金英一) (25 서대(大)문(文)미(美) 4)[41]

  2. 김도현(金道鉉) (24 서대(大)문(文)정(政) 4)

  3. 신춘자(辛春子) (22 이(梨)법대(法大) 4)

  4. 정정덕(鄭正德) (23 연(延)법(法) 3)

10월(月) 28일(日) 구속(拘束)

  박종익(朴鍾翊) (27 서법대(法大) 4)

---

39. 진민자는 이화여자대학교 과학교육과 4학년으로 총학생회장을 지냈다.
40. 김한림에 대해서는 '2차 민비연 사건 명단' 풀이① 각주 23)를 참조.(35)
41. 지명수배된 김영일(金英一)은 김지하(金芝河)의 본명으로 서울대학교 문리과대학 미학과에 재학 중이었다. 이 명단을 보면 1965년 10월 28일 현재 구속 상태에 있는 사람은 학생 7명, 민간인 1명이고, 이들 가운데 구속 상태로 재판에 회부되어 선고에 이른 학생은 김중태, 최혜성, 박재일, 송철원, 이수용, 진치남 등 여섯 명이었다.

1966년 3월 2일, 2차 민비연 사건 선고 공판에 출석한 서울대생 피고인들. (왼쪽부터) 최혜성, 김중태, 송철원, 이수용, 박재일, 진치남 | 사진출처: 《경향신문》

(5) 2차 민비연 사건의 공판 결과: 전원 무죄

2차 민비연 사건으로 구속, 기소되어 끝까지 재판에 회부된 사람은 김중태(서울대 문리대 정치학과 4), 최혜성(서울대 문리대 철학과 4), 이수용(서울대 문리대 정치학과 4), 박재일(서울대 문리대 지리학과 4), 진치남(서울대 법과대 법학과 4), 송철원(서울대 문리대 정치학과 졸업) 등 6명이었고, 혐의 내용은 내란음모, 내란선동, 폭발물 사용음모, 반공법 위반 등이었다.

이들에 대한 제1회 공판은 1966년 2월 7일, 제2회 공판은 2월 14일에 있었고, 2월 21일의 결심공판에서 김중태에게 징역 15년, 최혜성과 박재일에게 징역 12년, 이수용에게 징역 10년, 진치남에게 징역 7년, 송철원에게 징역 3년이 각각 구형되었다. 그리고 3월 2일 오전, 서울형사지방법원 제4부는 선고공판에서 검찰이 주장한 '내란음모 및 내란선동' 사실은 "증거가 없다"며 무죄를 선고하고, 김중태에 대한 폭발물 사용음모와 최혜성 등 3명에 대한 반공법 위반 부분에 대해서만 유죄를 인정하여 김중태에게 징역 2년, 최혜성·박재일·송철원에게 징역 1년에 집행유예 2년을 선고하고 이수용·진치남에게는 무죄를 선고했다.[42]

항소심에서는 이들 모두에 대해 무죄가 선고되었다. 1966년 7월 12일 오전, 서울고등법원 형사부는 김중태 등 6명에 대한 항소심 선고공판에서 원심에서 유죄판결을 받았던 4명에게 원심을 깨고 나머지 2명과 함께 전원 무죄를 선고했다.

재판부는 판결을 통해, 한일협정 비준 반대를 위한 이들의 데모는 국민이 봉기할 것을 선동한 행위가 아니므로 내란음모 또는 선동에 해당되지 않으며 이들이 만들고자 했다는 소위 '몰로토프 칵테일'은 인체에 해를 주지 않고 폭발물에 해당되지 않으므로 폭발물에 관한 죄에도 해당될 수 없다. 또 이들이 만든 3·24 제2 선언문이 코민테른에서 인용되었으나, 구절을 인용했다고 하여 반드시 공산계열을 이롭게 하는 것이 아니고 적을 이롭게 하기 위해 그 구절을 인용한 것이 아니므로 반공법에도 해당되지 않는다고 판시한 후 무죄를 선고한 것이다.[43] 이 판결은 상고심에서 그대로 확정되었다.

이런 판결이 내려진 것은 당시까지만 해도 사법부와 언론이 제구실을 다 하고 있음을 보여 준 대표적인 예였다. 그리고 이와 함께 6·3 항쟁은 대단원의 막을 내린다.

---

42. 《동아일보》 1966.3.2. 3면.
43. 《경향신문》 1966.7.12. 3면.

■ 자료: 민비연 사건 공소장

1) 민비연 1차 사건 공소장(1964)

(피고인: 김중태, 현승일, 김도현, 손홍민)

◇죄명: 내란, 범인은닉

◇적용 법규: 형법 제87조, 제151조 1항

◇공소사실:

피고인 김중태(金重泰)는 19세 시 경북고등학교를 졸업하고 서울대학교 문리과대학 정치과에 진학하여 4학년에 재학 중인 자로서 동교(同校) 민족주의비교연구회(이하 민비로 약칭) 회장 및 한일굴욕외교반대투쟁위원회(이하 투위로 약칭) 위원장 직(職)에 재(在)하는 자

동(同) 현승일(玄勝一)은 19세 시 경북고등학교를 졸업하고 서울대학교 문리과대학 정치과에 진학하여 4학년에 재학 중인 자로서 민비의 김중태 후임 회장 및 투위의 부위원장 직에 재하는 자

동(同) 김도현(金道鉉)은 18세 시 서울사범대학부속고등학교를 졸업하고 서울대학교 정치과에 진학하여 4학년에 재학 중인 자로서 민비의 회원 및 투위의 위원으로 재하는 자

동(同) 손홍민(孫洪敏)은 경성공업고등학교를 졸업하고 은행원 및 무역업에 10여 년간 종사타가 현재 한미화학공업주식회사 전무 직에 종사하는 자인바

▲제1

피고인 김중태 동 현승일 동 김도현 등은 현 정치정세는 부정부패와 무능독선(無能獨善)이 극에 달하였고 경제질서는 기(其) 정책빈곤으로 파탄에 이르러 천정

거리에 나붙은 김중태·김도현·현승일에 대한 현상금 1만 원의 '범인현상수배' 포스터(1964년 5월 22일 자) | 사진출처: 《동아일보》

부지의 물가고로 민생고가 극심하여 민족분열의 위기에 놓여 있고 한일회담은 매국적 굴욕적 회담으로서 일본제국주의의 식민지화하는 일보(一步) 전에 있다고 망상, 단정하고 현 사태는 정부 전복의 요인이 됨에 충분하다고 생각한 나머지 국헌(國憲)을 문란할 목적으로 세칭 3·24 제국주의자·민족반역자 화형집행식, 3·25, 3·26 한일회담 성토대회 등 불법시위로 피고인 김중태가 구속되고 각 학교의 동조적 반응이 보이자 국민여론을 환기, 동조케 할 목적으로 시위를 계속할 것을 공모하고 동(同) 현승일 동(同) 김도현 등이 주동이 되어 세칭(世稱) 4·17 한일회담 성토, 4·19 영령추도식, 4·20, 4·21 난동시위로 민심을 교란하고 반정부적 감정의 조장과 무정부적 무질서 상태를 초래케 하여 극도의 정국불안을 조성하자 일부 국민이 호응한다는 착각 하에 대안 없이 한일회담 무조건 반대를 표면상 구호로 기실(其實) 정부의 시책에 불만을 품고 정부를 전복할 것을 획책하고

피고인 김중태, 동(同) 현승일은 1964년 5월 14일 오후 3시경 서울대학교 문리과대학 출입문으로부터 약 50미돌(米突) 상거(相距)한 잔디밭에서 정권타도를 위

한 모의를 한 후 시내 각 대학교와 연락을 취하여 동년(同年) 5월 16일 오후 7시경 동교(同校) 월편(越便) 진아춘(進雅春) 중국요정 2층에서 서울대학교 문리과대학 대표로 피고인 김중태 동(同) 현승일 동(同) 김도현 공소외(公訴外) 송철원(宋哲元) 동(同) 최혜성(崔惠成) 동(同) 이원재(李源栽) 등이 참석하고 동국대학교 대표로 공소외 장장순(張長淳), 동(同) 박동인(朴東仁), 성균관대학교 대표로 공소외 박형길(朴炯吉) 동(同) 김광렬(金光烈) 외 4명, 건국대학교 대표로 공소외 김영목(金榮睦) 동(同) 백승홍(白勝弘), 서울사범대학 대표로 공소외 김길렬(金吉烈) 외 2명 등 21명이 참석 회동하여 피고인 김중태 사회(司會)하에 현 정부 및 공화당이 주창하는 민족적 민주주의는 가식적 허구의 것으로 단정, 이를 말살하는 것을 의미하는 소위 '황소식 민족적 민주주의 장례식'을 대규모적으로 거행하여 국민의 호응을 촉구, 결정적 거사를 합의하고 그 준비책으로 피고인 김도현은 선언문, 결의문, 한일회담 5·16성토문 작성을, 공소외 송철원은 조사(弔辭), 민생고, 학원사찰 성토문 작성을, 동(同) 장장순은 회식진행(會式進行) 총사령관에, 동(同) 최혜성은 자금조달, 유인물 인쇄를, 피고인 현승일은 공보 관계 및 한양대학생 8,000명 동원을, 동(同) 김중태는 연대, 성대, 동대 등 각교별(各校別)로 최저 1,000명의 학생 동원을, 공소외 이원재는 서울대학교 학생 동원을, 동(同) 김용술(金容述)은 모의관(模擬棺), 두건(頭巾), 죽장(竹杖) 구입 등의 각 책임을 분담하고

집행책(執行責)으로 공소외 장장순은 사회를, 동(同) 김광렬은 민생고 성토문 낭독을, 동(同) 송철원은 조사 낭독을, 동(同) 경희대생 이재우(李在禹)는 5·16성토문 낭독을, 동(同) 김영목은 한일굴욕회담 성토문 낭독을, 동(同) 정성철(鄭聖哲)은 학원사찰 성토문 낭독을, 각 분담하기로 합의 결정한 다음 동일(同日) 오후 11시 30분경 산회하고 동년(同年) 5월 18일, 19일 양일간은 공소외 성균관대학생 박형길 가(家) 및 시내 서린동 금풍여관(錦豊旅館), 덕수궁 등지에서 준비상황과 문안을 검토하여 준비에 만전을 기하였음을 확인하는 등 정부 전복에 관한 최종적 모

의를 한 후 피고인 등은 동년(同年) 5월 20일 오전 8시경 등교하여 유인물 1천 장씩을 각 대표에게 분배하고 담당학교 학생동원상황을 살핀 후 전현(前顯) 집행부 책임자 등을 동(同) 교정에서 상봉하여 준비상황을 인계함과 동시 집행에 차질이 없도록 다짐하고 동일(同日) 오후 2시경 동(同) 교정에서 약 2천여 명의 학생이 운집한 가운데 민족적 민주주의를 의미하는 모의관의 장례를 거행하고 공소외 동대생(東大生) 박동인은 "총파탄에 이르는 국민경제를 일본제국주의의 더러운 배설물로 얼버무려 놓으려는 자 과연 누구냐? 피로서 되찾은 한국을 일본 의존적 예속의 쇠사슬에 묶는 것이 근대화요, 자립이라고 거짓말하는 자, 소위 민족적 민주주의를 장사지내자"는 요지의 선언문을 낭독하고, 동(同) 건대생 민승(閔勝)은 "우리 민족적 양심의 학생과 국민은 우리의 정당한 요구가 관철될 때까지 피의 투쟁을 계속할 것이다"는 결의문을, 동(同) 김광렬은 "5·16 혁명공약은 공약(空約)화하고 정부는 부패, 무능, 독선, 부정의 독소가 터질 때를 기다리며 화농(化膿)해 있다"는 요지의 5·16 성토문 및 민생고 성토문을, 동(同) 송철원은 "민족적 민주주의를 지칭한 "시체여 그대는 이미 죽었도다. 그대는 개악(改惡)과 불의와 난동(亂動)과 불안과 탄압의 명수(名手)요 천재다"라는 요지의 정부 비방 조사(弔辭)를 각(各) 낭독하여 운집한 군중을 선동, 정부 불신감과 정부 타도의 동조적 감정에 몰입케 한 후 동(同) 박동인 외 700여 명은 전시(前示) 모의관을 선두로 동일(同日) 오후 3시경 교문을 출발하여 난동 시위에 돌입, 북부세무서 전(前) 노상에 지(至)하자 차(此)를 제지하는 경찰관에게 다중(多衆)의 위력을 과시하며 일대 충돌을 야기하여 폭력 투석(投石)을 자행함으로써 경찰관 수백 명에게 상해를 피몽(被蒙)케 하고 동대문경찰서 백차(白車) 유리 전파(全破) 등 230여만 원 상당의 공공기물을 손상하고 이로 인하여 일부 학생이 연행 구속되고 주동 학생이 지명수배되자 일부 극렬분자인 공소외 박삼옥(朴三玉) 등 70여 명은 동년(同年) 5월 30일 오후 2시경 동교(同校) 4·19기념탑 앞에서 표면적으로 구속 학생 석방을 요구하며 기실

(其實) 결정적 무정부 상태를 야기할 심산(心算) 하에 단식농성 시위에 돌입, 극한 투쟁을 전개 중 동년(同年) 6월 1일과 2일 도피 중인 피고인 김도현, 동(同) 김중태는 각 이에 가담하여 일소(一宵)한 후 시위 군중을 향하여 "우리는 서대문 형무소로 가야하기 때문에 여러분들과 같이 투쟁하지 못함을 크게 유감으로 생각한다. 여러분들은 끝까지 극한 투쟁하라. 때는 왔다"고 선동, 격려하여 이에 기무(起舞)된 단식 데모대는 동년(同年) 6월 3일 오후 6시경 공소외 송철원을 들것에 들고 담요를 뒤집어씌우는 등 극히 선동적 양상으로 교문을 출발, 시위에 진입하여 타 대학과 합류(合流) 뇌동(雷同)코 종로5가 화신 앞 경유 곳곳에 포진한 경찰 저지선을 투석(投石) 폭행으로 일거에 돌파, 일제히 중앙청으로 쇄도하여 세종로 경찰관 파출소, 경찰무기고 등을 손상, 점거, 방화하고 군관민(軍官民) 차량을 탈취하는 등 흡사 무정부 상태를 방불케 하는 난동을 자행하여 약 450여만 원 상당의 공공기물 및 건조물을 손상하고 경찰관 960여 명에게 상해를 피몽(被蒙)케 하는 등 폭동(暴動)하고

▲제2

피고인 손흥민은 상피고인(相被告人) 김중태가 전시(前示) 3·24데모 이래(爾來) 5·20불법시위로 현상 지명수배 중인 자임을 지실(知悉)하고 있음에도 불구하고 1964년 5월 21일부터 금년 6월 2일 오후 5시경까지 서울특별시 용산구 후암동 27의 7호 피고인 가(家) 2층 북쪽 골방에 침식을 제공하는 등 은거(隱居)시킴으로써 범인을 은닉(隱匿)한 것이다.[44]

---

44. 《조선일보》 1964.6.18. 4면.; 《경향신문》 1964.6.18. 4면.

2) 민비연 2차 사건 공소장(1965)

(피고인: 김중태, 최혜성, 이수용, 박재일, 진치남, 송철원)

공소사실(公訴事實)

피고인 김중태(金重泰)는 서울대학교 문리과대학 정치과 4년에 재학 중이며 1964년 10월 28일 서울형사지방법원에서 집회 및 시위에 관한 법률위반(5.20민족적 민주주의 장례식 및 데모 주동)으로 징역 8월에 2년간 집행유예 선고를 받은 자이고

동(同) 최혜성(崔惠成)은 동(同) 대학 철학과 4년에 재학 중이며 1964년 7월 중순경 5.20데모를 주동한 혐의로 집회 및 시위에 관한 법률위반으로 피검되었던 자이고

동(同) 이수용(李壽勇)은 동(同) 대학 정치과 4년에 재학 중이며 1964년 9월 12일 서울지방검찰청에서 3.24, 5.20, 6.3데모 등 주동자로 집회 및 시위에 관한 법률위반 혐의로 구속기소되었다가 공소취소(公訴取消)로 석방된 자이고

동(同) 박재일(朴才一)은 동교(同校) 지리학과 4년에 재학 중인 자이고

동(同) 진치남(陣治男)은 동교(同校) 법과대학 4년 재학 중인 자이고

동(同) 송철원(宋哲元)은 동(同) 대학 정치과를 졸업하고 무위도식하는 자인바

일(一). 피고인 김중태는 전시(前示) 일시(日時)에 석방된 후 한일회담이 적극 추진되는데 이를 반대하는 대학생 데모가 당국의 강력한 저지에 의하여 중단되고 조기방학이 되므로 국민을 자극하고 학생들의 사기를 앙양하는 데모 방법을 모색타가 폭발물을 사용할 것을 결의하여

1965년 7월 31일경 서울특별시 용산구 후암동 27의 7 하숙집에서 내가(來家)한

서울지방검찰청

서지검 제　호　　　　　　　　　　　　　　1965. 10. 13.

수신　　　서울형사지방법원

제목　　　　공소장
　　　　　　（公訴狀）

다음과 같이 공소를 제기합니다.

피고인	본적 주소 직업성명　　　　　　별지(別紙)와 여(如)함. 생년월일
죄명	가. 내란음모(內亂陰謀)　　　　나. 내란선동(內亂煽動) 다. 폭발물사용음모(爆發物使用陰謀)　라. 반공법위반(反共法違反)
적용법	김중태(金重泰)는 형법(刑法) 제90조, 동(同) 제87조, 　　　　동(同) 제100조 1항, 동(同) 제119조 최혜성(崔惠成), 박재일(朴才一)은 형법(刑法) 제90조, 　　　　동(同) 제87조, 반공법 제4조 1항 이수용(李壽勇), 진치남(陳治男)은 형법 제90조 제1항, 동(同) 제87조 송철원(宋哲元)은 반공법 제4조 1항
유첨: 구속영장 5통	

　　　　　　서울지방검찰청
　　　　　　　　검사

2차 민비연 사건 항소심 언도 공판 장면 | 사진출처:《경향신문》

공소 외 김도현(金道鉉)과 소리만 크게 나는 폭약을 10여 개 만들어서 동(同) 년(年) 8월 6, 7, 8일경 약 100여 명의 학생들을 동원하여 동(同) 시(市) 중구 명동 소재 국립극장 앞에 집합시켜서 동(同) 시(市) 중구 을지로 1가 소재(所在) 서울특별시 시청 앞까지 데모를 감행하고 동소(同所)에서 대치하게 될 경찰대에게 일제히 폭약 10여 개를 투척 폭발케 하여 저 경찰대가 혼란 사태에 함입(陷入)되면 도피하자고 모의하여 폭발물을 사용하여 공안(公安)을 문란케 할 목적으로 음모하고

이(二). 피고인 김중태, 동(同) 이수용 등은 1965년 7월 22일 시내 중구 소공동 소재 한국회관에서 공소 외 조국수호국민협의회 대표집행위원 김홍일(金弘壹)이 주최하는 한일협정비준반대 각단체대표 간담회에 동(同) 각대학연합체 학생대표 진민자(陳敏子), 동(同) 4.19 당시 학생회장단 대표 하은철(河銀喆) 조국수호협의회 집행위원, 동(同) 4월혁명단 대표 김상종(金尙宗), 동(同) 협의회 선전간사 외(外) 20여 명 등과 참석하여 한일협정비준반대 각단체연합전선을 형성, 공동투쟁키로 합의하고

익(翌) 7월 23일 오후 2시경 전시(前示) 김홍일 가(家)에서 각계 대표 9인 소위원

회를 소집하여 가칭 조국수호국민협의회를 창설 발족키로 하고 동월(同月) 24일 오후 2시경 시내 중구 명동 소재 대성(大成) 빌딩 옥상 휴게실에서 동(同) 하은철, 동(同) 김상종 및 각 학생단체 대표 10여 명 등과 회합하여 학생단체가 통합하여 각대학연합체, 6.3동지회 등 각 학생단체에서 전시(前示) 김홍일에게 학생대표 22명을 선출하여 기(其) 명단을 제출케 하고 동월(同月) 26일 오후 2시경 시내 중구 북창동 소재 국립도서관 뒤뜰에서 전시(前示) 하은철, 동(同) 김상종 외 10여 명의 학생 등과 회합하여 각대학연합체가 조국수호국민협의회를 중심으로 연합하여 공동 투쟁키로 하고 9인 소위원회에 김중태를 추가 선정 파견키로 합의하여 동일(同日) 오후 5시경 김홍일 가(家)에서 개최된 지도위원회에 동(同) 김중태 동(同) 진민자 등이 참석하여 학생단체는 독자적 투쟁을 통하여 연합으로 공동 투쟁키로 합의한 후 각 대학연합체 대표들과 회합하여서 한일협정비준 반대를 하여 오던 중

#. 피고인 김중태, 동(同) 최혜성, 동(同) 박재일, 동(同) 이수용, 동(同) 진치남 등은 1965년 8월 20일 동교(同校)가 개학하고, 방학 중인 동년(同年) 8월 14일 한일협정이 여당에 의하여 국회에서 비준되고 이를 규탄하는 데모가 감행되자 차제(此際)에 국회를 해산하고 총선거를 실시하여 새 국회에서 한일협정비준을 무효화 결의시키자고 결의하여 헌법에 의하여 설치된 국회를 강압에 의하여 전복케 하거나 또는 그 권능(權能) 행사를 불가능케 할 국헌문란(國憲紊亂)의 목적으로 1965년 8월 24일 오후 1시경 동(同) 시(市) 동대문구 동숭동 소재 서울대학교 문리과대학 여학생 휴게실에서 공소 외 동교(同校) 대학원생 박영호(朴榮浩) 외 성명불상자 4인과 회합하여 비조직적인 산발적 데모로 인하여 실패된 6.3데모를 거울삼아 고등학교 학생까지를 포함한 학생데모를 일제히 감행, 폭동화하여 강압적 실력행사로 인하여 국회를 해산시키되 학생데모를 체계적으로 지휘할 지휘기관으로

서 가칭 구국학생총연맹 같은 것을 조직하고 기구는 통제위원회와 그 밑에 사무국 및 선전국 등을 두어서 활동하고 이를 실현하는 준비로서 동(同) 진치남은 동월(同月) 28일까지 11개 대학 연합체를 접수할 기초공작을, 동(同) 이수용은 6.3동지회원 등과 접촉토록 각(各) 분담하여 내란(內亂)을 음모하고

삼(三). 피고인 김중태, 동(同) 최혜성, 동(同) 박재일 등은 공모하여 국헌문란(國憲紊亂)의 목적으로 1965년 8월 25일 오후 7시경 동(同) 시(市) 마포구 신촌동 소재 연세대학교 구내식당에 공소외 동교(同校) 대학원 일년(一年) 재학 중인 정준성(鄭駿成) 외 2명, 동(同) 동국대학교 대학원 일년(一年) 재학 중인 장장순(張長淳) 등에 대하여 전시(前示) 이(二) 적시(摘示) 방법으로 국회를 해산시키자고 주장하여 내란(內亂)을 선동하고

사(四). 피고인 박재일, 동(同) 최혜성, 동(同) 송철원 등은 북괴(北傀)는 정부를 참칭(僭稱)하고 국가를 변란할 목적으로 구성된 반국가단체로서 공산주의이론에 기(基)한 무산계급독재국가를 건설할 것을 기도하여 6.25를 기하여 무력으로 침공하고 이에 실패하자 간접침략을 감행 중이며 공산주의적 세계관과 역사관에 기(基)하여 한일회담을 반대하고 있고 그 종주국인 소련은 세계공산화의 야망에서 암약(暗躍)하는 일환(一環)으로 세계공산당대회를 개최한 사실이 있음을 지실(知悉)하고 있을 뿐만 아니라 동(同) 공산당대회에서 채택된 공산당선언문의 구절(句節)을 인용하여 한일회담반대 선언문을 작성, 발표하면 북괴와 국외(國外) 공산계열의 활동에 동조하게 됨을 숙지(熟知)하면서

1965년 3월 23일 오전 9시경 동(同) 시(市) 서대문구 교남동 51번지 공소외(公訴外) 우학명(禹學命) 집에서 3.24 제1주년기념의 제2 3.24선언문을 작성함에 있어서 동(同) 박재일이 소지하던 콤민테룬에서 미국 자본주의제도의 신용을 비방한 구

절(句節)을 "선린외교(善隣外交)라는 굳센 쇠사슬로 일련의 동남아(東南亞)로[45] 자기 몸에 억메어 놓은 뒤 이들 제국(諸國)이 감히 자기의 신성(神聖) 의지에 저항하지 못하도록 하고 있다"라고 일본의 외교정책을 비방하는 데 인용하여 선언문을 작성하고 동일(同日) 오후 2시경 동(同) 시(市) 서대문구 소재 옥호(屋號) 미상의 인쇄소에서 위 선언문 400매를 인쇄하여 북괴 및 국외(國外) 공산계열의 활동에 동조하므로서 반국가단체를 이롭게 한 것이다.[46]

---

45. 동남아(東南亞) '를'의 오기(誤記).
46. 송상근 스크랩북 1965년 1권.

제3장
한일협정의 문제점

　독도를 지키고 6대 미청산과제를 해결하려는 '한일협정 재협상 국민행동' 창립대회가 2011년 11월 18일 서울 프레스센터에서 열렸다. '국민행동'은 독도 영토 수호와 '일본군 위안부, 사할린 미귀환자, 강제 징용·징병, 원폭피해자, 문화재 반환, 역사교과서 왜곡' 등 6가지 미청산과제 문제를 해결하기 위해 한일협정을 전면 재협상하는 것을 목표로 출범했다.

　이들은 왜 한일협정 재협상을 외치는가? 굴욕적 자세로 임해 졸속으로 처리된 한일협정의 문제점은 구체적으로 무엇인가?

1. 한일병합과 일본

1) '유효정당론', '유효부당론', '무효부당론'

　오늘날 한일 양국이 화합하지 못하는 근본적 원인은 1910년 8월 22일 조인되어 8월 29일 발효된 한일병합조약의 합법성(legality)과 정당성(legitimacy)에 대한 인식의 차이에서 비롯된다. 한일병합조약은 국가원수에 대한 '강박

'한일협정 재협상 국민행동' 창립대회 장면 | 사진출처: 통일뉴스

(强迫)'에 의해 체결되었을 뿐만 아니라 조약 체결의 형식과 절차상의 하자로 인해 국제법상 불법·무효조약이었다. 불법이라서 무효라는 근거는 차고 넘치지만 여기서는 국가원수 즉 대한제국 황제가 서명하지 않은 점만을 따져 보기로 한다.

국제법상 조약 체결은 두 나라의 국가원수가 각기 협상 대표를 선정하여 전권위임장을 수여하는 것으로 시작된다. 위임장을 소지한 두 나라 대표는 합의한 장소에서 만나 서로 위임장을 보인 다음, 협상에 들어가 합의 결과를 조약문으로 작성하여 각자의 직명·이름을 쓰고 서명 또는 날인하는 순서를 밟는다. 그다음에 국가원수가 그 조약문을 받아 보고 잘못된 것이 없다고 판단하면 비준서를 발부하여 효력이 발생하는 것이다.

일제는 청일전쟁(1894.7.25.~1895.4.17.)의 승리로 조선을 청으로부터 분리시켰고, 1897년 10월 12일 대한제국이 선포된다. 영일동맹을 체결(1902.1.30.)하여 대한제국에 대한 이익을 인정받은 일제는 러일전쟁(1904.2.8.~1905.9.5.)

의 승리로 대한제국에 대한 지배권 확보에 본격적으로 들어간다. 러일전쟁 개전 이후 일본이 대한제국 국권 탈취를 목적으로 강요한 5개 외교협정의 내용을 간단히 정리하면 다음과 같다.

 ① 한일의정서(韓日議定書, 1904.2.23.): 군사기지 사용권 규정, 이 협약과 위배되는 제3국과의 조약 체결 금지.
 ② 제1차 한일협약(韓日協約, 1904.8.22.): 일본 정부 추천의 재정·외교 고문 고용, 외국과 조약 체결 시 일본 정부와 협의.
 ③ 제2차 한일협약(1905.11.17.): 외교권 박탈. '을사늑약(乙巳勒約)'이라고도 함.
 ④ 제3차 한일협약(1907.7.24.): 일본 통감의 내정 지도, 법령제정, 행정처분 등 감독. '한일신협약' 또는 '정미7조약'이라고도 함.
 ⑤ 한일합방조약(1910.8.22.): 모든 통치권 이양.[1]

한일병합조약 체결뿐만 아니라 이에 이르는 일련의 조약들은 일제가 자기 뜻에 억지로 따르게 하는 '강박'이 수반되었다. 이런 일제의 '강박'이라는 것이 형체가 없어 입증하기에 어려움이 있으니 논외로 치더라도 ①·②·③·④는 정식 조약의 형식을 취해야 했음에도 그렇게 하지 않아 비준서가 발급되지 않았고, 조약의 형식을 갖춘 한일병합조약(⑤)은 대한제국 황제는 서명하지 않고 일본 천황만이 서명한 반쪽짜리 조약이었다. 당시 상황을 구체적으로 들여다보자.

---

1. 이태진, 「1904~1910 한국 국권 침탈 조약들의 절차상 불법성」, 『한국병합과 현대』, 태학사, 2009, 151쪽.

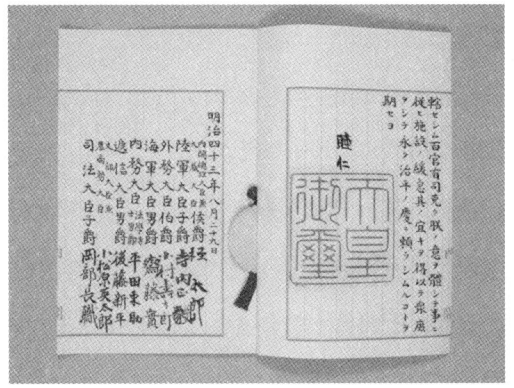

한일병합조약의 대한제국 황제의 칙유(위)와 일본 천황의 조칙(아래)이다. 전자에는 국새가 아닌 것이 찍혀 있고 황제의 서명이 없는 반면, 후자에는 일본 천황의 국새가 찍히고 그 위에 메이지 천황의 이름인 '무쓰히토(睦仁)'라는 서명과 일본 대신들의 서명까지 보인다. 대한제국의 마지막 황제 순종은 한일병합조약에 서명하지 않았다. | 출처: 이태진, 「한국병합 강제 조약들, 무엇이 문제인가」

병합조약은 형식을 제대로 갖추었지만, 한국 측의 저항으로 비준 절차가 제대로 이루어지지 못했다. 이 조약 추진자들은 이전의 것들이 절차와 형식에서 많은 문제가 있었다는 것을 의식하여 '병합조약위원회'를 구성해 정식 조약으로서의 모든 조건을 완벽하게 갖추도록 노력을 기울였다. 그래서 '위원회'가 한국 측의 전권위원 위임장 문안까지 만들어 한국 정부 총리대신에게 건네주고 한국 황제가 이를 서명 날인토록 하는 데까지는 성공했다. 그러나 양국 황제의 비준서에 해당하는 '조칙(詔勅)' 발급에서 한국 황제는 서명하지 않았다. 결국 한국 국권을 빼앗은 5개 조약 가운데 한국 황제의 비준을 거친 것은 하나도 없는 상태로 남았다. 한국병합이 성립되었다고 말할 수 있는 근거는 어디에도 발견되지 않는다.[2]

서명하지 않은 대한제국 최후의 황제 순종(純宗, 1874.3.25.~1926.4.25.)은 임종 직전 신하 조정구[3]를 통해 남긴 조칙(詔勅)에서 한일병합이 "제멋대로 선포한 것"임을 다음과 같이 분명히 하고 있다. 이 유언은 미국 샌프란시스코에서 발행되던 1926년 7월 8일 자 《신한민보(新韓民報)》에 보도된 것이다.

한 목숨을 겨우 보존한 짐(朕)은 병합 인준의 사건을 파기하기 위하여 조칙(詔勅)하노니 지난날의 병합 인준은 강린(强隣)[4]이 역신(逆臣)의 무리[5]와 더불

---

2. 이태진, 「1904~1910 한국 국권 침탈 조약들의 절차상 불법성」, 151~152쪽.
3. 조정구(趙鼎九, 1862~1926). 대한제국 궁내부협판, 평식원동재, 의정부찬정 등을 역임한 관료. 한일병합 때 일제가 주는 은사금(恩賜金) 및 남작의 칭호를 거절하고 병합에 항의하여 두 차례나 자결을 시도하기도 했다.
4. 강한 힘을 가진 이웃 나라. 일본을 가리킴.
5. 이완용 등을 가리킴.

어 제멋대로 해서 제멋대로 선포한 것이요 다 나의 한 바가 아니라. 오직 나를 유폐(幽閉)하고 나를 협제(脅制)하여 나로 하여금 명백히 말을 할 수 없게 한 것으로 내가 한 것이 아니니 고금(古今)에 어찌 이런 도리가 있으리오. 나 - 구차히 살며 죽지 못한지가 지금에 17년이라, 종사(宗社)에 죄인이 되고 2천만 생민(生民)의 죄인이 되었으니, 한 목숨이 꺼지지 않는 한 잠시도 이를 잊을 수 없는지라 유수(幽囚)⁶에 시달려 말할 자유가 없이 금일에까지 이르렀으니 지금 한 병이 위중하니 한 마디 말을 하지 않고 죽으면 짐이 죽어서도 눈을 감지 못하리라. 지금 나 - 경(卿)에게 위탁하노니 경은 조칙을 중외(中外)에 선포하여 내가 최애최경(最愛最敬)하는 백성으로 하여금 병합이 내가 한 것이 아닌 것을 효연(曉然)히 알게 되면 이전의 소위 병합 인준과 양국(讓國)의 조칙은 스스로 파기에 돌아가고 말 것이리라. 여러분들이여 노력하여 광복하라. 짐의 혼백(魂魄)이 명명(冥冥)한 가운데 여러분을 도우리라.⁷

이런 식의 '병합'에 대해 일본인은 어떤 생각을 갖고 있는가?

첫째로, 1910년 병합 당시 일본인의 인식이자 오늘날 다수의 일본인, 특히 일본 우익이 절대로 버리려 들지 않는 논리가 유효정당론(有效正當論)이다. 이것은 한일병합이 동양평화를 위해 양국 간 자유의지와 평등을 기초로 적법한 절차에 따른 것이어서 법적으로 하자가 없어 '유효'할 뿐만 아니라 도덕적으로도 '정당'하다는 주장이다. 일본인의 이런 인식이 원만한 한일관계에 걸림돌이 되고 있다.

둘째로, 1995년 8월 15일 당시 일본 총리였던 무라야마 도미이치⁸의 '무

---

6. 잡아 가둠.
7. 이태진, 『일본의 한국병합 강제 연구』, 지식산업사, 2016, 407쪽.

라야마 담화'에서 출발한 유효부당론(有效不當論)이다. 이것은 한일병합조약 체결이 실정법이 금지하지 않는 행위이기는 했지만 국제적 정의와 도덕의 근본 원칙상 책임이 있다는 입장으로, 오늘날 일본 다수 학자·정치가의 견해이기도 하다. 당시 무라야마의 이런 자세는 일본 정치인으로서는 파격적인 것이었으나 그 역시 한일병합이 합법적이었다는 한계를 벗어나지 못했다. 다음은 '무라야마 담화'의 주요 부분이다.

> 우리나라는 멀지 않은 과거의 한 시기, 국가정책을 그르치고 전쟁에의 길로 나아가 국민을 존망의 위기에 빠뜨렸으며 식민지 지배와 침략으로 많은 나라들 특히 아시아 제국의 여러분들에게 다대한 손해와 고통을 주었습니다. 저는 미래에 잘못이 없도록 하기 위하여 의심할 여지도 없는 이와 같은 역사의 사실을 겸허하게 받아들이고 여기서 다시 한번 통절한 반성의 뜻을 표하며 진심으로 사죄의 마음을 표명합니다. 또 이 역사로 인한 내외의 모든 희생자 여러분에게 깊은 애도의 뜻을 바칩니다.

2010년 8월 10일, 간 나오토[9] 당시 일본 총리도 한일병합 100주년을 앞두고 담화를 발표했다. 그 역시 유효부당론의 범주를 벗어나지는 못했지만, 그의 담화가 특히 주목받은 것은 한국을 특정해 내놓은 사과의 메시지였기 때문이다. 무라야마 담화 이후 역대 총리가 이를 계승한 담화를 내놓았

---

8. 무라야마 도미이치(村山富市, 1924.3.3.~). 일본 정치인. 오이타현(大分縣) 출생. 메이지(明治) 대학 전문부 정치경제학과 졸업(1946). 중의원 의원(8선), 일본사회당 위원장(1993), 총리대신(1994.6.30.~1996.1.11.) 등 역임.
9. 간 나오토(菅直人, 1946.10.10.~). 일본 정치인. 야마구치현(山口縣) 출생. 도쿄공업대학 응용물리학과 졸업(1970). 중의원 의원(14선), 후생상(1996), 민주당 대표(1998), 총리대신(2010.6.8.~2011.9.2.) 등 역임.

지만, 그것은 일제의 피해를 입은 여러 나라를 대상으로 한 것이었다. 다음은 '간 나오토 담화'의 주요 부분이다.

> 올해는 한·일관계에 있어서 커다란 전환점이 되는 해입니다. 정확히 100년 전 8월 한·일병합조약이 체결되어 이후 36년에 걸친 식민지 지배가 시작되었습니다. 3·1 독립운동 등의 격렬한 저항에서도 나타났듯이, 정치·군사적 배경하에 당시 한국인들은 그 뜻에 반하여 이루어진 식민지 지배에 의해 국가와 문화를 빼앗기고, 민족의 자긍심에 깊은 상처를 입었습니다. … 이러한 식민지 지배가 초래한 다대(多大)한 손해와 아픔에 대해, 여기에 재차 통절한 반성과 마음에서 우러나오는 사죄의 심정(痛切な反省と心からのおわびの氣持)을 표명합니다.
>
> 이러한 인식하에 향후 100년을 바라보면서, 미래지향적인 한·일관계를 구축해 갈 것입니다. 또한, 실시해 온, 이른바 사할린 한국인 지원, 한반도 출신자의 유골봉환 지원이라는 인도적 협력을 금후에도 성실히 실시해 갈 것입니다. 또한, 일본이 통치하던 기간에 조선총독부를 경유하여 반출되어 일본 정부가 보관하고 있는 조선왕조의궤 등 한반도에서 유래한 귀중한 도서에 대해, 한국민의 기대에 부응하여 가까운 시일에 이를 넘기고자 합니다.

세 번째로는 유효정당론과 정반대 입장에 서는 무효부당론(無效不當論)이다. 앞에서 살펴보았듯이 한일병합이 적법한 절차를 따르지 않았을 뿐만 아니라 순종 황제가 유언에서 증언하고 있는 것처럼 국가원수를 "유폐(幽閉)하고 협제(脅制)하여" 체결했으니 도덕적으로도 문제가 심각했다는 것으로, 한국인의 일반적인 인식이다. 일본의 양심적인 지식인들의 자세 또한 그러하다.

2010년 5월 10일 한일 양국 지식인 214명은 도쿄와 서울에서 1910년 체결된 "한일병합조약이 원천무효"라는 공동성명을 최초로 발표했고, 이어서 그해 7월 28일 도쿄에서 양국 지식인 1,139명의 병합조약 원천무효를 재천명하는 공동성명으로 이어졌다. 1차 발표 때 일본 언론은 아주 작게나마 보도했지만, 2차 발표에 대하여는 도쿄의 어느 신문도 이를 보도하지 않았다.

다음은 5월 10일 발표한 「'한국병합' 100년에 즈음한 한일지식인 공동성명」의 핵심 내용이다.

일본국가의 '한국병합' 선언은 1910년 8월 22일의 병합조약에 근거하여 설명되고 있다. 이 조약의 전문(前文)에는 일본과 한국의 황제가 두 나라의 친밀한 관계를 바라고, 상호의 행복과 동양평화의 영구 확보를 위해서는 '한국을 일본제국에 병합하는 것만 한 것이 없다'고 하여 병합이 최선이라고 확신하고, 본 조약을 체결하기에 이르렀다고 서술되어 있다. 그리고 제1조에 '한국 황제 폐하는 한국 전부(全部)에 관한 일체의 통치권을 완전하고 또 영구히 일본국 황제 폐하에게 양여(讓與)한다'고 기술하고, 제2조에 '일본국 황제 폐하는 전조(前條)에 서술되어 있는 양여를 수락하고 또 전적으로 한국을 일본제국에 병합하는 일을 승낙한다'고 적고 있다.

여기서 힘으로 민족의 의지를 짓밟은 병합의 역사적 진실은, 평등한 양자의 자발적 합의로, 한국 황제가 일본에 국권 양여를 신청하여 일본 천황이 그것을 받아들여, '한국병합'에 동의했다고 하는 신화로 덮어 숨기고 있다. 조약의 전문(前文)도 거짓이고 본문도 거짓이다. 조약 체결의 절차와 형식에도 중대한 결점과 결함이 보이고 있다.

'한국병합'에 이른 과정이 불의부당하듯이 '한국병합조약'도 불의부당하다.

문제는 이러한 주장이 다수의 일본인에게 '쇠귀에 경 읽기'였고, 지금도 변함이 없다는 점이다.

2) 샌프란시스코 대일강화조약과 독도

제2차 세계대전이 끝난 후 미국과 소련 간의 냉전이 시작되고, 이어서 중화인민공화국의 수립(1949.10.1.)에 의한 중국의 공산화와 한국전쟁의 발발(1950.6.25.)이라는 긴박한 사태가 잇달아 발생하자 패전국 일본에 대한 미국의 자세가 바뀐다. 전쟁 책임을 물어 일본을 전쟁 불능 국가인 농업국가로 만들어 버리려던 애초의 계획에서 일본을 태평양 방어의 중심축으로 하고 한국을 반공의 방파제로 만드는 정책으로 전환한 것이다.

이를 위해 미국은 두 가지를 서둘러야 했다. 첫째로 일본과의 태평양전쟁을 공식적으로 매듭지을 대일강화조약을 조속히 체결하는 것과 신생 한국과 패전국 일본을 화해시켜 양국 관계를 정상화하는 것이었다. 첫째 목표를 위해 미국은 일본과 샌프란시스코 강화조약을 부랴부랴 체결했고, 다음으로 한일 국교 정상화를 위한 양국이 회담을 조속히 개최하도록 독려했다.

미국 국무성이 대일강화조약 초안을 작성한 것은 1947년 1월부터였고, 한국은 연합국 자격으로 대일강화회의에 참여할 것을 주장했다. 이에 대해 한국이 참여할 수 있다는 미국의 방침이 처음으로 전해진 것은 1951년 1월 26일이었다. 그러나 강화조약 체결을 위한 회담의 초기 단계부터 제국·식민지 체제를 합법적으로 간주해 온 영국과 일본은 한국을 서명국으로 참여시키려는 미국의 방침에 맹렬히 반대하여 이를 관철했다. 일본이 반대하며 제시한 근거는 무엇이었을까?

이 회담에서 일본 측은 "한국과의 평화조약"이라는 제목의 문서를 미국 측에 제출하여 한국의 서명에 반대하는 입장을 표명했다. 동 문서에는 반대의 이유로서 "한국은 해방된 나라로서 전쟁상태에 있지 않았다. 만약 한국이 서명국이 된다면 100만 인의 재일조선인을 연합국민으로 취급하지 않으면 안 될 뿐 아니라 또 그들은 보상을 받을 권리를 취득하게 되어 일본은 난처한 지경으로 빠지게 된다"는 점을 들고 있다. 이 회담에서 요시다 일본 수상은 "재일 조선인의 대다수가 공산주의자이다. 그들에게 조약상 재산상의 이익을 부여하는 것은 곤란하다. 조선인 전원을 송환하고 싶다"고 말했다.[10]

이렇게 하여 미국 샌프란시스코에서 1951년 9월 8일 체결된 대일강화조약(Treaty of Peace with Japan)[11]은 다음과 같이 지극히 불충분한 조약이었다.

첫째, 가장 중요한 중국(중화인민공화국과 타이완의 중화민국), 소련, 한국 등 이해관계가 깊은 이웃 국가들이 강화조약 참가에서 배제되어 일본과의 개별 교섭을 통해 국교를 정상화해야 했다.

둘째, '관대한 강화'라고 불린 것처럼 미국·영국·프랑스 같은 주요 연합국이 배상[12]청구권을 포기했다는 점이다. 단, 필리핀처럼 거세게 반발하는 경

---

10. 이원덕, 『한일 과거사 처리의 원점』, 서울대학교출판부, 1996, 32쪽.
11. '대일평화조약'이라고도 한다. 이 조약은 1951년 9월 8일 48개국이 참여한 가운데 미국 샌프란시스코에서 체결되어 1952년 4월 28일 발효되었다.
12. 손실보전을 뜻하는 배상(Reparation)과 보상(Compensation)은 다음과 같은 차이가 있다. 배상은 '위법행위'에 따른 손실에 대해 그 손해를 메꾸는 것을 뜻하지만, 보상은 '적법행

1951년 9월 8일 일본 대표 요시다 시게루(吉田茂)가 샌프란시스코 강화조약에 서명하고 있다. (뒷줄 왼쪽부터) 이케다 하야토(池田勇人), 도마베치 기조(苫米地義三), 호시지마 니로(星島二郎), 도쿠가와 무네요시(德川宗敬), 이치마타 히사토(一万田尚登) | 사진출처:《주간조선》

우 개별적인 대일 교섭을 인정하여 동남아시아 각국과는 개별적으로 배상 협정이나 강화조약을 체결했다.

셋째, 일본은 패전과 동시에 조선과 타이완 같은 식민지도 포기했다. 원래 전쟁과 식민지 청산 문제는 따로 풀어야 할 문제였지만 모두 강화조약 하나에 맡겨 버려 한일 국교 정상화 교섭에서처럼 난항을 겪는 원인이 되기도 했다.

넷째, 강화조약 자체가 미국 냉전 정책의 영향을 강하게 받으며 이루어진 것이라서 전쟁 책임 문제가 강화조약에 명기되지 않았다. 이에 따라 일본군 위안부와 노동자의 강제 연행 등 여러 문제가 미해결 상태로 남게 되었다.[13]

위'에 따른 손실에 대해 사용된다.
13. 하타노 스미오, 『샌프란시스코 강화조약 체제와 역사문제』, 심정명 옮김, 제이앤씨, 2014, 10~13쪽.

전문(前文)과 본문 7장 27조로 되어 있는 샌프란시스코 강화조약에서 한국과 직접 관련된 조문은 제2조 (a)항과 제4조다. 이 중 한국 측에서 볼 때 '잘못 끼운 첫 단추'라고 할 수 있는 것이 제2조 (a)항으로 그 내용은 다음과 같다.

일본은 한국의 독립을 승인하고 제주도, 거문도 및 울릉도를 비롯한 한국에 대한 모든 권리, 권원 및 청구권을 포기한다.[14]

이 조문은 일본이 ①'한국의 독립을 승인한다'는 것과 ②'제주도, 거문도 및 울릉도를 포기한다'는 두 가지 내용으로 되어 있다.

①'한국의 독립을 승인한다'는 내용부터 보자. 1945년 8월 15일 일제의 패망으로 한국은 분명 35년간의 압제로부터 해방(liberation)되었으니, 당연히 빼앗긴 주권을 되찾고 불법적 식민지 지배에 대한 배상과 사과를 받아야 했다. 그러나 대일강화조약에서는 그게 아니었다. 패전국 일본이 한국의 독립을 '승인'한 것이다. 이것은 무엇을 뜻하는가?

1910년 8월 22일 한국은 '합법적인' 한일병합조약에 의해 대일본제국의 일부가 되었고, 1945년 8월 15일 패전함에 따라 일본이 영토주권을 포기하고 "한국의 독립을 승인(recognizing the independence of Korea)"함으로써 대일본제국으로부터 분리(separation)되었다는 것이다. 그러니 자기 나라에서 떨어져 나간 한국에 대해 일본이 배상이나 사과해야 할 하등의 이유가 없는 것이다. 바로 한일병합조약에 대한 일본의 논리 즉 '유효정당론'이라는 불편

---

14. Article 2 (a) Japan, recognizing the independence of Korea, renounces all right, title and claim to Korea, including the islands of Quelpart, Port Hamilton and Dagelet.

한 논리와 다를 바 없다.

또 이상한 게 있다. 한국은 1948년 8월 15일 미군정에서 벗어나 독립했고, 1948년 12월 12일의 국제연합 총회결의로 합법정부(lawful government)로 인정받았다. 반면에 샌프란시스코 강화조약이 조인된 것은 1951년 9월 8일, 일본이 주권을 회복하여 정상적인 국가가 된 것은 강화조약이 발효된 1952년 4월 28일부터였다. 그렇다면 패전으로 주권을 상실한 일본이 이미 독립하여 정상 국가가 된 한국을 "승인"한다는 것인데, 이는 그야말로 어불성설이 아닌가?

②의 일본이 '제주도, 거문도 및 울릉도를 포기한다'는 내용은 일본이 독도가 자기 영토라고 우길 때 근거라며 들이대는 무기이기도 하다. 이 명단에서 빠졌으니 자신의 영토인 독도를 결코 포기한 적이 없다는 것이다. 그렇다면 독도뿐만 아니라 남해도, 거제도, 진도, 완도, 영종도, 강화도, 연평도 등 한반도 주변의 섬들이 죄다 빠졌으니 이 섬들이 모조리 일본 영토란 말인가?

설령 일본 주장이 옳다고 해도 우리가 따를 필요도 이유도 없다. 그것은 한국이 강화조약 서명 당사자가 아니었기 때문이다. 일본의 반대로 한국이 체약국이 되지 못했던 것은 유감스러운 일이었지만, 역설적으로 강화조약에 서명하지 않았으므로 따를 필요가 없다. 일본은 강화조약에 따라 포기해야 할 권리와 책임져야 할 의무가 있지만, 한국은 그럴 필요가 없이 강화조약에서 필요한 부분만 근거로 삼거나 참고하면 되는 것이다. 우리는 이 점을 충분히 활용했어야 했다.

어쨌든 일본은 지금도 독도가 자기 땅이라고 우기고 있다. 일본이 독도를 자신의 것이라고 우기는 근거가 무엇이며 어떻게 하여 대일강화조약에서 독도가 빠지게 되었는지를 살펴보기로 하자.

(1) 독도(獨島), 리앙쿠르(Liancourt)암(岩) 또는 다케시마(竹島)

일본이 독도를 자신의 영토에 멋대로 편입한 것은 20세기 초의 일이었다. 러일전쟁 발발 전해인 1903년, 일본 시마네현(島根縣)에 사는 나카이 요사부로(中井養三郎)가 일본인 몇 사람과 함께 독도로 와서 강치(바다사자)를 잡아갔다. 그는 독도에서의 어업을 독점하기 위해 일본 정부 수산국을 통해 대한제국 정부에 임대 교섭을 하다 여의치 않자, 일본 정부에 독도를 아예 일본 영토로 편입할 것을 청원했다.

일본 정부는 1904년 발발한 러일전쟁이 유리하게 전개되고 대한제국 정세가 혼란에 빠지자 나카이 요사부로의 청원을 받아들여 1905년 1월 28일 각의(閣議)에서 독도를 시마네현 소속으로 편입할 것을 결정했고, 시마네현 지사가 2월 22일 시마네현 고시(告示) 제40호로 고시하게 했다. 시마네현 고시 제40호는 "북위 37도 9분 30초, 동경 131도 55분, 오키도(隱岐島)에서 서북으로 85해리 거리에 있는 섬을 '다케시마(竹島)'라고 칭하고 지금 이후부터는 본현(本縣) 소속의 오키도사(隱岐島司)의 소관으로 정한다"는 내용이었다.

그리고 시마네현에서는 1905년 8월과 다음 해 3월 28일 2차에 걸쳐 독도 현지를 조사하고 그해 5월 17일에는 독도를 일본 소유 토지로 토지대장에 등재했다. 일본이 러일전쟁에서 러시아에 승리한 틈을 타서 한국 침략행위를 강행하기 시작한 것이다.

대한제국의 영토인 독도를 불법 편입하기 위한 일본의 국가적 문서작업은 그 위법성과 침략성을 은폐하기 위해 은밀히 진행되어 대한제국 정부와 국민은 그 사실을 알지 못했다. 일본의 불법적인 독도 영토 편입 사실은 1년

1849년 1월 27일 동해에서 고래잡이 하던 프랑스 포경선 리앙쿠르(Liancourt)호가 서양인 최초로 독도를 발견했다. 이후 이 배의 이름을 따서 독도를 리앙쿠르암(Rochers Liancourt, Liancourt Rocks)이라고 부르게 된다. 그림은 리앙쿠르호 모습을 그린 스케치다. | 그림출처: 정인철, 「프랑스 포경선 리앙쿠르호의 독도 발견에 관한 연구」

후 시마네현 관리들이 울릉도에 상륙해서야 비로소 알려졌다. 일본이 독도를 자국 영토로 편입한 후 이를 확인하기 위해 1906년 3월 시마네현 관리들을 울릉도에 파견하여 울릉군수를 만나 독도가 일본 영토이니 조선 어민의 독도 왕래를 금해 달라고 통보한 것이다.

이 같은 통보를 받은 울릉군수가 이 사실을 보고하여 중앙에 알려지자 《황성신문》 등 한국의 언론들은 경악·격분했고, 이에 대한 대책을 정부에 요구했다. 그러나 당시 한국은 제2차 한일협약(을사늑약)으로 외교권과 실질적인 내정통치권을 박탈당한 처지여서 나라를 빼앗기는 판국에 독도 침략에 대한 적절한 대응책을 마련하는 것은 불가능했다.[15]

이것이 독도가 일본 침략의 첫 희생물이 되는 과정이고, 결국 1910년 8월 한일병합조약으로 독도를 포함한 한반도 전체가 일본의 수중에 들어가게

---

15. 신동욱, 『독도 영유에 관한 연구』, 어문각, 2008, 84~88쪽.; 정병준, 『독도 1947-전후 독도 문제와 한·미·일 관계』, 지식산업사, 2010, 97쪽.

된다. 이로부터 35년이 지난 1945년 8월 15일 일본이 패망하자 한반도는 일본의 손아귀에서 벗어났고 독도도 마찬가지였다. 전후 일본을 점령한 연합군 최고사령부는 1946년 1월 29일 '약간의 주변 지역을 정치상 행정상 일본으로부터 분리하는 각서'[16]를 통해 일본 점령의 범위를 분명히 했다. 이 각서 제3조에서는 한반도를 일본 점령군의 지배 범위에서 제외시킬 것과 그 범위에서 제외되는 섬으로 울릉도·독도·제주도를 명시했다. 일본도 1946년 4월 중의원 선거를 시행하며 식민통치 시기 내내 시마네현 관내였던 독도를 선거 실시 지역에서 제외했다. 또한 미국 국무성은 1946년 6월 11일 "제주도·거문도·울릉도·독도 및 조선 주변의 모든 다른 도서는 조선의 일부로 간주해야 한다"고 규정했다.[17]

이후 1947년 1월 대일강화조약 초안이 작성되는 시점부터 1951년 8월 최종 초안이 완성될 때까지 독도는 위상의 변화를 겪는다. 1947년부터 1949년까지 미 국무부 내부 조약 초안 모두는 리앙쿠르암(독도)을 한국령으로 명확히 표기하고 있다. 잠정적이고 비공식적인 초안 가운데 미 국무부의 대일조약작업단이 작성한 최초의 영토 조항은 1947년 1월에 만들어졌고, 이 초안의 리앙쿠르암에 대한 내용은 다음과 같다.

> 일본은 제주도(Quelpart Island), 거문도(Port Hamilton), 울릉도(Dagelet), 리앙쿠르암(Liancourt Rocks/Takeshima)을 포함한 한국 근해의 모든 작은 섬들과 한국에 대한 모든 권리(rights)와 권원(titles)을 포기한다.

---

16. 'Memorandum for Governmental and Administrative Separation of Certain Outlying Areas from Japan'
17. 최영호, 『평화선을 다시 본다』, 논형, 2021, 88쪽.

제주도·거문도·울릉도·독도(리앙쿠르암) 및 한국 근해의 모든 작은 섬을 한국령으로 한다는 이 규정은 대일강화조약 초안에서 처음 등장한다. 특히 독도를 한국령으로 규정한 것은 대일강화조약 초안 중에서는 물론 미 국무부 문서에서도 최초였다. 이 같은 내용은 1949년 12월 윌리엄 시볼드의 주장으로 독도가 일본령으로 뒤바뀌기 전까지 변함이 없었다.[18]

윌리엄 시볼드는 누구이며 어떻게 독도를 일본령으로 뒤바꾸려 했는가?

(2) 시볼드의 독도 공작과 한일 간의 '미해결의 해결'

요시다 시게루, 존 덜레스,[19] 윌리엄 시볼드,[20] 이 세 사람은 독도의 위상이 뒤바뀌는 데 주역이었던 인물이다. 요시다 시게루는 일본 총리였으니 주역을 맡는 것이 당연한 일이라 치고 나머지 두 미국인의 역할이 궁금하다. 두 미국인 가운데 한 사람인 덜레스는 1951년 체결된 샌프란시스코 강화조약의 미 대통령 특사이자 후일 국무장관을 지낸 사람이고, 다른 한 사람은 문제의 인물 윌리엄 시볼드다.

시볼드가 어떤 인물이었는지부터 보자.[21] 1922년 미국 해군사관학교를

---

18. 정병준, 『독도 1947 – 전후 독도문제와 한·미·일 관계』, 399~404쪽에서 발췌.
19. 존 포스터 덜레스(John Foster Dulles, 1888.2.25.~1959.5.24.). 미국 워싱턴 D.C. 출생. 프린스턴, 소르본 대학을 거쳐 조지워싱턴대학에서 법학 전공. 공화당 대통령 후보 토머스 E. 듀이의 외교고문(1944), 샌프란시스코 강화조약 체결을 위한 국무부 수석 고문 및 대통령 특사(1950), 국무장관(1953.1.21.~1959.4.22.) 등 역임.
20. 윌리엄 시볼드(William Joseph Sebald, 1901.11.5.~1980.8.10.). 미국 메릴랜드주 볼티모어 출생. 미국 해군사관학교 졸업(1922), 메릴랜드 주립대학 법대 졸업(1933), 법학박사 취득(1949). 주일본 미국대사관 무관(1924), 일본 고베에서 변호사 생활(1933), 연합군최고사령부 일본 주재 정치고문실 참모, 국무부 정치고문(1947~1952), 연합군최고사령부 외교국장(1947~1952), 대일이사회 미국 대표 및 의장(1947~1952), 주버마 미국 대사(1952), 국무부 극동 담당 차관보(1954), 주오스트레일리아 대사(1957) 등 역임.
21. 이하 시볼드에 관한 내용은 다음 논문을 참고하여 작성했다. 정병준, 「윌리엄 시볼드와

1961년 1월 31일, 덜레스 미국 대통령 특사(왼쪽)와 요시다 시게루 일본 총리(오른쪽) 그리고 친일 미국인 시볼드(가운데)가 환담하고 있다. | 사진출처: 뉴스매거진21

졸업한 시볼드는 1925년 주일 미국대사관 무관부에 배속되어 3년 동안 일본어 습득을 명받고 나가노현(長野縣) 가루이자와(輕井澤)에서 일본어를 배웠다. 그는 여기서 만난 에디스 프란시스 드 베커(Edith Frances de Becker)와 1927년 결혼했다. 에디스의 아버지는 영국인이었고 어머니는 일본인이었다. 장인인 드 베커(Joseph Ernest de Becker)는 20세기 초 일본에 정착한 영국인으로 일본 법률의 권위자였다. 장모는 화가였으며, 1923년 대지진 때 부상당해 1926년 사망했다.

이런 시볼드가 일본에 대해 어떤 시각을 갖고 있었는지는 불문가지다. 그에게 비친 일본은 깨끗하고 잘 정돈된 도시, 질서 잡힌 사회, 친절하고 성실한 일본인, 검약한 사회기풍 등으로 묘사되는 한마디로 정감 있는 근대 문명국가였다. 반면에 한국에 대한 시볼드의 인식은 일본과는 극히 대비되는 것이었다. 30대부터 여섯 차례 한국을 방문했던 시볼드는 회고록에서 한

'독도분쟁의 시발'」,《역사비평》, 2005년 여름호(통권 71호), 역사비평사, 140~170쪽.

국에 대해 이렇게 썼다.

> 한국에 대한 나의 인상은 슬프고, 억압받고, 가난하고, 조용하며, 음울한 민족이라는 것이었다. 전후 상황과 이승만 대통령의 거친 성격은 미군 사령관에 파견된 수많은 미국 정치고문들에게 한국을 보다 완고하고 견딜 수 없는 곳으로 인식케 만들었다. 이들과 한국에 배속된 여타 미국 관리들은 도쿄를 경유한 여러 여행 과정에서 우리 정치고문단 사무실을 방문했으며, 우리는 그들을 잘 알게 되었다.

1946년 말 시볼드는 외교관 특별시험을 거쳐 정식 외교관이 되어 1947년 3월부터 주일 미정치고문실의 정치담당관으로 근무했다. 그의 상급자는 조지 앳치슨(George Atcheson Jr.)이었다. 앳치슨은 주일 미정치고문과 연합군 최고사령부 외교국장 그리고 연합국 대일이사회 미국 대표 겸 의장으로 당시 일본에서 최고의 민간 직위를 가진 미 국무부 대표였다.

그런데 1947년 8월 17일 앳치슨이 B-17 폭격기를 타고 이동 중 추락 사고로 사망하자 시볼드는 벼락출세의 길에 들어섰고, 신분이 상승한 시볼드에 의해 독도 분쟁이 시작된다. 연합군 최고사령관 맥아더[22]가 일본 군국주의의 철저한 해체를 주장하던 앳치슨 후임으로, 연소하고 친일적이며 고분고분한 해군 대위 출신 시볼드를 선택한 것이다.

맥아더는 앳치슨의 직위 중 자신에게 임명권이 있는 연합군최고사령부

---

22. 더글러스 맥아더(Douglas MacArthur, 1880.1.26.~1964.4.5.). 미국 아칸소주 리틀록 출생. 웨스트포인트사관학교 수석 졸업(1903). 루스벨트 대통령 부관(1906), 제1차 세계대전 참전, 웨스트포인트사관학교 교장(1919), 예비역 대장(1937), 현역 복귀 미국 극동군 사령관(1941), 연합군 최고사령관(1945), 국제연합군(UN군) 최고사령관(1950) 등 역임.

외교국장 그리고 연합국 대일이사회 미국 대표 겸 의장에 시볼드를 임명했고, 영향력을 발휘하여 국무부가 시볼드를 주일 미정치고문 대리로 임명케 했다. 이렇게 시볼드는 가장 중요한 세 가지 지위를 모두 손에 넣었다. 이후 시볼드는 독도 문제와 관련해 일본의 적극적인 로비 및 홍보, 왜곡된 정보를 미국 측에 전달하는 역할을 충실히 수행했다.

한편 한국 정부는 강화회담 대응 과정에서 독도가 '리앙쿠르' 또는 '다케시마'라는 이름으로 일본의 로비 대상이 되고 있다는 사실을 전혀 인지하지 못해 적절히 대처하지 못했고 논리적인 자료와 정보를 제공하지 못했다. 일본의 왜곡된 정보 제공과 한국의 부실한 대응 속에서 미 국무부는 일본의 견해에 치우치는 착오를 범하게 된다.

1947년 1월부터 1949년 11월 2일에 이르기까지 대일강화조약 초안에는 리앙쿠르암(독도)이 한국령으로 표시되어 있었다. 독도를 한국령으로 표시한 최초의 초안은 미 국무부의 대일조약작업단이 작성하여 1947년 1월 30일 제출한 것이었다. 이후 3월 19일 자 부분 초안, 7월 24일 자 비망록, 8월 1일과 8월 5일 자 최초의 공식 초안, 10월 14일 자 정책기획단 보고서, 11월 17일 자 초안, 11월 19일 자 초안, 1948년 1월 8일 자 초안, 그리고 1949년 9월 7일, 10월 13일, 11월 2일 자 초안에 이르기까지 독도는 계속하여 한국령으로 표시되고 있었다.[23]

1949년 11월 2일 자 미 국무부의 대일평화조약 초안이 주일 미정치고문실에 전해지자 시볼드는 조문에 대해 구체적이고 세부적으로 비판을 가했다. 시볼드가 지적한 것은 총 11개 사항이었다. 영토 문제 3개 사항에서 일

---

23. 이하 내용은 정병준, 『독도 1947-전후 독도문제와 한·미·일 관계』, 401~455쪽을 참고하여 작성했다.

본을 극력 옹호했고, 일본에게 불리한 7개 사항을 삭제·개정할 것을 주장했으며, 적극 찬성한 것은 1개뿐이었다. 그 후 시볼드는 상세한 논평(1947년 11월 19일 자)을 국무부에 보냈다. 다음은 독도에 대한 그의 주장이다. 그러나 그는 이 주장에 대한 근거자료는 단 하나도 제시하지 않았다.

이전에 일본이 소유했던 한국 방면 섬들과 관련해, 리앙쿠르암(다케시마)을 우리가 제안한 제3조에서 일본에 속하는 것으로 특정해야 한다고 제안한다. 이들 섬에 대한 일본의 주장은 오래되었으며 유효한 것으로 보이며, 이들을 한국 해안 외곽의 섬들로 간주하기는 어렵다. 또한 안보적으로 고려할 때 이들 섬에 기상 및 레이더 기지를 설치하는 것은 미국에도 이익이 결부된 문제가 된다.

이렇게 하여 1949년 12월 29일 자 '일본과의 강화조약 초안'에서부터 독도가 일본령으로 포함되기 시작하여 1950년 1월 3일 자 '대일강화조약 초안, 영토 조항'이라는 비망록에도 일본령으로 되었다. 대일강화조약 '초안'에 독도가 일본령으로 표시된 것은 1949년 12월 29일 자의 초안이 처음이자 마지막이었다.

이후 미국 대통령 특사 덜레스가 등장하여 널뛰기가 멈추게 된다. '비징벌적이고 간단한 초안'이 필요하다는 덜레스의 판단에 따라 결국 독도 관련 조항이 삭제되어 대일강화조약에서 독도는 한국령에도 일본령에도 속하지 않게 되었다. 그러나 덜레스 초안의 허술한 영토 규정은 후일 강화조약에 초대받지 못했거나 서명을 거부한 한국·중국·소련을 대상으로 일본이 영토분쟁을 벌이게 되는 빌미를 제공했다.

결국 독도는 어찌 되었을까? 1965년 6월 22일 한일협정이 조인되기 25분 전, 이동원 당시 외무부 장관과 사토 에이사쿠 일본 총리가 담판을 벌여 '분쟁 해결에 관한 교환공문'을 작성하는 것으로 독도 문제의 해결을 일단 보류하고 국교를 정상화하는 데 합의했다. 이른바 '미해결의 해결'이라는 해법을 찾은 것이다. 다음은 일본 외교문서에 기록된 '분쟁 해결에 관한 교환공문'에 대한 담판 내용이다.

이동원: 일본 측의 최종안을 수용하는 대신 한 가지만 부탁하겠다. 한국 대표단이 귀국해서 여기에는 독도가 포함되지 않는다고 말하더라도 공식적으로 즉각 반박하지 말아 주기 바란다. 이것은 우리의 생명과 관련되어 있다. 다만, 일본이 나중에 의회에서 독도가 포함된다는 취지의 답변을 하더라도 이를 자제해 달라고 부탁할 생각은 없다.

사토 에이사쿠: 알았다.[24]

다음이 아주 짧고 애매한 문구로 구성된 '분쟁 해결에 관한 교환공문'의 내용이다.

양국 간의 분쟁은 우선 외교상의 경로를 통해 해결하고, 해결할 수 없는 경우에는 양국 정부가 합의하는 절차에 따라 조정을 통해 해결하기로 한다.

---

24. 이동준, 『불편한 회고-외교사료로 보는 한일관계 70년』, 도서출판 삼인, 2016, 169~170쪽.

2. 한일협정, 무엇이 문제였나

1) 한일회담과 한일협정

1950년 6월 25일 한국전쟁이 발발하여 남북한의 군대뿐만 아니라 미국·일본·중국·소련이 직접 또는 간접적으로 전쟁에 관여하고 있던 와중에 1951년 9월 8일 대일강화조약이 조인되었다. 그리고 같은 날 미국은 일본과 미일안전보장조약을 체결하여 소련·중국·북한이라는 공산권 위협에 대항하기 위해 일본을 한국 및 타이완과 연계시키려 했다.

장제스[25]가 이끄는 타이완 정부는 대일 구상권을 포기하고 일본과의 국교 정상화를 이룩했으나, 한일회담은 대일강화조약이 발효될 때까지 타결되지 못했다. 그것은 식민지 지배에 대한 인식 문제에서 한일 양국의 교섭 자세가 근본적으로 달랐기 때문이었다.[26]

한일 간의 공식적 교섭 즉 한일회담의 특징을 요약하면 다음과 같다. 첫째, 교섭이 장기화되고 중단과 반복을 되풀이했다. 둘째, 시작부터 타결까지 미국이 한일 양국에 큰 영향력을 행사했다. 셋째, 기본관계, 청구권, 어업, 평화선, 재일 한국인의 법적 지위, 문화재 반환 등의 복수 의제가 동시에 다루어졌다.[27]

한일회담은 1952년 2월 제1차 회담이 개최된 후 1965년 6월 22일 한일협

---

25. 장제스(蔣介石, 1887.10.31.~1975.4.5.). 중국 저장성(浙江省) 출생. 바오딩군관학교 입학(1906), 일본육군사관학교 제21기 졸업(1909). 국민혁명군 총사령관(1925), 중국 국민당 정부 주석(1928~1949), 1949년 이후에는 타이완 국민정부 주석 등 역임.
26. 요지자와 후미토시, 『한일회담 1965』, 엄태봉 옮김, 한국학술정보, 2022, 30쪽.
27. 정재정, 『한일회담·한일협정, 그 후의 한일관계』, 동북아역사재단, 2015, 17쪽.

1953년 10월 15일 제3차 한일회담에서 이른바 '구보타 망언'을 쏟아낸 구보타 간이치로 | 사진출처:《한국일보》

정이 체결되기까지 7차에 걸쳐 무려 14년 동안 계속된 세계에서 유례를 찾기 힘들 정도의 마라톤회담이었다. 이 과정을 정리하면 다음과 같다.

제1차 한일회담은 연합군 최고사령부 외교국장 시볼드의 중개로 1951년 10월 21일부터 열린 예비회담을 거쳐 이듬해 2월 15일부터 당시의 이승만 정부와 일본의 요시다 시게루 정부 사이에 본회담이 시작되었으나, 쌍방의 주장이 크게 엇갈려 4월 21일 중단되었다.

제2차 한일회담은 1953년 4월 15일에 열렸으나 평화선 문제, 재일교포의 강제퇴거 문제 등으로 7월 23일 다시 결렬되었다. 같은 해 10월 6일부터 재개된 제3차 한일회담도 10월 15일의 재산청구권위원회 제2차 회의에서 일본 측 수석대표 구보타 간이치로(久保田貫一郞)의 "일본의 36년간의 한국 통치는 한국인에게 유익했다"는 망언으로 10월 21일 또다시 결렬되어 4년간 중단되었다. 일본인들은 왜 툭하면 이처럼 망언을 뱉어낼까?

1945년 10월, 한국에 거주했던 일본인들이 일본 규슈의 후쿠오카 항구로 귀환하는 장면
| 사진출처: 《한국일보》

　구보타의 언급은 이후 일본 정치인들이 수없이 반복해온 과거사 관련 망언의 시작에 불과하며, 여기에는 일제 식민지배에 대한 왜곡된 역사 인식, 즉 한국에 대한 우월의식과 원래 일본 것이었던 한국을 미국과의 전쟁에서 패해 부당하게 빼앗겼다는 황당한 피해의식이 혼재돼 있다. 특히 구보타 망언의 이면에는 한국 측의 대일 청구권 요구를 최대한 억제·봉쇄하기 위한 일본 측의 집요한 협상 전략이 숨겨져 있었다.[28]

　결국 미국 측의 강화조약 해석과 중재 활동을 통해 일본이 구보타 망언을 취소하고 역청구권[29]을 포기한다고 약속하여 한일회담이 재개될 수 있었다.
　이후 제4차 회담이 1957년 말부터 열린 예비회담을 거쳐 1958년 4월 15일

---

28. 이동준, 『불편한 회고-외교사료로 보는 한일관계 70년』, 67쪽.
29. 역청구권(逆請求權): 원래 일본 또는 일본인에게 속해 있던 한반도의 재산에 대한 청구권. 일본 측이 한국의 대일청구권을 삭감시키거나 청구권의 상호 포기를 목적으로 주장했다.

에 시작되어 재일교포의 북송 문제로 난항을 거듭하다가, 1960년 4·19 혁명으로 자유당 정권이 붕괴하자 다시 중단되었다. 그 후 민주당 정부는 한일회담 재개를 추진하여 같은 해 10월 25일 제5차 회담이 열렸으나, 이 역시 1961년 5·16 군사쿠데타로 중단되었다.

박정희 쿠데타 세력이 등장하여 재개된 한일회담은 청구권 문제나 어업 문제를 비롯한 1950년대에 나타났던 여러 가지 타결 저해 요인의 '소거(掃去)'가 추구되면서 타결 쪽으로 향했다. '소거'는 문제 해결을 목표로 한다기보다 그것을 교묘하게 애매한 형태로 타결하려 한다는 것을 뜻한다.[30] 이현령비현령(耳懸鈴鼻懸鈴) 즉 귀에 걸면 귀걸이 코에 걸면 코걸이 식의 타결 방식을 말하며, 이러한 방식의 결과 오늘날까지도 후유증이 심각한 것이다.

이러한 방식으로 진행된 제6차 한일회담(1961.10.20.~1964.6.3.)은 굴욕적이라며 한일회담을 반대하던 투쟁이 '박 정권 하야'를 목표로 하는 반정부 투쟁으로 급속하게 바뀌고 1964년 6월 3일 비상계엄이 선포되면서 중단되었다. 그해 12월부터 재개된 제7차 한일회담(1964.12.3.~1965.6.22.)의 결과로 1965년 2월 20일 '한일기본조약'이, 그리고 4월 3일 '청구권, 어업, 법적 지위에 관한 협정'이 가조인되었고, 6월 22일 한일협정이 정식으로 조인되었다. 그 후 8월 14일 야당이 불참한 일당 국회에서 비준됨으로써 한일회담은 대단원의 막을 내리게 된다. 이 역시 거센 저항에 부딪혀 8월 26일 위수령 발동으로 간신히 수습될 수 있었다.

14년에 걸친 우여곡절 끝에 타결된 한일협정을 정리하면 다음과 같다. 한일협정이란 1965년 6월 22일 조인되고 그해 12월 18일부터 효력이 발생한 '대한민국과 일본국 간의 기본관계에 관한 조약'(이하 기본조약)과 이에

---

30. 요지자와 후미토시, 『한일회담 1965』, 40쪽.

1965년 2월 20일의 한일기본조약 가조인 장면 | 사진출처: 국가기록원

부속하는 4개의 협정 및 25개의 부속문서 모두를 가리키는 말이다. 기본조약의 4개 부속협정은 다음과 같다.

- '대한민국과 일본국 간의 재산 및 청구권에 관한 문제의 해결과 경제협력에 관한 협정'(청구권 협정)
- '대한민국과 일본국 간의 일본국에 거주하는 대한민국 국민의 법적 지위와 대우에 관한 협정'(법적 지위 협정)
- '대한민국과 일본국 간의 어업에 관한 협정'(어업 협정)
- '대한민국과 일본국 간의 문화재 및 문화협력에 관한 협정'(문화재 협정)

이러한 내용의 한일협정은 주요 문제점을 교묘하게 피해 가는 '합의 없는 타결' 방식에 따른 결과물이어서 지금까지도 여러 후유증을 남기고 있다. 한일협정 가운데 그 후유증이 가장 심각한 '기본조약'과 '청구권 협정'의 문제점을 살펴보기로 한다.

2) 한일협정의 문제점 ① : 기본조약의 문제점

'대한민국과 일본국 간의 기본관계에 관한 조약.' 전문(前文)과 7개 조(條)로 구성된 한일기본조약의 정식 명칭이다. 기본조약이란 정식 외교관계를 수립하거나 중단되었던 관계를 복구하는 외교적 합의문서를 말하니, 우선 관계가 중단된 시기와 원인을 명확히 밝혀야 1948년 8월 15일 수립된 대한민국의 정체성이 명확해지는 것이다. 문제는 그렇게 하지 않았다는 데 있었다.

식민지 지배로 중단된 한일관계를 복구하는 것이 국교 정상화다. 국교 정상화가 식민지 지배를 청산하는 것이라면, 일본이 패전 독일처럼 진심으로 사죄와 반성을 표명해야 청산이 시작된다. 그러나 기본조약에는 사죄와 반성은커녕 식민지 지배에 대한 언급조차 없다. 사죄라고 해 봤자 일본 시나 에쓰사부로 외상이 1965년 2월 17일 기본조약 가조인을 위해 서울에 도착하여 "한일 양국의 오랜 역사에 불행한 기간이 있었던 것은 참으로 유감스러운 일로서 깊이 반성하는 바이다"라는 성명을 읽은 것이 전부였다.[31]

지금부터 한일기본조약의 전문(前文), 그리고 7개 조항 가운데 문제가 되는 제2조와 제3조의 문제점을 검토해 보기로 한다.

기본조약의 전문(前文)의 문제점을 살피기에 앞서 기본조약 전문과 1910년에 체결된 한일병합조약의 전문(前文)을 비교해 보자. 다음은 기본조약 전문의 내용이다.

---

31. 《동아일보》 1965.2.17. 1면.

대한민국과 일본국은 양국 국민관계의 역사적 배경과 선린관계와 주권 상호존중의 원칙에 입각한 양국 관계의 정상화에 대한 상호 희망을 고려하며, 양국의 상호 복지와 공통 이익을 증진하고 국제평화와 안전을 유지하는 데 있어서 양국이 국제연합 헌장의 원칙에 합당하게 긴밀히 협력함이 중요하다는 것을 인정하며 … 본 기본관계에 관한 조약을 체결하기로 결정하여, 이에 다음과 같이 양국 간의 전권위원을 임명했다.

이어서 한일병합조약 전문의 내용이다.

한국 황제 폐하와 일본국 황제 폐하는 양국 간의 특별히 친밀한 관계를 고려하여 상호 행복을 증진하며 동양평화를 영구히 확보하기 위하여, 이 목적을 달성하려고 하면 한국을 일본국에 병합하는 것만 한 것이 없음을 확신하여 이에 양국 간에 병합조약을 체결하기로 결정하니, 이를 위하여 한국 황제 폐하는 내각총리대신 이완용(李完用)을, 일본 황제 폐하는 통감 자작(子爵) 데라우치 마사타케(寺内正毅)를 각각 전권위원에 임명한다.

이 두 조약의 전문(前文) 내용은 각각 "협력"과 "병합"이라는 목적만 다를 뿐 "국제평화", "동양평화" 등 내용이 흡사하여 찝찝한 기분이 든다. 한일협정을 체결하게 된 근본 원인은 이 한일병합조약이 제공한 것인데, 한일병합조약은 조약으로서 적법한 절차를 따르지 않아 법리상 무효였을 뿐만 아니라 강박에 의한 부당한 조약이었다. 이러한 것이 바로 한일기본조약 전문에 나오는 "양국 국민관계의 역사적 배경"인데, 무슨 '역사적 배경'인지에 대한 언급은 일언반구도 없다.

기본조약을 체결하는 이상 당연히 과거 일본 군국주의와 제국주의에 의한 침략행위를 깨끗이 청산한다는 기본적인 목적이 명문화되었어야 했음에도 불구하고 이 중차대한 문언은 이 조약에서 고의로 제거되었다. 오히려 1965년 7월 5일 발간된 『대한민국과 일본국 간의 조약 및 해설』이라는 책자에서 기본조약 전문(前文)이 "양 국민의 과거 관계를 고려하고 상호 주권을 존중함으로써 장래 선린우호 국가로서의 관계를 유지한다는 것을 내용으로 하고 있는바 '과거 관계의 고려'는 양국 간에 불행하였던 과거 관계가 있었음을 상기하여 이를 청산한다는 의미를 갖는 것"[32]이라며, 일본이 하기 싫은 말을 한국 정부가 나서서 친절하게 대신해 주고 있는 것이다.

이번에는 기본조약 전문(前文)에 이은 7개 조 조문(條文)의 문제점을 검토하기로 한다. 다음이 7개 조의 조문인데, 이 조문들 가운데 문제가 되는 것은 제2조(구 조약 무효확인 조항)와 제3조(한국 정부의 유일 합법정부 확인 조항)의 조문이다.

제1조 양 체약 당사국 간에 외교 및 영사 관계를 수립한다. 양 체약 당사국은 대사급 외교사절을 지체 없이 교환한다. 양 체약 당사국은 또한 양국 정부에 의하여 합의되는 장소에 영사관을 설치한다.

제2조 1910년 8월 22일 및 그 이전에 대한제국과 대일본제국 간에 체결된 모든 조약 및 협정이 이미 무효임을 확인한다.

제3조 대한민국 정부가 국제연합 총회의 결정 제195호(III)에 명시된 바와 같이 한반도에 있어서의 유일한 합법정부임을 확인한다.

---

32. 오오타 오사무, 『한일교섭』, 송병권·박상현·오미정 옮김, 선인, 2008, 365~366쪽에서 재인용.

제4조 (가) 양 체약 당사국은 양국 상호 간의 관계에 있어서 국제연합 헌장의 원칙을 지침으로 한다. (나) 양 체약 당사국은 양국의 상호의 복지와 공통의 이익을 증진함에 있어서 국제연합 헌장의 원칙에 합당하게 협력한다.

제5조 양 체약 당사국은 양국의 무역, 해운 및 기타 통상상의 관계를 안정되고 우호적인 기초 위에 두기 위하여 조약 또는 협정을 체결하기 위한 교섭을 실행 가능한 한 조속히 시작한다.

제6조 양 체약 당사국은 민간항공 운수에 관한 협정을 체결하기 위하여 실행 가능한 한 조속히 교섭을 시작한다.

제7조 본 조약은 비준되어야 한다. 비준서는 가능한 한 조속히 서울에서 교환한다. 본 조약은 비준서가 교환된 날로부터 효력을 발생한다.

제2조 "1910년 8월 22일 및 그 이전에 대한제국과 대일본제국 간에 체결된 모든 조약 및 협정이 이미 무효임을 확인한다"[33]는 내용의 문제점은 무엇인가?

기본조약 제2조는 어떤 경위로 작성되었든지 간에 한일협정이 안고 있는 가장 뼈아픈 결함을 내포하고 있다. 제2조에 나오는 "모든 조약"이란 1910년 8월 22일의 병합조약과 그 이전에 국권 탈취를 목적으로 강요한 4개의 조약을 말한다. 일본 측으로서는 이들 조약이 체결 당시부터 불법·무효였음을 인정하면 이에 대해 배상을 해야 함은 물론, 한국인에 대해 갖고 있던 알량한 우월감마저 상실할 우려가 있어 이를 극구 부인했다. 즉 '유효정

---

33. Article Ⅱ, It is confirmed that all treaties or agreements concluded between the Empire of Korea and the Empire of Japan on or before August 22, 1910 are already null and void.

당론'을 내세울 수밖에 없었다.

이에 따라 일본 측의 관심은 '무효(null and void)'라는 용어를 수용하면서도 실질적으로 그 효과를 무력화하기 위한 단어 찾기로 옮겨 갔다. 이때 일본 측 오노 다쓰미(大野辰巳)라는 외무성 참사관이 묘안이라면서 내놓은 것이 바로 '이미(もはや)'라는 부사어를 덧붙인 과거사 '물타기'였다.[34]

이후 한일 양측이 타협하여 "이미 무효(already null and void)"라는 괴상한 문구가 탄생하게 된다. 여기서 문제가 되는 것은 '이미'라는 것이 구체적으로 어느 시점을 가리키는가 하는 점으로, 이것은 한일병합조약과 그 후의 식민지 지배의 정당성·합법성의 문제에도 필연적으로 직결되는 중요한 쟁점이 되어 버렸다. 그리하여 한일 양측이 '이미'라는 말을 자기 입장에 유리한 대로 멋대로 해석하는 진풍경이 벌어진다.

일본 측은 유효정당론에 입각하여 "이미 무효"에 대해 다음과 같은 공식 견해를 표명했다.

> 병합조약 이전의 제(諸) 조약은 각각의 조약에 규정된 조건의 성취 후, 즉 병합조약의 발효와 동시에 효력을 상실했으며, 또 병합조약에 대해서는 한국의 독립이 이루어진 시기, 다시 말해 1945년 8월 15일에 실효된 것으로 해석하는 것이 정확하다. 병합조약에 대해서 무효를 확인한 것은 당초부터 무효, 즉 부존재(不存在)였다는 것을 확인하는 것이라는 설명도 있지만, 구(舊) 조약 및 협정이 대일본제국과 대한제국 사이에 양측 모두의 정당한 절차를 통해 체결된 것이며 그것이 당시 유효하게 성립되어 실시되었다는 점은 논쟁의 여지가 없는 것이다.[35]

---

34. 이동준, 『불편한 회고-외교사료로 보는 한일관계 70년』, 50쪽.

한편 1965년 8월 8일 한국의 비준 국회에서 이동원 외무부 장관은 "이미 무효"라는 규정에 대해 다음과 같이 말했다.

합병조약과 그 이전에 대한제국과 일본국 사이에 맺어진 모든 조약과 협정은 과거 일본 침략주의의 소산이므로 당연히 무효이다. 여기서 새삼스럽게 효력의 유무를 운운할 필요조차 없다. … 'null and void'라는 어구는 당초로 소급하여 무효라는 것을 강하게 표시하는 법률적인 용어이며 'already'는 무효의 시점에 관해서는 어떠한 영향도 미칠 수 없다는 점은 조약 해석상에서 보아도, 기타의 상식적인 관점에서 보아도 명백하다.36

기본조약의 한계는 한국에 대한 일본의 침략과 지배를 명시하지 않아 일본의 반성과 사죄가 반영되지 않았고, 이를 합리화하는 수단으로 "이미 무효"라는 애매한 표현에 합의했다는 점이었다. 이런 애매한 표현이 탄생한 것은 물론 박정희 정권 이전의 일이었다. 그렇다고 해서 이 같은 합의에 대한 책임으로부터 자유로워질 수 없다. 그것은 기본조약이 포함된 한일협정의 각종 문제점을 시정하라며 학생들이 앞장서 1년 6개월 동안 항쟁을 벌였음에도 최종적으로 비준서에 서명한 사람이 바로 박정희였기 때문이다.

다음으로는 "대한민국 정부가 국제연합 총회의 결정 제195호(III)에 명시된 바와 같이, 한반도에 있어서의 유일한 합법정부임을 확인한다"37는 기

---

35. 이원덕, 『한일 과거사 처리의 원점』, 290쪽.
36. 이원덕, 『한일 과거사 처리의 원점』, 291~292쪽.
37. Article III, It is confirmed that the Government of the Republic of Korea is the only lawful Government in Korea as specified in the Resolution 195(III) of the United Nations General Assembly.

본조약 제3조의 문제점을 검토해 보자.

제3조는 대한민국 정부의 관할권과 지위에 대해 규정한 조문이다. 제2조가 "이미 무효"라는 말로 양측 입장을 얼버무려 놓은 것과 마찬가지로, 제3조 역시 "국제연합 총회의 결정 제195호(III)"를 삽입하기로 타협하고 각기 다른 입장을 양국 국민에게 따로따로 설명하기로 한 것이다. 어떤 의미에서는 박정희 정권이 국민을 상대로 저지른 절묘한 사기극이었다고도 할 수 있다.

제3조의 뼈대는 "대한민국 정부가 한반도에 있어서의 유일한 합법정부임을 확인한다"이다. 남북한이 유엔에 가입하고 있는 오늘날, 대한민국 정부가 "한반도에 있어서의 유일한 합법정부"라는 것은 실제 상황도 아니어서 별로 큰 의미가 없지만, 미국과 소련이 극도로 대립하던 냉전체제하에서 군사반란을 일으켜 정권을 잡은 군부 세력에게 "유일한 합법정부"라는 말은 정통성 확보라는 차원에서 대단히 매력적인 것이었다. 또한 북한까지 포함한 한반도 전체의 청구권을 요구하여 받을 금액을 최대화할 수 있다는 장점도 있었다.

한편 일본에게 "유일한 합법정부"라는 말은 정치적으로 미묘한 문제였고 자신의 이해관계가 얽힌 심각한 문제였다. 북한을 포함한 한반도 전체의 청구권을 주장하고 있는 한국과는 달리, 일본으로서 '청구권'을 북위 38도 또는 휴전선 이남으로 한정하여 최소화하려 한 것은 당연한 일이었기 때문이다. 이러한 이해관계의 충돌을 피하기 위해 일본 측 주장대로 "국제연합 총회결의 제195호(III)[38]에서 명시된 바와 같이"라는 문구를 삽입하여 양측이

---

38. 1948년 12월 12일 채택된 국제연합 총회결의 제195(III)호 제2항의 영어 원문은 다음과 같다.

멋대로 해석할 수 있는 이상한 조항을 또다시 만들어 낸 것이다.

일본이 이 문구를 삽입한 데에는 나름대로 계산이 있었다. 이는 기본조약 제3조의 영문(英文)에 대한 한국어 번역문과 일본어 번역문의 차이를 보면 알 수 있다.

한국어 번역문은 "대한민국 정부가 국제연합 총회의 결정 제195호(III)에 명시된 바와 같이, 한반도에 있어서의 유일한 합법정부임을 확인한다"에서처럼 '코마(,)'를 삽입하여 한국의 유일 합법성이 최대한 강조되도록 했다. 반면에 일본 측 번역문은 "대한민국 정부가 국제연합 총회의 결정 제195호(III)에 명시된 바와 같이 조선반도에 있어서의 유일한 합법정부임을 확인한다"로 하여, 한국의 관할권이 남측에 한정된다는 의미가 부각될 수 있도록 '코마'를 삭제하고 유엔 결의가 명시하는 바와 같은 정부라는 의미를 최대한 강조한 문구를 채택한 것이다.[39]

이처럼 일본 측은 대한민국이 북위 38도 이남의 유일한 합법정부라고 설명했을 뿐, '한반도의 유일한 합법정부'라는 것은 인정하지 않았다. 총회결의 제195호(III)에 나오는 영문 "the only such government in Korea"의 'Korea'를 일본은 '조선반도'로, 한국은 '한반도(Korean peninsula)'라고 각기 입맛에 맞게 해석해 발표한 것이다.

한국 정부가 총회결의의 문맥으로 보아 무리라는 점을 간파하고 이를 감

---

2. Declares that there has been established a lawful government(The Government of the Republic of Korea) having effective control and jurisdiction over that part of Korea where the Temporary Commission was able to observe and consult and in which the great majority of the people of all Korea reside; that this Government is based on elections which were a valid expression of the free will of the electorate of that part of Korea and which were observed by the Temporary Commission; and that this is the only such Government in Korea;

39. 국민대학교 일본학연구소 엮음, 『의제로 본 한일회담』, 선인, 2010, 309쪽.

추기 위해서 기울인 노력은 눈물겨울 정도였다. 한국 정부가 기본조약이 조인되기 전인 1965년 1월 25일 자로 주일대사에게 보낸 '65년 회담 속개에 관한 훈령'의 내용부터 보자.

9. 한국 정부가 유일한 합법정부라는 사실의 확인과 평화조약 제2조(a) 및 유엔결의 195(III)의 취지를 확인하고 아래와 같은 단계에 따라 교섭하도록 한다.

가. 대한민국 정부가 한반도에 있어서의 유일한 합법정부라는 사실을 확인하는 취지를 협정 내에 삽입하도록 한다. 유엔결의 195(III)와 평화조약 제2조(a)는 언급하지 않도록 한다.

나. 유엔결의 195(III)만을 언급하되, 동 결의의 전(全) 내용을 인용하지 않는 표현(예: 유엔 결의 제195(III)에서 대한민국 정부가 유일한 합법정부임을 선언하고 있음에 비추어)을 사용하기로 한다.

다. 평화조약 제2조(a)를 부득이 인용해야 될 경우에는 동 규정만을 특별히 인용하는 것처럼 인상을 주지 않는 표현(한국에 관련된 평화조약의 각 조항을 유념하고 …)을 사용하도록 한다.

10. 한국 정부의 관할권 문제: 대한민국 정부의 관할권에 제한이 있다는 인상을 주는 규정은 절대로 수락하지 않도록 한다.[40]

이 '훈령'은 기본조약 제3조의 내용을 일본 측과 협상할 때 지켜야 할 사항을 지시한 내용이다. 처음에는 유엔 총회결의 제195(III)와 샌프란시스코 평화조약 제2조 (a)항에 대한 언급을 피하다가, 언급해야 한다면 유엔 총회결의

---

40. 이도성, 『실록 박정희와 한일회담-5.16에서 조인까지』, 도서출판 한송, 1995, 275쪽.

제195(III)만을 언급하되 전체 내용을 인용하지 말고 "유엔 결의 제195(III) 에서 대한민국 정부가 유일한 합법정부임을 선언하고 있음에 비추어"와 같은 표현을 쓰라고 예시하고 있고, 평화조약 제2조 (a)항을 인용하는 경우에는 "한국에 관련된 평화조약의 각 조항을 유념하고 …"라는 식의 표현을 사용할 것을 훈령하고 있다.

이현령비현령(耳懸鈴鼻懸鈴). 한국인의 귀에 걸면 귀걸이, 일본인의 코에 걸면 코걸이. 한일 양국은 이런 조약을 만들어 각자 국민을 속일 심산으로 짬짜미하고 있었다.

3) 한일협정의 문제점②: 재산청구권·경제협력 협정[41]의 문제점

1941년 12월 7일 일본은 하와이에 있는 진주만을 기습 공격하여 태평양전쟁이 시작됐고, 12월 10일 대한민국 임시정부는 즉각 대일 선전포고를 했다. 그럼에도 불구하고 한국은 일본과 영국의 집요한 방해 공작으로 샌프란시스코 대일강화조약에 체약국으로 참여할 수 없게 되어 승전국으로서 일본으로부터 배상을 받을 수 있는 지위를 잃게 되었다. 배상을 받는 대신 대일강화조약 제4조 (a)항에 따라 청구권(claims)을 행사하게 된 것이다.

문제는 대일강화조약 제4조 (a)항에서 청구권의 처리를 양국 간의 "특별한 협의의 대상"이 된다는 것만 제시했을 뿐 청구권의 내용과 의미·성격을 분명히 규정하지 않았다는 점이었다. 결국 청구권 문제라는 것이 식민지 지배와 전쟁에 의한 피해와 손실의 청산을 지향한 것이 아니라 과거 양국 간의 재산의 피해와 손해를 처리하기 위해 논의되었다는 것에 근본적인 문

---

41. 편의상 '청구권 협정'으로 줄여서 표기한다.

제점이 있었다.

5·16 쿠데타 후 박정희 군사정권이 초기 단계에서 분명히 밝힌 방침은, 국교 정상화는 현안 해결 후에 하겠다는 점과 대일청구권은 확실한 근거를 가진 것이기 때문에 일본으로부터의 경제원조는 국교 정상화 이후에 검토하겠다는 두 가지 점이었다. 군사정권은 이렇게 신중한 태도를 보이면서도 초기부터 한일 국교 정상화 문제에 적극적인 자세를 보였다.[42]

박정희 정권이 대일 청구권에 따라 우선 받을 돈은 받고 나서 일본의 경제원조를 받겠다고 하기는 했지만, 막상 돈을 줄 일본 측의 핑계가 만만치 않았다. 군사정권의 정통성까지 들먹인, 당시 일본 총리 이케다의 말을 들어 보자.

> 한국 문제를 중요시하는 점에는 전적으로 동의한다. 일본도 한국이 빨리 정상을 되찾을 수 있도록 노력하겠다. 그러나 일본으로서는 몇 가지 문제가 있다. 첫째는 과연 박 정권이 안정을 유지할 것인가 하는 점이다. 또 하나는 재산청구권에 대해 큰 금액을 지출하는 것에 대해서는 민사당을 포함하여 야당이 강력하게 반대하고 있다는 점이다. 한국은 군사정권이므로 문제가 간단하다. 그러나 일본에서는 국회를 통하여 모든 문제가 처리되고 있기 때문에 한국과 같이 간단히 결정해 버릴 수가 없다.[43]

그러자 당시 국가재건최고회의 의장이었던 박정희는 초기부터 백기를 들고 만다. 1961년 11월 11일 오후, 미국 방문길에 일본을 방문한 박정희가

---

42. 오오타 오사무, 『한일교섭』, 104~105쪽, 241~242쪽.
43. 이원덕, 『한일 과거사 처리의 원점』, 146쪽.

1961년 11월 12일 오전, 박정희(왼쪽)가 이케다 하야토(오른쪽)와 회담하고 있다. 가운데는 통역을 맡은 한일회담 대표 정일영이다. | 사진출처: 《조선일보》

이케다 총리가 마련한 환영 만찬에서 과거사를 따지지 않겠다고 다음과 같이 공언하여 만찬장에 참석한 일본인들을 놀라게 한 것이다.

> 한일 양국은 과거에 이롭지 못한 역사를 가지고 있습니다. 그러나 그러한 명예롭지 못한 과거를 들춰내는 것은 현명한 일이 아닙니다. 차라리 새로운 역사적 시점에서 공동의 이념과 목표를 위해 친선 관계를 가져야 할 것입니다.[44]

이튿날 오전, 통역으로 정일영[45]이 배석한 가운데 열린 이케다와의 단독 회담에서 박정희는 우선 청구권 문제에 대한 대략의 테두리를 정해 달라고 하는가 하면, "요컨대 법률상 근거가 있는 것을 인정해 달라는 것"이라며 과거 이승만 정권에서도 공개적으로는 절대 포기하지 않았던 배상 요구를

---

44. 이동준, 『불편한 회고-외교사료로 보는 한일관계 70년』, 112쪽.
45. 정일영(鄭一永, 1926.9.4.~2015.1.19.). 울산 출생. 서울대 정치학과 졸업(1951), 런던대학교 국제정치학 석사(1955), 제네바대학교 국제법 박사(1959). 서울대 법과대학 교수, 한일회담 대표(1960), 외무부 차관(1963), 주제네바(1964), 주스위스(1966), 주벨기에(1971), 주프랑스(1971) 대사, 제9·10대 국회의원(유정회), 국민대 총장(1984) 등 역임.

철회했다. 이렇게 과거사를 접기로 했으니 일제 식민 지배에 대한 피해보상 청구도 포기한 셈이어서, 이제 남은 것은 일본이 치른 전쟁에 따른 한국인의 피해에 대한 청구권, 그것도 법률상 근거가 있는 것으로 한정되어 버렸다.

박정희는 여기에 그치지 않았다. "청구권이라고 말하지 말고 뭔가 적당한 이름이라도 괜찮다"라고 하는가 하면, 이케다가 "청구권 문제의 해결은 어업 문제와 동시에 해결했으면 한다"면서 골칫거리였던 '이승만 라인(평화선)' 문제를 제기하자 "일본이 청구권 문제에서 납득할 만한 성의를 보인다면 우리도 융통성 있게 평화선 문제를 다룰 용의가 있다"고 화답했다. 이승만 정권의 최대 업적으로 평가받으며 사실상 유일한 대일 압박 카드였던 평화선이 청구권 금액과 연동된 정치적 흥정거리로 전락하는 순간이었다. 외교문서를 보면 회담 직후 이케다는 측근들에게 박정희를 "참 좋은 사람", "말이 통하는 사람"이라고 말했다고 한다.[46]

이케다로부터 이렇게 칭찬까지 받은 박정희, 그는 막상 대한민국에서는 국민, 특히 학생들과는 전혀 말이 통하지 않아 비상계엄령 선포에, 위수령 발동까지 하고서야 간신히 한일교섭을 마무리하고 한일협정을 조인·비준할 수 있었다. 이 사실은 앞에서 자세히 살펴본 바 있거니와, 그렇게 되었던 것은 다음의 여론조사가 말해 주듯 국민이 지지하지 않았기 때문이었다.

《동아일보》는 1965년 12월 10일부터 15일까지 무작위 추출한 1,020명을 상대로 대일 교섭에 대한 여론조사를 실시했다. 이 조사에 의하면 일본과의 국교 정상화에 대해 찬성이 45%, 반대가 28%, 모르겠다가 27%였다. 한일 국교 정상화에 찬성한 45%에 대해 질문한 결과, 정부 방침이 옳다가 19%, 야

---

46. 이동준, 『불편한 회고-외교사료로 보는 한일관계 70년』, 113~116쪽.

당 주장이 옳다가 18%, 모르겠다가 8%였다. 이를 종합하면 한국 정부의 국교 정상화 방침에 대한 지지는 19%에 불과하고, 반대는 국교 정상화 반대 28%를 포함해서 46%였다. 당시 여론은 박정희 정권이 추진하는 한일 교섭을 지지하지 않고 있었다.[47]

(1) 청구권 협정의 문제점①: '명분', '금액', '계약인증권'

청구권과 경제협력 문제는 과거와 미래에 관한 문제로, 먼저 과거의 식민 지배로부터 발생한 청구권을 정확히 산출·해결하고 국교 정상화가 이루어진 후 경제협력 문제를 논의했어야 했다. 그럼에도 불구하고 박정희 정권은 이 두 가지 문제에 대한 정치적 일괄타결을 시도, 1962년 11월 12일 밀실에서 '김종필-오히라 메모'를 작성하여 '무상 3억 달러, 유상 2억 달러, 차관 1억 달러'라는 청구권 금액의 틀을 졸속으로 결정했다.

박정희 정권이 당초 받아내려 했던 순(純) 청구권 액수는 5억 달러였다. 그러나 일본 측은 청구권으로 인정할 수 있는 것은 사실상 개인 청구권에 국한된 7,000만 달러 정도에 불과하다고 주장하고, 한국의 경제개발을 후원하는 경제 지원 형식으로 청구권 이상의 금액을 제공하겠다고 했다. 그러자 경제개발을 위한 자금의 숫자 채우기에 급급했던 박정희 정권은 일본이 원하는 경제협력 방식을 받아들여 사실상 청구권을 포기한 것이다.

이 점은 '김종필-오히라 메모'로 확정된 금액의 성격에서 잘 나타난다. 오히라 일본 외상은 김종필과의 제1차 회담(1961.10.21.)에서 "과거사에 기초해 청구권을 따지는 것은 의미가 없다"라고 하면서 일본이 주는 돈은 "한국의 독립에 대한 축하금 즉 과거 종주국이 새로운 독립 국가의 경제 자립을 위

---

47. 《동아일보》 1965.1.11. 1면, 1965.1.19. 3면.

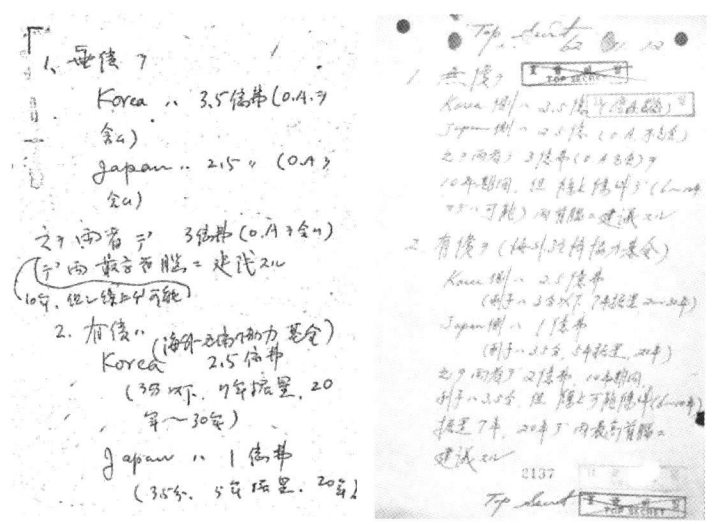

김종필-오히라 메모. 1962년 11월 12일 오히라 마사요시 일본 외상이 김종필 중앙정보부장과의 회담 과정에서 작성한 청구권 합의사항에 대한 메모(출처: 일본 외교문서)의 일부(왼쪽)와 김종필이 메모한 것으로 알려진 메모(출처: 2005.1.17. 외교부 공개)의 일부(오른쪽)다.

해 협력한다는 의미로 주겠다"라고 말했다. 이에 대해 김종필은 "구체적인 표현은 나중에 협의하겠지만, 기본적으로 일본 측의 생각으로도 지장이 없을 것"이라고 말한 것이다.

이런 성격의 '김종필-오히라 메모'를 토대로 청구권 협정이 완성되었다. 이 협정에서 무상·유상이라는 자금 제공을 '청구권 요구에 대한 지불'이라고 명시하지 않고 단지 '청구권 문제의 해결'이라고 두루뭉술하게 표현함으로써 이 돈이 한일 간의 과거사 처리와는 전혀 무관한 것이라는 일본 측 해석에 오히려 힘을 보탠 셈이 되었다.[48]

이렇게 만들어진 청구권 협정 가운데 제1조의 내용부터 보자.

---

48. 이동준, 『불편한 회고-외교사료로 보는 한일관계 70년』, 134~135쪽.

대한민국과 일본국은 양국 및 양국 국민의 재산과 양국 및 양국 국민 간의 청구권에 관한 문제를 해결할 것을 희망하고, 양국 간의 경제협력을 증진할 것을 희망하여 다음과 같이 합의했다.

제1조

1. 일본국은 대한민국에 대하여

(a) 현재에 있어서 1,080억 일본 원으로 환산되는 **3억 아메리카합중국 불(弗)과 동등한 일본 원의 가치를 가지는 일본국의 생산물 및 일본인의 용역**을 본 협정의 효력 발생 일로부터 10년 기간에 걸쳐 무상으로 제공한다. …

(b) 현재에 있어서 720억 일본 원으로 환산되는 **2억 아메리카합중국 불(弗)과 동등한 일본 원의 액수에 달하기까지의 장기 저리의 차관으로서 … 일본국의 생산물 및 일본인의 용역**을 대한민국에 조달하는 데 있어 충당될 차관을 본 협정의 효력 발생일로부터 10년 기간에 걸쳐 행한다. …

1965년 당시 한일협정을 반대하던 서울대 법대생들은 청구권 협정 제1조 1항의 '금액'에 대해 다음과 같이 비판했다.

정치적 타결(김·오히라 메모)이란 명목으로 이루어진 3억 불은 너무나 무정견하다. 정부가 합법적인 권리를 행사할 능력이 없는 것인가? 자진 포기인가(일본은 불과 수년밖에 안 되는 점령의 배상으로 필리핀에는 5억 4천만 불과 2억 5천만 불의 차관, 미얀마에는 배상 2억 불에 차관 5천만 불, 인도네시아에는 배상 4억 불에 경제협력 5천만 불, 월남에는 배상 3천 9백만 불에 차관 1천 7백만 불을 지급하였음)? 그런데 3억 불 중 대일청산계정 4천 5백만 불을 제외하면 매년 사용가능액이 2천 5백만 불 정도다(개인에게 정부가 지급해야 할 금액 포함). 이것은 한국경제에 있어서조차 대단치 못한 비중을 차지하는 소액이며(64년도 한국의 가용외화량은 3억 3천만 불이고 63년도 수입총액은 5억 6천만 불이었다), 이것을 과거에 대한 대가로 교환해 버린 정부의 처사를 도대체 어떻게 이해할 것인가(우리는 일본제국 정부가 제물포조약(임오군란 후) 및 한성조약(갑신정변 후) 체결 시 구 한국에 강압적으로 요구한 거액의 배상금을 상기할 필요가 있을 것이다)?[49]

'금액'은 그렇다 치더라도, 청구권 협정 제1조 (a)·(b)항은 좀 더 자세히 들여다볼 필요가 있다. 이 조문에 의하면 한국은 무상 3억 달러, 유상 2억 달러의 정부 차관을 10년간에 걸쳐 균등하게 지급받게 되어 있다. 그러나 이 자금은 현금이 아니라 그 금액에 해당하는 "일본국의 생산물 및 일본인의 용역"을 제공받는 것으로, 이는 달리 말하면 일본 내 잉여물자를 처분한다는 의미와 다름이 없었다.

또한 주목해야 할 점은 계약인증권이 일본 측에 있었다는 사실이다. 박정희 정부는 1965년 한일협정 가조인 직후 청구권 협정에 기재된 무상 3억 달러, 유상 2억 달러가 "우리의 청구권에 의한 정당한 권리 행사"라고 규정했다. 그러나 실제 한국은 이른바 청구권 자금에 대해 청구권자로서의 '권리'를 거의 '행사'할 수 없었다. 계약인증권이 일본 측에 있었기 때문이다.

---

[49] 서울대학교 법과대학 한일문제연구회, 「현 한일회담 저지투쟁의 정당성-한일문제 연구 보고서」, 《사상계》, 1965년 7월호.

이에 따라 청구권 자금의 도입을 위해서는 매년 일본 측에 집행 계획서를 작성해 협의한 후 승인을 받는 절차를 일일이 밟아야 했다. 청구권 자금으로 도입된 각종 플랜트는 한국 초기 공업화의 기간 설비가 되었음은 부인할 수 없는 사실이었지만, 일본 측의 계약인증권하에서 청구권 자금이 사용됨으로써 일본 내 과잉설비의 출구 역할을 했다는 점도 잊지 말아야 한다.[50]

계약인증권이 일본에 있었다는 것은, 일본 기업에게 단단히 한몫 챙길 기회를 제공한다는 의미이기도 했다. 예를 들어 일본의 전범기업[51] 미쓰비시(三菱) 그룹은 경인선 전철화, 서울지하철 사업, 당인리발전소 건설, 수출공업단지 조성, 포항제철 건설 등 박정희 정권이 추진한 굵직굵직한 국책사업을 독점해 막대한 이문을 챙겼다. 여기에 편승한 한국 기업들도 일본의 생산물 및 용역 관련 사업과 어떻게 해서든 인연을 맺음으로써 도약의 발판을 만들었다.[52]

그렇다면 일본이 "청구권에 관한 문제를 해결할 것을 희망하고" 준 무상 3억 달러 중 대일 민간청구권은 어떻게 처리되었는가? 다음은 처리한 내용이다.

한일협정 체결 다음 해인 1966년 2월 19일 '청구권 자금의 운용 및 관리에 관한 법률'을 공포했고, 1974년 12월 1일 야당 의원 다수가 불참한 가운데 '대일민간청구권 보상법안'을 통과시켜 그해 12월 21일 '대일민간청구

---

50. 이동준, 『불편한 회고-외교사료로 보는 한일관계 70년』, 163쪽.; 임휘철, 「청구권 협정 Ⅱ -협정 이후의 한일경제관계」, 민족문제연구소, 『한일협정을 다시 본다』, 아세아문화사, 1995, 194쪽.
51. 전범기업(戰犯企業): 침략 전쟁 시기에 군수물자를 제조하여 납품함으로써 전쟁 행위에 직접 또는 간접적으로 가담한 기업.
52. 이동준, 『불편한 회고-외교사료로 보는 한일관계 70년』, 163쪽.

권 신고에 관한 법률'을 제정·공포하여 이 법률에 따라 민간 보상을 실시하게 되었다. 한일협정이 체결된 지 10년이 지난 후였다.

이후 한국 정부는 1975년 7월 1일부터 1977년 6월 30일까지 사망자의 유족 8,552명에 대해 1인당 30만 원씩, 25억 6,560만 원을 지불했다. 또한 재산 피해에 대해서는 7만 4,967건에 대해 1엔당 30원씩, 66억 2,209만 원을 지불했다. 총액은 91억 8,769만 원(약 58억 엔)으로 '무상 공여' 3억 달러(1,080억 엔)의 약 5.4%였다.[53]

(2) 청구권 협정의 문제점②: 강제 징용·징병자, 일본군 위안부, 원폭 피해자, 사할린 동포 등의 미해결 문제

이번에는 다음과 같은 내용의 청구권 협정 제2조 항의 문제점을 살펴보자.

제2조

1. 양 체약국은 양 체약국 및 그 국민(법인을 포함함)의 재산, 권리 및 이익과 양 체약국 및 그 국민 간의 청구권에 관한 문제가 1951년 9월 8일에 샌프란시스코시에서 서명된 일본국과의 평화조약 제4조 (a)에 규정된 것을 포함하여 **완전히 그리고 최종적으로 해결된 것**이 된다는 것을 확인한다.

"완전히 그리고 최종적으로 해결된 것"이라는 내용은 일본군 위안부나 강제동원 피해자에 대한 보상이 거론될 때마다 일본이 들이대는 조문이다. 그렇다면 한일협정에서 "완전히 그리고 최종적으로 해결된 것"은 구체적으로 무엇일까?

---

53. 오오타 오사무, 『한일교섭』, 436~437쪽.

그 구체적인 내용이 기록된 것은 「대한민국과 일본국 간의 재산 및 청구권에 관한 문제의 해결과 경제협력에 관한 협정에 대한 합의의사록」 중 '2. 협정 제2조에 관하여'의 (g)항에서였는데, 당시 한일협정 반대 운동을 우려하여 비밀에 부치고 밝히지 않았었다. (g)항의 내용은 다음과 같다.

(g) 동조(同條) 1에서 말하는 완전히 그리고 최종적으로 해결된 것으로 되는 양 체약국 및 그 국민의 재산, 권리 및 이익과 양 체약국 및 그 국민 간의 청구권에 관한 문제에는 한일회담에서 한국 측으로부터 제출된 "한국의 대일청구요강"(소위 8개 항목)의 범위에 속하는 모든 청구가 포함되어 있고, 따라서 동 대일청구요강에 관하여는 어떠한 주장도 할 수 없게 됨을 확인했다.

다음은 (g)항에서 말하는 "한국의 대일청구요강"(소위 8개 항목)의 구체적 내용이다.

①조선은행을 통하여 반출된(1909~1945) 지금(地金)과 지은(地銀)에 관한 청구
②조선총독부 체신국 관계의 청구(우편저금, 국채, 저축채권, 간이생명보험, 우편연금, 해외환(爲替)저금·채권 등)
③한국으로부터 우편이체(移替) 또는 송금된 금원의 반환 청구
④한국에 본사를 둔 재일 재산에 관한 청구
⑤한국인 소지의 일본 유가증권(국채, 공채 등), 일본계 통화, 피징용자의 미수금 및 보상금, 은급 등에 관한 청구
⑥한국 법인 또는 자연인 소유의 일본 법인의 주식, 증권의 법적 인정에

대한 청구

⑦위의 제 재산 또는 청구권의 제 과실의 반환 청구

⑧위의 반환 및 결제는 6개월 이내에 종료할 것

일본은 왜 한국 측이 제시한 위의 목록을 덥석 받아들였을까? 그것은 이 8개 항목이 일제의 식민지 지배로 인한 배상 요구를 배제하고 전쟁 기간에 발생한 피해보상과 '한국의 일본으로부터의 분리'에 따른 채무 관계의 청산만을 요구했기 때문이었다. 일본은 이 조항을 통해 개인 청구권을 "완전히 그리고 최종적으로 해결된 것"으로 만들고자 했지만 그렇게 될 수만은 없었다.

첫째, 청구권 협정에서 "완전히 그리고 최종적으로 해결된 것"으로 규정된 것은 한국 측이 한일회담에서 제시한 위의 8개 항목에 대한 것이었을 뿐이라는 점이다. 그러니 1990년대 이후 등장한 일본군 위안부, 원폭 피해자, 사할린 동포 등의 문제는 "완전히 그리고 최종적으로 해결된 것"이 아니었다.

다음으로 이 8개 항목 모두가 재정적이며 민사적인 채권·채무 관계를 청산하기 위한 것으로, 일제가 전쟁 중에 저지른 강제와 폭력으로 인한 피해는 이 항목에서 제외되고 있다. 이에 따라 일제가 과거 강제와 폭력에 의해 강제노동을 시키거나 위안부 생활을 하게 했다는 등의 '조선인 강제연행' 사실을 인정하면 한일 청구권 협정, 아니 한일협정 전체를 개정해야 한다는 압력에 직면할 수도 있다. 한일협정 재협상의 논리가 바로 여기서 나오게 된다.

이렇게 되자 일본은 청구권 협정에 언급되지 않은 전쟁범죄 문제가 부각되는 것을 우려하여 '강제'라는 말이 나올 때마다 알레르기 반응을 보여, 이 말이 등장하기만 하면 일본이 들이대는 무기가 바로 일제의 식민 지배가 합법적이고 정당했다는 '유효정당론'이다. 1910년 합법적으로 정당하게 체결된 조약에 의해 대한제국이 일본에 합병되었고, 합병한 일본이 제정한 국가총동원법54이나 국민징용령55이라는 법체계하에서 이루어진 만큼 어떠한 '강제성'도 있을 수 없다는 것이다. 한국은 1965년 청구권 협정을 통해 이같이 황당한 주장을 실질적으로 묵인했다.

여자근로정신대(女子勤勞挺身隊)56의 경우를 보자. 일제는 전쟁 막바지인 1944년 8월 23일 '여자정신대근무령'을 발표했다. 12세에서 40세까지의 여성을 정신대(挺身隊) 즉 '나라를 위해 몸 바친 부대'에 징발하기 위한 것이었다. 노동력 부족을 타개하기 위해 수시로 소요 인원을 파악해 영장을 교부하면 이를 받은 여성은 의무적으로 1년간 근로 동원에 응해야 했다. 주로 가난한 집 여성이 간호사·여공 모집 등 취업 사기에 속아 넘어가거나 유괴·강제 연행 방식으로 피해를 입었다. 정신대 근무령 발동으로 약 20만 명의 조선 여성이 일본과 조선의 군수공장으로 끌려가 여성으로서는 차마 감당하기 힘든 강제노역에 시달렸다.57 다음은 근로정신대 피해자 양금덕 씨의

---

54. 국가총동원법(國家總動員法): 일제가 1938년 4월 1일 공포하여 같은 해 5월 5일부터 시행한 전시통제법. 중일전쟁을 일으킨 일본이 전쟁에 전력을 집중하기 위해 인적·물적 자원을 마음대로 동원·통제할 목적으로 만든 법이다.
55. 국민징용령(國民徵用令): 국가총동원법 제4조를 근거로 선포되어 조선에서는 1939년 10월 1일부터 시행되었다. 이에 의해 수행된 '강제 동원'은 크게 '노무 동원', '병력 동원'(군인·군속), '성(性) 동원'(일본군 위안부)으로 구분할 수 있다.
56. 정신대(挺身隊)는 곧 일본군 위안부가 아니다. 일본이 정신대 동원에 일본 정부 차원에서 개입하지 않았다고 주장하는 것이 망언이고 허구이듯, 모든 정신대원이 일본군을 위한 성노예였다는 것은 잘못이다. 다만 근로정신대라고 모집해 놓고 위안부로 끌고 가는 경우는 있었다.
57. 김홍식·김성희, 『1면으로 보는 한국 근현대사 1』, 서해문집, 2012, 211쪽.

근로정신대로 끌려간 여성들이 미쓰비시 나고야 항공기 제작소에서 일하고 있는 모습. 2015년 2월 25일, 일본 정부는 근로정신대로 끌려갔던 김재림 등 3명의 할머니에게 후생연금 탈퇴 수당이라며 199엔을 지급했다. | 사진출처: 미국 국립문서기록청

이야기다.

전남 나주 출신 양 할머니는 1944년 5월 "중학교에 진학시켜 준다"는 일본인 교장의 말에 속아 '일본행'에 손을 들었다. 공부와 운동을 잘해 '급장'을 도맡았던 그는 일본에 가서 상급학교에 진학하고 싶었다. 하지만 아버지는 노발대발했다. 양 할머니는 다음 날 "가지 않겠다"고 담임에게 이야기했다. 하지만 "지명을 받고도 가지 않겠다고 하면 아버지·어머니를 경찰서에 잡아 가두겠다"는 담임 교사의 말을 듣고 무서웠던 그는 "선반에서 아버지의 도장을 몰래 꺼내 담임 교사에게 건넸다."

미쓰비시중공업 나고야 항공기 제작소로 동원된 양 할머니는 1944년 12월 7일 '도난카이 대지진'을 공장에서 겪었다. 해방된 뒤 1945년 10월 가까스로 고향에 돌아올 때까지 그는 미쓰비시중공업에서 중노동을 하고도 임금을 한 푼도 받지 못했다. "너희들의 고향집 주소를 알고 있으니 틀림없이 월급을 보내주겠다"는 일본인들의 말은 모두 거짓말이었다.

귀국한 뒤에는 '또 다른 불행'이 시작됐다. 주변에서 일본군 위안부로 갔다 왔다고 오해하면서 양 할머니는 오가던 혼담마저 깨졌다. 양 할머니는 "미안하다는 말 한마디만 받으면 원이 없겠소. '미안하고, 여생 건강하시라'는 말 한마디만 하면 될 것인디, 속에서 천불이 날 지경"이라고 했다. 그는 "사죄와 배상을 받을 때까지 양심 있는 일본 사람들과 끝까지 싸우고 싶다"고 했다.[58]

야누스의 탈을 쓴 미쓰비시의 다른 모습을 보자.

일본 대기업 미쓰비시(三菱) 머티리얼이 제2차 세계대전 중 이 회사에서 강제노역을 한 중국 노동자들에게 사과하고 보상금을 제공하기로 중국 피해자 측과 합의했다. 이번 합의는 강제노역에 동원된 중국인 피해자들이 일본 기업을 상대로 중국 법원에 소송을 제기한 가운데 나왔다. 중궈신원왕(中國新聞網)은 미쓰비시 머티리얼 측이 중국 피해자단체들과의 합의 과정에서 제2차 세계대전 중 일본 정부가 3만 9,000명의 중국 노동자를 강제징용한 것과 이 중 3,765명이 미쓰비시 머티리얼의 전신기업에서 노동했으며 이 중 720명이 사망하고 당시 강제노역했던 중국인들이 인권을 침해당한 역사적 사실을 모두 인정했다고 보도했다.

이제 관심은 한국 법원에서 소송을 진행 중인 미쓰비시중공업이 우리 피해자들에게도 같은 행보를 취할지 여부다. "식민지 시기 합법적인 조선인 강제징용은 중국의 경우와 다르며 국제노동기구가 금지한 강제노동에도 해당하지 않는다"는 일본 정부 입장을 민간 기업이 앞서갈 분위기는 아니기 때문

---

58. 「'근로정신대' 피해자 양금덕 할머니」, 《한겨레》 2021.1.20.

이다.[59]

3. 한일협정, 한국 그리고 일본: 박정희의 '승부 조작'과 일본의 '먹칠'

이제까지 1965년 체결된 한일협정의 주요 문제점에 대해 기본조약과 청구권 협정 중심으로 살펴보았다. 이제 정리하는 의미에서 한국과 일본 양국에서 보인 최대 문제점을 검토하는 것으로 결론을 대신하고자 한다.

한국 쪽부터 보자. 한일협정 체결은 극단적으로 말해, 박정희가 일본으로부터 돈을 받고 벌인 사기극이었다. 앞에서 자세히 살펴보았듯이, 박정희는 한일협정을 추진하면서 일본으로부터 6,600만 달러라는 엄청난 돈을 받았다. 미국 중앙정보국(CIA)의 1966년 3월 18일 자 비밀문서인 『특별보고서(SPECIAL REPORT)』에 의하면, "한일협상을 추진시킨 대가로(for promoting the Korea-Japan negotiations)" 1961년부터 1965년까지 5년간 일본 기업으로부터 받았다는 것이다.

또 다른 주장도 있었다. 1964년 3월 26일 야당 국회의원 김준연은 "정통한 소식통에 의하면 박 정권은 일본으로부터 1억 3천만 달러를 받았다고 한다"고 국회에서 폭로했다.[60] 금액의 차이는 있지만, 이 주장 역시 한일협정이 체결되기 이전에 엄청난 돈을 받았다는 것이었다.

그뿐만 아니라 1965년 한일협정이 체결되고 차관이 도입되자 거액의 정

---

59. 「미쓰비시, 중국에도 사과·보상 … 강제 징용 한국 피해자만 외면」, 《한국일보》 2015.7.24.
60. 《조선일보》 1964.3.27. 1면.

박정희의 '승부 조작'과 일본의 문서에 '먹칠'하기. 박정희가 일본 기업으로부터 6,600만 달러를 받은 내용을 기록한 미국 CIA의 『특별보고서』 표지(왼쪽). 일본이 한일회담 관련 외교문서 내용을 먹칠한 채 공개하자(오른쪽 위), 이에 대해 한국 민간인들이 전면 공개를 촉구하는 장면(오른쪽 아래)이다.

치자금을 뜯어냈다. 『프레이저 보고서』의 내용을 보자.

> 개별 차관은 정부 승인과 지불보증이 필요했기 때문에 차관을 받는 한국의 당사자는 필요한 보증을 얻기 위해 일정한 퍼센트(대개는 10~15%이지만 때로는 차입금의 20%)를 지불해야 했다. 물론 이러한 체계는 다른 국가들에게서 받는 차관에도 적용되었다. 상납률을 적게 잡아 10%라 하더라도, 이러한 재원(財源)들로부터 2,560만 달러의 정치자금을 염출했다는 것을 의미한다 (1965년과 1966년에 들어온 개별 상업차관은 2억 5,610만 달러였다).[61]

---

61. 미 하원 국제관계위원회 국제기구소위원회, 『프레이저 보고서』, 김병년 옮김, 레드북, 2014, 59쪽.

한일협정에 따른 차관 도입으로 상납받은 돈은 그렇다 치고 한일협상 과정에서 협상 상대로부터 돈을, 그것도 눈이 뒤집힐 정도의 돈을 받았다니 협상이 제대로 되었겠는가? 이러한 박정희의 행위는 스포츠에서 말하는 '승부 조작' 바로 그것이었다. '승부 조작'이란 '스포츠에서 경기가 시작되기 전부터 경기 결과나 과정을 미리 결정한 뒤 이를 그대로 시행하여 경기의 결과와 과정을 왜곡하는 행위'를 말하니, 박정희가 한일협상 과정에서 돈을 받고 협정 내용을 왜곡시킨 것이나 운동선수가 돈을 받고 경기 결과를 왜곡시킨 것이 그게 그거 아니면 무엇이겠는가? 과연 박정희의 이러한 '승부 조작' 행위를 역사가 용서할 수 있겠는가?

일본의 경우는 어떤가? 박정희보다 훨씬 더 치사하다. 한국 정부는 2005년 1월 17일 한일 청구권 협정 관련 주요 협상 등에 관한 보고서, 훈령, 전문, 관계기관 간 공문, 한일 간 회의록 등 개인청구권과 관련된 문서철 5권 1,200쪽에 이르는 문서를 우선 공개했다. 이어 같은 해 8월 한일회담 전 과정의 내용이 담긴 156권, 3만 5,354쪽에 달하는 문서를 모두 공개했다.

관련 자료를 모두 공개한 한국 정부와는 달리 일본 정부는 민감한 부분을 '먹칠'하여 숨기고 공개했다. 그나마 일본 정부가 공개하게 된 것은, 일본의 한일관계 연구자와 2005년 12월 결성된 '일한회담 문서 전면 공개를 요구하는 모임'이 한일회담 관련 외교문서 공개 소송을 제기하여 일본 재판소로부터 공개 결정을 받아 낸 덕분이었다.

그 결과 일본 외무성은 2006년 8월부터 2008년 5월까지 7회에 걸쳐 총 1,369건, 약 6만 매의 문서에 대한 비밀 해제 조치를 단행했다. 그러나 외무성의 조치는 전면 공개가 아니었다. 공개된 관련 문서의 20% 이상이 비공개되거나 일부 삭제(먹칠) 후 공개되었기 때문이다.[62]

이렇게 하여 청구권 문제에 대해 공개된 일본 외교문서의 상당 부분이 먹칠이 되어 있다. 먹칠이 단연 돋보이는 것은 역시 독도 관련 문서로, 먹칠이 된 상당 부분은 당시 일본이 한국을 회유하며 취한 조치 등에 대한 것으로 추정된다. 또한 일본에 있는 한국 문화재 목록은 전체가 먹칠 되어 있다.

왜 일본은 이 지경이 되었을까? 태평양전쟁의 '패전(敗戰)'을 '종전(終戰)'이라고 우기는 지극히 자기중심적이고 모순으로 점철된 일본의 '전후(戰後)' 사관은 끊임없이 적을 만들어야 유지될 수 있는 냉전의 부산물이었다. 평화주의에 포장되어 정체를 숨겨 온 이 부산물은 이제 침략으로 얼룩진 과거를 송두리째 부인하고 새롭게 독선적인 역사를 쓰겠다고 나섰기 때문이었다.

결국 우리의 해방은 왜곡된 일본의 '전후' 사관마저 각성시키고 치유해 안고 가야 하는 힘든 싸움일 수밖에 없게 되었다. 그 실마리는 물론 우리 안의 식민사관과 냉전사관을 걷어내어 스스로를 '해방'시키는 일부터 시작되어야 할 것이다. 해방의 참뜻을 구현하기 위해서는 갈 길이 참으로 멀다.[63]

---

62. 이동준 편역, 『일한 국교정상화 교섭의 기록』, 도서출판 삼인, 2015, 10~11쪽.
63. 이동준, 『불편한 회고-외교사료로 보는 한일관계 70년』, 273~282쪽, 291쪽.

책을 마치며

1.

이 책 내용의 상당 부분은 내가 직접 겪은 경험과 관계가 깊다. 그것은 1961년, 저항정신이 강했던 서울대 문리대 정치학과에 입학한 지 얼마 안 되어 박정희의 쿠데타가 일어났기 때문이다. 그러나 쿠데타 초기, 나는 자유로운 대학 분위기에 휩쓸리느라 박정희의 정체를 파악할 겨를이 없었고 이런 자세는 1963년 초반까지 계속되었다.

인생은 누구에게나 변화의 계기를 제공한다. 1963년 초반까지 아무 의미 없이 그저 들떠만 있던 나는 문득 자신을 되돌아보고 변화를 모색하자는 마음이 들었고, 그 방식은 집을 나와 거친 세상과 마주쳐보는 것이었다. 주변에서는 서울에 멀쩡한 집을 두고 뭐하러 가출하느냐며 나무라기도 했지만, 나는 세상의 참모습을 속속들이 들여다보고 싶었다.

그래서 친구와 함께 하숙 생활을 시작했고 몇 달이 안 가 하숙집에서 쫓겨나고 말았다. 그것은 현금을 주고도 쌀을 살 수 없을 정도로 심해진 당시의 식량난 때문이었다. 하숙집 주인 입장에서는 쌀이 모자라 밥을 해 줄 수 없으니 방법은 단 하나, 하숙생을 내보내는 것뿐이었고 그 구조조정에 친구와 내가 걸린 것이다.

구조조정 기준은 무엇이었을까? 역시 품행이 방정해야 한다. 거의 매일 술 취해 밤늦게 들어와 밥 달라며 귀찮게 구는 것은 기본이고, 아침이면 달랑 칫솔 하나 품에 넣고 동가식서가숙하는 칫솔부대들이 몰려와 밥 두 그릇을 놓고 아우성치는 것은 누가 봐도 어여쁜 장면은 아니었겠으니 말이다. 이렇게 하여 나는 몇 달이 안 된 하숙 생활을 끝마쳐야만 했다.

다행히 함께 하숙하던 친구가 문리대 신문 《새세대》의 편집장이었다. 그래서 우리는 신문사 책상을 침대로 삼기로 하고 아예 그리로 이사하기로 했으나, 그리로 온 것은 우리뿐만이 아니었다. 칫솔부대도 함께였다. 당시 상당수 칫솔부대의 잠자리는 학교 벤치였고 세수와 목욕은 분수에서 했는데, 날씨가 쌀쌀해지니 그럴 수가 없어 우리와 합세한 것이다.

사람이 살아가려면 의식주(衣食住)가 필요하다. 당시 '의(衣)'는 일 년에 몇 번만 갈아입으면 되니 별문제가 없었고, '주(住)'는 신문사 책상 위, 문제는 '식(食)'으로 각자 알아서 해야 했다. 저녁때 만나 토론하며 떠들다 잠잔 후, 이튿날 아침 흩어져 하루를 알아서 보내고 저녁이 되면 다시 모이는 생활이 반복되었지만, 돈 주고도 쌀을 살 수 없던 시절에 아무도 굶지 않았다는 것은 그야말로 기적이었다.

당시 다른 사람들의 생활에 관심을 둘 겨를이 없었으니 내 경우만 보자. 가장 문제는 아침이다. 칫솔부대가 되든 말든, 친구 도시락을 뺏어 먹든 말든, 아침밥을 굶은 적이 결코 없었으니 기적에 가깝다. 나 자신도 어떻게 해결했는지 기억이 잘 나지 않는다.

아침을 해결하면 그 이후는 별로 문제가 없다. 매일은 아니지만 이런 방법도 있었기 때문이다. 학교 교문 앞에 걸터앉아 있노라면 오전 강의를 들으러 오는 학생들이 몰려온다. 이들에게 요즘 돈 1,000원만 달라고 하면 얼기가 어렵지 않고 특히 여학생들에게는 백발백중이었다. 이렇게 한 시간 정도 지나면 점심값이 생기고도 남는다.

저녁 해결은 두어 가지 방식이 보통이었다. 첫째는 시간제 가정교사로 학생을 가르치고 나서 저녁까지 해결하는 방식. 두 번째는 저녁이 되면 학교 주변 식당이나 주점에서 무슨 모임이든 있기 마련이고 운 좋은 날에는 선배들이 와서 한턱 쏘는 경우. 이것도 저것도 아니면 칫솔부대가 되는 것이었는데 이런 경우는 많지 않았다.

이렇게 하루를 보낸 후 저녁이 되면 모이게 되어 수가 많을 때는 열 명이 넘을 때도 있었고, 멀리 제기동에 있던 사범대학 친구들과 인근의 법내생들이 함께하는 때도 종종 있었다.

당시 이런 공동생활에서 가장 골치 아픈 존재는 이, 벼룩, 빈대 등 기생 곤충이었다. 허연색 DDT라는 살충제를 가지고 수시로 이것들을 박멸해도 그때뿐이어서, 여럿 중 누군가가 외박(?)을 하고 오면 순식간에 다시 퍼지는 것이다. 목욕을 자주 할 수 없었던 탓도 있었다.

이런저런 고충이 있었기는 해도 신문사 책상 위에서의 공동생활은 이듬해 한일회담 반대 운동에 결정적인 동력이 되었다. 아침에 흩어졌다가 저녁에 모이면 바로 토론장이 만들어져 여러 가지 문제, 특히 시국에 대한 토론이 전개되었기 때문이다. 당시 이런 우리의 생활은 "가슴을 펴라"라는 이름의 방송극이 되는가 하면 영화로 만들어지기도 했다.

이 같은 나의 생활은 미국 유학 준비를 하라는 부친의 엄명에 따라 중단되었다. 그러나 유학은 나에게 사치품이었는지, 이듬해 내 인생을 송두리째 바꾸어 놓은 격류에 휘말리게 된다.

2.

문제는 고등학교 후배들이 나를 찾아오면서 시작되었다. 고등학교 선배로 문리대 출신이 있었는데, 서울대학교 총학생회장까지 지낸 그가 중앙정보부원이 되어 모교를 사찰한다는 소문이 퍼져 창피하여 낯을 들고 다닐 수 없다는 것이었다. 그 선배는 내가 입학 직후부터 알게 되어 2년간 아주 절친하게 지낸 사이였다.

문제는 두 가지였다. 우리가 졸업한 경기고등학교는 당시 대한민국의 최고 명문 학교였다. 그런 학교 출신이 정보부원이 되어 모교를 사찰하고 후배들까지 동원한다는 소문이 난다는 것은 자존심이 허락하지 않는 일이었다. 더 큰 문제는 이 사람이 후배들을 속여 실제 이용했다는 점이었다. 그가 졸업 후 학교 출입이 잦아져 이상하다고 여겨 동료들에게 귀띔해 놓고 있었는데, 결국 그는 정보부원인 것으로 판명되었다.

사실 못 들은 체하고 그냥 지나쳐 버릴 수도 있는 일이었다. 그러나 그러기에는 나의 자존심이 도저히 허락하지 않았다. 유학 준비고 뭐고 당장 집어치우고 동료들이 벌이던 한일회담 반대 투쟁에 즉각 합류하여 중앙정보부의 학원 공작을 전면적으로 파헤치는 작업에 착수했다. 20대 초반의 젊은이가 박정희의 막강한 중앙정보부와 싸움을 벌이겠다는 결심을 한 것이다.

이렇게 하여 정보부의 학원 사찰과 정보부의 끄나풀 학생들에 대한 조사에 들어갔다. 조사 과정에서 당시 크게 문제를 일으킨 YTP라는 어용 학생 조직에 대한 제보도 들어왔다. 나중에 밝혀진 일이었지만 YTP는 박정희가 직접 지시하여 만든 조직이었다. 조사 자료를 토대로 「학원사찰 및 학원분열에 대한 보고서」를 작성한 후, 1964년 4월 23일 오후 문리대 교정에서 학원사찰성토대회를 개최하자 언론은 이를 크게 보도했다.

이후 한일회담 반대 운동과 박정희 정권에 대한 저항운동에 본격적으로 뛰어들어, 1964년 5월 20일 문리대에서 거행된 '민족적 민주주의 장례식'을 주도하여 '조사(弔辭)'를 낭독했다. 이 일로 5월 21일 자정 정보부원들이 나를 납치하여 심한 고문을 했고, 이 사건은 여론을 악화시켜 학생들의 저항운동에 불을 붙이는 도화선 역할을 했다. 결국 1964년 6월 3일, 박정희는 비상계엄을 선포하고 저항 세력을 체포하여 구속했으나 나는 다행히 주변 인사들의 도움으로 도피하여 체포를 면할 수 있었다.

그해 2학기 말, 나는 당국의 배려(?)에 따라 수강 강의명, 이름, 학과, 학번만 기록한 백지 시험지를 제출하고, 1965년 2월 마침내 문리대를 졸업하게 된다. 그러나 문리대라는 곳은 졸업이라는 게 없었다. 형식적으로는 졸업했지만, 그 후 문리대에서 비롯된 나의 행적은 계속 정보부의 관심 대상이 되어 수시로 체포·구금·구속되었기 때문이다. 간단히 말해 나는 평생 문리대의 테두리를 벗어날 수가 없었다.

문리대를 졸업(?)한 직후인 1965년 3월 24일, 나와 동료들은 후배들의 의뢰로 선언문과 격문을 작성했다. 인쇄까지 마쳤으나 당국의 감시로 발표할 수 없게 되었다는 연락을 받고 모두 소각해 버렸는데, 어쩐 일인지 '남자를 여자로 바꾸는 것'만 빼고 뭐든지 할 수 있다던 정보부의 손에 들어가 그해 9월 체포되어 교도소로 들어간다.

이때도 1964년 말의 경우와 흡사했다. 또다시 부모님으로부터 유학 압력을 받아 외부와의 접촉을 끊고 오로지 공부에만 몰두했다. 그러다 역시 문리대는 졸업할 수 없는 학교라는 사실을 통감하게 하는 사건이 벌어진 것이, 1965년 9월 잠시 들러 조사를 받고 가라는 정보부의 연락을 받고 정보부에 내 발로 걸어 들어가 구속되고 만 것이다. 3월에 작성했던 선언문 때문이었다.

구속된 사람은 나를 비롯해 친구 다섯 명. 우리 여섯 명에게 적용된 죄목은 내란음모, 내란선동, 폭발물 사용음모, 반공법 등 네 가지였다. 이런 거창한 죄목을 걸었던 것은 후배들에게 함부로 박정희를 반대하는 행위를 하지 말라고 경고하기 위함이었다. 애당초 말도 안 되는 죄목이기에 몇 차례 공판 후 1966년 3월 2일 나는 석방되었고, 그해 7월 2일 고등법원에서 모두 무죄를 선고받고 대법원에서 확정되었다.

3.

석방된 직후 나는 건국대학교 대학원 경제학과에 진학했다. 그리로 간 데에는 몇 가지 사연이 있었다.

첫째로, '학생' 신분을 얻어 '무위도식(無爲徒食)'이라는 말을 피하기 위해서였다. 하는 일 없이 놀고먹는다는 의미의 이 단어는 검찰에서 무직자에게 붙이는 상투적인 용어였다. 당시 내가 형식상으로는 문리대를 졸업하여 무직자였음으로 나에게도 '무위도식'이라는 딱지가 붙어 있었다.

다음으로, 공부다운 공부, 그것도 경제학 공부를 하고 싶어서였다. 내 전공 분야인 정치학에 대해서는 귀동냥 지식이나마 있기는 했지만, 전혀 생소했던 경제학 분야에 대한 지식을 얻고 싶었다. 결국 깊은 지식을 습득하지 못한 게 아쉬울 따름이다.

서울대 문리대라는 일류대학을 졸업하고 당시에는 후기 대학에 속하던 건국대학에 진학한 것이 '좀 그렇다'고 여긴 사람도 있었다. 그러나 이 학교는 내가 가장 열심히 공부했고 내 능력을 인정해 준 나의 두 번째 모교였다. 후일 당국의 압력 때문에 어쩔 수 없이 나를 해직시키기는 했지만, 정보부의 눈초리에 쫓기던 나에게 공부할 기회를 선물한 고마운 학교였다.

1968년 2월 건국대학교 대학원을 수석으로 졸업한 나는, 졸업 즉시 '화폐금융론'을 강의하는 파격적인 대접을 받았다. 학생들도 운동권 대선배인 나를 믿고 지지해 주었고, 나는 그들을 진심으로 사랑하여 필요에 따라 충고와 도움을 아끼지 않았다.

이런 생활은 박정희 권력과 대립하는 내 자세 때문에 오래가지 못했다. 1970년 반(反)박정희 세력을 규합해 활동을 시작하여 1971년에는 야당 기관지를 통해 박정희 정권을 맹렬히 비판하다가 그해 10월 15일 위수령이 선포되자 도피하는가 하면, 학교에서는 강의를 통해 민주화될 날이 반드시 올 것이니 좌절하지 말고 그날을 맞이할 준비를 하자는 등 학생들을 격려한 것이다.

이러한 나의 행동은 중앙정보부의 안테나에 걸려 1975년 말 건국대학교에서 해직당한다. 1972년에 결혼한 나는 이미 처자가 딸린 몸이어서 생계 유지를 위해 송문영(宋文英)으로 이름을 바꾸고 입시학원 영어 강사로 취업했다. 몇 달이 안 되어 영어 강사 송문영은 학생들로부터 큰 호응을 얻어 월 수강생만도 수천 명에 이르는 명강사로 이름을 떨쳤다.

그러던 중 1979년 10월 26일, 18년 5개월 11일간 한국을 지배하던 박정희가 세상을 떠나자 건국대학교에 복직할 기회가 오는 듯했으나, 이번에는 더 고약한 전두환이 등장하여 복직을 포기할 수밖에 없었다. 거기에 그치지 않고 1987년 9월, 전두환 정권의 압력으로 학원 강사직마저 해직당하게 된다. 이때까지의 이야기는 『아, 문리대!』라는 제목의 책으로 펴내기 위해 집필 중이다.

4.

이제까지 말한 것이 서울대 문리대 정치학과에 입학한 후 박정희 시대에 걸쳐 내가 걸어온 길이다. 이처럼 길게 설명한 것은 『박정희와 일본』을 I·II, 두 권으로 나누어 내게 된 경위를 설명하기 위함이다.

박정희와 나는 18여 년이라는 긴 인연으로 연결되어 있다. 이 말은 곧 나에게 박정희 시대에 대한 자료가 많다는 것을 뜻한다. 내가 모아 둔 자료도 많지만, 내 부친께서 수집하고 정리해 놓은 자료는 놀라울 정도로 풍부할 뿐만 아니라 다양하다. 또한 역사 기록을 위해 사료로서 참고할 만한 가치가 있는 것도 많다.

책을 집필하면서 이러한 자료를 반영하다 보면 자연히 내용이 많아질 수밖에 없었다. 이런 이유로 『박정희와 일본』을 두 권의 책으로 나눌 수밖에 없게 된 것이다.

『박정희와 일본 I』은 박정희의 삶을 파시스트 창시자 무솔리니와 비교한 후, 한일회담과 한일협정 반대 운동을 학생들 중심으로 정리했다. 그리고 한일협정의 잘못된 점을 자세히 검토했다. 앞으로 나올 『박정희와 일본 II』에서는 1972년 10월 17일의 유신쿠데타 이후 박정희가 어떻게 대한민국을 과거 제국주의 일본의 모습처럼 바꾸려 했는지를 주제로 삼는다. 이와 더불어 일본의 역사를 검토하여 박정희가 일본화되어 가는 경위를 살피고, 미

군정과 이승만 정권을 통해 친일 청산이 이루어지지 못한 까닭과 오늘날 나타나고 있는 박정희 모습의 허구성을 분석하고자 한다.

이번 책 『박정희와 일본 I』을 만드는 데에도 '역사공부방' 여러분들의 참여가 크게 도움이 되었다. '역사공부방' 반장 김청식 씨를 비롯하여 김윤기, 김명자, 한승현, 유봉순, 이정열 씨 등 여러분이 함께 원고를 읽어 가며 내용을 검토했다. 그리고 온현정 씨는 책의 편집을, 김은정 씨는 최종 교정을 맡아 수고해 주었다. 모두에게 감사의 말씀을 남긴다.

참고문헌

제1부

프롤로그

아서 슐레진저,「지도력에 관하여」,『인물로 읽는 세계사』, 대현출판사, 1993.

제1장

궈광(郭方),『역사가 기억하는 1·2차 세계대전』, 송은진 옮김, 도서출판 꾸벅, 2013.

김광재,『한국광복군』, 독립기념관 한국독립운동사 연구소, 2007.

김득중,『'빨갱이'의 탄생-여순사건과 반공 국가의 형성』, 선인, 2009.

김상구,『5.16청문회』, 도서출판 책과 나무, 2017.

김상엽,『세계를 움직인 100인』, 청아출판사, 2010.

김석준,『미군정 시대의 국가와 행정』, 이화여자대학교출판부, 1996.

김용구,『세계외교사』, 서울대학교출판문화원, 2006.

김종신,『박정희 대통령과 주변사람들』, 한국논단, 1997.

김주용,『만주지역 친일단체: 친일, 비겁한 변명』, 역사공간, 2014.

김현민,「이탈리아 내전①: 독일 괴뢰정권 이끈 무솔리니」,《아틀라스》 2020.10.24.

노나카 이쿠지로 등,『일본 제국은 왜 실패하였는가?』, 박철현 옮김, 주영사, 2009.

데니스 위프먼,『인물로 읽는 세계사①: 히틀러』, 김기연 옮김, 대현출판사, 1993.

디안 뒤크레,『독재자의 여인들』, 전용희 옮김, 시드페이퍼, 2011.

래리 하트니언,『인물로 읽는 세계사③: 무솔리니』, 김한경 옮김, 대현출판사, 1993.

로버트 O. 팩스턴,『파시즘』, 손명희·최희영 옮김, 교양인, 2005.

매들린 올브라이트,『파시즘: A Warning』, 타일러 라쉬·김정호 옮김, 인간희극, 2018.

매튜 휴즈, 크리스 만, 『히틀러가 바꾼 세계』, 박수민 옮김, 도서출판 플래닛미디어, 2011.

박노자, 『비굴의 시대』, 한겨레출판, 2014.

박정희, 「대통령으로서의 포부와 약속」, 《여원(女苑)》 1963년 12월호.

반민족문제연구소, 『친일파 99인 (1)』, 도서출판 돌베개, 1993.

베니토 무솔리니, 『무솔리니: 나의 자서전』, 김진언 옮김, 현인, 2015.

빌 포셋 외, 『101가지 흑역사로 읽는 세계사: 현대편』, 김정혜 옮김, 다산북스, 2021.

송철원, 『박정희 쿠데타 개론』, 도서출판 현기연, 2020.

오토 슈코르체니, 『슈코르체니, 나의 특수작전 임무』, 이동훈 옮김, 이미지프레임, 2016.

윌리 톰슨, 『20세기 이데올로기』, 전경훈 옮김, 도서출판 산처럼, 2017.

이규태, 『평전 대산 신용호』, 교보문고, 2004.

이한림, 『이한림 회상록-세기의 격랑』, 도서출판 팔복원, 1994.

이현희, 『박정희 평전』, 효민디앤피, 2007.

장문석, 『파시즘』, 책세상, 2010.

정운현, 『실록 군인 박정희』, 도서출판 개마고원, 2004.

짐 하우스만, 『한국 대통령을 움직인 미군대위』, 정일화 옮김, 한국문원, 1995.

최민영, 「경기침체 이탈리아 '무솔리니 향수'」, 《주간경향》 1416호, 2021.3.1.

친일인명사전 편찬위원회, 『친일인명사전』(전 3권), 민족문제연구소, 2009.

한용원, 『한국의 군부정치』, 도서출판 대왕사, 1993.

한홍구, 『대한민국史 02: 아리랑 김산에서 월남 김 상사까지』, 한겨레신문사, 2003.

헤다 가르자, 『인물로 읽는 세계사④: 프랑코』, 이원하 옮김, 대현출판사, 1993.

제2장

강성재, 『참 군인 이종찬 장군』, 동아일보사, 1986.

강준만, 『한국 현대사 산책-1970년대편 1권』, 인물과사상사, 2002.

강준식, 『대한민국의 대통령들』, 김영사, 2017.

김교식, 『다큐멘터리 박정희 ②』, 평민사, 1990.

김상구, 『5.16 청문회-누구나 알고 있고, 아무도 말리지 않았던 쿠데타』, 도서출판 책과나무, 2017.

김세진, 「한국군부의 성장과정과 5·16」, 『1960년대』, 거름, 1984.

김인걸 외, 『한국현대사 강의』, 도서출판 돌베개, 1998.

김재춘, 「5·16혁명사는 다시 쓰여져야 한다」, 한국정치문제연구소, 『정풍(政風) 3-누가 역사의 증인인가』, 동광출판사, 1986.

김종필, 『김종필 증언록 1』, 매래엔, 2016.

김충식, 『남산의 부장들』(개정증보판), 메디치미디어, 2012.

김현우, 『한국정당통합운동사』, 을유문화사, 2000.

김희경·신주희·이재경·이형구, 『어처구니없는 한국현대사』, 지성사, 1996.

민주화운동기념사업회 연구소, 『한국민주화운동사 1』, 돌베개, 2008.

박기출, 『한국정치사』, 이화, 2004.

선우종원, 『나의 조국 대한민국』, B.G.I., 2010.

송철원, 『박정희 쿠데타 개론』, 현기연, 2020.

양길승, 「1970년대-김지하: '오적' 그리고 '타는 목마름으로'」, 《역사비평》 제31호 (1995년 겨울).

이동원, 『대통령을 그리며』, 고려원, 1992.

이맹희, 『하고 싶은 이야기-이맹희 경제단상(經濟斷想)』, 도서출판 청산, 2012.

이상우, 『박정권 18년-그 권력의 내막』, 동아일보사, 1986.

이상우, 『박정희 시대-5.16과 한·미 관계』, 도서출판 중원문화, 2012.

이상우, 『박정희 시대-5.16은 쿠데타다』, 도서출판 중원문화, 2012.

이상우, 『박정희, 파멸의 정치공작』, 동아일보사, 1993.

이영신, 『격동 30년: 제1부 쿠데타의 새벽①』, 고려원, 1992.

이우재, 『비록 골짜기에 있을지라도… 맑은 향기를 내리라』, 사회문화연구소출판부, 1995.

정일준, 「5·16과 군부의 정치참여」, 한국정치외교학회, 이재석·김은경 편, 『5·16과 박정희 근대화노선의 비교사적 조명』, 선인, 2012.

정혜선, 『일본사 다이제스트 100』, 도서출판 가람기획, 2011.

조갑제, 『박정희 3-혁명전야』, 조갑제닷컴, 2007.

조갑제, 『박정희 ①-불만과 불운의 세월(1917~1960)』, 도서출판 까치, 1992.

조영래, 『전태일 평전』(신판), (사)전태일기념사업회, 2009.

제3장

강준만, 『한국 언론사』, 인물과사상사, 2019.

강준만, 『한국 현대사 산책-1970년대편 1권』, 인물과사상사, 2002.

고려대학교 100년사 편찬위원회, 『고려대학교 학생운동사』, 고려대학교출판부, 2005.

김재홍, 『누가 박정희를 용서했는가』, 책으로보는세상, 2012.

김진, 『청와대비서실』, 중앙일보사, 1992.

김충식, 『남산의 부장들』,(개정증보판), 메디치미디어, 2012.

민주화운동기념사업회 연구소, 『한국민주화운동사 1』, 돌베개, 2008.

서울법대 학생운동사 편찬위원회, 『서울법대 학생운동사-정의의 함성 1964~1979』, 도서출판 블루프린트, 2008.

신동호, 『70년대 캠퍼스 1』, 환경재단 도요새, 2007.

역사학연구소, 『강좌 한국근현대사』, 풀빛, 1995.

이병주, 「박정희 편-탓할 것이 있다면 그건 운명이다」, 『대통령들의 초상』, 서당, 1991.

이종찬, 『숲은 고요하지 않다-이종찬 회고록 1』, 도서출판 한울, 2015.

일본 NHK 취재반 구성, 김용운 편역, 『김대중 자서전①: 역사와 함께 시대와 함께』, 도서출판 인동, 1999.

최형우, 『더 깊은 가슴으로 내일을』, 깊은사랑, 1993.

71동지회, 『나의 청춘 나의 조국-71동지회 30년 기념문집』, 나남출판, 2001.

한국기독교협의회 인권위원회, 『1970년대 민주화운동 (1)』, 한국기독교협의회, 1987.

한국정치문제연구소, 『정풍(政風) 4-김형욱의 두 얼굴, 그 충성과 배신』, 동광출판사,

1986.

한홍구, 『유신』, 한겨레출판, 2014.

Investigation of Korea-American Relations(Report of the Subcommittee on International Organizations of the Committee on International Relations, U.S. House of Representatives), October 31, 1978.

제2부
제1장

강상중·현무암, 『기시 노부스케와 박정희』, 이목 옮김, 도서출판 책과함께, 2012.

강성재, 『쿠데타 권력의 생리』, 동아일보사, 1987.

강원용, 『역사의 언덕에서 3: Between and Beyond』, 도서출판 한길사, 2003.

강준만, 『한국 현대사 산책-1960년대편 1권』, 인물과사상사, 2004.

강창성, 『일본/한국 군벌정치』, 해동문화사, 1991.

국가재건최고회의 한국군사혁명사편찬위원회 편, 『한국군사혁명사 제1집』, 1963.

권노갑·김창혁, 『권노갑 회고록 순명(順命)』, 동아E&D, 2014.

김당, 『시크릿파일 국정원』, 메디치미디어, 2016.

김동조, 『냉전시대의 우리 외교』, 문화일보, 2000.

김문, 『장군의 비망록 1』, 별방, 1998.

김석규, 「이용택 전 중앙정보부 수사국장 증언」, 《월간조선》 2004년 4월호.

김용호, 『민주공화당 18년, 1962~1980-패권정당운동 실패의 원인과 결과』, 아카넷, 2020.

김원기, 「YTP '청사회(靑思會)'」, 《신동아》 1964년 10월호.

김종필, 『김종필 증언록 1』, 미래엔, 2016.

김준하, 『대통령과 장군』, 나남출판, 2002.

김충식, 『남산의 부장들』(개정증보판), 메디치미디어, 2012.

김형욱·박사월, 『김형욱 회고록 제1부-5·16 비사』, 도서출판 아침, 1985.

김형욱·박사월, 『김형욱 회고록: 제2부-한국중앙정보부』, 도서출판 아침, 2005.

다카사키 소우지, 『검증 한일회담』, 김영진 옮김, 도서출판 청수서원, 1998.

리영희, 『역정(歷程)-나의 청년시대』, 창작과비평사, 1988.

리영희·임헌영, 『대화-한 지식인의 삶과 사상』, 도서출판 한길사, 2005.

문일석, 『KCIA-X파일 ①: 중앙정보부 전 감찰실장 방준모 증언』, 한솔미디어, 1996.

미국 하원 국제관계위원회 국제기구소위원회, 『프레이저보고서』, 김병년 옮김, 레드북, 2011.

박정희, 『우리 민족의 나갈 길-사회재건의 이념』, 동아출판사, 1962.

박지동, 『한국언론실증사 2』, 도서출판 아침, 2008.

서중석, 「박 정권의 대일자세와 파행적 한일관계」, 《역사비평》, 제28호(1995년 봄).

서중석·김덕련, 『서중석의 현대사 이야기 ⑥』, 도서출판 오월의봄, 2016.

서중석·김덕련, 『서중석의 현대사 이야기 ⑦』, 도서출판 오월의봄, 2017.

송철원, 『박정희 쿠데타 개론』, 도서출판 현기연, 2020.

오오타 오사무, 『한일교섭-청구권문제 연구』, 송병권·박상현·오미정 옮김, 선인, 2008.

오원철, 『한국형 경제건설 1』, 기아경제연구소, 1996.

원희복, 「조용수의 삶과 그가 남긴 과제」, 『반세기만의 복권-조용수와 민족일보 재조명』, 유니스토리, 2011.

윤금중, 『국회의원 마누라가 본 이 나라의 개판정치』, 한국문원, 2000.

이도성, 『실록 박정희와 한일회담』, 도서출판 한송, 1995.

이동준 편역, 『일한 국교정상화 교섭의 기록』, 도서출판 삼인, 2015.

이동준, 『불편한 회고-외교사료로 보는 한일관계 70년』, 도서출판 삼인, 2016.

이맹희, 『묻어둔 이야기』, 도서출판 청산, 1993.

이상우, 『박정권 18년-그 권력의 내막』, 동아일보사, 1986.

이상우, 『박정희 시대-5·16과 한·미관계』, 도서출판 중원문화, 2012.

이상우, 『비록 박정희 시대(1)』, 중원문화사, 1984.

이석제, 『각하, 우리 혁명합시다』, 도서출판 서적포, 1995.

이원덕, 「1965년 한일조약의 문제점과 개정방향」, 중앙일보 통일문화연구소 현대사연구팀 편, 『일본의 본질을 다시 묻는다』, 도서출판 한길사, 1996.
이원덕, 『한일 과거사 처리의 원점』, 서울대학교출판부, 1996.
정경모, 「박정희: 권력부상에서 비극적 종말까지」, 《역사비평》, 제13호(1991년 여름).
정운현 편역, 『풀어서 쓴 반민특위 재판기록 II』, 선인, 2009.
조갑제, 『박정희 5-문제는 경제야』, 조갑제닷컴, 2007.
조갑제, 『박정희 ⑥-한 운명적 인간의 나상(裸像)』, 조갑제닷컴, 2007.
조갑제, 『유고(有故)! (2)』, 한길사, 1987.
중앙일보 특별취재팀, 『실록 박정희』, 중앙M&B, 1998.
채명신, 『사선을 넘고 넘어: 채명신 회고록』, 매일경제신문사, 1994.
최광승·조원빈, 「박정희의 민주주의관과 유신체제 정당화」, 《동북아논총 26(2)》, 2021.6.
최원식·임규찬 엮음, 『4월혁명과 한국문학』, 창작과비평사, 2002.
한국사사전편찬회, 「정치활동정화법」, 『한국 근현대사사전』, 가람기획, 2005.
한국정신문화원, 『내가 겪은 민주와 독재』, 도서출판 선인, 2001.
한국정치문제연구소, 『정풍(政風) 4-김형욱의 두 얼굴, 그 충성과 배신』, 동광출판사, 1986.
한국정치문제연구소, 『정풍(政風) 6-김종필과 이후락의 떡고물』, 도서출판 창민사, 1986.
한용원, 『한국의 군부정치』, 도서출판 대왕사, 1993.
홍규덕, 「베트남전 참전 결정과정과 그 영향」, 한국정신문화연구원, 『1960년대의 대외관계와 남북문제』, 백산서당, 1999.
후루타 모토오, 『역사 속의 베트남 전쟁』, 박홍영 옮김, 일조각, 2007.
CIA, *SPECIAL REPORT*, 18 March 1966.

제2장

강준만, 『한국 현대사 산책-1960년대편 2권』, 인물과사상사, 2004.
고려대학교 100년사 편찬위원회, 『고려대학교 학생운동사』, 고려대학교출판부, 2005.
김영래, 김영철 엮음, 『연세대학교 학생운동사-당신의 조국을 알자』, 한국문제연구회, 2013.

김지하, 『김지하 회고록 - 흰 그늘의 길 2』, 도서출판 학고재, 2003.

김충식, 『남산의 부장들』(개정증보판), 메디치미디어, 2012.

남창룡, 『만주제국 조선인』, 도서출판 신세림, 2000.

민주화운동기념사업회 연구소, 『한국민주화운동사 1』, 돌베개, 2008.

민주화운동기념사업회, 『한일협정 반대운동(6·3 운동) 사료총집 1책』, 민주화운동기념사업회, 2013.

민주화운동기념사업회, 『한일협정반대운동(6·3운동) 사료총집, 1책: 일지1』, 2013.

박상길, 『나와 제3·4공화국』, 한진출판사, 1982.

브루스 커밍스, 『브루스 커밍스의 한국현대사』, 김동노·이교선·이진준·한기욱 옮김, 창비, 2001.

손정박, 「손정박 비망록」, 『한일협정반대운동 구술사료수집사업(2차)』, 민주화운동기념사업회, 2013.

신동호, 『오늘의 한국정치와 6·3세대』, 도서출판 예문, 1996.

오제연, 「1960년대 대학생 '이념서클'의 조직과 활동」, 이호룡·정근식 엮음, 『학생운동의 시대』, 선인, 2013.

6·3동지회, 『6·3 학생운동사』, 역사비평사, 2001

이도성, 『실록 박정희와 한일회담』, 도서출판 한송, 1995.

이신범, 『광야의 끝에서』, 실천문학사, 1991.

이지수 엮음, 『박정희 시대를 회고한다』, 선인, 2010.

정운현, 『친일파는 살아 있다』, 책으로보는세상, 2011.

정종현, 『제국대학의 조센징』, 휴머니스트, 2019.

최충희, 「만주국 대동학원 조선인 학생들에 관한 연구」, 서울시립대학교 석사학위논문, 2010.

친일인명사전 편찬위원회, 『친일인명사전』(전 3권), 민족문제연구소, 2009.

한홍구, 『사법부: 법을 지배한 자들의 역사』, 돌베개, 2016.

제3부

제1장

김지하, 『김지하 회고록 – 흰 그늘의 길 2』, 도서출판 학고재, 2003.
민주화운동기념사업회 연구소, 『한국민주화운동사 1』, 돌베개, 2008.
민주화운동기념사업회, 『한일협정반대운동(6·3운동) 사료총집, 2책 일지2』, 2013
서중석·김덕련, 『서중석의 현대사 이야기 ⑦』, 도서출판 오월의봄, 2017.
6·3동지회, 『6·3학생운동사』, 역사비평사, 2001.
이동준, 『불편한 회고 – 외교사료로 보는 한일관계 70년』, 도서출판 삼인, 2016.
한국사사전편찬회, 『한국 근현대사사전』, 가람기획, 2005.

제2장

고려대학교 100년사 편찬위원회, 『고려대학교 학생운동사』, 고려대학교출판부, 2005.
민주화운동기념사업회 연구소, 『한국민주화운동사 1』, 돌베개, 2008.
송상근 스크랩북, 1965년 5권.
신동호, 『오늘의 한국정치와 6·3세대』, 도서출판 예문, 1996.
6·3동지회, 『6·3학생운동사』, 역사비평사, 2001.
정지아, 『김한림: 어머니, 우리들의 어머니』, 민주화운동기념사업회, 2006.

제3장

김홍식·김성희, 『1면으로 보는 한국 근현대사 1』, 서해문집, 2012.
미 하원 국제관계위원회 국제기구소위원회, 『프레이저 보고서』, 김병년 옮김, 레드북, 2014.
서울대학교 법과대학 한일문제연구회, 「현 한일회담 저지투쟁의 정당성-한일문제 연구보고서」, 《사상계》, 1965년 7월호.
송상근 스크랩북, 1965년 1권
신동욱, 『독도 영유에 관한 연구』, 어문각, 2008.
오오타 오사무, 『한일교섭』, 송병권·박상현·오미정 옮김, 선인, 2008.

요지자와 후미토시, 『한일회담 1965』, 엄태봉 옮김, 한국학술정보, 2022.

이도성, 『실록 박정희와 한일회담-5.16에서 조인까지』, 도서출판 한송, 1995.

이동준 편역, 『일한 국교정상화 교섭의 기록』, 도서출판 삼인, 2015.

이동준, 『불편한 회고: 외교사료로 보는 한일관계 70년』, 도서출판 삼인, 2016.

이원덕, 『한일 과거사 처리의 원점』, 서울대학교출판부, 1996.

이태진, 「1904~1910 한국 국권 침탈 조약들의 절차상 불법성」, 『한국병합과 현대』, 태학사, 2009.

이태진, 『일본의 한국병합 강제 연구』, 지식산업사, 2016.

임휘철, 「청구권 협정 Ⅱ-협정 이후의 한일경제관계」, 민족문제역구소, 『한일협정을 다시 본다』, 아세아문화사, 1995.

정병준, 「윌리엄 시볼드와 '독도분쟁의 시발'」, 《역사비평》, 2005년 여름호(통권 71호).

정병준, 『독도 1947-전후 독도문제와 한·미·일 관계』, 지식산업사, 2010.

정재정, 『한일회담·한일협정, 그 후의 한일관계』, 동북아역사재단, 2015.

최영호, 『평화선을 다시 본다』, 논형, 2021.

하타노 스미오, 『샌프란시스코 강화조약 체제와 역사문제』, 심정명 옮김, 제이앤씨, 2014.

인명 색인

ㄱ

간 나오토 603
강기천 239
강성원 241
강원용 326
고토 신페이 511
권노갑 230
그란디, 디노 58
그린, 마셜 130
기시 노부스케 194
길재호 238
김계원 419
김덕창 420
김동조 510
김동하 116
김성은 289
김성희 269
김세배 237
김시현 101
김안일 91
김영민 322

김영삼 65
김원기 340
김재춘 117
김재홍 161
김점곤 91
김정렬 284
김정렴 172
김종락 255
김종림 331
김종필 104
김준연 405
김지하 137
김창룡 87
김현철 291
김형욱 225
김홍일 193

ㄷ

단눈치오, 가브리엘레 36
덜레스, 존 포스터 614
도조 히데키 51

ㄹ

라이샤워, 에드윈 204
러스크, 데이비드 딘 131
리영희 321

ㅁ

마테오티, 자코모 41
매그루더, 카터 B. 127
맥아더, 더글러스 616
무라야마 도미이치 603

ㅂ

바돌리오, 피에트로 58
박병권 287
박상길 483
박종규 159
박창암 343
박흥식 307
백선엽 87
밴 플리트, 제임스 108
번디, 맥조지 507
변영태 324

ㅅ

사토 에이사쿠 303
선우종원 107
설경동 250

송상근 493
송요찬 112
송원영 229
스기 미치스케 202
스코르체니, 오토 59
스탈린, 이오시프 67
시나 에쓰사부로 303
시볼드 윌리엄 614
신현준 76

ㅇ

아베 노부유키 310
안호상 338
엄민영 356
오노 반보쿠 212
오원철 257
오히라 마사요시 297
요시다 시게루 303
유기천 169
유병묵 335
유시태 102
유원식 246
육지수 411
윤보선 96
윤봉길 78
윤응상 241
윤재욱 337

윤제술 318
윤천주 269
윤필용 159
이광수 69
이낙선 113
이동원 124
이맹희 136
이범석 337
이병주(李丙冑) 89
이병주(李炳注) 175
이병철 219
이병희 345
이석제 187
이신범 420
이영근 234
이용문 105
이용택 342
이우재 118
이재명 436
이재복 91
이종찬(1916년생) 108
이종찬(1936년생) 170
이주일 77
이철희 228
이케다 하야토 195
이타가키 세이시로 310
이한림 89

이후락 159

ㅈ

장경순 244
장도영 125
장면 106
장제스 620
장준하 80
전태일 141
정구영 284
정일영 636
정충량 97
조경규 339
조동필 387
조세형 273
조영래 141
조용수 188
조재천 427
조정구 601
조지훈 529
존슨, 린든 212

ㅊ

채명신 240
채병덕 87
최덕신 200
최용덕 77

최형우 154

ㅋ
카스트로, 피델 192
케네디, 로버트 391
케네디, 존 F. 131

ㅍ
프랑코, 프란시스코 46

ㅎ
하우스만, 제임스 87
한태연 411
함석헌 387
허정 324
홍종철 283
황성모 375
황용주 175
히틀러, 아돌프 45
힌덴부르크, 파울 46